JN492345

디자인 스타일 가이드로 배우는

UI/UX 디자인 이론과 실무 with 어도비 XD

지은이 **이영주** yjlee@chungwoon.ac.kr

웨스턴시드니대학교에서 디지털 미디어를 전공했으며 홍익대학교 영상학과에서 박사과정을 수료했습니다. 현재는 청운대학교 멀티미디어학과 교수로 재직 중입니다. 주요 저서로 한빛아카데미(주)에서 출간한 『UI 디자인과 프로토타이핑을 위한 Adobe XD』(2020), 『UI/UX 디자인 이론과 실습 with Adobe XD』(2020), 『design school 포토샵 & 일러스트레이터 CC 2019』(2019), 『design school 포토샵 CC 2019』(2019), 『design school 일러스트레이터 CC』(2018), 『모바일 UI/UX 디자인 실무』(2018), 『UI/UX 디자인 이론과 실습』(2015) 등 다수가 있습니다.

UI/UX 디자인 이론과 실무 with 어도비 XD

초판발행 2022년 5월 20일

지은이 이영주 / **펴낸이** 전태호
펴낸곳 한빛아카데미(주) / **주소** 서울시 서대문구 연희로2길 62 한빛아카데미(주) 2층
전화 02-336-7112 / **팩스** 02-336-7199
등록 2013년 1월 14일 제2017-000063호 / **ISBN** 979-11-5664-598-6 93000

책임편집 유경희 / **기획** 김미정 / **편집** 신꽃다미
디자인 표지 이아란 내지 박정화 / **전산편집** 김희정 / **제작** 박성우, 김정우
영업 김태진, 김성삼, 이정훈, 임현기, 이성훈, 김주성 / **마케팅** 길진철, 김호철, 주희

이 책에 대한 의견이나 오탈자 및 잘못된 내용에 대한 수정 정보는 아래 이메일로 알려주십시오.
잘못된 책은 구입하신 서점에서 교환해 드립니다. 책값은 뒤표지에 표시되어 있습니다.

홈페이지 www.hanbit.co.kr / 이메일 question@hanbit.co.kr

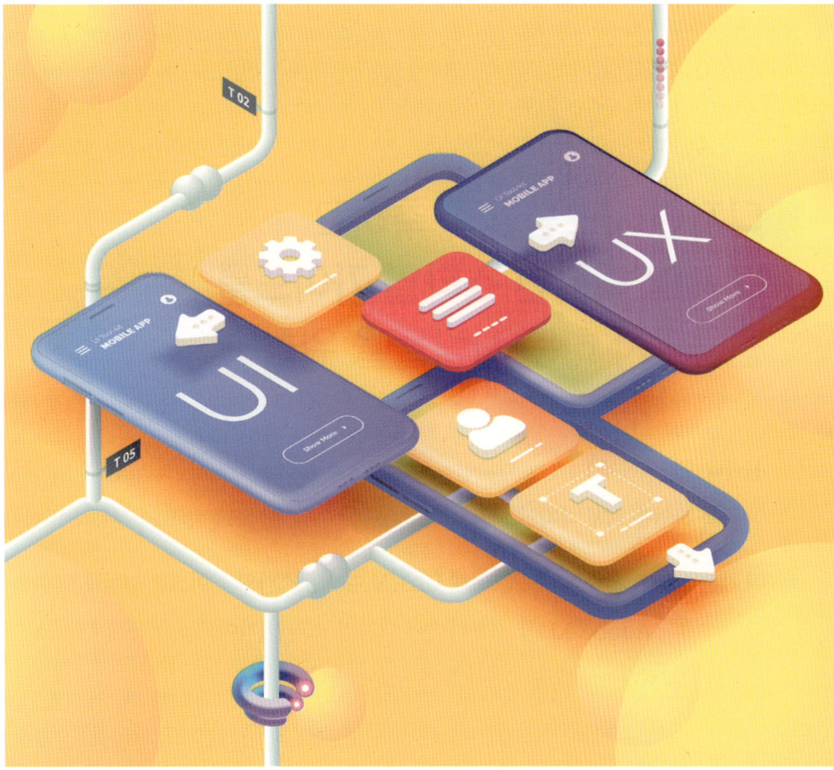

디자인 스타일 가이드로 배우는

UI/UX 디자인 이론과 실무 with 어도비 XD

이영주 지음

한빛아카데미
Hanbit Academy, Inc.

지은이 머리말

디자인 시스템을 구축하고 **UI/UX 디자인 스타일 가이드**를 만들고자 하는 사람들을 위하여

웹이나 모바일에서 UI/UX 디자인을 구현하고자 하는 디자이너, 크리에이티브 팀은 이제 효율적이고 편리한 공동 작업을 위해 디자인 시스템과 디자인 스타일 가이드를 반드시 활용해야 합니다.

이 책은 디자인 시스템 구축을 위해 UI/UX 디자인 스타일 가이드를 만들고자 하는 분들을 위해 집필한 가이드입니다. Adobe XD를 사용하면서 디자인 스타일 가이드를 이용해 UI/UX 디자인을 만들고 스타일 가이드로 정리하는 실습을 이론과 함께 구성했습니다.

1부 디자인 시스템과 스타일 가이드에서는 디자인 시스템과 구축 방법론, 실제 구축 사례를 알아봅니다. 그리고 iOS와 안드로이드 환경을 통해 디자인 스타일 가이드를 이해하고, 디자인 스타일 가이드를 만들기 위해 알아야 할 필수 요소를 살펴봅니다.

2부 UI/UX 디자인 기초 실습에서는 Adobe XD를 설치한 후 홈 화면, 인터페이스, 아트보드와 레이어를 살펴봅니다. 그리고 도형 그리기, 색상과 그레이디언트 적용, 이미지와 라이브러리 에셋 활용 등 Adobe XD의 기본 기능을 익힙니다.

3부 가이드라인 실무 실습에서는 내비게이션과 컴포넌트를 가이드라인으로 만들어 봅니다.

4부 UI/UX 디자인의 이해에서는 UI와 UX의 개념과 디자인, 평가 이론을 살펴보고 UI/UX 디자인 프로세스를 알아봅니다.

5부 UI/UX 디자인 실무 실습에서는 쇼핑몰 앱을 제작하고 디자인 스타일 가이드로 정리한 후 협업을 위해 공유하는 방법을 배웁니다.

UI/UX 디자인을 배우려는 예비 디자이너와 디자인 스타일 가이드 및 디자인 시스템을 구축하려는 현직 디자이너에게 이 책이 도움이 되기를 바랍니다. 또한 UI/UX 디자인에 관심이 있는 일반 독자에게도 유용한 실무 지침서가 되기를 바랍니다. 책 한 권을 만들기 위해 항상 애쓰고 노력하는 한빛아카데미(주)에 깊은 애정과 감사를 드립니다. 또한 수많은 책 중에서 이 책을 접하게 된 독자 여러분과의 인연에도 감사드립니다.

저자 이영주

이 책의 사용설명서

강의 보조 자료

한빛아카데미 홈페이지에서 '교수회원'으로 가입하신 분은 인증 후 교수용 강의 보조 자료를 제공받을 수 있습니다. 한빛아카데미 홈페이지 상단의 [교수전용공간] 메뉴를 클릭하세요.

http://www.hanbit.co.kr/academy

예제 소스

실습에 필요한 준비 파일과 완성 파일, 각종 리소스 파일을 아래 주소에서 다운로드할 수 있습니다. 계속 사용할 파일이므로 하드디스크에 복사해 두고 사용하세요.

http://www.hanbit.co.kr/src/4598

학습 가이드

이 책은 UI/UX 디자인을 처음 접하는 학습자 기준으로 총 5부로 구성되어 있습니다. 어도비 XD 기본 사용법을 알고 있다면 2부를, UI/UX 디자인의 기본 이론을 알고 있다면 4부를 건너뛰어도 됩니다.

- 1부: 디자인 시스템과 스타일 가이드 이론
- 2부: 어도비 XD의 기본 사용 실습
- 3부: 내비게이션과 컴포넌트 가이드라인 실습
- 4부: UI/UX 디자인의 기본 이론
- 5부: 쇼핑몰 앱 제작, 디자인 스타일 가이드 정리, 협업을 위한 공유 실습

이론	실무 실습	
1부 디자인 시스템과 스타일 가이드	**2부** UI/UX 디자인 기초 실습	**3부** 가이드라인 실무 실습
01장. 디자인 시스템 02장. 디자인 스타일 가이드의 이해 03장. 디자인 스타일 가이드의 필수 요소	04장. Adobe XD 기초 05장. Adobe XD 활용	06장. 내비게이션 가이드라인 실무 07장. 컴포넌트 가이드라인 실무
4부 UI/UX 디자인의 이해	**5부** UI/UX 디자인 실무 실습	
08장. UI/UX 디자인의 개요 09장. UI/UX 디자인 프로세스	10장. 인트로 디자인과 인터랙션 11장. 메인 상세 페이지 디자인과 인터랙션 12장. 공유와 협업	

예제 미리보기

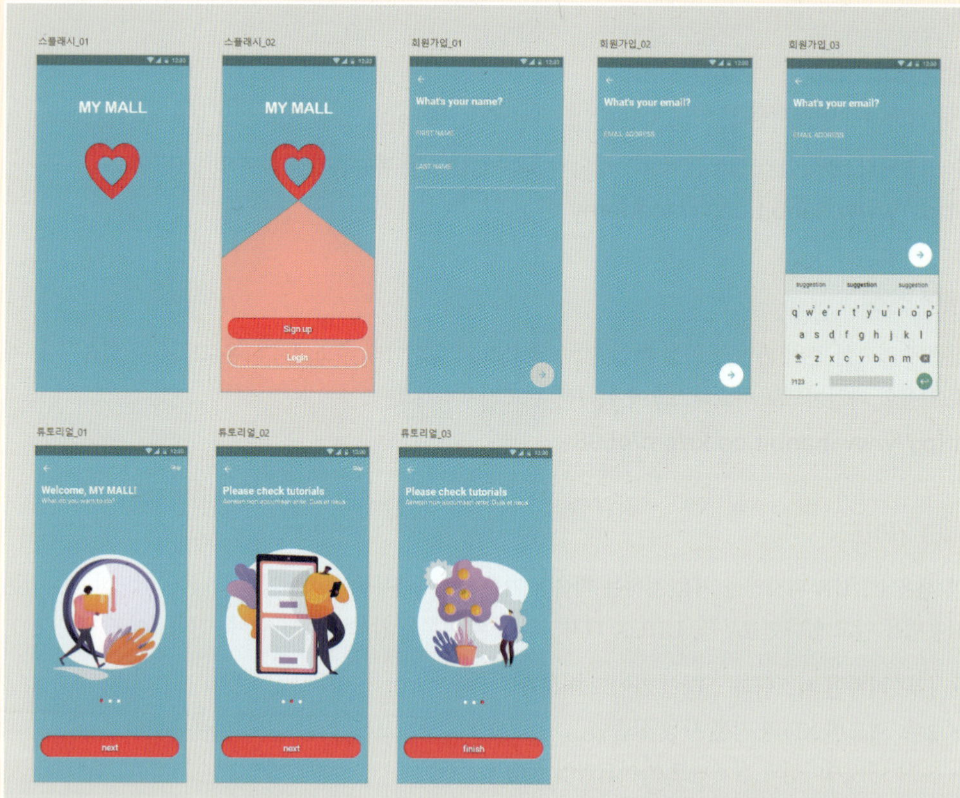

364p | 인트로 디자인

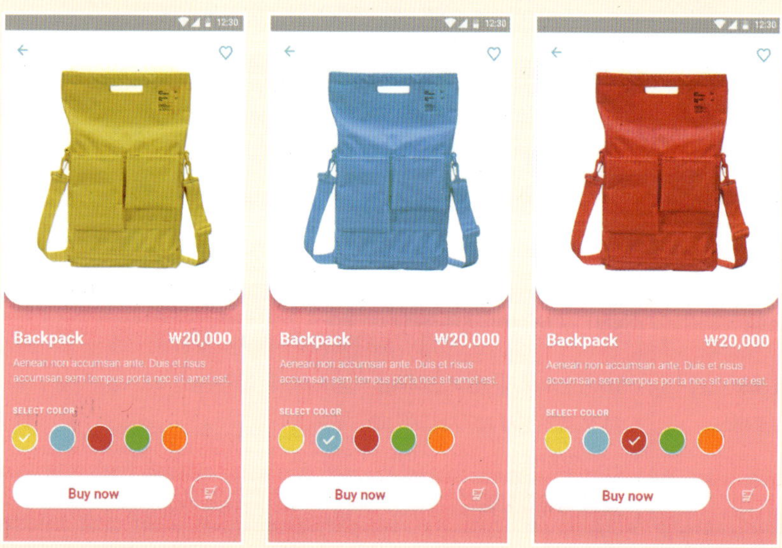

425p | 상세 페이지 제작

예제 미리보기

398p | 메인 페이지 제작

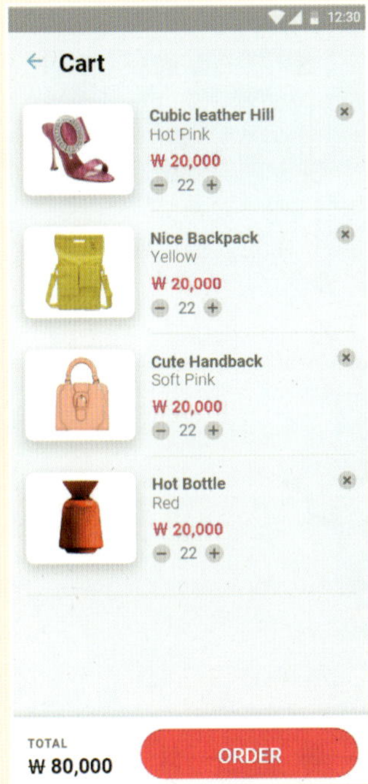

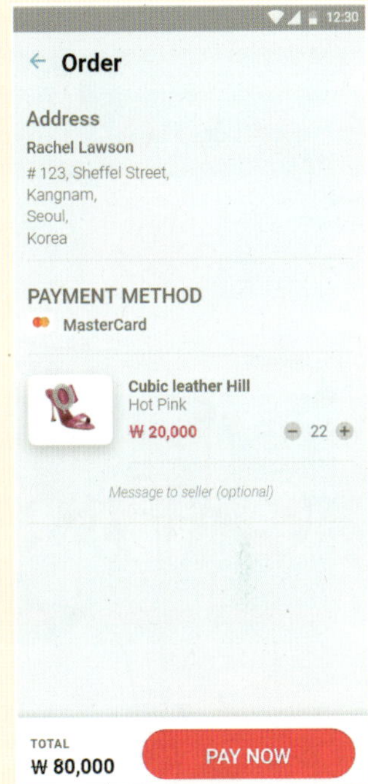

437p | 카트 리스트와 주문 페이지 제작

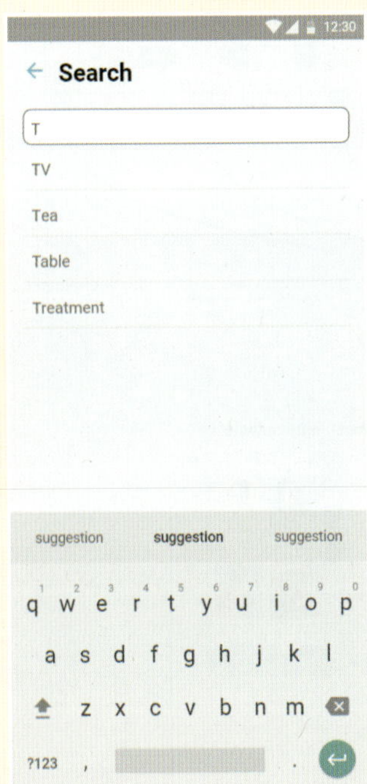

457p | 검색 페이지 제작

예제 미리보기

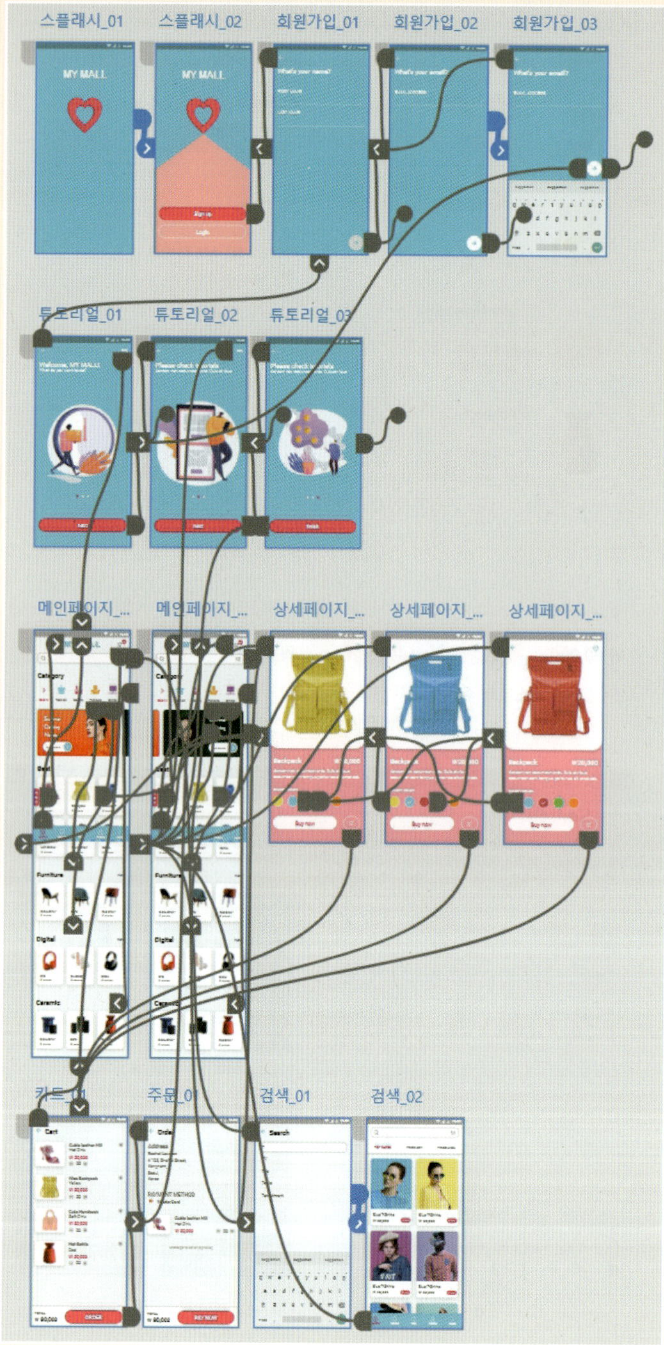

완성 예제의 전체 프로토타입

예제 미리보기

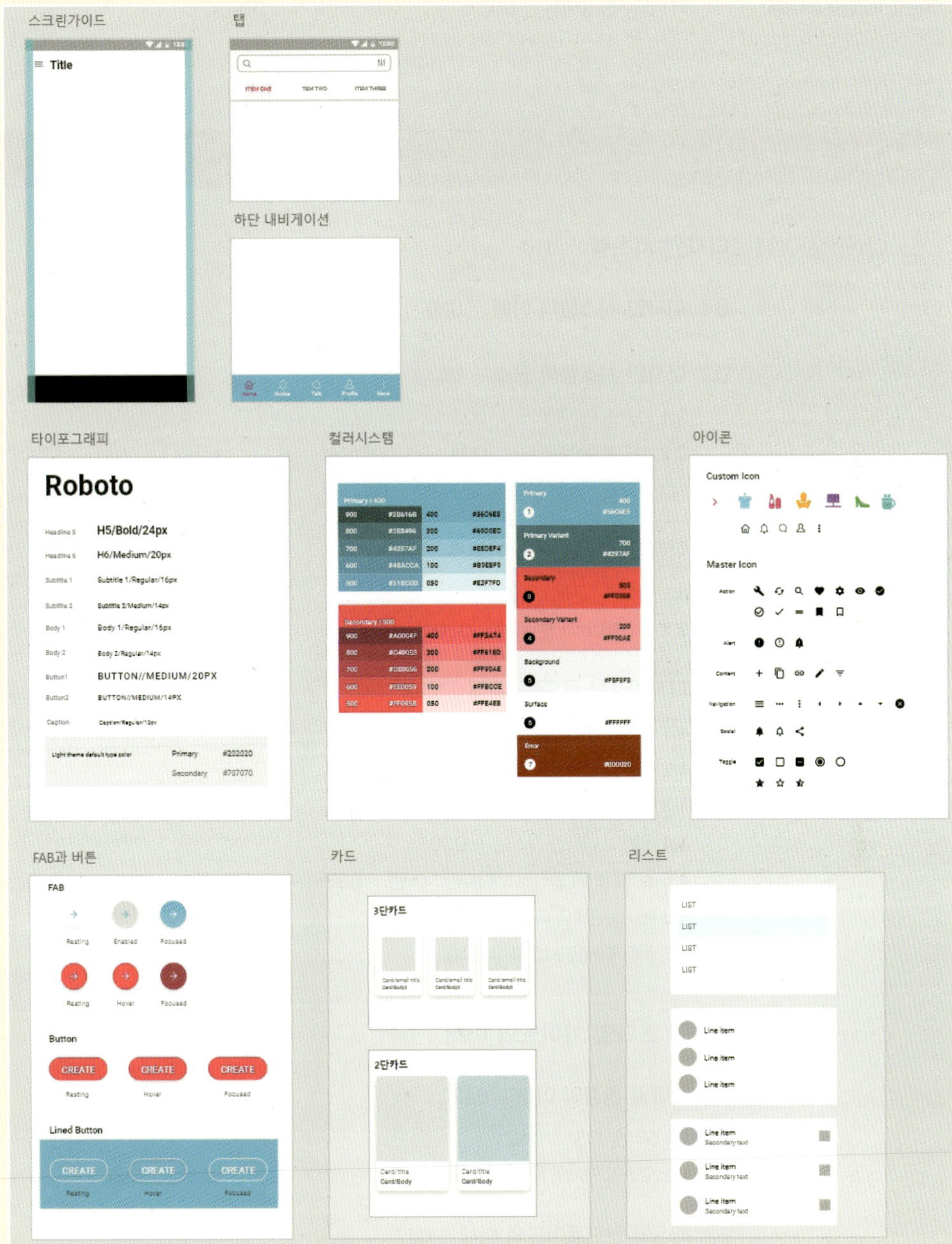

470p | 디자인 스타일 가이드 정리

목차

목차

Part 02 UI/UX 디자인 기초 실습

Part 03 가이드라인 실무 실습

목차

Part 01
디자인 시스템과 스타일 가이드

Part 01

디자인 시스템과 스타일 가이드

Chapter 01
디자인 시스템

1
디자인 시스템의 이해

디지털 환경이 빠른 속도로 변화하면서 제품 및 서비스의 혁신도 연간이 아닌 분기 단위로 빠르게 이루어지고 있다. 이렇게 변화가 잦으면 디지털 경험의 연속성이 파괴되어 일관성을 유지하기 어려워진다. 디자이너와 개발자가 작업할 때 공유 기록이 없으면 제품이나 서비스에 시각적 · 경험적 불일치가 발생할 확률이 높다. 이로 인해 일관성이 떨어지면 사용자는 서비스 사용에 혼란을 느끼거나 실망할 수 있다.

기업이 제품 및 서비스 품질에 일관성을 유지하는 것은 쉬운 일이 아니다. 특히 대량의 콘텐츠를 제공하거나 많은 콘텐츠 제작자와 협업하는 경우에는 더욱 그렇다. 이러한 문제를 해결하고 일관성 있는 디자인과 사용자 경험을 전달하려면 디자인 시스템을 구축해야 한다. 디자인 시스템의 대표적인 예는 구글과 애플에서 찾을 수 있다.

- **구글 머티리얼 디자인 시스템** 다양한 안드로이드 기기의 크기에 맞는 제작 기준 제공
- **애플 휴먼 인터페이스 가이드라인** iOS에 맞는 디자인 시스템 제공

디자인 시스템은 최근에 생긴 것이 아니라 과거부터 디자인에 적용되고 있었다. 많은 조직이 디자인 시스템을 사용하고 있었지만 요소와 코드 그룹 정도에 불과했다. 초창기에는 디자인 시스템이라기보다는 버튼이나 입력 박스와 같이 자주 사용하는 UI 요소의 디자인을 패키지로 제공하는 패턴 라이브러리에 가까웠다. 이는 크리스토퍼 알렉산더Christopher Alexander의 패턴 디자인에서 영향을 받은 것으로, 이후 제니퍼 티드웰Jenifer Tidwel에 의해 디자인 인터페이스의 UI 패턴 예시로 정리되어 웹 디자인 영역에서 주로 사용되었다.

스마트폰이 우리의 일상에 스며든 이후에는 브래드 프로스트Brad Frost의 아토믹 디자인Atomic Design에서 영향을 받아 컴포넌트 단위의 디자인 시스템이 만들어졌고, 이를 기반으로 기업의 디자인 시스템 구축이 가속화되었다.

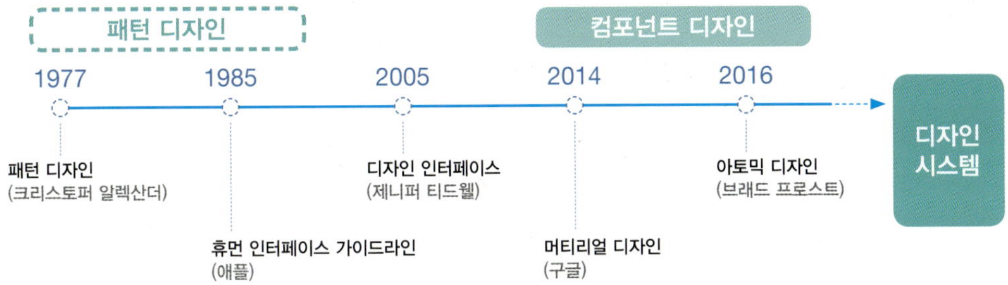

그림 1-1 디자인 시스템의 발전

최근에는 우버Uber, 에어비앤비Airbnb, 쇼피파이Shopify와 같은 회사가 그들만의 고유한 디자인 시스템을 구축하고 디지털 제품을 디자인하고 있다. 디자인 시스템에 대한 기업의 인식이 크게 바뀌고 있음을 알 수 있다. 디자인 시스템에서는 반복 가능한 컴포넌트 모음과 구성 요소의 표준을 구축하는데, 많은 기업이 이를 활용함으로써 창조와 혁신의 속도를 높이고 있다.

- **UI 디자인 가이드라인** UI를 표준화해 시스템의 일관성을 확보하는 것이 목적이다. 협업 구성원들이 정해진 기준에 따라 UI를 구성할 수 있도록 각 기기에서 주로 사용하는 공통 컴포넌트를 추출하고 상세 속성을 규정해야 한다.
- **UX 디자인 가이드라인** 통일되고 일관된 경험을 제공함으로써 브랜드와 서비스의 차별화를 전달하는 것이 목적이다. 사용자의 행동과 니즈가 반영된 UX 원칙을 포함해야 하며, 사용자 콘텍스트를 고려한 서비스를 설계할 수 있게 구성해야 한다.
- **디자인 시스템** UI와 UX 디자인 가이드라인을 포함하는 것으로, 기업이나 브랜드의 원칙과 비전은 물론 기업의 철학을 바탕으로 차별화된 가치를 전달해야 한다. 브랜드의 정체성, 색상, 보이스 등이 일관성 있게 전달되도록 구성해야 한다.

디자인 시스템은 기업의 목소리를 사명, 비전과 같은 아이덴티티로 구축하고 모든 미디어에서 사용자에게 일관된 경험으로 제공하는 방법이다. 다양한 분야의 수많은 사람과 협업할 때는 디자인 시스템을 통해 지침을 명확하게 이행하고 올바르게 공유할 수 있다. 예를 들어 "버튼은 노란색으로 만들어주세요."라는 요청을 받았다면 다양한 노란색 중 한색 계열인지 난색 계열인지 알기 어렵다. 하지만 색상 코드를 명시하면 누가 작업을 해도 같은 노란색으로 버튼을 만들 것이다. 디자인 시스템은 일관성을 유지하는 것은 물론 내부 및 외부와의 의사소통에서 오류가 발생하는 것을 방지하는 데 도움이 된다.

디자인 시스템을 사용함으로써 얻을 수 있는 장점을 정리하면 다음과 같다.

표 1-1 디자인 시스템 사용의 장점

장점	설명
브랜드 아이덴티티 구축	디자인 시스템은 모든 커뮤니케이션 채널과 미디어에서 일관된 메시지를 전달할 수 있다. 로고, 그래픽, 텍스트 기반의 요소가 모두 표준화되어 콘텐츠 영향력을 최대로 발휘할 수 있다. 브랜드나 서비스에 사용되는 모든 요소의 시각적 정의를 포함하므로 브랜드 인지도를 높이고 차별성을 획득할 수 있다.
커뮤니케이션 강화	다양한 분야의 구성원이 협업할 때 브랜드의 가치와 목표를 공유하면 서비스에 일관된 경험을 적용할 수 있다. 디자인 시스템에 정의한 표준과 가이드라인은 구성원 간의 커뮤니케이션을 강화하며 협업 대상 간의 커뮤니케이션 검증 및 근거 자료로 활용할 수 있다.

2
디자인 시스템의 요소

1 브랜드 아이덴티티

브랜드 아이덴티티는 사용자가 기업과 소통할 수 있도록 브랜드 경험을 만드는 방법이다. 브랜드 아이덴티티에서 기업의 성격을 명확하게 설정해 두면 모든 채널에서 일관된 방식으로 소통할 수 있다. 브랜드 아이덴티티를 사용자에게 전달하려면 무엇보다 일관성을 유지해야 한다.

사람들은 흔히 브랜드를 각인된 로고나 특정 색상의 집합으로 받아들인다. 그러나 브랜드에는 로고와 같은 물리적 마크 이상의 감정적 마크가 필요하다. 이것은 브랜드가 제공하는 서비스와의 상호작용을 통해 강화되거나 약화되는 감정적인 경험을 말한다. 그러므로 브랜드 아이덴티티를 통해 긍정적이고 일관된 경험을 전달할 수 있어야 한다.

브랜드 아이덴티티를 구축하려면 우선 브랜드가 제공하는 서비스의 미션과 비전을 수립해야 한다. 이는 사용자에게 좋은 경험을 전달하기 위해서이기도 하지만 내부 구성원이 하나의 목적을 향해 함께 나아갈 수 있도록 청사진을 그리는 일이기도 하다.

브랜드 아이덴티티를 구축할 때는 다음 요소를 고려해야 한다.

❶ 브랜드의 목적과 비전

브랜드의 목적과 비전은 가장 추상적인 요소로 브랜드의 존재 가치와 관련이 있다. 이것의 본질은 조직과 구성원이 공유하는 목표와 방향으로, 기업명이나 브랜드명은 물론 공식적인 철학과 가치를 포함한다. 어디로, 왜, 어떻게 가는지 명확한 목적과 비전이 있으면 모든 사람이 동일한 방향으로 나아갈 수 있다.

❷ 사용자

서비스 사용자가 누구이며 어떤 생각을 하는지, 어떻게 동기를 부여할 것인지 등을 고려해야 한다. 사용자가 해당 서비스를 원하거나 필요로 하는 주된 이유를 명확하게 파악하고 있어야 한다.

❸ 성격

브랜드의 성격, 즉 개성은 브랜드가 사용자에게 말하고 행동하는 방식을 결정한다. 사람마다 독특한 성격과 개성이 있듯이 브랜드도 개성이 있어야 시장에서 차별화를 이룰 수 있다.

❹ 가치

비즈니스의 핵심 가치를 정의하는 것은 서비스의 개성을 정의하는 것과 같다. 이는 대내외적으로 원칙을 가지고 메시지의 일관성을 통제하는 지침 역할을 한다. 명시적인 가치는 조직원이 원칙에 부합하는 구성 요소를 만들고 사용하는 데 도움이 되며, 이는 경쟁사에 대한 차별점이 될 수 있다.

2 비주얼 아이덴티티

비주얼 아이덴티티는 디자인 스타일 가이드의 근간이 되는 시각적 구성 요소의 아이덴티티를 수립하는 것이다. 여기에는 로고, 색상, 타이포그래피, 이미지, 그리고 서비스가 제공하는 언어의 정체성을 의미하는 보이스도 포함된다. 비주얼 아이덴티티는 브랜드 아이덴티티보다 구체적이고 직설적이다. 비주얼 아이덴티티는 사용자를 고려한 디자인으로 제품 및 서비스의 목적을 실현하는 데 초점을 맞춰야 한다.

비주얼 아이덴티티를 구성하는 요소는 다음과 같다.

로고

로고는 사용자가 서비스를 인식하게 하는 첫 번째 시각적 단서이다. 로고가 미디어나 장치에 따라 다르게 표시되면 신뢰를 주지 못하거나 잘못된 메시지를 전달할 수 있다. 따라서 신중하게 접근해야 하며, 사용 방법은 물론 사용하면 안 되는 부분까지 세밀하게 명시해야 한다.

(a) 스포티파이의 로고 가이드라인 (b) 맥도날드 로고의 변천사

그림 1-2 로고 사용의 예

색상

색상은 기업이 브랜드 아이덴티티를 디자인할 때 일관된 모양과 느낌을 만드는 데 가장 큰 역할을 한다. 색상은 이미지를 좀 더 지속 가능하게 하고, 사용자가 브랜드를 쉽게 식별할 수 있게 한다. 사람들은 로고의 형태는 기억하지 못해도 브랜드의 특정 색상은 기억하는 경향이 있다. 네이버라고 하지 않고 녹색 창이라 해도 인식하는 것을 예로 들 수 있다. 시그니처 색상을 사용하면 사용자의 브랜드 인지도가 80% 증가한다는 조사 결과도 있다.

그림 1-3 델타 항공의 색상 시스템

그림 1-4 넷플릭스의 색상 시스템

타이포그래피

글꼴 역시 시각적 아이덴티티의 큰 부분을 차지한다. 예를 들어 독창적인 글꼴을 브랜드 서체로 지정하면 사용자가 해당 브랜드의 특성을 인식하고 기억하는 데 도움이 된다.

기업은 여러 브랜드의 제품이나 서비스에 맞도록 글꼴을 따로 정의할 것인지 하나의 글꼴군으로 통일할 것인지를 결정해야 한다. 미디어 플랫폼의 특성에 따라서도 브랜드별로 식별되게 할 것인지 단일 글꼴을 사용할 것인지 정해야 한다.

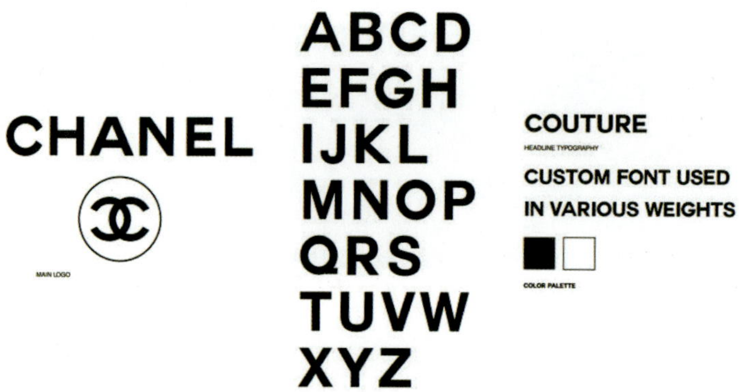

그림 1-5 샤넬의 브랜드 서체

이미지

이미지는 고객의 마음속에 자리 잡은 브랜드에 대한 인식이다. 이미지는 브랜드와의 상호 작용과 경험, 브랜드가 무엇인지에 대한 믿음을 기반으로 한다. 그러므로 일관된 브랜드 이미지를 형성하는 것이 중요하다. 대부분의 기업은 일관된 콘셉트의 사진이나 삽화를 통해 브랜드를 표현하고자 노력한다. 예를 들어, 코카콜라는 행복, 기쁨, 좋은 경험의 순간에 함께 한다는 메시지를 시각적 아이덴티티로 동일하게 유지할 수 있도록 관련 이미지를 지속적으로 사용하고 있다.

그림 1-6 코카콜라의 아이덴티티를 보여주는 이미지

보이스

브랜드의 보이스, 즉 목소리는 브랜드 고유의 개성을 표현함으로써 사용자가 서비스를 받아들이는 방식에 큰 영향을 미친다. 여기에는 기업 내에서 말하는 방법, 서비스에 대한 설명, 사용자와의 소통에 관련된 모든 것이 포함된다. 또한 브랜드의 원칙과 가치를 설명하는 형용사, 선호하는 문법 및 구두점, 브랜드의 정체성을 반영하는 특정 단어 등도 포함될 수 있다. 의도적으로 사용하는 특정 단어들은 어조를 정의하는 데도 도움이 된다.

그림 1-7 스카이프의 보이스 톤

3 디자인 시스템 구축 시 확인사항

디자인 시스템을 구축하려면 우선 신뢰할 수 있는 팁을 확인하고 툴을 만드는 준비를 해야 한다. 이를 통해 기업의 비전을 실현할 방법을 찾을 수 있으며, 팀워크를 향상시키고 협업 과정에서 발생하는 문제를 해결할 수 있다. 디자인 시스템을 구축할 때는 다음과 같은 요소를 확인하고 주의를 기울여야 한다.

타깃 파악

먼저 타깃이 누구인지 명확히 알아야 한다. 누가 디자인 시스템을 사용할 것인지 타깃을 명확하게 설정하면 관련 없는 정보가 포함되는 실수를 방지할 수 있다. 예를 들어, 외부 고객을 위한 디자인 시스템에는 팀 구성원을 언급하는 섹션이 필요 없다.

간단함 유지

디자인 시스템을 활용하는 모든 사람이 브랜드가 무엇이고 시각적 편집 요소를 어떻게 사용해야 하는지 이해할 수 있어야 한다. 이를 위해 기술 용어 대신 쉬운 용어를 사용해 간단하고 명확하게 작성해야 한다.

시각적 매력

매력적인 시각 도구를 사용하는 것이 당연히 좋지만, 지나치게 많은 부분을 과장하지 않도록 주의한다. 브랜드의 창의성을 보여줄 수 있도록 내용뿐만 아니라 디자인 시스템 목록과 형태도 창의적으로 만들면 좋다.

가치 제공

디자인 시스템을 구축한다는 것은 실제로 사용할 문서를 만드는 것이다. 따라서 타깃에게 유용해야 하며 기업의 다양한 서비스 채널에서 브랜드를 어떻게 표현할 것인지에 대한 구체적인 정보를 제공해야 한다. 이를테면, 채널별 로고 사용 방법이나 색상 정보를 명확하게 제공하고, 특정 소프트웨어를 사용해야 한다면 전용 자습서를 추가하는 등 다양한 방법을 활용한다.

지속적 업데이트

기업의 브랜드는 끊임없이 진화하므로 꾸준히 업데이트를 해야 한다. 일정한 주기를 두고 업데이트하는 것보다는 색상 팔레트나 새로운 글꼴이 추가될 때마다 디자인 시스템에 반영해 즉시 업데이트하도록 한다.

팀원의 참여

팀원들이 자신의 분야에 기여할 수 있도록 기회를 제공하는 것이 좋다. 팀원 각자의 통찰력과 그들이 제안하는 개선 아이디어는 디자인 시스템을 구축하고 개선하는 데 도움이 된다. 또한 팀원들이 브랜드를 더욱 친숙하고 가깝게 느끼는 계기가 된다.

기업의 대표 얼굴

디자인 시스템은 브랜드의 가치를 포함하므로 브랜드 정체성을 명확하게 반영해야 한다. 디자인 시스템의 구조 자체가 기업의 가치와 브랜드 정체성을 반영해야 한다는 의미다.

3
디자인 시스템 구축 방법론

1 아토믹 디자인

아토믹 디자인Atomic Design은 브래드 프로스트가 디자이너와 개발자 간의 협업 용이성을 위해 고안한 디자인 시스템으로, 화학의 원자 단위를 기반으로 한다.

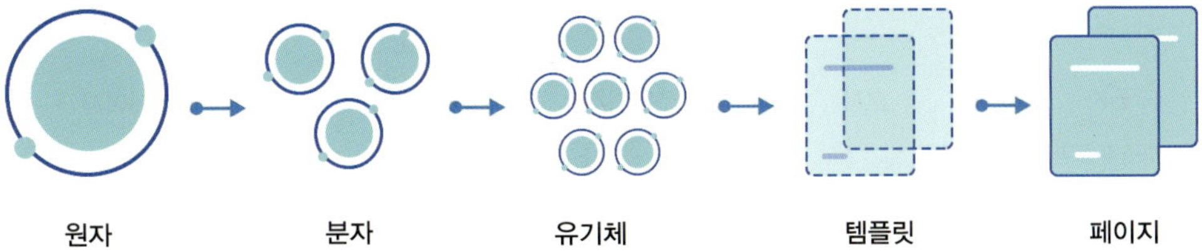

그림 1-8 브래드 프로스트의 아토믹 디자인 프로세스

아토믹 디자인은 가장 작은 단위인 원자가 결합해 분자가 되고 분자가 결합해 유기체가 만들어지는 화학의 원리를 이용해 컴포넌트 구조를 원자, 분자, 유기체, 템플릿, 페이지 단위로 구성해 전체 디자인 시스템을 구축하는 방식이다.

원자는 컴포넌트의 가장 작은 단위 요소로, 레이블, 입력 필드, 버튼과 같은 태그 중심으로 이루어진다. 색상과 폰트는 물론 애니메이션과 같은 추상적인 요소를 포함하는 것도 가능하다. 기본적으로 원자는 특정 기능을 수행하기보다 일반적으로 사용이 가능하도록 구현한다.

원자를 결합해 형성된 분자는 아토믹 디자인의 핵심 역할을 하는 것으로, 결합을 통해 유기체를 형성할 수 있다. 분자의 결합으로 이루어진 유기체 단계에서는 최종 인터페이스의 UI를 형성할 수 있고 하나의 블록을 형성해 UI 패턴으로 고착시킬 수도 있다. 분자를 유기체로 구축하면 이동이 가능하며 독립적으로 사용하거나 재사용이 가능한 구성 요소를 만들 수 있다.

유기체의 결합으로 최종 결과물에 가까운 페이지를 형성하는 템플릿이 구성된다. 템플릿 단계에서는 레이아웃 구성이 가능하며 분자와 유기체에 대한 컨텍스트를 매우 구체적으로 제공할 수 있다. 이 단계에서는 스켈레톤으로 와이어프레임을 구성하거나 충실도를 서서히 높일 수 있다.

페이지 단계에서는 충실도가 최고 수준으로 완성된 시안의 결과물을 구성할 수 있다. 이 단계에서는 디자인 시스템의 효율성을 테스트하는 것이 가능하므로 분자, 유기체, 템플릿을 수정하면서 디자인의 실제 맥락을 테스트할 수 있다. 예를 들면 템플릿에 사진이나 실제 콘텐츠를 추가하여 디자인을 검토할 수 있다.

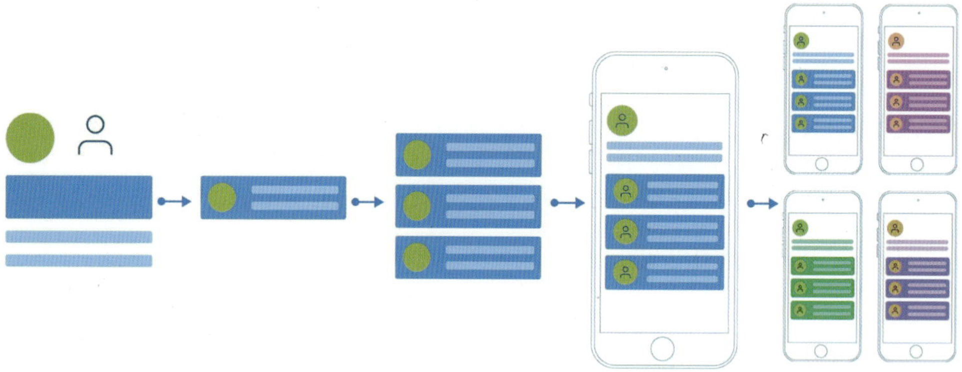

그림 1-9 아토믹 디자인의 적용

2 인터페이스 인벤토리

아토믹 디자인을 바탕으로 디자인 시스템을 구축하는 방식은 컴포넌트를 재활용해 템플릿을 구성할 수 있다는 점에서 의미가 있다. 아토믹 디자인 원리로 결합된 유기체를 블록 형태로 구성하면 계층적인 인터페이스를 일관성 있게 구축할 수 있다. 이를 위해 콘텐츠 인벤토리를 구축하는 것처럼 인터페이스 인벤토리를 정리해 디자인 패턴을 정의할 수 있다.

콘텐츠 인벤토리는 단어나 이미지와 같은 콘텐츠 유형의 일관성을 유지하는 데 사용할 수 있다. UI를 포괄적이고 일관되게 개발할 수 있도록 인터페이스 인벤토리를 설정하려면 콘텐츠 인벤토리를 디자인에 매핑해야 한다. 인터페이스 인벤토리는 구성 요소를 분류해 인터페이스를 구성할 수 있게 하는 것이다. 이를 위해 웹이나 모바일 프로젝트의 규모에 관계없이 모든 구성 요소를 매핑해 체계적으로 문서화하는 작업에서 시작해야 한다.

디자인 시스템은 타이포그래피, 레이아웃, 색상, 모양 또는 형태를 기본으로 구성된다. 그리고 전체 서비스 디자인을 고려할 때 추상적 요소인 사용자 흐름, 콘텐츠 전략 및 핵심 구성 요소를 중심으로 생성된 개념을 포함한다. 디자인 시스템을 구축하는 것은 콘텐츠를 최적으로 표시할 수 있게 하는 것이다. 기본적으로 인터페이스 인벤토리 요소는 핵심이 되는 시각적 구성 요소를 분자로 구성한 후 사용자 인터페이스를 이루는 나머지 요소를 고려한다.

브래드 프로스트는 인벤토리 과정에서 시각적 구성 요소를 글로벌, 내비게이션, 이미지, 아이콘, 폼, 버튼, 헤딩, 블록, 리스트, 인터랙티브 요소, 미디어, 제3의 요소, 광고, 메시지, 색상, 애니메이션 등으로 구분했다. 그러나 최근의 디지털 콘텐츠는 반응형 웹 또는 적응형 웹을 기본적으로 적용한다. 따라서 디자인 시스템에서는 디자인을 통합할 요소와 뷰포트 크기에 따른 경험을 유연하게 제공하기 위해 차별화할 부분을 뷰포트 전체에 적용해야 한다. 뷰포트에서 동일하게 유지해야 하는 구성 요소는 폰트, 기본 단위, 색상, 모양과 형태이며, 차별화할 요소는 그리드, 넓이, 행간, 레이아웃이다.

이 중 원자 요소에 해당하는 핵심적인 시각 요소는 폰트, 색상, 이미지, 컨트롤이다.

❶ 폰트

본문 내용은 물론 제목과 부제목 등의 전체 타이포그래피 규칙을 구성해야 한다. 폰트 단위 설정, 항목에 따른 폰트 크기와 속성, 색상, 행간, 글자 길이와 줄 바꿈 기준, 문단 크기, 한글과 영문 조합에 대한 가이드라인을 구성한다.

❷ 색상

색상은 사용자에게 일관된 메시지를 전달하는 가장 효과적인 도구이다. 먼저 주조색을 구성하고 그와 조화를 이룰 수 있는 보조색을 구성한다. 인터랙션 색상은 주조색과 보조색에서 명도와 채도의 단계를 두어 구성하는 것이 좋다. 또, 그레이 스케일은 정보의 강약을 통해 계층 구조를 구현하는 데 적합하다. 상태의 의미를 전달하는 시스템 색상을 지정하고, 상호 작용과 상태 표현에 알맞은 색상 시스템도 적용한다. 웹 접근성 가이드에 따라 저시력자, 색각 이상자 등을 위한 색 대비 주의점도 고려해야 한다.

❸ 이미지

이미지는 사진, 아이콘, 미디어를 고려해 구성하며, 프로젝트에 따라 구성된 무드 보드를 기준으로 삼는다. 아이콘은 시스템 아이콘, 제품 아이콘, 커스텀 아이콘으로 구분할 수 있으며, OS별 아이콘을 기준으로 유사한 룩앤필을 구현해야 한다. OS별 그리드 시스템과 키 라인 기준을 사용하면 시각적 비율을 일관되게 유지할 수 있다. 아이콘의 구조, 선의 굵기, 색상도 함께 지정한다. 컨트롤은 다양한 원자 단위의 집합으로 이루어지기도 하고 분자로 구현되기도 한다. 입력 필드, 스위치, 라디오 박스, 체크 박스 등의 컨트롤은 원자 단위로 구현하고, 페이지네이션, 검색, 버튼은 원자의 조합인 분자 단위로 구현한다.

4
디자인 시스템 구축 사례

디자인 시스템은 새롭게 구축하는 것도 좋지만 우수 사례를 참고해 구현하는 것도 하나의 방법이다. 예를 들어 사이트 내에 드롭다운 메뉴가 필요하다면 우수 사례를 표본으로 삼아 드롭다운 메뉴를 어떻게 배치할지 정할 수 있고, 완성된 모습을 샘플로 삼아 아이디어를 구체적으로 적용해 볼 수도 있다.

디자인 시스템 구축의 우수 사례를 보면 브랜딩, 디자인 구성 요소, 코드 등과 같은 주요 범주를 보여주는 최상위 탐색 방식으로 설정되어 있다. 각 범주에는 하위 탐색 또는 사이드 바 탐색이 있는데, 이 범주를 색상, 타이포그래피, 구성 요소, 양식, 지침 등의 영역으로 세분화한다.

1 구글의 머티리얼 디자인 시스템

구글이 공개한 머티리얼 디자인 시스템은 안드로이드, iOS, 플러터 및 웹을 위한 고품질 디지털 경험을 구축할 수 있도록 구글에서 만든 것이다. 머티리얼 디자인 시스템의 목표는 다음 세 가지로 볼 수 있다.

- 좋은 디자인의 고전 원리에 기술과 과학의 혁신을 더해 가능성을 종합한 시각적 언어를 만든다.
- 플랫폼, 장치, 입력 방법 전반에 사용자 경험을 통합하는 단일 기본 시스템을 개발한다.
- 종이 재질과 그림자로 머티리얼의 시각적 언어를 확장하고, 혁신과 브랜드를 표현할 수 있도록 유연한 기반을 제공한다.

머티리얼 디자인은 빛을 반사하고 그림자를 드리우는 물질의 원리를 바탕으로 물리적 세계와 그 질감에서 영감을 받아 제작한 것이다. 재료의 표면은 종이와 잉크라는 매체를 재해석한 것이고, 인쇄 디자인에서 사용하는 방법인 그리드, 타이포그래피, 공간, 크기, 색상 및 이미지를 적용했다. 이를 통해 사용자가 경험에 몰입할 수 있도록 계층 및 의미에 초점을 맞춰 의도적으로 그래픽을 대담하게 구성한다. 모션은 섬세한 피드백과 일관된 전환을 통해 주의를 집중시키고 연속성을 유지한다.

머티리얼 디자인의 구성 요소는 UI를 생성하기 위한 대화형 빌딩 블록 형태이다. 포커스, 선택, 활성화, 오류, 호버, 탭, 드래그 및 비활성화 상태를 전달하는 기본 제공 상태 시스템을 포함하며, 구성 요소 라이브러리도 제공한다. 구성 요소는 다음 내용을 포함한 다양한 인터페이스 요구 사항을 충족시킨다.

- **디스플레이** 카드, 목록, 시트와 같은 구성 요소를 사용해 콘텐츠를 배치하고 구성한다.
- **탐색** 탐색을 위한 창 및 탭과 같은 구성 요소를 사용해 제품을 이동한다.
- **작업** 플로팅 액션 버튼과 같은 구성 요소를 사용해 작업을 수행한다.
- **입력** 텍스트 필드, 선택 컨트롤과 같은 구성 요소를 사용해 정보를 입력하거나 선택한다.
- **커뮤니케이션** 배너, 대화상자 등을 사용해 주요 정보를 나타내거나 경고한다.

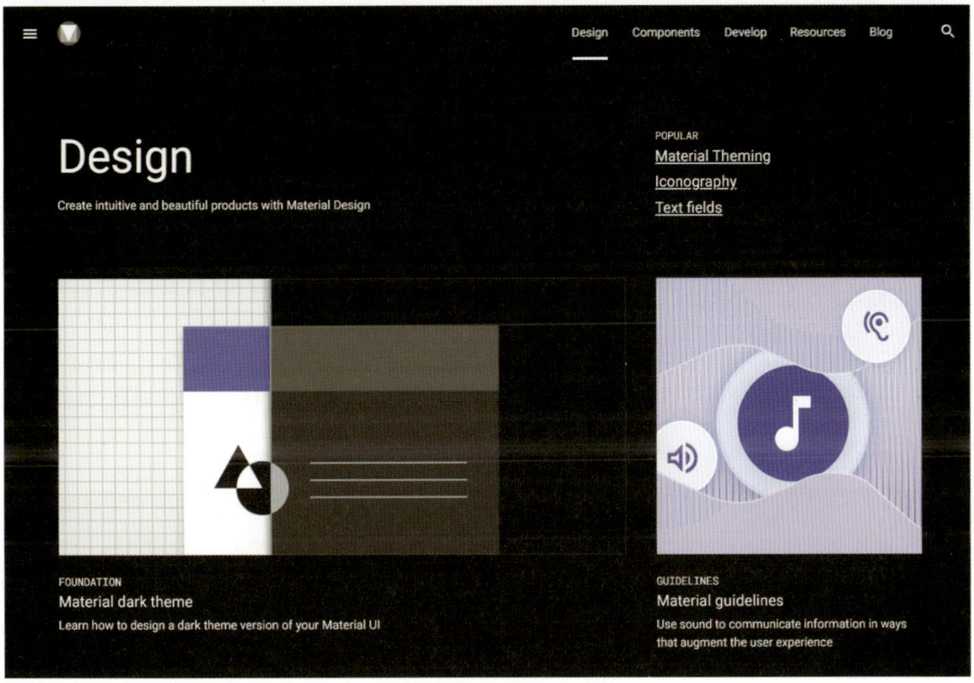

그림 1-10 구글의 머티리얼 디자인 시스템(https://material.io)

UI/UX 디자인에서 머티리얼 디자인은 교과서와 같은 존재이다. 이전에 볼 수 없던 방식으로 구성 요소를 분류하고, 그리드, 내비게이션, 색상, 타이포그래피, 형태 등에 관한 가이드라인을 카탈로그 목록으로 제공한다. 스케치나 어도비 XD 등의 디자인 소프트웨어에서 사용할 수 있는 구성 요소 소스 파일도 제공한다. 소스 파일은 다운로드해 사용할 수 있다.

2 애플의 휴먼 인터페이스 가이드라인

그림 1-11 애플의 휴먼 인터페이스 가이드라인(https://developer.apple.com/design)

디자인 언어의 시초라고 할 수 있는 애플의 휴먼 인터페이스 가이드라인은 애플의 다양한 제품군에 사용할 수 있는 템플릿과 지침을 제공한다. 애플은 휴먼 인터페이스 가이드라인을 통해 제품군 간에 일관성을 부여하고 감성을 제공함으로써 고유의 사용자 경험을 유지하고 있다. 스티브 잡스의 디자인 철학은 애플의 6가지 주요 설계 원칙으로 남아 있다.

- **미적 무결성** 앱의 모양과 동작이 해당 기능과 얼마나 잘 통합되는지를 나타낸다. 그래픽, 표준 컨트롤, 예측 가능한 동작 등을 사용해 집중력을 유지한다.
- **일관성** 시스템에 제공되는 인터페이스 요소, 잘 알려진 아이콘, 표준 텍스트 스타일, 통일된 용어 등을 사용해 표준과 패러다임을 친숙하게 구현한다.
- **직접 조작** 사용자가 장치를 회전하거나 제스처를 사용해 콘텐츠에 영향을 주는 직접 조작을 경험하게 한다. 이러한 행동에 대한 결과는 즉각적이고 가시적으로 제공된다.
- **피드백** 사용자에게 정보를 제공하기 위해 행동에 대한 결과를 제시한다.
- **은유** 디지털 환경의 가상 객체와 동작은 실제 세계에 뿌리를 둔 친숙한 경험을 은유해 제공한다.
- **사용자 제어** 행동 방침에 대한 제안과 위험한 결과에 대한 경고를 통해 사용자가 원치 않는 결과를 얻는 것을 방지한다.

3 마이크로소프트의 플루언트 디자인

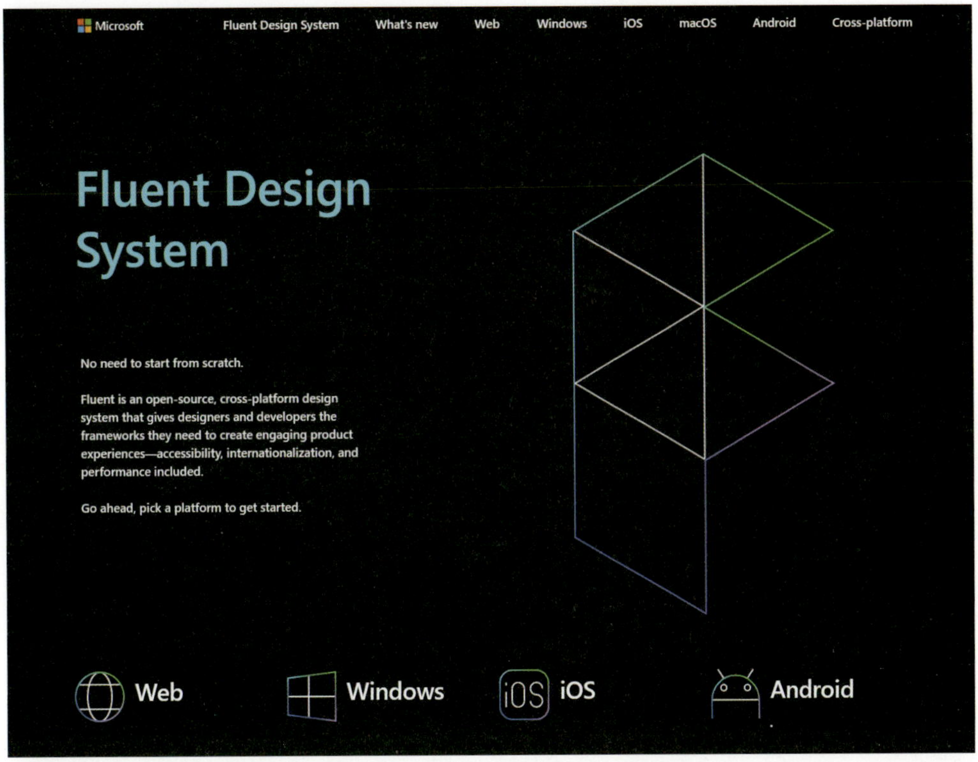

그림 1-12 마이크로소프트의 플루언트 디자인(https://www.microsoft.com/design/fluent)

마이크로소프트는 컴퓨터를 사용하는 사람들에게 가장 친숙한 기업 중 하나로, 많은 사람이 윈도우와 오피스, 인터넷 익스플로러를 사용하고 있다. 마이크로소프트는 디지털 환경을 고려한 포괄적인 디자인 방법론을 고민했고, 인간의 다양성을 고려한 플루언트 디자인 시스템을 개발했다. 편견을 배제해 문제를 해결하고 새로운 아이디어를 통해 다양한 관점을 가진 사람들이 포괄적인 디자인을 생성하면서 다양성을 배울 것을 권장한다.

우선 운영체제별로 디자인 도구 및 오픈소스 구성 요소 에코 시스템을 제공한다. 웹, 윈도우, iOS와 안드로이드 플랫폼에서 일관된 버전을 만들고 마이크로소프트 제품의 논리와 모양을 이해하도록 돕는다. 또한 UI/UX 디자인을 포괄적으로 만드는 방법에 대한 의견을 청취한다.

4 우버의 디자인 시스템

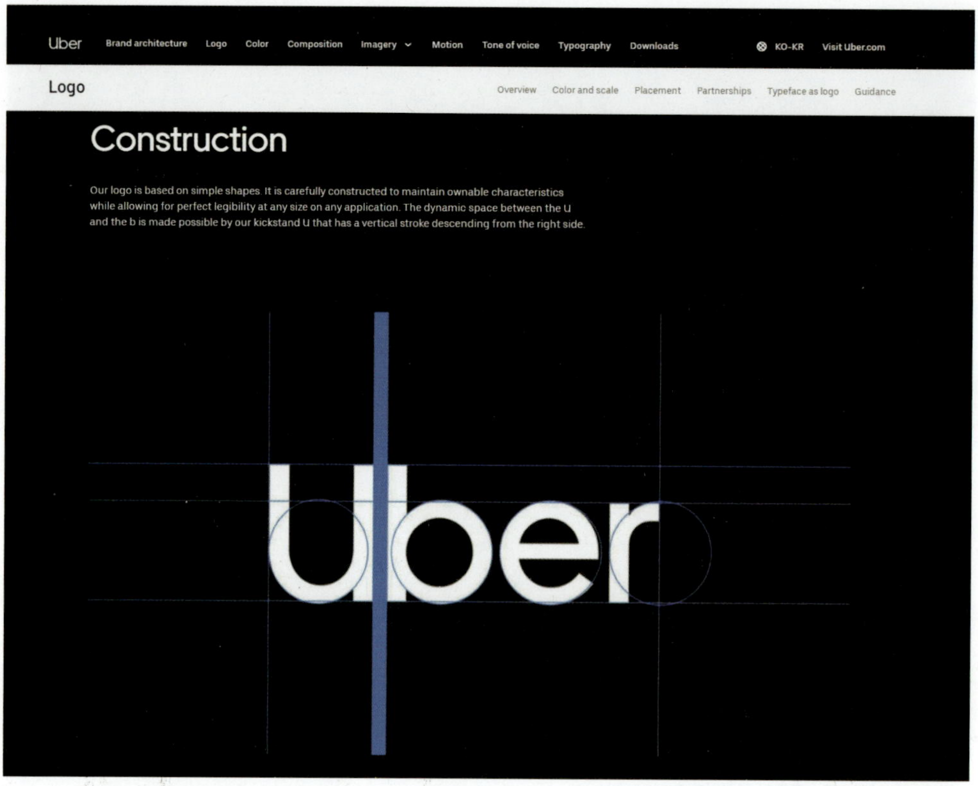

그림 1-13 우버의 디자인 시스템(https://brand.uber.com)

승차 공유 서비스 회사인 우버는 P2P 승차 공유, 승차 서비스 호출, 배달 서비스 등을 제공한다. 승차 공유 서비스에서 시작해 여행, 운송, 우주 공간 분야에 이르기까지, 이동에 관련된 다양한 문제를 디자인 시스템을 통해 해결하고 있다.

우버는 다양한 서비스 플랫폼에서 브랜드 정체성과 일관성을 유지하기 위해 디자인 시스템을 개발했다. 이는 하위 브랜드에서 내부의 팀, 제품, 프로그램에 이르기까지 사람들을 원하는 곳으로 이동시킨다는 철학을 바탕으로 하고 있다.

우버의 디자인 시스템은 디자인 기업이 그대로 모방해도 좋을 만큼 디자인 시스템 원칙을 잘 반영하고 있다. 브랜드 아키텍처와 로고 사용 방법, 색상 및 타이포그래피, 구성 요소와 이미지는 물론 인터랙션과 보이스 톤에 이르기까지 디자인 시스템이 갖추어야 할 소재를 망라해 카탈로그 형태로 제공한다. 우버는 이를 통해 우버만의 독특한 정체성을 확립했다.

5 쇼피파이의 폴라리스 디자인 시스템

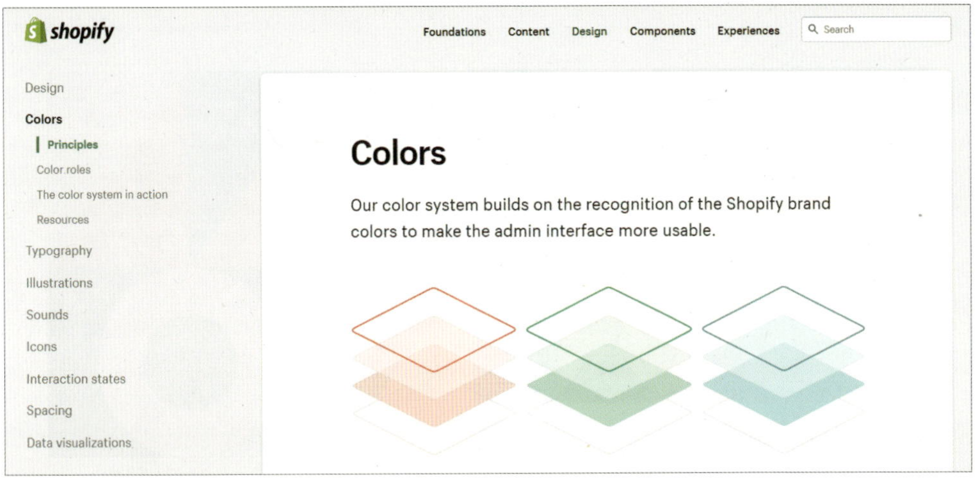

그림 1-14 쇼피파이의 폴라리스 디자인 시스템(https://polaris.shopify.com)

올인원 전자 상거래 플랫폼인 쇼피파이는 전 세계 백만 개 이상의 기업을 지원하고 있다. 전자 상거래 플랫폼의 디자인 시스템을 구축해 사용자가 더 쉽게 접근할 수 있는 플랫폼을 만들도록 지원한다. 쇼피파이는 공유 가치를 그들이 구축하는 경험의 핵심으로 삼고 있다. 이들의 목표는 사람들이 더 쉽게 독립적으로 사업을 시작하고 운영하도록 돕는 것이다.

공유 가치를 위해 쇼피파이가 중요하게 고려하는 것은 접근성, 국제화, 그리고 정보 구조를 모바일에 적용하는 것이다. 쇼피파이는 전자 상거래 플랫폼이므로 배려와 신뢰를 중요시한다. 어느 나라에서 어떤 언어로 어떤 플랫폼을 사용하든 동일하게 작동하도록 하고, 사용자 경험의 수준과 상관없이 목표를 달성하도록 UI/UX를 제공하는 것을 목표로 한다. 또한 사용자가 직면한 복잡한 문제를 이해하고 접근 가능한 솔루션을 명확하게 제공해 빠르고 정확하게 목표를 달성하도록 돕고자 한다. 이 과정에서 사용자의 숙련도와 상관없이 친숙한 패턴을 사용함으로써 사용자 경험을 직관적으로 구현하는 것을 중시한다.

쇼피파이의 디자인 시스템은 온라인에서 카탈로그 형태로 제공된다. GitHub, GraphQL API, 그리고 피그마 UI 키트를 제공하므로 다양한 플러그인을 활용해 새로운 사이트를 구축할 수 있다.

6 에어비앤비의 디자인 시스템

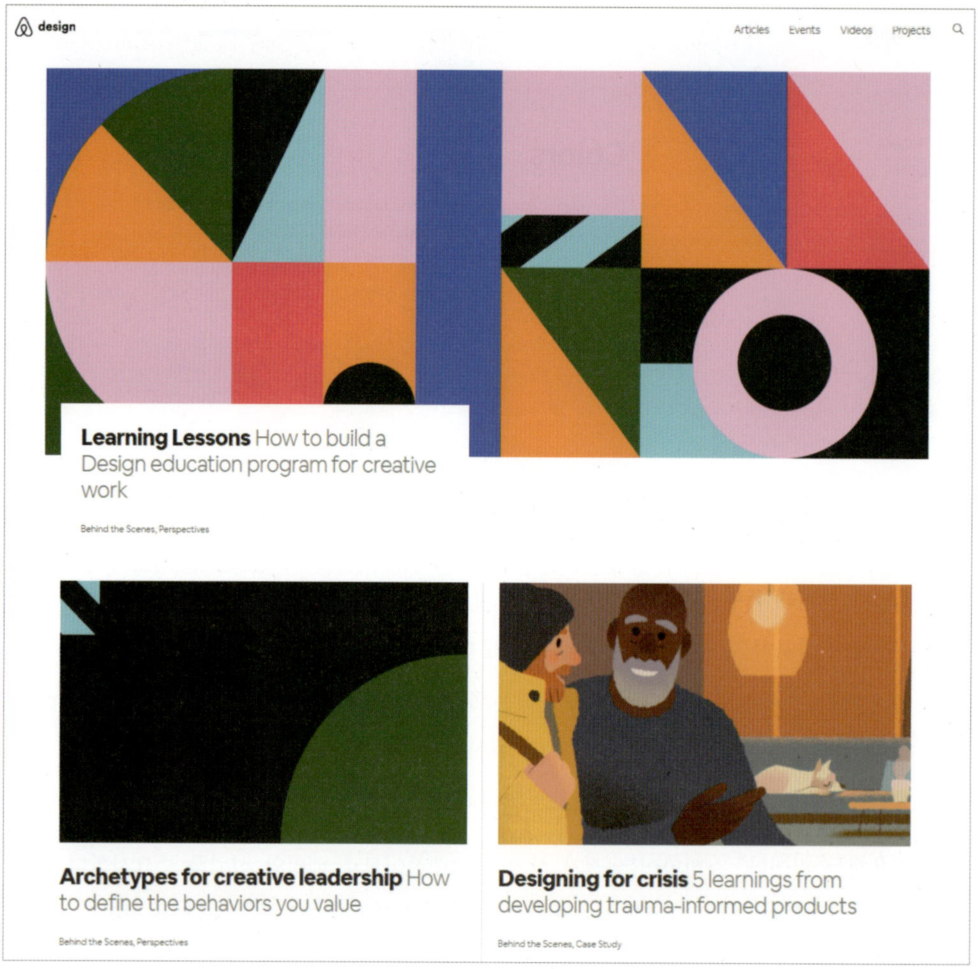

그림 1-15 에어비앤비의 디자인 시스템(https://airbnb.design)

에어비앤비는 모바일 환경이 구축되기 전부터 브랜드 정체성을 확립할 목적으로 시각적 언어를 디자인하기 시작했다. 일관된 경험과 플랫폼 간 통합을 목표로 2016년 엔지니어와 디자이너를 주축으로 DLS[Design Language System]의 첫 버전을 만들었고, 동기화 상태를 유지하기 위한 공통 언어를 구축했다.

에어비앤비의 디자인 부사장인 알렉스 슈라이퍼[Alex Schleifer]는 "구축하는 방법을 먼저 혁신하지 않고는 제품을 혁신할 수 없다."라며 디자인 시스템 구축을 투자 가치로 삼은 것이 큰 도약으로 이어졌다고 했다.

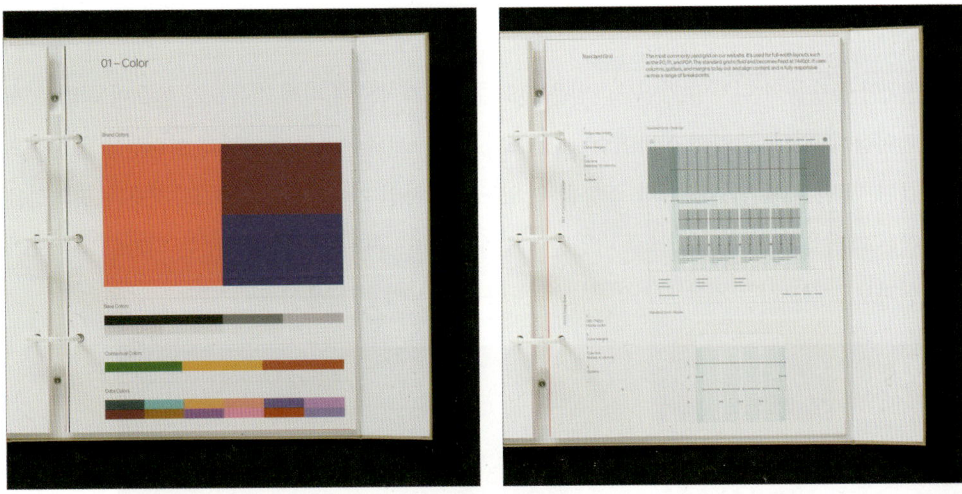

그림 1-16 에어비앤비의 디자인 시스템 북

에어비앤비는 2018년까지 디자인 시스템 북을 인쇄물로 제공했다. 현재는 외부에 디자인 시스템을 제공하지는 않고 있으며, 블로그에 디자인 시스템 구축 과정을 게시하고 있다. 에어비앤비의 디자인 시스템 구축 과정은 참고할 가치가 충분하므로 블로그에 방문해 어떤 프로세스로 디자인 시스템을 구축하고 발전시키고 있는지 알아보는 것이 좋다. 최근에는 에어비앤비 씨리얼이라는 타이포그래피를 개발했으며 그에 대한 사이트를 별도로 운영하고 있다.

그림 1-17 에어비앤비 씨리얼(https://airbnb.design/cereal)

7 기타 디자인 시스템

소프트웨어 플랫폼의 디자인 가이드라인은 OS 디자인 가이드에 비해 자유도가 높으며 곧바로 개발로 이어질 수 있다. 따라서 디바이스나 OS보다는 소프트웨어와의 호환성과 일관성을 중점적으로 다룬다. 또한 자체 앱 생태계가 조성될 수 있도록 디자인 가이드를 제공하고, 사용자 편의성을 높여 빠른 개발을 돕는다. 그러므로 다양한 기업에서 이미 구축해 사용하고 있는 디자인 가이드라인을 살펴보고 검토하는 것은 디자인 시스템을 구축하는 데 큰 도움이 된다.

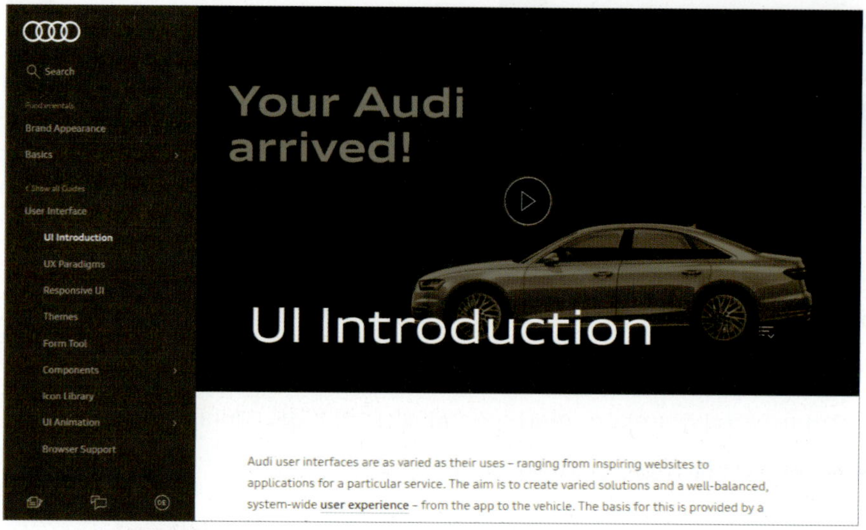

그림 1-18 아우디의 디자인 시스템(https://www.audi.com/ci/en/guides/user-interface/introduction.html)

그림 1-19 세일즈포스의 디자인 시스템(https://www.lightningdesignsystem.com)

Chapter 02
디자인 스타일 가이드의 이해

01 모바일 환경의 이해

02 iOS와 안드로이드의 이해

03 디자인 랭귀지

1
모바일 환경의 이해

모바일이라는 새로운 환경이 등장하면서 디자인 시스템의 중요성은 더 커졌다. PC 모니터가 초대형화 및 울트라와이드화되는 와중에도 모바일 화면은 여전히 작다. 그러므로 작은 화면에 맞게 설계된 사용자 서비스를 제공해야 한다.

우리는 다양한 시행착오를 거치면서 직면한 문제를 해결하고 이후에 비슷한 문제가 또 발생하면 이전의 경험을 바탕으로 손쉽게 해결한다. 각자가 알고 있는 해결책을 추상화한 뒤 폭넓게 적용할 수 있는 형태로 만든다면 이전에 문제를 해결한 경험이 없는 사람도 적절한 해결 방법을 알 수 있을 것이다. 디자인 스타일 가이드는 모바일 애플리케이션이나 시스템을 설계할 때 자주 발생하는 문제에 대한 해결책이자 최상의 가이드 또는 템플릿이다.

모바일 UI를 디자인한다는 것은 모바일 UI의 패턴을 디자인하는 것이다. 이 작업은 사용자가 정보 구조에 따라 화면을 이동하며 웹이나 앱을 이용하는 내비게이션 패턴을 총체적으로 파악하는 일에서 시작한다. 이를 위해서는 OS별 앱의 구조와 명칭, 역할과 주의사항 등을 이해해야 한다.

1 모바일 OS

모바일 OS는 iOS와 안드로이드가 전 세계의 99%를 차지하고 있다. iOS와 안드로이드는 지향하는 디자인 콘셉트뿐만 아니라 UI 컴포넌트의 명칭과 위치, 사용법이 조금씩 다르다. 모바일 UI를 디자인하려면 두 OS에 대해 충분히 이해한 뒤 각각에 맞는 디자인을 준비해야 한다.

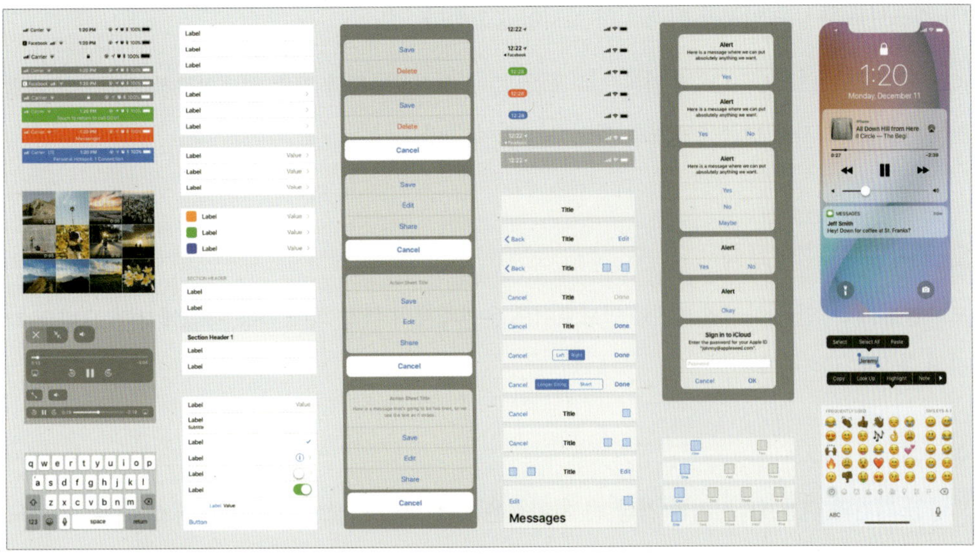

그림 2-1 iOS 템플릿

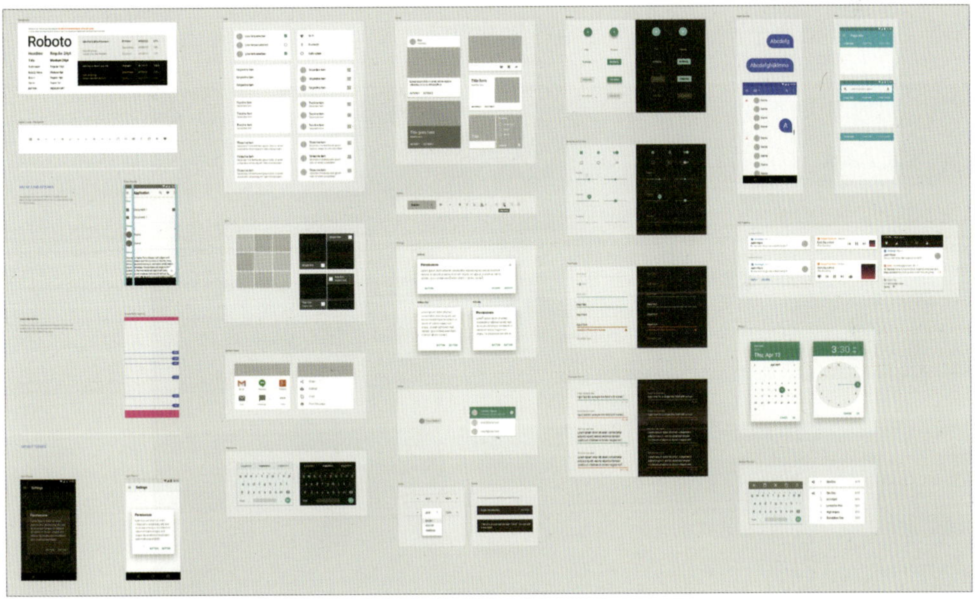

그림 2-2 안드로이드 템플릿

버튼과 같이 반복적으로 사용되는 UI 컴포넌트는 사용자를 위한 온스크린 인터페이스를 구성하는 기본 단위로, 앱의 구성 요소이다. UI 컴포넌트는 다양한 기기의 사양에서 사용자의 요구사항을 충족시키고 기기와 사용자가 원활하게 소통하는 데 매우 중요한 역할을 한다. 또한, 상황에 맞는 UI 컴포넌트를 사용하면 유지보수 및 기능 확장에 용이하다. 그러나 OS마다 UI 컴포넌트의 종류나 표현, 사용하는 상황이 조금씩 다르기 때문에 어떤 OS의 앱을 구축하느냐에 따라 각각의

UI 컴포넌트 특성을 인지한 뒤 배치하는 것이 중요하다.

iOS와 안드로이드 모두 OS에 기본으로 포함되는 UI 컴포넌트를 자주 업데이트하고 있으니 개발자 웹 사이트에 자주 방문해 정보를 확인하는 것이 좋다.

2 모바일 기기의 특징

모바일 UI 디자인을 하려면 iOS와 안드로이드 운영체제의 특징 외에 사용 방법에 따른 모바일 기기의 특징도 고려해야 한다.

이동성

모바일 기기와 다른 IT 기기의 가장 큰 차이점은 이동성이다. 물론 노트북이나 스마트워치 등도 이동하면서 사용할 수 있다. 하지만 노트북은 이동은 가능하되 고정된 상태로 사용하는 것이 일반적이고, 스마트워치는 스마트폰과 연동해 빠른 알림을 받는 것이 주된 역할이라 스마트폰처럼 정보를 검색하고 앱을 구동시켜 사용하는 일은 많지 않다.

그림 2-3 이동 중 사용이 가능한 모바일 기기

반면에, 스마트폰은 이동하면서도 사용할 수 있다. 이러한 이동성에는 동적 사용성이 있고, 동적 사용성은 색상과 타이포그래피에 큰 영향을 끼친다. 웹과 모바일 화면의 색상을 비교해 보면 모바일이 훨씬 대비가 강하다는 것을 알 수 있다. 글꼴 역시 모바일 화면이 크다. 모바일 기기는 변화하는 환경에 맞게 디자인과 색상, 타이포그래피의 동적 사용성을 고려해야 한다.

(a) 머티리얼 디자인의
컬러 가이드가 적용된 예시

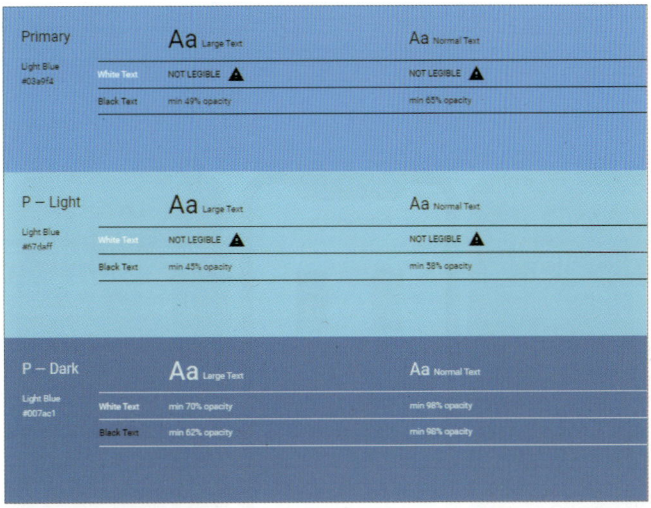

(b) 강한 대비의 머티리얼 디자인 컬러 가이드

그림 2-4 머티리얼 디자인의 컬러 가이드

주변의 밝기

스마트폰은 동적인 환경에서만 사용하는 것이 아니라 햇볕이 쨍한 환경이나 불을 끈 실내에서 사용하는 경우도 많다. 이를 고려해 최근에는 앱에서 다크 모드를 제공하기도 한다.

구글이 운영하는 전자책 서비스인 구글 플레이 북의 경우 시간대에 따라 배경색에 변화를 주어 어두운 환경에서 발생할 수 있는 눈부심이나 눈의 피로를 덜어주기도 한다. 시간대를 지정하면 자동으로 다크 모드와 라이트 모드로 변경되는 서비스를 제공하는 기기도 있다.

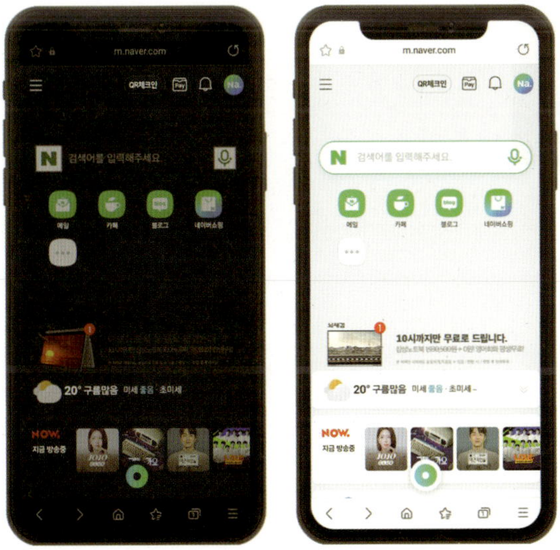

그림 2-5 네이버의 다크 모드와 라이트 모드

애플에서는 iOS 13에 다크 모드를 도입했다. 이 기능은 수동으로 사용할 수도 있고, 라이트 모드와 다크 모드 간의 자동 전환을 사용할 수도 있으며, 일출과 일몰이 기준인 기본 설정도 제어가 가능하다. 구글의 머티리얼 디자인에서도 다크 모드에 관한 가이드를 제공한다.

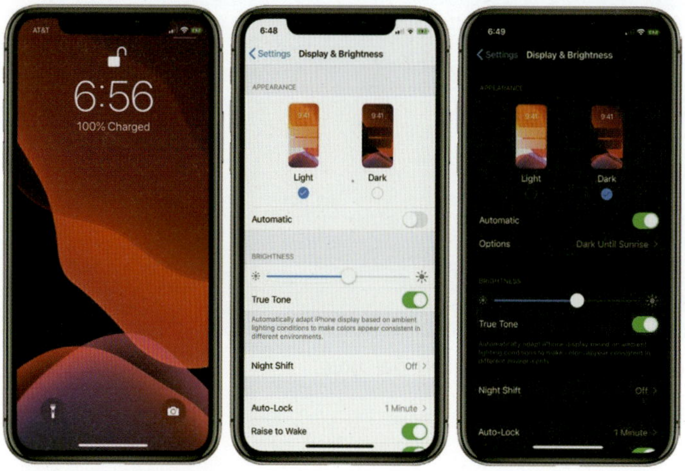

그림 2-6 iOS의 다크 모드

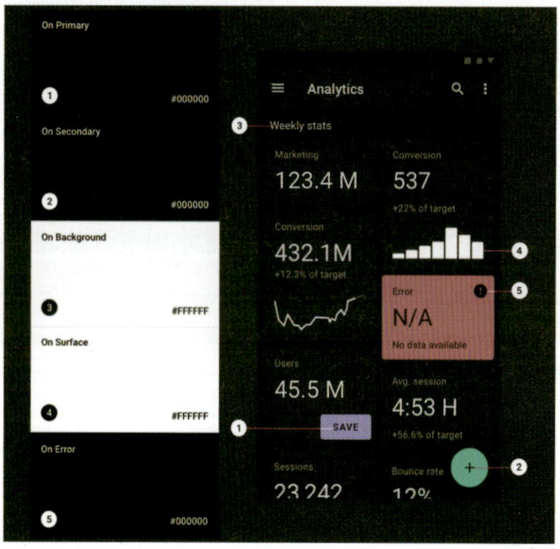

그림 2-7 머티리얼 디자인의 다크 모드 가이드

2
iOS와 안드로이드의 이해

스마트폰은 디바이스 종류가 다양한 만큼 화면의 크기와 해상도도 각기 다르다. iOS는 애플 기기 전용이지만 안드로이드는 오픈 소스이며 단편화되어 있다. iOS와 안드로이드의 디자인을 설계하려면 먼저 둘의 차이를 이해해야 한다. iOS와 안드로이드는 사용자 경험 및 디자인 가이드를 각 사이트에서 제공한다.

1 탐색 스타일

iOS와 안드로이드가 가장 큰 차이를 보이는 점은 탐색 구조이다.

표 2-1 iOS와 안드로이드의 탐색 구조 차이

iOS	안드로이드
• 화면 왼쪽 상단의 뒤로 가기 컨트롤을 탭해 이전 화면으로 돌아간다. • 뒤로 가기 컨트롤이 없는 경우에는 왼쪽에서 오른쪽으로 스와이프해 이전 화면으로 이동한다. • 디바이스 하단에 있는 탭 바가 기본 탐색 모음이다. • 세그먼트 컨트롤로 동일한 페이지의 콘텐츠를 제어한다. • 햄버거라고 불리는 리스트 메뉴 자리에 뒤로 가기 컨트롤이 위치하므로 탭 표시줄에 더 보기 버튼을 배치한다.	• 화면 하단에 뒤로 버튼, 홈 버튼, 멀티태스킹 버튼으로 구성된 범용 탐색 모음인 탐색 바가 있다. • 탐색 바는 범용 탐색 모음으로 모든 페이지에 위치하며 언제든 이전 화면으로 쉽게 이동할 수 있다. • 최상위 탐색을 위한 탭이 별도로 배치되어 동일한 수준의 탐색을 한다. • 앱 왼쪽 상단에 햄버거 메뉴를 배치해 서랍처럼 열리고 닫히는 형태로 보조 탐색을 한다.

그림 2-8 iOS와 안드로이드의 탐색 구조

2 그리드

UI 설계는 기기의 크기나 해상도 변화에 대응할 수 있는 안전 영역인 그리드 내에 있어야 한다. 화면 크기를 고려할 때 높이 제한은 없으며, 탐색 모음이나 앱 모음, 탭 모음과 하단 탐색 모음의 크기는 가이드를 따르는 것이 좋다. iOS와 안드로이드의 그리드 차이는 다음과 같다.

표 2-2 iOS와 안드로이드의 그리드 차이

	iOS	안드로이드
단위	pt(포인트)	dp(밀도 독립 픽셀)
기준 크기	375×812(pt)	360×640(dp)

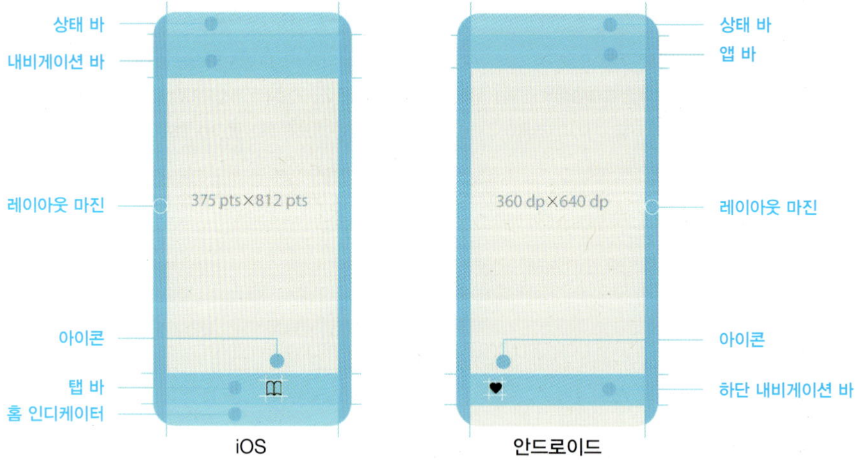

그림 2-9 iOS와 안드로이드의 그리드 사양

3 시각 디자인

평면 UI를 지향하는 iOS는 처음부터 사용했던 스큐어모픽 디자인을 배제하고 플랫 디자인을 고수하고 있으며, 안드로이드는 계층을 표시하기 위한 그림자를 머티리얼 디자인에 사용한다.

표 2-3 iOS와 안드로이드의 시각 디자인 차이

	iOS	안드로이드
시스템 폰트	San Francisco Pro	Roboto
제목 정렬	가운데 정렬	왼쪽 정렬
버튼 스타일	대문자	첫 글자만 대문자

iOS의 휴먼 인터페이스 디자인과 머티리얼 디자인 가이드라인 모두 다양한 버튼 스타일을 정의하고 있으므로 해당 가이드라인을 참고해 디자인 지침을 준수할 필요가 있다.

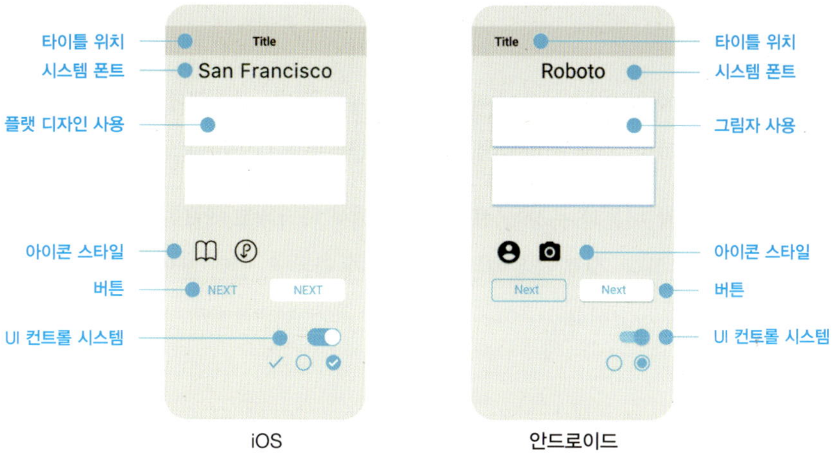

그림 2-10 iOS와 안드로이드의 시각 디자인

4 UI 컨트롤

iOS와 안드로이드의 UI 컨트롤 차이는 다음과 같다.

표 2-4 iOS와 안드로이드의 UI 컨트롤 차이

iOS	안드로이드
• 기본 클릭 유도 액션 아이콘이 오른쪽 상단에 위치한다. • 검색 버튼이 탭 바에 위치한다.	• 플로팅 액션 버튼, 즉 FAB 방식을 이용한다. FAB은 오른쪽 하단 탐색 모음 바로 위에 위치한다. • 검색 버튼이 오른쪽 상단에 위치한다.

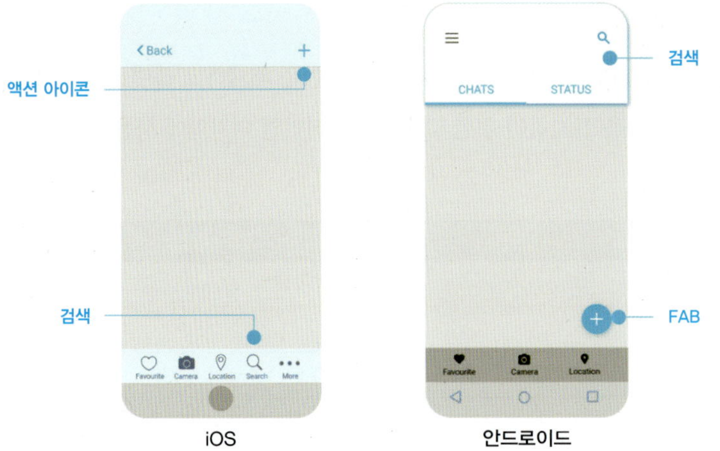

그림 2-11 iOS와 안드로이드의 UI 컨트롤

5 기타

iOS는 검색 컨트롤을 하단 탭 바가 아닌 상단에 배치하는 경우도 있다. 시스템에 따라 검색을 다른 곳에 위치시키는 것이 가능하며, 검색 스타일에 사용하는 컨트롤도 다양하다.

알림 창의 경우 iOS에서는 동작 버튼과 문장을 선으로 구분해서 나타내고, 안드로이드에서는 스낵바, 배너, 다이얼로그로 구분한다. 상호 작용에는 우선순위가 있는데, 알림 창의 우선순위는 머티리얼 디자인의 가이드 지침을 참고한다.

그림 2-12 iOS와 안드로이드의 검색과 알림 창

iOS의 휴먼 인터페이스 디자인과 안드로이드의 머티리얼 디자인에는 각각의 고유성도 있고 차이점도 있지만, 더 나은 경험을 위해 친숙한 패턴을 유지하기도 한다. 기업이 유사한 UI로 서비스를 제공하고 일관성을 유지하면 비용과 시간을 절감하는 효과가 있기 때문이다.

iOS와 안드로이드 플랫폼 모두 아이콘이나 기호를 사용할 때 보편적인 필수 규칙을 따라야 한다. 예를 들어 스타일이 달라도 돋보기 아이콘은 동일한 의미로 사용된다. 탭, 스크롤, 드래그, 핀치 및 스와이프와 같은 터치 제스처의 유사성 역시 사용자에게 직관적으로 도움이 된다.

다른 상호 작용이 있는 경우에는 레이블이나 컬러 등으로 사용자에게 알려줄 수 있다. iOS에서 사용하는 점 세 개로 이루어진 더 보기 버튼의 경우 안드로이드 사용자에게는 생소할 수 있지만 레이블이 있으면 의미를 예측할 수 있다.

디자인 시스템을 구축하기 위해 iOS와 안드로이드를 이해하려면 두 시스템에서 제공하는 가이드라인을 참고해야 한다. 나아가 다양한 디자인 시스템 구축 사례를 참고하면 보편적이고 더욱 쉽게 이해되는 패턴을 구현하고 모든 플랫폼에 빠르게 적용하는 데 도움이 된다.

오늘날 스마트폰, 노트북, 태블릿과 같은 기기들은 단순히 하나의 장치가 아니다. 사용자 경험과 선택을 원활하고 폭넓게 보장하려면 일관된 UI 지침을 준수하고 이용 맥락을 잘 이해해 보편적인 패턴을 구현해야 한다.

3
디자인 랭귀지

최근까지 모바일 UI/UX 디자인의 종류는 OS에 따라 결정되었다. 즉, 안드로이드에서는 머티리얼 디자인, iOS에서는 플랫 디자인을 주로 사용했다. 모바일 UI/UX 디자인은 구글의 머티리얼 디자인과 애플의 플랫 디자인으로 양분되어 있었다고 해도 과언이 아니었다.

그러나 플랫 디자인을 고수하던 iOS에서 점차 머티리얼 디자인을 받아들이면서 구글의 머티리얼 디자인에서도 iOS를 위한 가이드라인을 함께 제공하고 있다. 플랫 디자인과 머티리얼 디자인은 각기 장단점이 있으므로 유동적으로 사용하는 것이 좋다.

또한, 기술이 발달하면서 스마트폰의 해상도와 메모리 기술이 향상되고 3D 이미지나 아이소메트릭 이미지를 이용한 입체 디자인이 주를 이루면서 예전의 스큐어모픽 디자인을 사용하는 빈도도 높아지고 있다.

그림 2-13 스큐어모픽 디자인

1 스노우 화이트

스노우 화이트Snow White는 "형태는 감정을 따른다."는 명언을 남긴 프로그 디자인의 하르트무트 에슬링거Hartmut Esslinger가 만든 애플의 디자인 랭귀지로, 정식 명칭은 '스노우 화이트 디자인 랭귀지'이다. 스노우 화이트는 애플 제품군이 일관성을 유지할 수 있게 하는 기준으로, 시각 디자인이 아닌 산업 디자인 언어로 개발되었다는 특징이 있다.

그림 2-14 스노우 화이트 디자인 랭귀지를 따른 에슬링거의 매킨토시 디자인과 프로토타입

스노우 화이트에는 표면 텍스처링을 최소화하고 밝은 흰색 또는 밝은 회색으로 채색하라는 지침이 포함되어 있고, 애플 로고의 커팅 방법, 모퉁이 반경값, 로고의 위칫값 등이 상세히 기술되어 있다. 스노우 화이트는 애플의 명성이 세계적으로 높아지는 데 기여했을 뿐 아니라 컴퓨터 산업의 디자인 트렌드를 견인했다. 특히 애플 로고 사용 지침은 거의 모든 제품에 적용되었다.

2 스큐어모픽 디자인

초창기 애플에서는 스큐어모픽 디자인을 활용해 스마트폰에 현실감을 적용했다. 디테일한 질감, 색감, 빛, 엠보싱 효과 등을 이용해 화려하고 사실적인 이미지를 구현했고, 이로 인해 사용자는 터치스크린 환경을 친숙하게 받아들이고 빠르게 적응할 수 있었다.

하지만 스큐어모픽 디자인은 다양한 기기에서 일관된 느낌을 주기 어렵고, 콘텐츠에 집중하는 데 효과적이지 않으며, 그래픽 요소의 과한 사용으로 비용적인 측면에서도 효율적이지 않다는 단점이 있었다.

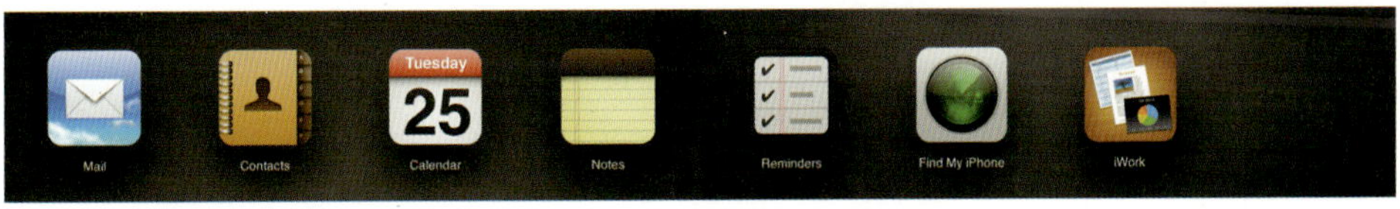

그림 2-15 애플의 스큐어모픽 디자인

최근에는 디바이스의 사양이 높아지면서 스큐어모픽 디자인이 다시 적용되고 있다. 이를 스큐어모피즘 2.0이라 한다. 스큐어모피즘 2.0은 현실 세계를 직접적으로 은유하는 직관적 디자인으로 사용되는 데 그치지 않고 브랜드 정체성과 시각적 강력함을 어필하고 사용자 행동을 끌어내기 위해 사용되고 있다. 과거에는 디자이너들이 엄청난 시간과 노력을 들여 3D 이미지를 만들었지만 최근에는 손쉽게 만들 수 있게 된 것도 스큐어모피즘이 다시 부상한 요인이다. 하지만 파일이 무거워진다는 단점은 여전히 존재한다.

3 플랫 디자인

플랫 디자인Flat Design은 스큐어모픽 디자인에서 사용한 입체적이고 복잡한 그래픽 요소를 배제하고 단순한 구성과 컬러를 통해 사용자가 직관적으로 인식할 수 있게 하는 2차원 평면 방식의 디자인이다. 플랫 디자인의 레이아웃은 그리드 기반으로 규칙적으로 구성되어 있다. 사각형의 메트로 디자인으로 구성한 마이크로소프트 윈도우 8의 시작 화면은 플랫 디자인이 적용된 UI의 대표적인 사례이다. 애플은 iOS 7부터 GUI 디자인을 플랫 디자인으로 전환하기 시작했다.

그림 2-16 iOS 아이콘의 스큐어모픽 디자인과 플랫 디자인

[그림 2-16]은 iOS 아이콘의 스큐어모픽 디자인과 iOS 7 이후의 플랫 디자인을 나란히 배치해 비교할 수 있게 한 것이다. 둘을 비교해 보면 플랫 디자인에는 반사광이나 그레이디언트 요소가 거의 제거되어 있음을 알 수 있다. 조금씩 진화하면서 사용자가 변화에 익숙해질 시간을 주는 배려를 하고 있는 것이다.

그림 2-17 iOS 아이콘의 변화

플랫 디자인은 단시간에 큰 이슈를 불러오며 모바일뿐만 아니라 웹의 수많은 서비스에 적용되었다. 하지만 모든 요소가 평면적이기 때문에 어떤 요소가 중요하며 요소에 어떤 기능이 있는지 알기 어렵고, 클릭이 가능한 영역의 구분도 모호하다. 그리고 지나친 단순화로 인해 사용자가 중요한 기능을 놓치거나 서비스를 이해하지 못할 수도 있다.

그리드 기반의 콘텐츠 분할, 산세리프체, 유사한 컬러 등의 원칙은 플랫 디자인을 개성 있고 세련되게 만드는 요인이다. 하지만 시간이 지날수록 익숙해지면서 점차 개성이 사라지고 유사한 디자인 스타일이 양산되었다. 이를 보완하기 위해 그라디언트나 블러Blur 처리를 통해 요소 간의 우선순위를 표현하기 시작했는데, 이를 플랫 2.0 또는 딥 플랫Deep Flat이라고 한다.

최근의 iOS는 딥 플랫 방식보다 머티리얼 디자인의 그림자 재질을 이용하는 방식에 더 가까우며 머티리얼 디자인도 이러한 점 때문에 iOS를 위한 가이드를 별도로 제공하고 있다.

Tip 휴먼 인터페이스 가이드라인을 보면 애플의 iOS 디자인으로 대표되는 플랫 디자인의 변화된 유형과 사용 가이드를 확인할 수 있다.

- 애플의 휴먼 인터페이스 가이드라인: https://developer.apple.com/design

그림 2-18 iOS 14의 UI

4 머티리얼 디자인

OS로 안드로이드를 사용하는 제조사가 많고 스마트폰의 종류도 다양하다 보니 각 제조사의 아이덴티티를 유지하면서도 커스텀이 가능하도록 하는 것이 중요했다. 이런 상황에 적합한 디자인 기준을 만들기 위해 안드로이드의 롤리팝 버전부터 머티리얼 디자인이 등장했다.

머티리얼 디자인[Material Design]이란 물질의 질감이나 광원 효과, 그림자 효과 등을 통해 디자인에 깊이감을 더한 것으로, 단순하고 편리한 기술 개발에 주력했던 구글이 디자인 중심으로 개편하면서 발표한 것이다. 머티리얼 디자인은 플랫 디자인과 상당히 유사해 보이지만, 평면만 추구하는 플랫 디자인과 달리 종이 두께의 높낮이를 표면에 적용해 그림자를 만들고 질감을 적용한다.

그림 2-19 머티리얼 디자인의 재질과 그림자

머티리얼 디자인은 3차원의 Z축을 이용해 표면에 높낮이를 구현한다. 요소 간의 우선순위를 그림자를 통해 나타내므로 정보 구조를 표현하기에 적합하다는 장점이 있다. 그 결과 사용자는 디자이너의 의도대로 서비스를 이용할 수 있다. 머티리얼 디자인은 플랫 디자인의 장점인 단순함을 유지하면서 스큐어모픽 디자인의 시각적 다양성을 추가해 사용성을 더 끌어올린다.

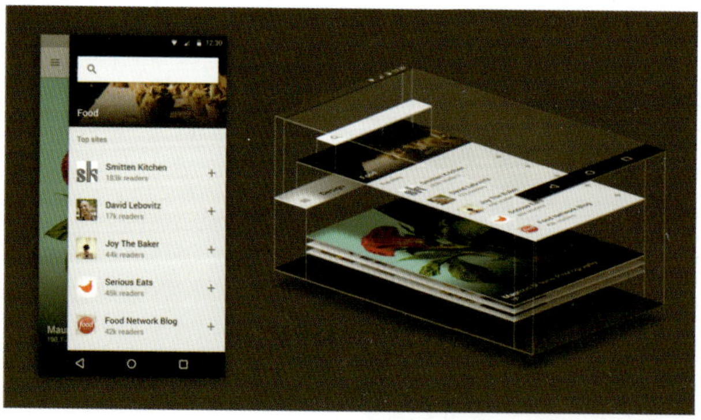

그림 2-20 X, Y, Z축이 있는 3D 공간

Tip 구글 안드로이드의 머티리얼 디자인은 현재 '머티리얼 3.0'을 발표하는 등 계속 진화하고 있다.

- 구글 안드로이드의 머티리얼 디자인 가이드: https://material.io

Chapter 03
디자인 스타일 가이드의 필수 요소

1
해상도와 밀도

1 해상도

웹 디자인에서는 사용자의 표준 모니터 크기와 사용성만 충족하면 되었기 때문에 아트보드의 크기를 지정하는 픽셀 단위 해상도만 고려하면 되었다. 그러나 앱 디자인은 상황이 다르다. 모바일 기기가 다양해지고 특히 안드로이드 기기의 크기와 비율이 다양해지면서 기기마다 해상도에 따라 선명도에도 차이가 생겼기 때문이다.

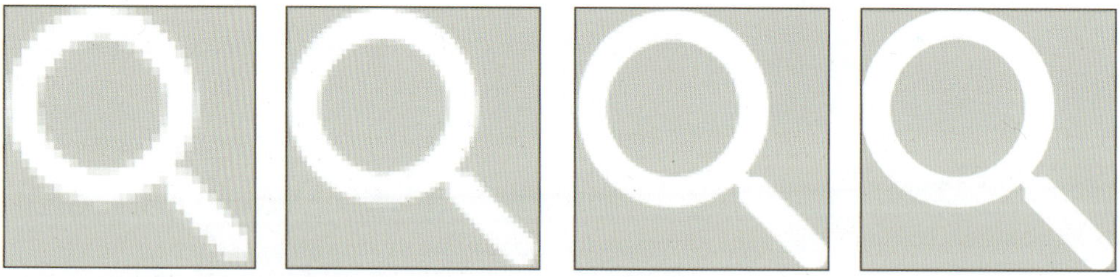

(a) 30×30 (b) 50×50 (c) 100×100 (d) 300×300

그림 3-1 해상도에 따른 선명도 차이

해상도Resolution는 화면 또는 인쇄물 등에서 이미지를 몇 개의 픽셀Pixel 또는 도트Dot로 표현하는지를 나타내는 정밀도의 지표이다. [그림 3-1]을 보면 이미지의 크기는 같지만 해상도에 따라 선명도가 다르다는 것을 알 수 있다. 픽셀이 적은 30×30보다 픽셀이 많은 300×300에서 이미지가 더욱 선명하게 보인다. 픽셀이 많을수록 이미지를 더 세밀하게 표현할 수 있다.

2 픽셀과 포인트

픽셀은 화면을 구성하는 최소 단위로, 'Pixel'의 약자인 px을 단위로 사용한다. 픽셀은 mm나 cm와 같이 화면의 전체 크기와 상관없이 지정한 수치만큼 표시되는 절대 단위로, 실제 디자인할 크기를 지정할 때 사용한다.

iOS가 화면에 콘텐츠를 배치할 때 사용하는 좌표계는 포인트 단위를 기반으로 하며, 이는 디스플레이의 픽셀에 매핑된다. 표준 해상도 디스플레이는 1:1 픽셀 밀도이며 이를 iOS에서는 @1×로 표시한다. 여기서 1pt는 1px을 의미한다.

아이폰은 레티나 디스플레이Retina display를 장착하면서부터 픽셀을 두 배로 늘려 매우 선명한 화면으로 출력하는 그래픽을 구현했다. 레티나 디스플레이에서 UI가 레티나 디스플레이 이전의 디스플레이와 동일한 물리적 크기를 유지하게 하려면 픽셀을 두 배로 늘려서 디자인해야 한다.

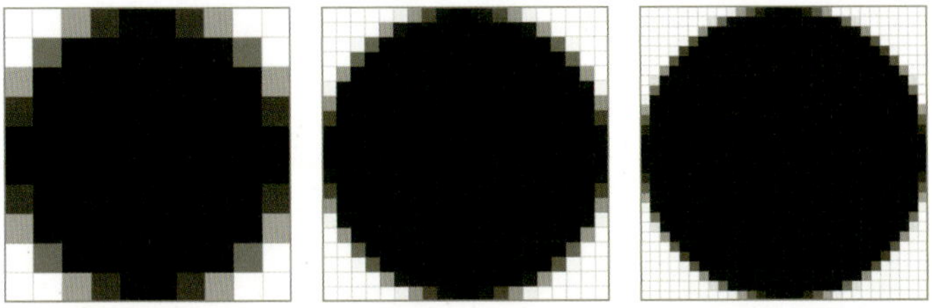

(a) @1x
(10×10(px))

(b) @2x
(20×20(px))

(c) @3x
(30×30(px))

그림 3-2 iOS의 pt 해상도

예를 들어, 터치 타깃 영역의 기본 크기인 44×44(px)은 레티나 디스플레이에서는 88×88(px)로 키워서 디자인해야 한다. 따라서 디자이너는 원래 버전인 @1× 그래픽과 새로운 크기인 @2×, @3× 그래픽을 함께 제공해야 한다. 이는 UI 안에서 보이는 버튼의 크기가 더 이상 44×44(px)이라고 단정할 수 없는 상대적 개념이 되었다는 뜻이다. 이를 위해 사용하는 개념이 포인트이다. 1pt는 레티나 디스플레이 이전의 기기에서의 1px을, @2×인 레티나 디스플레이에서는 2px을 뜻한다. 즉 44pt의 버튼은 @2×에서는 88px이며 @3×에서는 132px이 된다. 그러나 지금은 iOS에서 @1×를 지원하지 않기 때문에 2배수와 3배수 개념만 생각하면 된다.

3 dp의 이해

스크린은 픽셀로 구성된다. 그런데 픽셀을 기준으로 디자인하면 1인치 안에 표시되는 픽셀 수를 나타내는 ppi, 즉 픽셀 밀도로 인해 의도한 것과 다르거나 작게 표시될 수 있다. 이를 방지하기 위해 어떤 화면에서도 같은 크기로 보이도록 iOS에서는 pt, 안드로이드에서는 dp 단위를 사용한다. dp는 밀도 독립 픽셀(DIPDensity Independent Pixels)로, 덴시티라고도 부른다.

안드로이드를 OS로 사용하는 스마트폰은 크기가 동일하더라도 기기의 해상도에 따라 디자이너가 실제 디자인해야 하는 화면의 크기가 다르다. 해상도와 비율이 다른 기기에 동일한 이미지를 사용하면 크기가 달라 보이기 때문이다. 이를 방지해 어떤 크기의 화면에서도 동일한 비율로 보이게 하기 위해 안드로이드에서 정의한 좌표 단위가 dp이다. dp를 적용하면 화면의 밀도Density가 변해도 이미지 크기가 변하지 않는다. 즉, dp는 비율에 따라 이미지 픽셀을 조정해 큰 이질감 없이 동일한 크기로 보여주는 해상도 개념이다.

화면 픽셀 밀도와 해상도는 플랫폼에 따라 다르기 때문에 1인치에 들어가는 픽셀 수를 픽셀 밀도로 계산해 화면의 크기를 조절한다. 고밀도 화면은 저밀도 화면보다 1인치에 들어가는 픽셀 수가 많으므로 픽셀 크기가 동일한 UI 요소는 저밀도 화면에서는 크게 보이고 고밀도 화면에서는 작게 보인다.

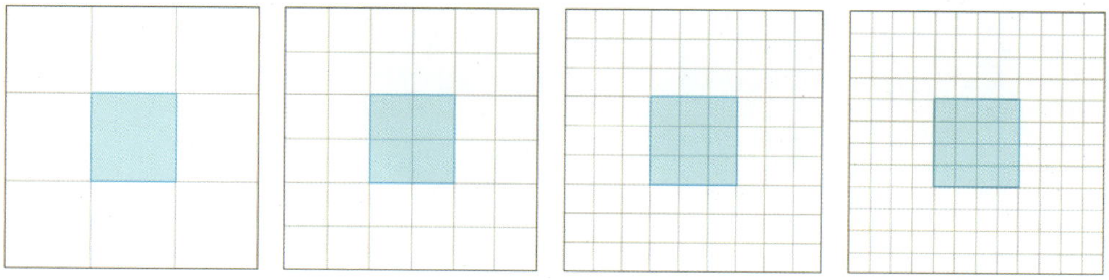

그림 3-3 화면 픽셀 밀도와 해상도

[그림 3-3]에서 사각형 크기는 시각적으로 보기에는 같지만 픽셀의 개수는 해상도에 따라 다르다. 해상도가 달라도 크기가 동일하게 보이게 하려면 해상도마다 다른 크기의 디자인이 필요하다. 해상도에 따라 다르게 보이는 크기를 조절하려면 밀도를 다르게 제작해야 하는데, 이때 사용되는 것이 바로 dp이다. 이것을 해상도가 다른 두 스마트폰에 적용해 보면 다음과 같다.

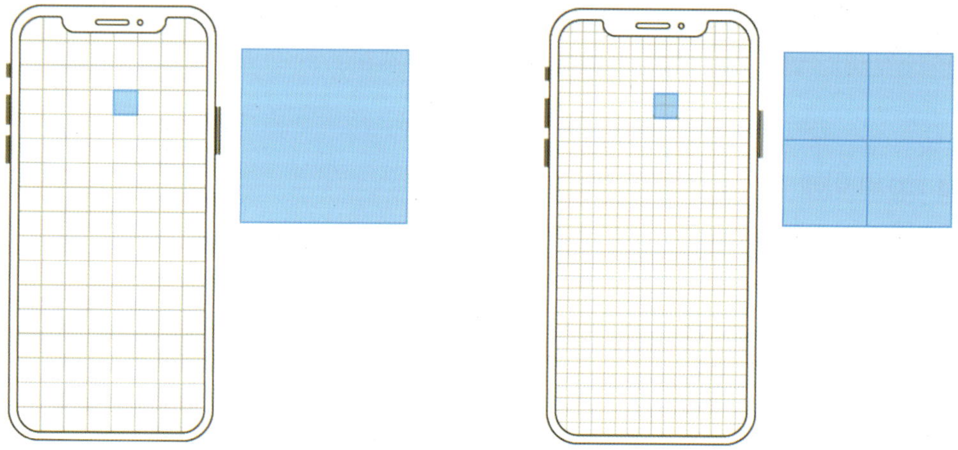

그림 3-4 해상도에 따른 이미지 크기와 밀도

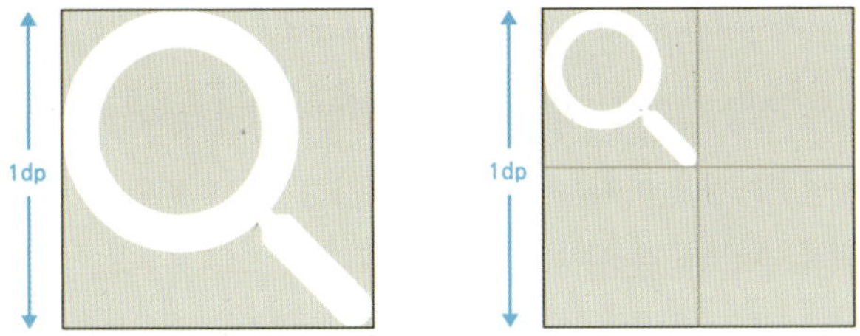

(a) 1px (b) 4px

그림 3-5 해상도에 따른 이미지 크기와 밀도의 픽셀 확대

만일 해상도와 상관없이 동일한 이미지 크기를 적용하면 다음과 같은 문제가 발생할 수 있다.

(a) 1.0x (b) 1.5x (c) 2.0x (d) 3.0x (e) 4.0x

그림 3-6 밀도를 무시하고 디자인한 경우

따라서 해상도에 맞게 모든 화면에서 동일한 위치에 동일한 크기로 보이도록 디자인하려면 dp를 적용해야 하고 dp를 픽셀로 전환할 수 있어야 한다.

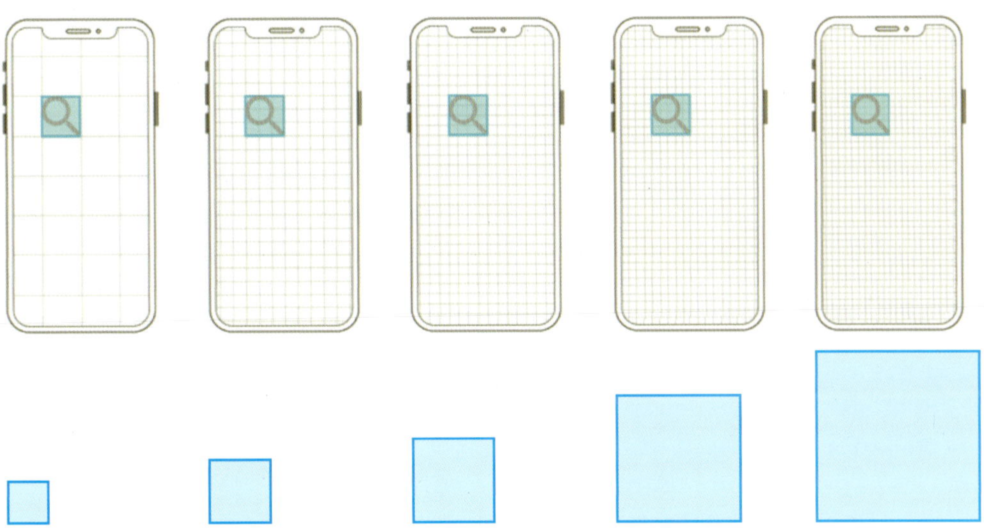

(a) 1.0x (b) 1.5x (c) 2.0x (d) 3.0x (e) 4.0x

그림 3-7 밀도에 따라 디자인한 경우

4 래스터화

dp는 수학적 좌표 공간에서만 의미가 있는 추상 단위다. dp는 픽셀로 렌더링되며 dp에 배율을 곱해 픽셀 값을 얻는다. 배율이 높을수록 선명도가 높아지는데, dp 값을 기준으로 너비와 높이를 px로 계산해야 디자인할 아트보드의 크기를 구할 수 있다.

디자인한 이미지를 전달할 때 대부분의 개발자는 5.5인치에 맞춰달라고 한다. 5.5인치는 아이폰 기종 중 6+, 6s+, 7, 8을 말하며, 해당 기종은 401ppi를 기준으로 한다. 5.5인치는 16:99 비율의 1920×1080(px)로, 아이폰에서 가장 많이 사용된다. 그러나 1920×1080(px)로 디자인하는 디자이너는 없다. 이를 1@로 만들면 360×960 크기가 되기 때문에 대부분 1배수 혹은 2배수 크기로 작업한다.

장치 화면의 해상도가 이전 단계에서 렌더링한 이미지보다 낮은 경우도 있다. 이는 아이폰 6+의 비율이 이전까지의 아이폰과 달라지면서 나타난 현상으로, 이미지를 표시하기 위해 해상도를 낮추는 다운샘플링으로 크기를 조정해야 한다. 이를 피지컬 픽셀이라고 한다. 마지막으로 계산된 픽셀은 물리적 화면에 표시된다. ppi는 1인치에 얼마나 많은 픽셀이 들어가는지, 픽셀이 실제 얼마나 큰지 알려준다. 이 과정은 필수적인 작업으로, 래스터화Rasterization라고 한다.

표 3-1 래스터화 단계

단계	설명
❶ 논리적 표현(dp, point)	dp나 point는 추상 단위로, 수학적 좌표 공간에서만 의미가 있다. 실제 디자인을 위해서는 래스터화가 필요하다.
❷ 물리적 표현(px)	dp나 point가 px로 렌더링되는 과정을 래스터화라고 한다. px은 dp나 point의 배율을 곱해서 얻을 수 있으며, 이 과정을 거쳐야만 실제로 디자인할 크기를 얻을 수 있다.
❸ 다운샘플링	디바이스 해상도는 이전 단계에서 렌더링된 이미지보다 낮을 수 있다. 이미지를 표시하기 위해 해상도를 낮추는 다운샘플링, 즉 이미지의 크기 조정이 필요한 단계가 있다. 이는 아이폰 6+, 6s+, 7+, 8+의 비율이 다른 디바이스보다 약간 작아서 생긴 과정으로, 아이폰에만 해당된다.
❹ 인지(ppi)	계산된 픽셀을 물리적 화면에 표시한다. ppi는 1인치에 맞는 픽셀 수와 실제 세계에 나타나는 픽셀 크기를 알려준다.

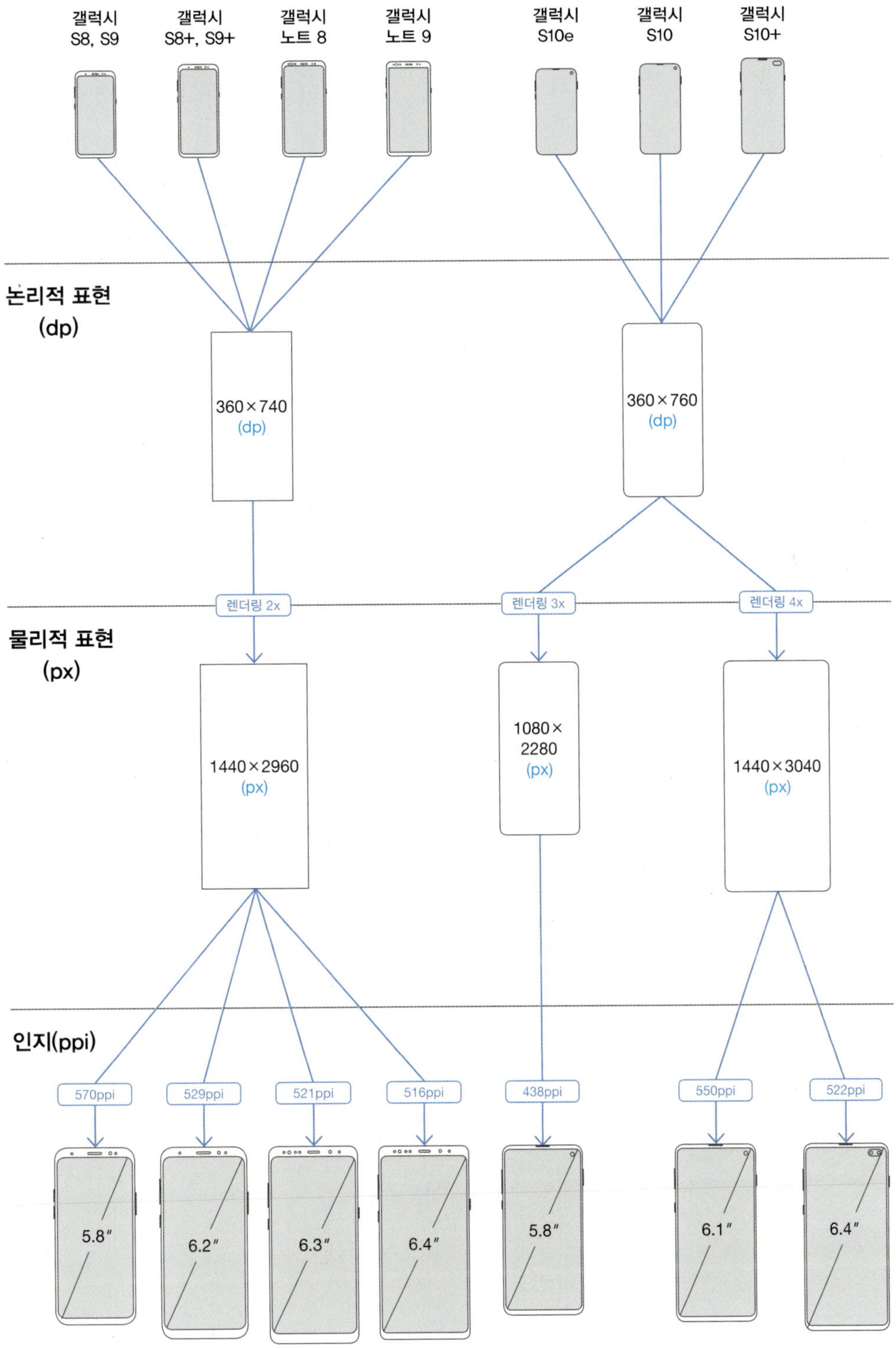

그림 3-8 안드로이드의 래스터화 단계

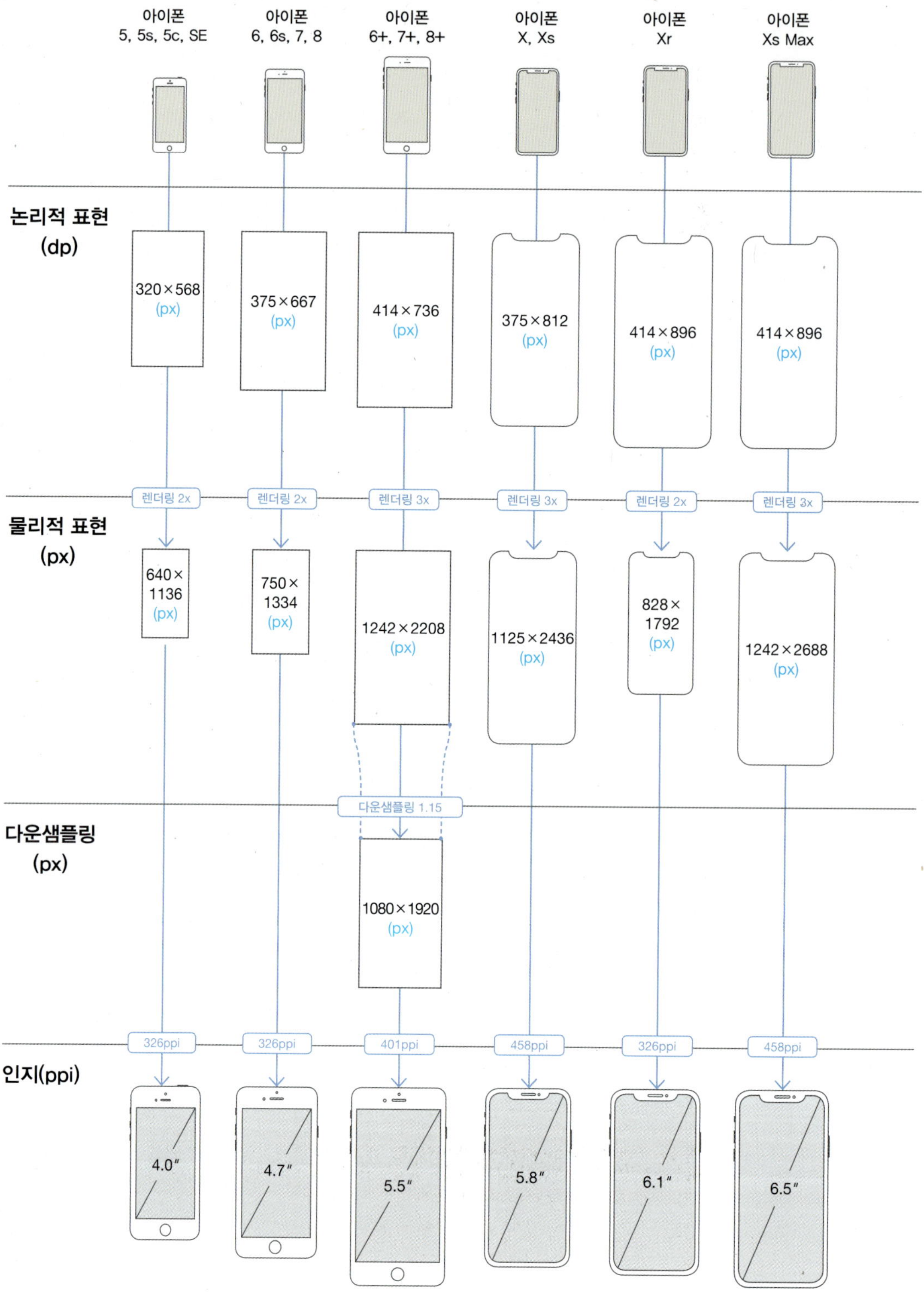

그림 3-9 iOS의 래스터화 단계

5 아트보드의 크기

디자인을 하기 위해 아트보드나 이미지의 크기를 적절하게 설정하려면 dpi에 대해 잘 알고 있어야 한다. 원래 dpi^Dot per Inch^는 인쇄할 때 사용되는 공간 밀도의 측정값을 나타내는 단위로, 프린터에 인치당 넣을 수 있는 도트(잉크 방울)의 수를 의미한다. 당연히 인치당 도트 수가 많을수록 선명하게 출력된다.

이 개념을 컴퓨터 화면에 적용한 것이 ppi^Pixel per Inch^이다. ppi는 모니터 화면의 인치당 표시되는 픽셀 수를 말한다. 디바이스의 해상도는 한 화면에 픽셀이 몇 개 포함되어 있는지를 말하며, 가로 픽셀 수와 세로 픽셀 수를 곱한 형태로 나타낸다. 예를 들어 1024×768은 가로 1,024개, 세로 768개 픽셀로 이루어져 있다. 같은 해상도라도 17인치 모니터에서 보는 이미지와 27인치 모니터에서 보는 이미지는 선명도가 다르다. 모니터가 클수록 면적이 넓어지므로 선명도가 떨어진다.

안드로이드에서는 dpi 단위를 사용한다. 안드로이드에서 dpi는 'Density per Inch'의 약자로, 인쇄의 dpi와는 다르다. 안드로이드 기기의 대표적인 dpi는 다음과 같다.

표 3-2 안드로이드 기기의 dpi

해상도	dpi	비율	화면 밀도
ldpi(Low Density per Inches)	120	0.75	240×320
mdpi(Medium Density per Inches)	**160**	**1.0**	**320×480**
hdpi(High Density per Inches)	240	1.5	480×800
xhdpi(Extra High Density per Inches)	320	2.0	720×1280
xxhdpi(Extra Extra High Density per Inches)	480	3.0	1080×1920
xxxhdpi(Extra Extra Extra High Density per Inches)	640	4.0	1440×2560

안드로이드에서 dpi는 mdpi인 160dpi를 기준으로 한다. mdpi는 독립 단위인 dp와 px의 크기가 같아 160dpi=1dp=1px 공식이 만들어진다. 반대로 px을 dp로 계산할 때는 다음과 같은 공식을 사용한다.

$$px = dp \times dpi \div 160 = dp \times density$$
$$dp = dp \times 160 \div dpi = px \div density$$
$$density = dpi \div 160$$

Tip 디자이너는 주로 px 단위로 디자인을 하는데 개발자는 dp 단위를 요구하기 때문에 이를 계산하느라 어려움을 겪기도 한다. dp, sp, px, mm, pt, in 단위를 해상도별로 자동으로 계산할 수 있는 사이트를 이용하면 이를 해결할 수 있다. 예) http://angrytools.com/android/pixelcalc

안드로이드의 dp를 기준으로 보편적으로 사용되는 아트보드의 크기는 360×640(px)이다. 스케치, 어도비 XD, 일러스트레이터와 같은 벡터 프로그램에서는 안드로이드의 기준 크기인 mdpi 비율을 그대로 사용해도 된다. 하지만 대표적인 비트맵 프로그램인 포토샵에서는 이야기가 달라진다. mdpi로 작업해 xxxhdpi에 적용하려면 이미지를 네 배 키워야 한다. 예를 들어, 360×640(px)을 xxxhdpi로 하려면 1440×2560(px)로 커지는데, 이렇게 하면 사용된 UI 요소는 이미지가 흐려질 수밖에 없다. 흔히 말하는 '이미지 깨짐' 현상이 일어난다.

따라서 xxxhdpi로 작업한 후에 리소스 크기를 각 해상도에 맞게 변경하는 것이 가장 이상적이다. 하지만 이 경우 리소스를 제작하는 시간도 많이 걸리고 모바일 포맷인 png로 발행되었을 때의 용량도 커져 실제 구동되는 서비스가 무거워진다.

인쇄물로 발행할 것이라면 각 크기별로 디자인을 하거나 가장 큰 크기로 작업을 할 수밖에 없다. 하지만 밀도를 고려하는 dp를 적용하면 기기에서 보이는 크기가 동일해지기 때문에 2배수인 xhdpi로 작업하고 가장 큰 xxxhdpi로 두 배 늘려도 디테일에 큰 영향을 미치지 않는다. mdpi의 360×640(px)은 아트보드 크기를 2배수인 xhdpi의 720×1280(px)로 지정해 작업하면 된다.

표 3-3 안드로이드 기기별 화면 크기

안드로이드 기기	논리적 화면 크기(point)	물리적 화면 크기(px)	밀도	비율(inch)
Galaxy S10+	360×760(px)	1440×3040(px)	xxxhdpi	6.4
Galaxy S10	360×760(px)	1440×3040(px)	xxxhdpi	6.1
Galaxy S10e	360×760(px)	1080×2280(px)	xxhdpi	5.8
Galaxy S8+, S9+	360×740(px)	1440×2960(px)	xxxhdpi	6.2
Galaxy S8, S9	360×740(px)	1440×2960(px)	xxxhdpi	5.8
Galaxy Note8	360×740(px)	1440×2960(px)	xxxhdpi	6.3
Galaxy Note9	360×740(px)	1440×2960(px)	xxxhdpi	6.4

표 3-4 iOS 기기별 화면 크기

iOS 기기	논리적 화면 크기(point)	물리적 화면 크기(px)	밀도	비율(inch)
iPhone XS Max	414×896(px)	1242×2688(px)	@3x	6.5
iPhone XR	414×896(px)	828×1792(px)	@2x	6.1
iPhone X, XS	375×812(px)	1125×2436(px)	@3x	5.8
iPhone 6+, 6S +, 7+, 8+	414×736(px)	1242×2208(px)	@3x	5.5
iPhone 6, 6S, 7, 8	375×667(px)	750×1334(px)	@2x	4.7
iPhone 5, 5S, 5C, 5E	320×568(px)	640×1336(px)	@2x	4.0

2
8dp 디자인과 그리드 시스템

1 8dp 디자인의 중요성

그리드 시스템을 만들려면 그리드 간격을 유지하는 기준이 있어야 한다. 기본적으로 iOS와 안드로이드를 사용하는 모바일, 태블릿, 데스크톱의 모든 구성 요소는 8dp의 기본 그리드에 맞춰 정렬하는 것이 바람직하다.

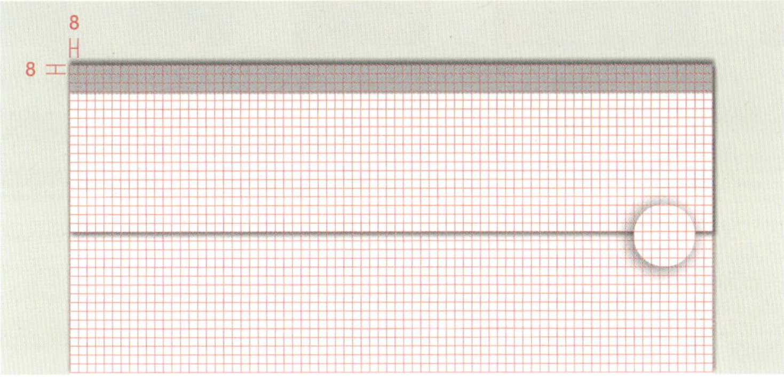

그림 3-10 8dp의 기준 그리드

8dp를 기준 그리드로 사용하는 이유는 배수의 개념에서 필요한 hdpi인 1.5배수에 대응하지 못하는 수치가 나타나지 않게 하기 위해서이다. 예를 들어 4px 박스를 만들었다고 가정하면 xxhdpi에서는 3배수이므로 박스 크기가 3px이 될 것이고, xhdpi에서는 2px, hdpi에서는 1.5px이 될 것이다. 픽셀은 화면을 구성하는 가장 작은 단위로, 1.5px은 존재하지 않는다. 1.5를 정수화하려면 2를 곱한다. 그래서 가장 큰 수치인 8px을 선택한 후 다운사이징하는 방식으로 문제를 해결할 수 있다. 4px에서 업사이징하는 방식을 사용할 수도 있다.

표 3-5 8dp의 원리

해상도	dpi	비율	x2
mdpi(Medium Density per Inches)	160	1.0	2px
hdpi(High Density per Inches)	240	1.5	3px
xhdpi(Extra High Density per Inches)	320	2.0	4px
xxhdpi(Extra Extra High Density per Inches)	480	3.0	6px
xxxhdpi(Extra Extra Extra High Density per Inches)	640	4.0	8px

4.0 xxxhdpi 기반에서 32×32(px)의 아이콘을 디자인한다면 다음과 같이 각 밀도별로 크기를 변환할 수 있다.

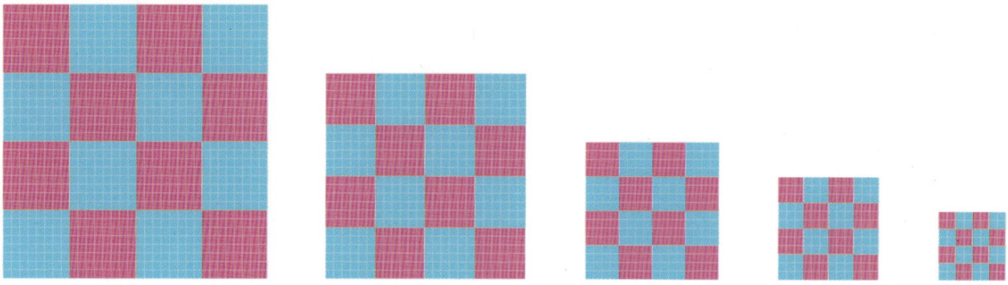

(a) 4.0x → 32px (b) 3.0x → 24px (c) 2.0x → 16px (d) 1.5x → 12px (e) 1.0x → 8px

그림 3-11 8배수 단위의 디자인

8배수 단위로 디자인하면 모든 배수에서 크기가 정수화되어 디자인 영역이 깔끔하게 보인다. 만약 8배수가 아닌 36px로 디자인하면 다음과 같은 크기 변환값을 얻을 수 있다.

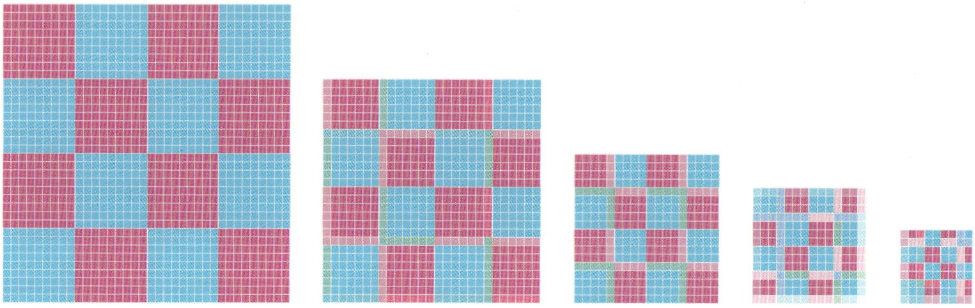

(a) 4.0x → 36px (b) 3.0x → 27px (c) 2.0x → 18px (d) 1.5x → 13.5px (e) 1.0x → 9px

그림 3-12 8배수가 아닌 디자인

36px은 8배수가 아니기 때문에 3배수로 다운사이징을 한 경우부터 이미지의 경계가 불분명해진다. 특히 1.5배수인 hdpi에서는 13.5px로, 물리적으로 표현이 불가능한 크기이기 때문에 14px로 전환되어 보인다. 따라서 디자인을 할 때는 8배수를 아주 중요하게 고려해야 한다.

4배수로 디자인하는 경우도 있다. 머티리얼 가이드에서 제공하는 컴포넌트의 크기 단위를 보면 기본적으로는 8의 배수로 이루어져 있고, 8dp로 대응하지 못하는 부분에는 4배수가 배치되어 있다.

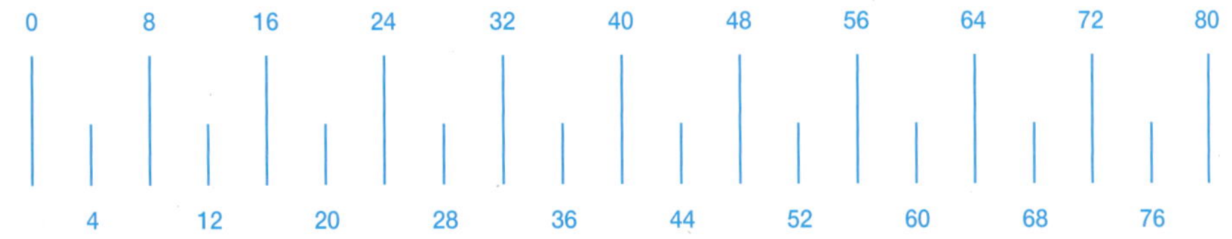

그림 3-13 컴포넌트의 크기 단위

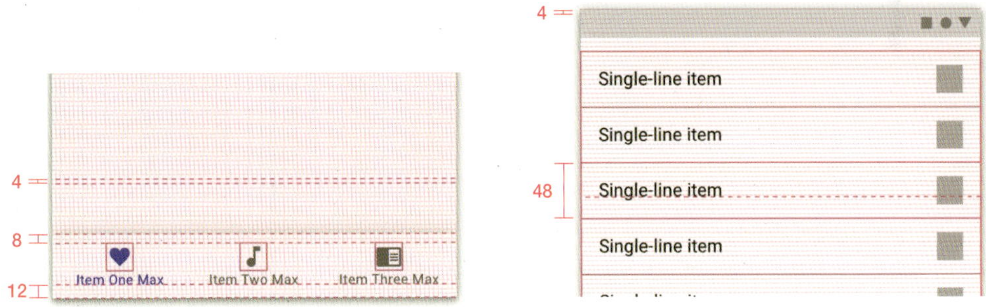

(a) 이미지 수직 간격의 4배수

(b) 타이포그래피 수직 간격의 4배수

그림 3-14 4배수 디자인의 예

요소 간의 간격에서는 머티리얼 가이드에서도 4배수를 권장하는 경우가 있으며, 특히 타이포그래피는 소수를 지원하기 때문에 4배수를 권장한다. 가이드 준수는 권장사항일 뿐 의무사항은 아니지만 iOS나 안드로이드 가이드에서 상태 바처럼 시스템과 연동되는 부분의 크기는 반드시 지키는 것이 좋다. 그리고 이미지 요소는 8dp를 고려하는 것이 중요하다.

2 그리드 시스템

그리드란 시각적 효과를 고려해 사진, 그림, 문자를 지면에 배열하는 레이아웃 수단으로, 격자 형태의 안내선이다. 그리드 시스템은 균일한 간격을 사용함으로써 플랫폼, 환경, 화면 크기에 일관성을 부여하고 그래픽 요소를 체계적으로 배열하게 도와준다.

그리드 시스템은 컬럼Column, 거터Gutter, 마진Margin으로 구성된다.

그림 3-15 그리드 시스템의 구성 요소

[그림 3-15]에서 컬럼은 분홍색 영역으로, 콘텐츠가 포함되는 영역이다. 컬럼의 너비는 고정값이 아니며, 지정한 마진과 거터를 제외한 나머지 너비를 컬럼 개수로 나눠 유연하게 적용한다. 즉, 1개 이상의 컬럼을 조합함으로써 콘텐츠 크기가 결정된다.

거터는 컬럼과 컬럼 사이의 영역, 즉 1개 이상의 컬럼을 조합한 콘텐츠와 콘텐츠 사이의 간격을 말한다. 거터의 너비는 고정값으로, 화면 너비에 비례해 정해진다. 화면이 크면 컬럼 사이에 공백이 더 많아야 하기 때문에 거터의 값도 커야 한다.

마진은 화면의 양 끝 가장자리 공간을 말한다. 마진의 너비 역시 고정값이며, 마진의 값이 크면 콘텐츠 둘레에 더 많은 공백이 만들어지므로 큰 화면에 적합하다. 그림에는 녹색 영역으로 표시되어 있다.

웹 디자인에서는 1280px에 12컬럼이 권장되었지만 최근에는 울트라 와이드 모니터가 많아지면서 조금 더 넓게 사용하기도 한다. 2, 3, 4, 6컬럼으로 쉽게 분할할 수 있는 12분할 그리드와 3, 5컬럼으로 분할할 수 있는 15분할 그리드를 주로 사용한다.

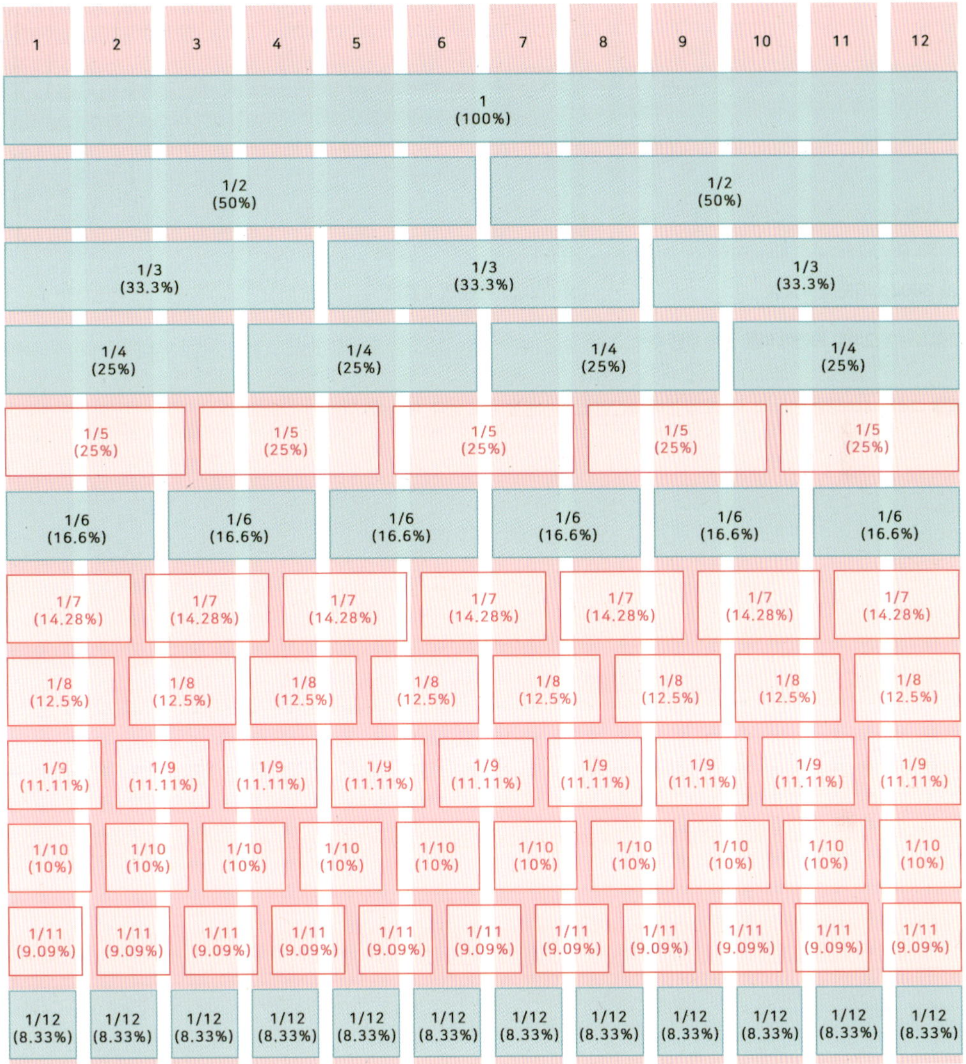

그림 3-16 12분할 그리드 시스템

모바일 디자인에서는 360dp 기준의 4컬럼, 600dp 기준의 8컬럼을 권장한다.

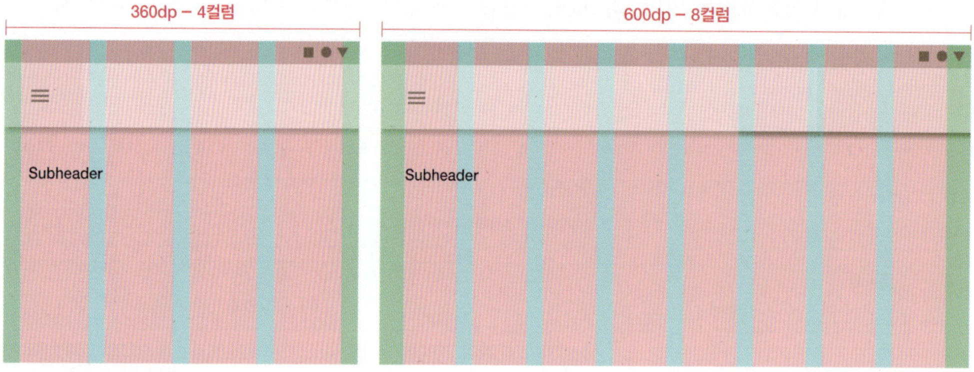

(a) 360dp 기준의 4컬럼 (b) 600dp 기준의 8컬럼

그림 3-17 모바일 화면에 따른 권장 컬럼 수

Tip 그리드 시스템을 만들 때 사이트를 통해 계산한 값을 사용할 수도 있다. 예) http://gridcalculator.dk

3

빛과 그림자에 의한 높이

머티리얼 디자인은 표면, 깊이, 그림자가 반영된 3차원적 특성이 있다. 머티리얼 디자인은 UI에 표면을 표시하고 이동 방식에 그림자를 사용해 3차원 공간을 표현한다.

1 재질과 높이

우리가 보는 스마트폰 화면은 X와 Y라는 두 축으로 이루어진 2D처럼 보이지만 실제로는 가상의 깊이를 나타내는 Z축이 있다. 예를 들면, 팝업 창이 열릴 때 기존의 콘텐츠는 뒤로 물러나면서 흐릿해지고 팝업 창이 앞으로 돌출된 것처럼 보인다. 그렇게 보이는 이유는 팝업 창에 그림자가 생겼기 때문이다. 그리고 그림자가 어디에 있느냐에 따라 팝업 창의 높이가 결정된다. [그림 3-18]을 보면 그림자 크기에 따라 컨테이너가 부유하는 Z값이 구현되고 원근법에 따른 변화가 생긴 것을 알 수 있다.

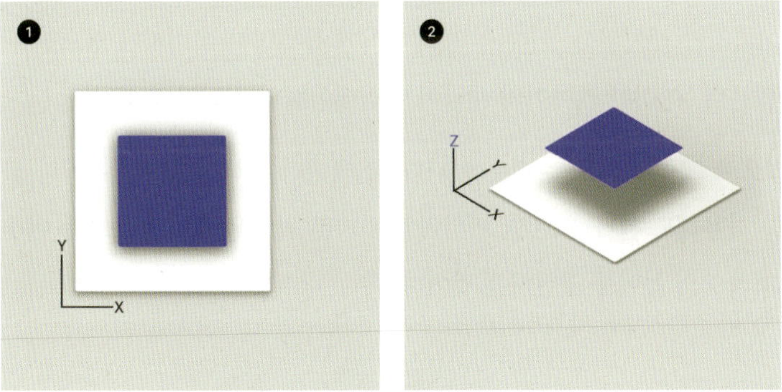

그림 3-18 X, Y, Z축으로 이루어진 아이소메트릭 화면

왼쪽 이미지의 컨테이너를 아이소메트릭으로 확인해 보면 오른쪽 이미지처럼 그림자 위에 부유하고 있는 것을 알 수 있다.

2 엘리베이션의 이해와 적용

그림자 값으로 높낮이를 조절하는 것이 머티리얼 디자인의 기본 원칙이다. 그림자 값을 통해 Z의 높낮이가 생기는 것을 엘리베이션Elevation이라고 한다.

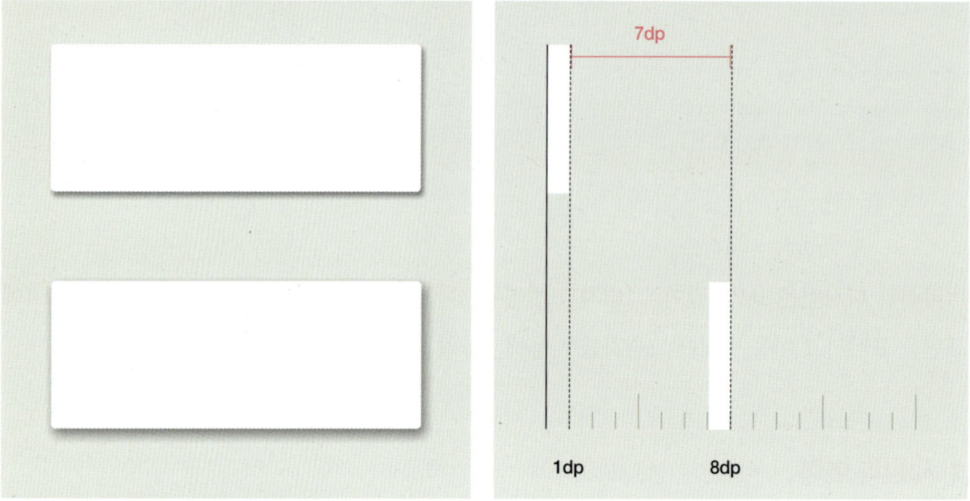

그림 3-19 컨테이너의 엘리베이션에 따른 높이

[그림 3-19]의 왼쪽 이미지를 보면 두 컨테이너는 크기는 같지만 그림자의 형태와 깊이가 다르다. 그래서 위의 컨테이너는 바닥에 붙어 있는 것처럼 보이고 아래의 컨테이너는 공중에 떠 있는 것처럼 보인다. 이를 옆에서 보면 오른쪽 이미지와 같다. 높잇값이 1dp인 컨테이너와 8dp인 컨테이너의 높이 차이가 7dp인 것을 알 수 있다.

포토샵 프로그램의 레이어Layer를 연상하면 좀 더 쉽게 이해할 수 있다. 포토샵에서는 배경 앞으로 레이어가 겹겹이 쌓이면서 이미지가 배치된다. 이때 앞의 레이어에 불투명한 이미지가 있으면 뒤의 레이어는 가려서 보이지 않는다. 이러한 레이어의 개념이 엘리베이션의 원리와 유사하다.

엘리베이션을 구현하는 방법으로 그림자만 있는 것은 아니다. 컨테이너를 색상으로 채우거나 불투명도와 같은 시각적 기호를 사용해도 된다. 하지만 머티리얼의 기본 원칙은 종이에 조명을 비추면 생기는 그림자의 원리에 따라 Z의 높이를 구현하는 것이다.

각 컴포넌트에 설정할 수 있는 높잇값은 0~24dp이다. 디자인을 진행할 때는 각 컴포넌트의 그림자 크기를 일관되게 사용해야 한다.

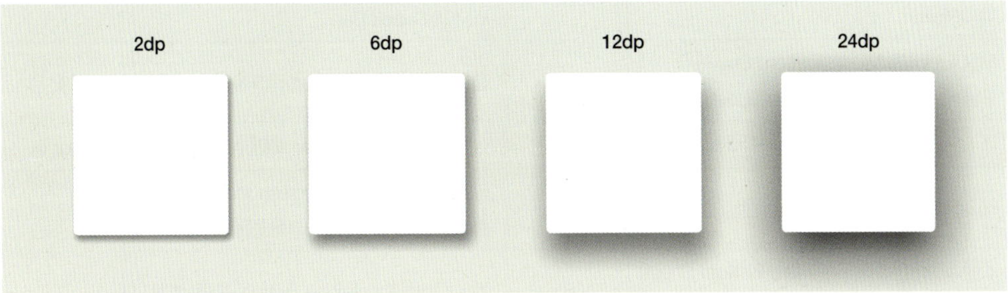

그림 3-20 그림자로 표현한 원근법

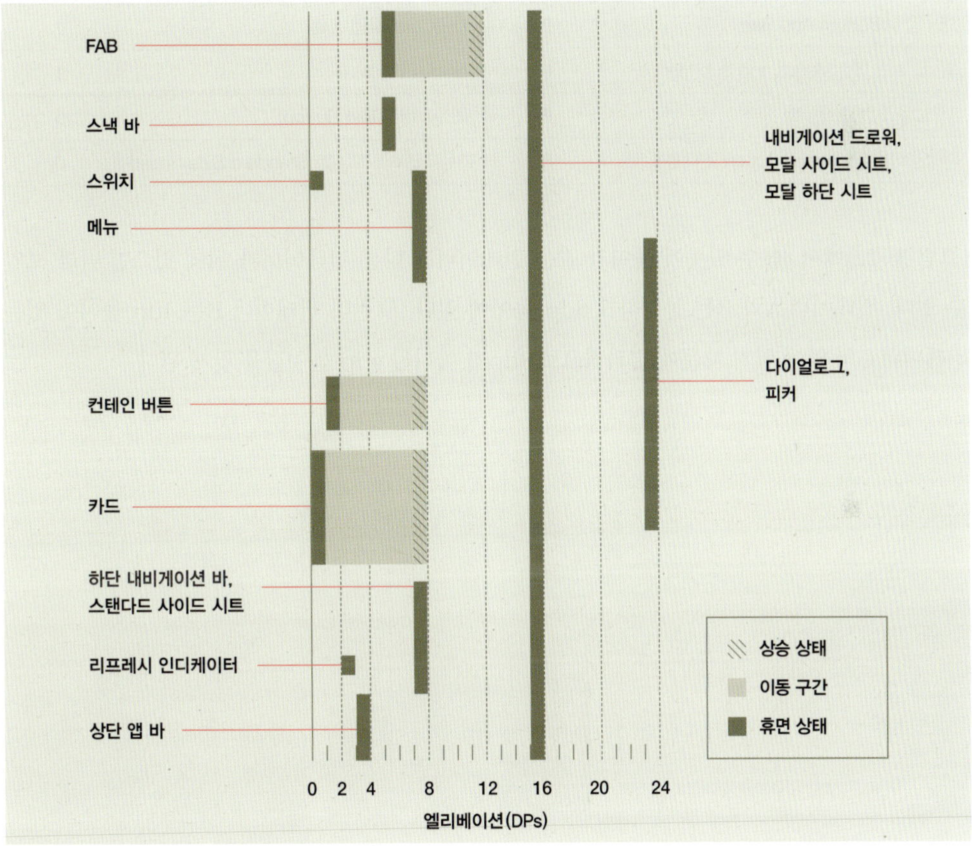

그림 3-21 컴포넌트 속성에 따른 높잇값

표 3-6 컴포넌트별 엘리베이션의 디폴트 값

컴포넌트	디폴트 값(dp)	컴포넌트	디폴트 값(dp)
다이얼로그(Dialog), 피커(Picker)	24	FAB(Floating Action Button), 스낵 바(Snack Bar)	6
모달 하단 시트(Modal Bottom Sheet), 모달 사이드 시트(Modal Side Sheet)	16	상단 앱 바(Top App Bar, 스크롤했을 때)	4
내비게이션 드로워(Navigation Drawer)	16	상단 앱 바(Top App Bar, 휴면 상태)	4 or 0
FAB(Floating Action Button, 선택했을 때)	12	리프레시 인디케이터(Refresh Indicator), 검색 바(Search Bar, 스크롤했을 때)	3
스탠다드 하단 시트(Standard Bottom Sheet), 스탠다드 사이드 시트(Standard Side Sheet)	8	컨테인 버튼(Contained Button, 휴면 상태)	2
하단 내비게이션 바(Bottom Navigation Bar)	8	검색 바(Search Bar, 휴면 상태)	1
하단 앱 바(Bottom App Bar)	8	카드(Card, 휴면 상태)	1
메뉴와 서브 메뉴(Menus and Sub Menus)	8	스위치(Switch)	1
카드(Card, 선택했을 때)	8	텍스트 버튼(Text Button)	0
컨테인 버튼(Contained Button, 선택했을 때)	8	스탠다드 사이드 시트(Standard Side Sheet)	0

[그림 3-22]에서 볼 수 있듯이 높이가 같은 컨테이너도 다른 컨테이너가 뒤에 있으면 달라 보일 수 있다. 컨테이너 A와 B는 동일하게 8dp 높이에 있다. 그런데 컨테이너 B는 4dp 높이에 있는 컨테이너 C의 앞에 있기 때문에 결과적으로 8dp가 아니라 4dp 높잇값을 갖게 된다.

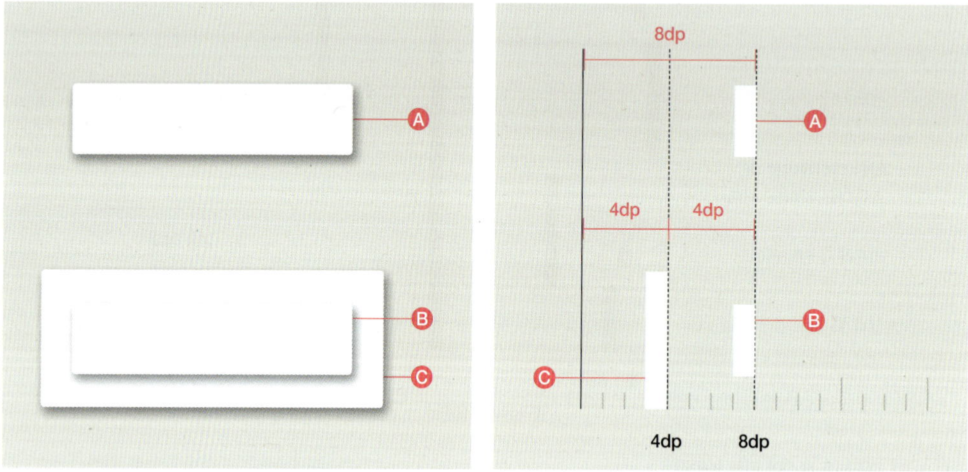

그림 3-22 높이가 같은 컨테이너의 엘리베이션

컴포넌트의 높이는 사용자의 상호작용 또는 시스템의 이벤트에 대한 응답으로 변경될 수 있다. 이를 동적 높이 변화라고 한다. 버튼의 경우 높잇값이 2dp지만, 사용자가 탭하면 8dp로 높아진다. 또한 사용자의 상호작용이나 시스템 이벤트가 완료 또는 취소되면 원래 상태로 돌아간다.

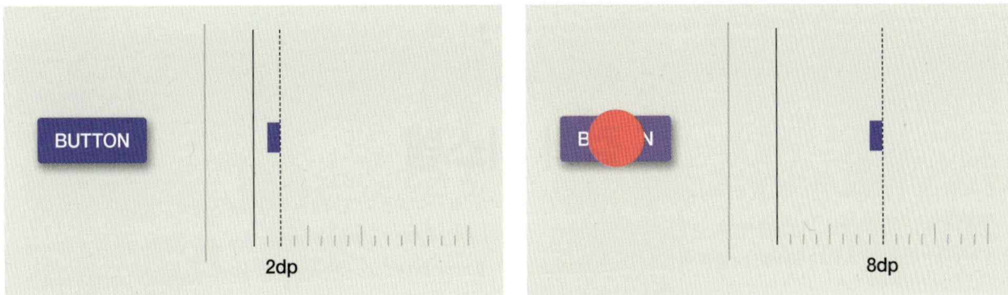

(a) 휴면 상태의 버튼　　(b) 버튼을 탭했을 때

그림 3-23 동적 높이 변화

모바일에서 상호작용이 이루어지면 컨테이너의 크기가 변하기도 하고, 위치가 변하기도 한다. 이때 컨테이너끼리 접촉이 발생할 수 있는데, 동적 높이 변화로 인해 이동하면서 다른 컴포넌트와 충돌하면 안 된다. [그림 3-24]를 보면 카드가 올라가면서 플로팅 버튼Floating Button을 통과하도록 플로팅 버튼보다 높이 배치되어 있다. 이때 플로팅 버튼은 충돌이 발생하기 전에 일시적으로 사라지거나 화면 밖으로 벗어난다. 즉, 전환하는 구성 요소와 충돌 가능성이 있는 경우에는 컴포넌트를 일시적으로 제거하거나 위치를 변경하는 방식으로 충돌을 피한다.

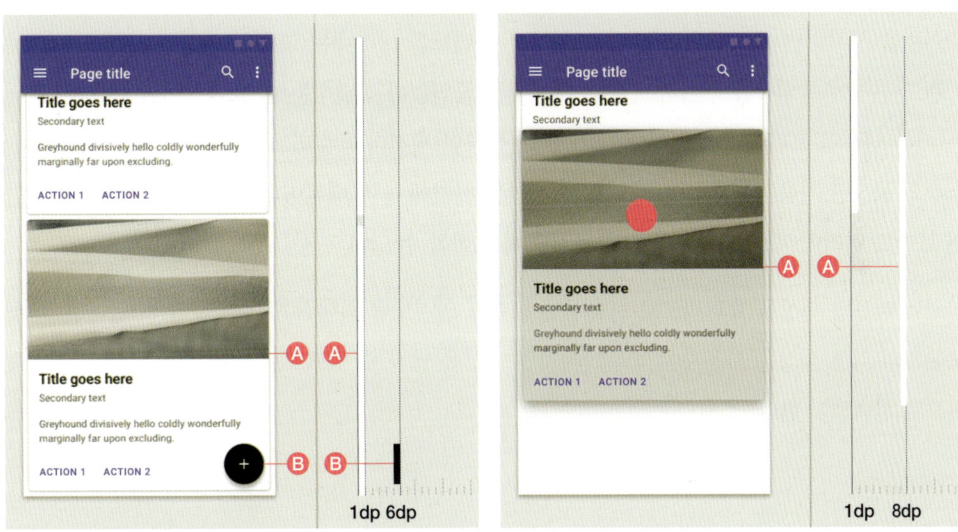

그림 3-24 카드 흐름의 충돌 방지

Z축과 그림자의 역할은 Z의 높낮이를 보여주고 콘텐츠를 구분하는 것이 전부가 아니다. 사용자의 상호작용이나 시스템의 이벤트로 인해 컨테이너에 발생하는 움직임과 위치 변화를 명확하게 구현하는 장치로도 사용된다. 그러므로 머티리얼 가이드에서는 각 컴포넌트의 그림자 높이를 준수해야 한다.

4
컬러 시스템

색상Color은 데이터를 시각화하고 상태 정보를 전달하며 시각적 연속성을 제공하는 것은 물론 사용자와의 상호작용에 대한 피드백을 제공하는 데도 도움을 준다. 컬러 시스템을 구축하는 것은 브랜드 컬러를 구축하는 일이라고 할 수 있다.

1 브랜드 컬러

네이버를 생각하면 초록색이 연상되는 것처럼 브랜드를 나타내는 고유의 색상인 브랜드 컬러는 브랜드 전체에 통일감을 부여하고 같은 메시지를 끊임없이 전달하는 데 효과적이다. 브랜드 컬러는 기본 색상인 프라이머리 컬러 하나와 보조 색상인 세컨더리 컬러 하나로 제한하는 것이 좋다. 소수의 색상만 사용해야 콘텐츠 중심의 디자인을 하기에 좋기 때문이다. 너무 단조롭게 느껴진다면 브랜드 컬러에 채도와 명도를 더해 풍부하게 표현할 수 있다.

연구에 따르면 색상을 효과적으로 사용하면 브랜드 인지도를 최대 80%까지 높일 수 있다고 한다. 브랜드의 기본 색상은 사용자에게 무의식적인 인상을 남길 수 있으므로 컬러 심리를 참고해 전략적으로 선택해야 한다.

2 컬러 심리

브랜드의 컬러 시스템은 사용자의 생각을 흔들고 반응하게 하므로 의사소통의 강력한 도구로 활용할 수 있다. 어두운 곳에서 밝은 곳으로 걸어가면 기분도 밝아지고, 특정 색상의 옷을 입으면 자신감이 생길 수 있으며, 특정 색상을 보면 공격성을 느낄 수도 있다. 색상은 우리가 느끼고 생각하고 행동하는 방식에 영향을 줄 수 있다. 어떤 색상이 어떤 감정을 일으키는지 이해하면 브랜드 컬러를 선택하는 데 도움이 된다.

❶ **빨간색**Red

그림 3-25 빨간색 계열의 브랜드

- 빠르게 시선을 사로잡고, 신체적 · 심리적 반응을 불러일으키는 강력한 색상이다. 예) 백화점 세일 표시, 뉴스 속보 표시
- 에너지, 긴급, 심박수 증가, 흥분, 강렬함, 열정, 공격과 같이 긍정과 부정의 이미지가 함께 있다.
- '지금 행동'이라는 의미를 전달한다. 예) CTA[Call to Action] 버튼을 빨간색으로 디자인
- 배고픔을 자극한다. 예) KFC, 맥도날드, 피자헛 등의 식품 기업이 선호하는 색상
- 중국에서는 행운을 상징하지만 일부 아프리카 국가에서는 애도를 의미한다.
- 우리나라에서는 정렬과 사랑을 상징하지만 위험과 금지의 의미도 있다.

❷ **주황색**Orange

그림 3-26 주황색 계열의 브랜드

- 태양과 관련된 따뜻한 느낌을 주는 발랄한 색상으로, 창의적이고 젊음을 표현한다.
- 에너지, 역동성, 쾌활함, 모험, 신뢰, 결정, 사교성을 의미한다.
- 식욕을 자극해 레스토랑 및 식품 관련 이미지로 사용된다. 예) 고급 레스토랑에서는 차분한 주황색, 캐주얼 레스토랑에서는 밝은 주황색을 사용
- 너무 많은 부분에 사용하면 저렴한 느낌을 줄 수도 있다.
- 충동구매를 유도할 수 있다.

❸ 노란색 Yellow

그림 3-27 노란색 계열의 브랜드

- 행복, 에너지, 해, 경쾌함, 재미를 의미한다.
- 레몬, 바나나를 연상하게 한다.
- 태양에 가까운 색으로, 열정을 유발한다.
- 행복을 주는 색상으로 알려져 있다.
- 경고를 위해 사용하는 색이다. 예) 노란색 신호등, 표지판, 어린이 버스에 사용
- 절약, 절제와 관련이 있다.
- 쾌활하고 독창적인 따뜻한 색으로, 사용자의 감정을 자극해 행복을 전달한다.

❹ 파란색 Blue

그림 3-28 파란색 계열의 브랜드

- 바다, 호수와 같은 고요함으로 마음에 위안을 준다.
- 식욕을 억제하는 색상이다.
- 금융권이나 기술 브랜드에서 강인함과 신뢰성을 전달하기 위해 사용한다.
- 신체적으로는 높은 직관력을 이끌어내고 생산성을 높인다.
- 브랜드 디자인에서는 신뢰, 전문적, 헌신적인 것으로 사용된다.
- 고요한 색으로, 지성, 평온, 반사, 침착, 진실, 충성, 자신감과 관련된다.

❺ 초록색Green

그림 3-29 초록색 계열의 브랜드

- 친자연적인 성향을 나타낸다.
- 나무, 자연스러움, 침착, 검소, 안정, 휴식 등을 의미한다.
- 파란색과 함께 차가운 색을 대표한다.
- 시원한 색상으로, 다른 색상보다 사람을 더 차분하고 덜 불안하게 만든다. 실제로 파란색과 초록색이 사람의 심장 박동을 느리게 만든다는 연구도 있다.
- 평화, 고요, 편안함을 의미한다. 초록색이 눈 근육에 부담을 덜 준다는 과학적인 논리도 있다.
- 재미, 신뢰, 보안, 속도, 건강, 희망, 평화와 같은 의미가 있다.

❻ 보라색Purple

그림 3-30 보라색 계열의 브랜드

- 과거에는 구현하기 어려운 색상이어서 왕족, 귀족의 사치를 나타냈다.
- 웅장, 부유, 고급, 우아, 신비주의 이미지를 연상시킨다.
- 상상력을 자극하고 눈을 즐겁게 한다.
- 마법과 신비의 색으로, 독특하고 강력하며 독립적이다.
- 화장품 산업이나 창의적인 분야에서 창의성, 아름다움, 고가의 세련됨을 나타낼 때 사용한다.

❼ 분홍색Pink

그림 3-31 분홍색 계열의 브랜드

- 요즘의 성 인지 감수성과는 맞지 않지만, 여성스러움의 상징으로 쓰인다.
- 브랜드 디자인에서 감성, 로맨스, 장난기, 젊음을 표현하기 위해 사용한다.
- 연민, 양육, 사랑, 로맨스, 희망, 달콤함, 이해심을 불러일으킨다.
- 긍정적 이미지가 대부분이다.
- 사용자가 여성인 패션, 뷰티에 자주 사용된다.
- 연민의 감정을 불러일으킨다. 예) 자선단체에서 많이 사용
- 사탕이나 달콤한 과자류에 어울린다.

❽ 흰색White

그림 3-32 흰색 계열의 브랜드

- 현대적인 매력과 함께 순수, 깨끗함, 천진함을 의미한다.
- 숭고한 색으로 사용되며, 청결, 위생, 정직, 고독, 공허의 의미도 있다.
- 청순하고 맑은 긍정적인 이미지가 있지만, 차가움이나 이별과 같이 슬프고 부정적인 이미지도 있다.
- 개방적 공간, 정직, 평화, 치유를 상징한다.
- 처음, 새로운 것을 시작할 의지를 나타낸다.

❾ 검은색 Black

그림 3-33 검은색 계열의 브랜드

- 우아함과 고급스러움을 나타내는 강력한 색상이다.
- 고급 브랜드에서 사용해 접근하기 어렵게 여겨지기도 한다.
- 단순하고 세련되며 신비롭고 비밀스럽다.
- 권위, 신용, 강인함, 전문성 등을 상징하며 높은 성취감을 불러일으킨다.
- 너무 많이 사용하면 우울한 기분을 느끼게 할 수도 있다.
- 금색이나 은색과 함께 사용해 고급스러움을 극대화할 수 있다.

❿ 회색 Gray

그림 3-34 회색 계열의 브랜드

- 중립적이고 보수적인 색상이다.
- 고체, 안정, 평온, 구성을 의미한다.
- 검은색도 흰색도 아닌 회색은 타협을 상징한다.
- 밝은 회색은 사람의 마음을 은은하게 정화시킨다.
- 은색에 가까워 위엄, 결정, 부, 명성과 관련이 있다.

3 컬러 테마의 구성

브랜드 컬러를 지정하려면 배치, 혼합, 일치 정도에 따른 배색을 고려해 기본 색상과 보조 색상을 선택한다.

색상의 구분

색상환은 색상이 자연스럽게 결합, 혼합, 대비되는 방식을 보여준다. 12가지 색상과 1차, 2차, 3차 색상의 세 가지 범주로 나뉜다.

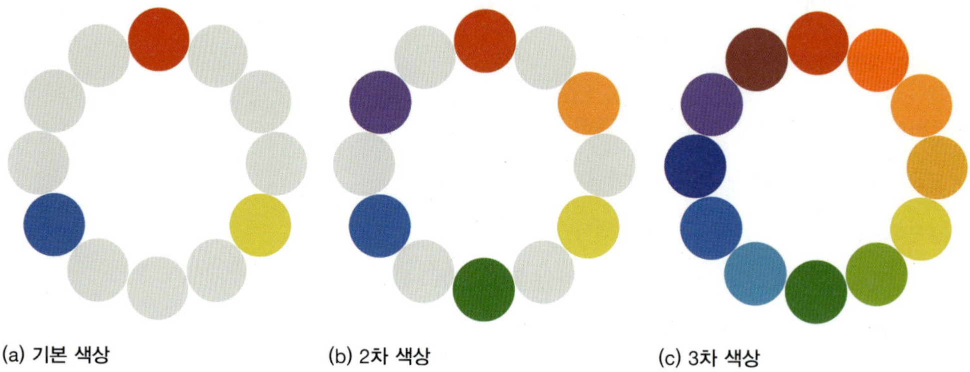

그림 3-35 색상환

- **기본 색상** 빨간색, 노란색, 파란색을 나타내며, 색상환의 다른 색상과 혼합해서 만들 수 없기 때문에 고유한 색으로 불린다. 기본 색상을 이용해 모든 색상이 만들어진다.
- **2차 색상** 두 가지 기본 색상을 혼합해 만들어지는 색상이다.
- **3차 색상** 기본 색상과 2차 색상을 혼합해 만들어지는 색상이다.

3차 색상을 연결하면 다음과 같은 색상환이 만들어진다. 이 색상환은 한색 계열과 난색 계열로 구분된다.

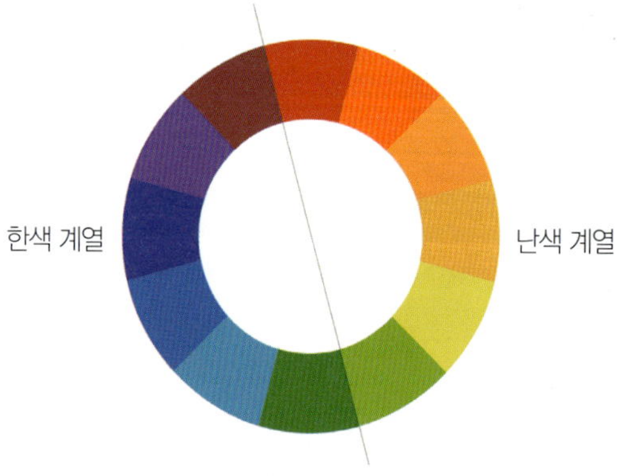

그림 3-36 한색 계열과 난색 계열로 구분되는 색상환

색의 배합

기본 색상에 검은색, 흰색, 회색을 추가하면 각 색상에 대한 음영, 색조, 톤을 만들 수 있다. 색상은 색상환을 구성하는 것이고 채도는 색상의 순도, 휘도는 색상의 밝기를 의미한다.

(a) 색상(Hue) (b) 채도(Saturation) (c) 휘도(Luminance)

그림 3-37 색상, 채도, 휘도

색 배합을 통해 음영, 색조, 톤을 조절할 수 있다.

❶ 음영Shade

- 음영은 색상에 검은색을 혼합해 구현한다.
- 깊고 대담한 색상을 구현할 수 있다.

❷ 색조Tint

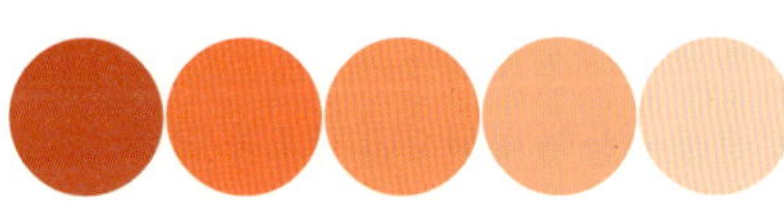

- 색조는 색상에 흰색을 혼합해 구현한다.
- 색조는 색상의 강도를 줄이고 균형을 유지하는 데 도움이 되기 때문에 따듯한 색상과 혼합할 때 사용하면 좋다.

❸ 톤Tone

- 색상에 회색을 혼합해 톤을 조절할 수 있다.
- 톤은 부드러우면서도 강력한 반복을 보여준다.

배색

제품이나 서비스에 맞는 기본 색상을 선택한 뒤 보조 색상을 어떻게 사용할지 망설여지는 경우가 있다. 이때 사용하면 좋은 배색 방법은 다음과 같다.

❶ 단색의 배색

- 가장 쉬운 방법은 단색 배색이다.
- 색상환에서 한 부분을 선택하고 채도와 명도를 이용해 색 변화를 만든다.
- 단색 배색은 조화가 보장되므로 실패할 확률이 낮은 것이 장점이다.

❷ 유사색의 배색

- 빨간색과 주황색의 난색 계열이나 파란색과 초록색 같은 유사 계열을 사용하는 방법이다.
- 색상환에서 색상을 선택한 후 좌우에 있는 색상을 이용해 배색한다.
- 색상환에 있는 색뿐만 아니라 음영, 색조, 톤을 이용해 다양한 색상을 만들 수 있다.

❸ 보색의 배색

- 보색을 이용해 배색하면 강조를 할 수 있다.
- 색상환에서 대칭되는 위치의 색상을 선택한다.

❹ 반대색의 배색

- 브랜드 컬러에서 기본 색상 외의 보조 색상이 둘 이상일 경우 반대색을 선택하면 쉽게 배색할 수 있다.
- 기본 색상의 보색 좌우에 있는 색상을 선택하고 채도와 명도를 조절해 사용할 수 있다.

❺ 트라이앵글 배색

- 트라이앵글 존에 있는 색상을 선택해 배색할 수도 있다.
- 색상환에서 정삼각형 영역에 있는 색상을 활용해 배색한다.
- 쉬운 배색 방법은 아니다.

기본 색상과 보조 색상

머티리얼 디자인 가이드의 컬러 테마에는 기본 색상과 보조 색상의 베리에이션Variation 단계가 정리되어 있다.

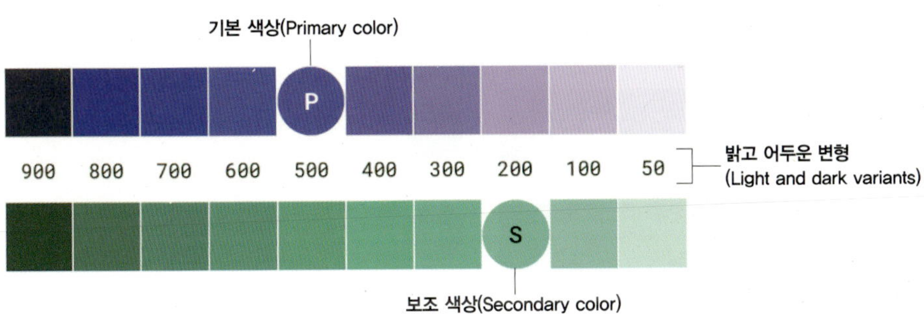

그림 3-38 컬러 베리에이션

기본 색상을 사용하면 브랜드의 성격을 잘 나타낼 수 있고 콘텐츠 중심의 디자인을 하는 데 도움이 된다. 브랜드 컬러에 채도와 명도를 더하면 좀 더 풍성한 표현이 가능하다. 기본 색상에서 1~2톤

정도 밝거나 어두운 색상을 사용하는 것을 인터랙션 컬러Interaction Color라 하며, 명도와 채도 단계를 더 크게 적용할 수도 있다. [그림 3-39]는 기본 색상에 인터랙션 컬러를 베리에이션한 예시이다.

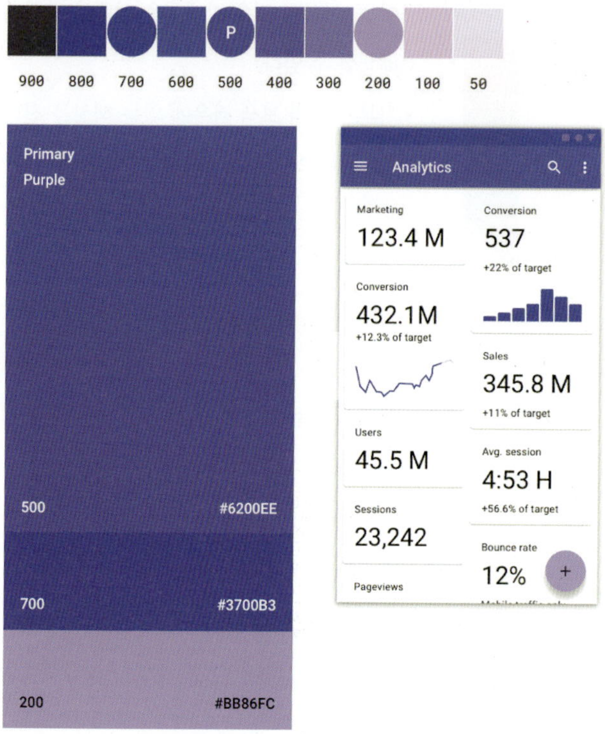

그림 3-39 기본 색상과 베리에이션의 적용

색상에 따른 베리에이션 단계를 만드는 이유는 면적이나 색상 차이에 따라 같은 크기의 아이콘이나 텍스트도 다르게 인지될 수 있기 때문이다. [그림 3-40]과 같이 색상의 단계를 다르게 적용해 사용자가 색상의 온도나 면적의 차이를 크게 느끼지 못하고 받아들일 수 있도록 한다.

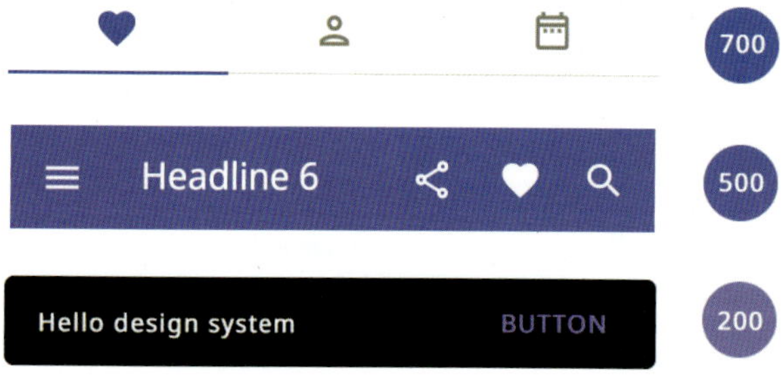

그림 3-40 기본 색상의 단계 적용

색상의 단계는 머티리얼 디자인 가이드에서 제공하는 색상 선택 도구를 이용하면 손쉽게 구현할 수 있다. 색상 선택 도구에서 색상 하나를 선택하면 자동으로 단계가 만들어지며, 각 단계에서 원하는 단계를 클릭하면 헥스HEX 코드가 복제되어 손쉽게 활용할 수 있다.

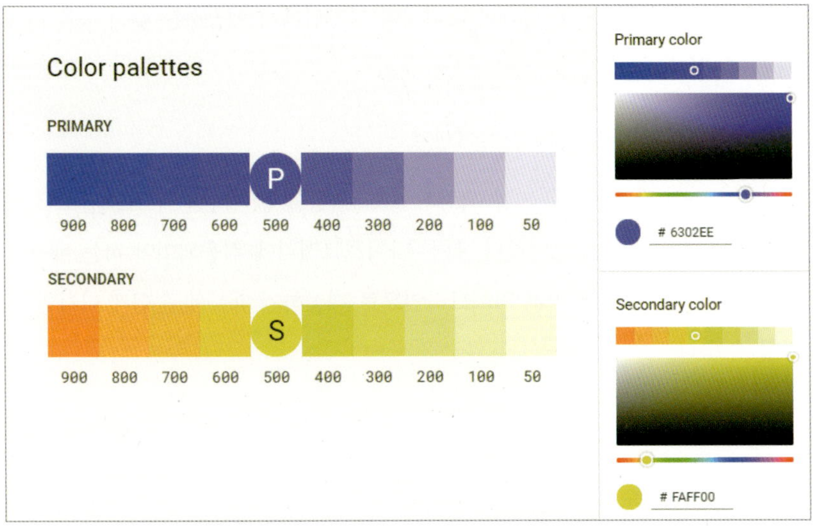

그림 3-41 색상 선택 도구(https://material.io/design/color/the-color-system.html#tools-for-picking-colors)

보조 색상은 브랜드 컬러의 비율을 해치지 않고 구성 요소를 강조하거나 구별하기 위해 사용한다. 보조 색상을 지정하는 것은 선택 사항이며, 플로팅 버튼, 슬라이더나 스위치와 같은 선택 컨트롤, 진행률 표시를 위한 링크나 헤드라인 등에 사용하는 것을 권장한다.

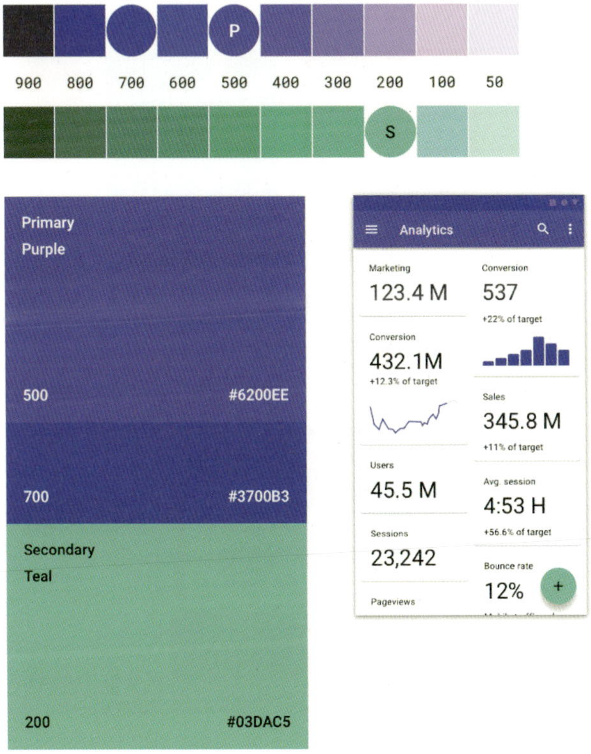

그림 3-42 보조 색상의 적용

보조 색상을 어디에 적용하면 좋을지 알고 싶다면 머티리얼 디자인에서 제공하는 컬러 툴을 사용해 요소별로 적용해 볼 수 있다.

- **머티리얼 디자인 컬러 툴** https://material.io/tools/color

[그림 3-43]과 같이 컬러 툴의 팔레트에서 기본 색상과 보조 색상을 클릭하면 각 요소별로 적용되어야 하는 부분을 자동으로 적용해서 보여준다. 특히 타이포그래피에 적용되어야 하는 배경과 문자의 대비 정도를 글꼴 크기와 두께에 따른 가이드라인으로 제공하기 때문에 손쉽게 디자인 스타일 가이드를 제작할 수 있다.

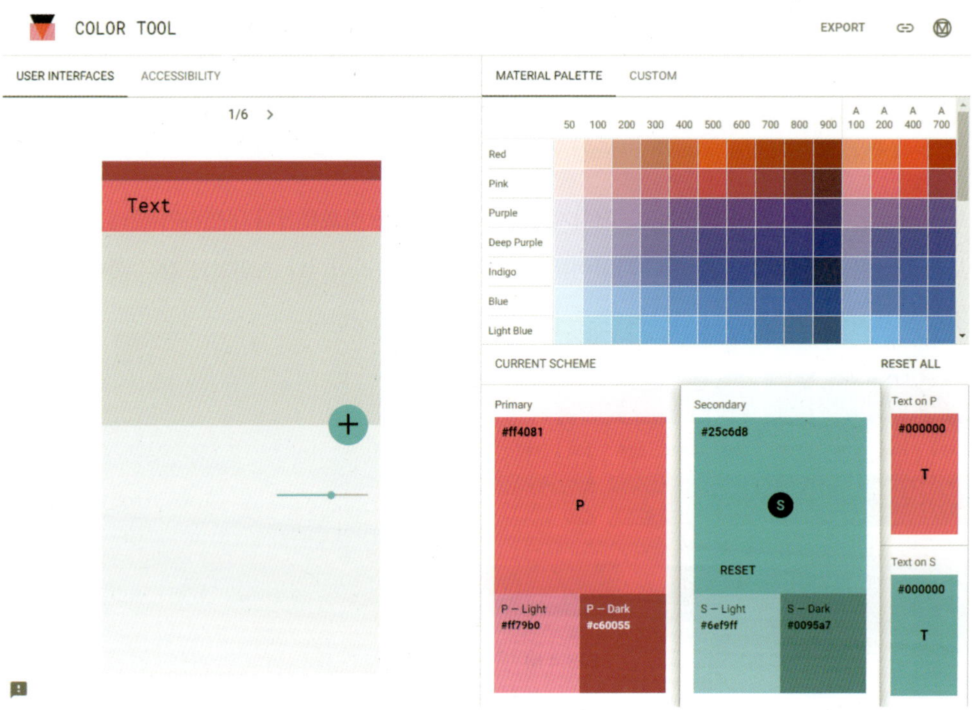

그림 3-43 컬러 툴에서 기본 색상과 보조 색상 지정

그림 3-44 컬러 툴로 생성된 요소별 적용 컬러

시스템 컬러

시스템 컬러는 상태의 의미를 전달하는 것으로, 시스템의 상태를 사용자에게 직관적으로 알려주는 데 효과적이다. iOS의 경우에 Notes의 인터랙션 요소는 노란색, 캘린더에서의 인터랙션 요소는 빨간색으로 정의해두고 다른 색상으로 대체하지 않을 것을 권장한다. [그림 3-45]는 iOS에서 제공하는 시스템 색상이다.

그림 3-45 iOS의 시스템 색상

머티리얼 디자인의 기본 컬러 테마에는 기본 색상과 보조 색상 외에 베리에이션된 색상도 포함되어 있다. 배경, 표면, 오류, 타이포그래피, 도해법의 색상과 같이 UI를 정의하는 추가 색상도 포함되어 있다.

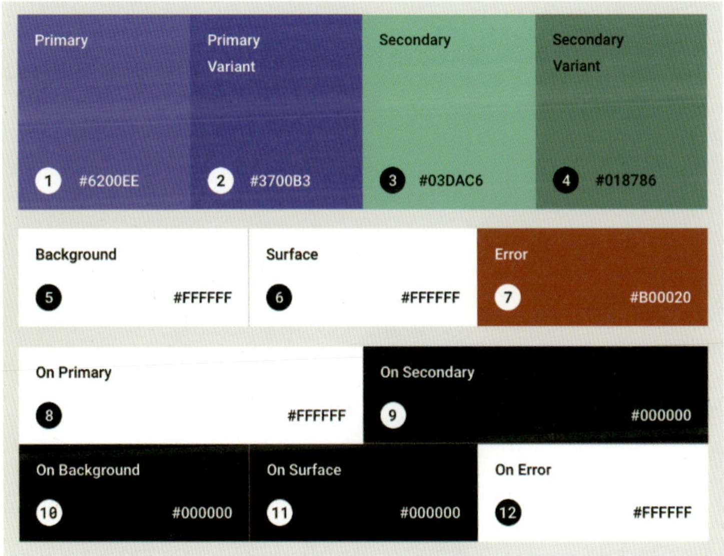

그림 3-46 머티리얼 디자인의 기본 컬러 테마

시스템 컬러라고 해서 가이드라인에서 지정하지 않은 요소 등에 마음대로 컬러를 사용하면 안 된다. UI 디자인에는 일반적으로 사용되는 표준 시스템 컬러에 대한 속성이 있다.

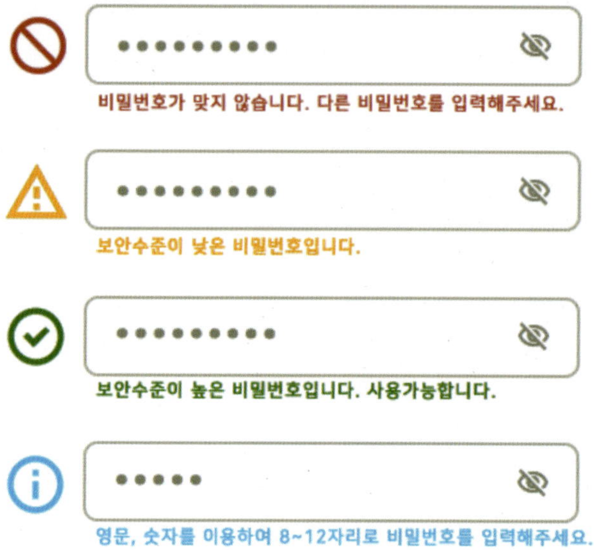

- 빨간색: 오류, 금지, 위험
- 노란색: 주의, 경고
- 초록색: 진행, 성공
- 파란색: 정보의 활성화

그림 3-47 색상의 해석과 정보 요소

색상과 함께 상징성 있는 아이콘과 레이블을 제공하면 사용성을 높이는 데 도움이 된다. 이러한 요소 역시 디자인 가이드에 반드시 포함해야 한다. 예를 들어, 사용자가 정보를 입력해야 하는 요소에는 힌트 텍스트의 색상과 같은 부분을 반드시 정의해야 한다. 힌트 텍스트의 색상은 해당 색상의 문화적 해석을 따르는 것이 바람직하다.

5
타이포그래피 시스템

폰트는 이미지와 유사한 역할을 한다. 사용자는 서비스를 이용하면서 알게 모르게 폰트에 대한 느낌을 갖게 된다. 폰트가 전달하는 감정은 아주 중요하다. 예를 들어, 동일한 문장이라도 어떤 폰트를 사용하느냐에 따라 그 느낌이 확연히 달라진다.

그림 3-48 **폰트에 따른 감정 표현**

그래서 기업에서는 자사의 브랜드 폰트를 만들어 사용하기도 한다. 그런데 자체적으로 제작한 폰트는 인쇄물에 사용할 때는 아무 문제가 없지만, 디지털 환경에서는 조금 다르다. 자체 브랜드 폰트 또는 콘셉트에 맞는 유료 혹은 무료 폰트를 사용하기로 했더라도 디지털 환경에서는 부득이하게 시스템 폰트를 사용해야 하는 경우가 많다. 원하는 폰트를 강제로 임베드Embed하는 방식으로 사용할 수도 있지만, 그렇게 하면 시스템이 무거워지고 유료 폰트는 별도의 비용이 발생하므로 OS에서 제공하는 폰트를 사용하는 것이 좋다.

1 세리프와 산세리프

폰트는 크게 세리프Serif 폰트와 산세리프Sans-serif 폰트로 나눌 수 있다. 획에 장식이 있는 것을 세리프 폰트, 장식이 없는 것을 산세리프 폰트라고 한다. 세리프 폰트의 장식은 다양한데, 물방울 형태도 있고 삐침을 추가해서 나타내기도 한다.

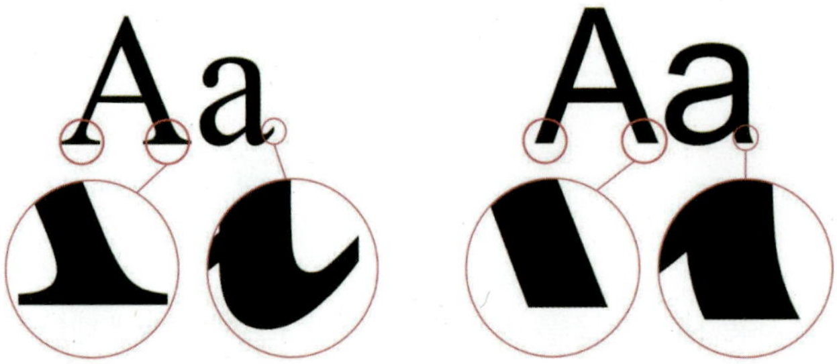

(a) 세리프 폰트 (b) 산세리프 폰트

그림 3-49 세리프 폰트와 산세리프 폰트

웹이나 모바일에서는 가장자리 부분의 번짐 현상 때문에 세리프 폰트를 사용하지 않는 것이 좋다. 하지만 웹 사이트의 콘셉트 때문에 사용해야 하는 경우에는 폰트 자체로 사용하기보다는 주로 이미지로 처리한다. 번짐 현상이 적은 산세리프 폰트는 가독성을 위해 많이 사용된다. iOS와 안드로이드의 시스템 폰트도 산세리프 폰트를 기반으로 한다.

iOS의 시스템 폰트는 San Francisco Pro이며 SF UI Display와 SF Compact Display로 구분해 사용된다. SF UI Display는 iOS, macOS, tvOS의 시스템 폰트로 사용되며, SF Compact Display는 watchOS의 시스템 폰트이다.

(a) SF UI Display	(b) SF Compact Display
Ultralight	Ultralight
Thin	Thin
Light	Light
Regular	Regular
Medium	Medium
Semibold	Semibold
Bold	Bold
Heavy	Heavy
Black	Black

그림 3-50 iOS의 시스템 폰트인 San Francisco Pro

iOS의 시스템 폰트는 다른 폰트로 대체되지 않으며, 윈도우에서는 사용할 수 없다. 대신 윈도우 호환 버전인 ttf 파일을 사용할 수 있다. 이들은 다시 SF UI Text와 SF UI Display로 구분되며, 문자의 최대 크기는 19pt이고, 20pt부터는 디스플레이로 시스템에서 자동 전환된다. 이는 자간과 밀접한 관련이 있다.

	40pt	10T	hamburgefonstiv
	30pt	11T	hamburgefonstiv
Display	20pt	19T	hamburgefonstiv
Text	19pt	-25T	hamburgefonstiv
	18pt	-24T	hamburgefonstiv
	17pt	-24T	hamburgefonstiv
	16pt	-20T	hamburgefonstiv

그림 3-51 San Francisco Pro의 윈도우 호환 버전

안드로이드의 시스템 폰트는 Roboto이며, 구글 머티리얼 디자인 가이드의 [Resource] 메뉴에서 다운로드해 설치할 수 있다.

그런데 일부 국가의 언어를 혼용해 사용할 때 이상한 형태로 문자가 깨져 보이는 경우가 있다. 이러한 형태의 깨진 폰트를 두부 모양과 닮았다고 하여 'tofu'라고 부르는데, 어도비와 구글에서는 이런 현상을 없애기 위해 'No more Tofu'라는 목표를 세우고 Noto라는 폰트를 개발했다. 이 폰트 역시 머티리얼 디자인 가이드에서 제공된다.

Roboto Thin *Roboto Thin Italic*
Roboto Light *Roboto Light Italic*
Roboto Regular *Roboto Italic*
Roboto Medium ***Roboto Medium Italic***
Roboto Bold ***Roboto Bold Italic***
Roboto Black ***Roboto Black Italic***

그림 3-52 안드로이드의 시스템 폰트인 Roboto

다음은 iOS와 안드로이드 폰트를 다운로드할 수 있는 경로이다.

- iOS 폰트 다운로드: https://developer.apple.com/fonts
- 안드로이드 폰트 다운로드: https://fonts.google.com

Tip iOS 폰트를 다운로드하면 7Zip으로 압축을 풀어야만 사용할 수 있다.

· 7zip 다운로드: https://www.7-zip.org

2 타이포그래피 시스템 용어

타이포그래피 시스템과 8dp 그리드 적용을 위해 알아두어야 할 몇 가지 용어가 있다.

베이스라인

베이스라인Baseline은 행간을 나타낼 때 기준으로 삼는 기준 위치다. 일반적으로 베이스라인은 소문자 x와 대문자 M의 하단을 기준으로 한다.

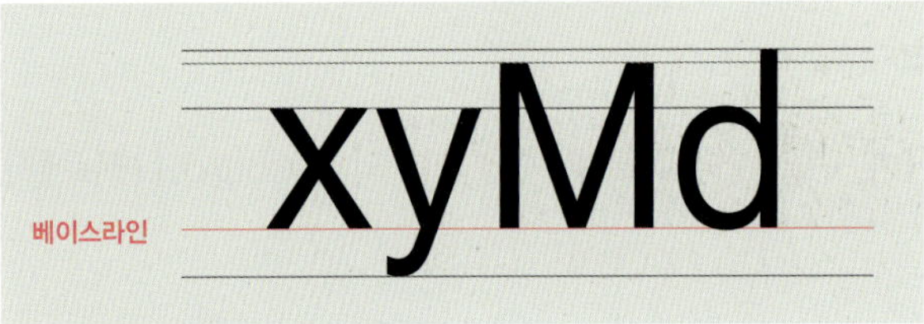

그림 3-53 텍스트의 베이스라인

텍스트 간의 거리나 UI 요소 사이의 거리는 항상 베이스라인을 중심으로 표시한다.

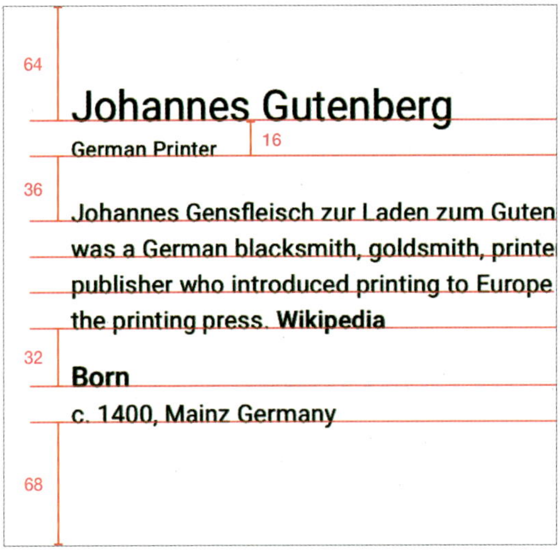

그림 3-54 텍스트 간의 거리에 적용된 베이스라인

캡 높이

캡 높이Cap Height는 대문자의 높이를 말하며, 대문자 M이나 I의 높이를 기준으로 삼는다.

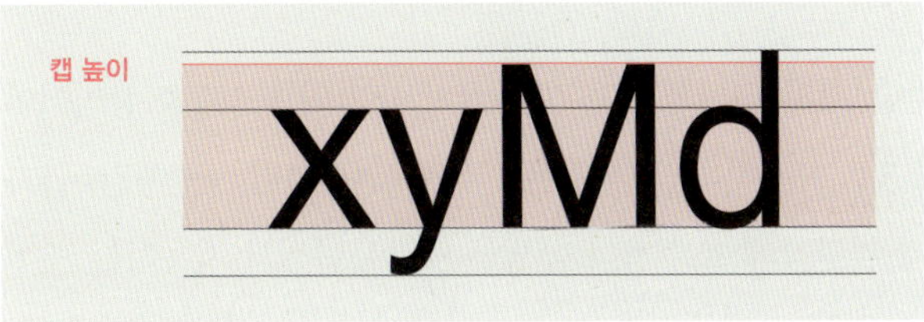

그림 3-55 캡 높이

[그림 3-55]에서 보면 소문자 d의 높이가 대문자 M보다 조금 높은데, 이렇게 조금 높게 조절함으로써 시각적으로 동일한 크기로 보이게 한다.

X 높이

소문자는 X 높이X Height를 기준으로 삼는다.

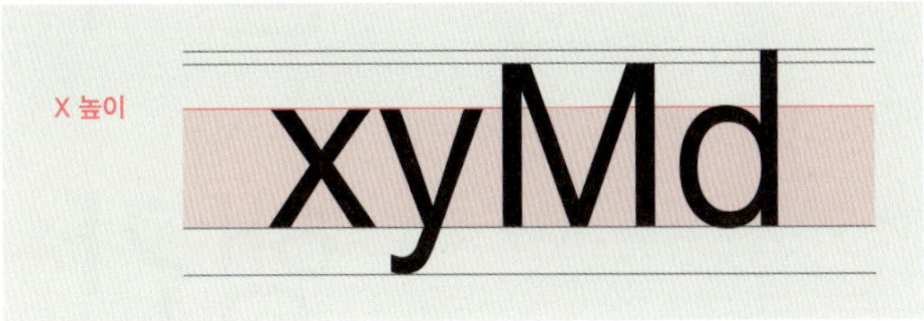

그림 3-56 X 높이

어떤 폰트를 선택하고 xyMd라고 입력했을 때 대문자 높이와 소문자 높이의 차이가 너무 나면 본문 폰트로 사용하지 않는 것이 좋다. X 높이와 캡 높이의 차이가 너무 크면 가독성이 떨어지기 때문이다.

행간

글자로 이루어진 글줄의 수직적 공간을 '글줄 사이'라고 하며, 일반적으로는 '행간' 또는 '레딩Leading'이라고 한다.

이상적인 타이포그래피를 균일한 공간 설정이라 가정하면 글자 또는 낱말 사이의 간격이 모두 같아야 한다. 뿐만 아니라 글줄 사이 역시 글줄 높이나 글자 높이와 같은 간격을 유지할 필요가 있다.

한컴 오피스의 한글과 같은 프로그램에서는 글줄 사이를 크게 뭉뚱그려서 등간격, 즉 두 줄 간격으로 정의한다. 하지만 좀 더 전문적인 타이포그래피에서는 '시각적' 글줄 사이의 등면적을 요구

한다. 타이포그래피에서는 편집 프로그램에서 설정하는 '수학적 거리'가 아니라 '시각적 면적'이 동일한 글줄 사이를 의미한다. 이러한 면적 기준의 규칙을 적용하면 행간은 1.75배수로 계산된다.

웹 접근성 가이드 WCAF2.1에서는 '문단 내의 띄어쓰기 공간은 글자 크기의 1.5배 이상이어야 한다'는 원칙에 따라 행간의 최솟값은 1.5로 사용하며, 기본값은 1.75를 권장한다. 즉 '행간=글자 크기×1.75'라는 공식이 성립한다. 이때 결괏값에 소수점이 발생하면 반올림해서 적용하는 것이 원칙이다.

일반적으로 편집 프로그램에서는 글자 아래를 기준으로 행간을 만들지만, CSS에서는 글자를 중심으로 위아래에 50%씩 행간을 적용한다. 따라서 마진이나 패딩을 적용할 때는 행간의 값이 합산되어 적용된다는 것을 알아두어야 한다.

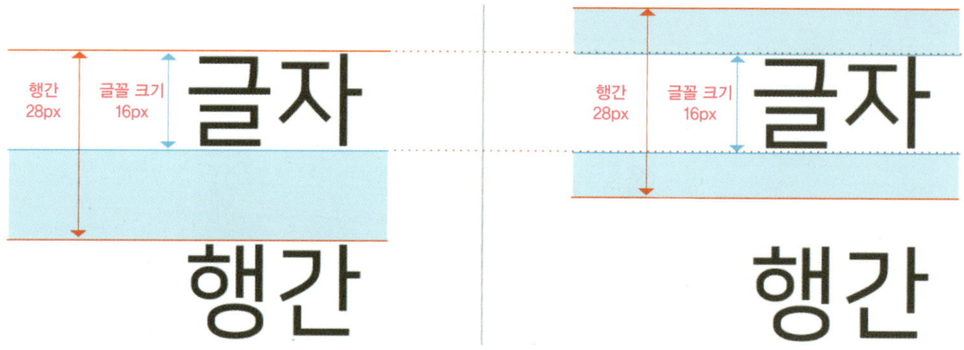

(a) 편집 프로그램에서의 행간 (b) CSS에서의 행간

그림 3-57 편집 프로그램에서의 행간과 CSS에서의 행간

문자 간격

문자 간격Letter-spacing은 자간 또는 트래킹Tracking이라고 하며, 문장에서 문자 사이의 간격을 균일하게 조정하는 것을 말한다. 엄밀히 말하면 문자 간격과 트래킹은 조금 다른 용어다. 포토샵이나 일러스트레이터를 이용해 지정된 크기 안에 문자를 배치할 때 문자 간의 간격을 조절하는 것을 트래킹이라고 한다. 즉, 문자 간의 간격을 좁게 또는 넓게 조절하는 것을 말한다.

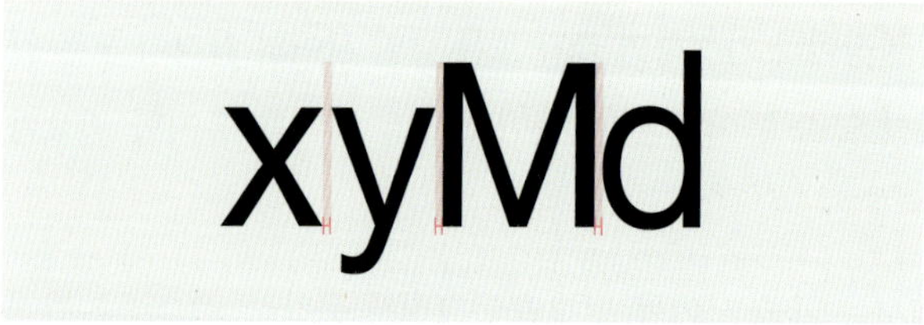

그림 3-58 문자 간격

타이포그래피에서는 각 문자 자체에 있는 공간에 따라 문자 간의 간격을 다르게 배치할 필요가 있다.

(a) 커닝이 적용되지 않은 경우

(b) 커닝이 적용된 경우

그림 3-59 커닝의 필요성

[그림 3-59]를 보면 (a)의 A와 V 그리고 (b)의 A와 V는 간격이 다르다. 문자가 사각형 안에 있다고 가정하면 A는 오른쪽 상단에 빈 공간이 있고 V는 왼쪽 하단에 빈 공간이 있다. 따라서 A와 V가 이어서 나오면 MM이나 II와 같이 빈 공간이 없는 문자들이 배열되었을 때보다 시각적으로 훨씬 멀어 보인다. 이를 고려하지 않고 균일한 간격으로 트래킹 값을 적용하면 모든 간격이 같아져 시각적 불균형이 발생할 수밖에 없다. 이때 시각적으로 균일한 간격을 유지하기 위해 사용하는 것이 커닝이다.

(a) 커닝이 적용되지 않은 경우

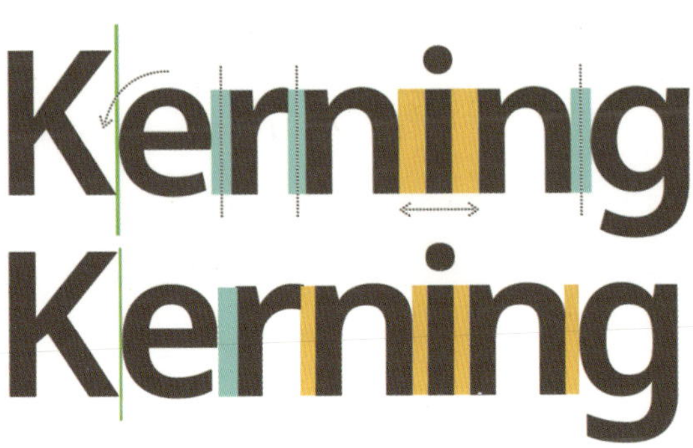

(b) 커닝이 적용된 경우

그림 3-60 다양하게 적용된 커닝

[그림 3-60]의 (b)를 보면 디자이너의 감각에 따라 커닝 값을 다양하게 적용할 수 있다는 것을 알 수 있다. 시각적으로 균형감 있고 아름답게 문자를 배열할 수 있으려면 많은 연습이 필요하다.

3 폰트의 단위

머티리얼 디자인 가이드에서 종종 볼 수 있는 단위로 sp^Scalable Pixels^가 있다. sp는 UI 레이아웃에서 문자 크기를 지정할 때 사용하는 단위다. 안드로이드의 설정 화면에서 사용자는 시스템 전체의 문자 크기를 선택할 수 있는데, sp는 이 설정의 영향을 받는다. 문자의 크기를 일정한 비율로 유지하고 싶다면 dp를 사용하고, 사용자 설정에 따라 조절하고 싶다면 sp를 사용한다. 일반적으로 sp의 기본값은 dp의 기본값과 동일하다.

표 3-7 안드로이드의 문자 권장 설정

스타일	글꼴	글꼴 두께	글꼴 크기	적용	자간
H1	Roboto	Light	96	문장	-1.5
H2	Roboto	Light	68	문장	-0.5
H3	Roboto	Regular	48	문장	0
H4	Roboto	Regular	34	문장	0.25
H5	Roboto	Regular	24	문장	0
H6	Roboto	Midium	20	문장	0.15
Subtitle 1	Roboto	Regular	16	문장	0.15
Subtitle 2	Roboto	Midium	14	문장	0.1
Body 1	Roboto	Regular	16	문장	0.5
Body 2	Roboto	Regular	14	문장	0.25
BUTTON	Roboto	Midium	14	모두 대문자	1.25
Caption	Roboto	Regular	12	문장	0.4
OVERLINE	Roboto	Regular	10	모두 대문자	1.5

표 3-8 iOS의 문자 권장 설정

스타일	글꼴	글꼴 두께	글꼴 크기	적용	자간
Large Title	San Francisco	Regular	34	41	0.40
Title 1	San Francisco	Regular	28	34	0.38
Title 2	San Francisco	Regular	22	28	-0.26
Title 3	San Francisco	Regular	20	25	-0.45
Headline	San Francisco	Semi-Bold	17	22	-0.43
Body	San Francisco	Regular	17	22	-0.43
Callout	San Francisco	Regular	16	21	-0.31
Subhead	San Francisco	Regular	15	20	-0.23
Footnote	San Francisco	Regular	13	18	-0.08
Caption 1	San Francisco	Regular	12	16	0.0
Caption 2	San Francisco	Regular	11	13	0.06

디자인 작업에서 사용하는 폰트의 기본 단위는 px이고, 전통적인 디자인 작업에서는 point를 폰트의 인쇄 단위로 사용한다. 1point는 1/72인치이며 이는 디스플레이가 생겨나기 전부터 사용하던 단위이다.

px과 pt는 최종 출력물이 인쇄물일 때는 ppi와 상관없이 동일한 크기로 출력되지만 디스플레이 장치에서는 해상도에 따라 크기가 다르게 보인다. 따라서 모든 디스플레이에서 동일한 결과를 보여주려면 pt보다는 px 단위로 폰트를 구성하는 것이 바람직하다. 일반적으로 제목은 21px, 본문은 16px을 기준으로 작업하는 것이 좋다. 글꼴 두께는 로딩 시간을 고려해 Light, Regular, Bold, Extra Bold의 네 가지로 제한해서 사용하는 것이 좋다.

6
아이코노그래피

1 아이콘

아이콘은 크게 시스템 아이콘과 제품 아이콘으로 나눌 수 있다.

시스템 아이콘은 iOS와 안드로이드에서 기본 제공되는 아이콘으로, 일반적인 작업, 파일, 장치, 디렉터리를 나타내며 어떤 기능을 수행하거나 안내하는 역할을 한다. 시스템 아이콘은 수정하지 않고 있는 그대로 사용하길 권장하지만 필요에 따라 추가로 제작해도 된다. 다만 iOS와 안드로이드의 가이드라인에 맞춰 유사한 느낌으로 제작해야 한다.

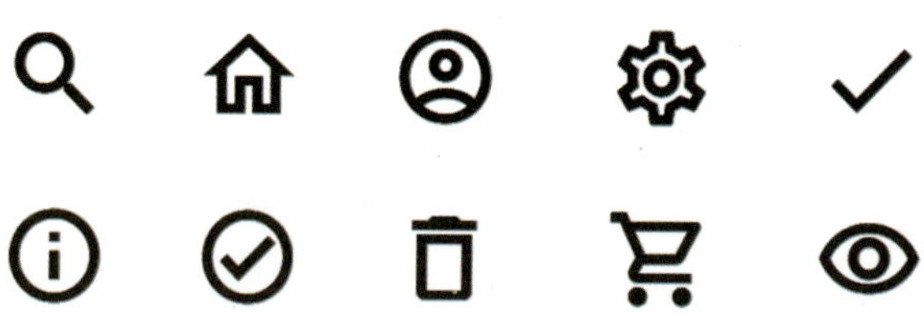

그림 3-61 시스템 아이콘

제품 아이콘은 서비스의 핵심 아이디어와 의도를 단순하고 대담하며 친근함이 있도록 구성해 브랜드 정체성을 반영해야 한다.

그림 3-62 제품 아이콘

2 아이콘의 크기와 키라인

아이콘을 제작할 때는 다양한 크기로 준비해야 한다. 예를 들어 즐겨찾기나 공유와 같은 아이콘은 터치 크기에 맞게 기본 48×48(dp) 크기로 제작한다. 하지만 구글플레이에 앱으로 등록하려면 512×512(px) 크기가 필요하고 앱스토어에 등록하려면 1024×1024(px) 크기가 필요하므로 가장 작은 크기와 가장 큰 크기의 차이가 크다. 따라서 제품 아이콘은 다양한 크기를 고려해 디자인을 해야 한다.

앱 아이콘은 1배수가 아닌 4배수 크기로 디자인할 것을 권장한다. 48의 4배수인 192dp에서 디자인하면 가장자리가 4dp로 표시되고 이 비율을 유지해 비례적으로 확대 및 축소하면 1배수로 돌아갈 때 모든 가장자리가 올바른 정렬로 유지되기 때문이다.

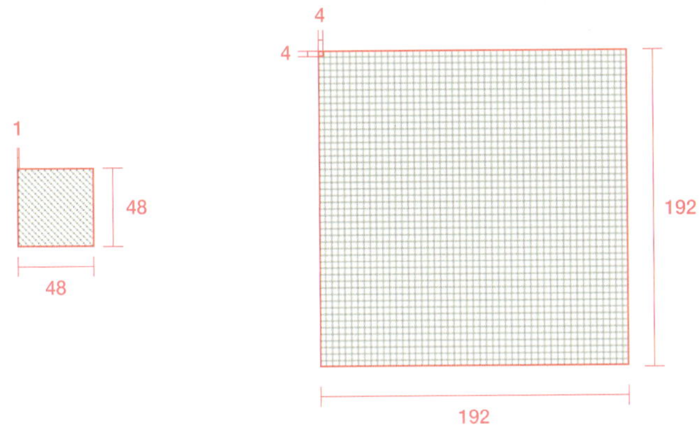

그림 3-63 4배수 크기의 디자인 그리드

아이콘의 그리드는 그래픽 요소의 위치를 지정할 때 명확한 규칙을 설정한다. 그리드를 기반으로 하는 키라인[Keyline]의 핵심 모양을 기준으로 사용하면 아이콘 전체에서 시각적 비율을 일관되게 유지할 수 있다.

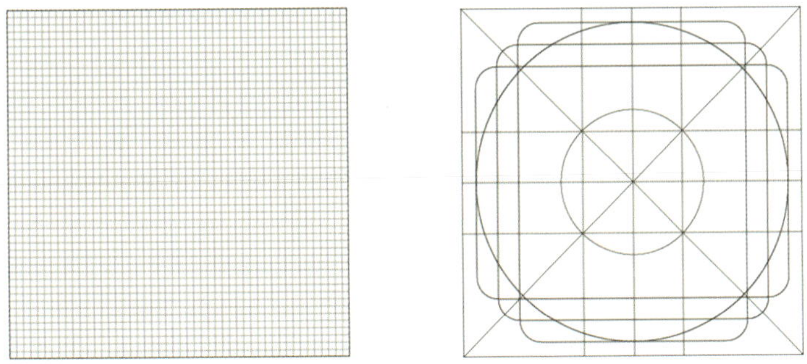

(a) 그리드 (b) 키라인

그림 3-64 아이콘의 그리드와 키라인

키라인 모양은 사전에 설정된 표준(원, 정사각형, 직사각형, 직교 및 대각선)을 사용한다. 같은 영역 안의 사각형은 원보다 면적이 넓기 때문에 더 커 보인다. 이런 경우에는 [그림 3-65]처럼 원의 크기를 사각형보다 조금 크게 하거나 반대로 사각형 크기를 줄여 시각적 균형을 이루게 해야 한다.

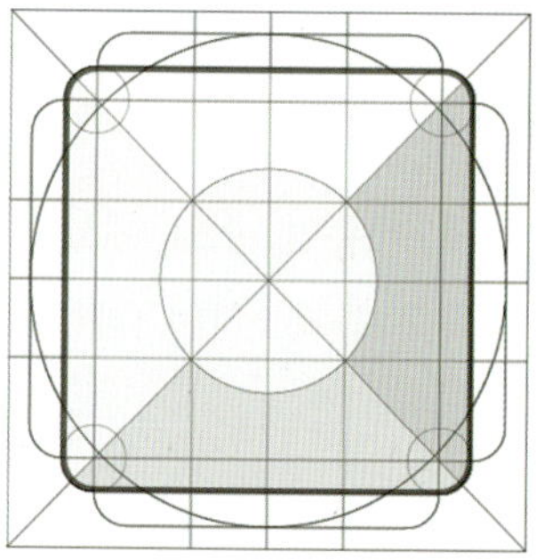

(a) **정사각형:** 높이 152dp, 너비 152dp

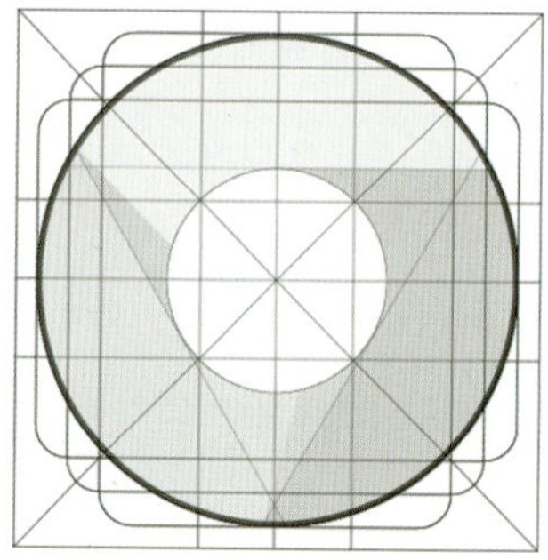

(b) **원형:** 지름 176dp

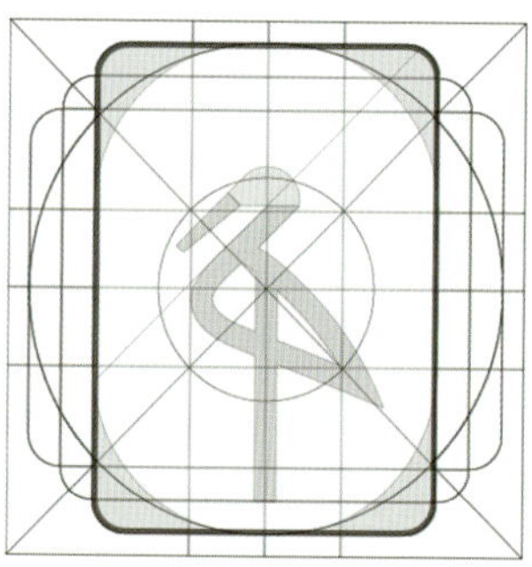

(c) **세로 직사각형:** 높이 176dp, 너비 128dp

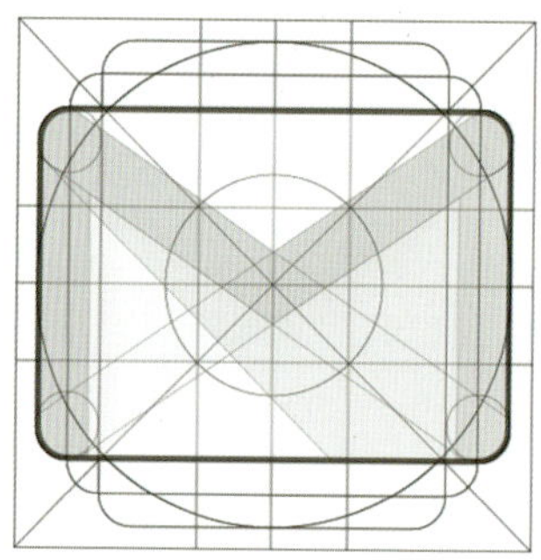

(d) **가로 직사각형:** 높이 128dp, 너비 176dp

그림 3-65 키라인의 표준 모양

키라인에 맞춰 제작되는 시스템 아이콘의 크기는 24×24(dp)이다. 시스템 아이콘의 콘텐츠는 20dp의 라이브 영역 내부에 있어야 하며, 이 라이브 영역은 2dp의 빈 공간에 패딩Padding을 구성해 24dp 크기가 된다. 조밀한 아이콘의 경우 16dp의 라이브 영역을 가지며 상하좌우 2dp의 패딩 영역까지 총 20dp로 구성된다.

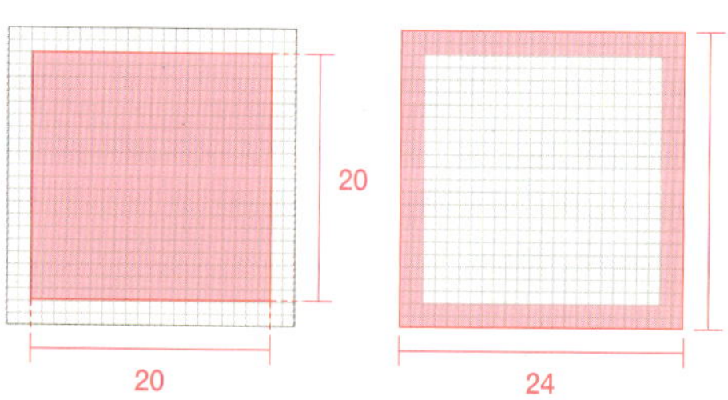

(a) 아이콘의 라이브 영역과 패딩

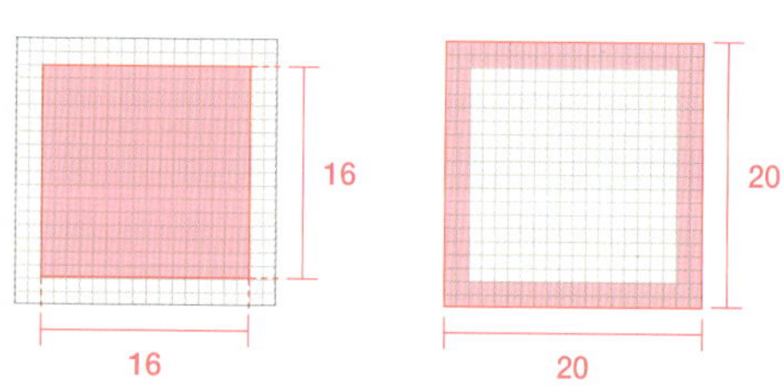

(b) 조밀한 아이콘의 라이브 영역과 패딩

그림 3-66 아이콘에 따른 라이브 영역과 패딩

시각적 무게를 일관성 있게 디자인하기 위해 아이콘의 디자인을 패딩 영역으로 확장하는 것은 가능하지만 어떤 부분도 트림 영역 밖으로 확장해서는 안 된다. 완성된 아이콘에는 가독성은 물론 터치가 가능하도록 시스템 아이콘을 둘러싸는 48dp의 터치 영역이 포함되어 있어야 한다. 24dp 아이콘에는 48dp의 터치 영역을 배치하고, 20dp의 조밀한 아이콘에는 40dp의 터치 영역을 배치한다.

24dp 아이콘을 그린 후 외부에 투명한 48dp 패딩 박스를 만들어야 하는데, 이는 아이콘 사이의 터치 영역 때문이다. 이렇게 하면 여러 아이콘을 배치할 때 [그림 3-67]의 (b)처럼 아이콘과 아이콘 사이에 영역이 생겨 서로 터치 영역이 겹치지 않는다.

(a) 아이콘의 패딩 박스 (b) 여러 아이콘을 배치한 경우의 터치 영역

그림 3-67 아이콘의 라이브 영역과 패딩, 터치 영역

3 윤곽선의 정렬과 곡률

밀도가 높은 UI에서도 아이콘이 잘 작동하도록 획 및 채우기 속성을 지정하는 경우가 많다. 시스템 아이콘이 채워지지 않으면 획으로 정의한다. 획이 두꺼울수록 무게감이 더해지며, 채워진 아이콘은 더 무거워진다. 획이 가늘면 가벼워지며, 채워지지 않은 아이콘은 더 밝은 스타일이 된다. 일반적으로 윤곽선이 너무 두꺼우면 가독성이 떨어지며, 최소 2dp를 권장한다.

획을 윤곽선의 내부, 중앙, 외부 중 어디에 배치하는지에 따라 아이콘의 전체 모양이 달라진다. 대부분의 경우 내부 정렬일 때 가장 잘 정렬되어 보인다.

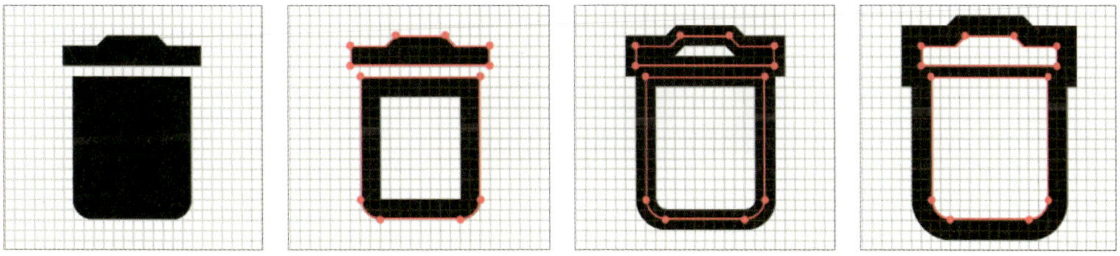

(a) 면으로 된 아이콘 (b) 획의 내부 정렬 (c) 획의 중앙 정렬 (d) 획의 바깥 정렬

그림 3-68 아이콘의 획 정렬에 따른 차이

모퉁이를 직선으로 표현한 날카로운 아이콘은 작은 화면에서도 가독성을 유지한다. 둥근 아이콘은 더 무거운 타이포그래피, 곡선 로고, 원형 요소를 사용해 스타일을 표현하며, 모퉁이가 둥글수록 귀여운 느낌을 준다. 아이콘의 모퉁이 반경은 곡선 외부 모서리로 구성되며, 최소 0dp, 최대 4dp를 넘지 말아야 한다. 이때 일관성을 유지하기 위해 아이콘 패밀리에는 동일한 곡률을 적용해야 한다.

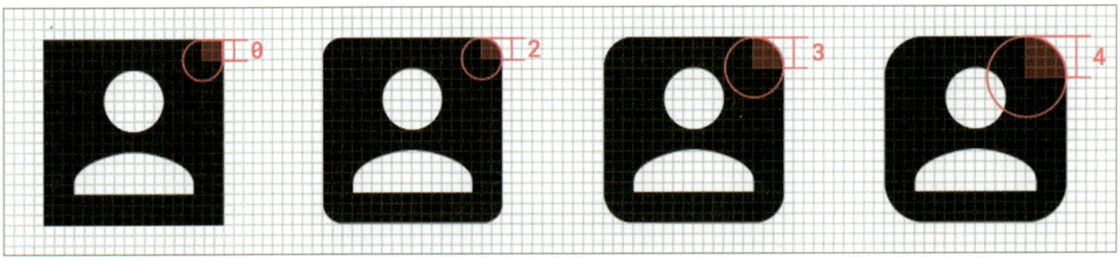

그림 3-69 아이콘의 모퉁이 곡률

4 아이콘의 컬러

시스템 아이콘은 사용자와 상호작용하는 경우가 많다. 따라서 아이콘의 컬러는 웹 접근성 지침에 따라 정보 제공의 목적에 맞춰 의미가 잘 전달될 수 있도록 지정해야 한다. 예를 들어 빨간색은 오류나 실행이 불가한 경우, 노란색은 주의나 경고가 필요한 경우에 사용한다.

배경 색상에 따라 아이콘의 투명도도 조절해야 한다. 밝은 배경에 포커스된 활성 아이콘의 표준 불투명도는 87%(#000000)이다. 포커스되지 않은 상태의 활성은 54%이며 시각적 계층에서 더 낮은 비활성 아이콘의 불투명도는 38%(#000000)로 해야 한다. 어두운 배경에 포커스된 활성 아이콘의 표준 불투명도는 100%(#FFFFFF)이고 포커스되지 않은 상태의 활성은 70%이다. 시각적 계층에서 더 낮은 비활성 아이콘의 불투명도는 50%(#FFFFFF)로 유지해야 한다.

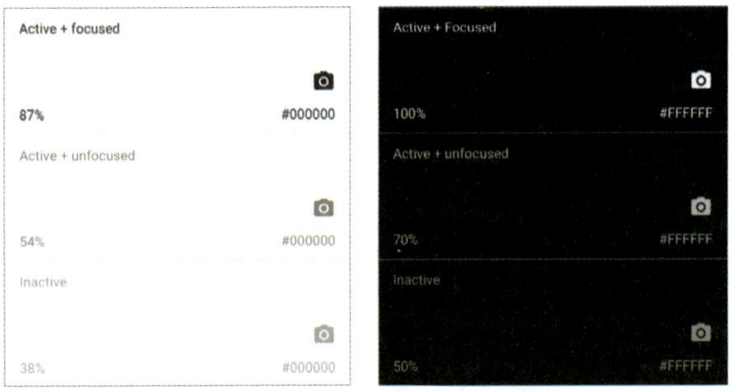

그림 3-70 밝은 배경과 어두운 배경에서의 아이콘 투명도

밝고 어두운 배경에서 활성 상태와 비활성 상태의 아이콘은 컬러의 채도가 아니라 투명도를 조절해서 사용한다.

Part 02
UI/UX 디자인 기초 실습

Part 02

UI/UX 디자인 기초 실습

Chapter 04
Adobe XD 기초

01 Adobe XD 설치와 인터페이스

02 아트보드와 레이어

1
Adobe XD 설치와 인터페이스

Adobe XD는 디자이너, 크리에이티브 팀, 대규모로 디자인을 하는 조직을 위해 고안된 프로그램이다. 효율적인 개인 작업과 편리한 공동 작업이 가능하고, 디자인 시스템을 구축하고 관리하는 데 필요한 여러 기능을 갖추고 있다. 웹, 모바일, 음성 등에 대한 매력적인 경험이 가능하도록 와이어프레이밍, 디자인, 프로토타이핑을 제공 · 공유하는 디자인 및 프로토타이핑 툴이다. 최근에는 3D와 영상 삽입 기능 등이 추가되어 더욱 다양한 프로토타입을 구현할 수 있게 되었다.

Adobe XD는 무료 버전을 설치하면 7일간 사용할 수 있으며 그 이후로는 유료로 전환해야 한다. 일반 XD 플랜의 경우 월 11,000원을 지불하면 프로토타입 무제한, 디자인 사양 무제한, Adobe Fonts 포트폴리오(전체 글꼴 라이브러리), 클라우드 스토리지 100GB를 제공한다. Adobe CC 모든 앱 사용 회원이라면 일반 XD 플랜의 혜택을 모두 사용할 수 있다.

1 Adobe XD 설치를 위한 시스템 요구 사항

Adobe XD를 데스크톱이나 모바일에 설치하려면 다음과 같은 시스템 사양이 필요하다.

■ Adobe XD 설치를 위한 데스크톱 사양

Windows	Mac OS
• Windows 10(64비트): 버전 1909 이상 • 13인치 이상 디스플레이, 1280×800 해상도 • 4GB RAM • 최소 Direct 3D DDI 기능 세트: 10 Intel GPU의 경우 2014년 이후에 출시된 드라이버 필요	• macOS X v10.15 이상 • 13인치 이상 디스플레이, 1400×900 해상도, Retina 권장 • 4GB RAM
• 소프트웨어 활성화, 가입 확인 및 온라인 서비스 액세스를 위해 인터넷 연결 및 등록 필요 • 음성 기능을 통해 프로토타입을 미리보려면 인터넷 연결 필요	

■ **Adobe XD 설치를 위한 모바일 사양**

Android용 Adobe XD	iOS용 Adobe XD
• Samsung Galaxy S10, S20 • Google Pixel 4, 2	• 64비트 iPhone 및 iPad
• Android 9.0 이상	• Apple iOS 14.0 이상, iPadOS 14.0 이상

■ **지원되는 브라우저**

데스크톱 브라우저	모바일 브라우저
• macOS 10.13, Windows 7 이상 버전용 Chrome(최신 두 릴리스) • macOS 10.13, Windows 7 이상 버전용 Firefox(최신 두 릴리스) • Windows 10 이상 버전용 Edge(최신 두 릴리스) • macOS 10.13 이상 버전에서 Safari 일치 지원	• Android 9.0의 기본 브라우저+ • iOS 13의 Chrome+ • iOS 13 이상 버전용 Safari • 음성 기능은 iOS용 Chrome에서 지원되지 않음 • 현재 XD는 모바일 브라우저에서 공유된 디자인 사양 보기를 지원하지 않음

2 XD 설치하기

01 어도비 홈페이지(http://www.adobe.com/kr)에 접속해 [크리에이티비티 및 디자인]을 클릭한 후 [Creative Cloud 제품 모두 보기]를 클릭한다.

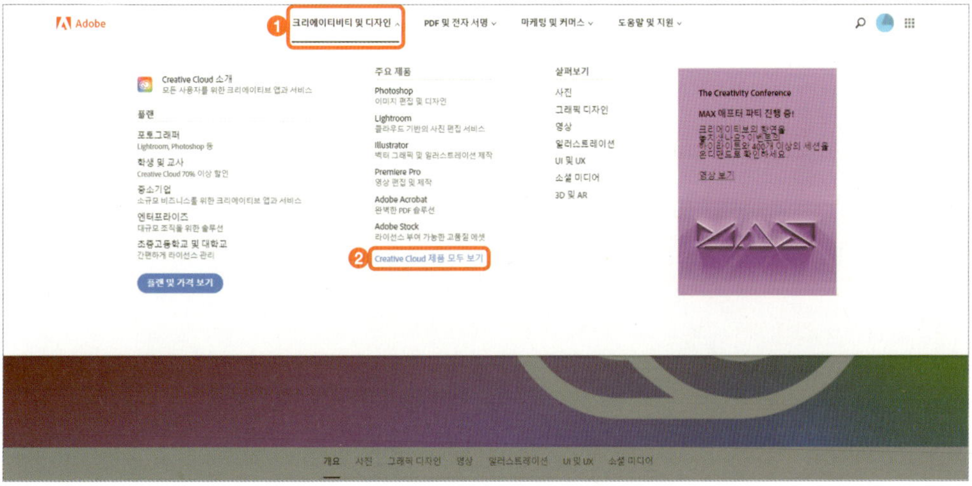

02 앱 리스트에서 [Adobe XD]를 찾아 [구매하기] 또는 [무료 체험판]을 클릭한다.

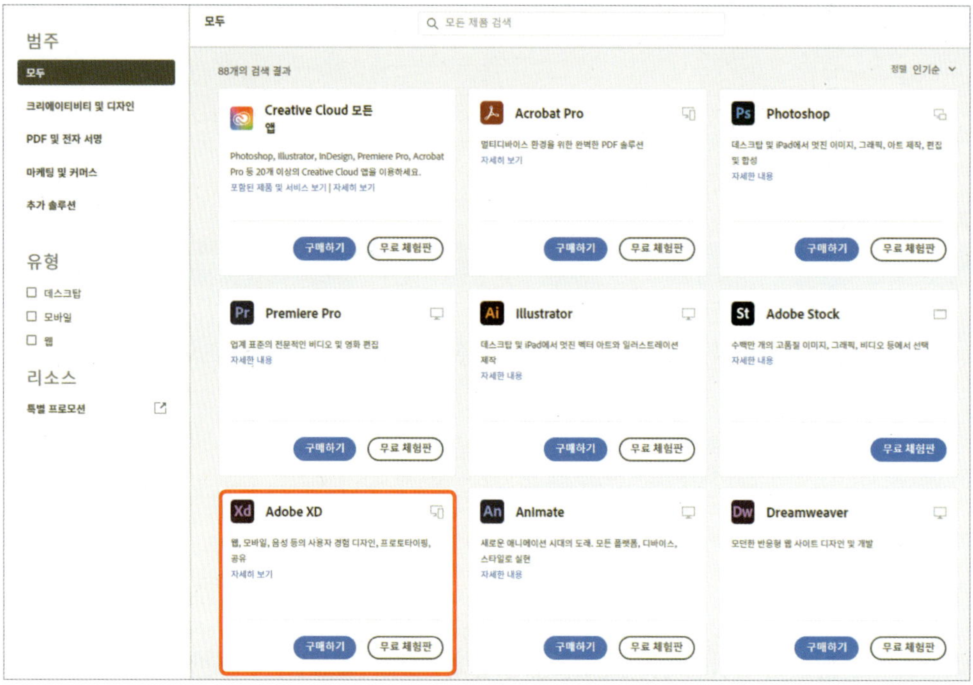

03 이메일을 입력하고 필수 항목에 체크한 후 [계속]을 클릭한다.

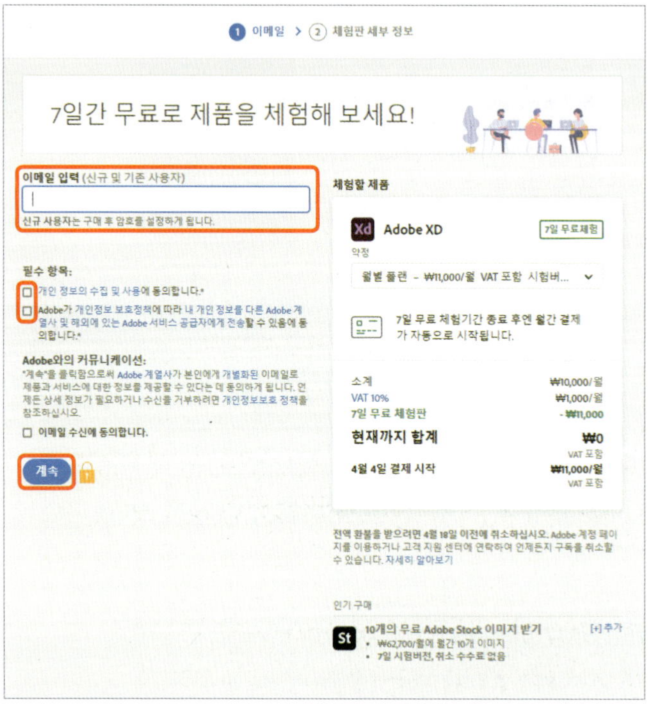

04 결제 방법을 입력한다. 앞 단계에서 무료 체험판을 선택했어도 결제 정보를 입력해야 다음 단계로 진행된다.

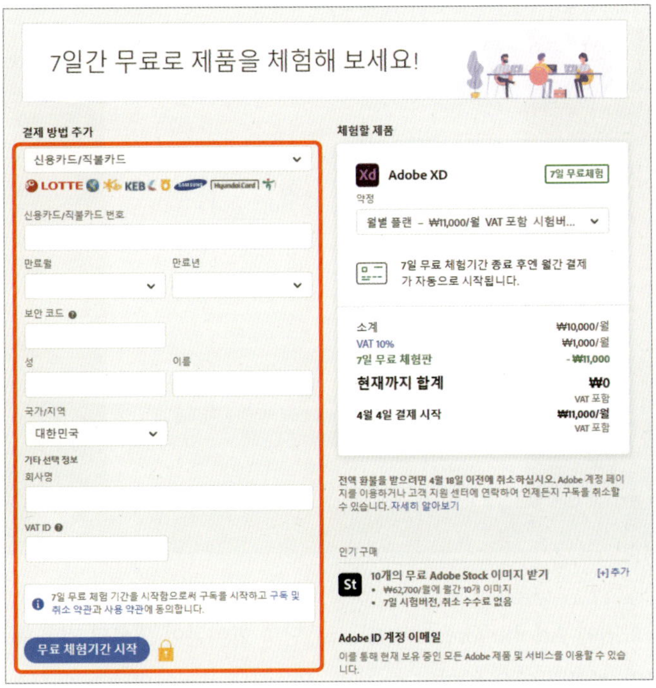

05 암호를 설정하고 [계정 완성]을 클릭하면 XD가 다운로드된다.

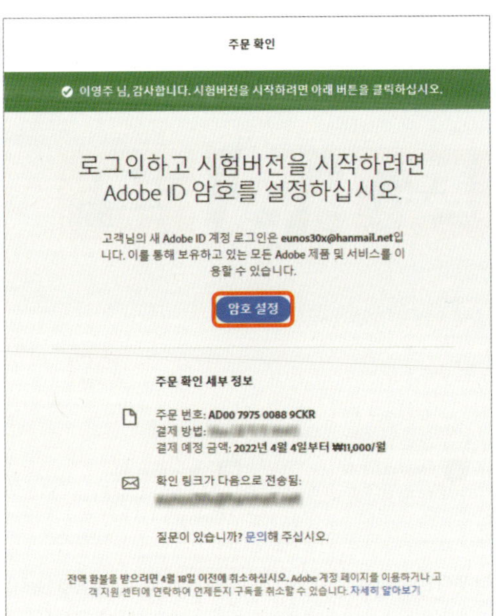

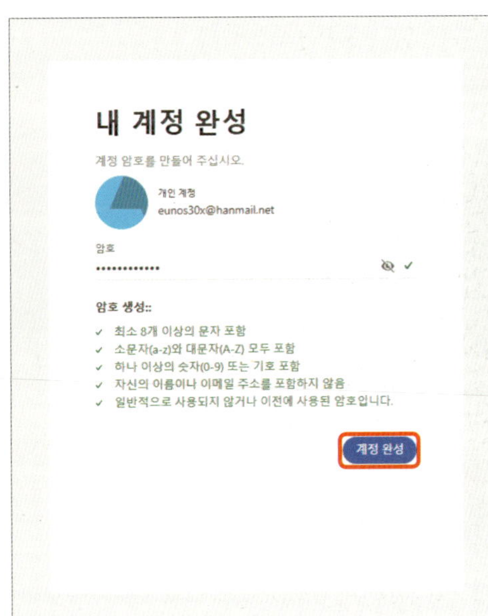

06 다운로드된 'XD_Set-Up.exe' 파일을 더블클릭해 실행한다. 크리에이티브 앱이 설치되고, 설치가 완료되면 XD가 자동으로 실행된다.

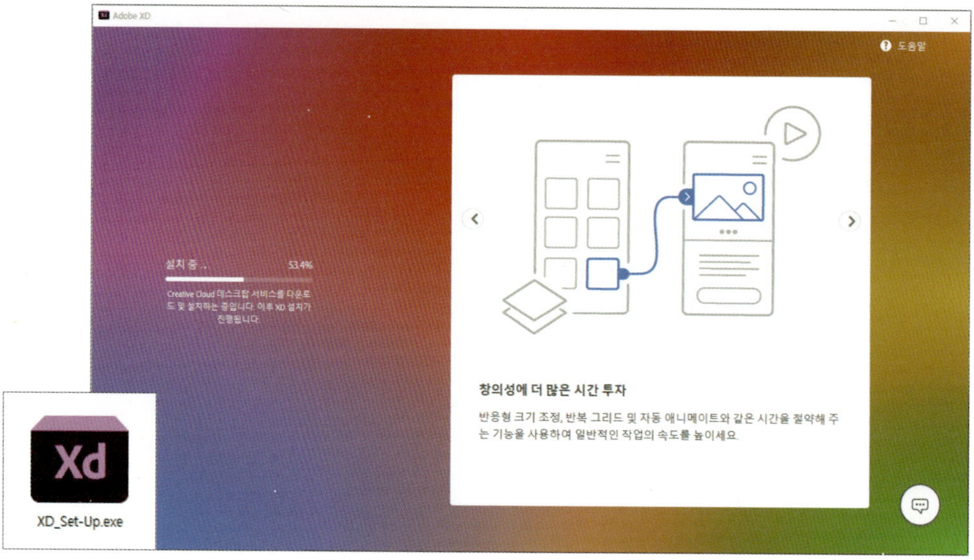

07 실행된 XD를 종료하면 바탕화면에 'Adobe Creative Cloud' 단축 아이콘이 생성된 것을 볼 수 있다. 아이콘을 더블클릭해 열면 설치된 앱을 확인할 수 있다. [열기]를 클릭하면 XD가 실행된다.

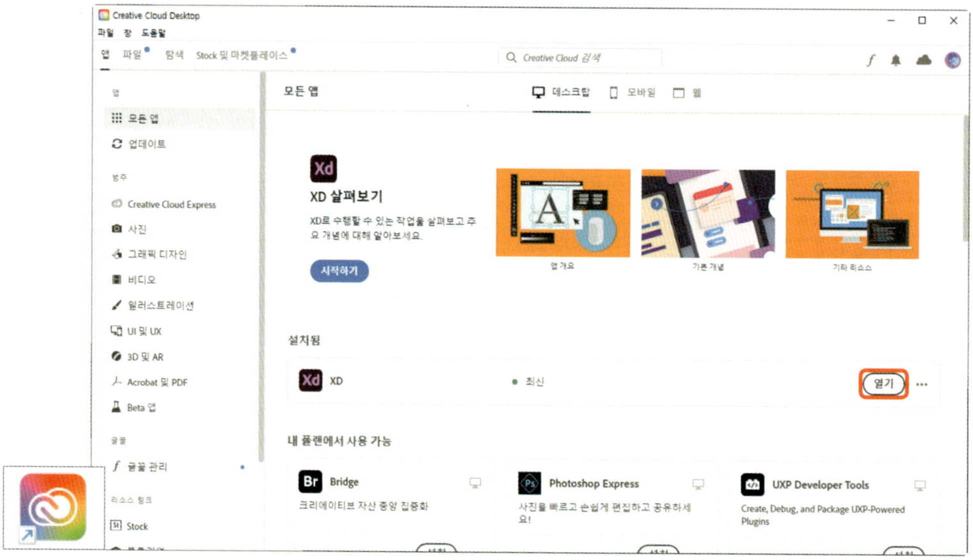

Tip XD를 설치하기 전에 이미 Adobe Creative Cloud를 설치한 적이 있다면 Adobe Creative Cloud를 실행하고 XD 항목의 [설치]를 클릭해 설치한다.

3 Adobe XD 홈 화면

Adobe XD를 실행하면 나타나는 홈 화면의 요소별 명칭과 역할을 살펴본다. 다른 어도비 제품군과 마찬가지로 다음과 같은 홈 화면이 가장 먼저 실행된다.

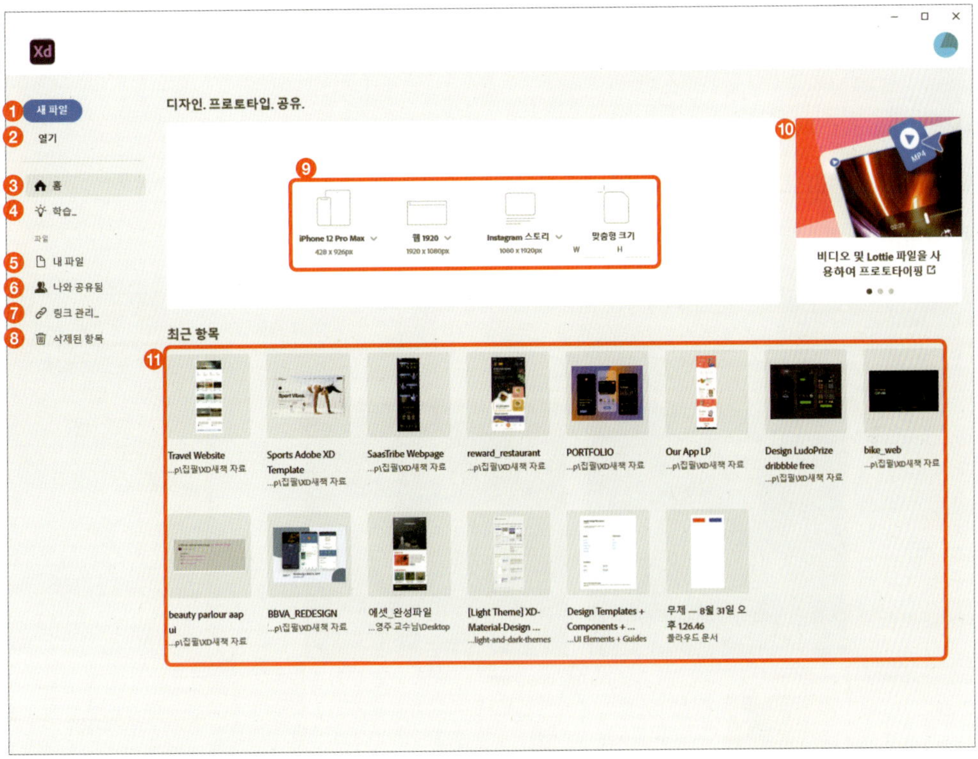

그림 4-1 Adobe XD의 홈 화면

❶ **새 파일** 새 아트보드가 웹 화면 크기로 생성된다.

❷ **열기** PSD, AI, Sketch 등의 작업 파일을 불러올 수 있다.

❸ **홈** Adobe XD를 실행하면 나타나는 현재 화면으로 연결된다.

❹ **학습** 어도비 사이트로 연결되어 XD의 기능, 도구 및 워크플로와 관련된 모든 튜토리얼에 액세스한다.

❺ **내 파일** 최근 항목을 비롯해 작업했던 파일의 목록을 볼 수 있다.

❻ **나와 공유됨** 다른 관련자가 검토용으로 공유한 클라우드 문서 목록을 조회한다.

❼ **링크 관리** 링크된 문서 목록을 관리할 수 있다. 문서를 조회하거나 이름 또는 수정일 기준으로 정렬할 수 있다.

❽ **삭제된 항목** 삭제한 클라우드 문서의 전체 목록이 열린다. 문서를 복원하거나 영구적으로 삭제할 수 있다.

❾ **아트보드** 홈 화면에서 사전 설정된 아트보드 규격 중 하나를 선택해 디자인 프로젝트를 시작할 수 있다.

❿ **튜토리얼** 새로운 기능 등에 대한 튜토리얼 페이지로 연결된다.

⓫ **최근 항목** 최근에 사용한 항목의 목록을 볼 수 있으며, 클릭하여 작업을 이어갈 수 있다.

4 인터페이스

홈 화면에서 아트보드를 선택하면 디자인 작업 화면으로 전환된다. 각 요소의 명칭과 역할은 다음과 같다.

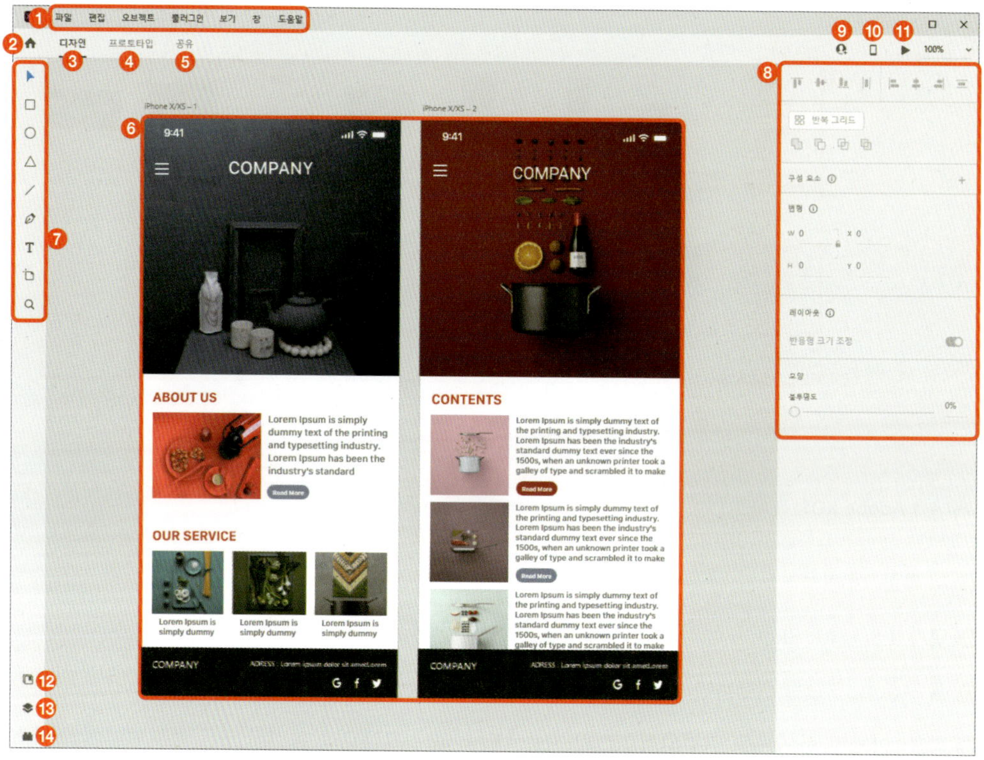

그림 4-2 Adobe XD의 디자인 작업 화면

❶ **메뉴** 파일, 편집, 오브젝트, 플러그인, 보기, 창, 도움말 메뉴와 각각의 하위 메뉴에 접근할 수 있다.

❷ **홈** 홈 화면을 열어 새 파일을 생성하거나 최근 생성한 파일을 불러올 수 있다.

❸ **디자인** 디자인 모드로 전환해 레이아웃 요소를 만들고, 아트보드를 추가하고, Adobe Illustrator, Adobe Photoshop 및 Adobe After Effects와 같은 애플리케이션에서 리소스를 가져올 수 있다. 플러그인을 사용해 작업 과정의 일부를 자동화할 수도 있다.

❹ **프로토타입** 프로토타입 모드로 전환된다. 디자인에서 오브젝트 또는 아트보드를 선택하고 아트보드 사이의 인터랙션을 만들 수 있다.

❺ **공유** 클라우드로 파일을 공유해 검토하거나 개발자와 공유할 수 있다.

❻ **아트보드** 원하는 크기의 아트보드를 생성하고 사용할 수 있다.

❼ **툴 패널** 선택 도구, 그리기 도구, 텍스트 도구, 아트보드 도구, 에셋 및 레이어 패널에 접근할 수 있다.

❽ **옵션** 속성 관리자에서 다양한 옵션을 조정해 오브젝트의 여러 속성을 정의하고 조작한다.

❾ **초대** 공동 편집 기능을 활성화하고, XD 문서에 동시에 접근해 편집하도록 초대한다.

❿ **스마트폰으로 미리보기** 연결된 스마트폰으로 미리보기를 할 수 있다(현재는 아이폰만 가능).

⓫ **미리보기** 디자인 화면이나 프로토타입을 미리보기로 실행해 프로토타입을 테스트할 수 있다.

⓬ **에셋** 에셋 모음으로 에셋을 불러오거나 만들어 사용할 수 있다.

⓭ **레이어** 아트보드의 오브젝트를 클릭해 레이어 구성 요소의 명칭이나 순서를 변경할 수 있다.

⓮ **플러그인** 설치된 플러그인을 바로 꺼내 활용할 수 있다.

2
아트보드와 레이어

1 아트보드 활용하기

01 Adobe XD를 실행해 홈 화면이 열리면 기본으로 설정되어 있는 기기별 아이콘을 클릭하거나 각 기기의 옵션을 열어 원하는 아트보드 크기를 선택해 아트보드를 생성한다. 여기서는 'iPhone XR,XS Max, 11(414×896)'을 선택했다. 자동으로 새 아트보드가 생성된다.

Tip 기기별 옵션에 나열되는 아트보드 종류는 새로운 기기가 출시될 때마다 업데이트된다.

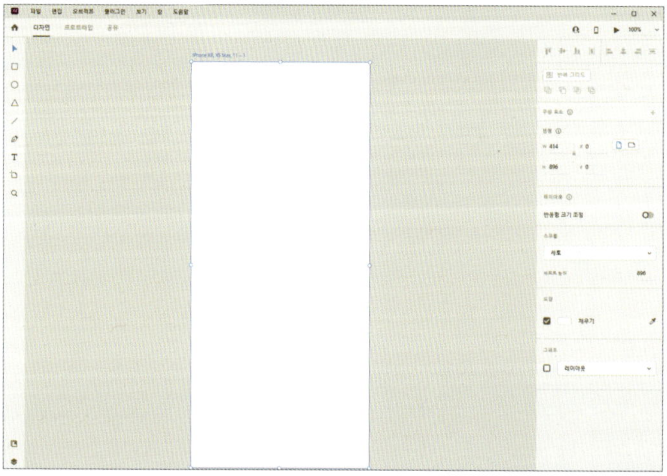

02 툴 패널에서 선택 툴(▸)을 선택하고 아트보드의 이름 부분을 클릭해 바운딩박스가 생기면 Alt를 누른 채 드래그해 아트보드를 복제한다.

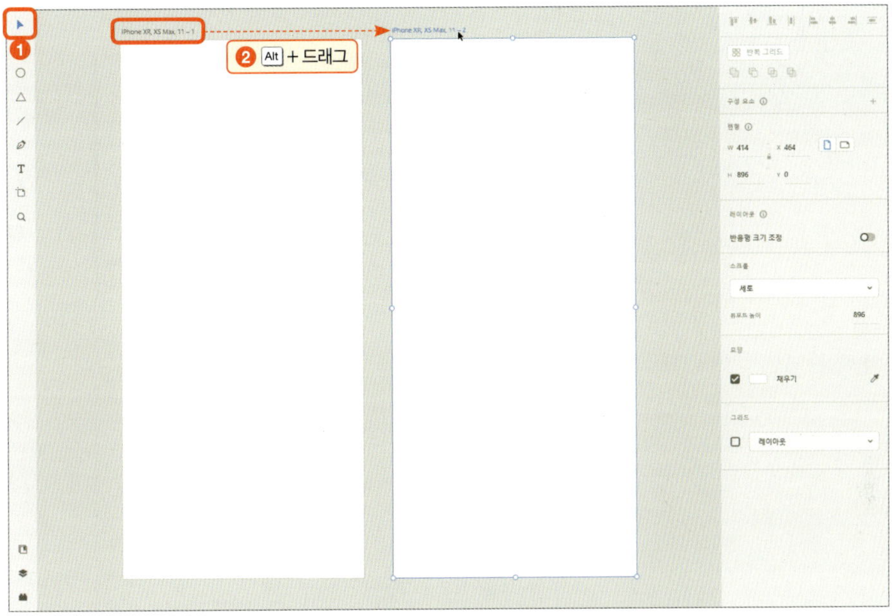

Tip 아트보드가 비었을 때는 아트보드를 선택하고 Ctrl+C를 눌러 복제한 후 Ctrl+V를 눌러 붙여넣어도 된다.

03 툴 패널에서 아트보드 툴(⧉)을 선택하고 오른쪽 옵션 패널에서 원하는 아트보드 크기를 선택해 아트보드를 추가한다. 여기서는 'iPhone X, XS, 11 Pro'를 선택했다.

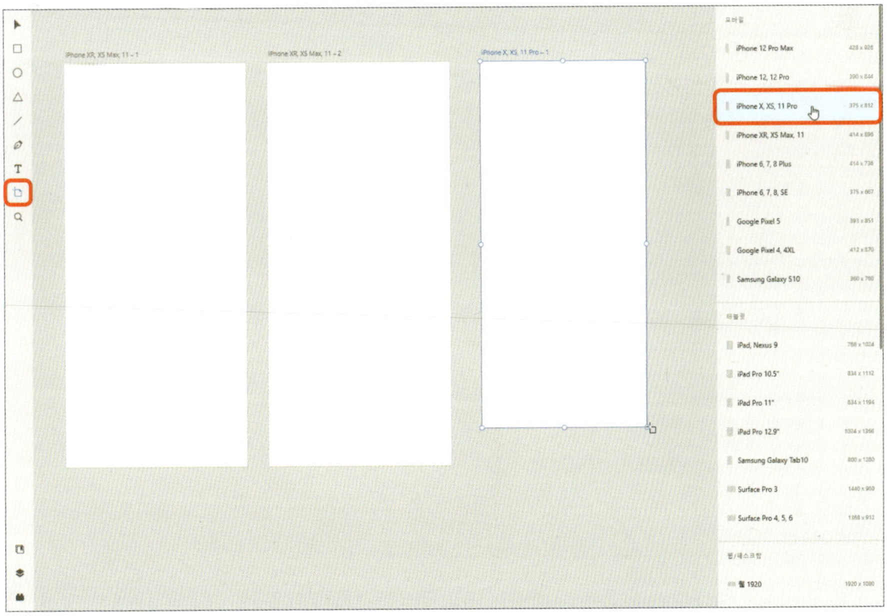

04 아트보드 툴( )이 선택된 상태에서 작업 화면을 드래그해 원하는 크기의 아트보드를 만든다. 오른쪽 옵션 패널에서 W(너비), H(높이), X와 Y(위치) 값을 입력해 아트보드 크기를 조절할 수도 있다.

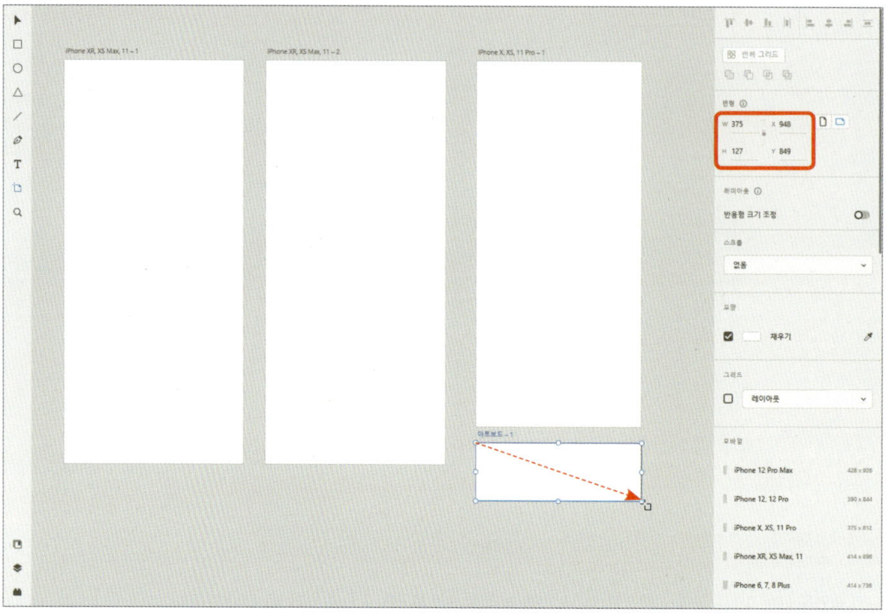

05 아트보드를 선택하고 드래그해 위치를 옮길 수 있다. 툴 패널에서 선택 툴( )을 선택하고 'iPhone XR, XS Max, 11–1' 아트보드를 드래그해 오른쪽으로 옮긴다.

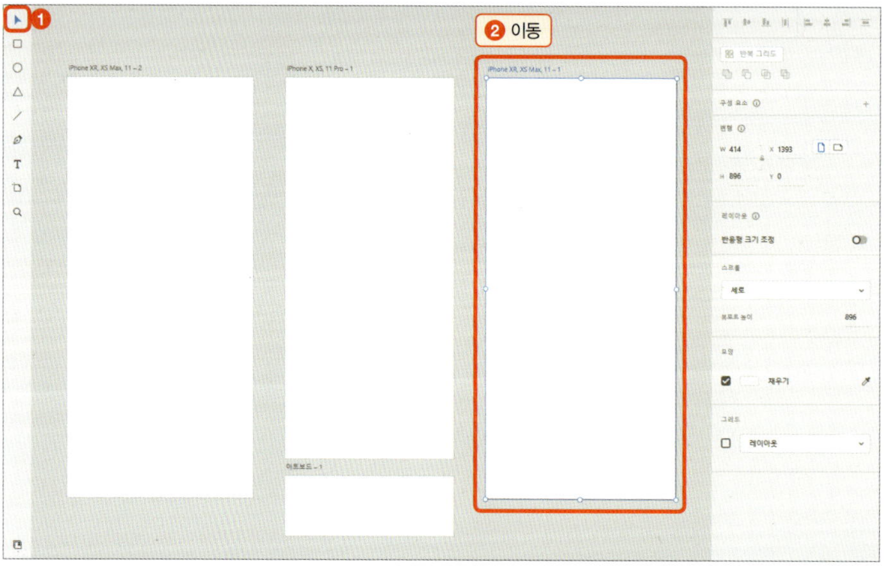

Tip 아트보드 화면이 비어 있을 때는 아트보드를 클릭해도 선택이 되지만, 오브젝트가 배치되어 있다면 아트보드의 이름 부분을 클릭해야 아트보드가 선택된다.

06 선택 툴(▸)이 선택된 상태에서 아트보드를 클릭하고 Delete 를 누르면 아트보드가 삭제된다. '아트보드–1' 아트보드를 선택해 삭제한다.

07 선택 툴(▸)이 선택된 상태에서 아트보드를 클릭하고 하단의 바운딩 박스를 조절하면 아트보드의 길이를 조절할 수 있다. 기본 옵션값보다 길어지면 점선이 나타나며, 오른쪽 상단의 미리보기 버튼(▶)을 클릭해 스크롤이 생겼음을 확인할 수 있다.

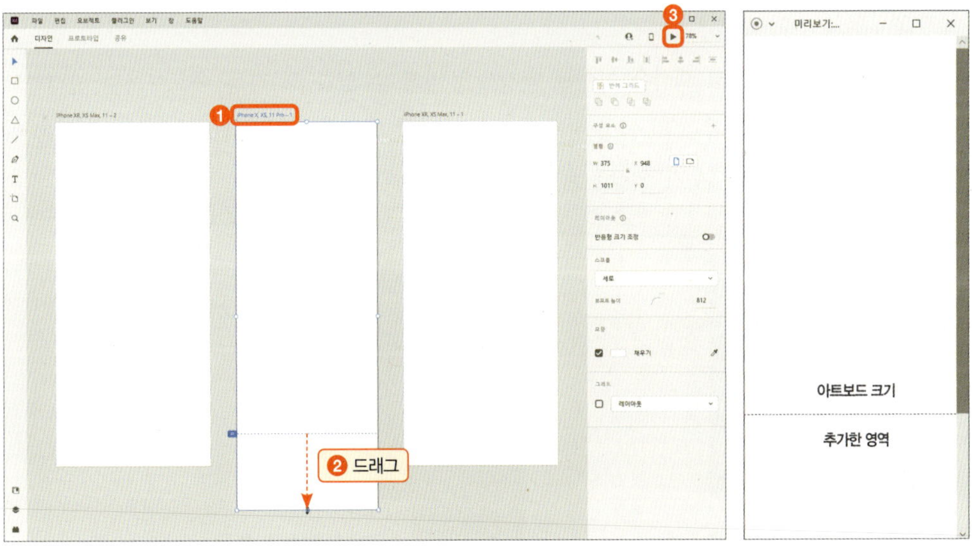

08 'iPhone X, XS, 11 Pro–1' 아트보드를 삭제하고 남은 아트보드의 위치를 그림과 같이 정리한 후 아트보드의 이름 부분을 더블클릭해 각각 '사각형'과 '원'으로 이름을 변경한다.

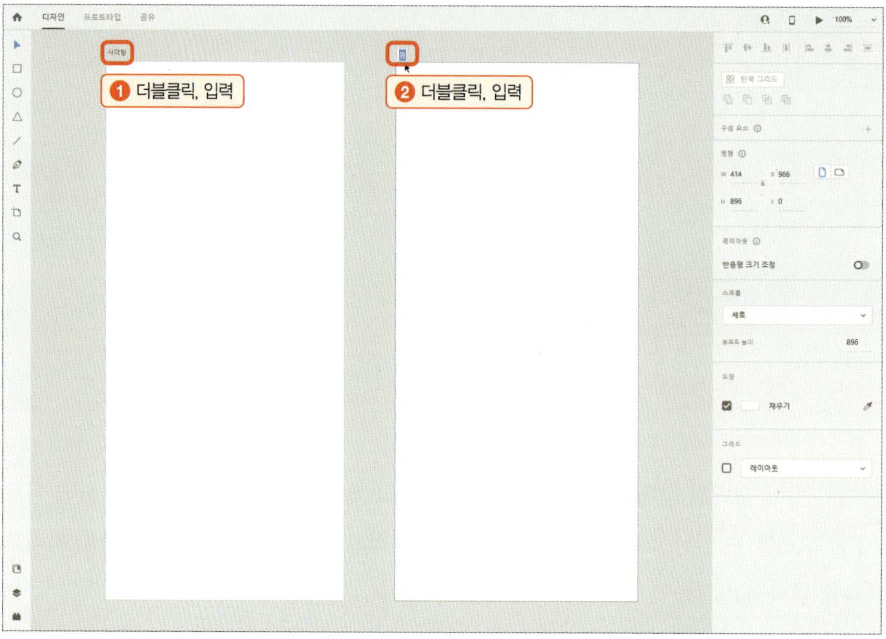

09 아트보드를 선택하고 색상을 지정해 배경색을 바꿀 수 있다. '사각형' 아트보드를 선택하고 오른쪽 옵션 패널에서 '채우기'의 색상 상자를 클릭해 색상 패널이 열리면 'Hex'에 #056E9F를 입력한다. '원' 아트보드의 '채우기' 색상은 #024057로 지정한다.

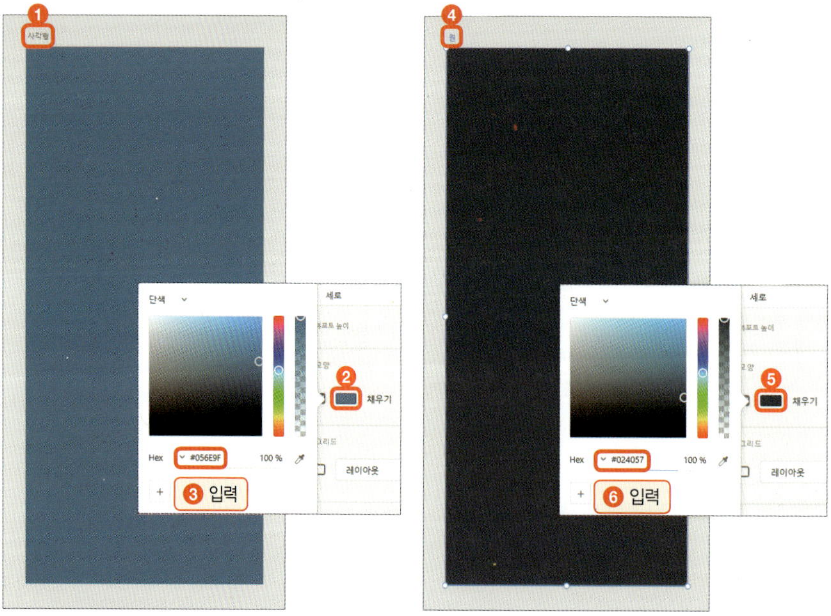

2 레이어 이해하기

01 Adobe XD 홈 화면에서는 왼쪽 상단의 [열기]를 클릭하고, 작업 화면에서는 [파일]-[내 컴퓨터에서 열기]를 클릭한다. [열기] 대화상자가 열리면 예제로 제공되는 [Chapter_04\Section_02] 폴더의 '레이어 준비.xd' 파일을 선택해 불러온다.

02 툴 패널 하단의 레이어( )를 클릭하면 현재 파일의 아트보드 목록이 나열된 레이어 패널이 나타난다.

03 아트보드 내의 오브젝트를 선택하면 레이어 패널에 표시되는 내용이 해당 아트보드에 있는 오브젝트 목록으로 변경된다. 툴 패널에서 선택 툴(▶)을 선택하고 '사각형' 아트보드에 있는 사각형을 하나 클릭한다. 레이어 패널의 내용이 '사각형 2', '사각형 1'로 변경된다.

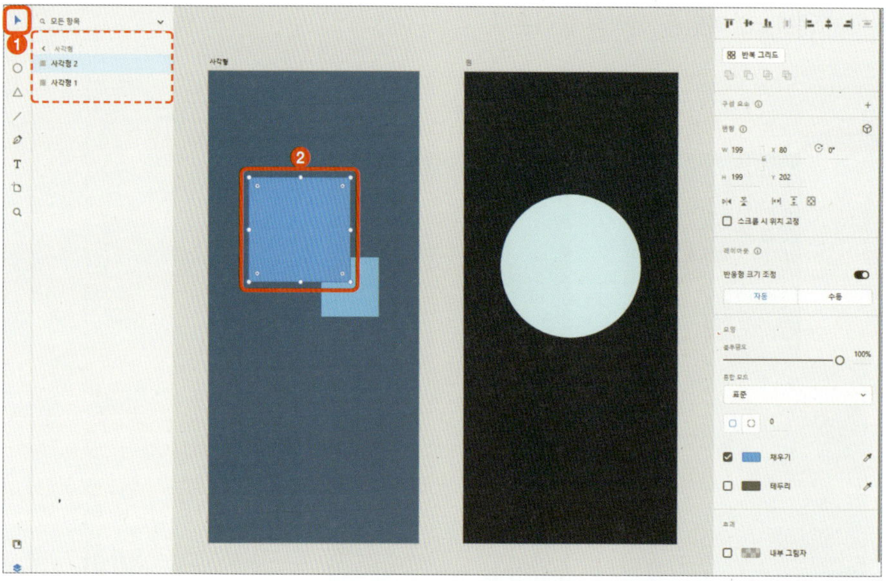

04 레이어 패널에서 순서를 변경하면 아트보드 내의 오브젝트 순서도 변경된다. '사각형 1'을 '사각형 2'의 위로 드래그하면 '사각형 1' 오브젝트가 '사각형 2' 오브젝트의 위로 올라온다.

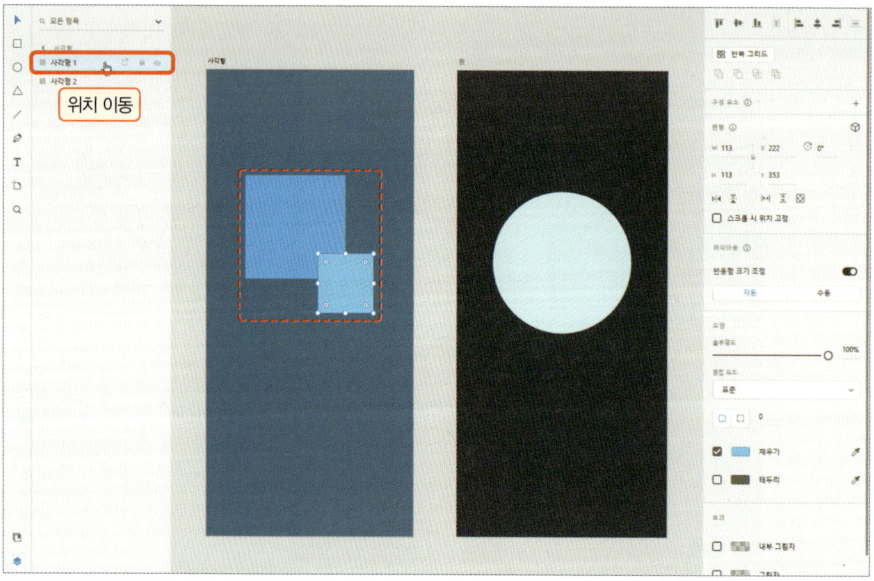

Tip 레이어의 순서는 기본적으로 오브젝트가 그려진 순서로 배치된다.

05 오브젝트의 이름은 레이어 패널에서 각 오브젝트의 이름 부분을 더블클릭해 변경할 수 있다. '사각형 1'은 'Light Blue'로, '사각형 2'는 'Blue'로 각각 이름을 변경한다.

Tip 파일을 팀원과 공유하는 경우가 많으므로 누구나 직관적으로 알 수 있도록 레이어 이름을 정해야 한다. 혼자 작업하는 경우에도 레이어 이름을 잘 설정해 놓으면 이후 작업을 효율적으로 할 수 있다.

06 레이어 패널의 오브젝트 이름에 마우스를 위치시키면 오른쪽에 세 가지 옵션이 나타난다. 이 중 '내보내기에 대해 표시( )'를 클릭한다. 옵션 패널의 '내보내기에 대해 표시'에 체크해도 된다.

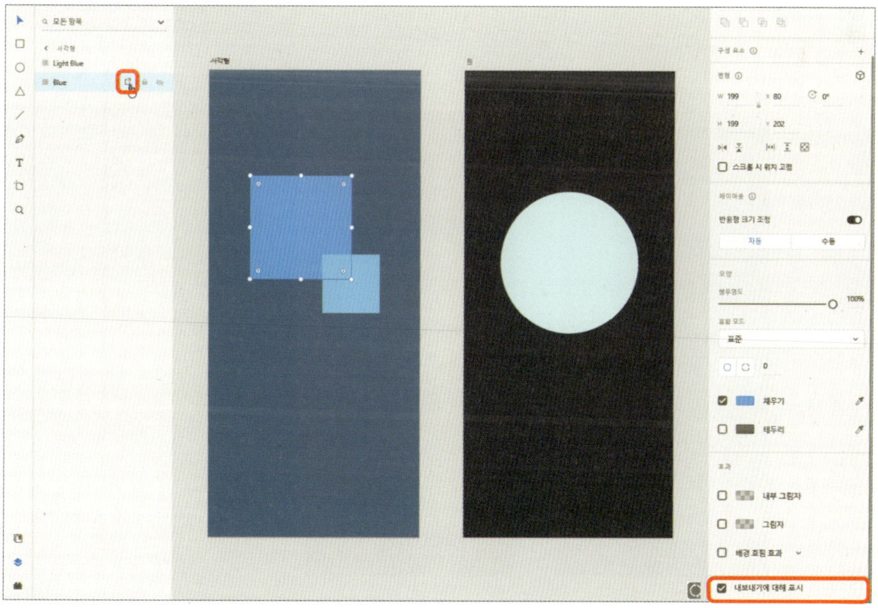

Tip '내보내기에 대해 표시' 옵션을 선택한 오브젝트만 공유 화면에 에셋이 포함되어 보이므로 구성원과 공유하거나 개발자가 다운로드해야 하는 파일이라면 필수적으로 설정해야 한다.

07 특정 레이어가 변경되는 것을 방지하려면 레이어 패널에서 레이어 이름 오른쪽 옵션 중 '잠금(🔒)'을 클릭해 잠금 설정을 한다. 잠금을 설정한 오브젝트는 왼쪽 상단에 자물쇠 모양이 표시되고, 선택은 되지만 색상이나 크기 변경이 불가능하고 이동도 제한된다.

Tip 잠금 설정을 해제하려면 한 번 더 '잠금(🔒)'을 클릭한다.

08 레이어 패널에서 레이어 이름 옆의 옵션 중 '숨김(👁)'을 클릭하면 아트보드 내에서 해당 오브젝트가 보이지 않는다.

Tip 오브젝트를 다시 보이게 하려면 한 번 더 '숨김(👁)'을 클릭한다.

09 다른 아트보드의 오브젝트를 선택하면 해당 아트보드 내의 오브젝트만 레이어 패널에 표시된다.

3 화면 확대와 축소

01 Ctrl + 1 을 누르면 아트보드가 100% 크기로 보인다.

02 Ctrl + + 를 누르면 아트보드가 확대된다. 계속해서 Ctrl + + 를 눌러 원하는 만큼 확대할 수 있다.

03 Ctrl + - 를 누르면 아트보드가 축소된다. 계속해서 Ctrl + - 를 눌러 원하는 만큼 축소할 수 있다.

04 툴 패널에서 돋보기 툴([돋보기 아이콘])을 선택하고 원하는 영역을 드래그하면 드래그한 영역을 중심으로 화면이 확대된다.

05 돋보기 툴([돋보기 아이콘])을 선택하고, Alt 를 누른 채 클릭하면 화면이 축소된다.

06 Space Bar 를 누르면 마우스 포인터가 손바닥 모양( )으로 바뀐다. 이때 화면을 상하좌우로 드래그해 원하는 위치를 볼 수 있다.

07 Ctrl + 0 을 누르면 전체 아트보드의 배율이 화면에 맞게 자동 조절된다.

Chapter 05
Adobe XD 활용

01 도형 그리기

02 컬러와 그레이디언트 적용

03 이미지 활용

04 라이브러리 에셋 활용

1
도형 그리기

1 사각형 그리기

01 Adobe XD를 실행한 후 홈 화면에서 '맞춤형 크기'에 수치를 입력하지 않은 채 아이콘을 클릭한다.

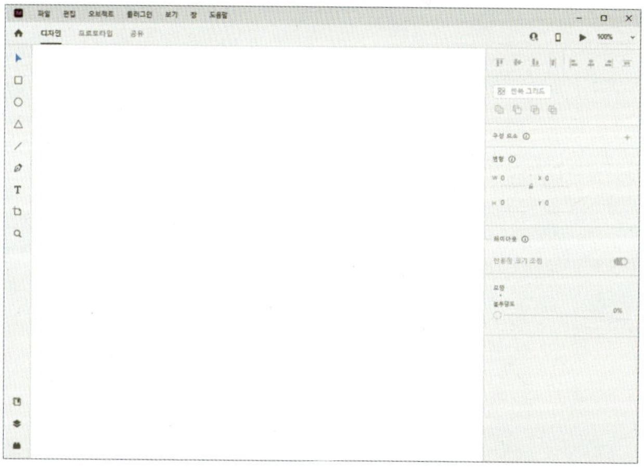

Tip 아트보드가 생성되었더라도 아트보드를 선택하고 모두 삭제하면 작업 화면을 꽉 채우는 빈 화면이 생긴다. 다양한 연습을 하기 위해 빈 화면을 만들 때 사용하면 좋지만, 프로토타입을 구현할 수는 없다.

02 툴 패널에서 사각형 툴(□)을 선택하고 아트보드에서 드래그해 사각형 오브젝트를 그린다.

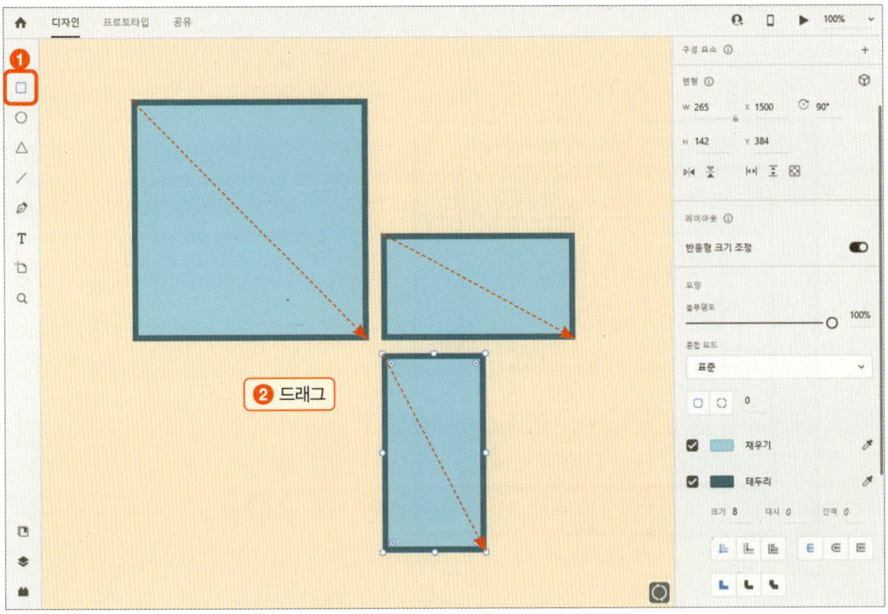

Tip 작업 화면이 잘 보이도록 하기 위해 아트보드 배경색, 오브젝트 채우기 색상, 오브젝트 테두리의 두께와 색상을 임의로 설정했다. 실습 과정에는 영향을 주지 않으므로 동일하게 설정하지 않아도 된다.

03 사각형 툴(□)이 선택된 상태에서 Shift 를 누른 채 아트보드에서 드래그하면 정사각형이 그려진다.

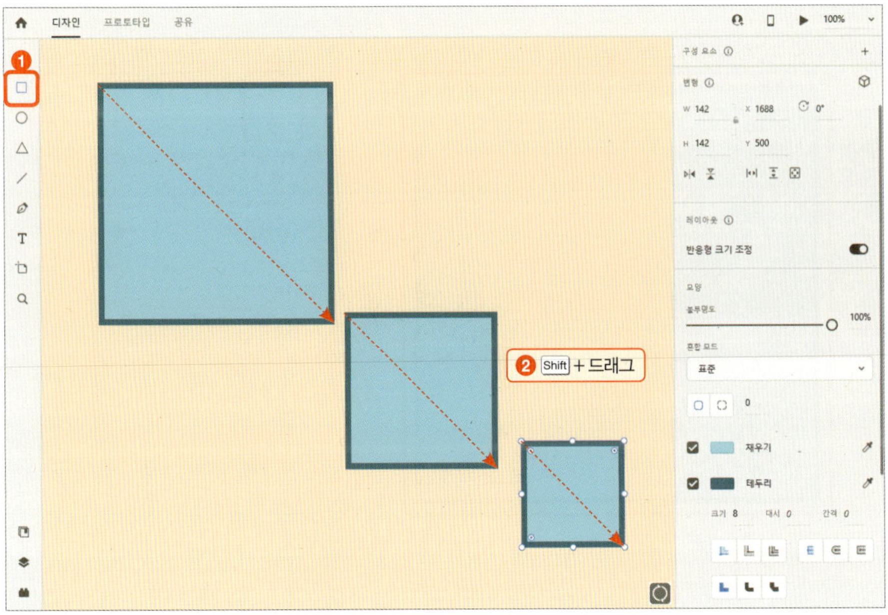

04 사각형 툴(□)이 선택된 상태에서 Alt를 누른 채 드래그하면 처음 클릭한 지점을 중심으로 상하좌우 방향으로 늘어나면서 사각형이 그려진다.

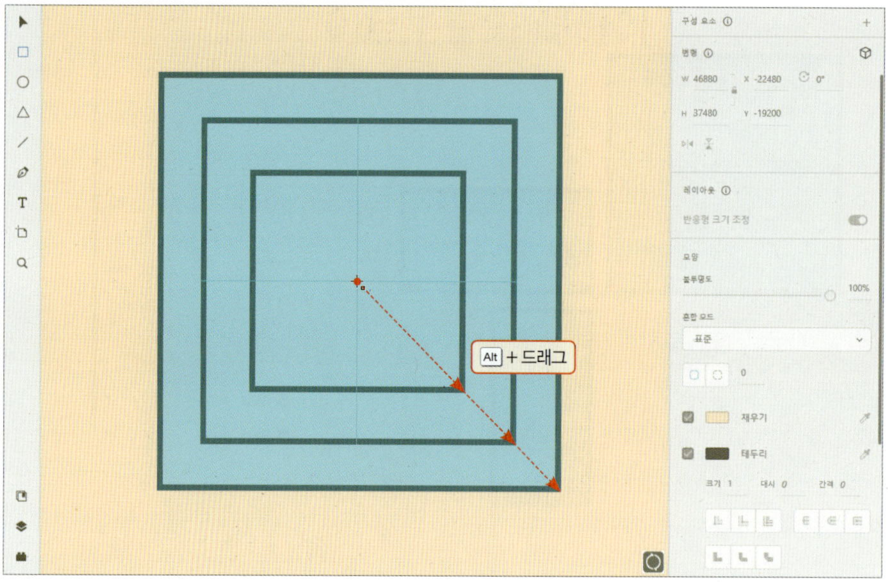

Tip 오브젝트 중앙에 마우스를 가져가면 가이드라인이 생기며, 이를 기준으로 드래그하면 중심점이 같은 사각형을 그릴 수 있다.

05 툴 패널에서 선택 툴(▸)을 선택하고 사각형 오브젝트를 클릭한 후 오른쪽 옵션 패널에서 W(너비)와 H(높이) 값을 입력하면 사각형 크기가 변경된다.

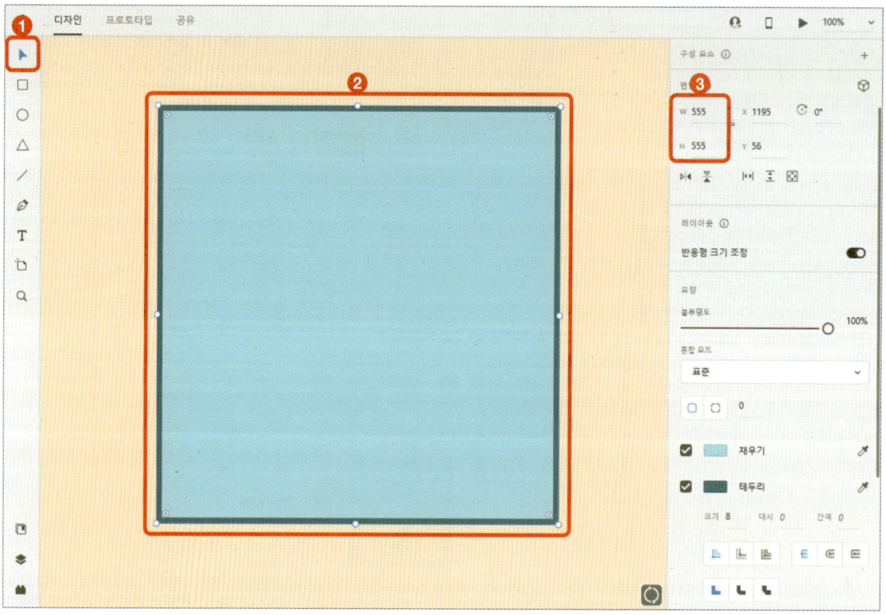

Tip 도형을 선택한 상태에서 Alt를 누른 채 키보드의 방향키를 누르면 도형 크기를 1단위씩 크게 또는 작게 변경할 수 있으며, Alt+Shift를 누른 채 방향키를 누르면 10단위씩 변경할 수 있다.

06 선택 툴(▸)이 선택된 상태에서 사각형 내부의 모서리에 있는 위젯을 안쪽으로 드래그하면 모서리 모양이 둥글게 변형된다.

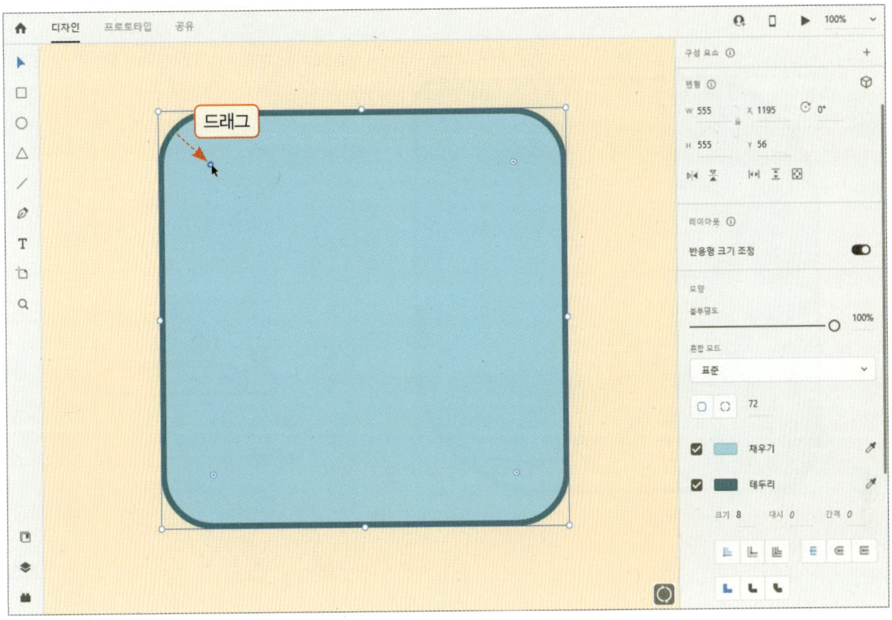

07 선택 툴(▸)이 선택된 상태에서 Alt를 누른 채 특정 위젯을 드래그하면 해당 모퉁이의 모양만 변형된다.

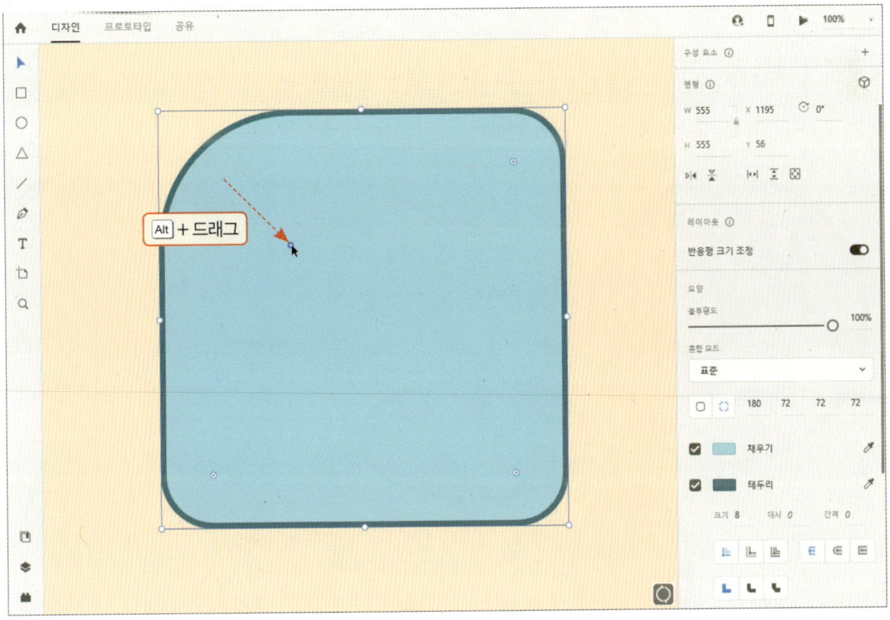

08 오른쪽 옵션 패널에서 '각 모퉁이에 대해 다른 반경( )'을 클릭하고 각 모퉁이의 값을 설정하면 모퉁이마다 둥근 정도를 다르게 변경할 수 있다. 180, 36, 180, 72를 입력한다.

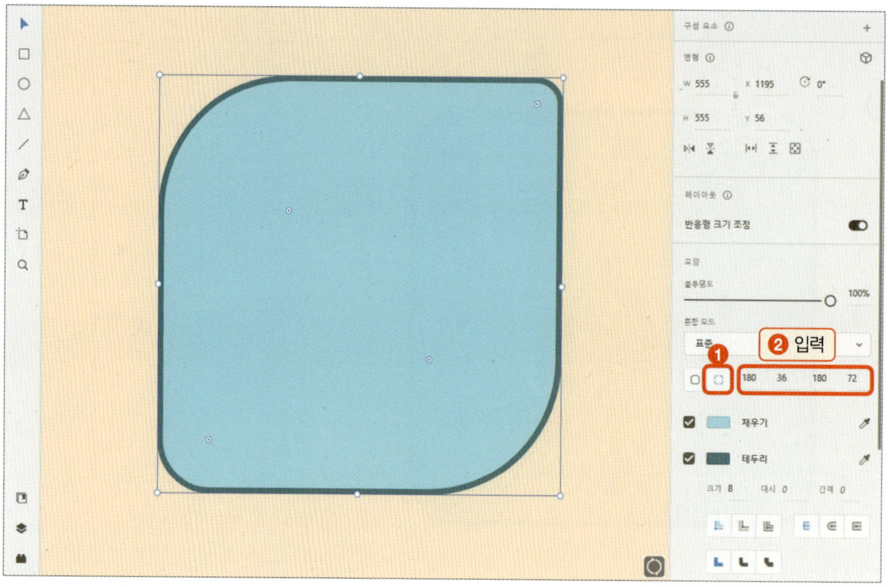

Tip 각 수치는 왼쪽 상단 위젯부터 시계 방향 순서이다.

Tip 옵션 패널에서 '모든 모퉁이에 대해 동일한 반경( )'을 클릭하고 값을 입력하면 모든 모퉁이가 같은 모양으로 변형된다.

2 원 그리기

01 툴 패널에서 타원 툴( )을 선택하고 드래그하면 원형 오브젝트가 그려진다.

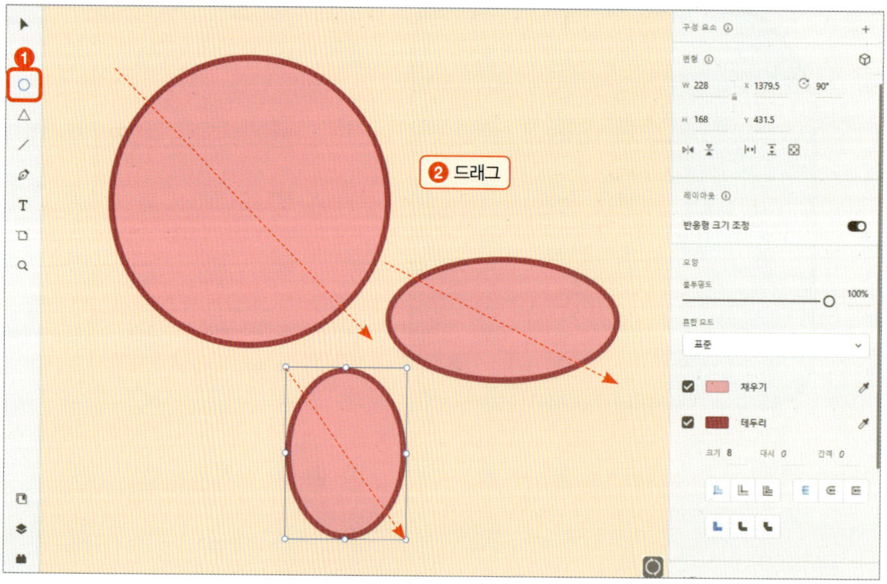

02 타원 툴(○)이 선택된 상태에서 Shift를 누른 채 드래그하면 정원이 그려진다.

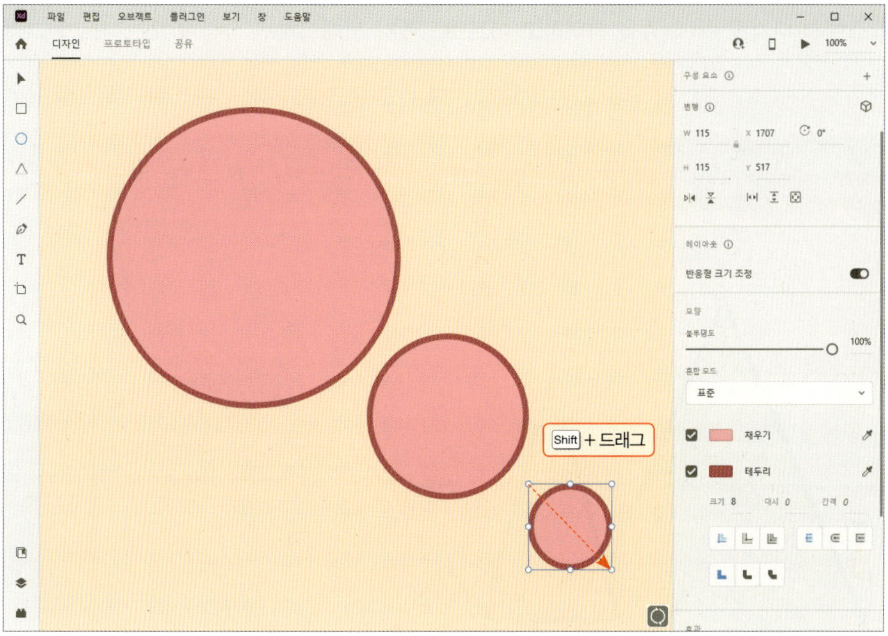

03 타원 툴(○)이 선택된 상태에서 Alt를 누른 채 드래그하면 처음 클릭한 지점을 중심으로 상하좌우로 늘어나면서 원이 그려진다. 이때 Alt + Shift를 누른 채 드래그하면 정원이 그려진다.

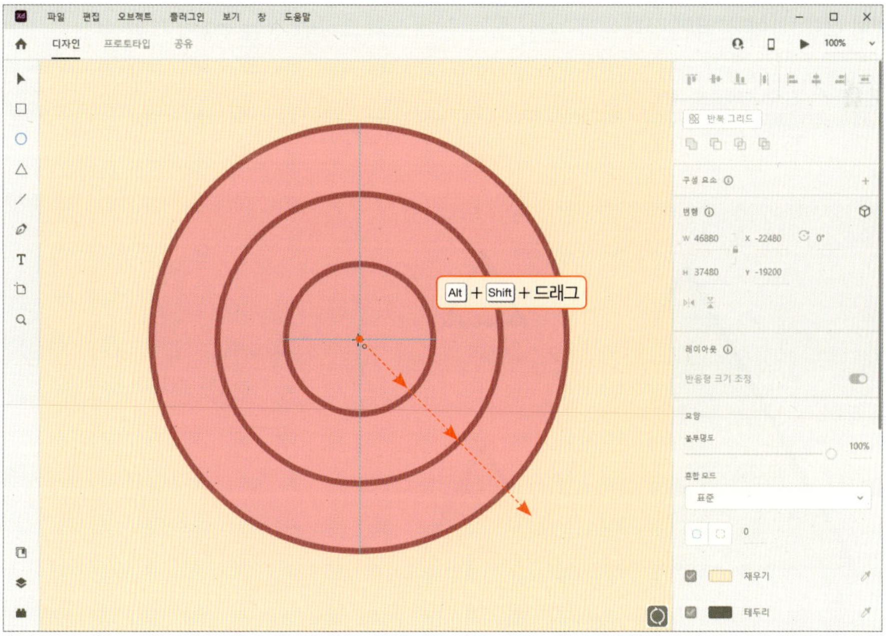

Tip 마우스를 원의 중심에 위치시키면 가이드라인이 나타나며, 이를 기준으로 드래그하면 중심점이 같은 원을 그릴 수 있다.

3 다각형 그리기

01 툴 박스에서 다각형 툴(△)을 선택하고 아트보드에서 드래그하면 삼각형 오브젝트가 그려진다.

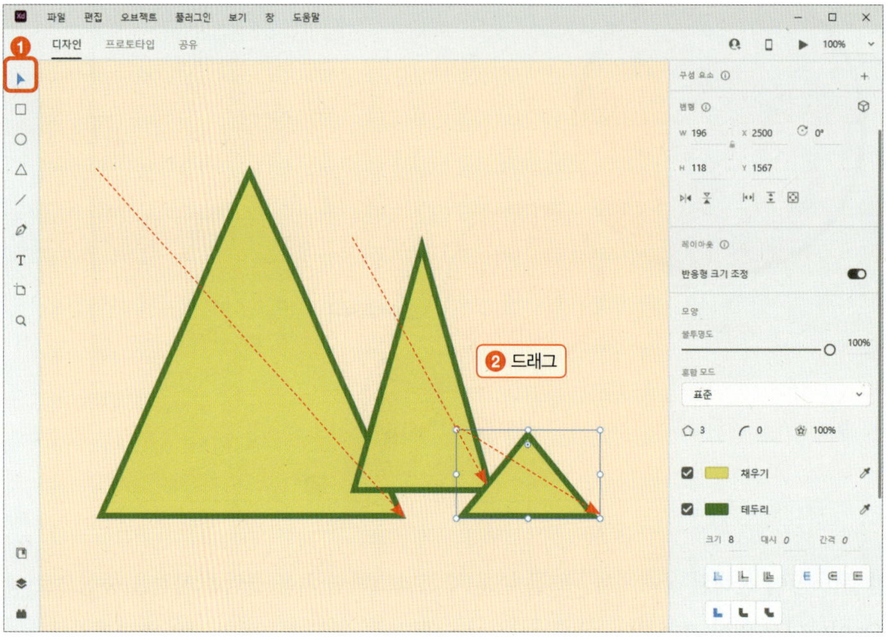

02 다각형 툴(△)이 선택된 상태에서 Shift 를 누른 채 드래그하면 정삼각형이 그려진다.

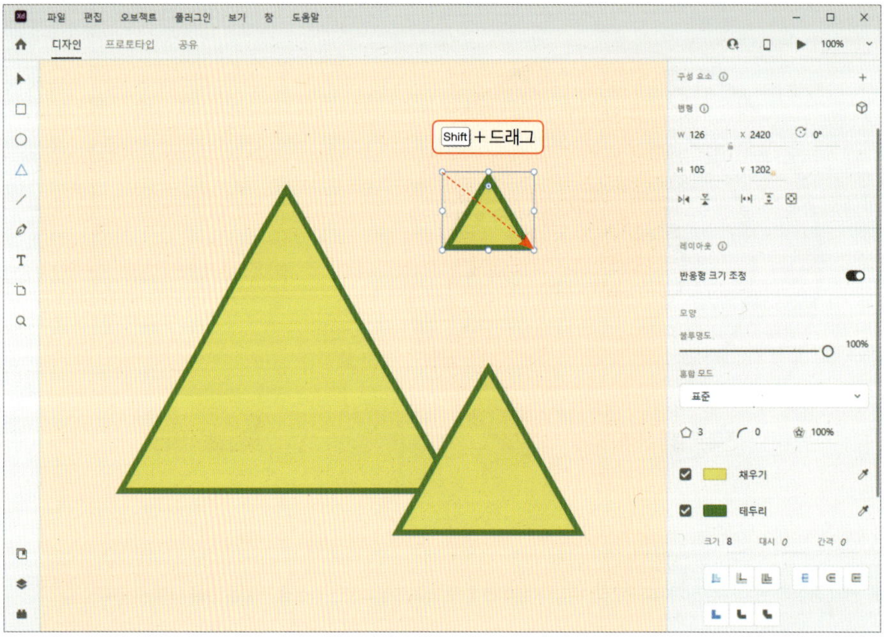

03 다각형 툴(△)이 선택된 상태에서 Alt를 누른 채로 드래그하면 처음 클릭한 지점을 중심으로 상하좌우로 늘어나면서 삼각형이 그려진다. 이때 Alt+Shift를 누른 채 드래그하면 정삼각형이 그려진다. 도형의 중앙에 마우스를 위치시켜 가이드라인을 나타내고 이를 기준으로 중심점을 맞춘다.

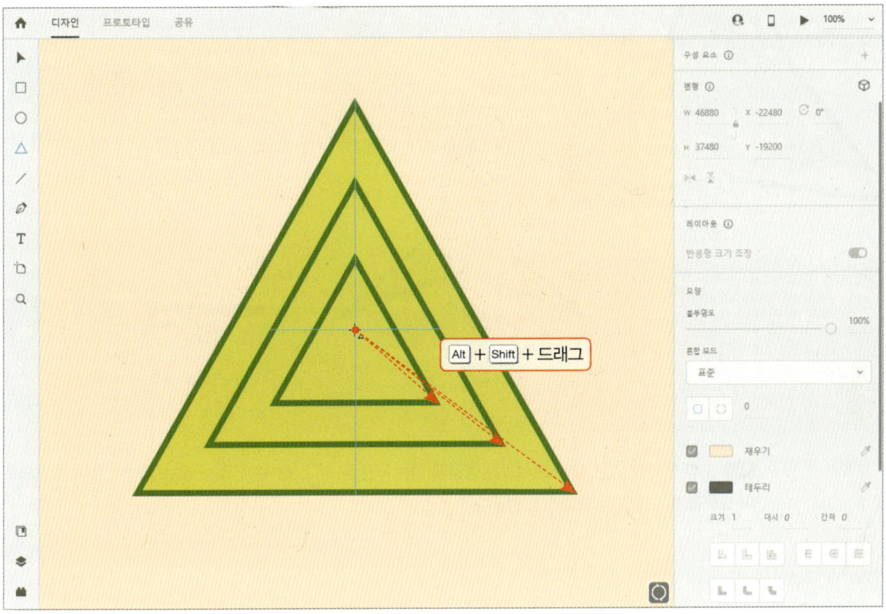

04 도형이 선택된 상태에서 모서리 내부에 있는 위젯을 안쪽으로 드래그하면 삼각형의 모서리 모양이 둥글게 변형된다.

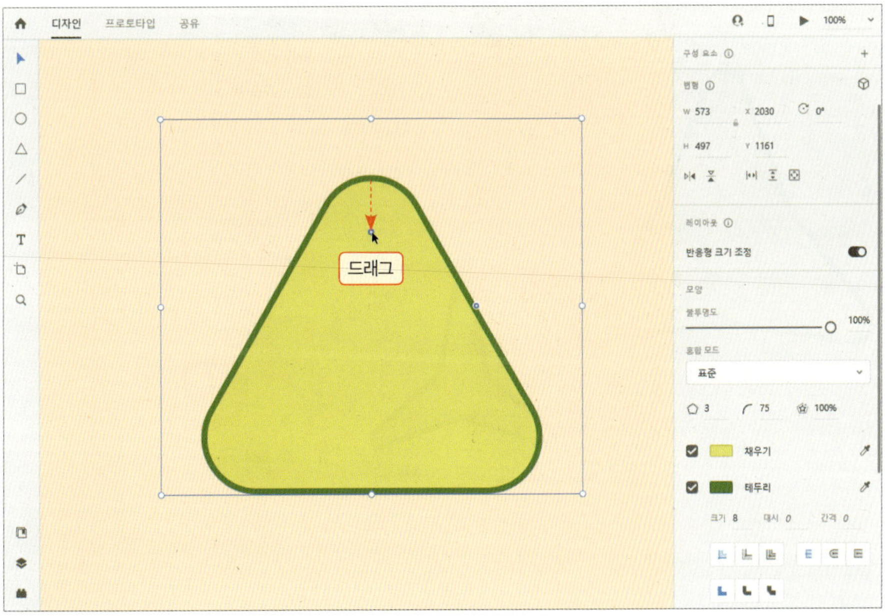

05 선 위에 있는 위젯을 안쪽으로 드래그하면 도형이 별 모양으로 변형된다.

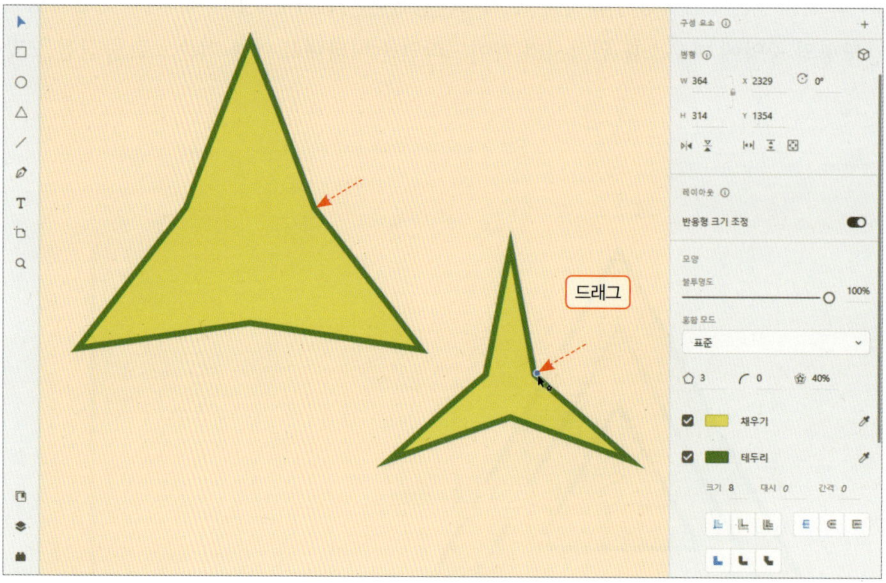

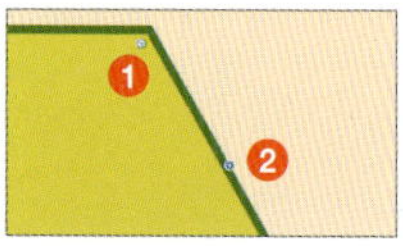

Tip 도형 안쪽에 있는 ❶은 모서리를 둥글게 하는 역할을 하고, 선 위에 있는 ❷는 면을 분할해 꺾음으로 써 도형을 별 모양으로 뾰족하게 만든다.

06 별 모양으로 변형한 도형도 안쪽 위젯을 드래그하거나 오른쪽 옵션 패널에서 '모퉁이 반경( )'에 값을 입력해 모퉁이 모양을 둥글게 만들 수 있다.

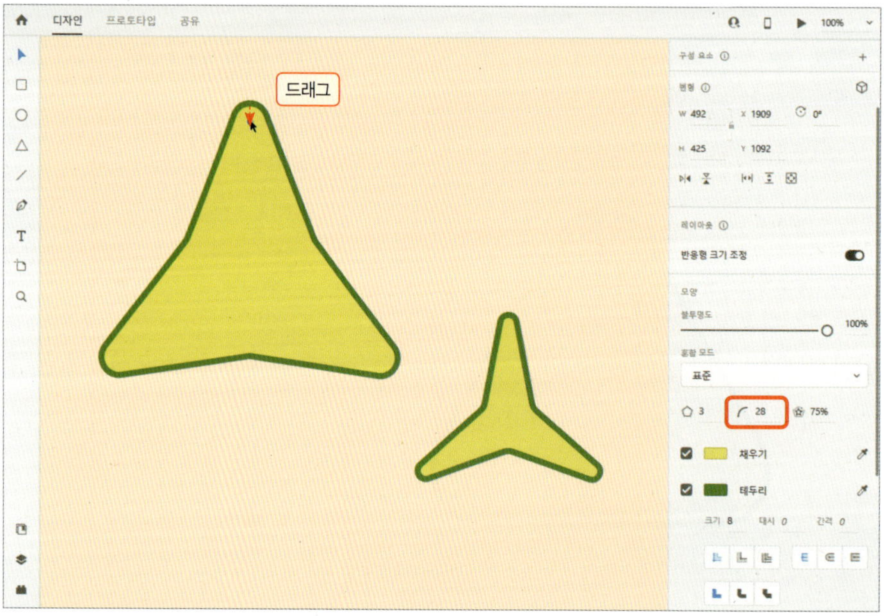

07 도형을 선택하고 옵션 패널의 '코너 카운트( )'에 값을 입력하면 입력한 값과 같은 다각형으로 변형된다.

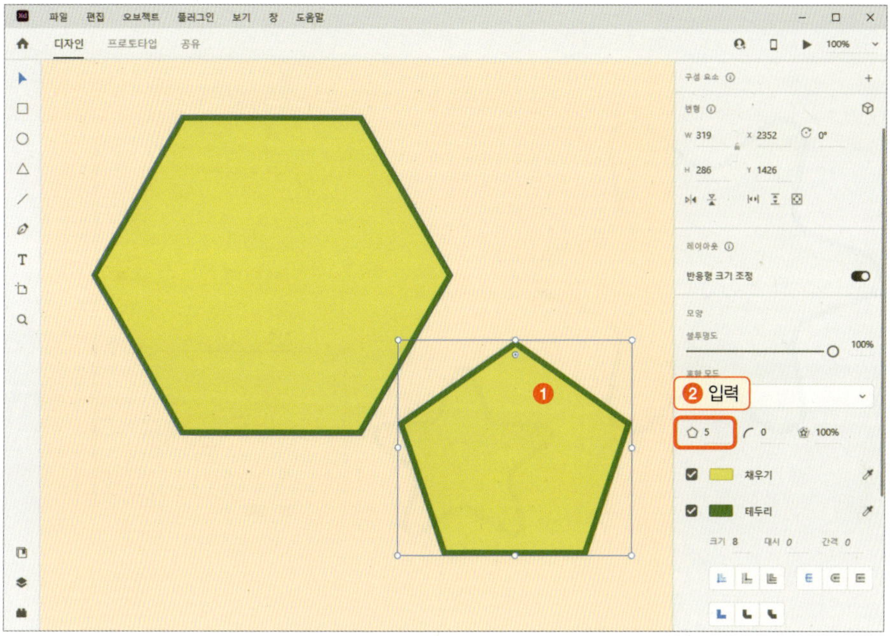

08 도형이 선택된 상태에서 옵션 패널의 '별 비율( )'에 값을 입력하면 별의 깊이가 조절된다.

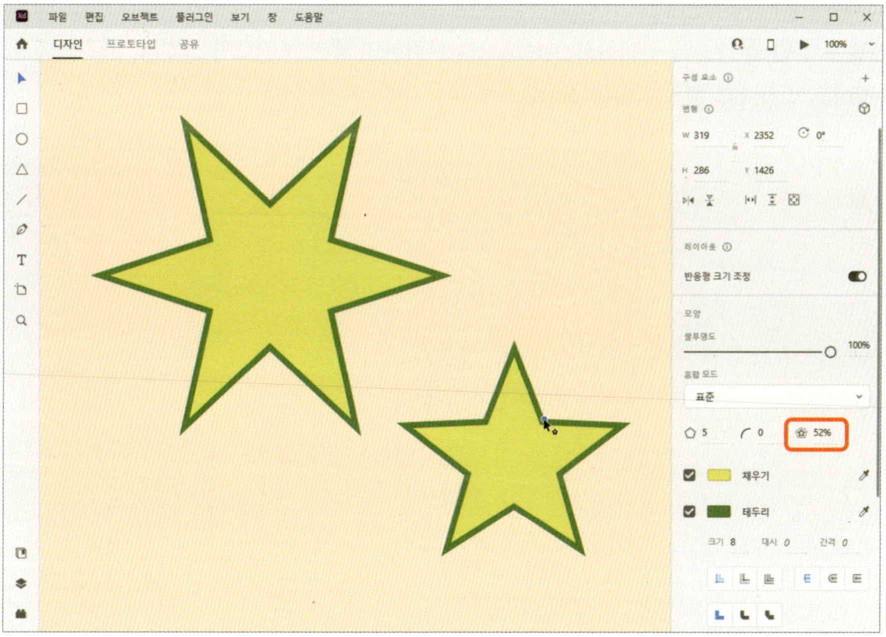

09 도형이 선택된 상태에서 옵션 패널에서 '모퉁이 반경( )'에 값을 입력하면 모퉁이 모양이 둥글게 변형된다.

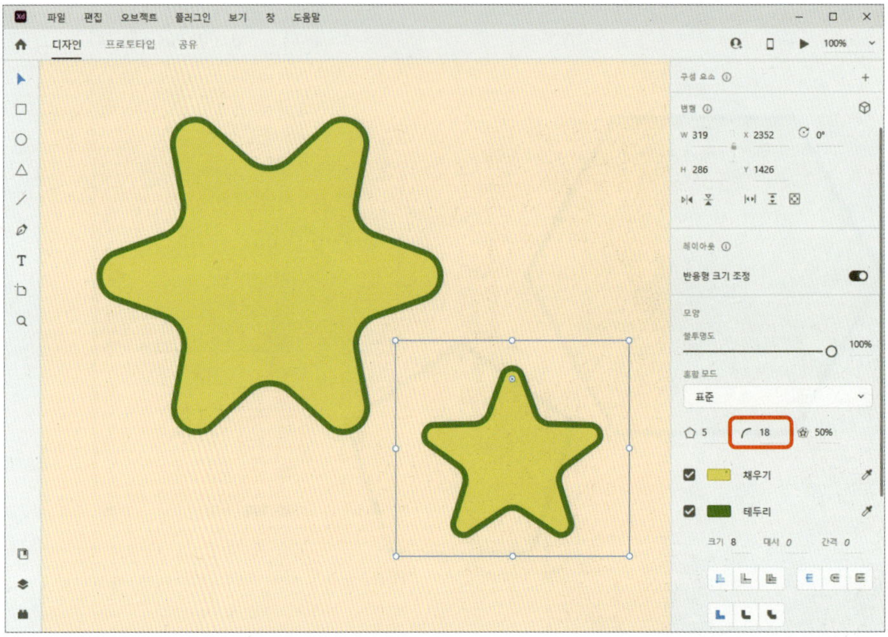

4 닫힌 직선 형태 그리기

01 툴 패널에서 펜 툴( )을 선택하고 아트보드를 클릭하면 앵커 포인트가 생긴다. 마우스를 움직이면 움직이는 방향으로 패스가 따라다닌다.

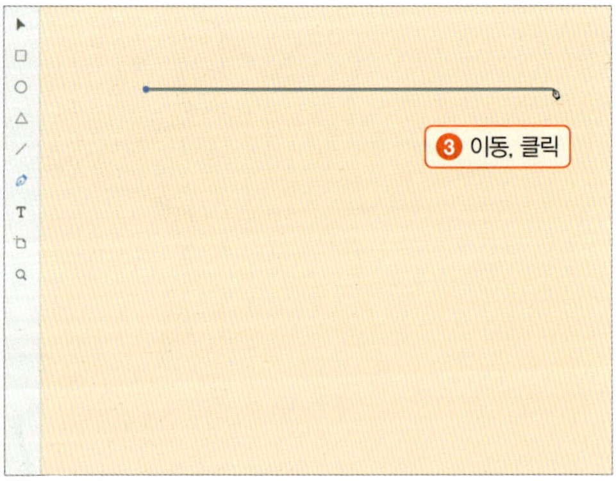

02 다음 지점을 클릭하면 다시 앵커 포인트가 생기고, 클릭하는 지점마다 이전의 앵커 포인트와 패스로 연결된다. 처음 시작한 지점으로 돌아와 클릭하면 펜 툴의 사용이 종료되면서 도형이 완성된다.

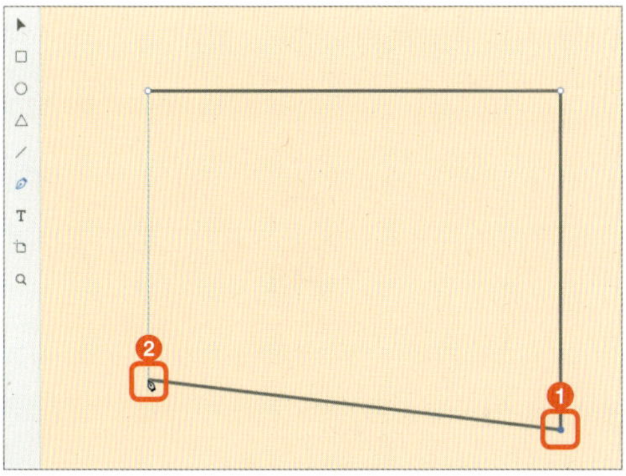

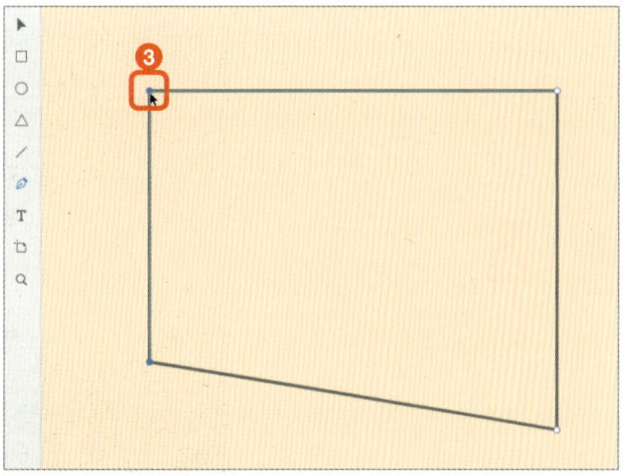

03 툴 패널에서 선택 툴(▶)을 선택하고 패스 위를 클릭하면 클릭한 위치에 앵커 포인트가 추가로 생성되며, 앵커 포인트를 드래그하면 앵커 포인트의 위치에 따라 도형 모양이 변형된다.

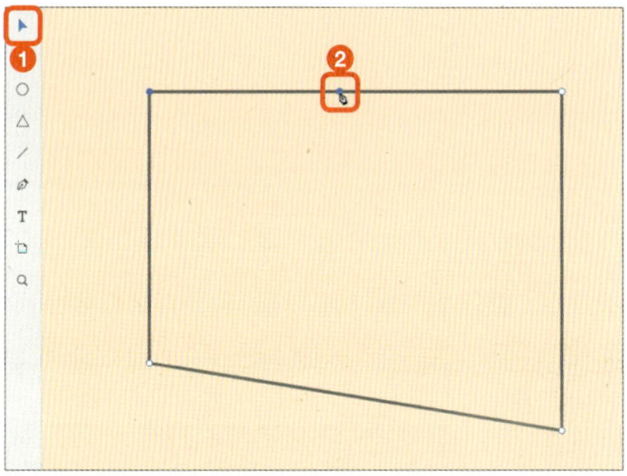

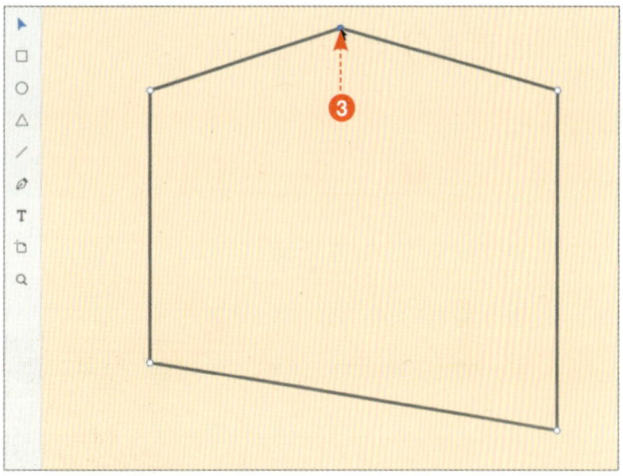

04 앵커 포인트를 클릭해 선택하고 Delete를 누르면 앵커 포인트가 사라지면서 클릭한 앵커 포인트의 좌우 앵커 포인트가 패스로 연결된다.

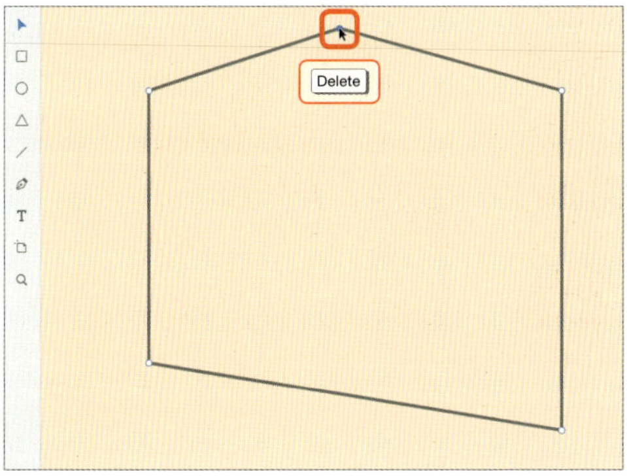

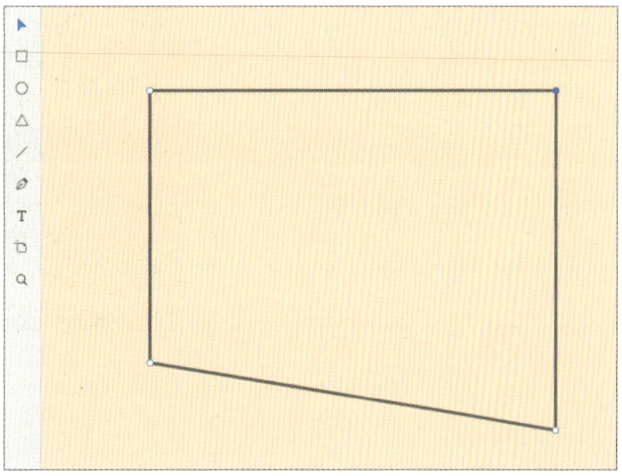

5 직선과 곡선의 전환

01 툴 패널에서 펜 툴( )을 선택하고 아트보드를 클릭해 앵커 포인트를 생성한다. Shift를 누른 채 마우스를 이동하면 45° 또는 수직, 수평으로 움직인다. 이때 그림과 같이 대각선 위쪽을 클릭해 45° 대각선을 그리고 다시 대각선 아래쪽을 클릭해 고깔 형태를 만든다.

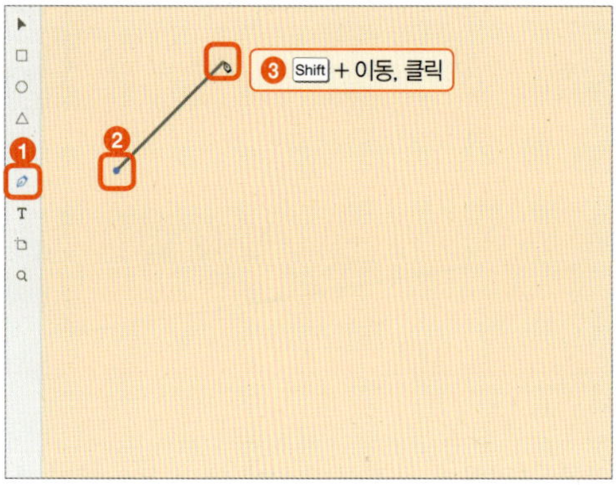

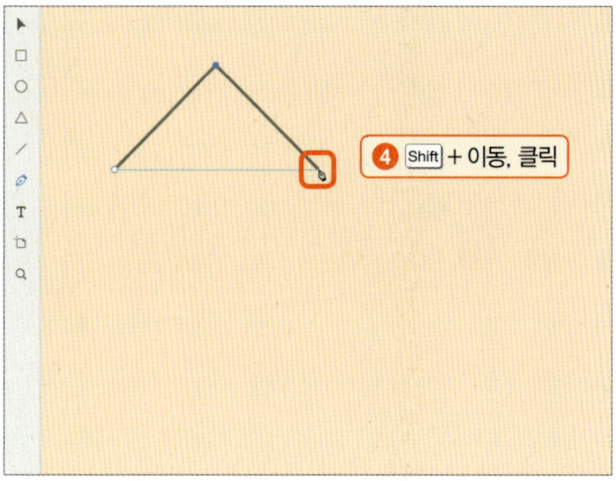

02 Shift를 누른 채 45° 대각선 방향으로 클릭하면서 하트 형태를 만든다. 처음 시작한 지점을 클릭하면 펜 툴의 연결이 종료되고 도형이 완성된다.

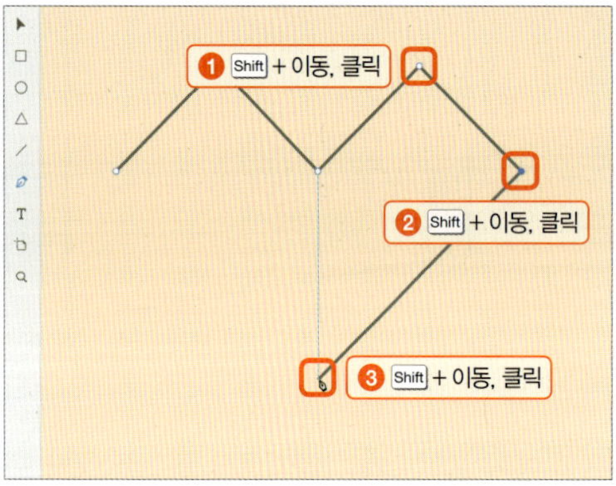

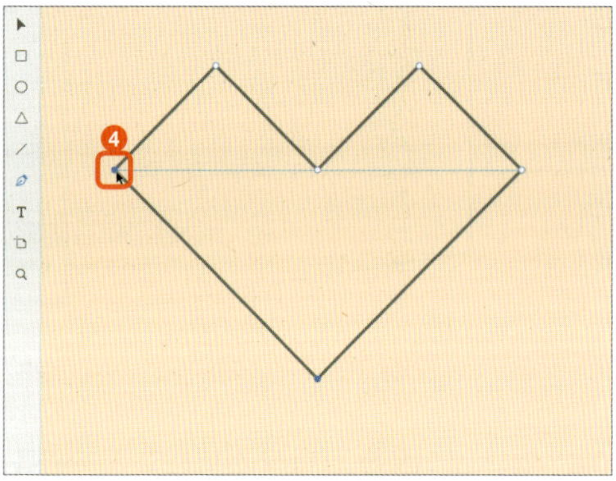

03 툴 패널에서 선택 툴(▸)을 선택하고 오브젝트의 왼쪽 상단 앵커 포인트를 더블클릭한다. 앵커 포인트가 곡선 형태로 변경되고 앵커 포인트 좌우로 연결되는 핸들러가 나타난다.

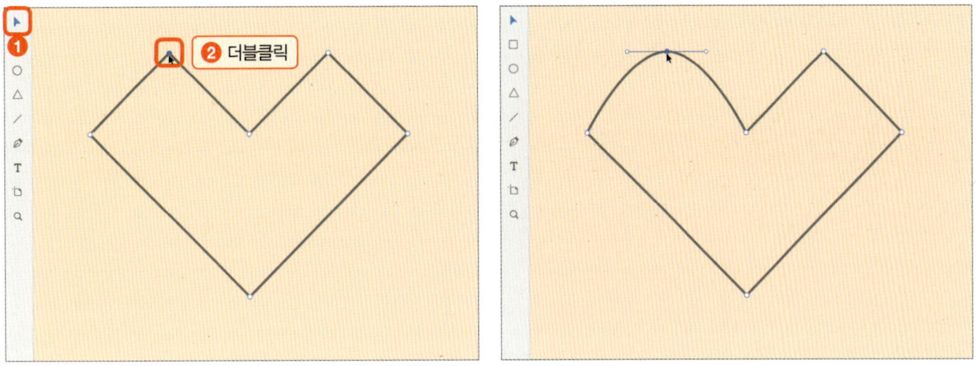

04 중앙 라인의 상하 앵커 2개를 제외한 나머지 앵커들을 더블클릭해 곡선 형태로 만들고 핸들러 끝부분을 드래그해 곡선의 방향을 조절한다. 반대쪽 앵커 포인트도 같은 방법으로 조절한다.

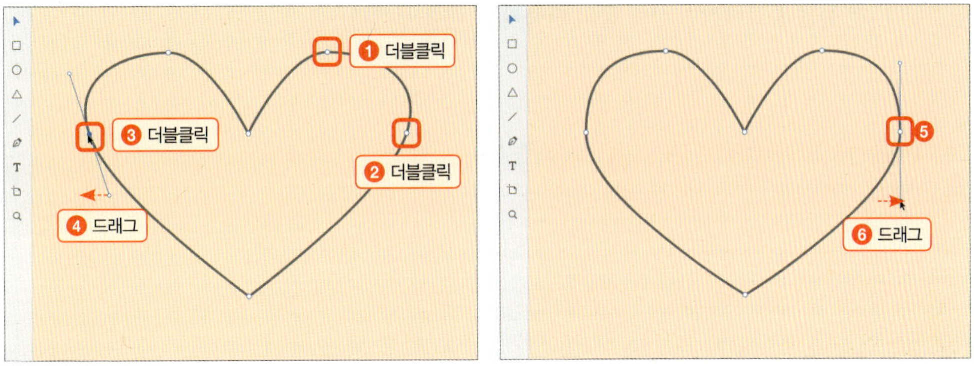

Tip 한쪽 핸들러를 드래그하면 다른 쪽 핸들러도 같이 움직인다.

05 원하는 곡선 형태가 나오지 않는다면 Alt 를 누른 채 핸들러의 한쪽 방향만 드래그해 곡선의 각도를 변경한다. 반대쪽 앵커도 Alt 를 누른 채 조절해 양쪽의 곡선 볼륨을 유사하게 조절한다.

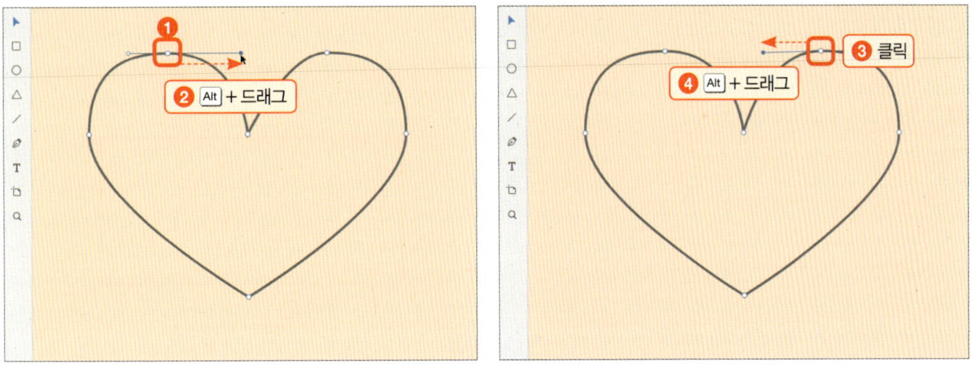

06 앵커 포인트를 선택하고 드래그하면 위치를 변경할 수 있다.

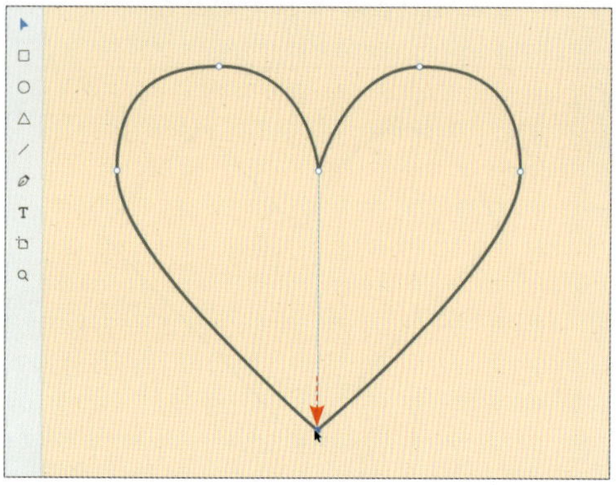

6 선과 곡선

01 툴 패널에서 펜 툴( )을 선택하고 패스를 만들면 계속해서 펜 툴이 선택된 상태로 패스가 연결된다. 펜 툴을 종료하려면 선택 툴의 단축키인 V를 누른다.

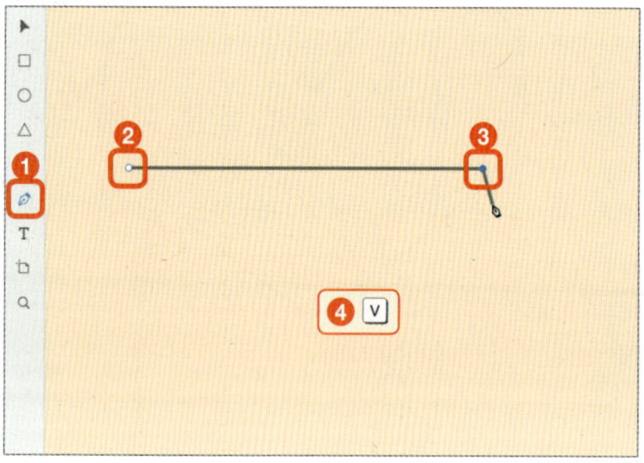

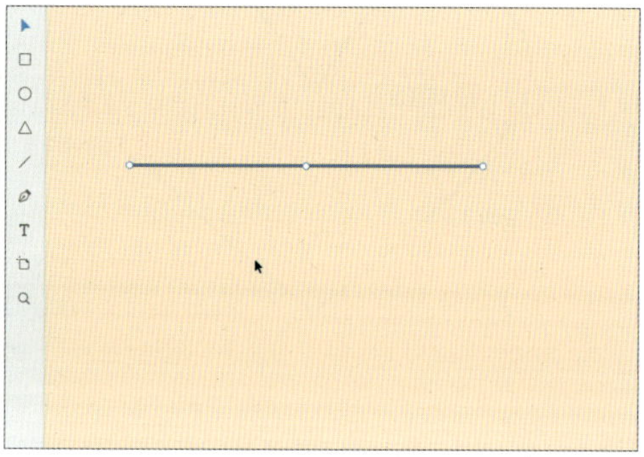

02 다시 툴 패널에서 펜 툴( )을 선택하고 다음 지점을 클릭하면 앵커 포인트가 추가로 생성된다. 같은 방법으로 선을 여러 개 그릴 수 있다.

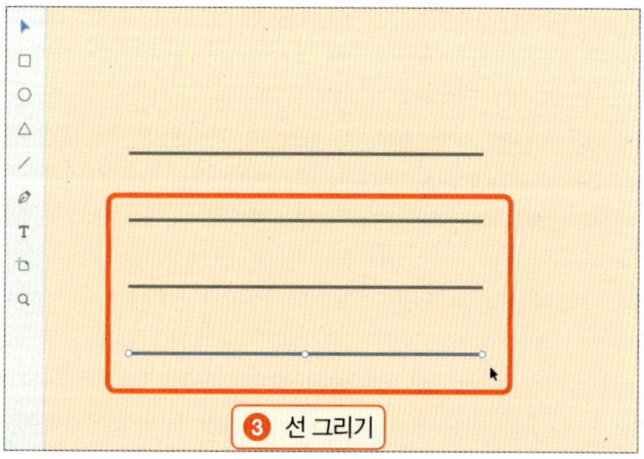

03 펜 툴( )이 선택된 상태에서 첫 번째 지점을 클릭하고 수평으로 마우스를 이동해 다음 지점을 클릭한다. 이때 클릭 후 손을 떼지 않고 바로 드래그하면 곡선이 만들어진다. 이때 드래그 방향과 생성된 핸들러의 길이에 따라 곡선의 각도를 조절할 수 있다. 원하는 모양의 곡선이 만들어졌으면 마우스에서 손을 뗀다.

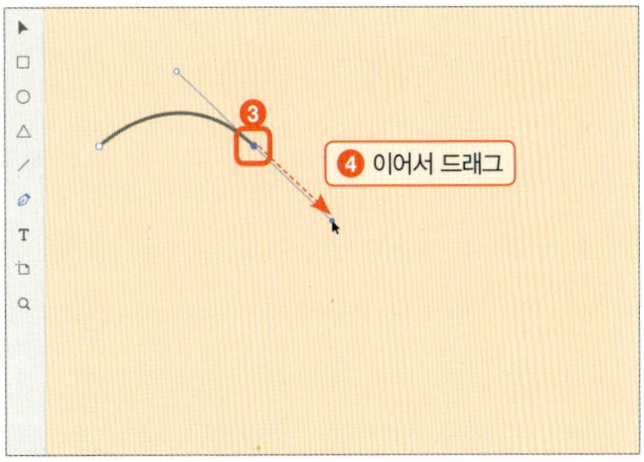

04 그 상태에서 다음 지점으로 마우스를 옮기면 자동으로 자연스럽게 이어지는 곡선이 만들어진다.

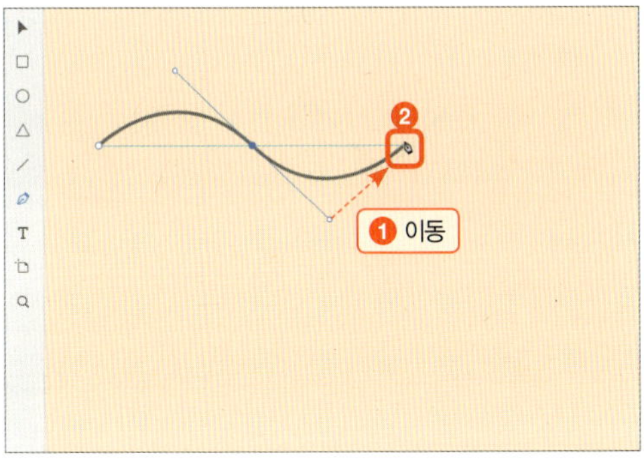

05 곡선이 생성된 후 마우스를 이동해 다음 지점을 클릭하면 직선으로, 클릭 후 손을 떼지 않고 드래그하면 곡선으로 연결된다.

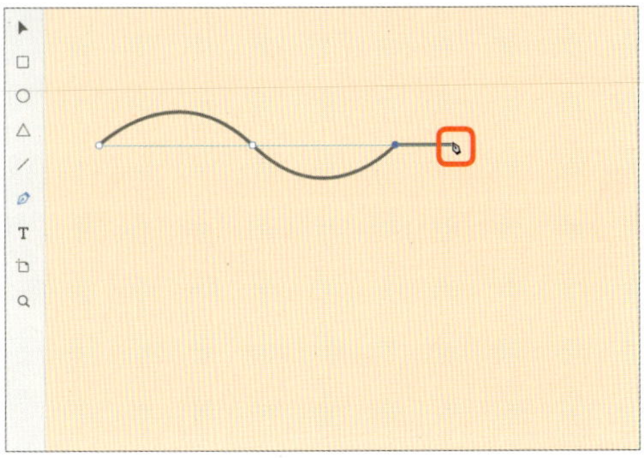

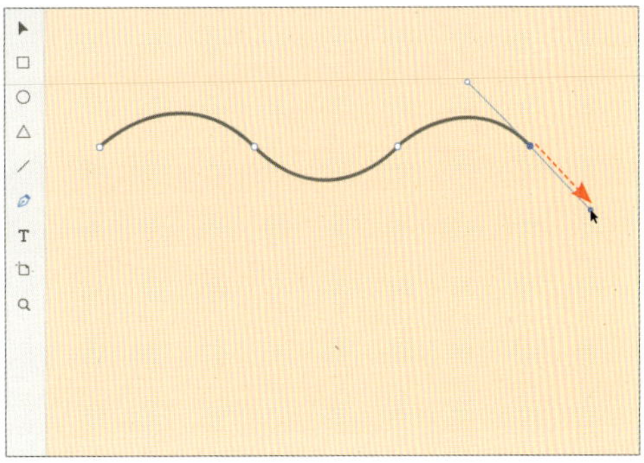

06 펜 툴( )이 선택된 상태에서 클릭을 반복해 사선이 반복되는 물결 형태를 만든다. V를 눌러 펜 툴을 종료하면 오브젝트를 감싸는 바운딩 박스가 생성되면서 선택 툴로 전환된다.

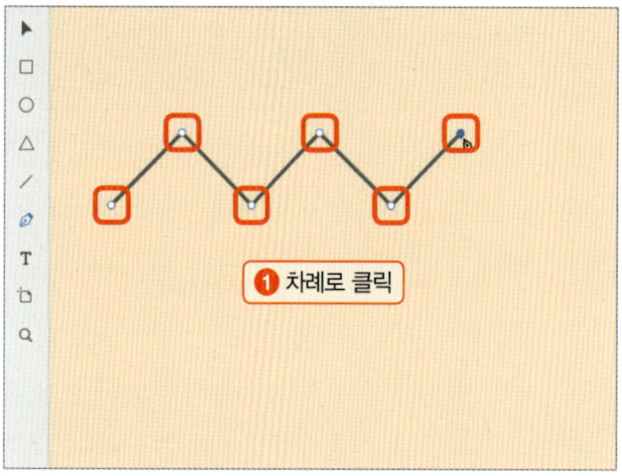

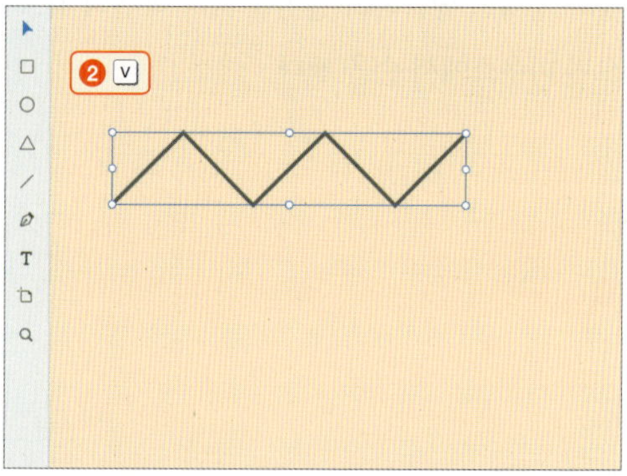

07 툴 패널에서 다시 펜 툴( )을 선택하면 오브젝트의 좌우 끝부분에만 앵커 포인트가 생성된다. 앵커 포인트에 마우스를 위치시키면 [ ] 모양으로 바뀌는데, 이때 해당 앵커 포인트를 클릭해 패스를 추가로 연결할 수 있다.

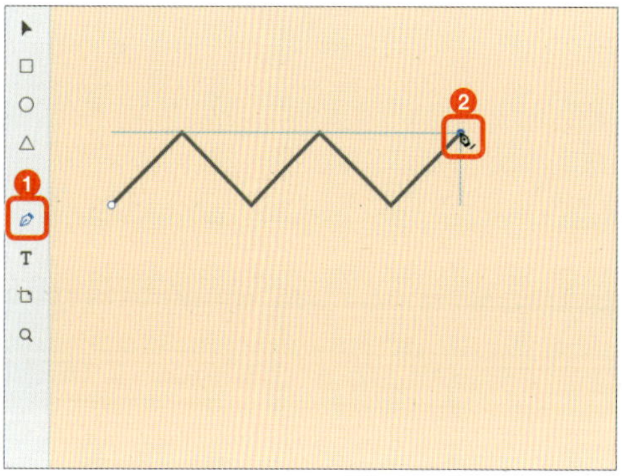

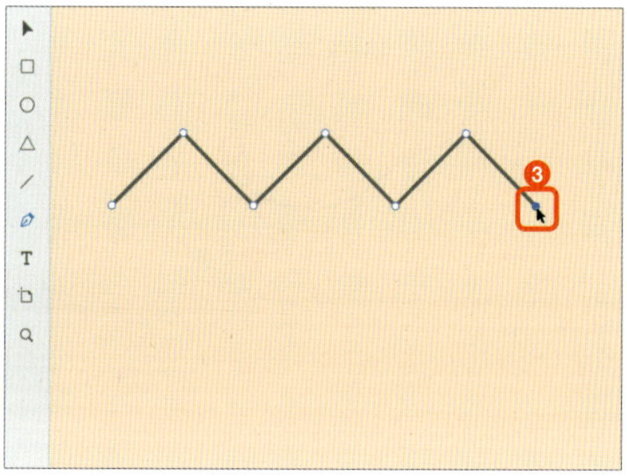

08 선택 툴( )을 선택하고 앵커 포인트를 더블클릭하면 형태를 변경할 수 있고, 이 상태에서 펜 툴( )을 선택하면 좌우 끝부분의 앵커 포인트가 나타나 패스를 연장할 수 있다.

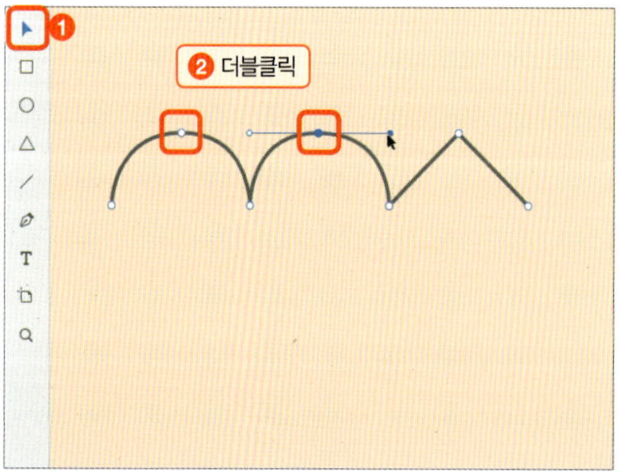

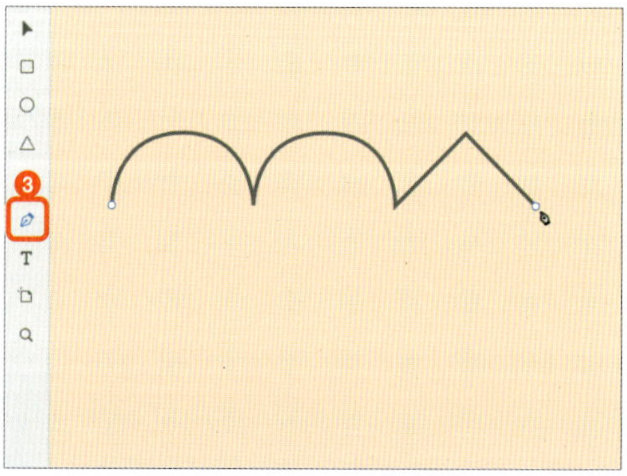

7 선의 형태와 속성

01 툴 패널에서 선 툴(⟋)을 선택하고 선을 3개 그린다. 오른쪽 옵션 패널의 '모양' 영역에서 '테두리'의 '크기'를 20으로 변경하고, 테두리의 끝 모양을 '접한 단면', '원형 단면', '돌출형 끝'으로 각각 변경한다.

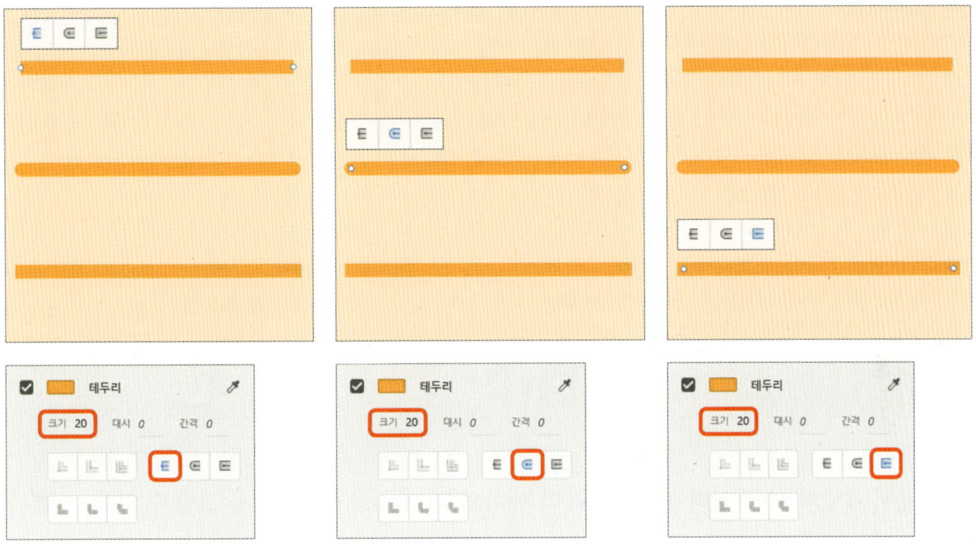

02 이번에는 툴 패널에서 사각형 툴(□)을 선택해 사각형을 3개 그린다. 오른쪽 옵션 패널의 '모양' 영역에서 '테두리'의 '크기'를 20으로 변경하고, 패스의 위치에 따른 테두리의 위치를 '안쪽 선', '바깥쪽 선', '가운데 선'으로 각각 변경해 본다. 설정에 따라 사각형 크기도 달라진다.

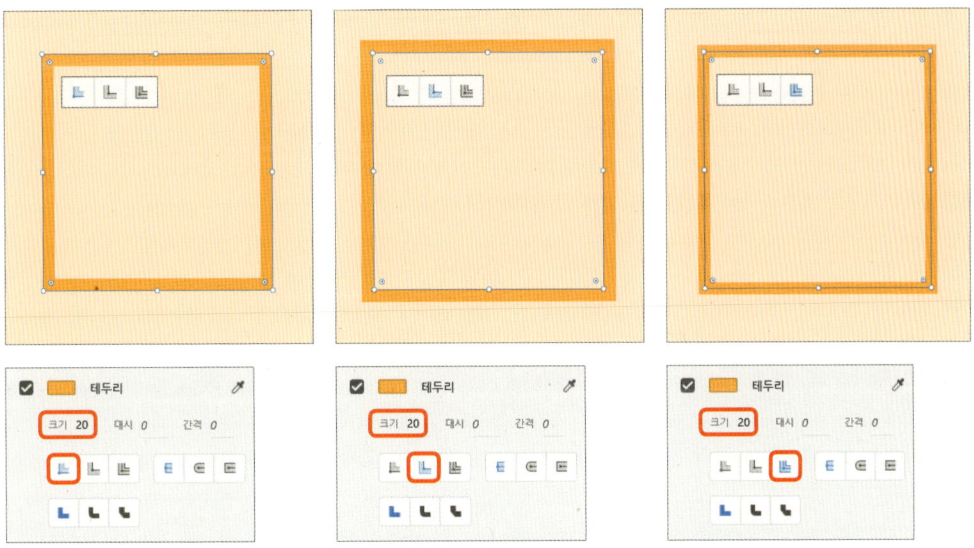

03 옵션 패널의 '모양' 영역에서 '테두리'의 연결 부위를 '마이터 연결', '원형 연결', '경사 연결'로 설정해 모서리의 모양을 다음과 같이 변형해 본다.

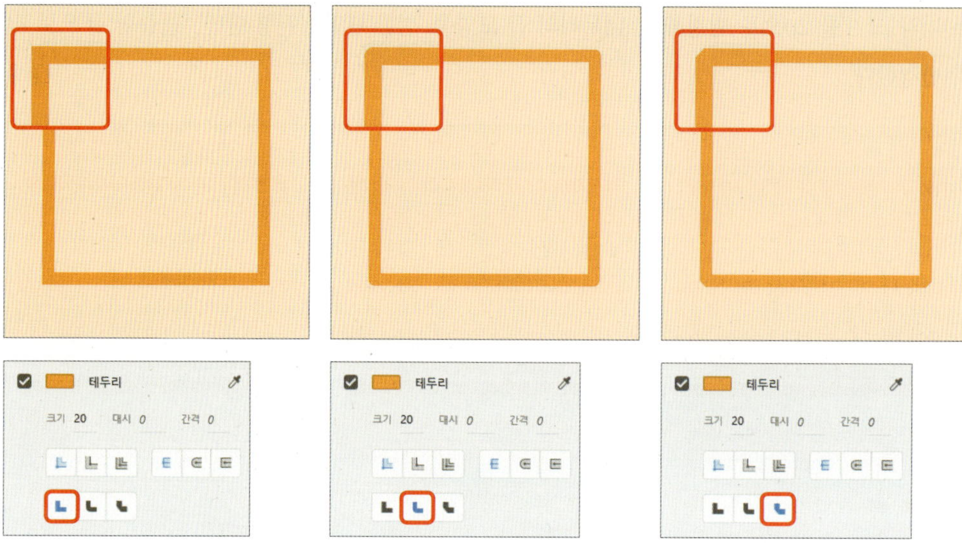

04 옵션 패널의 '모양' 영역에서 '테두리'의 '대시'와 '간격'을 조절해 점선을 그릴 수 있다. 선뿐만 아니라 도형의 테두리도 이 방법으로 변경할 수 있다.

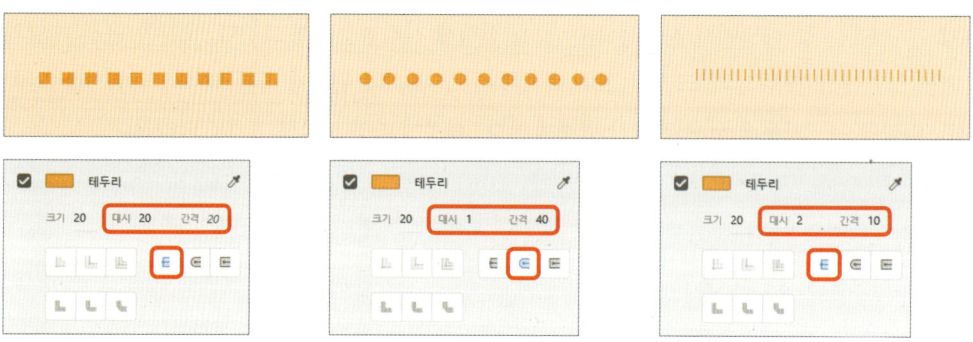

Tip 같은 크기, 같은 대시라도 선의 옵션에 따라 크기와 간격이 달라진다.

2
컬러와 그레이디언트 적용

1 면과 선에 색상 채우기

01 Adobe XD를 실행한 후 홈 화면에서 '맞춤형 크기' 아이콘을 수치를 입력하지 않고 클릭해 작업 화면을 꽉 채우는 빈 화면을 생성한다.

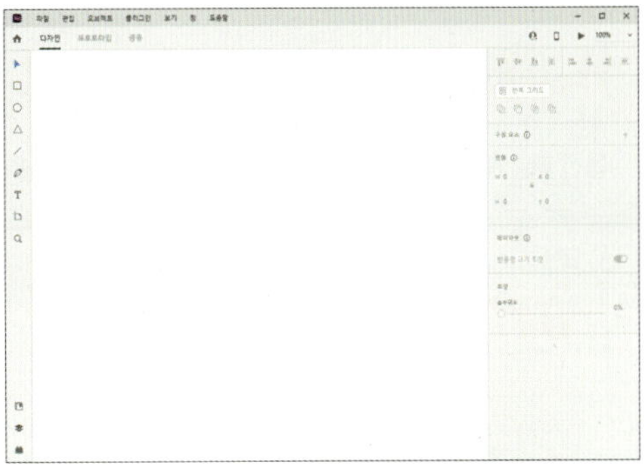

02 툴 패널에서 사각형 툴(□)을 선택하고 아트보드에 사각형 오브젝트를 그린다.

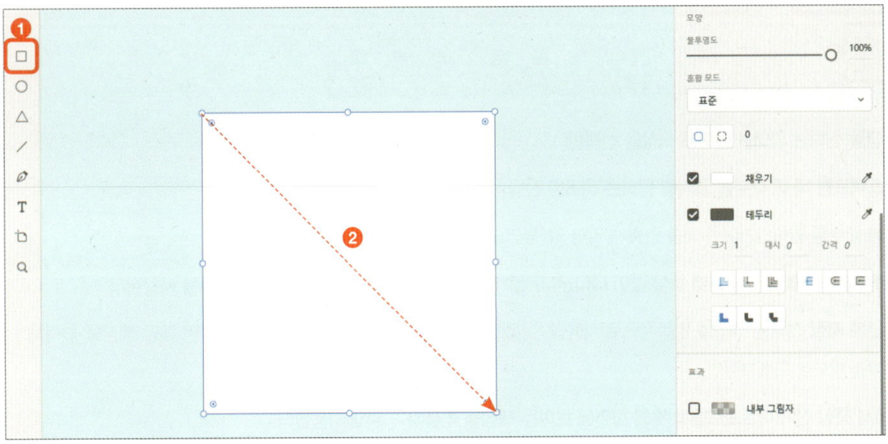

Tip 작업 화면이 잘 보이도록 하기 위해 아트보드의 배경색을 임의로 설정했다. 실습 과정에는 영향을 주지 않으므로 동일하게 설정하지 않아도 된다.

03 옵션 패널에서 '채우기'의 색상 상자를 클릭하면 열리는 색상 패널에서 컬러 샘플의 임의의 위치를 클릭하면 오브젝트에 해당 색상이 채워진다. 색상 패널 하단의 색상 견본 저장 버튼(+)을 클릭해 현재 선택된 색상을 등록한다.

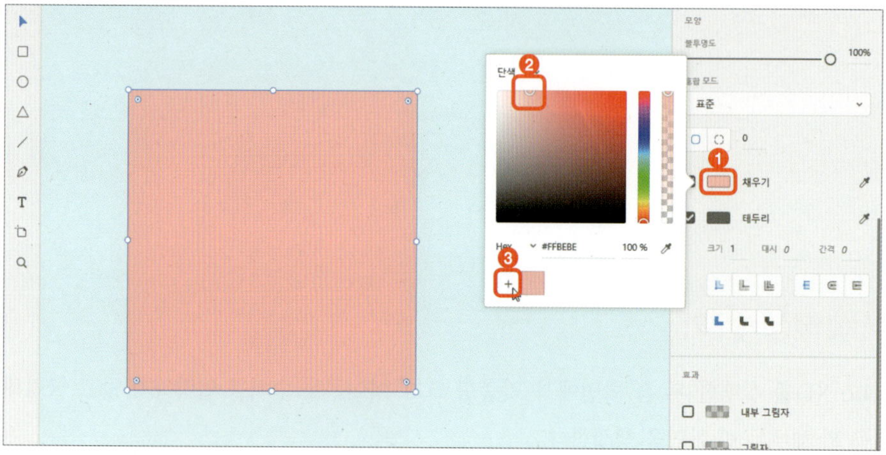

하나 더 알기 색상 패널

옵션 패널에서 '채우기'의 색상 상자를 클릭하면 색상 패널이 열린다. 색상 패널의 각 옵션별 기능은 다음과 같다.

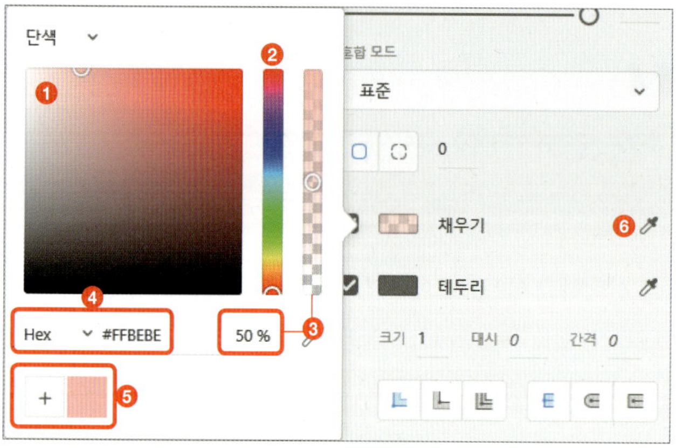

❶ **컬러 샘플** 원하는 영역을 클릭해 색상을 선택한다.

❷ **컬러 스펙트럼 바** 바 내부를 클릭해 원하는 색조를 선택한다.

❸ **알파** 바 내부를 클릭하거나 수치를 입력해 알파 값(투명도)을 조절한다.

❹ **Hex/RGB/HSB** 컬러 모드별 색상 값이 나타난다. 웹이나 모바일에서는 주로 Hex 값의 6진수를 사용한다.

❺ **색상 견본 저장** 선택한 색상을 반복적으로 사용할 수 있도록 등록한다. 등록된 색상을 제거하려면 해당 색상을 클릭해 색상 패널 밖으로 드래그한다.

❻ **화면에서 색상 선택** 아트보드를 비롯해 화면에 보이는 색상을 추출하기 위해 사용한다.

04 색상 패널에서 알파 값을 입력하거나 바를 클릭해 색상의 투명도를 변경한다. 여기서는 50%로 설정했다.

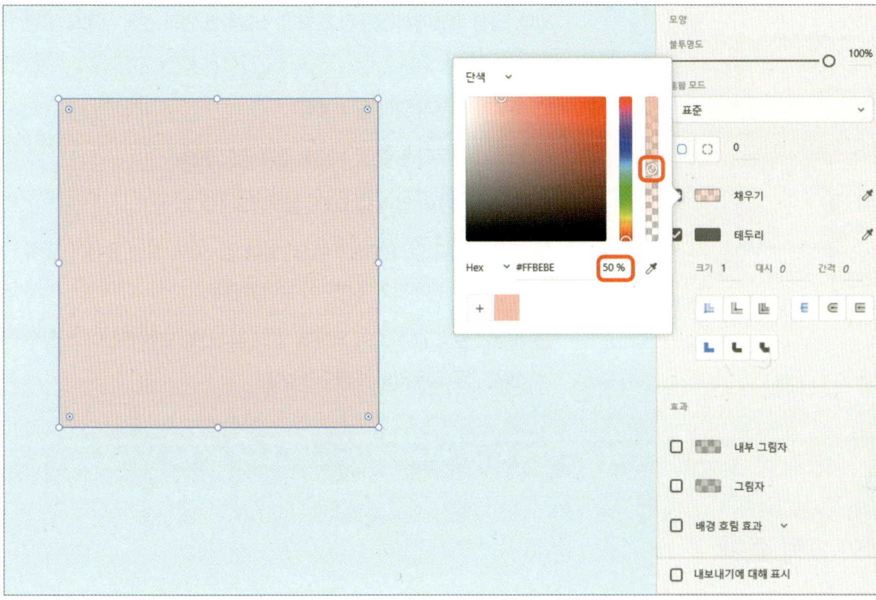

05 사각형이 선택된 상태로 옵션 패널에서 '테두리'의 '크기'를 15로 변경하고, '테두리'의 색상 상자를 클릭해 색상 패널이 열리면 'Hex'에 #946D6D를 입력한다. 색상 견본 저장 버튼(+)을 클릭해 색상을 등록한다.

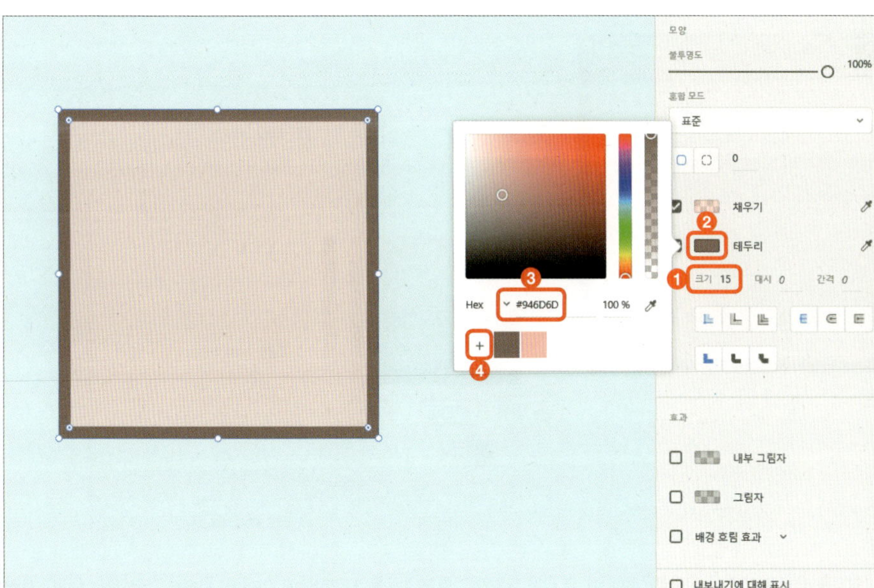

하나 더 알기 **투명도**

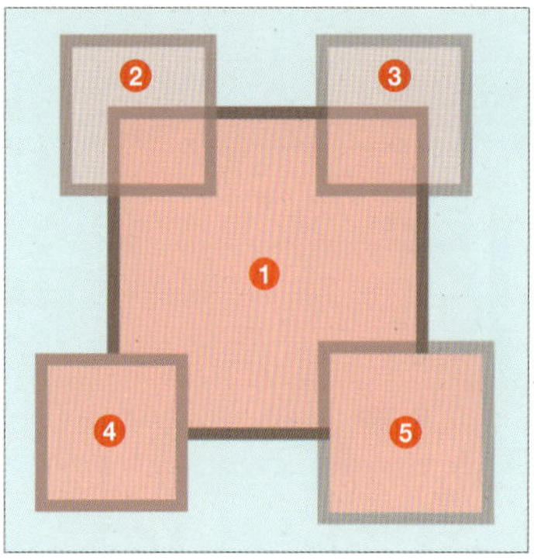

면이나 선에 투명도를 적용하면 겹쳐 있는 오브젝트가 보이도록 할 수 있다. 옵션 패널에서 불투명도 값을 조절하면 면과 선의 투명도가 한 번에 변경된다.

❶ 채우기/테두리 알파 값 100%

❷ 채우기/테두리 알파 값 100%, 불투명도 50%

❸ 채우기/테두리 알파 값 50%, 불투명도 100%

❹ 채우기 알파 값 100%, 테두리 알파 값 50%, 도형 옵션이 '안쪽 선'인 경우 테두리의 투명도가 보이지 않음

❺ 채우기 알파 값 100%, 테두리 알파 값 50%, 도형 옵션이 '바깥쪽 선'인 경우 테두리의 투명도가 보임

2 그림자와 흐림 효과

01 옵션 패널의 '효과' 영역에서 '내부 그림자'의 색상 상자를 클릭해 색상 패널이 열리면 'Hex'에 #1A0707을 입력하고 알파 값을 50%로 설정한 후 X, Y, B 값을 각각 20으로 설정한다. 오브젝트 내부에 그림자가 생성된다.

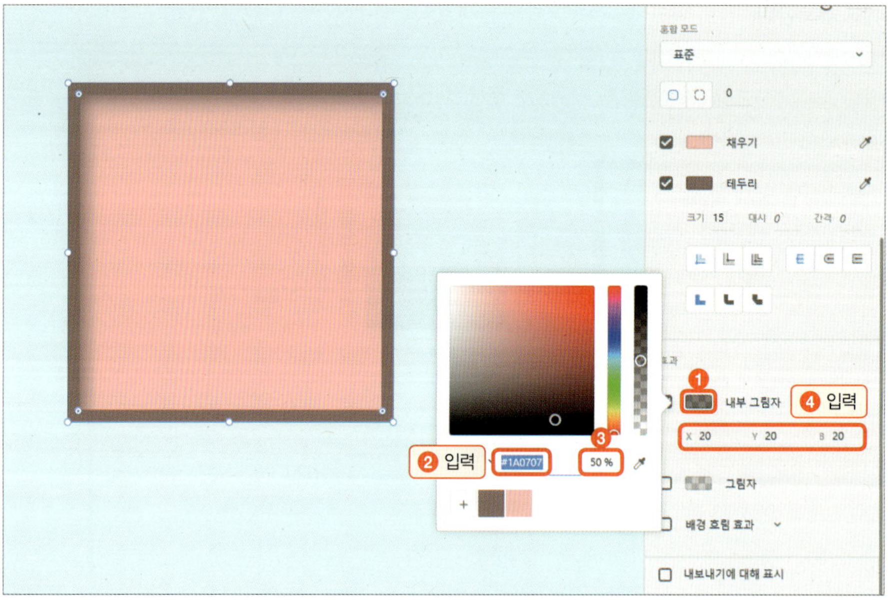

Tip X 값은 그림자를 좌우로, Y 값은 상하로 생성한다. B 값은 그림자의 흐림 정도를 지정하는데, 이 값이 클수록 그림자가 더 많이 흐려진다.

02 이번에는 '그림자'의 색상 상자를 클릭해 색상 패널이 열리면 'Hex'에 #310A0A를 입력하고 알파 값을 50%로 설정한 후 X, Y, B 값을 각각 20으로 설정한다. 오브젝트의 외부에 그림자가 생성된다.

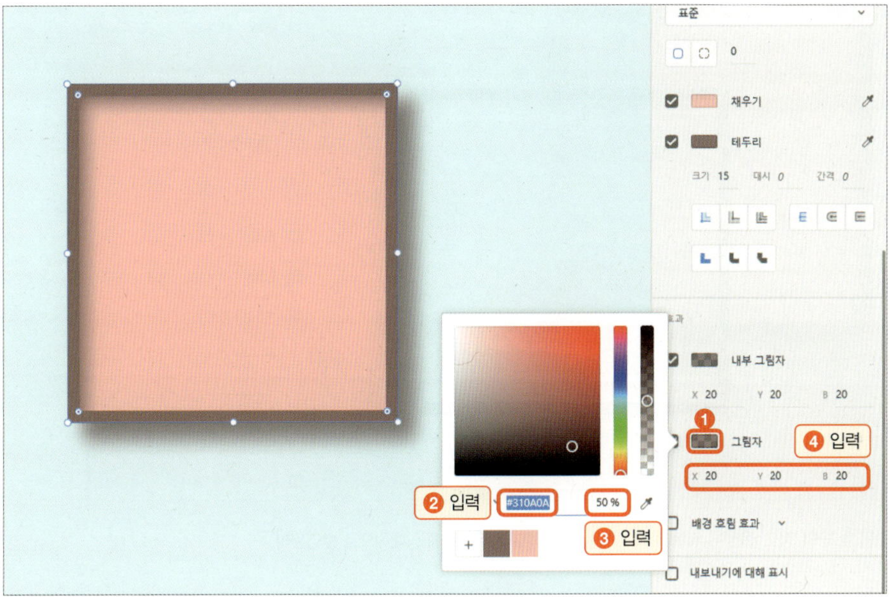

03 옵션 패널에서 '배경 흐림 효과'에 체크하면 배경 흐림 효과가 적용된다.

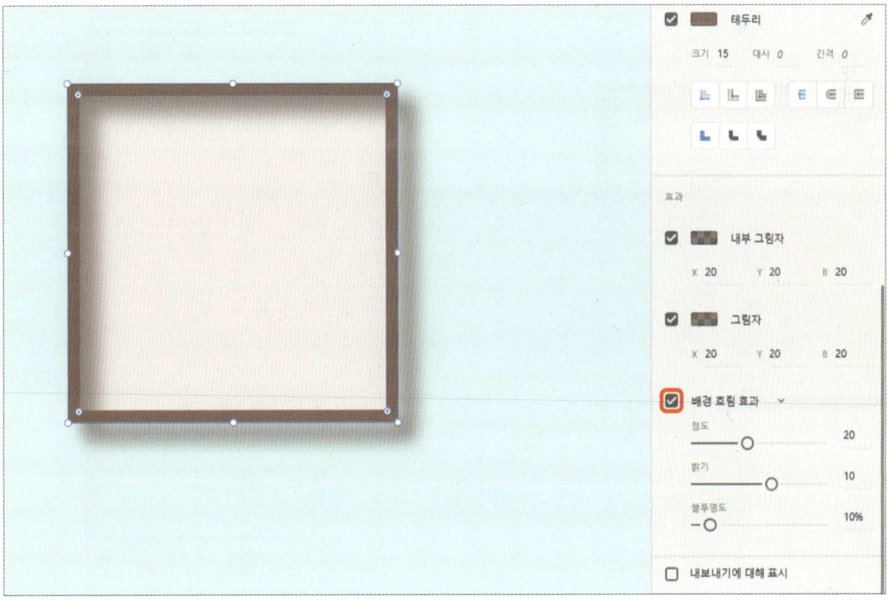

Tip 오브젝트가 단독으로 있는 경우 '불투명도'를 100%로 설정하면 원래의 색상으로 변경되며, '밝기'를 변경하면 음영이 조절된다. 다만 '정도'는 변경해도 단독으로는 반응하지 않는다.

04 사각형을 하나 더 그려 겹치게 배치한다. 앞의 사각형에만 배경 흐림 효과를 적용하고 '정도', '밝기', '불투명도'를 조절해 보면 설정 값에 따라 뒤 사각형의 흐림 정도가 달라지는 것을 알 수 있다.

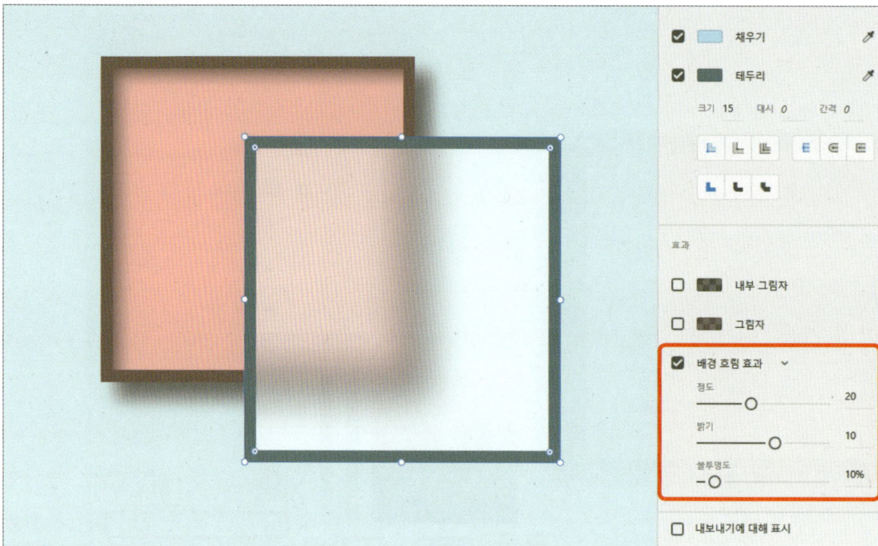

Tip '배경 흐림 효과'의 '정도' 옵션은 뒤쪽에 겹쳐 있는 오브젝트나 이미지에 상대적으로 반영된다.

05 옵션 패널에서 '배경 흐림 효과'를 '오브젝트 흐림 효과'로 변경하고 '정도'를 조절해 본다. 오브젝트 자체가 흐려지고 뒤쪽 오브젝트는 영향을 받지 않는다.

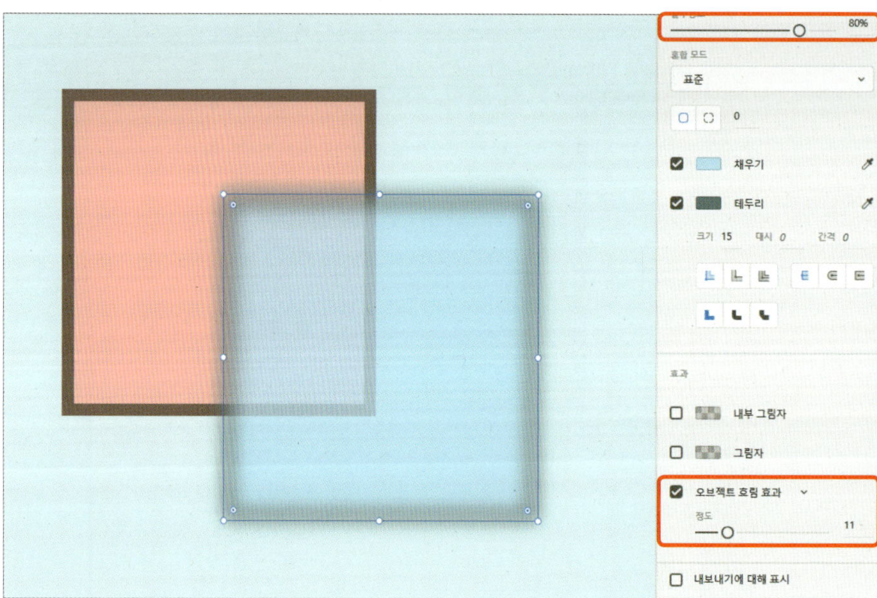

Tip '오브젝트 흐림 효과'가 뒤쪽 오브젝트에 미치는 영향을 확인하기 위해 '불투명도'를 80%로 설정했다.

3 혼합 모드

혼합 모드는 단독 오브젝트일 때는 아트보드를 투명으로 인식하지 않고 흰색으로 인식해 작동하며 2개 이상의 오브젝트가 겹쳐진 부분에서 그 효과를 알 수 있다.

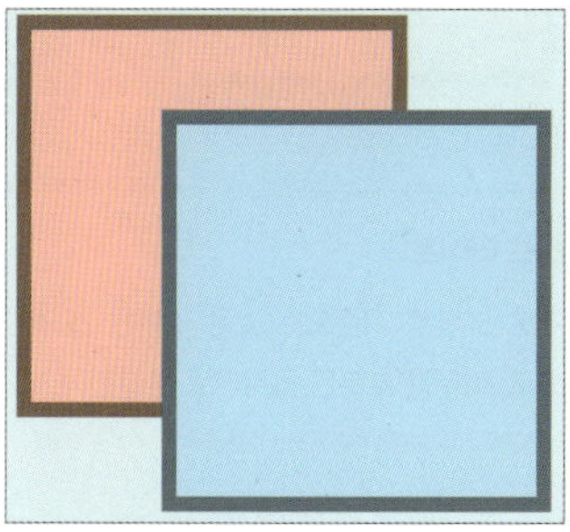

표준

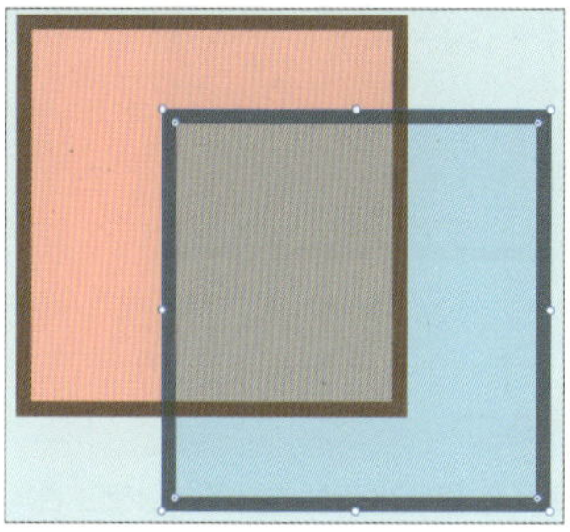

어둡게

겹친 영역의 색과 명도를 혼합해 더욱 어둡게 만든다.

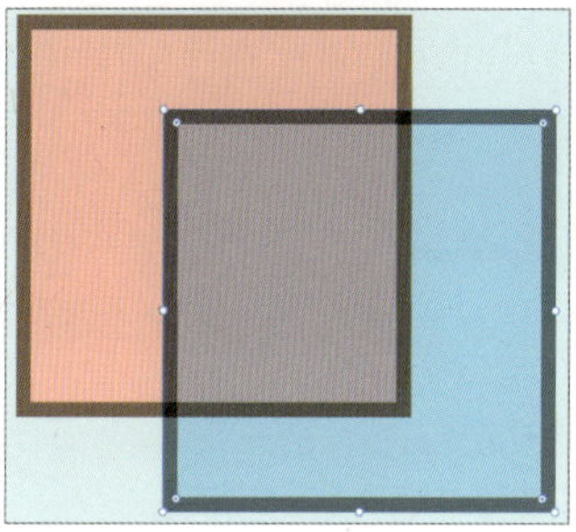

곱하기

레이어의 색상과 명도를 겹치게 하여 전체 이미지를 어둡게 하거나 하이라이트와 중간 톤 부분의 농도를 짙게 한다.

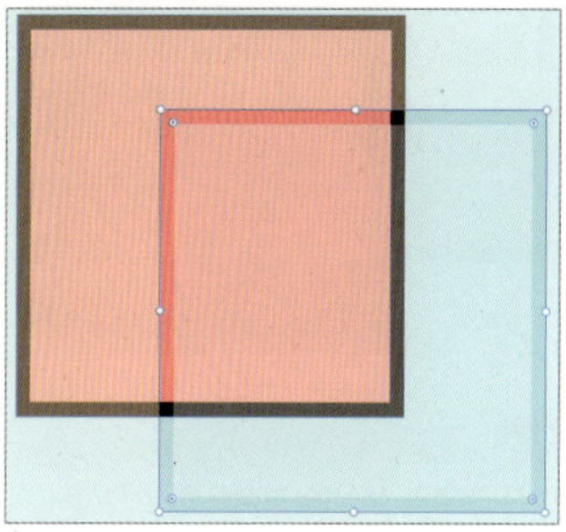

색상 번

레이어의 색상과 명도를 겹치게 하여 전체 흰색과 검정색을 제외한 부분의 대비를 강조한다.

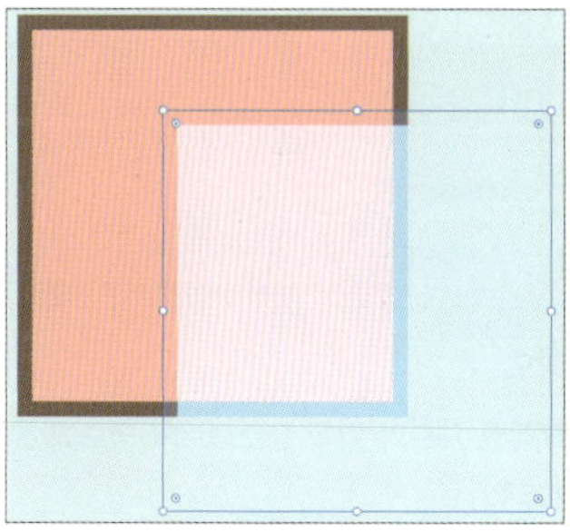

밝게

겹친 영역의 밝은 부분을 부각시킨다.

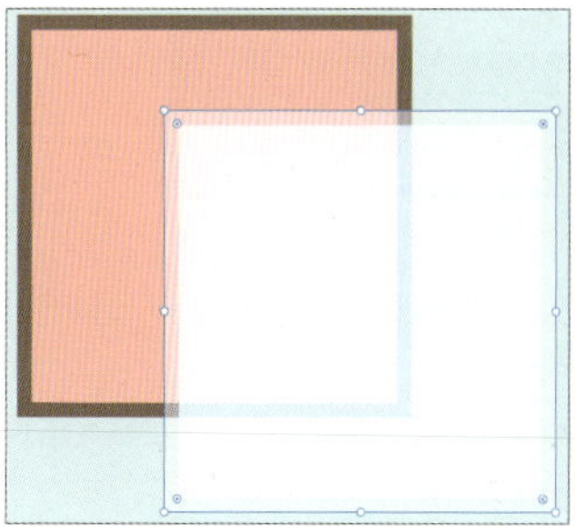

스크린

색상을 반전시켜 더 밝은 색상으로 보이게 하나 검정과 흰색은 변화가 없다.

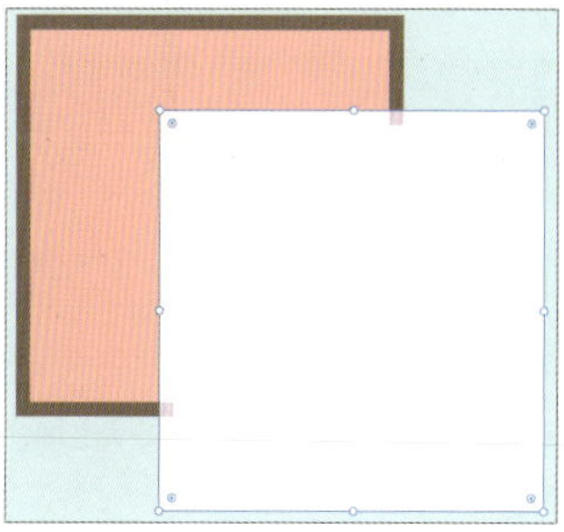

색상 닷지

색상 정보의 대비를 감소시켜 전체 명도를 밝게 표현한다.

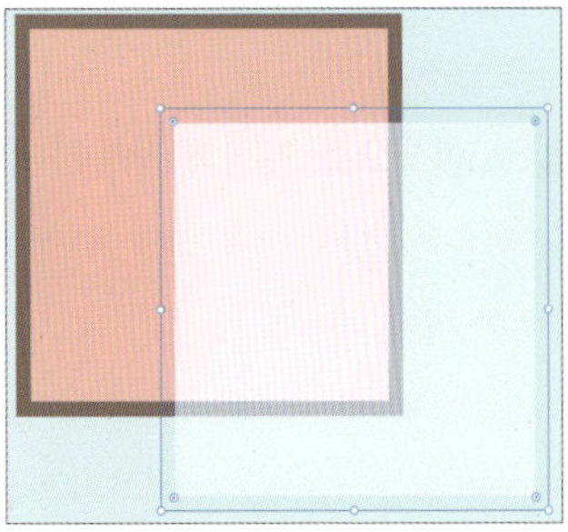

오버레이

가장 밝은 부분을 보호하며 혼합한다.

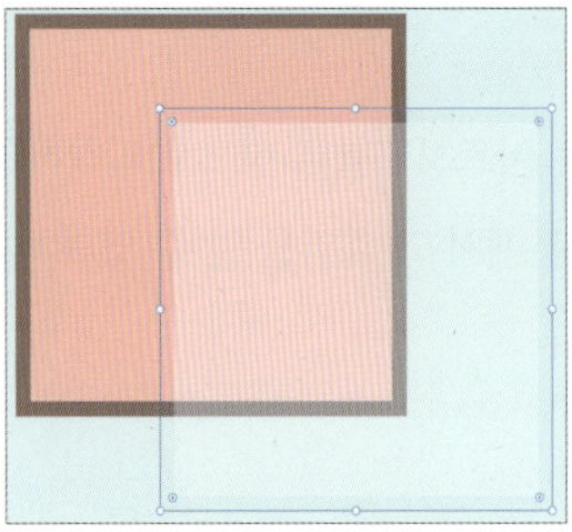

소프트 라이트

채도 50%를 기준으로 밝은 부분을 더욱 밝게 혼합한다.

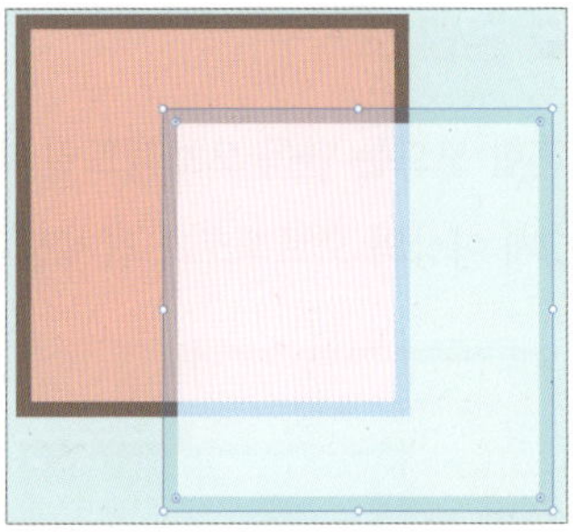

하드 라이트

채도 50%를 기준으로 밝은 부분은 스크린으로, 어두운 부분은 곱하기로 혼합한다.

차이

겹친 영역의 색상을 보색으로 반전시켜 합성한다.

제외

이미지의 대조를 적게 합성한다.

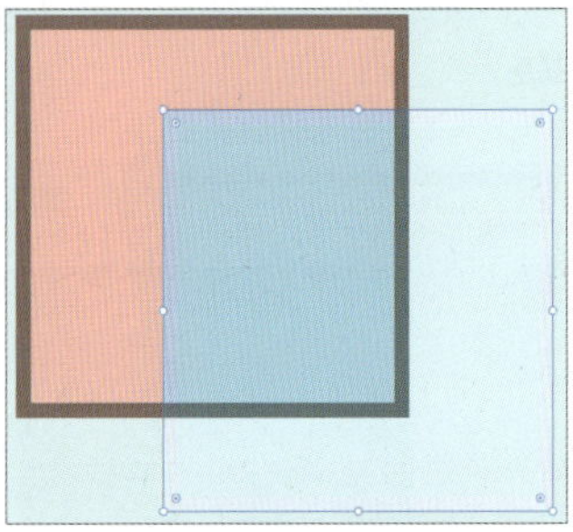

색조

채도와 명도가 겹친 부분의 색상에만 혼합되어 표시된다.

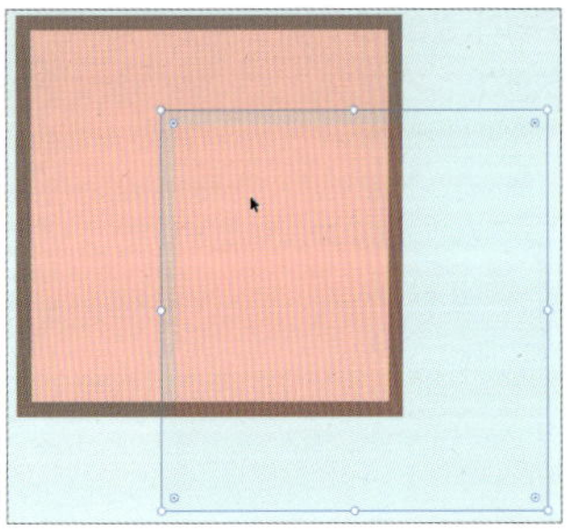

채도

채도와 명도가 앞쪽 오브젝트의 채도에만 혼합된다.

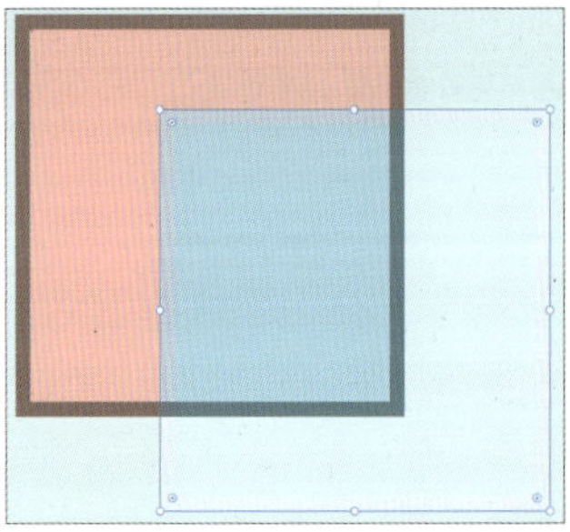

색상

채도와 명도가 앞쪽 오브젝트의 색상과 채도에 혼합된다.

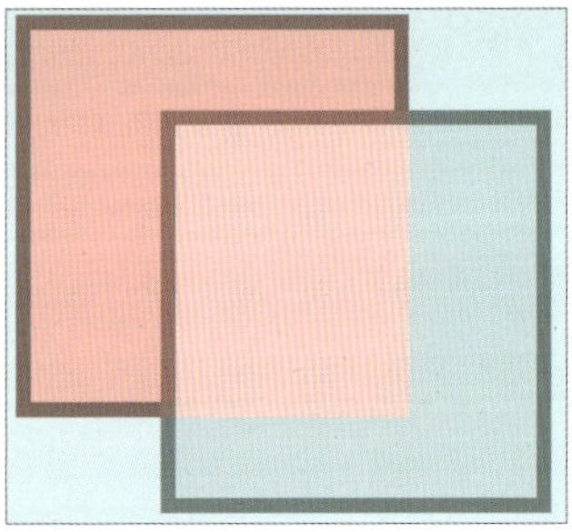

광도

색상과 채도가 앞쪽 오브젝트의 명도에 혼합된다.

4 그레이디언트

01 툴 패널에서 사각형 툴(□)을 선택해 아트보드에 사각형 오브젝트를 그린다. '채우기' 색상 상자를 클릭해 색상 패널을 열고, 등록되어 있는 색상 견본 중 앞에서 '채우기'에 사용한 색상을 클릭한다. '테두리' 색상도 앞에서 사용한 색상 견본으로 지정하고 '테두리'의 '크기'를 15로 변경한다.

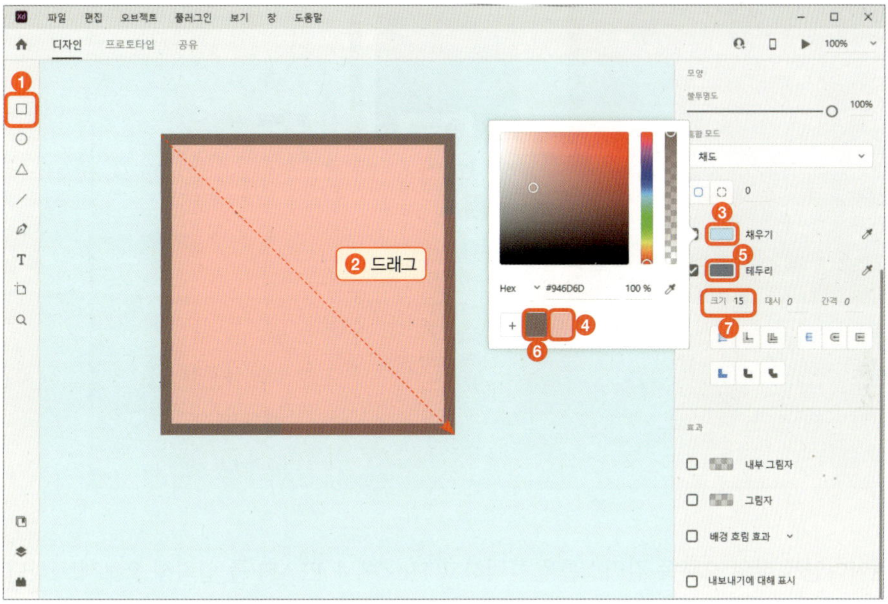

02 오브젝트가 선택된 상태에서 '채우기'의 색상 상자를 클릭해 색상 패널이 열리면 색상 옵션을 [단색]에서 [선형 그레이디언트]로 변경한다.

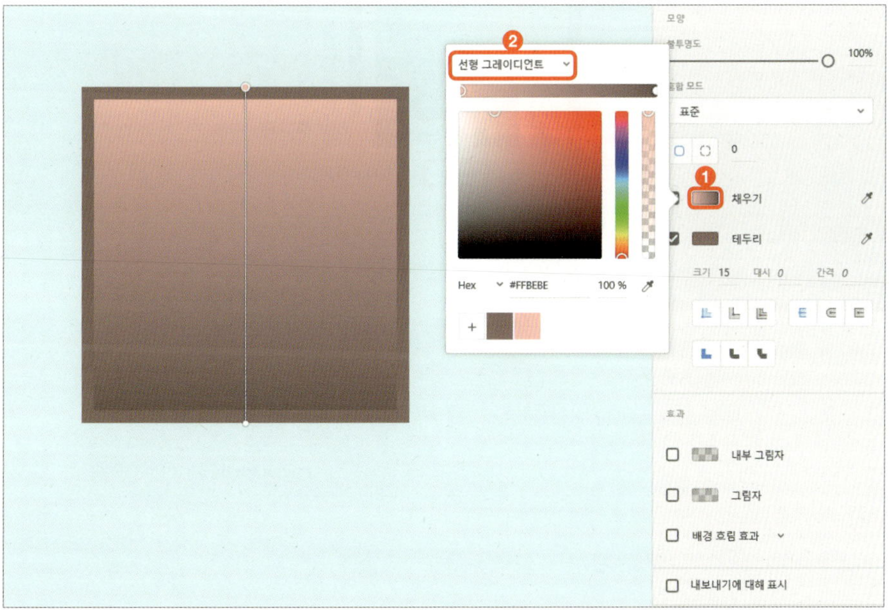

03 그레이디언트 바의 왼쪽 컬러스톱을 클릭하고 'Hex'에 #FFBEFB를 입력해 오브젝트 상단의 색상을 변경한다.

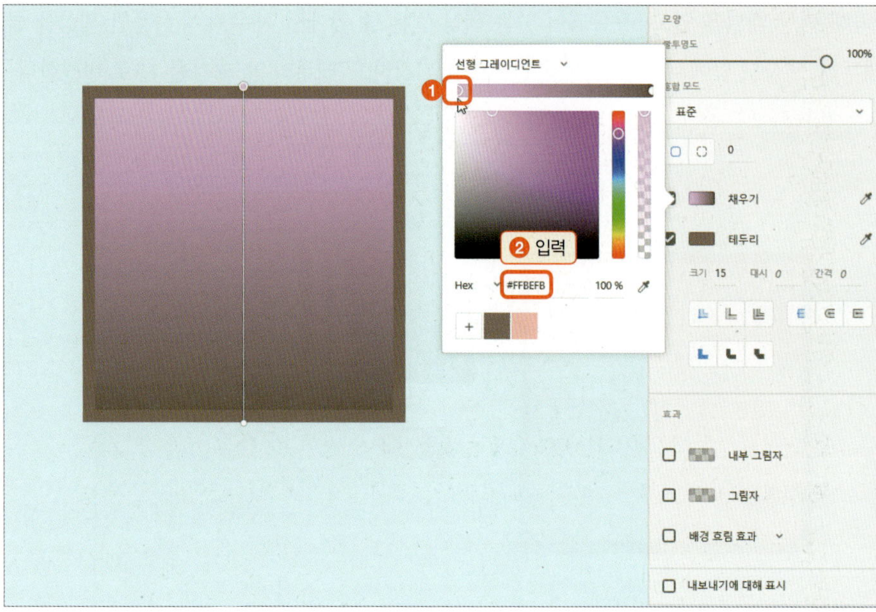

04 그레이디언트 바의 오른쪽 컬러스톱을 클릭하고 'Hex'에 #6EFAFF를 입력해 오브젝트 하단의 색상을 변경한다.

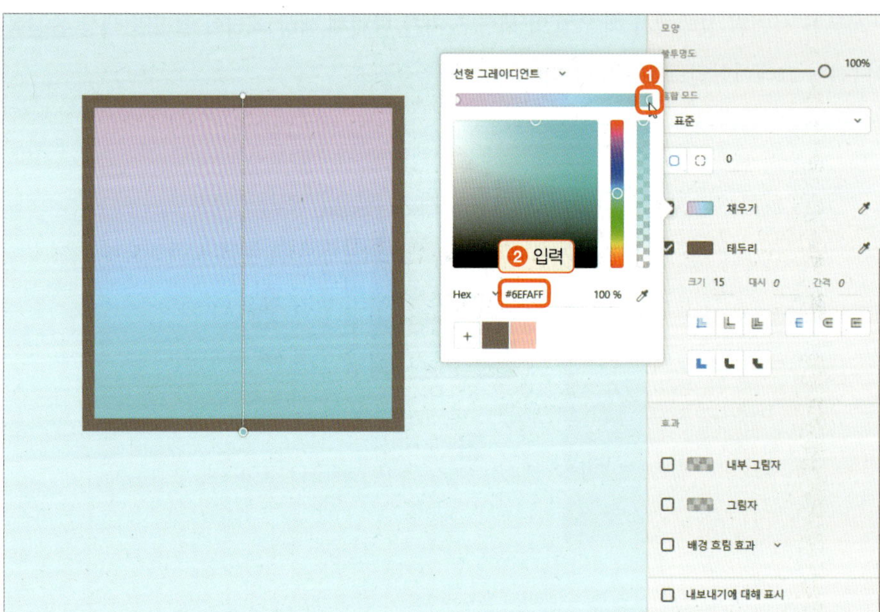

05 그레이디언트 바의 중앙 부분을 클릭해 컬러스톱을 추가하고 컬러 샘플을 클릭해 색상을 변경한다.

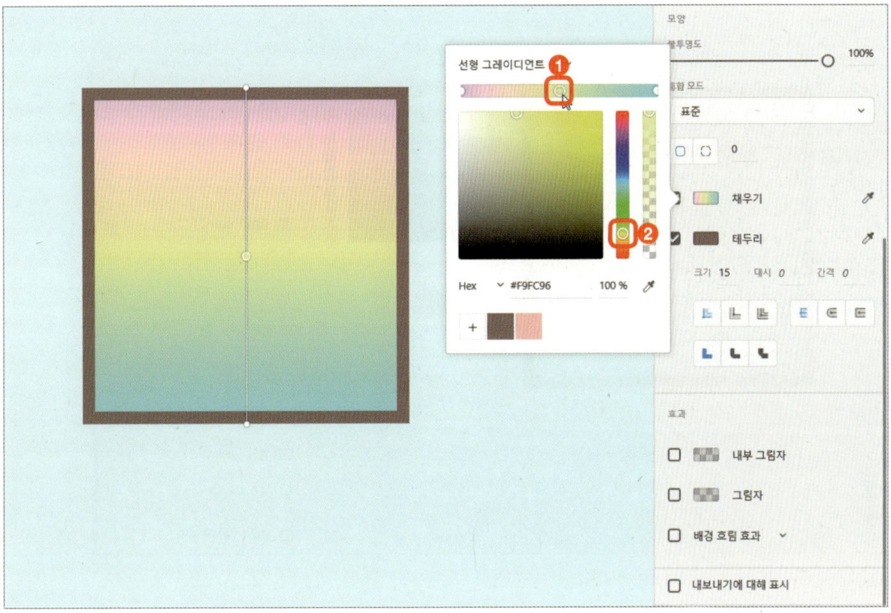

Tip 'Hex'에 #F9FC96을 입력해도 된다.

06 오브젝트 내부의 그레이디언트 선에 있는 컬러스톱을 위로 드래그해 그레이디언트 간격을 조절한다.

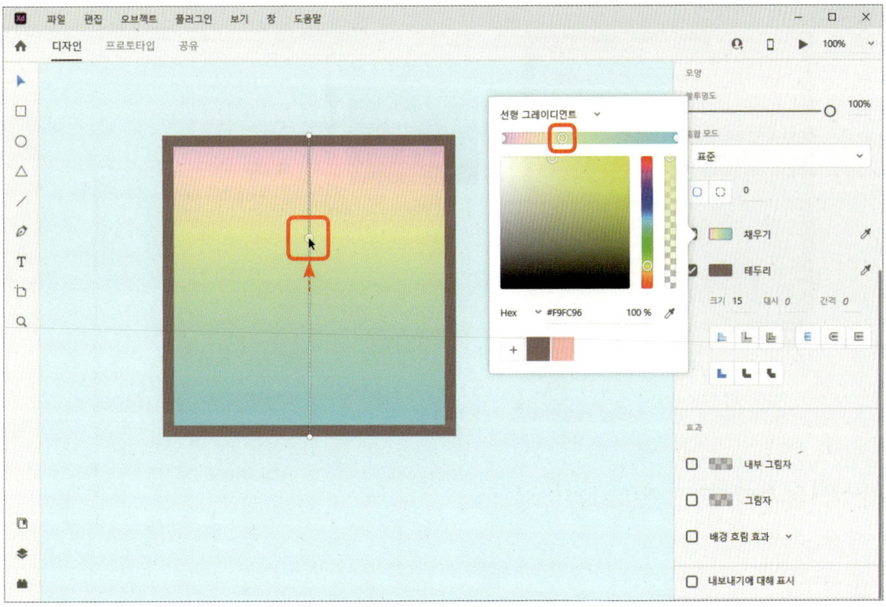

Tip 색상 패널에서 그레이디언트 바의 컬러스톱을 드래그해도 간격을 조절할 수 있다.

07 오브젝트 내부의 그레이디언트 선을 클릭해 컬러스톱을 추가한다.

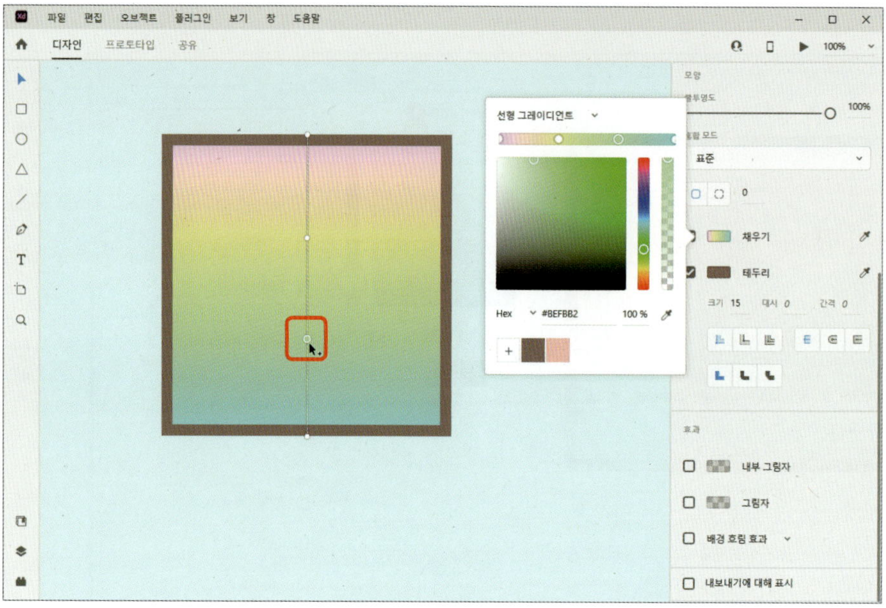

08 색상 패널의 그레이디언트 바 중간에 있는 2개의 컬러스톱을 색상 패널 바깥으로 드래그해 제거한다.

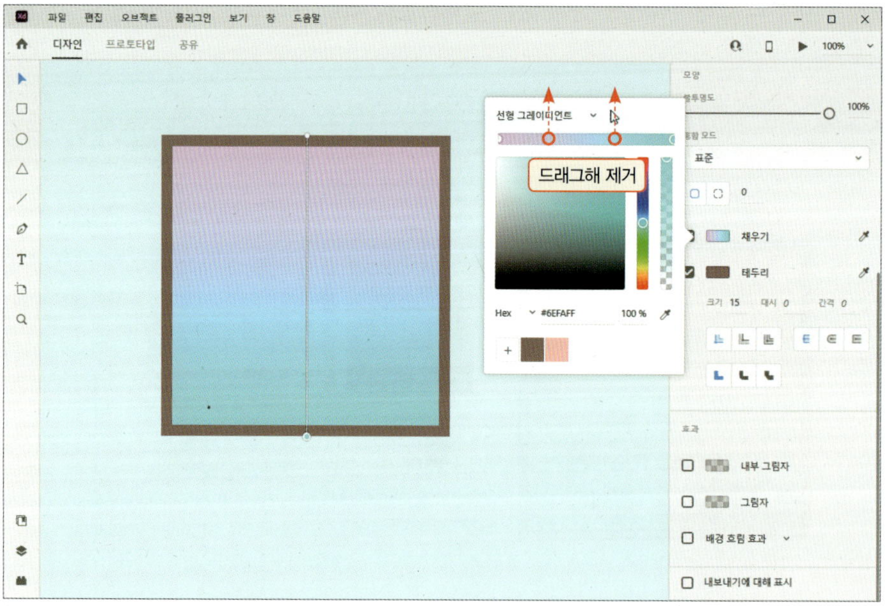

09 아트보드 내부 그레이디언트 선 끝의 앵커 포인트를 드래그해 그레이디언트의 방향이나 위치를 조절할 수 있다.

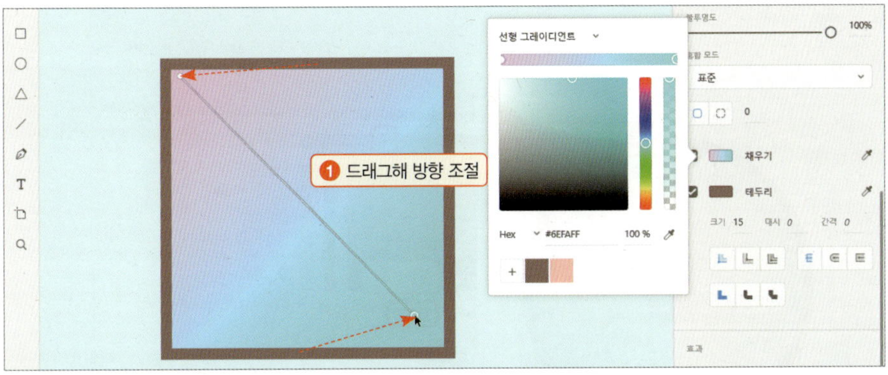

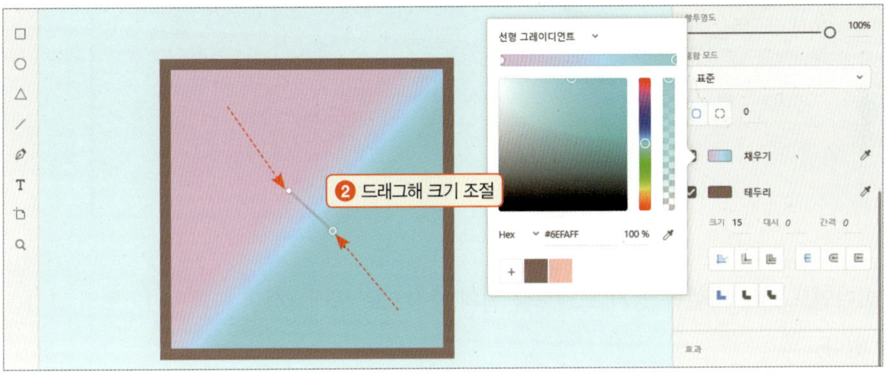

10 사각형 내부 모서리에 있는 위젯을 중앙으로 드래그해 원으로 변형한다. 원이 선택된 상태에서 '채우기'의 색상 상자를 클릭해 색상 패널이 열리면 색상 옵션을 [방사형 그레이디언트]로 변경한다.

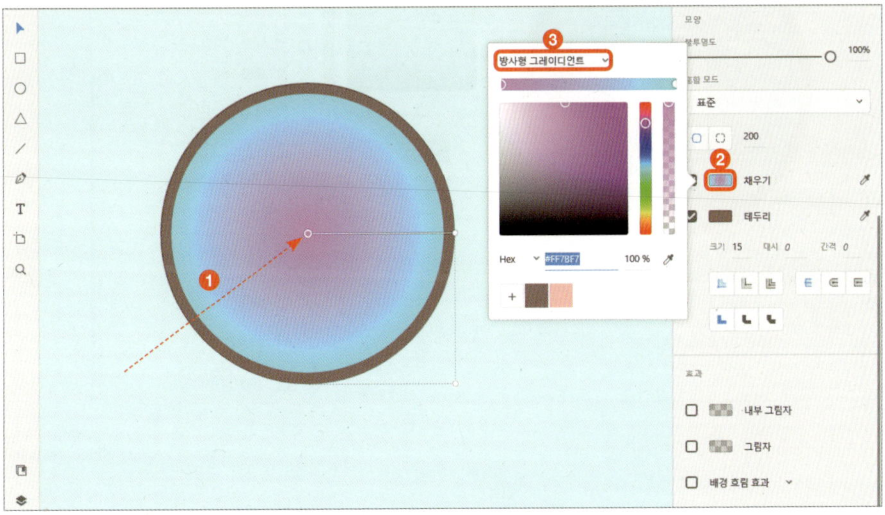

11 오브젝트 내부의 그레이디언트 선 또는 색상 패널의 그레이디언트 바 내부를 클릭해 컬러스톱을 추가하고 색상을 설정한다. 여기서는 'Hex'를 #F6FB84로 설정했다.

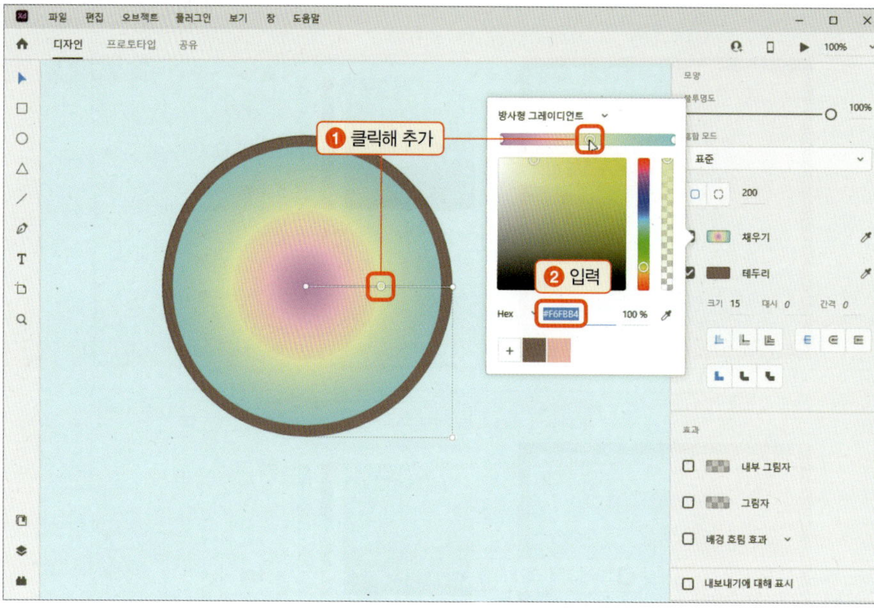

12 그레이디언트 선의 바깥쪽 앵커 포인트를 원의 중심으로 드래그하면 그레이디언트의 크기를 조절할 수 있다.

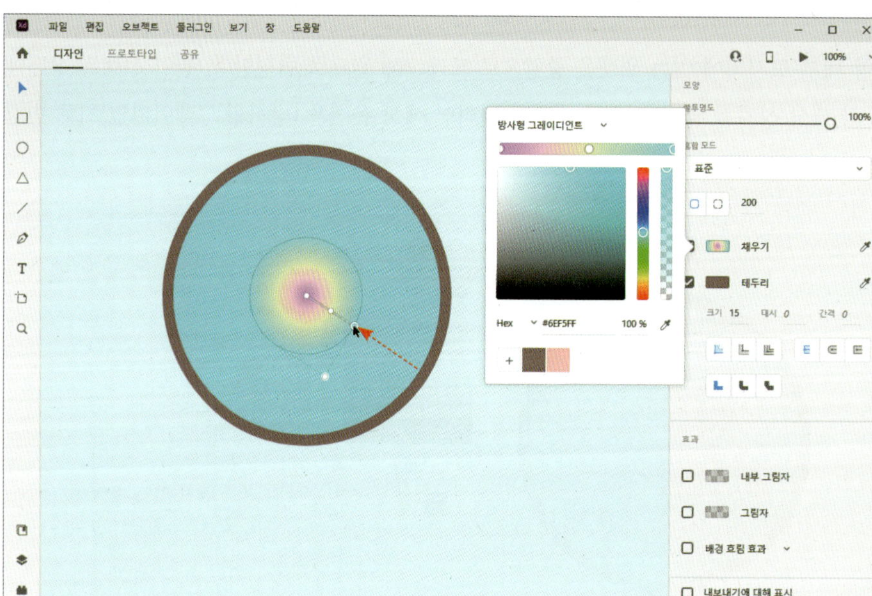

13 원 중심에 있는 앵커 포인트를 드래그하면 그레이디언트의 위치를 변경할 수 있다.

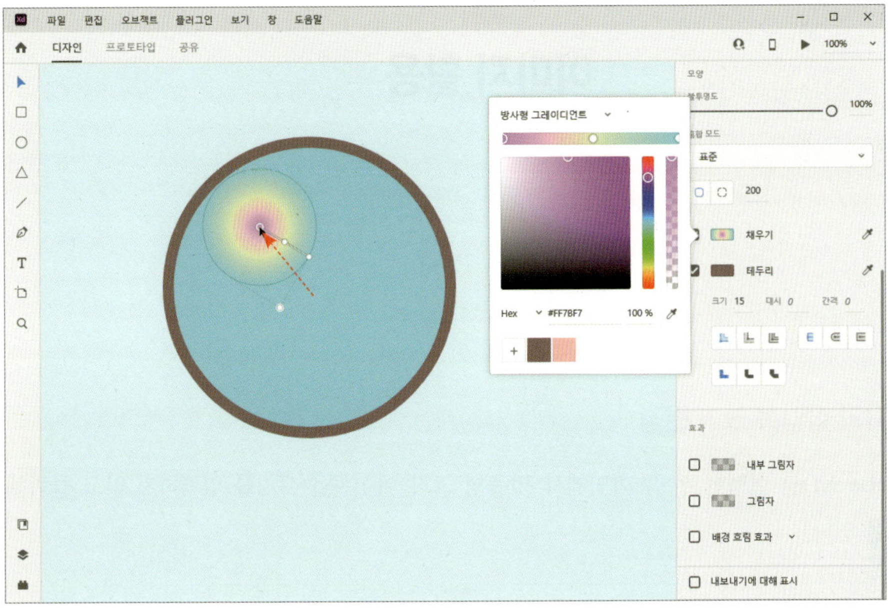

14 원의 바깥에 있는 앵커 포인트를 드래그하면 그레이디언트의 모양을 변형해 타원으로 만들 수 있다.

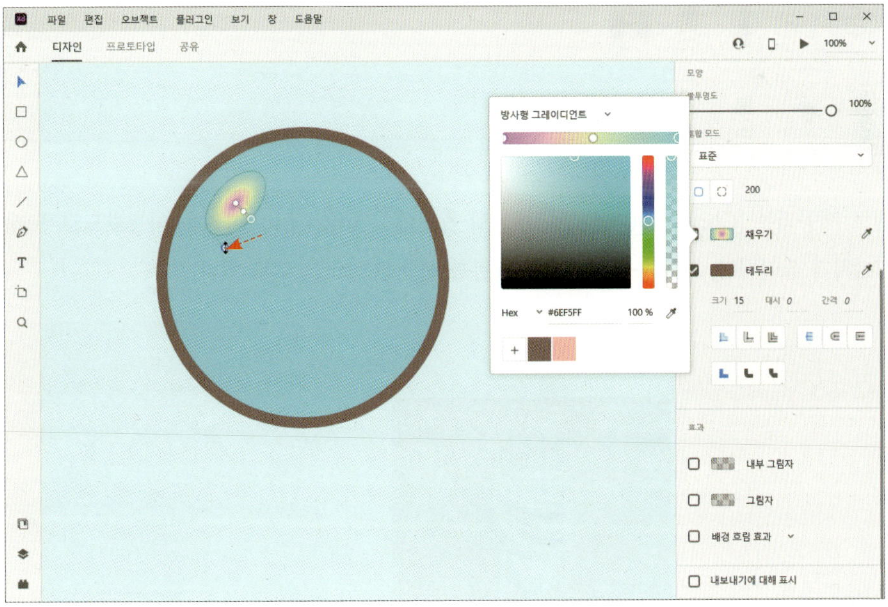

3
이미지 활용

1 이미지의 삽입과 크기 변경

01 Adobe XD를 실행한 후 홈 화면에서 '맞춤형 크기' 아이콘을 수치를 입력하지 않고 클릭해 아트보드를 연다.

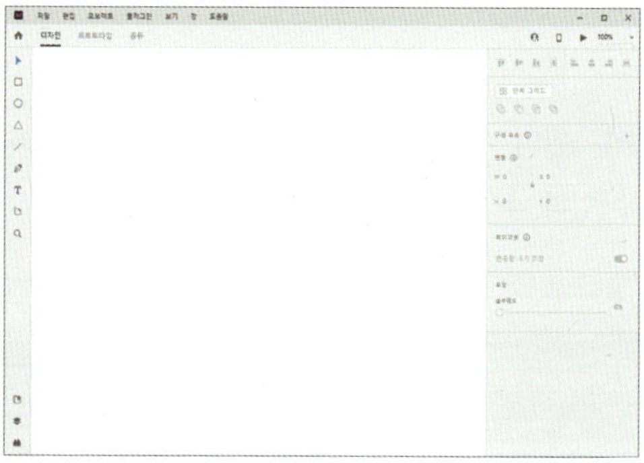

02 예제로 제공되는 [Chapter_05\Section_03] 폴더에서 'img1.jpg' 파일을 아트보드로 드래그하면 이미지가 삽입된다. [파일]-[가져오기] 메뉴를 선택해 불러올 수도 있다.

03 이미지 가장자리의 바운딩 박스를 임의의 방향으로 드래그하면 가로세로 비율이 유지되면서 확대 또는 축소된다. 위젯 바깥쪽에 마우스를 위치시키고 드래그하면 회전을 할 수 있다.

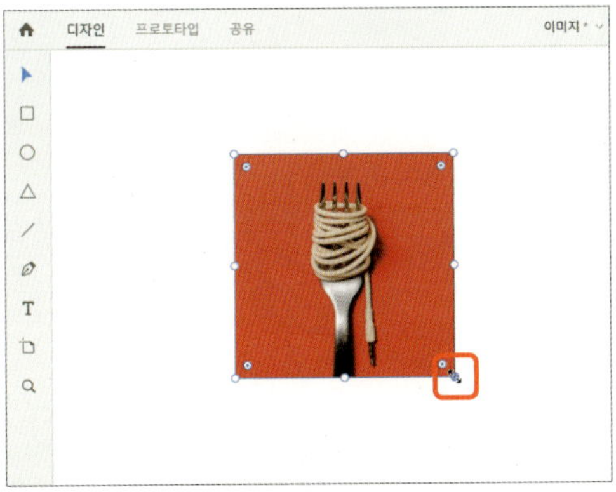

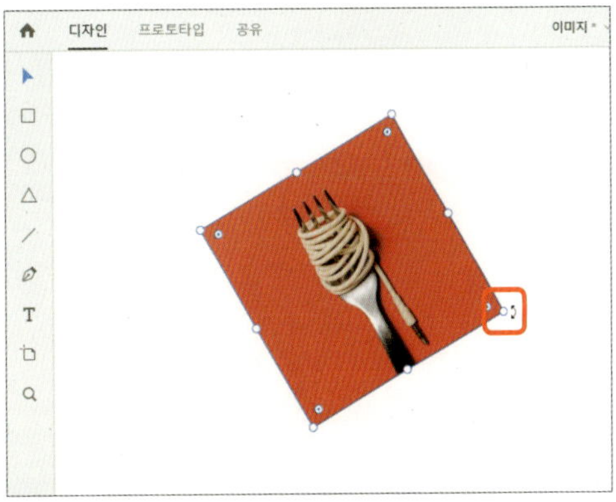

Tip 이미지에는 기본값으로 잠금 옵션이 적용되어 있어 확대나 축소를 해도 비율이 유지된다. 필요한 경우 잠금 옵션을 해제해 비율을 마음대로 조절하며 크기를 변형할 수 있지만 원본 이미지의 비율을 훼손하지 않는 것을 권장한다.

04 옵션 패널에서 3D 변형( )을 클릭하면 이미지 중앙에 3D 회전축이 나타난다.

05 이미지 중앙의 회전축을 상하좌우로 움직이거나 옵션 패널의 'X 회전'과 'Y 회전'에 수치를 입력해 3D 각도를 조절해 본다.

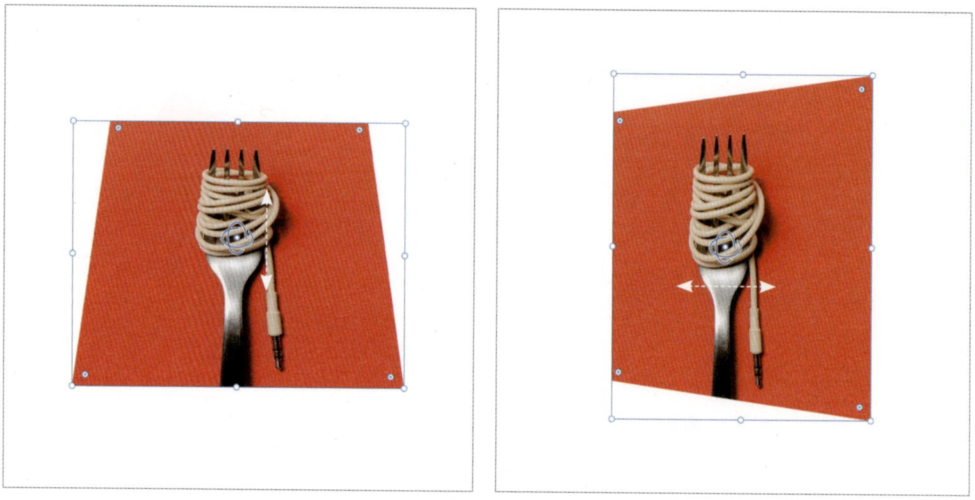

06 도형에서와 같은 방법으로 이미지에 테두리를 적용한다.

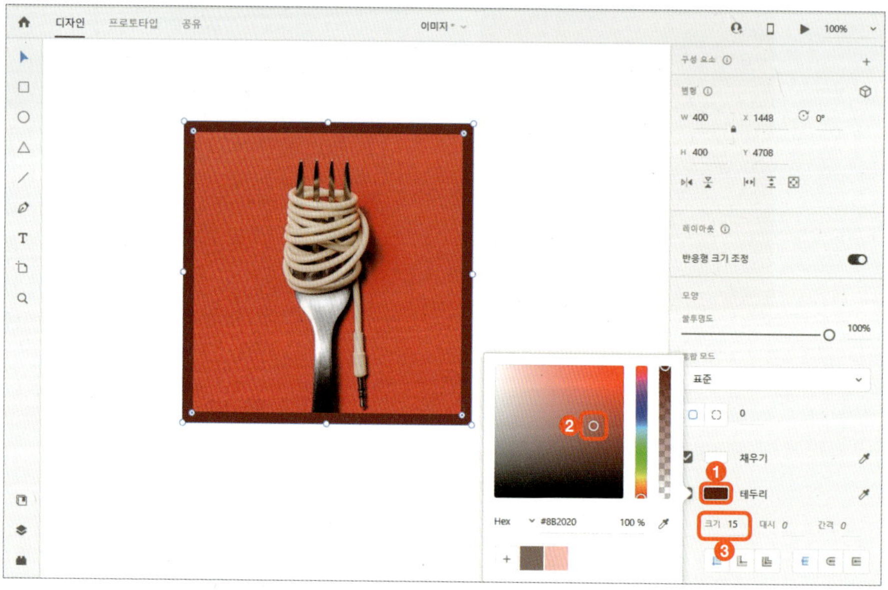

Tip 이미지에 채우기 색상을 적용하면 빈 화면으로 바뀌고 도형으로 변경된다.

07 옵션 패널에서 '불투명도'를 50%로 설정하면 이미지와 테두리에 모두 투명도가 적용된다. '불투명도'를 다시 100%로 복구한다.

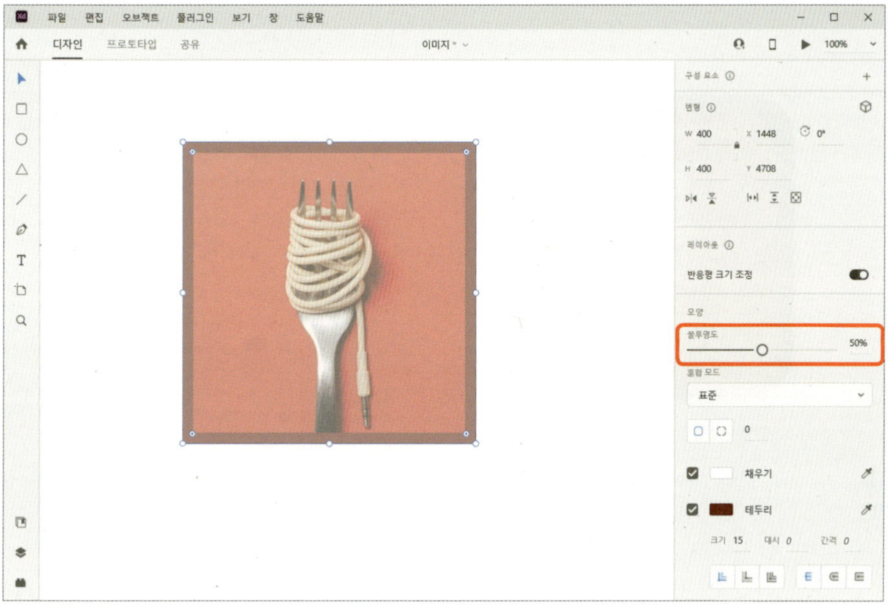

08 이미지 내부의 위젯을 안쪽으로 드래그해 가장자리를 둥글게 변형한다.

09 도형과 마찬가지로 내부 그림자와 외부 그림자도 적용할 수 있다.

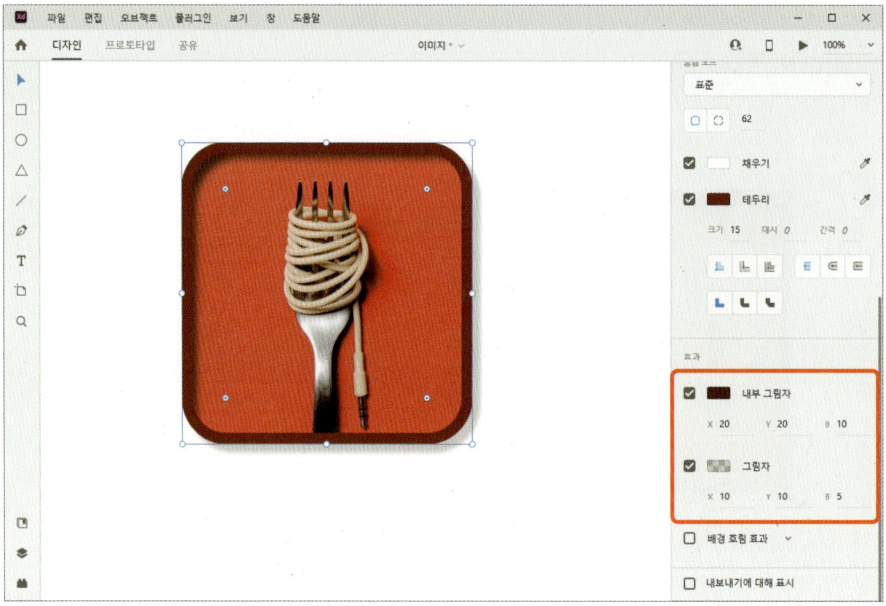

10 [배경 흐림 효과]를 통해 이미지의 밝기와 불투명도를 조절할 수 있다. 테두리의 불투명도는 테두리 옵션에서 지정해야 한다.

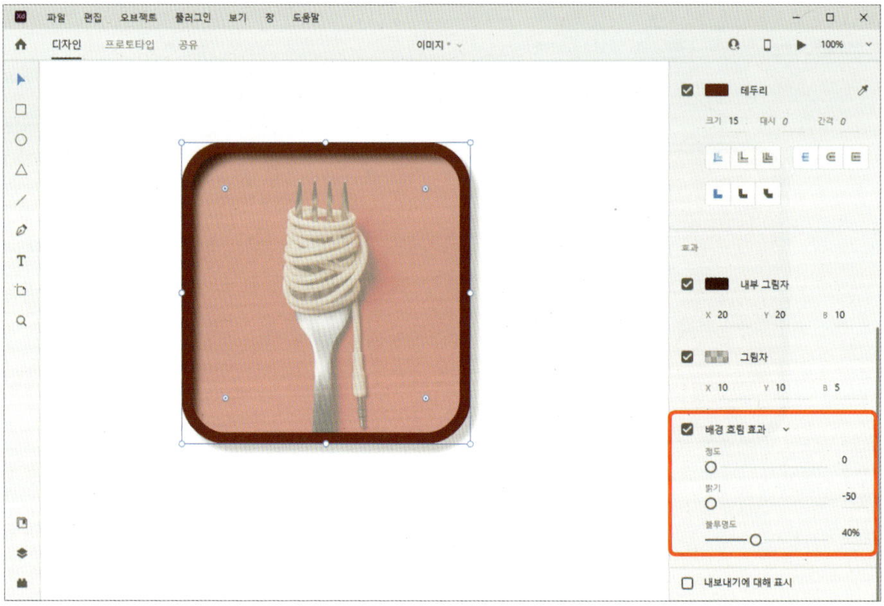

11 '배경 흐림 효과'를 '오브젝트 흐림 효과'로 변경하고 '정도'를 5로 설정하면 이미지 전체가 흐려진다. 테두리를 포함한 가장자리 영역까지 흐려진다.

2 도형 형태에 삽입하는 이미지

01 툴 패널에서 타원 툴(○)을 선택하고 Shift를 누른 채 드래그해 정원을 그린다.

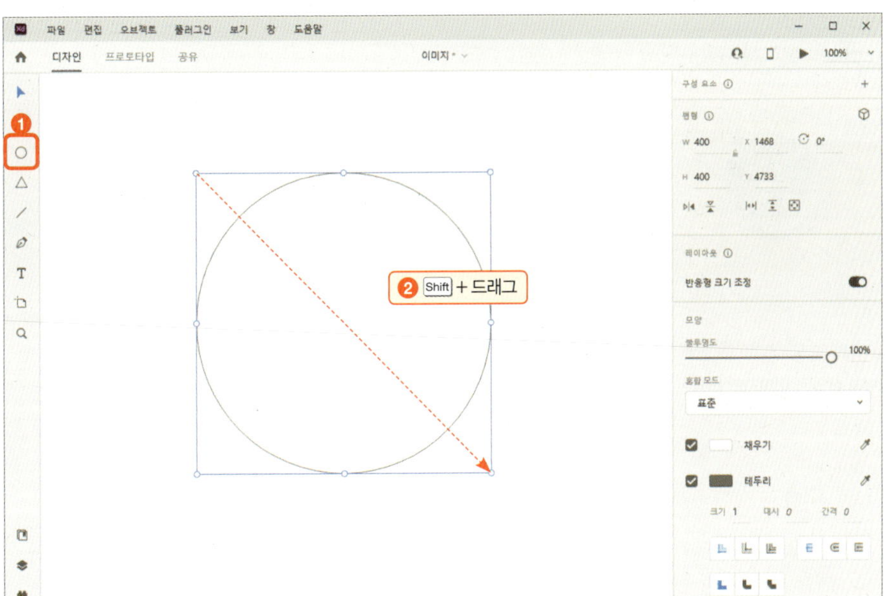

02 예제로 제공되는 [Chapter_05\Section_03] 폴더에서 'img2.jpg' 파일을 찾아 아트보드의 원 내부로 드래그하면 이미지가 삽입된다.

Tip 이미지가 삽입되어 있어도 다른 이미지를 드래그하면 이미지가 교체된다.

Tip [가져오기] 메뉴를 이용하면 아트보드에만 불러올 수 있고 도형 내부로 불러오기는 불가능하다.

03 원을 더블클릭하면 원본 이미지의 형태를 볼 수 있으며, 이미지를 드래그해 위치를 변경할 수 있다.

Tip 도형 내부에 삽입된 이미지의 비율은 변경할 수 없고 크기와 위치만 변경할 수 있다.

04 옵션 패널에서 '테두리'의 색상 상자를 클릭해 색상 패널을 열고 'Hex'를 #77C434로 설정한다. '테두리'의 '크기'는 10으로 설정한다. '채우기'는 설정하지 않는다. 원 내부에 색을 채우면 도형으로 변형되어 이미지를 활용할 수 없기 때문이다.

05 도형의 바운딩 박스를 드래그해 도형과 이미지를 같은 비율로 확대/축소 또는 회전할 수 있다. 이때 이미지는 고정되어 있으며, 도형의 비율을 변경해도 이미지 비율은 달라지지 않는다.

06 도형에 삽입된 이미지는 일반 이미지를 불러왔을 때와 같이 내부 그림자, 그림자, 오브젝트 흐림 효과 등을 적용할 수 있다.

[내부 그림자]

[그림자]

[오브젝트 흐림 효과]

3 모양으로 마스크 만들기

01 [Chapter_05\Section_03] 폴더에서 'img3.jpg' 파일을 아트보드로 드래그하거나 [파일]–[가져오기] 메뉴를 이용해 삽입한다.

02 툴 패널에서 다각형 툴(△)을 선택하고 Shift를 누른 채 드래그해 정다각형을 그린다. 옵션 패널에서 '코너 카운트'에 12, '모퉁이 반경'에 20, '별 비율'에 80을 입력해 그림과 같은 형태로 만든다.

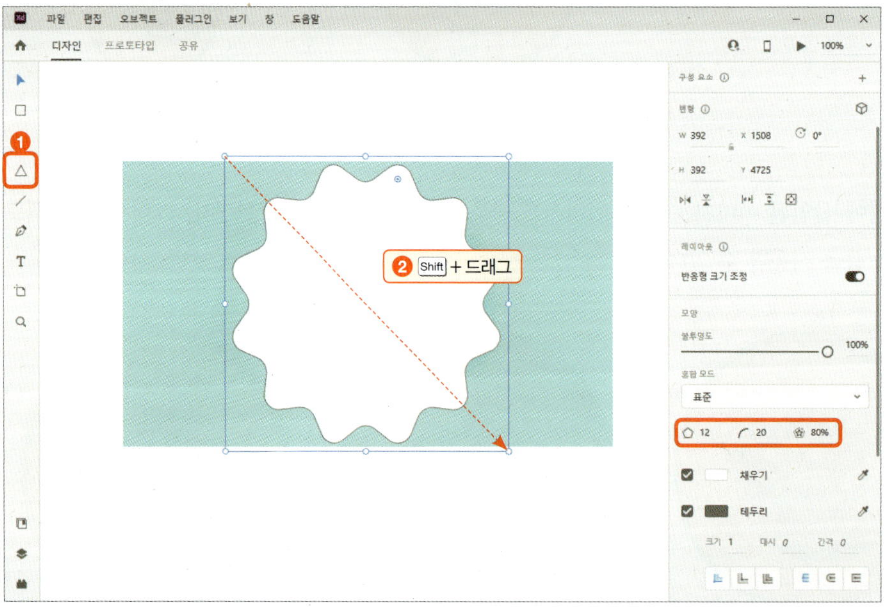

03 툴 패널에서 선택 툴(▶)을 선택하고 Shift를 누른 채 도형과 이미지를 클릭해 함께 선택한다. 마우스 오른쪽 버튼을 클릭하면 열리는 팝업 메뉴에서 [모양으로 마스크 만들기]를 클릭한다.

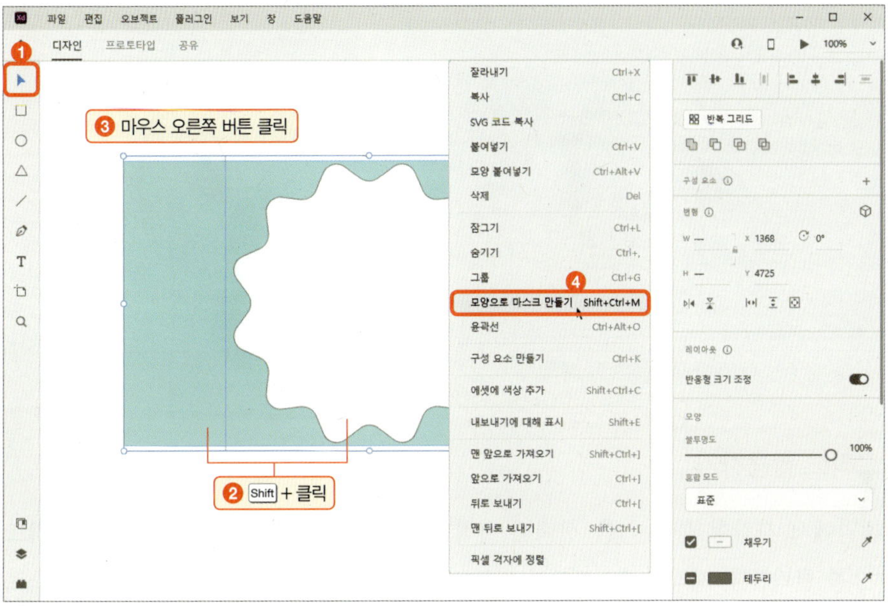

Tip 선택 툴(▶)로 이미지와 도형이 포함되도록 화면을 드래그해도 함께 선택할 수 있다.

04 도형 형태에만 이미지가 보이고 나머지 영역은 마스크로 가려진다.

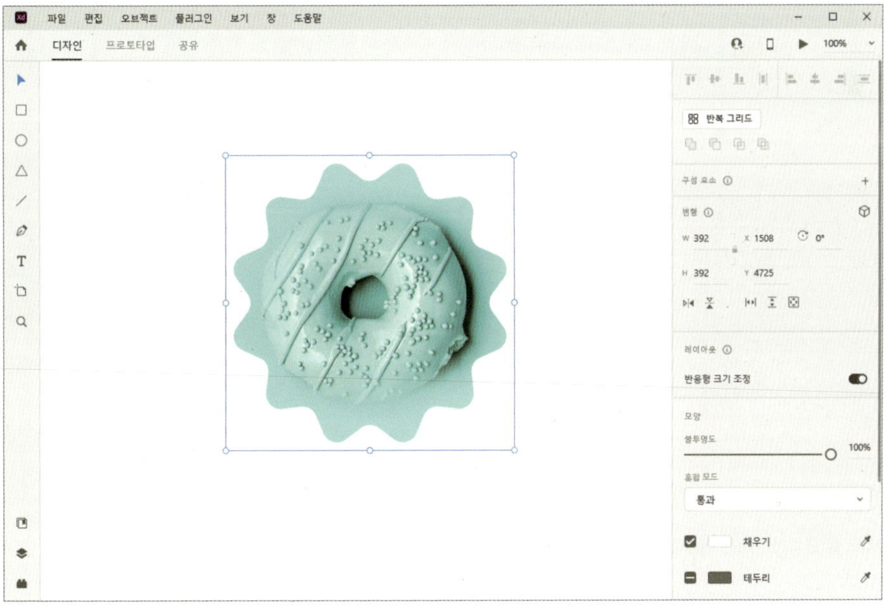

05 도형 내부를 더블클릭하면 이미지가 선택된다. 이미지 크기와 위치를 조절할 수 있는 것은 물론 도형에 이미지를 삽입했을 때와 달리 상하좌우 비율도 조절할 수 있다. 3D 변형도 가능하다.

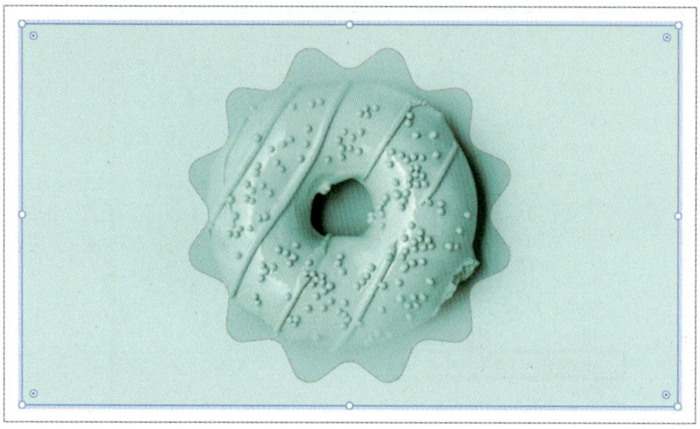

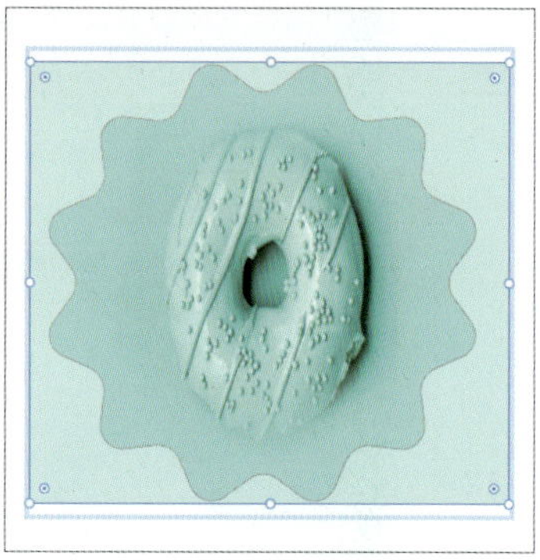

4 반복 그리드 활용하기

01 툴 패널에서 사각형 툴( )을 선택해 사각형을 그린 후 옵션 패널에서 '반복 그리드 (반복 그리드)'를 클릭한다. 사각형 오브젝트가 반복 그리드로 변경되어 바운딩 박스가 초록색으로 바뀌고 오른쪽과 아래 가장자리에 앵커 포인트가 생긴다.

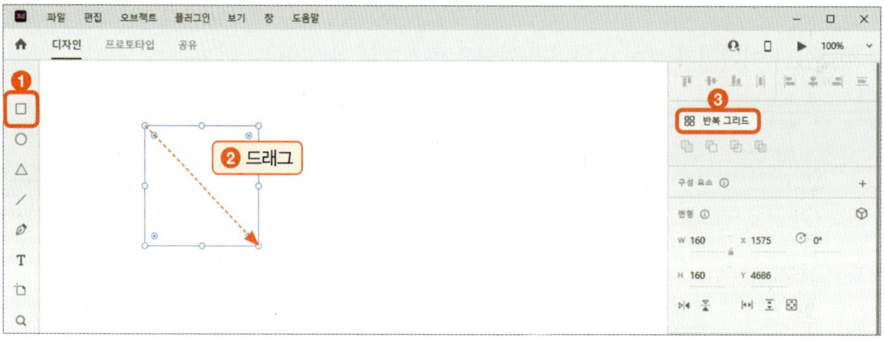

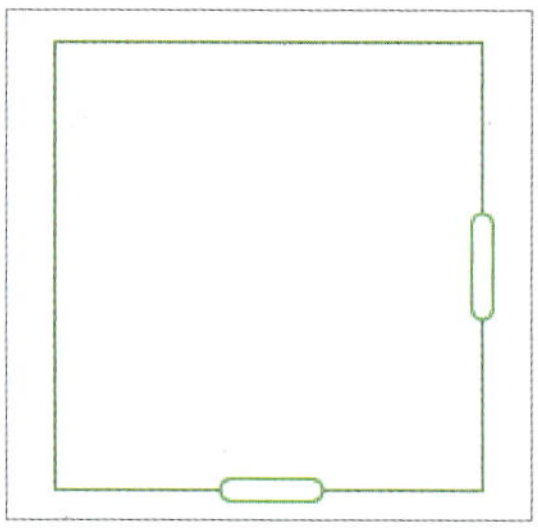

Tip '반복 그리드'를 클릭하면 버튼 이름이 '그리드 그룹 해제'로 변경된다.

02 반복 그리드의 오른쪽 앵커 포인트를 오른쪽으로 드래그하면 같은 크기의 오브젝트가 가로로 반복되어 채워진다. 이때 간격은 자동으로 동일하게 생성된다.

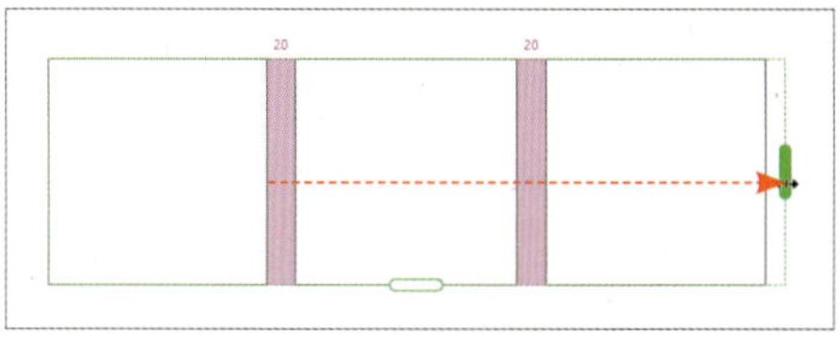

03 반복 그리드의 아래쪽 앵커 포인트를 아래로 드래그하면 같은 오브젝트가 세로로 반복되어 채워진다. 3×3 형태로 9개의 오브젝트가 배열되도록 조절한다.

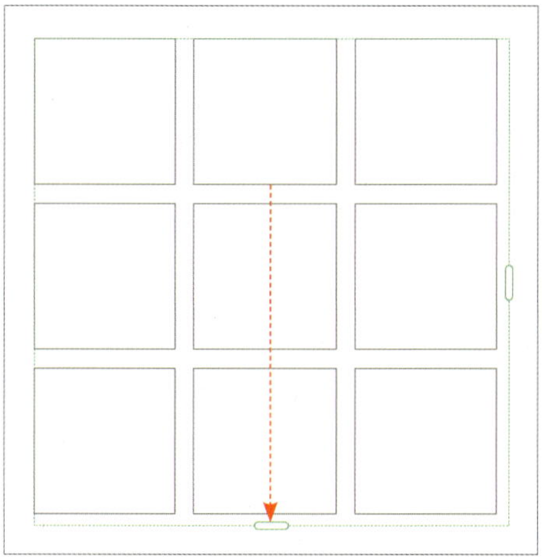

04 오브젝트와 오브젝트 사이에 마우스를 가져가면 마젠타 색상 영역이 나타난다. 이 영역을 드래그해 도형과 도형 사이의 간격을 조절할 수 있다.

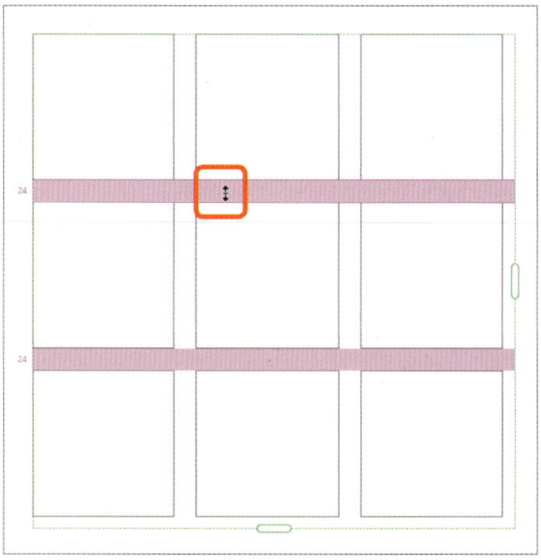

Tip 반복 그리드 상태에서는 수직 방향 또는 수평 방향으로 동일한 간격이 유지된다.

05 [Chapter_05\Section_03] 폴더에서 'img4.jpg' 파일을 반복 그리드 사각형 안으로 드래그한다. 모든 사각형에 같은 이미지가 자동으로 삽입된다.

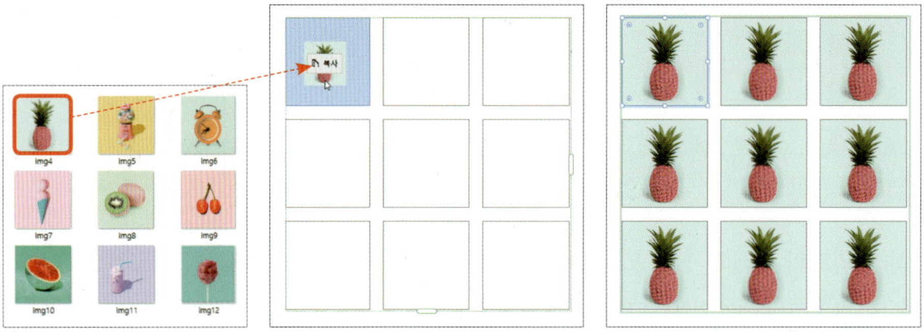

Tip 빈 반복 그리드에 처음 이미지를 삽입할 때는 어떤 오브젝트에 삽입해도 모든 오브젝트에 같은 이미지가 채워진다.

06 'img5.jpg' 파일을 상단 가운데 칸으로 드래그한다. 첫 번째 이미지와 삽입한 이미지가 하나씩 반복되면서 배치된다. 'img6.jpg' 파일을 상단 오른쪽 칸으로 드래그한다. 이미지 세 개가 순서대로 반복되면서 배치된다.

Tip 이미 이미지가 있는 반복 그리드의 경우에는 이미지의 개수에 따라 규칙적으로 이미지가 배치된다.

07 9개의 이미지 파일('img4.jpg'~'img12.jpg')을 동시에 선택해 반복 그리드 상단 왼쪽 칸으로 드래그한다. 각 칸마다 이미지가 하나씩 자동으로 배치된다.

08 각 도형을 더블클릭하면 원본의 이미지 영역을 볼 수 있으며 이미지의 크기를 변경하거나 위치를 조절할 수 있다. 이때도 이미지의 상하좌우 비율은 조절되지 않는다.

09 새로운 이미지를 드래그하면 각 오브젝트의 이미지를 변경할 수 있다.

Tip 반복 그리드에 포함된 오브젝트 개수만큼 이미지가 채워진 후에 새로운 이미지를 삽입하면 해당 오브젝트만 이미지가 변경된다.

10 그리드 그룹의 오브젝트를 하나 선택하고 테두리 색상을 적용하거나 모퉁이 곡선의 옵션을 변경하거나 크기를 조절하면 모든 오브젝트에 동일한 속성이 적용된다.

11 각 오브젝트를 개별적으로 변경하려면 옵션 패널에서 [그리드 그룹 해제]를 클릭한 후 해당 오브젝트를 선택하고 속성을 적용한다.

5 스크롤 활용하기

01 Adobe XD를 실행한 후 홈 화면에서 '맞춤형 크기'의 옵션을 W는 600, H는 500으로 설정하고 Enter를 눌러 새 아트보드를 만든다.

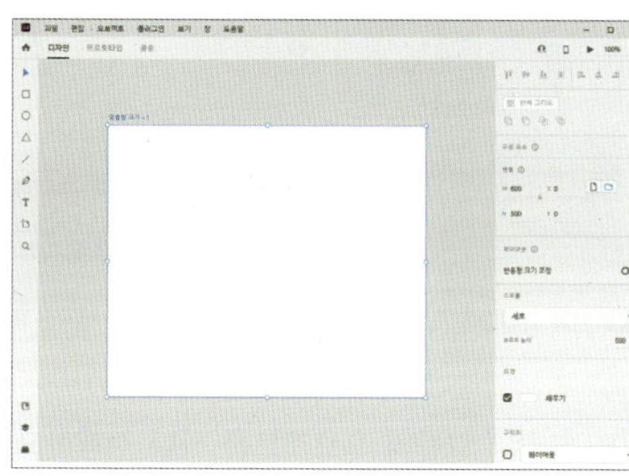

Tip 삽입된 영상이나 스크롤은 미리보기를 통해서만 결과를 확인할 수 있다. 미리보기를 실행하려면 아트보드 영역이 반드시 필요하다.

02 툴 패널에서 사각형 툴(□)을 선택하고 W는 240, H는 160인 사각형을 그린다.

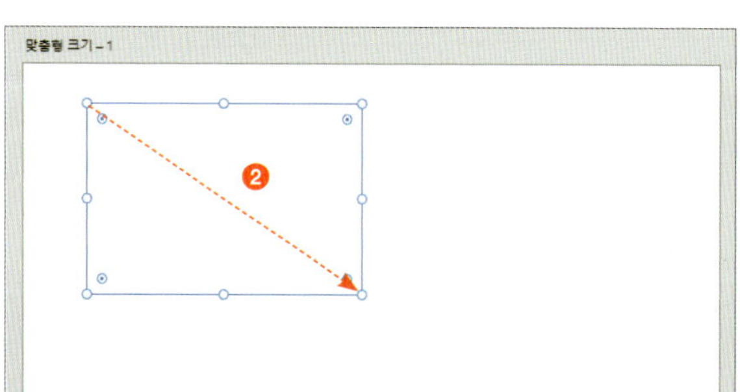

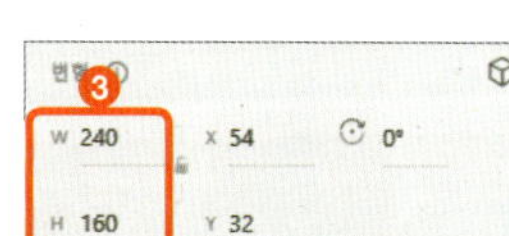

Tip 사각형을 먼저 그리고 옵션 패널에서 크기를 입력하면 된다. 아트보드 외부에 그리거나 아트보드와 걸쳐 그릴 수도 있지만 미리보기는 아트보드 크기만 실행되기 때문에 아트보드 내부에 그려야 한다.

03 예제 소스가 있는 [Chapter_05\Section_03] 폴더에서 'Record.mp4' 파일을 사각형 오브젝트로 드래그해 채워 넣는다.

Tip 영상은 미리보기를 통해서만 재생할 수 있다.

04 툴 패널에서 텍스트 툴(T)을 선택하고 바탕화면을 클릭해 커서가 생기면 'Title'을 입력한다. 이때 글꼴은 Roboto, 글꼴 크기는 20, 글꼴 두께는 Medium으로 설정한다.

Tip 옵션을 먼저 설정하고 텍스트를 입력하는 것이 효율적이다.

05 텍스트 툴(T)이 선택된 상태에서 이번에는 화면을 드래그해 텍스트 필드를 만든다. 이때 텍스트 필드의 W가 240이 되도록 한다.

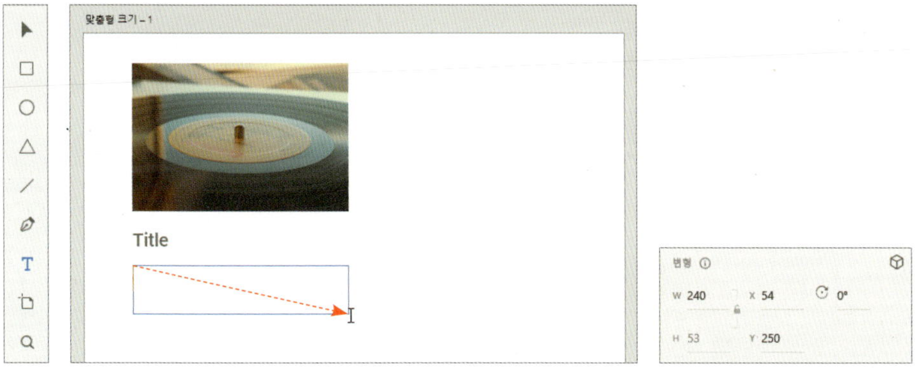

06 텍스트 필드에 샘플 텍스트를 입력한다. 이때 글꼴은 Roboto, 글꼴 크기는 16, 글꼴 두께는 Light로 설정해 제목과 차이를 둔다.

Tip 옵션을 먼저 설정하면 이후 입력하는 텍스트에 적용된다. 텍스트를 먼저 입력했다면, 텍스트 필드를 클릭해 선택하거나 텍스트를 드래그해 선택한 후 옵션을 적용한다.

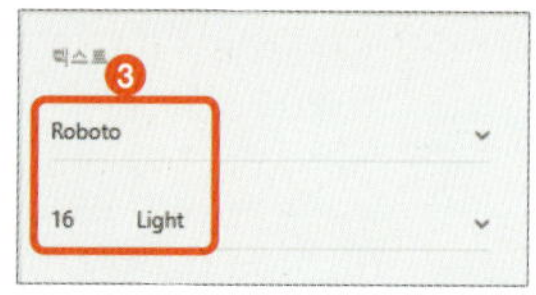

07 선택 툴( )로 제목과 내용 텍스트를 함께 선택하고 Alt 를 누른 채 드래그해 오른쪽에 복제한다.

08 툴 패널에서 사각형 툴( )을 선택하고 드래그해 W는 240, H는 160인 직사각형을 그린다. [Chapter_05\Section_03] 폴더에서 'img13.jpg' 파일을 사각형 내부로 드래그해 삽입한다.

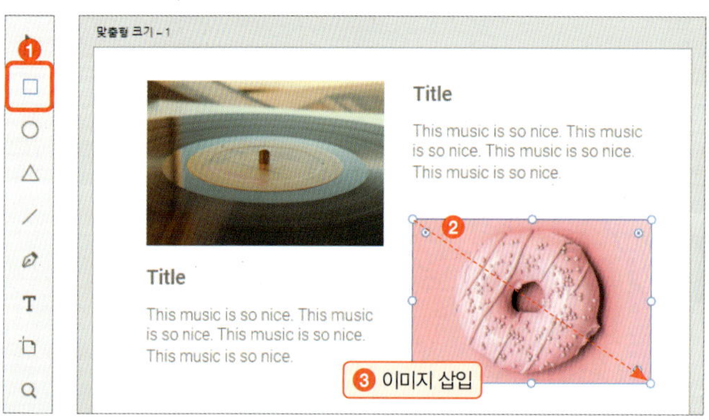

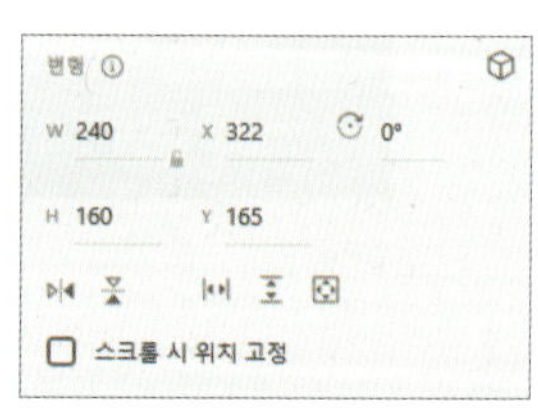

09 [Ctrl]+[A]를 눌러 아트보드 내의 모든 오브젝트를 선택하고 옵션 패널에서 가로 스크롤([⇹])을 클릭하면 가장자리에 가로 방향 바운딩이 생성된다.

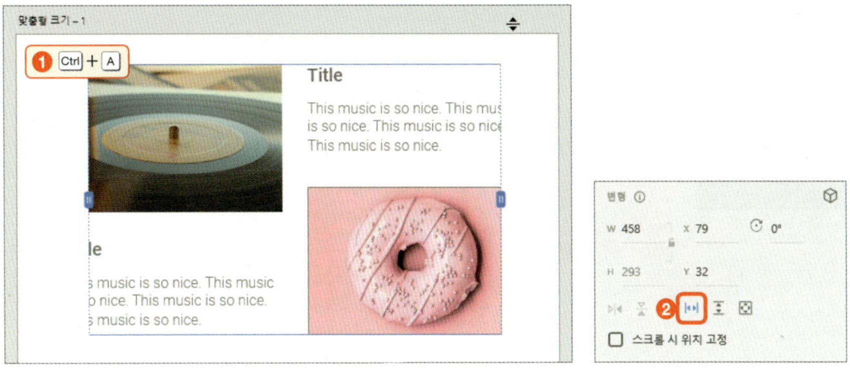

10 가로 방향 스크롤 바운딩을 전체 선택 영역보다 좁게 조절한다.

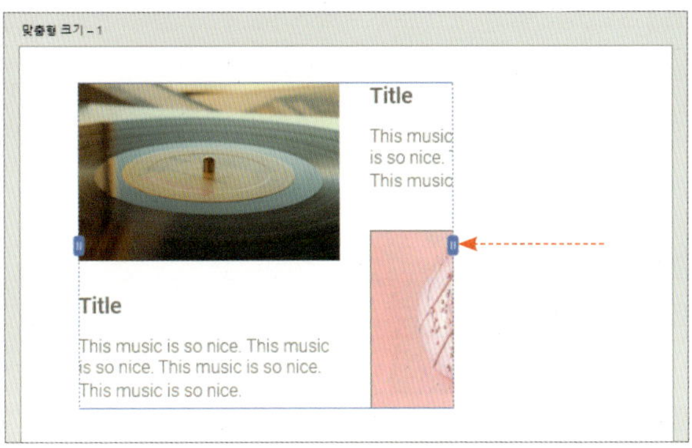

Tip 스크롤은 보이지 않는 영역으로 이동하는 것이므로 선택된 영역보다 좁은 영역을 스크롤 영역으로 만들어야 한다. 스크롤 기능은 화면 내부 오브젝트 내에서의 기능이며, 흔히 생각하는 전체 페이지 스크롤은 아트보드가 설정된 크기보다 커지면 자동으로 설정된다.

11 옵션 패널 상단의 '데스크탑 미리보기([▶])'를 클릭하면 미리보기 창이 열린다. 화면을 좌우로 드래그해 스크롤 결과를 확인한다. 이때 영상을 클릭하면 재생된다.

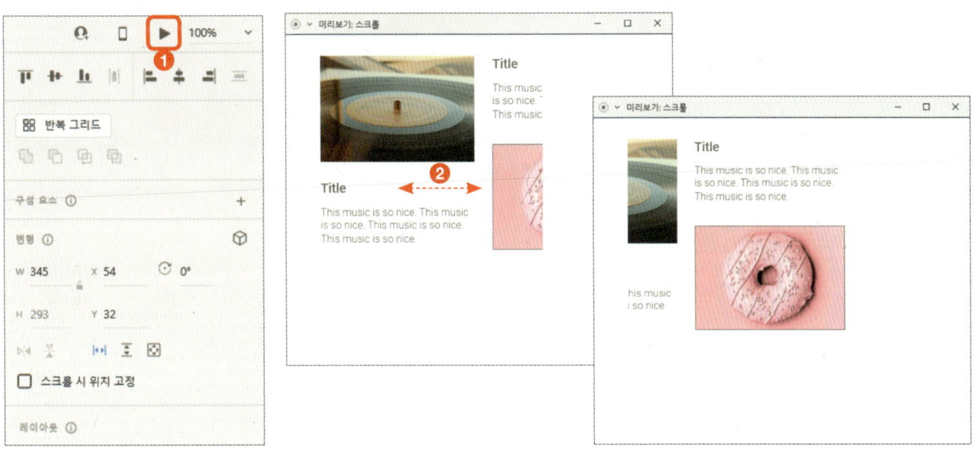

12 미리보기 창을 닫고 다시 화면으로 돌아와 이번엔 가로 및 세로 스크롤( )을 클릭하고 선택 영역을 가로 세로 방향 모두 전체 영역보다 작게 만든다.

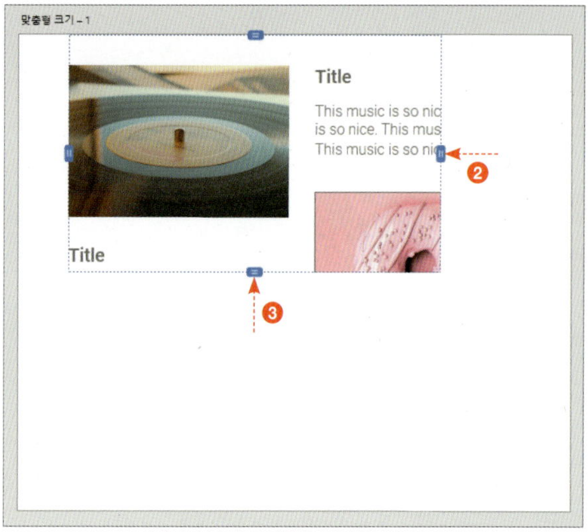

13 오른쪽 상단의 '데스크탑 미리보기( )'를 클릭해 미리보기 창이 열리면 화면을 상하좌우로 드래그해 스크롤 결과를 확인한다.

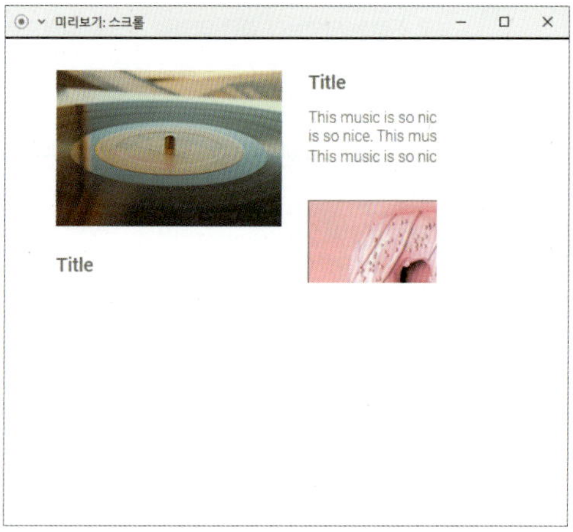

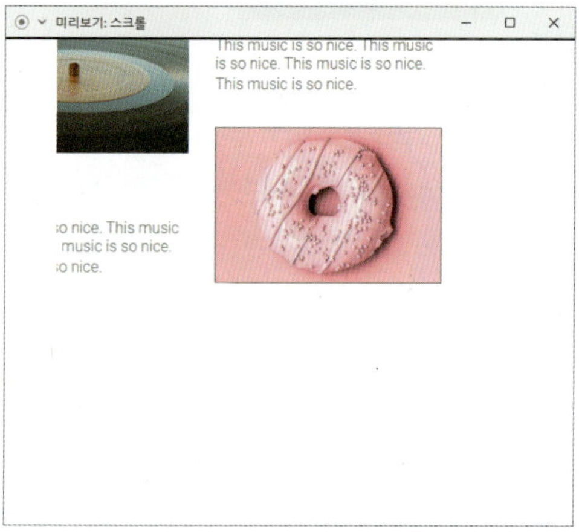

4
라이브러리 에셋 활용

01 [Chapter_05\Section_04] 폴더에 있는 '에셋준비.xd' 파일을 열어 보면 '에셋_01' 페이지가 만들어져 있다. 툴 패널 하단의 라이브러리( )를 클릭해 라이브러리 패널을 연 후 아트보드에서 상태 바를 선택한다. 라이브러리 패널에서 '구성 요소'의 +를 클릭해 에셋으로 등록하고 이름을 더블클릭해 'sys_bar'로 변경한다.

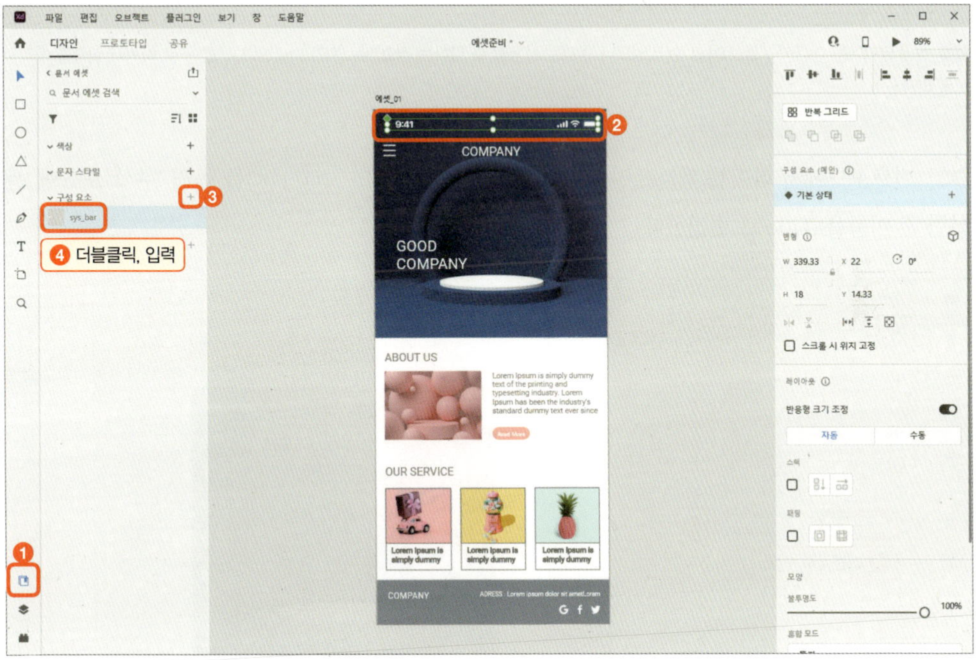

Tip 에셋으로 등록하면 오브젝트의 바운딩 박스가 파란색에서 초록색으로 변경된다.

02 아트보드에서 리스트 메뉴 아이콘을 선택하고 Ctrl+K를 눌러 '구성 요소'에 등록한 후 이름을 'icon/menu'로 변경한다.

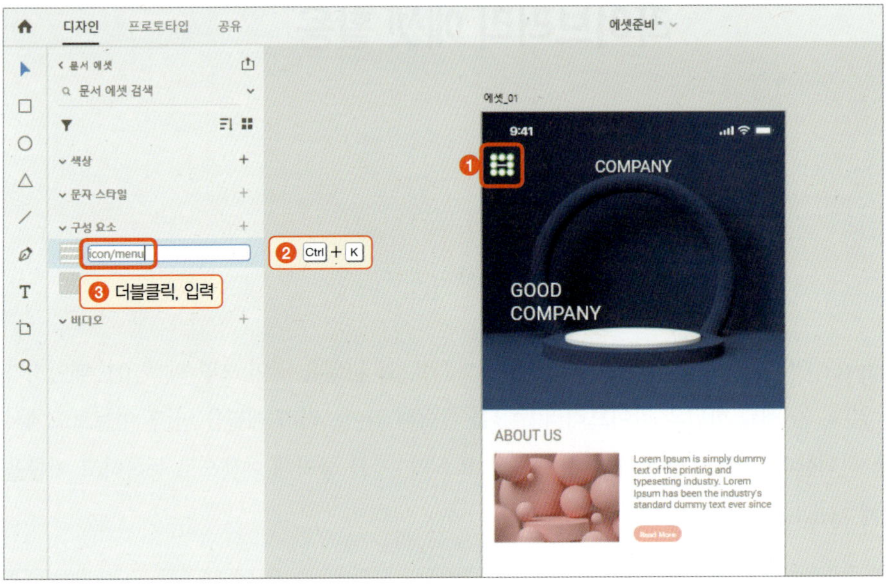

Tip 집필 당시에는 이름에 '/'를 사용할 수 있었으나 현재는 사용할 수 없다는 경고 메시지가 나타난다. '/'를 '–'로 바꿔서 실습을 따라하도록 하자.

03 아트보드에서 타이틀 텍스트인 'COMPANY'를 선택하고 Ctrl+K를 눌러 '구성 요소'에 등록한 후 이름을 'Title'로 변경한다.

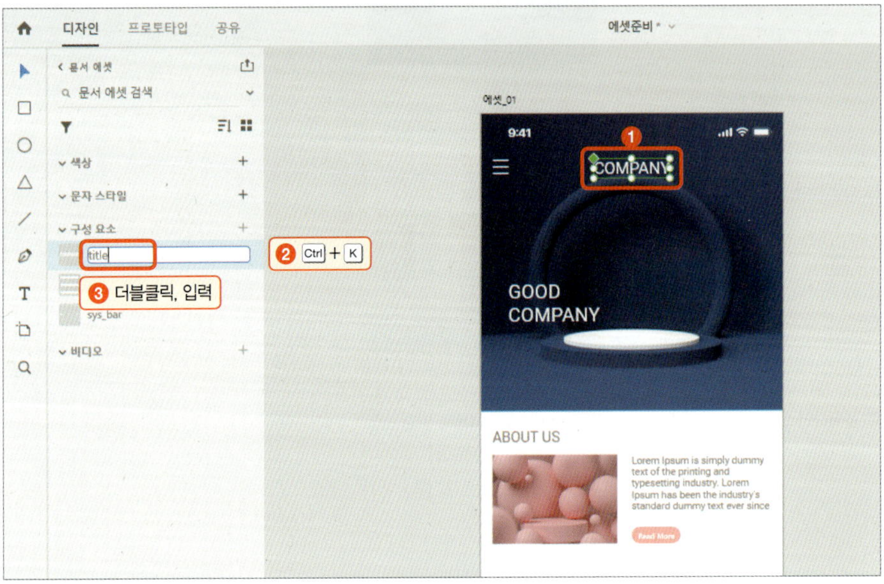

04 타이틀 텍스트는 텍스트의 속성을 가지고 있기 때문에 '문자 스타일'의 [+]를 클릭해 문자 스타일로도 등록한다. 이름은 'Title/Roboto_20pt'로 변경한다. '색상'의 [+]를 클릭하면 색상도 자동 등록된다.

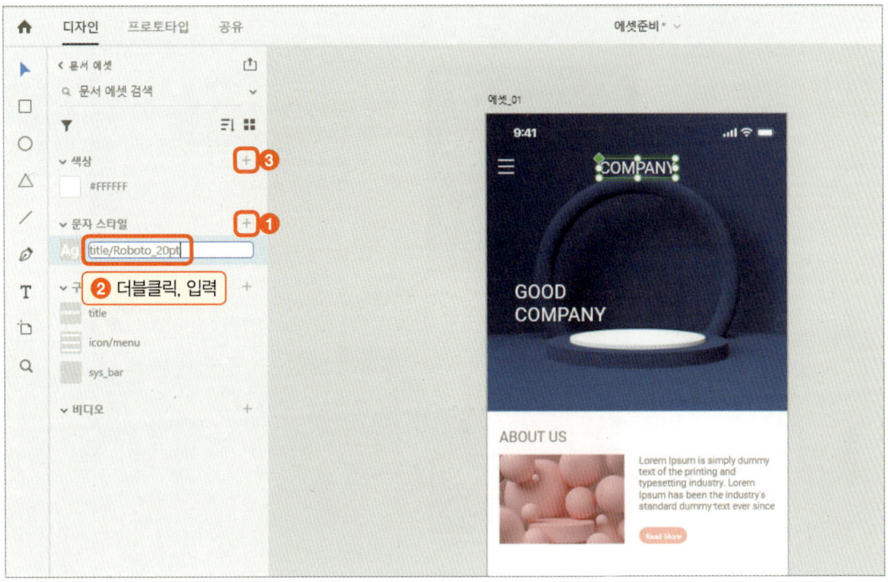

05 콘텐츠 타이틀인 'ABOUT US'를 선택하고 '문자 스타일'의 '[+]'를 클릭해 등록한 후 이름을 'content title/Roboto_18pt'로 변경하고 '색상'에도 등록한다. 설명 텍스트도 '문자 스타일'에 등록한 후 이름을 'content/Roboto_12pt'로 변경하고 '색상'에도 등록한다.

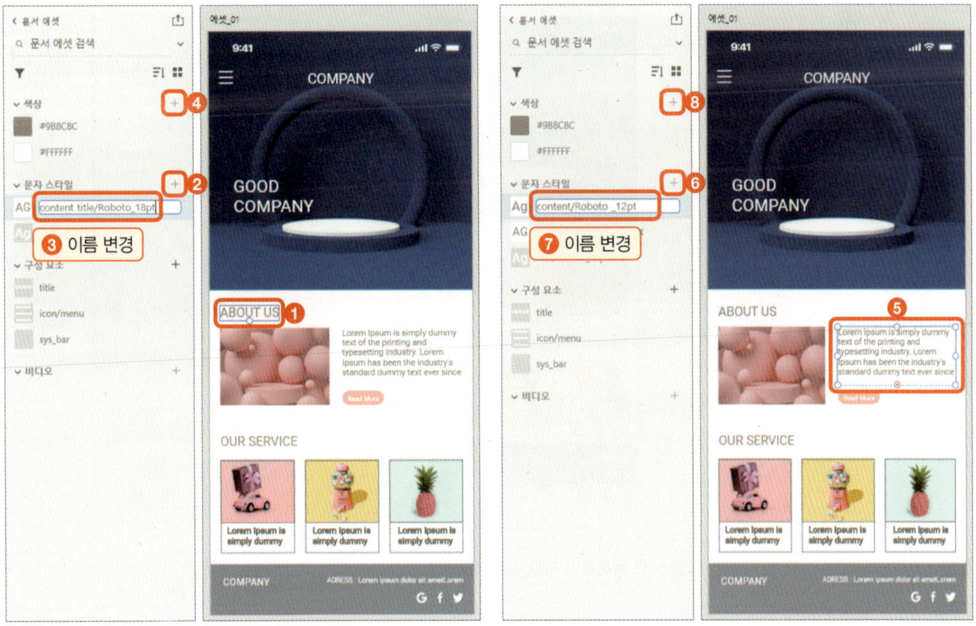

06 툴 패널에서 선택 툴(▶)을 선택하고 Shift를 누른 채 이미지 하단의 텍스트 영역을 모두 선택한다. '문자 스타일'에서 'content/Roboto_12pt'를 클릭하면 텍스트의 속성이 자동으로 변경된다.

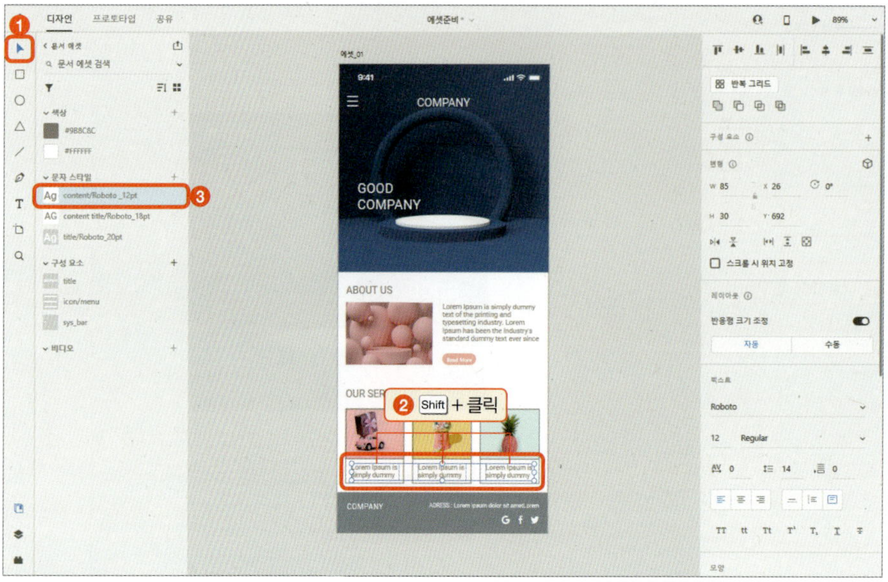

07 선택 툴(▶)로 첫 번째 카드 상자를 드래그해 이미지, 텍스트, 컨테이너까지 모두 선택한 후 Ctrl+K를 눌러 '구성 요소'로 등록하고 이름을 'card'로 변경한다.

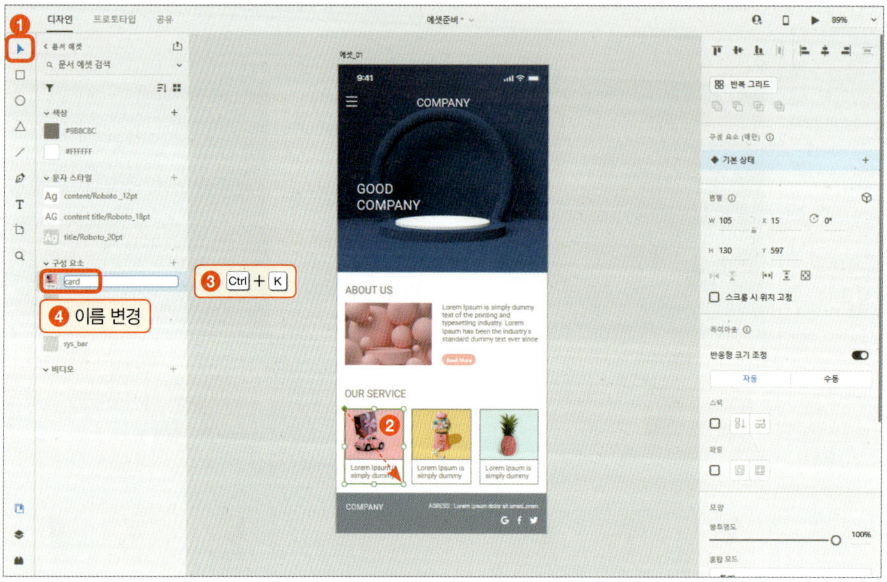

Tip 여러 개의 오브젝트를 선택해 '구성 요소'로 등록하면 자동으로 그룹으로 묶인다.

08 툴 패널에서 아트보드 툴( )을 선택하고 옵션 패널에서 'iPhone X, XS, 11 Pro'를 클릭해 새 아트보드를 만든다. 아트보드의 이름을 더블클릭해 '에셋_02'로 변경한다.

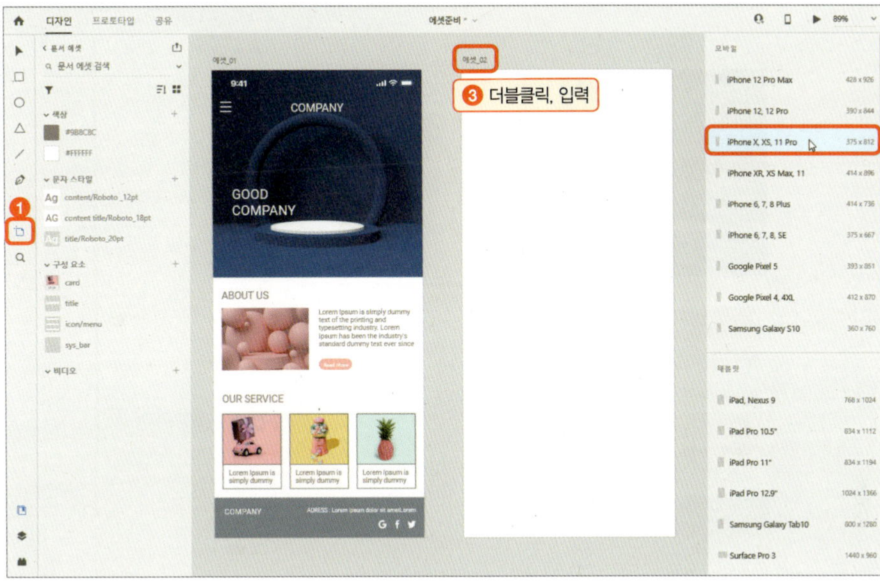

09 툴 패널에서 사각형 툴( )을 선택해 W가 375, H가 360인 직사각형을 그리고 X에 0, Y에 0을 입력한다.

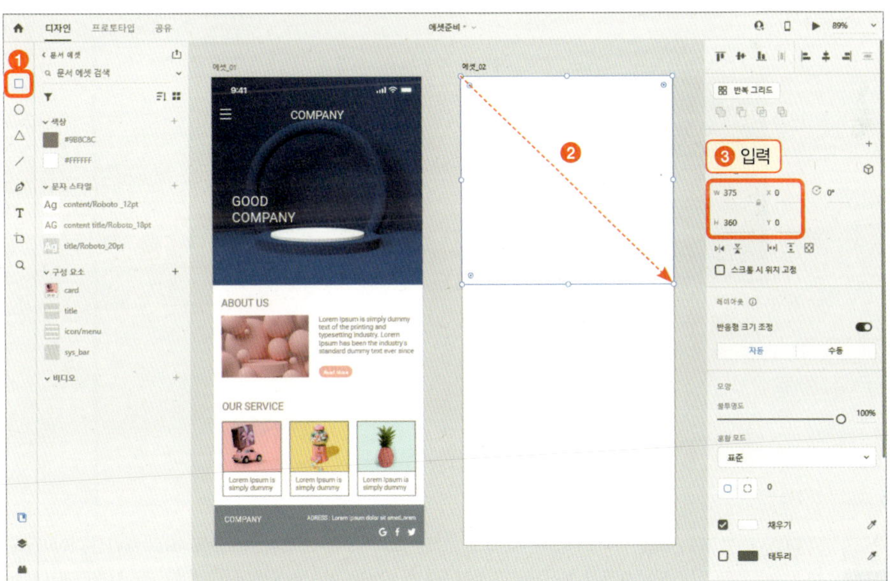

10 [Chapter_05\Section_04] 폴더에서 'img6.jpg' 파일을 찾아 사각형 안으로 드래그해 삽입한다.

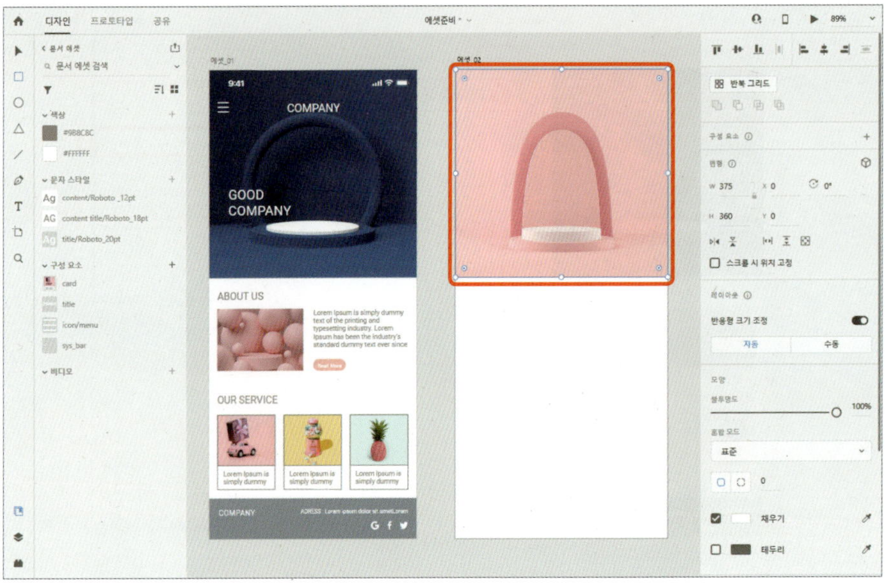

11 라이브러리 패널의 '구성 요소'에서 'sys_bar'를 드래그해 이미지 위에 상태 바를 삽입한다. 상태 바의 위치를 X 22, Y 14로 설정한다.

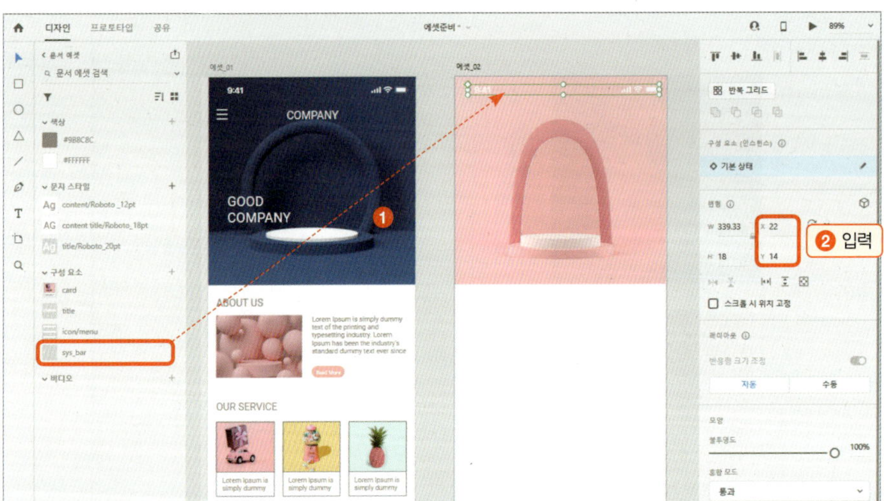

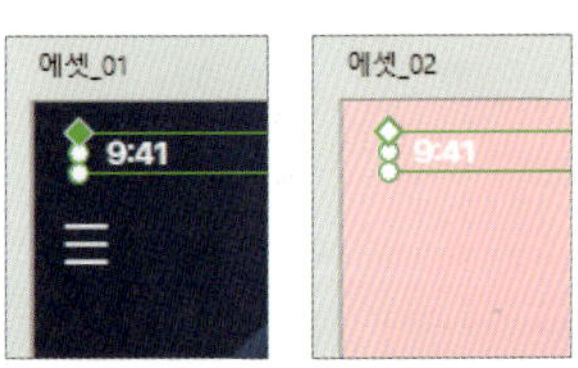

Tip 라이브러리에 에셋으로 등록한 오브젝트는 왼쪽 상단에 초록색으로 채워진 다이아몬드 모양 마크가 생기는데, 이렇게 표시된 에셋을 '마스터 에셋'이라고 한다. 라이브러리에서 복제한 에셋은 다이아몬드 모양의 색상이 비어 있다.

12 라이브러리 패널의 '구성 요소'에서 'icon/menu'를 드래그해 배치하고 위치를 X 15, Y 55로 설정한다.

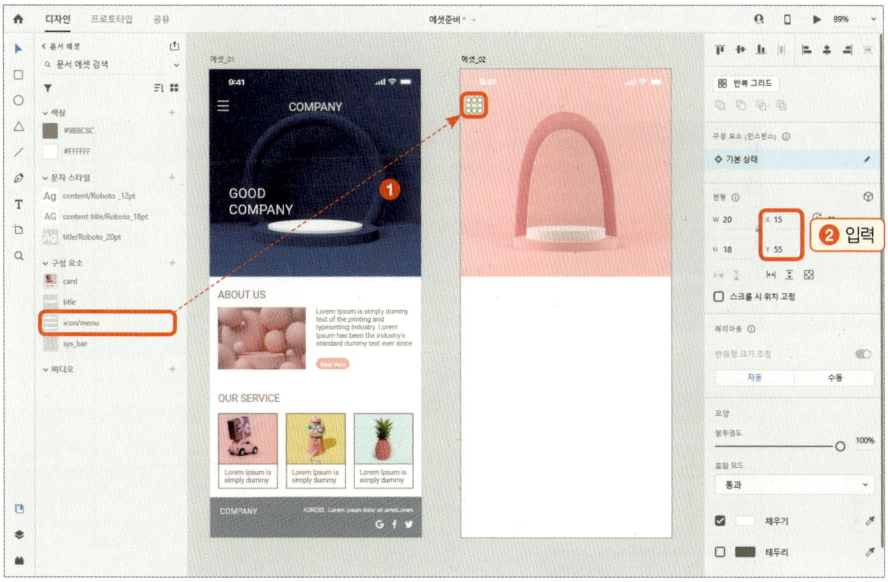

13 툴 패널에서 텍스트 툴(T)을 선택하고 아트보드를 클릭해 타이틀 텍스트 'COMPANY'를 입력한 후 라이브러리 패널에서 '문자 스타일'의 'title/Roboto_20pt'를 클릭해 타이틀 속성을 변경한다.

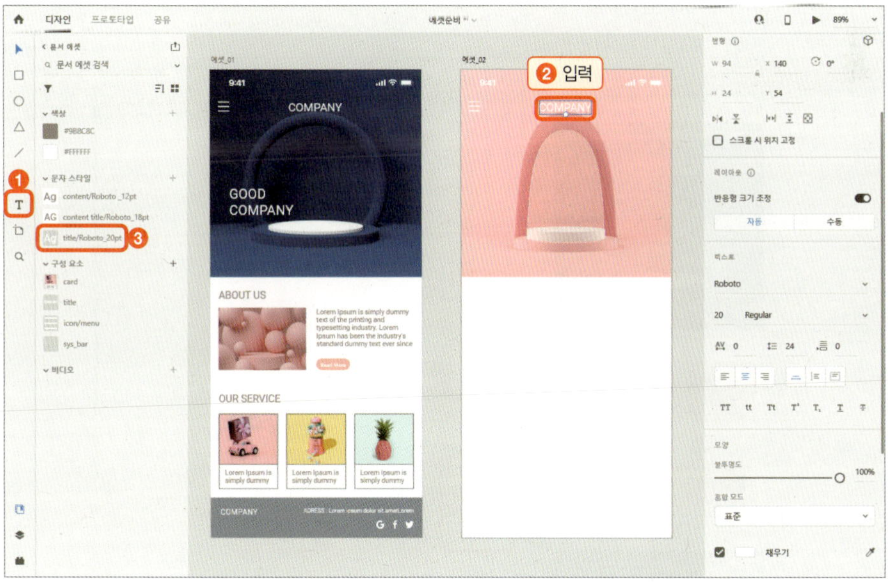

14 툴 패널에서 선택 툴(▶)을 선택하고 '에셋_01' 아트보드에서 'ABOUT US' 영역 전체와 'OUR SERVICE'의 첫 번째 카드를 선택한 후 Ctrl+C를 눌러 복사한다. '에셋_02' 아트보드를 선택하고 Ctrl+V를 눌러 붙여넣는다.

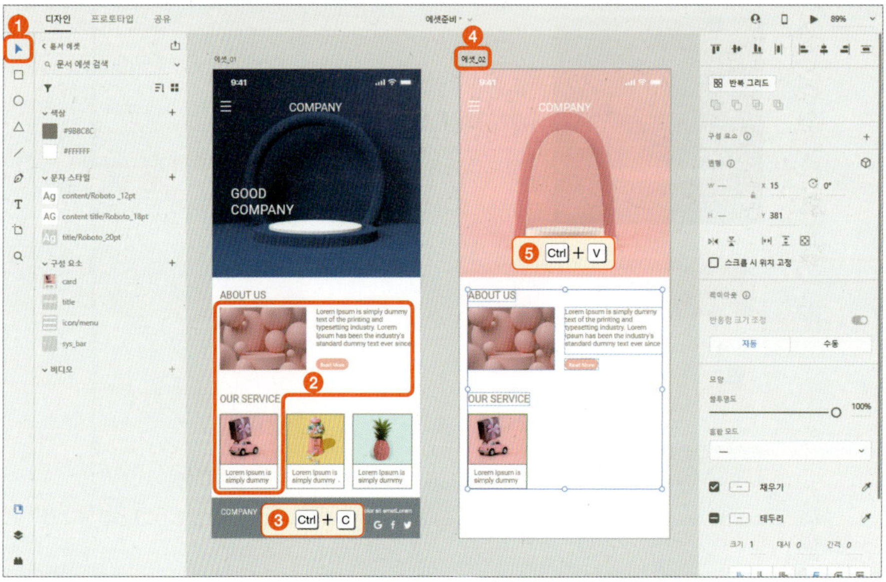

15 '에셋_02' 아트보드에서 카드 영역을 선택해 보면 바운딩 박스가 초록색이다. 라이브러리에서 드래그해 삽입하지 않았음에도 복제된 에셋임을 알 수 있다. 즉, 에셋은 라이브러리에서 복제해도 되고 다른 아트보드에서 복제해도 된다.

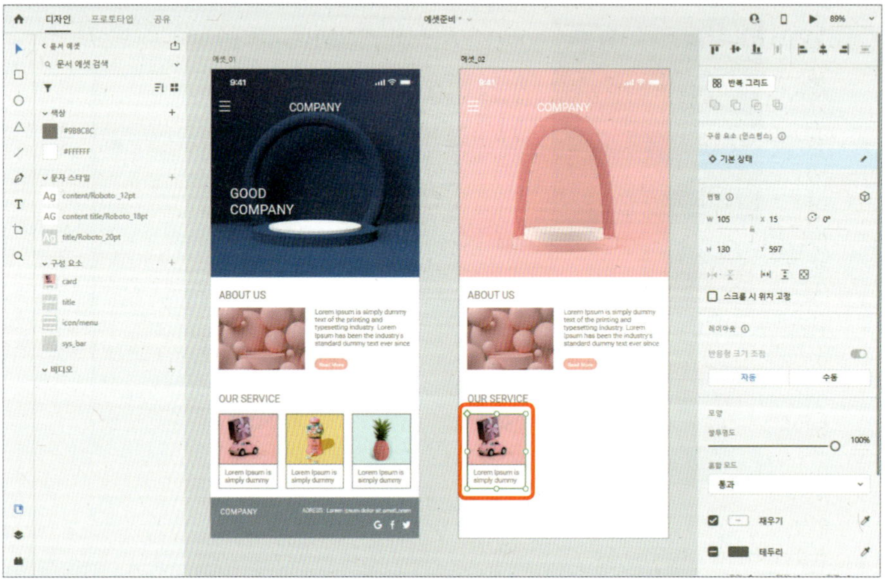

16 [Chapter_05\Section_04] 폴더에서 'img7.jpg' 파일을 카드의 이미지 영역에 드래그해 이미지를 변경한다. 복제된 에셋의 내용이 변경되면 다이아몬드 형태 내부에 점이 추가된다.

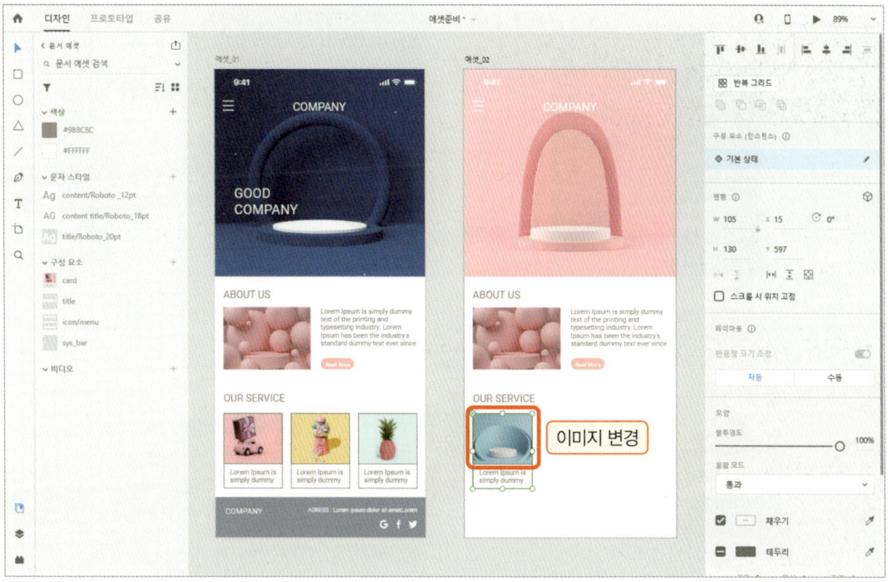

17 선택 툴(▶)로 카드 영역을 선택하고 Alt 를 누른 채 옆으로 드래그해 복제한다.

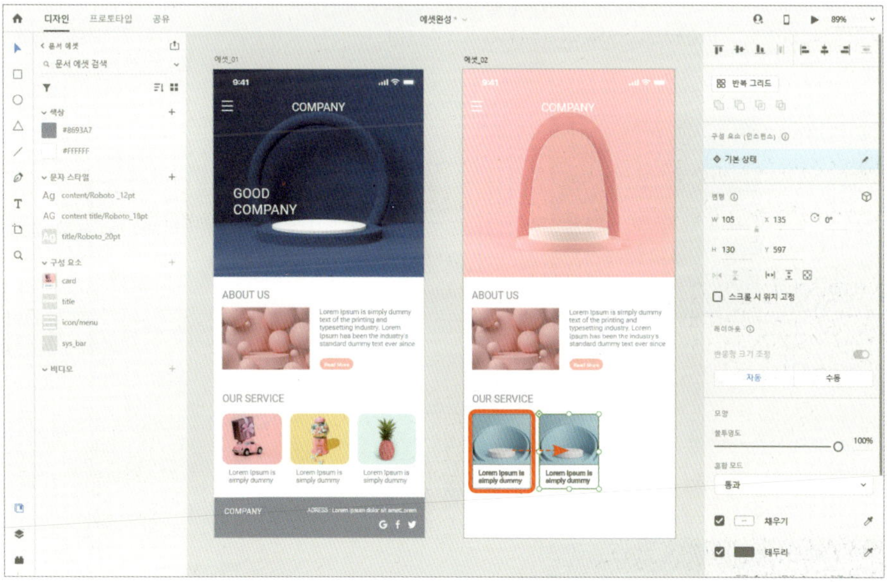

18 [Chapter_05\Section_04] 폴더에서 'img8.jpg' 파일을 복제된 카드로 드래그해 이미지를 변경한다. 카드 내부를 더블클릭해 각 요소의 크기와 위치를 그림과 같이 변경한다.

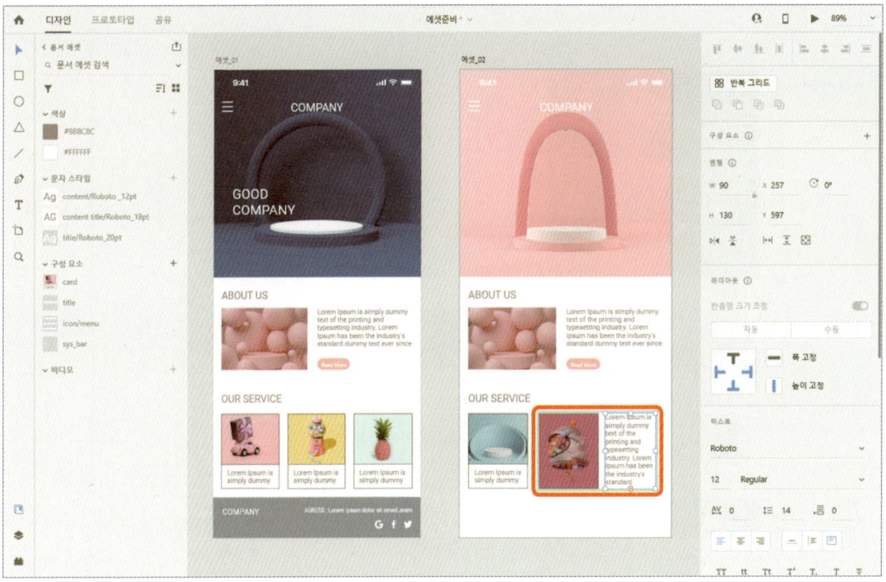

19 '에셋_01' 아트보드에 있는 마스터 에셋 카드를 선택하고 옵션 패널에서 '테두리'의 체크를 해제하면 '에셋_02' 아트보드에 복제한 요소의 속성도 함께 변경된다.

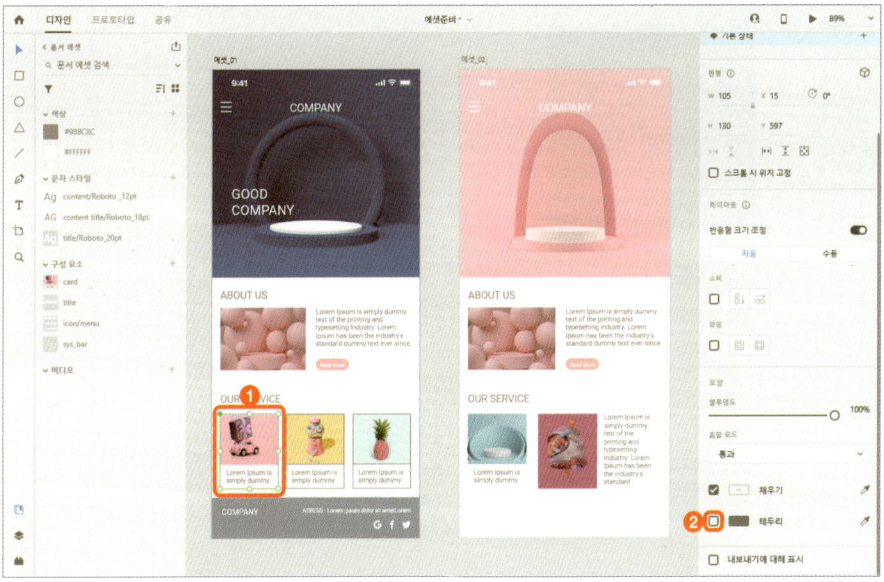

Tip 마스터 에셋과 달리 복제된 에셋의 속성을 변경할 경우에는 다른 에셋에 영향을 미치지 않는다.

20 마스터 에셋 카드 영역의 이미지를 더블클릭해 선택하고 옵션 패널에서 '모퉁이 반경'에 12를 입력해 모퉁이를 둥글게 만든다. '에셋_02' 아트보드에 있는 카드 구성 요소의 속성도 함께 변경된다. '에셋_01' 아트보드의 나머지 카드 2개는 별도로 속성을 변경해야 한다. 즉, 에셋을 활용하면 속성 등을 한꺼번에 변경할 수 있어 개별적으로 만들어 사용하는 것보다 훨씬 편리하다.

21 라이브러리에 등록된 요소를 마우스 오른쪽 버튼으로 클릭하고 [캔버스에 하이라이트]를 클릭한다. 해당 구성 요소가 적용된 오브젝트가 모두 표시되므로 한눈에 구별할 수 있다.

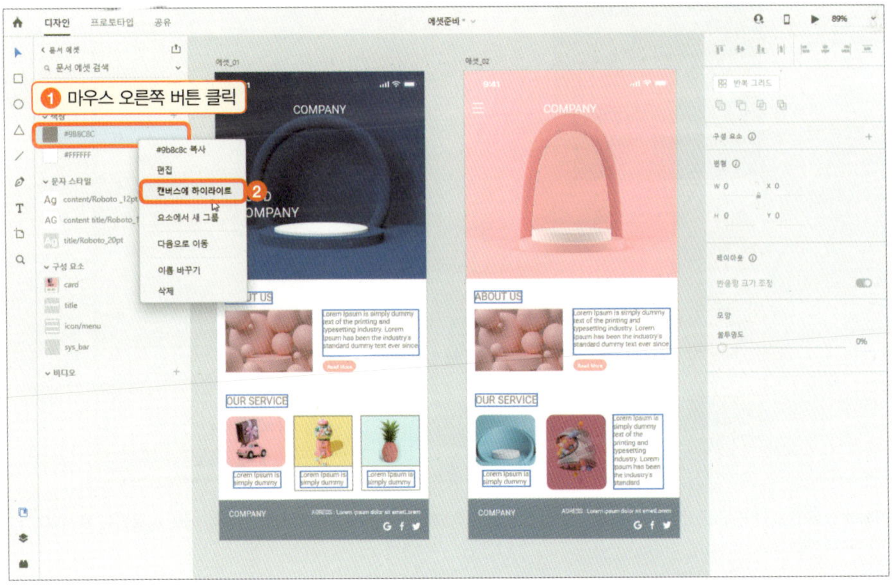

22 라이브러리에 등록된 요소를 마우스 오른쪽 버튼으로 클릭하고 [편집]을 클릭해 옵션을 변경하면 역시 해당 에셋이 적용된 모든 요소의 속성이 함께 변한다.

23 아트보드 내의 에셋 또는 오브젝트를 선택하고 옵션 패널에서 '내보내기에 대해 표시'에 체크하면 파일을 공유할 때도 에셋 항목이 표시된다.

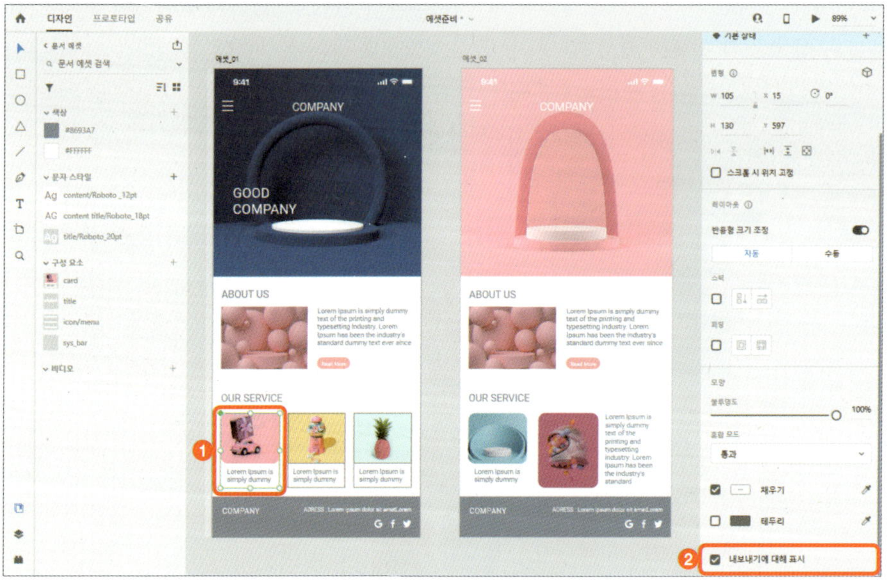

Tip 라이브러리에 등록이 되었더라도 '내보내기에 대해 표시' 옵션이 설정되어 있지 않으면 공유하는 파일에 에셋 항목임이 표시되지 않는다.

Part 03
가이드라인 실무 실습

Part 03

가이드라인 실무 실습

Chapter 06
내비게이션 가이드라인 실무

1
컴포넌트

컴포넌트는 디자인 스타일 가이드를 구성하는 핵심 요소로, 사용자 인터페이스를 만들기 위한 대화형 빌딩 블록을 의미한다. 머티리얼 디자인에서 각 컴포넌트의 사용 방법과 스택에 대해 잘 설명하고 있지만, 사용자는 이를 실무에 적용하고 스택을 이해하는 데 어려움을 느끼는 경우가 많다. 처음에는 컴포넌트의 역할과 스택의 구성 방법부터 잘 이해하는 것이 좋다. 머티리얼 디자인 가이드의 스택에 따라 몇 가지 핵심 요소를 실제로 구현해 보고 주의 사항을 숙지하면 나머지 컴포넌트는 가이드라인만 봐도 이해할 수 있다. 머티리얼 디자인 가이드는 권장 사항이므로 반드시 고수해야 하는 것은 아니며, 어느 정도 가이드라인에 익숙해지면 각 서비스별 특징에 맞도록 커스터마이징해서 사용할 수 있다.

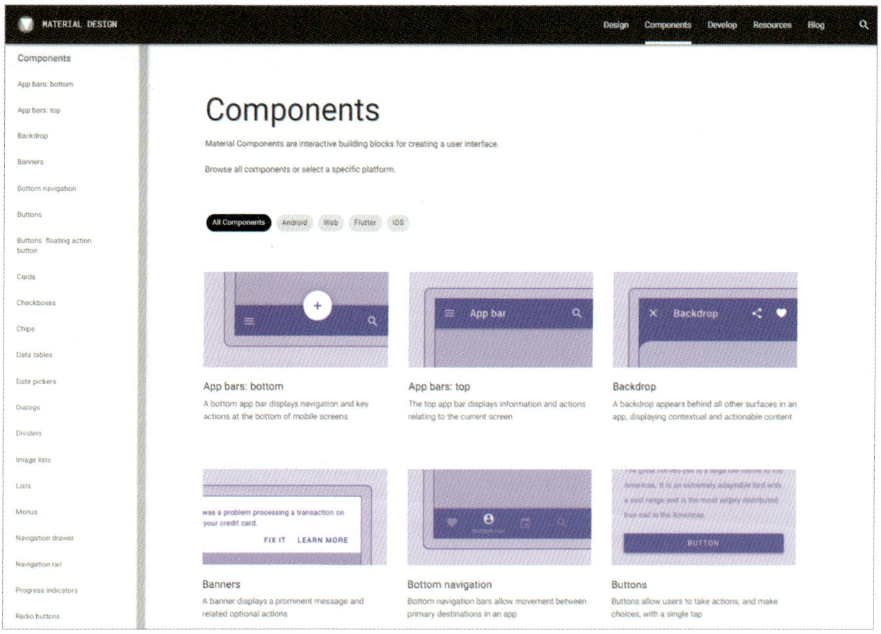

그림 6-1 머티리얼 디자인의 컴포넌트 가이드(https://material.io/components)

2
상단 앱 바와 반응형

1 상단 앱 바의 가이드와 스텍

상단 앱 바는 현재 화면과 관련된 콘텐츠 및 작업을 제공하며, 브랜딩, 화면 제목, 탐색 및 작업 등에 사용된다. 상단 앱 바는 그림자를 사용해 높이는 대신 색상 채우기를 통해 콘텐츠와 분리하며, 상황에 맞는 작업 표시줄로 변환할 수 있다. 앱 바의 종류는 크게 네 가지로 구분된다.

(a) 중앙 정렬 앱 바

(b) 작은 앱 바

(c) 중간 크기 앱 바

(d) 큰 앱 바

그림 6-2 앱 바의 종류

상단 앱 바는 상황별 작업 표시줄로 변환되어 선택한 항목에 대한 작업을 제공할 수 있다. 예를 들어 갤러리에서 사진을 선택하면 사진 관련 작업이 있는 상황별 앱 바로 변환되어야 한다.

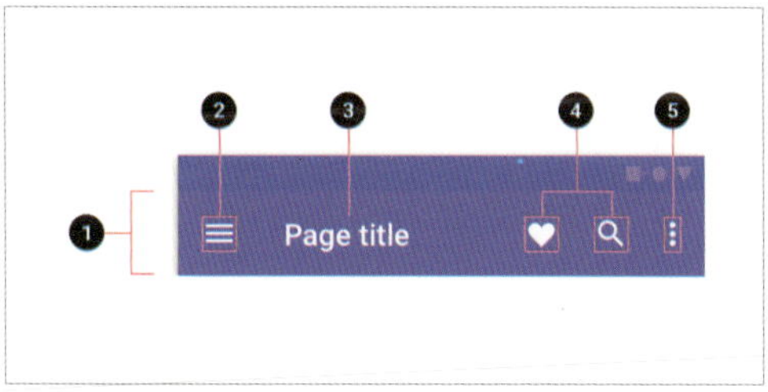

❶ 컨테이너
❷ 탐색 아이콘(선택 사항)
❸ 제목(선택 사항)
❹ 작업 항목(선택 사항)
❺ 오버플로 메뉴(선택 사항)

그림 6-3 기본 상단 앱 바

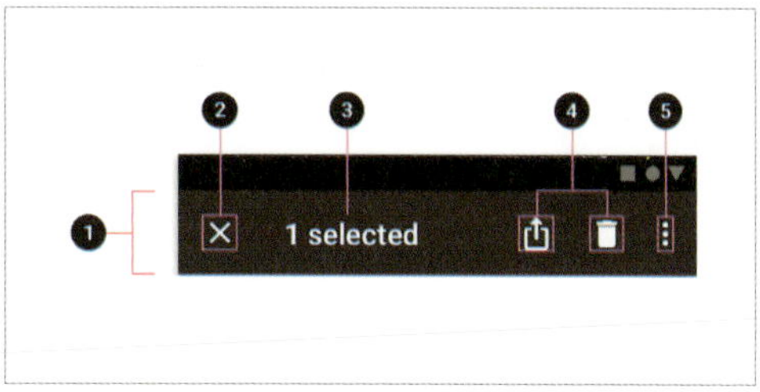

❶ 컨테이너 컬러 변경
❷ 닫기 아이콘
❸ 상황별 제목
❹ 상황별 작업 항목
❺ 오버플로 메뉴(선택 사항)

그림 6-4 상황별 작업 표시줄로 변환된 앱 바

앱 바가 상황별 작업 표시줄로 바뀐 경우 그 사실을 사용자가 알 수 있도록 컨테이너의 컬러가 변경되어야 하며, 다시 원래 화면으로 돌아갈 수 있도록 탐색 아이콘이 닫기 아이콘으로 바뀌어야 한다. 제목 텍스트는 상황별 제목 텍스트로 변환되고, 작업 항목도 상황별 작업 항목으로 대체되어야 한다.

처음 가이드라인을 익힐 때는 각 컴포넌트의 구성 요소에서 스택 메뉴를 선택해 스택에 따라 실습할 것을 권장한다.

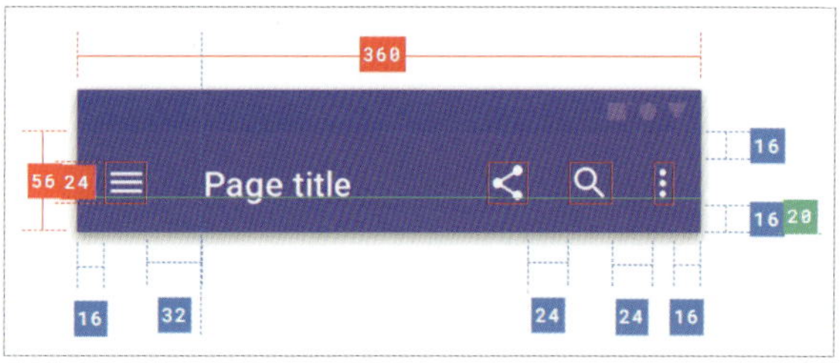

그림 6-5 **상단 앱 바의 스택(https://material.io/components/app-bars-top#specs)**

2 상단 앱 바 실습

01 Adobe XD를 실행한 후 홈 화면에서 '맞춤형 크기'의 수치를 입력하지 않은 채 아이콘을 클릭한다.

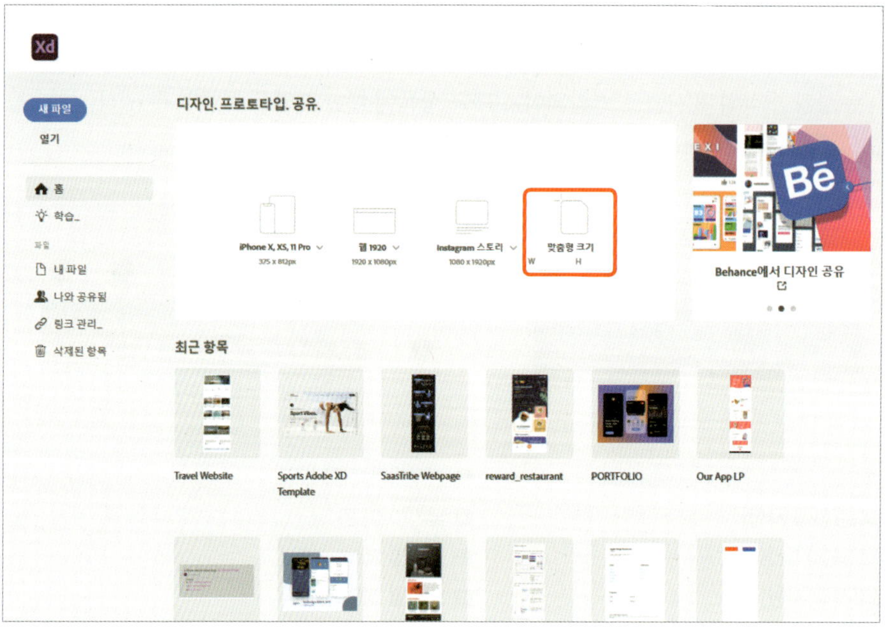

02 툴 패널에서 아트보드 툴( )을 선택하고 오른쪽 패널에서 'Samsung Galaxy S10'을 선택해 아트보드를 만든다.

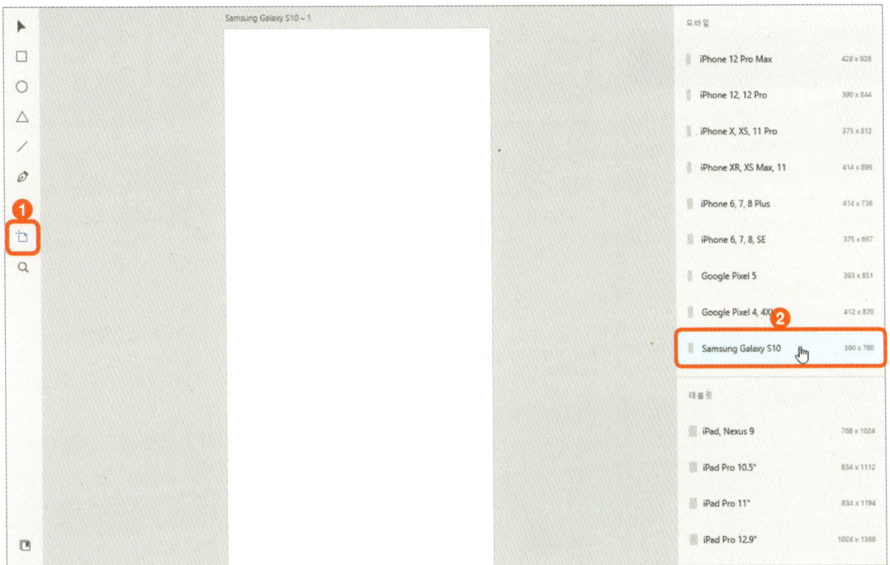

Tip 홈 화면에서는 삼성 제품의 아트보드를 제공하고 있지 않아 작업 화면에서 아트보드를 선택했다.

03 사각형 툴( )로 사각형을 그리고 옵션 패널에서 크기를 W 360, H 24로, 위치를 X 0, Y 0으로 설정한다. '채우기' 색상은 #5600E8로 변경하고 '테두리'의 체크를 해제한다.

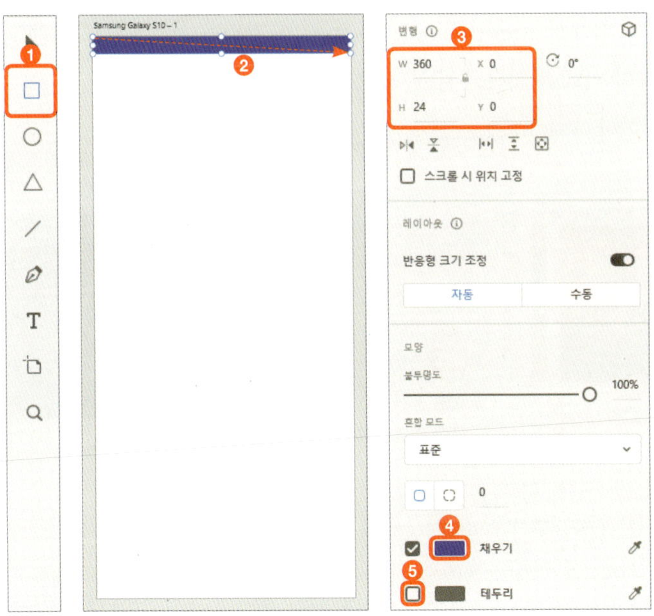

Tip 일반적으로 상태 바의 높이는 mdpi 기준으로 24이다. 원하는 위치에 드래그해 정확한 크기로 그릴 수도 있지만 옵션 패널에서 수치를 입력하면 더 쉽게 배치할 수 있다.

04 사각형 툴(□)로 사각형을 하나 더 그리고 옵션 패널에서 크기를 W 360, H 56으로, 위치를 X 0, Y 24로 설정한다. '채우기' 색상은 #6200EE로 변경하고 '테두리'의 체크를 해제한다.

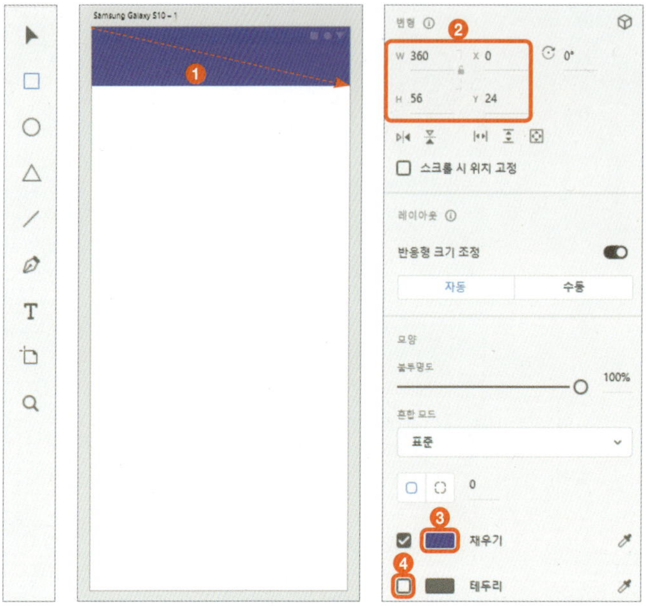

Tip 머티리얼 디자인 가이드의 스택에 따라 컨테이너는 상태 바의 아래에 배치해야 하므로 Y 위치를 상태 바의 크기인 24로 설정했다.

Tip [Chapter_06\Section_02] 폴더의 '상단 앱바_가이드라인.xd' 파일에서 오른쪽 상단 아이콘 3개를 가져와 상태 바와 상단 앱 바가 잘 구분되도록 하였다.

05 [Chapter_06\Section_02] 폴더에서 'menu_black_24dp.svg' 파일을 아트보드로 드래그해 가져온다. 선택 툴(▸)로 사각형 안에 배치하고 내부 오브젝트를 더블클릭해 선택한 후 '채우기' 색상을 #FFFFFF(흰색)로 변경한다.

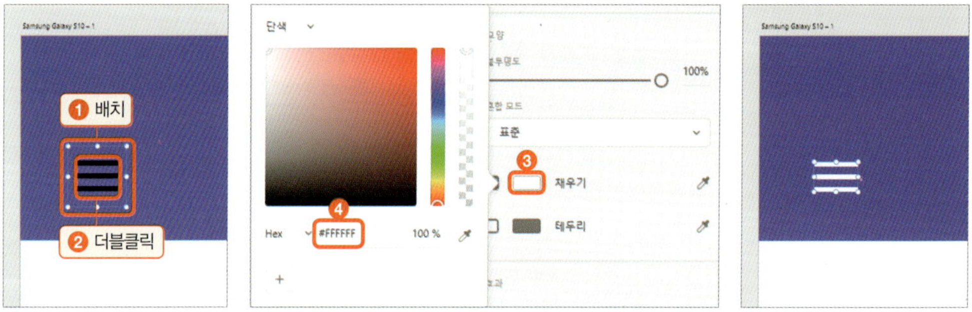

Tip 파일을 사각형으로 드래그하면 도형 안에 채워지므로 아트보드로 가져온 후 이동한다.

Tip 머티리얼 디자인의 컴포넌트 가이드(https://material.io/components)에서 [Resources] 메뉴를 클릭한 후 [Material Icons]를 선택하면 아이콘을 검색해 다운로드할 수 있는 페이지(https://fonts.google.com/icons)가 열린다. 확장자가 svg인 파일을 다운로드하면 좋다.

06 선택 툴(▶)로 메뉴 아이콘을 선택하고 왼쪽과 상하 여백이 각 16이 되도록 위치를 조절한다.

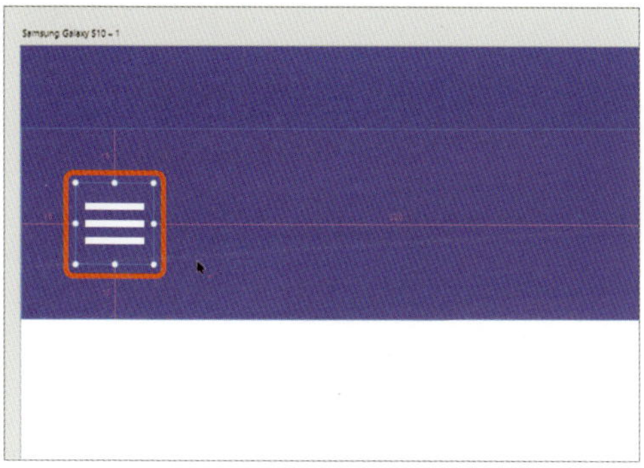

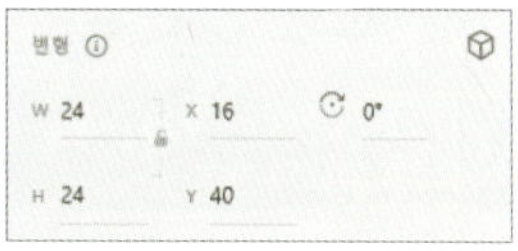

Tip 상태 바의 높이가 24이므로 메뉴 아이콘의 Y 위치는 40(24+16)이 된다. 옵션 패널에 값을 입력해도 되고, 키보드의 방향키로 조절해도 된다. 방향키를 한 번 누를 때마다 1씩 이동되며 Shift를 누른 채로 방향키를 누르면 10씩 이동된다.

07 [Chapter_06\Section_02] 폴더에서 'share_black_24dp.svg' 파일을 아트보드로 드래그해 가져온다. 사각형 안에 배치하고 내부 오브젝트를 더블클릭해 선택한 후 '채우기' 색상을 #FFFFFF로 변경한다. 메뉴 아이콘을 선택해 오른쪽과 상하 여백이 각 16이 되는 위치에 배치한다.

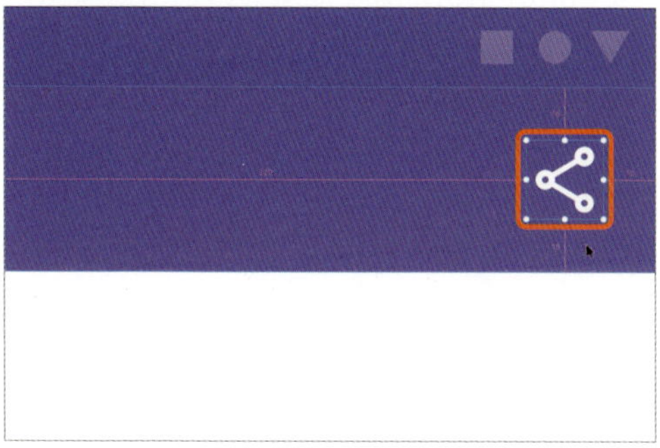

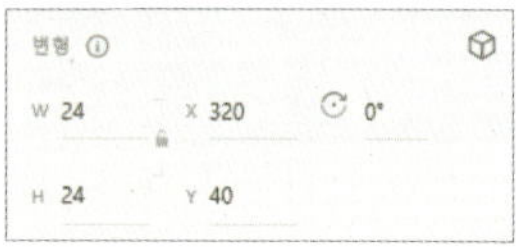

08 [Chapter_06\Section_02] 폴더에서 'search_black_24dp.svg' 파일을 아트보드로 드래그해 가져온다. 사각형 안에 배치하고 내부 오브젝트를 더블클릭해 선택한 후 '채우기' 색상을 #FFFFFF로 변경한다. 메뉴 아이콘을 선택해 상하 여백은 16, 오른쪽 Share 아이콘과의 거리는 24가 되는 위치에 배치한다.

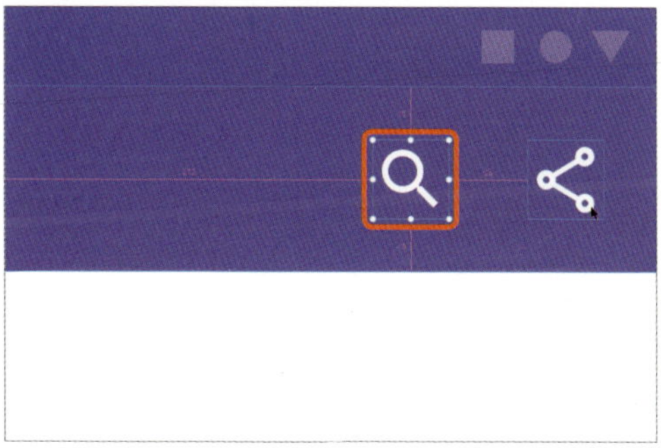

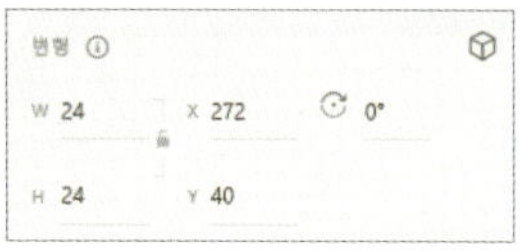

Tip 오브젝트를 선택하고 Alt를 누른 채 다른 오브젝트에 마우스를 위치시키면 두 오브젝트의 간격을 볼 수 있다.

09 텍스트 툴(T)을 선택하고 아트보드에서 드래그해 텍스트 필드를 삽입한 후 'Page title'이라고 입력한다. 이때 글꼴은 Roboto, 글꼴 크기는 20, 글꼴 두께는 Medium, '채우기' 색상은 #FFFFFF, 알파 값은 87%로 설정한다.

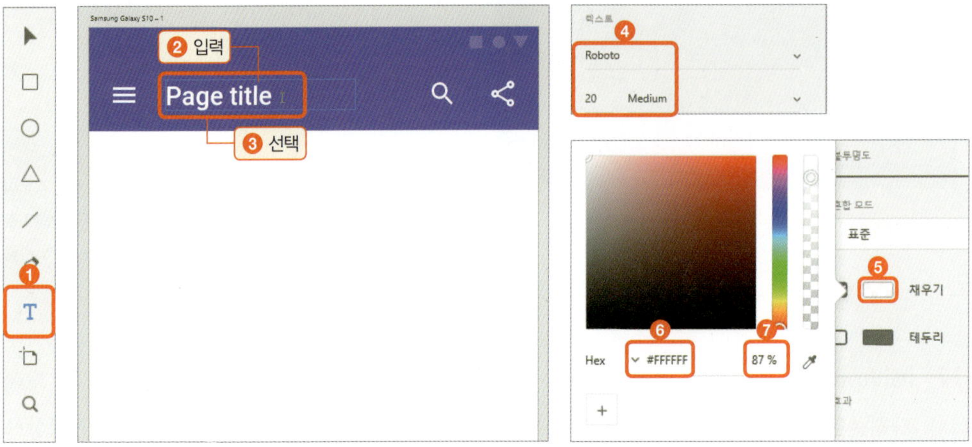

10 선택 툴(▶)로 텍스트 필드를 선택해 위치를 조절한다. 가이드에서 권장하는 아이콘과 타이틀의 간격은 32이지만 시각적 균형에 따라 간격을 조절해도 괜찮다. 다만 8의 배수를 유지하면서 조절하는 것이 좋다.

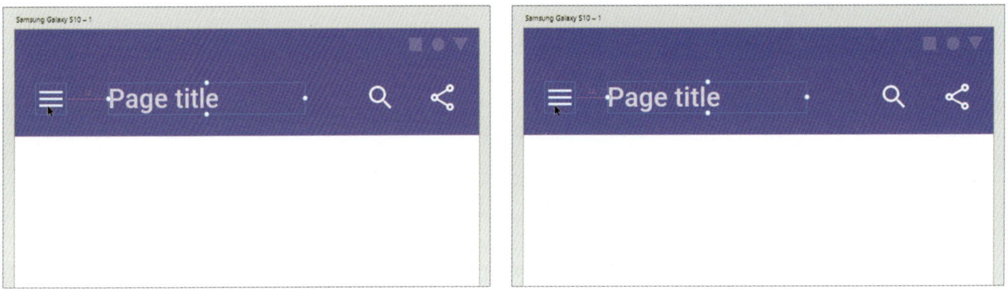

11 터치 영역을 고려해 텍스트 필드의 폭을 넓힌다. 오른쪽 Search 아이콘과의 간격이 12가 되도록 조절한다.

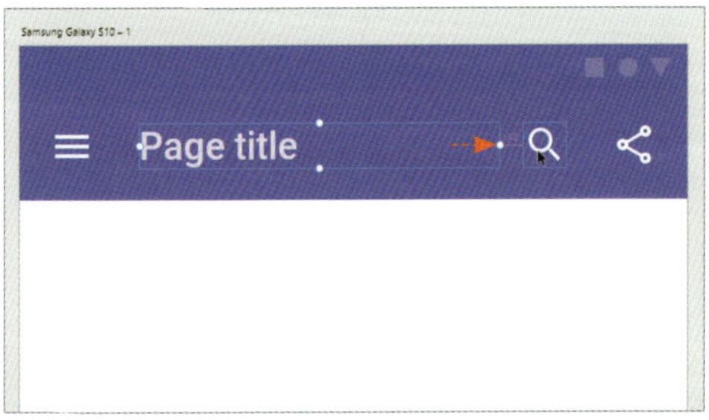

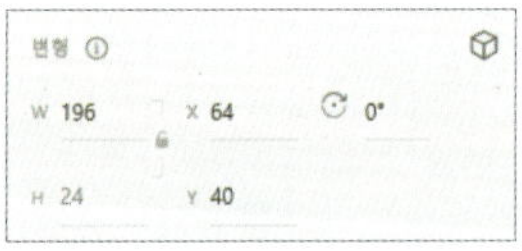

Tip 텍스트 필드의 크기는 오른쪽에 아이콘을 몇 개 배치했느냐에 따라 달라질 수 있다. 눈으로 보면서 직접 크기를 조절해도 되지만 텍스트 필드를 오른쪽 아이콘과 맞닿도록 늘린 후 W 값 뒤에 −12를 입력하면 자동으로 계산되므로 편리하다.

3 반응형을 위한 준비

가이드라인에 맞춰 상단 앱 바를 제작했지만 웹이나 태블릿용으로 변경하는 경우에는 다시 해당 디바이스용 가이드라인에 맞춰 오브젝트를 옮겨야 한다. 그러나 XD에서는 반응형 옵션을 통해 손쉽게 크기를 변형할 수 있다. 반응형 옵션을 미리 지정해 두면 어떤 크기의 디바이스에서도 가이드에서 지정한 높이나 간격을 유지하면서 크기를 변형할 수 있다.

반응형 옵션은 상하좌우를 고정해 전체 화면이 커지거나 작아져도 지정한 간격을 유지해 주는 역할을 한다. 전체 컨테이너는 물론 각 요소마다 수동으로 지정해야 하므로 처음에는 번거로울 수 있다. 그러나 에셋으로 등록해 사용하면 새로운 아트보드를 생성해도 반응형 옵션이 그대로 유지되므로 편리하게 모든 페이지에 적용할 수 있다.

01 상태 바를 선택하고 옵션 패널에서 '반응형 크기 조정' 옵션을 [수동]으로 변경한다. 왼쪽과 상단은 고정하고, 크기가 오른쪽으로 늘어날 수 있으므로 높이만 고정하고 폭은 고정하지 않는다.

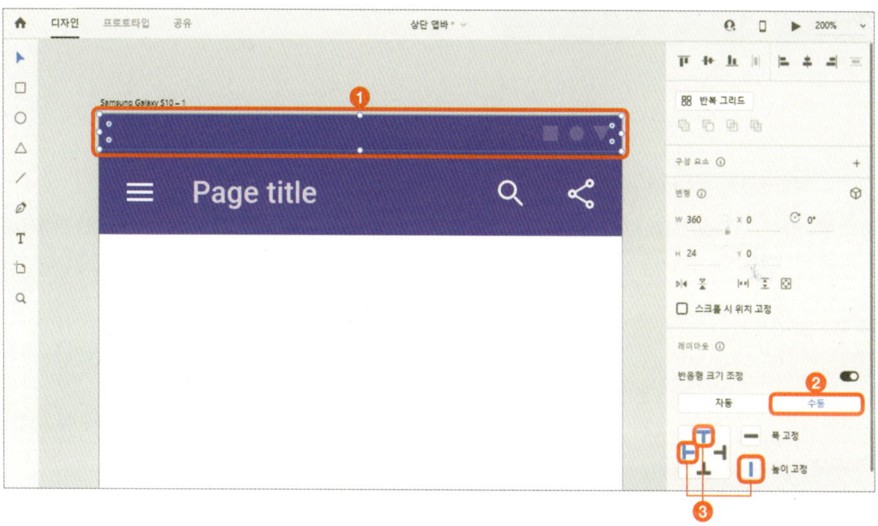

하나 더 알기 '반응형 크기 조정' 옵션의 명칭과 역할

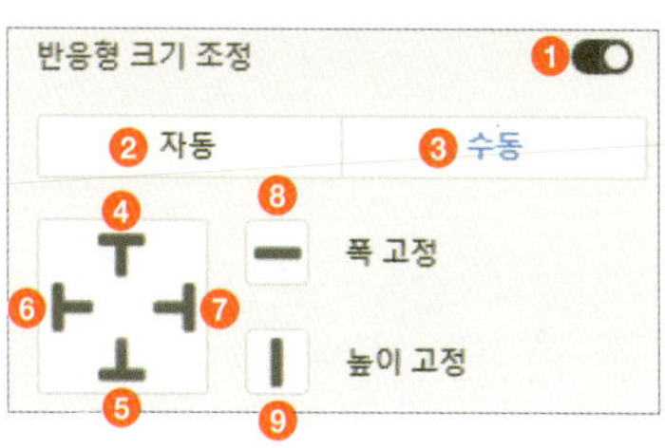

❶ **활성화/비활성화** 반응형 크기 조절을 할 것인지 결정

❷ **자동** 간격이나 크기를 무시하고 비율에 맞춰 확대/축소

❸ **수동** 오브젝트 개별적으로 반응형 크기를 조절하며, 옵션 창이 생김

❹ ❺ **상하 고정** 오브젝트의 상하를 고정

❻ ❼ **좌우 고정** 오브젝트의 좌우를 고정

❽ **폭 고정** 오브젝트의 폭을 고정

❾ **높이 고정** 오브젝트의 높이를 고정

02 메뉴 아이콘은 왼쪽에 위치해야 하므로 왼쪽과 상단을 고정하고, 크기 유지를 위해 폭과 높이도 고정한다.

03 타이틀 텍스트는 메뉴 아이콘 옆에 있어야 하므로 왼쪽과 상단을 고정하고, 폭은 고정하지 않고 높이만 고정한다.

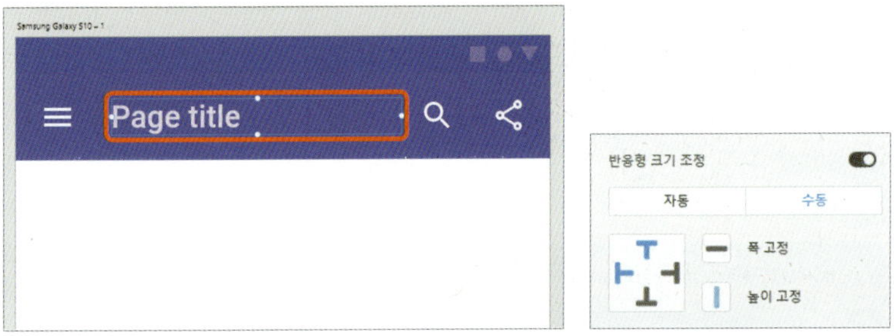

Tip 텍스트는 클릭해 입력한 경우 확대하거나 축소하면 크기가 변하지만 텍스트 필드를 만들고 입력한 경우에는 글꼴 크기는 변하지 않고 텍스트 필드의 크기만 변한다.

04 Search 아이콘과 Share 아이콘은 오른쪽에 고정되어야 하므로 둘 다 오른쪽과 상단을 고정한다. 크기 값이 변하면 안 되므로 폭과 높이도 고정한다.

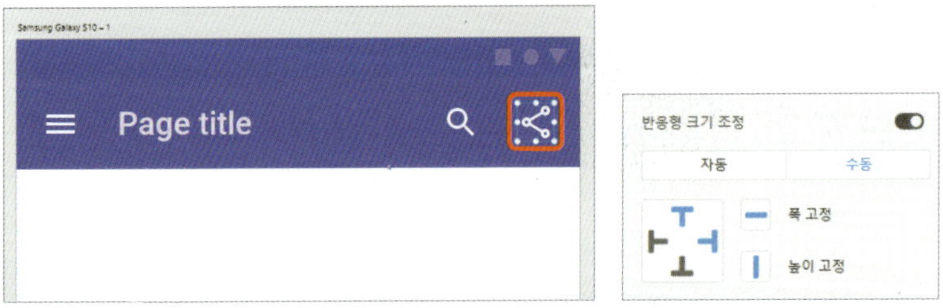

05 마지막으로 컨테이너 박스도 왼쪽과 상단, 높이를 고정한다.

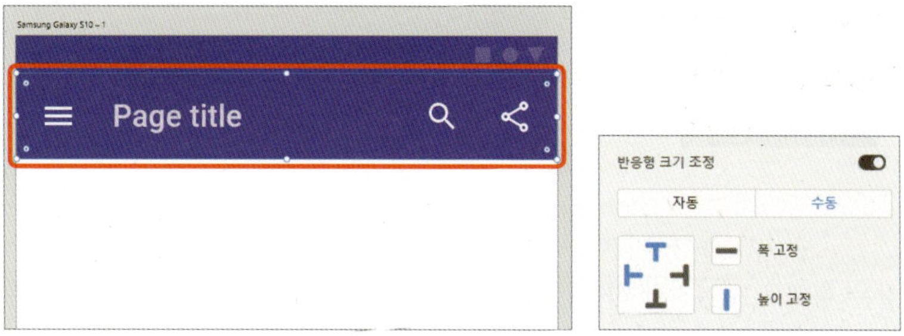

06 선택 툴(▶)로 아트보드의 이름 부분을 선택하고 Alt를 누른 채 오른쪽으로 드래그해 아트보드를 복제한 후 이름을 'Tablet'으로 변경한다.

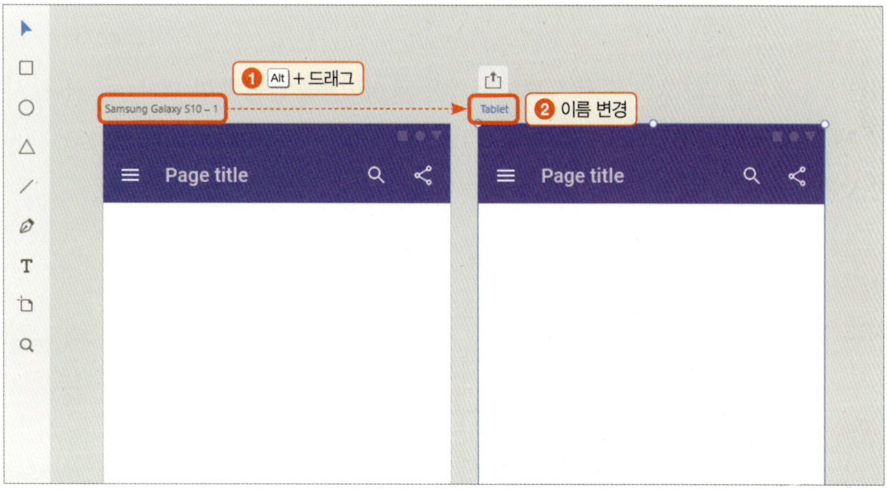

07 'Tablet' 아트보드가 선택된 상태에서 아트보드 크기를 W 760, H 1024로 변경한다. 선택 툴(▶)로 드래그해 상단 앱 바를 모두 선택하고 드래그해 크기를 키워 본다. 반응형 크기 조정 옵션 설정에 따라 각각 크기와 간격을 유지한 채 자연스럽게 조절되는 것을 알 수 있다.

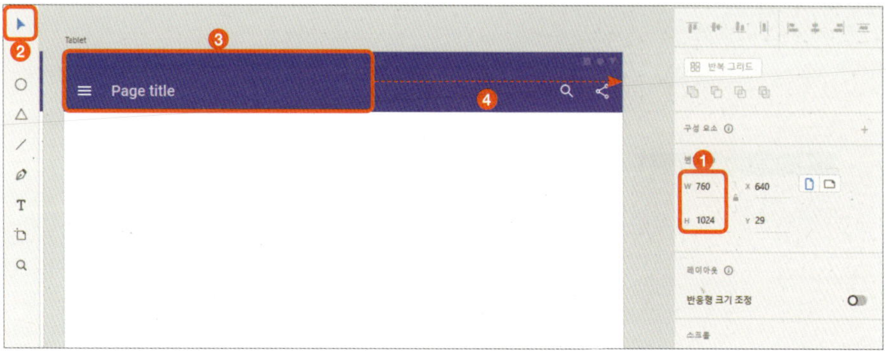

4 아이콘 제작 가이드

그림 6-6 아이콘의 비교

왼쪽의 아이콘 2개는 같은 형태로 보이지만 하나는 면으로 만든 아이콘이고 하나는 선으로 만든 아이콘이다. 크기를 변경해 보면 면으로 만든 아이콘은 두께가 함께 변하는 반면 선으로 만든 아이콘은 선의 두께가 그대로 유지되면서 크기만 줄어든다. 따라서 아이콘을 제작할 때는 해상도에 따라 크기가 변화할 수 있도록 반드시 면의 형태로 만들어야 한다. 아이콘뿐 아니라 구분선과 같이 시각적으로 선으로 인식되는 부분은 모두 선이 아닌 면으로 제작하는 것이 좋다.

01 홈 화면에서 '맞춤형 크기'의 수치를 입력하지 않은 채 아이콘을 클릭해 빈 캔버스를 연다. 사각형 툴(□)로 사각형을 그리고 크기를 W를 24, H를 24로 설정한다. '채우기' 색상은 #FF0000으로, 알파 값은 20%로 설정한다. '테두리'의 체크는 해제한다.

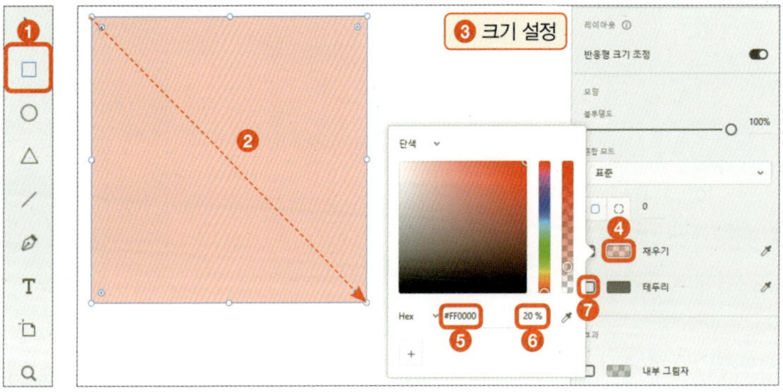

Tip 아이콘 영역을 시각적으로 확인할 수 있도록 임시로 지정하는 것이므로 임의의 색상을 선택해도 된다.

02 사각형 툴(□)로 W가 18, H가 2인 사각형을 만들고 '채우기' 색상은 #000000(검정)으로 설정한다. '테두리'의 체크는 해제한다.

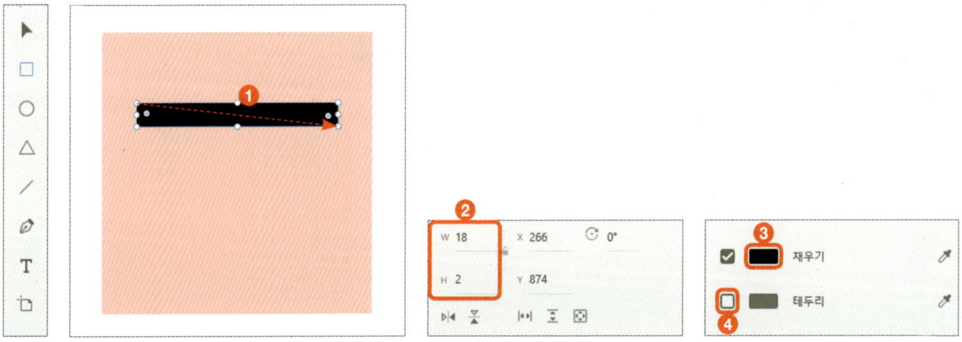

03 선택 툴(▶)로 Alt 를 누른 채 사각형을 드래그해 복제한다. 이때 복제되는 간격은 3으로 한다.

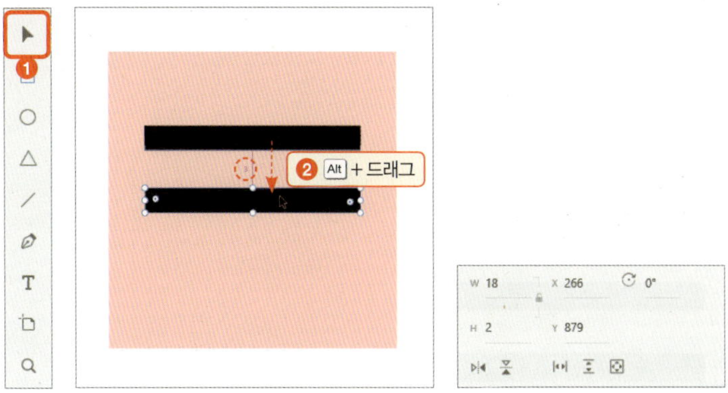

04 같은 방법으로 사각형을 하나 더 복제해 메뉴 아이콘 모양을 완성한다. 붉은 사각형 중앙에 배치하면 좌우 여백은 3, 상하 여백은 6이 된다.

05 선택 툴(▶)로 붉은 사각형을 선택하고 '채우기'의 체크를 해제해 투명하게 만든다. 사각형과 메뉴 아이콘을 감싸도록 드래그해 모두 선택하고 Ctrl + G 를 눌러 그룹으로 만든다.

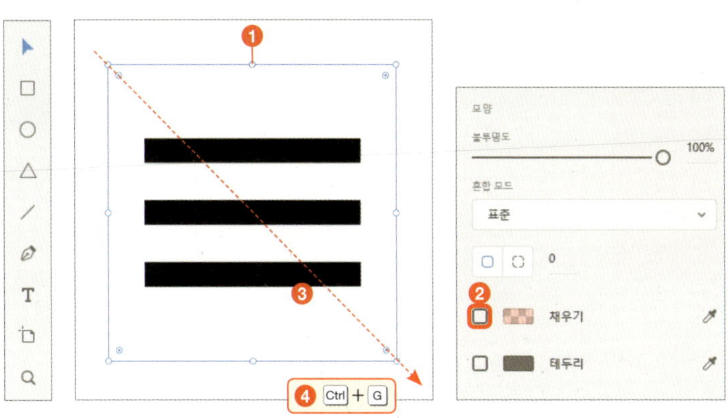

06 툴 패널 하단의 라이브러리( )를 클릭해 열고 '구성 요소'의 [+]를 클릭해 에셋으로 등록한다. 추가된 에셋의 이름을 더블클릭해 'icon/menu'으로 변경한다.

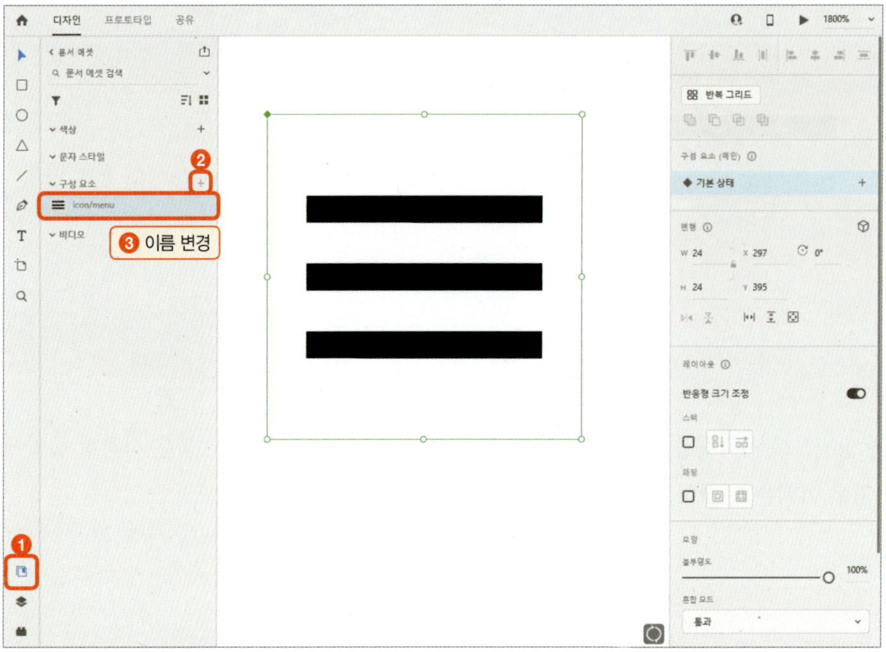

Tip 라이브러리에 등록된 요소를 에셋이라고 부르며, 등록된 에셋은 아트보드로 드래그해 반복적으로 사용할 수 있다.

하나 더 알기 아이콘의 크기와 터치 영역

아이콘은 늘 터치 영역을 기준으로 간격이 계산되기 때문에 미리 터치 영역까지 투명으로 만들어 라이브러리에 저장하기도 한다.

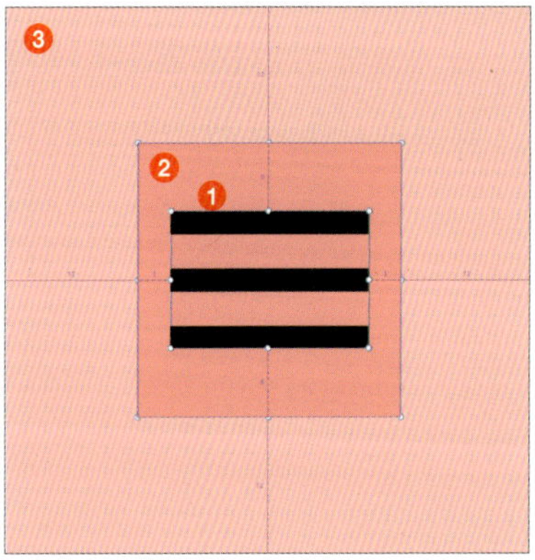

❶ 실제 아이콘의 크기

❷ 아이콘의 크기 영역 24

❸ 터치 영역 48

3 탭

1 탭의 가이드와 스택

탭은 내비게이션의 가장 큰 역할을 하는 구성 요소로, 사용자와의 긴밀한 접점 포인트라 할 수 있다. 우리가 흔히 메뉴라고 부르는 영역으로, 상단 앱 바의 하위에 배치되어 버튼을 탭해 해당 메뉴로 이동하게 한다. 탭에는 고정 탭과 스크롤 가능한 탭이 있다. 디자인적인 측면으로는 레이블만 있는 형태와 아이콘만 있는 형태, 또 레이블과 아이콘이 함께 있는 형태로 구분할 수 있다.

(a) 고정 탭 바 (b) 스크롤링 탭 바 (c) 아이콘과 레이블링 탭 바 (d) 아이콘 탭 바

그림 6-7 탭의 종류

탭 바는 사용자가 다양한 유형의 정보를 쉽게 찾을 수 있도록 콘텐츠를 범주로 구성하며, 가로로 스크롤될 수 있으므로 UI에는 필요한 만큼의 탭이 추가로 있을 수 있다. 특히 가로로 스크롤되는 스크롤링 탭 바의 경우 사용자가 탭이 더 있다는 것을 알 수 있도록 반드시 탭의 일부는 보이게 하고 일부는 숨겨두어야 한다. 고정 탭 바의 경우 1~4개의 탭을 배치할 수 있으며 각 탭의 너비는 전체 화면을 균등하게 분할해 사용해야 한다. 탭이 5개 이상이라면 스크롤링 탭으로 전환해야 한다. 탭 목록 중 하나는 반드시 활성화 상태로 현재 페이지를 나타내고 있어야 한다.

탭의 세부 명칭은 다음과 같다.

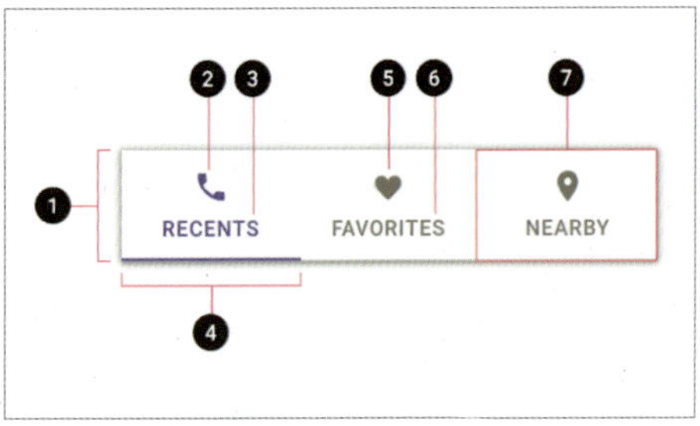

❶ 컨테이너
❷ 활성 아이콘(레이블이 있는 경우 옵션)
❸ 활성 텍스트 레이블(아이콘이 있는 경우 옵션)
❹ 활성 탭 표시기
❺ 비활성 아이콘(레이블이 있는 경우 옵션)
❻ 비활성 텍스트 레이블(레이블이 있는 경우 옵션)
❼ 탭 항목

그림 6-8 탭의 세부 명칭

탭의 스택은 다음과 같다.

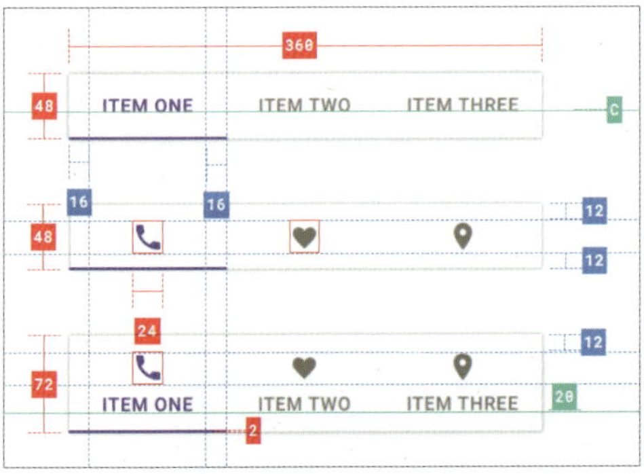

(a) 고정형 탭

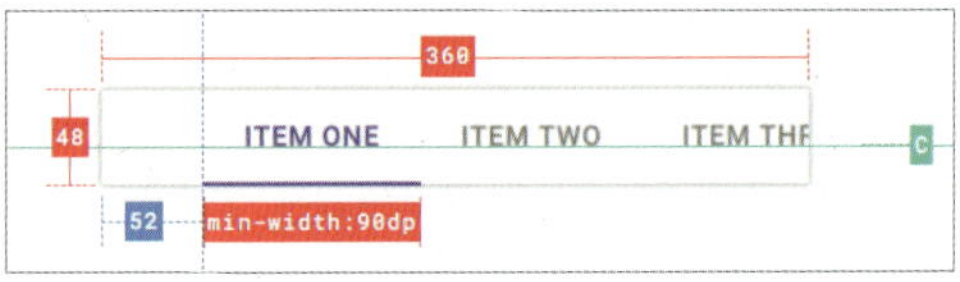

(b) 스크롤링 탭

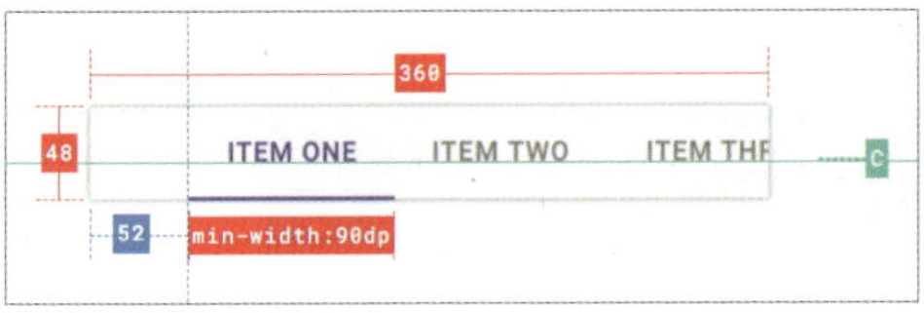

(c) 탭의 최소 너비

(d) 탭의 최대 너비

그림 6-9 탭의 스택(https://material.io/components/tabs#specs)

2 탭 실습

01 [Chapter_06\Section_03] 폴더에서 '탭_준비.xd' 파일을 불러온다. 앞에서 작업한 상단 앱 바가 준비되어 있다.

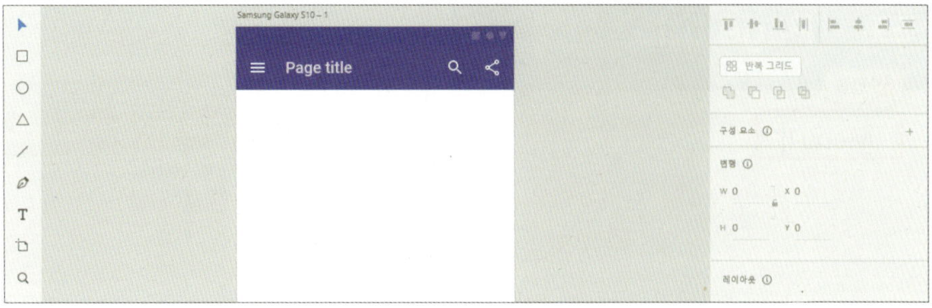

02 선택 툴(▶)로 아트보드의 이름을 클릭해 아트보드를 선택하고 '채우기' 색상을 #EBEBEB로 설정한다.

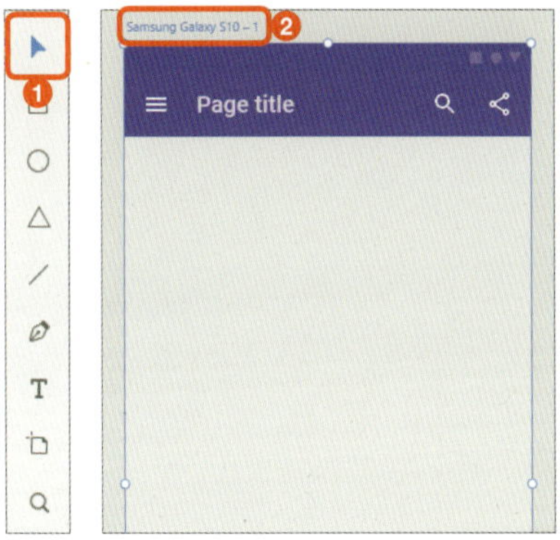

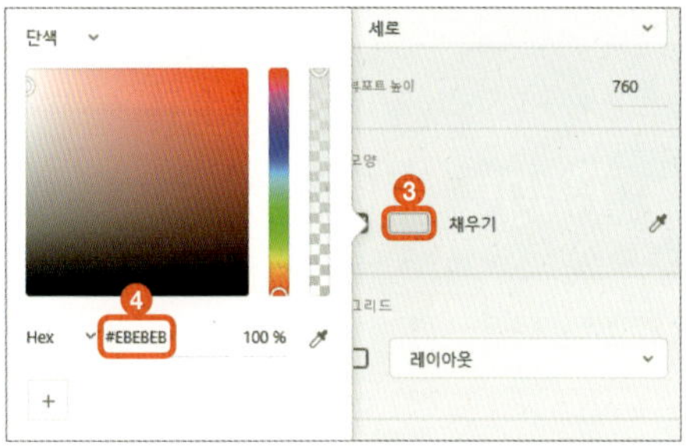

Tip 탭과 구분되어 보이도록 하기 위해 배경색을 변경한 것으로, 반드시 변경해야 하는 것은 아니다.

03 사각형 툴(□)로 사각형을 그린 뒤 스택에 맞게 H를 48로 설정하고 3개의 탭을 만들기 위해 전체 아트보드 너비인 360을 3으로 나눈 값인 120을 W에 입력한다. 왼쪽에 딱 붙어야 하므로 X에는 0을, Y에는 상태 바의 높이와 상단 앱 바의 높이인 24+56을 입력한다. '테두리'의 체크는 해제한다.

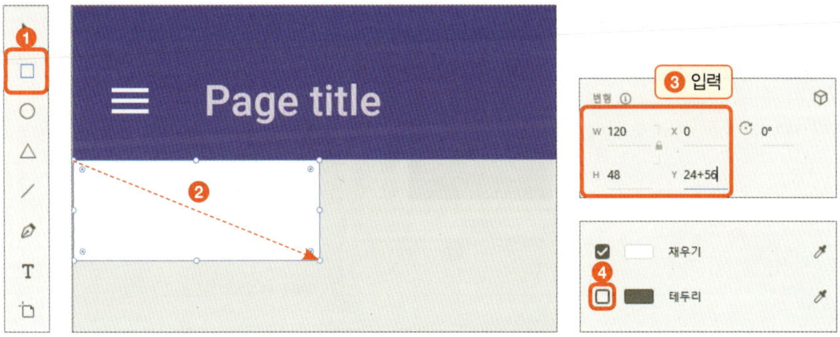

04 텍스트 툴(T)로 텍스트 필드를 만들고 'Menu1'이라고 입력한다. 글꼴은 Roboto, 글꼴 크기는 14, 글꼴 두께는 Regular로 설정하고 가운데로 정렬한다.

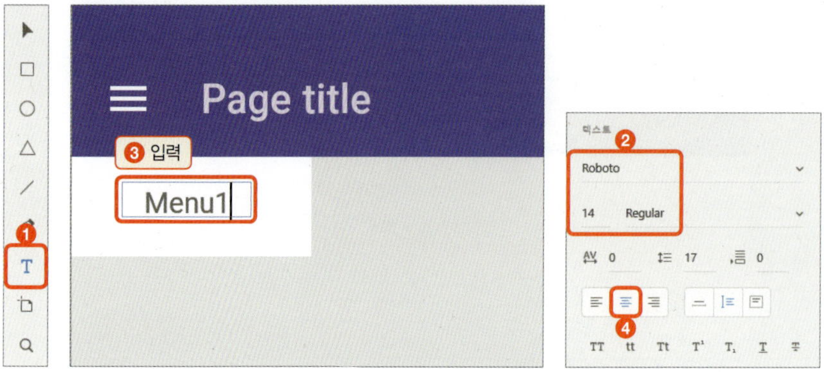

05 탭 박스를 기준으로 좌우 여백이 16이므로 선택 툴(▸)로 텍스트 필드를 선택하고 W에 120-32 또는 120-16-16을 입력한다. X에 16을 입력해 위치를 설정한다.

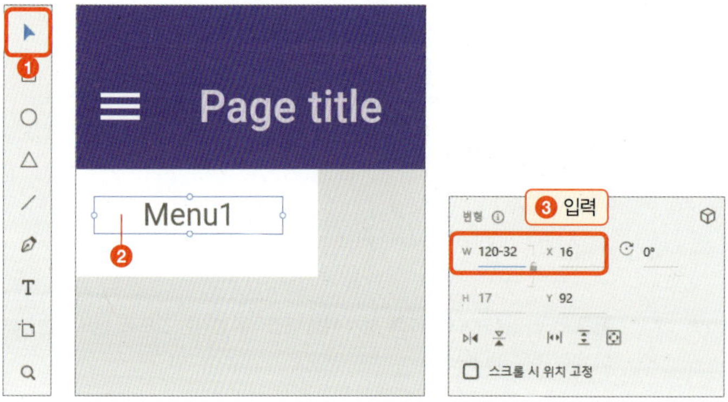

06 스택에 따르면 텍스트의 높이는 베이스라인 기준으로 20이므로 사각형 툴(□)로 H가 20인 사각형을 하나 그린다. '채우기' 색상은 임의로 고르고 알파 값은 20%로 설정한다.

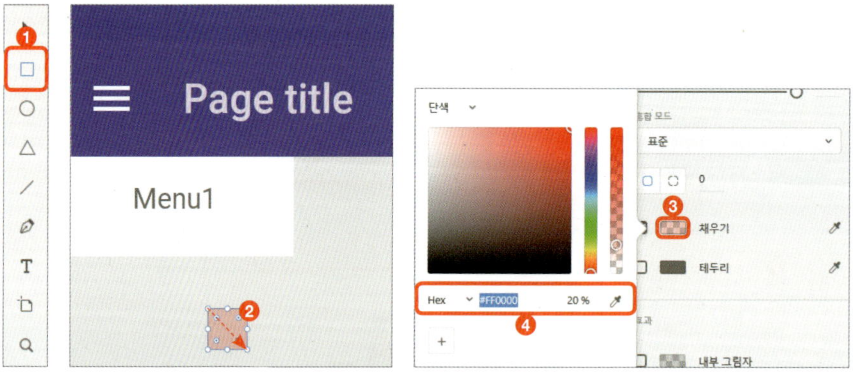

07 선택 툴(▶)로 투명 박스를 탭의 하단에 배치하고 텍스트 필드의 위치를 조절해 베이스라인을 맞춘다. 위치를 맞춘 후 투명 박스는 삭제한다.

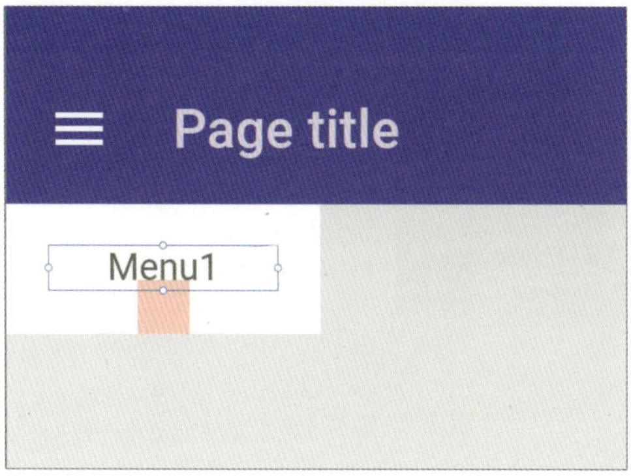

Tip 텍스트 필드의 높이와 베이스라인의 높이가 다르기 때문에 사각형을 임시로 그려 위치를 맞추는 것이다.

08 사각형 툴(□)로 사각형을 그리고 W는 120, H는 2로 지정한다. '채우기' 색상은 앱 바와 동일하게 #6200EE로 설정하고 '테두리'의 체크는 해제한 후 탭의 하단에 배치해 액티브 상태를 표시한다.

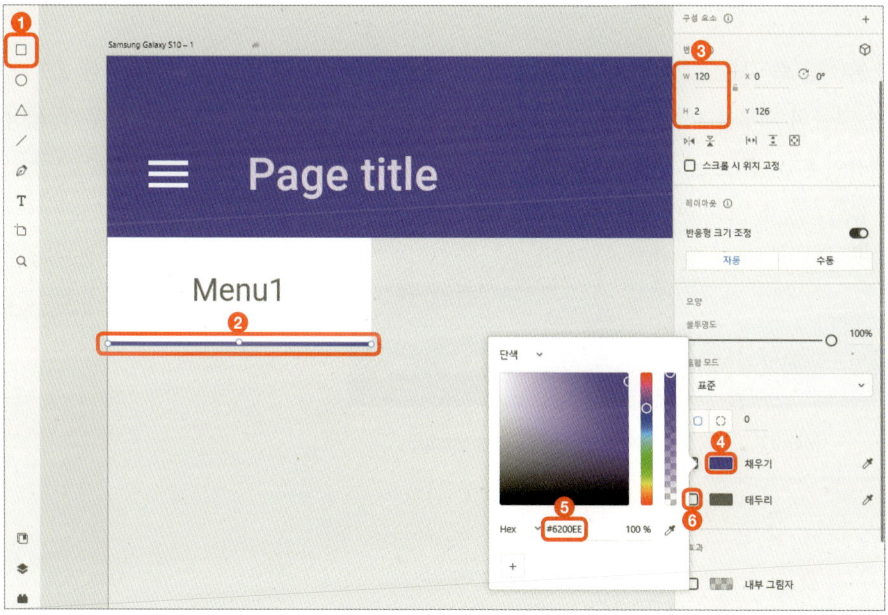

Tip 액티브 라인은 아이콘 제작 과정에서와 같은 이유로 선이 아닌 사각형으로 그린다.

09 선택 툴(▸)로 'Menu1' 텍스트를 더블클릭해 선택하고 '채우기' 색상을 #6200EE로 변경한다. 탭 형태, 액티브라인, 텍스트를 모두 선택하고 Ctrl + G를 눌러 그룹으로 만든다.

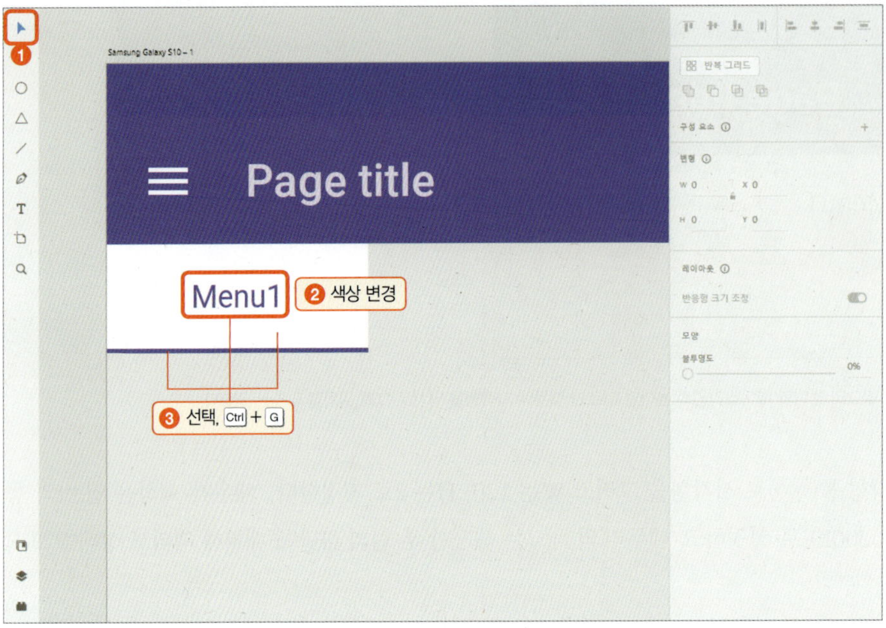

10 선택 툴(▸)로 그룹인 'Menu1' 탭을 선택하고 Alt를 누른 채 오른쪽으로 드래그해 2개 복제한다. 각 그룹의 내부를 더블클릭해 텍스트를 'Menu2'와 'Menu3'으로 변경하고 '채우기' 색상은 기본 색상인 #707070으로 설정해 탭 메뉴를 완성한다.

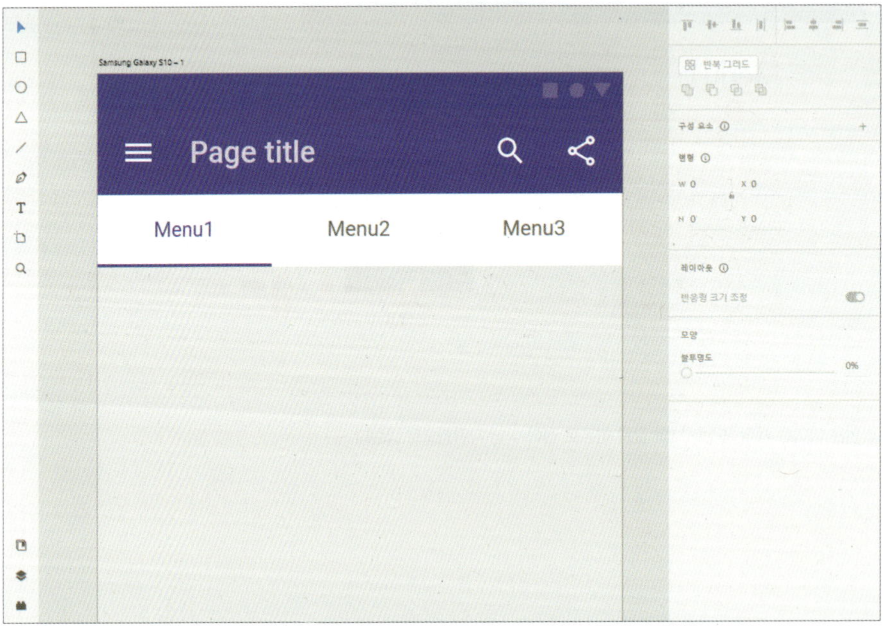

4
내비게이션 드로워

1 내비게이션 드로워의 가이드와 스택

의미를 알 수 없다는 논란이 있었던 메뉴 아이콘(햄버거 메뉴)은 이제 너무나도 익숙한 아이콘으로 자리 잡았다. 내비게이션 드로워는 이 메뉴 아이콘을 선택했을 때 왼쪽에서 오른쪽으로 슬라이딩되면서 나타나는 메뉴 목록 모음이다. 내비게이션 드로워는 5개 이상의 최상위 대상이 있는 앱이나 탐색 계층 구조 수준이 2개 이상인 경우, 또는 관련 없는 목적지 간 빠른 탐색을 위해 사용된다. 표준 드로워는 메뉴 아이콘을 탭해 영구적으로 보거나 닫을 수 있다. 앱 콘텐츠와 동일한 평면 엘리베이션 상태로 화면의 레이아웃 그리드에 영향을 주며, 모바일에서는 사용하지 않고 태블릿과 데스크톱에서만 사용된다.

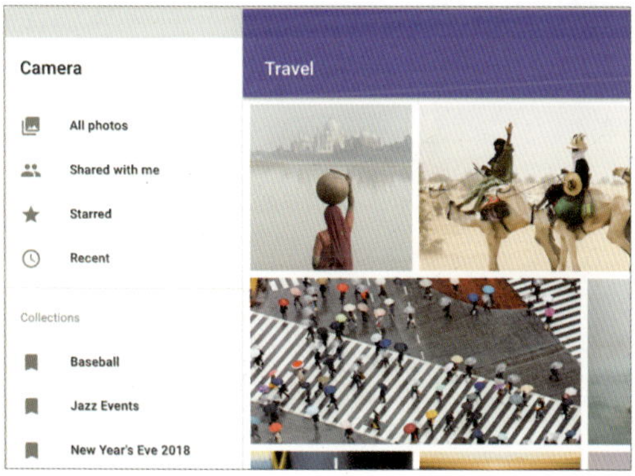

그림 6-10 **표준 드로워**

표준 드로워는 드로워의 대상과 앱 콘텐츠를 동시에 액세스할 수 있으며 메뉴 아이콘을 탭해 보거나 열고 닫을 수 있다. 또 정보 밀도는 높이고 사용 가능한 화면 공간을 최대화하기 위해 드로워를 레일로 축소할 수 있다. 모달 형태의 드로워는 콘텐츠 영역과 높이 값을 다르게 하지만, 축소된 드로워는 콘텐츠 영역과 간격을 48로 두고 높이 값을 동일하게 사용한다.

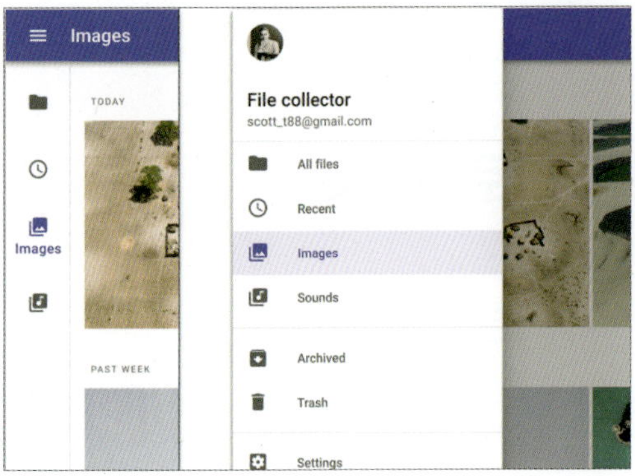

그림 6-11 탐색 영역의 축소와 확장

모바일에서의 내비게이션 드로워는 왼쪽에서 오른쪽으로 슬라이딩되는 모달 드로워와 하단에서 상단으로 슬라이딩되는 하단 드로워로 구분된다. 모달 드로워는 표준 드로워와 달리 스크림을 사용해 나머지 앱 콘텐츠와의 상호작용을 차단한다. 대부분의 앱 요소보다 엘리베이션 값이 상위에 있으며 화면의 레이아웃 그리드에는 영향을 주지 않는다. 하단 드로워는 하단 앱 바와 함께 사용하기 위한 특수한 유형의 모달 드로워로, 하단 앱 바의 메뉴 아이콘에서 접근성을 높이기 위해 측면이 아닌 하단에서 열리는 방식을 취한다.

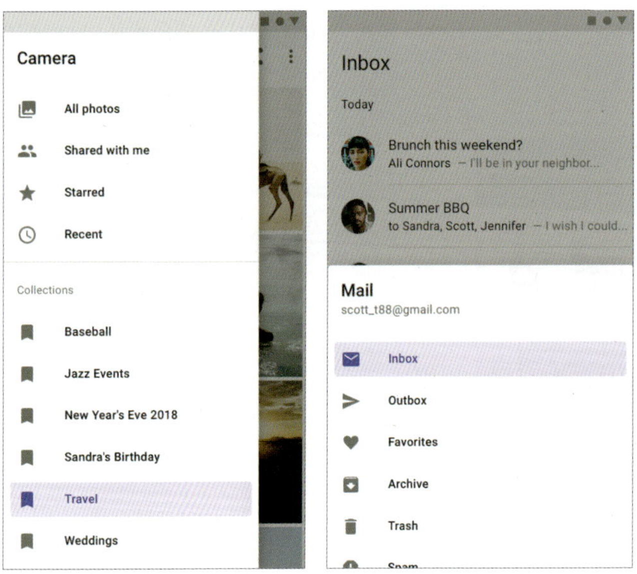

(a) 모달 드로워 (b) 하단 드로워

그림 6-12 모바일에서의 내비게이션 드로워

iOS에서는 간혹 뒤로 가기 버튼 때문에 내비게이션 드로워를 오른쪽에서 왼쪽으로 슬라이딩하게 사용하는 경우도 있는데 머티리얼 디자인 가이드에서는 권장하지 않는 방법이다. 드로워의 메뉴 목록은 위에서 아래로 배치되며 화면 크기를 넘어가면 드로워 내에서의 세로 스크롤도 가능하다.

세로 스크롤이 필요한 경우는 마지막 목록 항목이 하단에 잘리도록 배치해 사용자가 더 많은 항목이 있다는 것을 알 수 있게 해야 한다. 내비게이션 드로워의 세부 명칭은 다음과 같다.

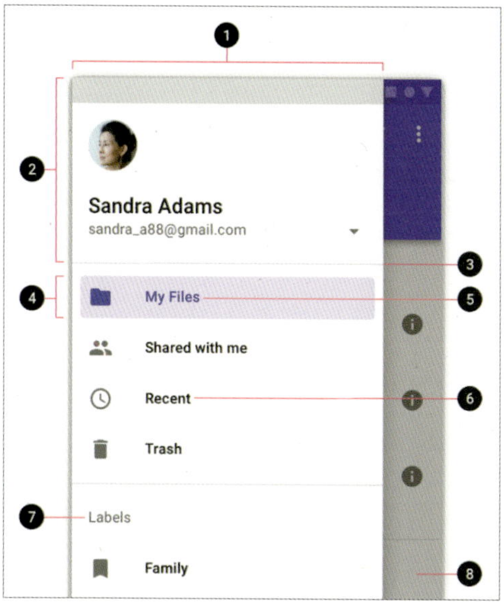

❶ 컨테이너
❷ 헤더(옵션)
❸ 디바이더(옵션)
❹ 활성 텍스트 오버레이
❺ 활성 텍스트
❻ 비활성 텍스트
❼ 자막
❽ 스크림(모달 전용)

그림 6-13 내비게이션 드로워의 세부 명칭

내비게이션 드로워의 스택은 다음과 같다. 내비게이션 드로워는 메뉴 리스트의 아이콘과 텍스트의 간격 등이 상세히 나와 있지 않다. 이는 상단 앱 바의 간격과 크게 다르지 않고 다른 컴포넌트인 리스트의 상세 스택을 따르기 때문이다. 필요하다면 리스트의 상세 스택을 참고한다.

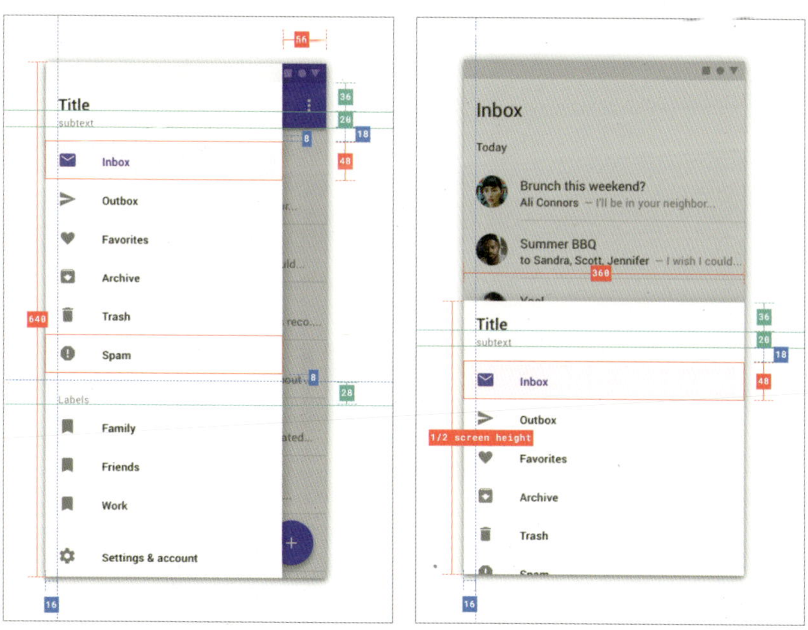

그림 6-14 내비게이션 드로워의 스택(https://material.io/components/navigation-drawer#specs)

2 내비게이션 드로워 실습

01 [Chapter_06\Section_04] 폴더에서 '드로워_준비.xd' 파일을 불러온다. Section 03의 작업에 이어서 진행해도 된다.

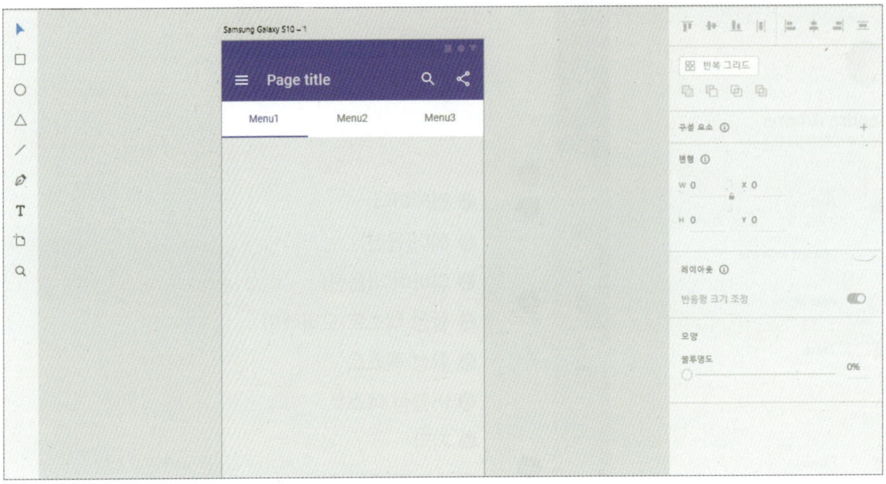

02 사각형 툴(□)로 사각형을 그린 후 크기를 아트보드와 동일하게 W를 360, H를 760으로 지정하고 X와 Y의 값은 각각 0으로 설정한다. '테두리'의 체크를 해제하고, '채우기' 색상은 #000000(검정), 알파 값은 32%로 설정한다.

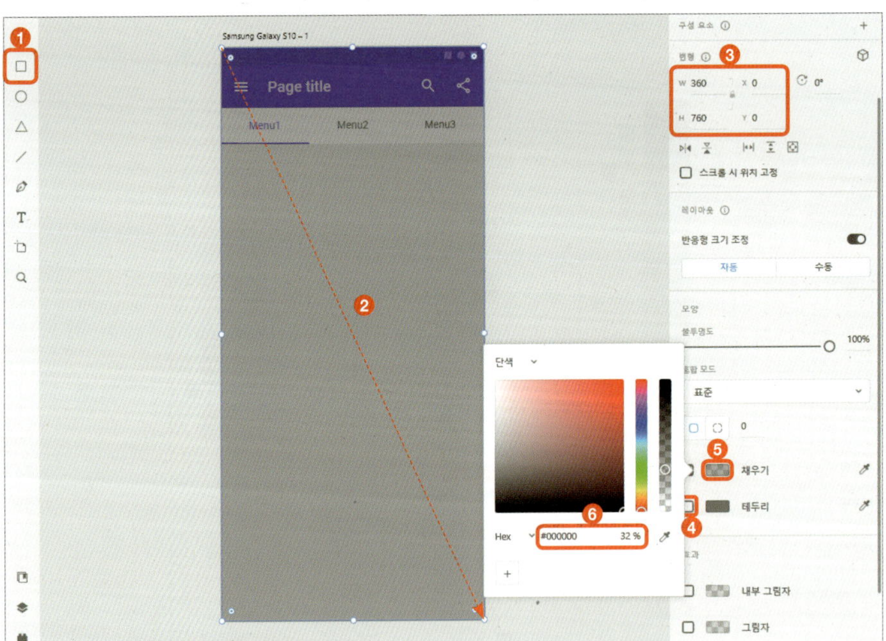

Tip 32%는 머티리얼 디자인 가이드에서 제안하는 값이다.

03 사각형 툴( )로 사각형을 하나 더 그린 후 W에 360−56, H에 760, X, Y에는 각각 0을 입력한다.

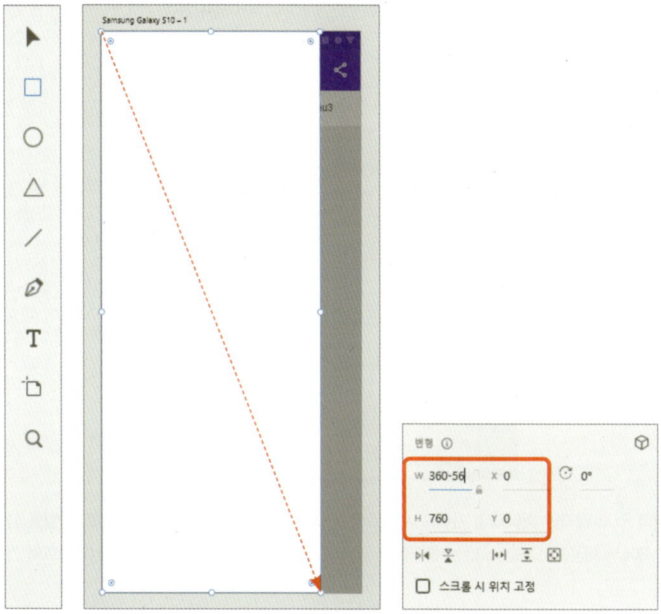

Tip W 값 뒤에 −36을 입력한 이유는 오른쪽에 여백을 만들기 위해서이다.

04 메뉴를 쉽게 정렬할 수 있게 하기 위해 미리 가이드를 만든다. 선택 툴( )로 아트보드 왼쪽 가장자리에 마우스를 위치시키면 마우스 포인터 모양이 ( )로 바뀐다. 이때 아트보드 내부로 드래그하면 수직 가이드가 만들어진다. 위치가 X16이 되도록 배치한다.

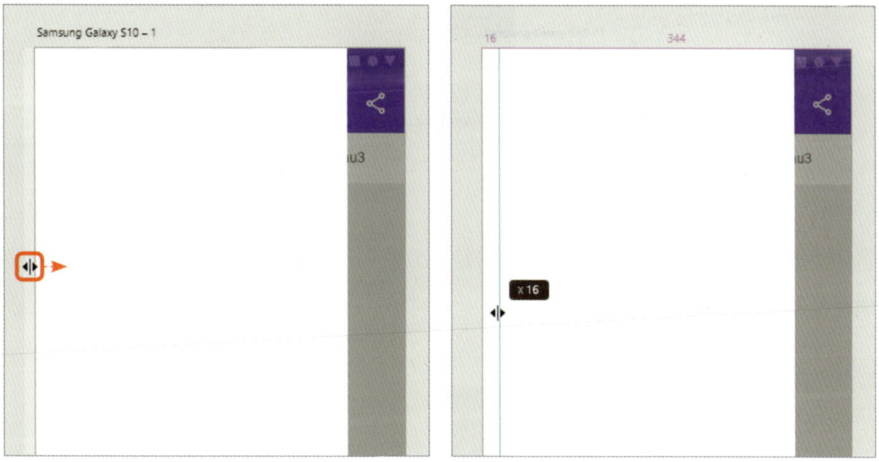

Tip 스택에 따르면 모든 리스트 메뉴의 왼쪽 여백은 16이다.

05 텍스트 툴(T)로 드래그해 텍스트 필드를 만들고 제목과 소제목을 각각 입력한다. 제목 텍스트의 글꼴은 Roboto, 글꼴 크기는 20, 글꼴 두께는 Medium, '채우기' 색상은 #000000으로 설정한다. 소제목 텍스트의 글꼴은 Roboto, 글꼴 크기는 14, 글꼴 두께는 Regular, '채우기' 색상은 #000000, 알파 값은 60%로 지정한다.

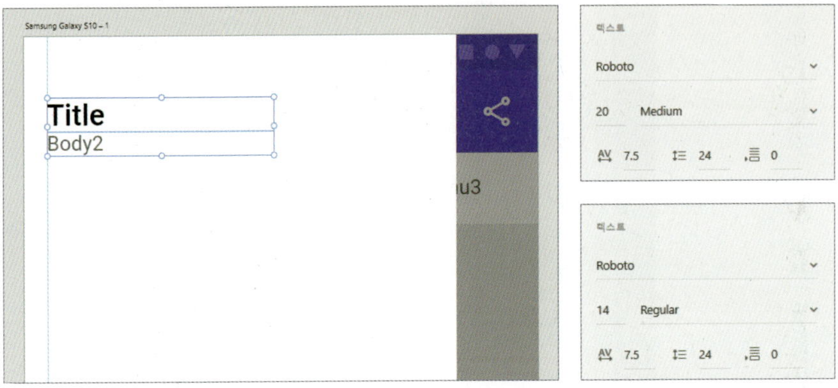

Tip 텍스트 관련 정보는 스택에 상세하게 나와 있지 않지만 머티리얼 가이드 사이트의 [Resource] 메뉴에서 디자인 가이드 파일을 다운로드해 가이드라인을 참고할 수 있다. 본 도서에서 제공하는 [Resource] 폴더에도 있으며, 각 Section의 폴더에도 해당 컴포넌트의 가이드를 넣어두었으므로 참고할 수 있다.

06 제목 텍스트의 베이스라인을 맞추기 위해 사각형 툴(□)로 H가 60인 사각형을 그린 후 텍스트의 베이스라인 위치를 잡는다.

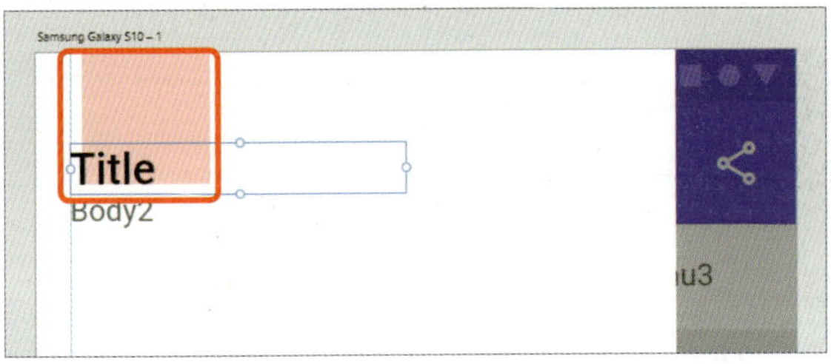

Tip 60은 상태 바의 높이 24와 스택에서의 간격 36을 더한 값이다.

07 소제목 텍스트의 베이스라인을 맞추기 위해 H가 20인 사각형을 그린 후 소제목 텍스트의 베이스라인 위치를 잡는다.

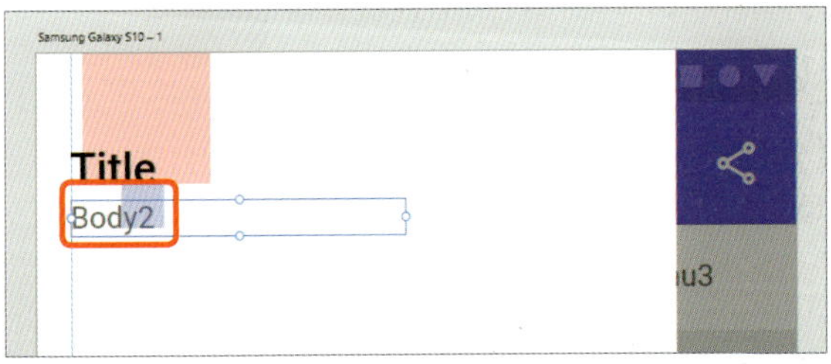

08 선택 툴(▶)로 제목 타이틀과 소제목 타이틀을 함께 선택하고 왼쪽 가이드라인에 맞춘 후 바운딩 박스 오른쪽 가장자리를 드래그해 드로워 컨테이너의 끝에 배치하면 W가 288이 된다. 오른쪽에도 16만큼 여백을 두기 위해 W에 288-16을 입력한다.

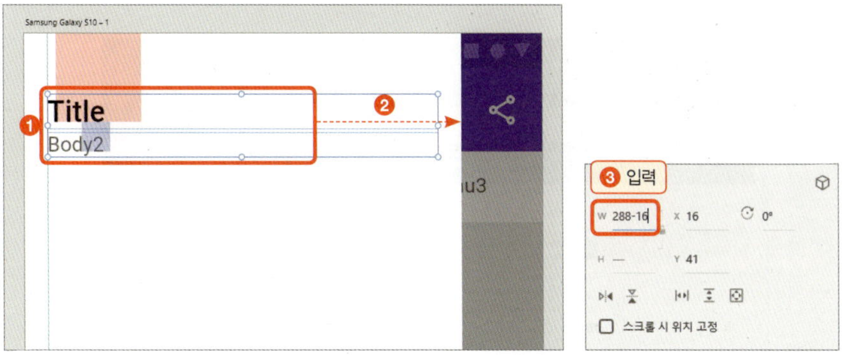

09 사각형 툴(□)로 W가 360-56, H가 48인 사각형을 만든다. '테두리'의 체크를 해제하고 '채우기' 색상은 #6200EE, 알파 값은 8%로 설정한다. 이때 소제목 텍스트 베이스라인과의 간격을 맞추기 위해 H가 18인 사각형을 만들어 그림과 같이 배치한다.

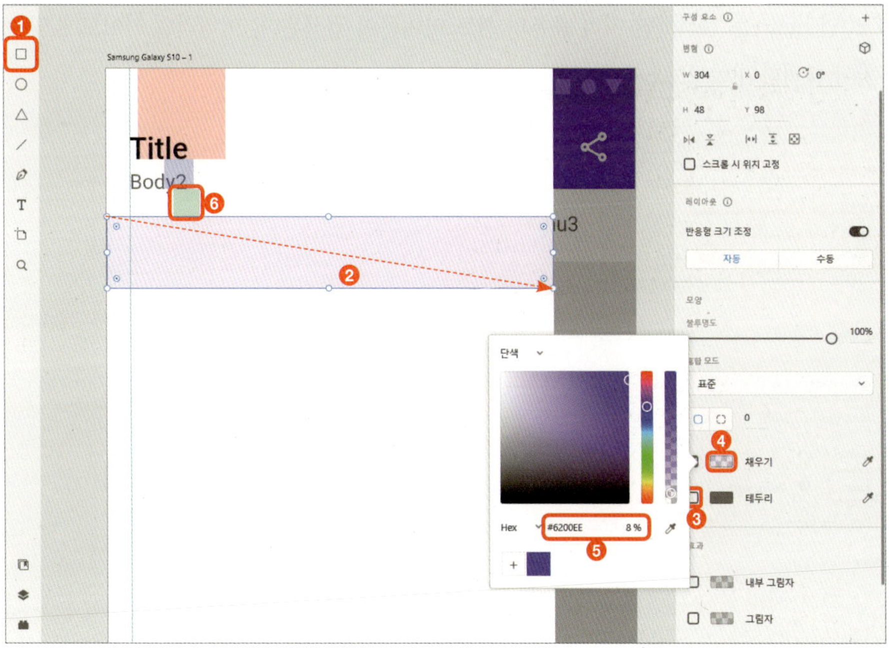

10 툴 패널 하단의 플러그인( )을 클릭해 플러그인 패널이 열리면 [플러그인 탐색]을 클릭해 검색 창으로 이동한 후 'Icons 4 Design'의 [설치]를 클릭한다.

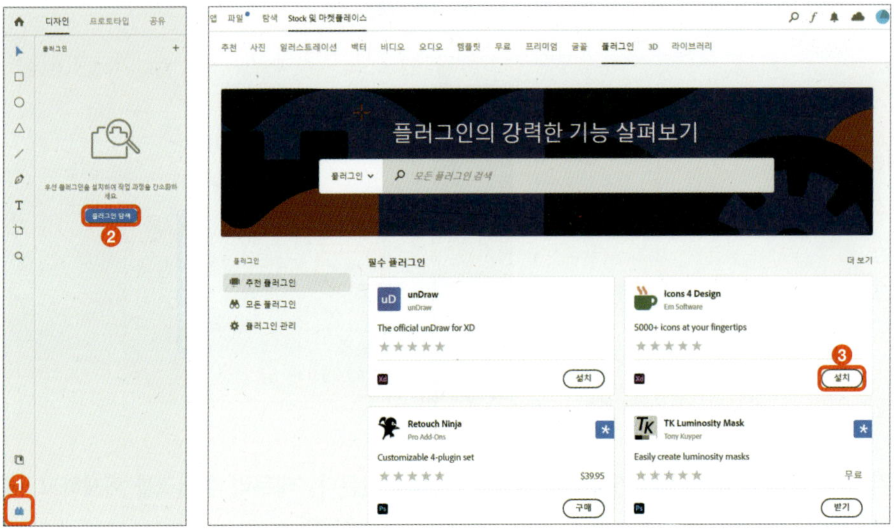

11 'Icons 4 Design' 플러그인이 설치되면 XD의 플러그인 패널에 나타난다. 플러그인을 선택하고 크기가 20인 heart를 검색하면 여러 종류의 하트 아이콘이 검색된다. 머티리얼 가이드에 맞는 아이콘을 찾아 클릭하면 아트보드에 하트가 삽입된다.

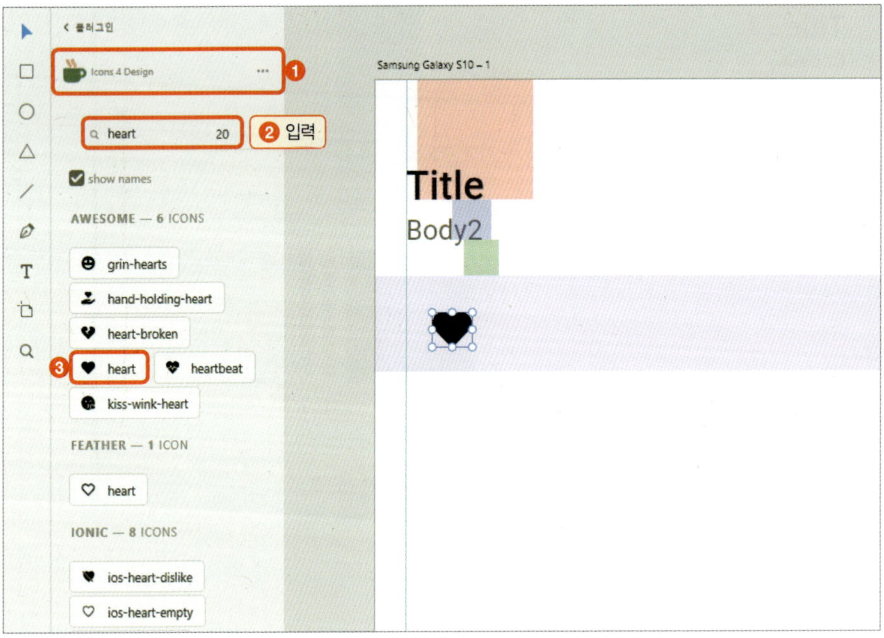

12 사각형 툴(□)로 W가 24 H가 24인 투명 사각형을 만들어 배치한다. 선택 툴(▸)로 사각형과 하트 아이콘을 함께 선택한 후 옵션 패널에서 '가운데 정렬(세로)'와 '가운데 정렬(가로)'를 클릭해 아이콘이 투명 사각형의 정 중앙에 위치하도록 한다.

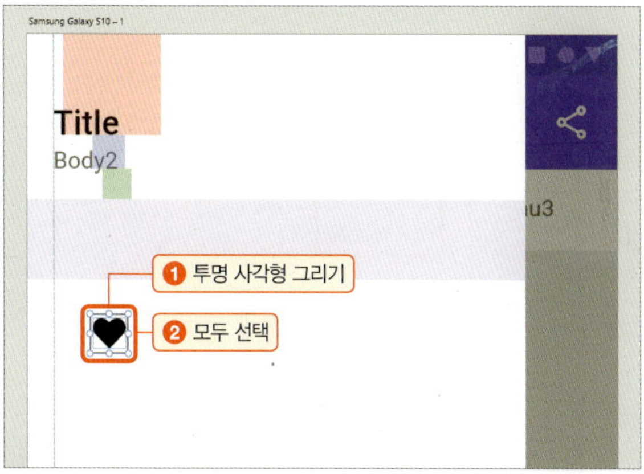

Tip 'Icons 4 Design' 플러그인에서 사용되는 아이콘은 실제 아이콘 형태의 크기로, 머티리얼 가이드의 [Resource] 메뉴에서 다운로드한 아이콘과 달리 여백 등이 지정되어 있지 않기 때문에 일일이 크기를 지정해야 하는 번거로움이 있다. 본 예제의 경우 플러그인을 다운로드하고 사용해 보는 데 의미가 있다.

13 레이어 패널에서 하트 아이콘을 선택해 '채우기' 색상을 #6200EE로 변경한 후 투명 사각형과 함께 선택하고 Ctrl + G 를 눌러 그룹으로 만든다. 왼쪽 여백 16, 상하 여백 12가 되는 위치에 배치한다.

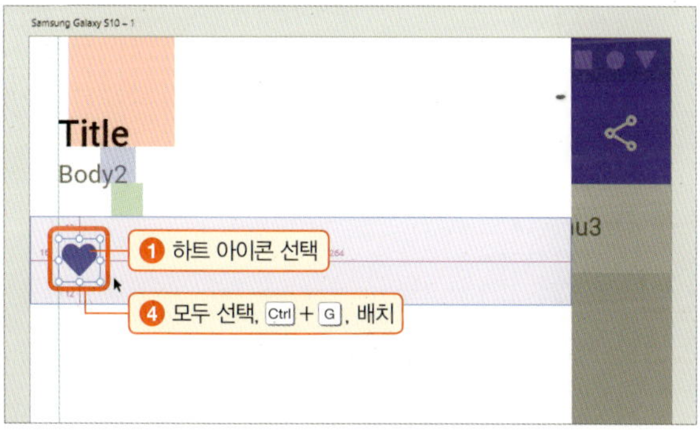

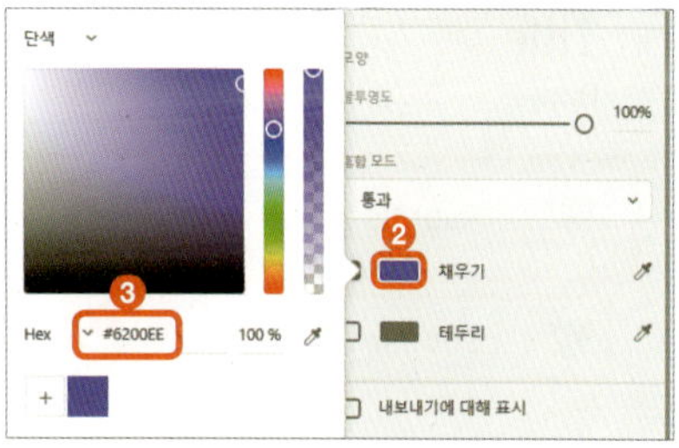

Tip Alt 를 누르고 리스트 컨테이너로 마우스를 가져가면 여백 값을 볼 수 있다.

Tip 겹쳐 있는 오브젝트 중 특정 오브젝트만 선택할 때는 툴 패널에서 레이어( )를 클릭해 레이어 패널을 열고 목록에서 선택하면 편리하다.

14 텍스트 툴(T)로 텍스트 필드를 만들고 'Subtitle 2'를 입력한다. 이때 글꼴은 Roboto, 글꼴 크기는 14, 글꼴 두께는 Medium, '채우기' 색상은 #6200EE로 설정한다. 아이콘과의 간격을 24로 조절하고, 베이스라인의 높이는 18이므로 H가 18인 사각형을 만들어 베이스라인을 맞춘다.

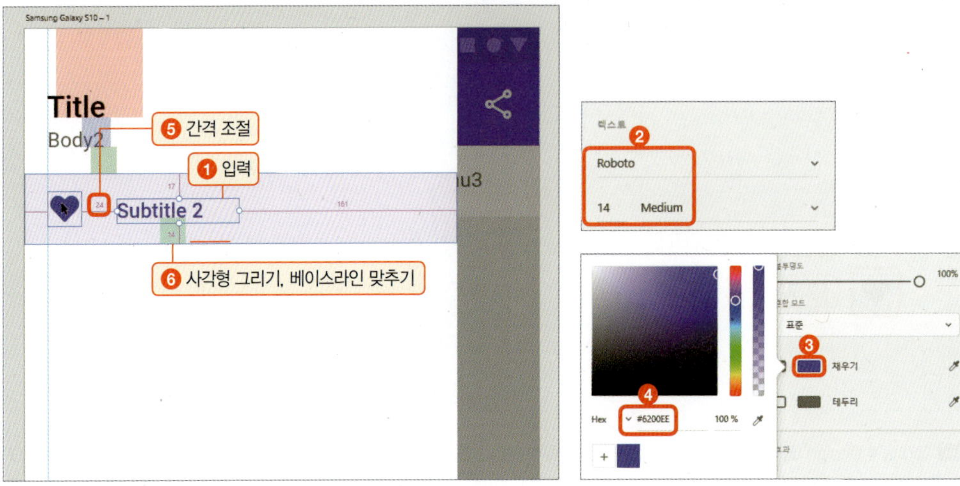

Tip 가이드에서 권장하는 간격은 32이지만 앱 바를 만들 때 8의 배수인 24를 사용하였기에 통일감 있게 24로 조절했다.

15 선택 툴(▸)로 리스트 컨테이너, 아이콘, 텍스트를 함께 선택하고 Alt 를 누른 채 아래쪽으로 드래그해 복제한다. 레이어 패널에서 아이콘과 텍스트만 선택한 후 '채우기' 색상은 #000000, 알파 값은 60%로 변경한다.

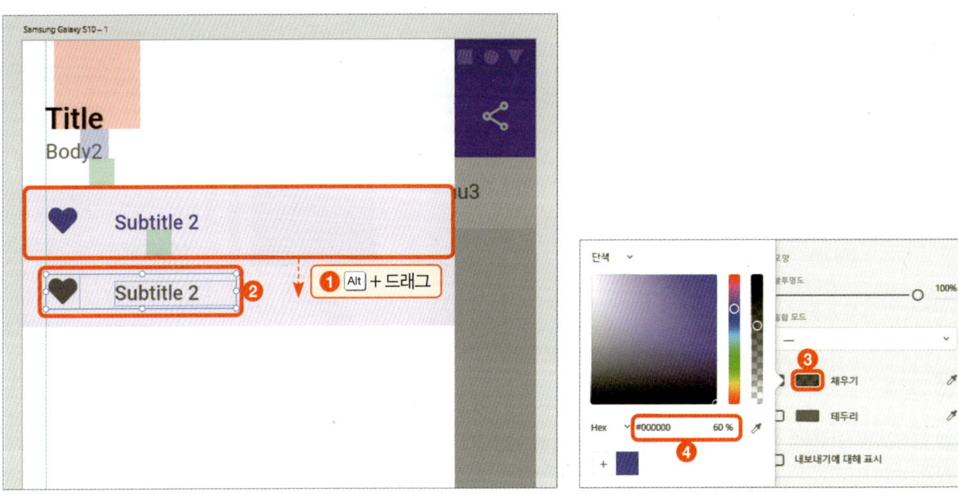

16 리스트 컨테이너를 선택하고 '채우기' 색상을 #FFFFFF로 설정한다. 아이콘, 텍스트, 리스트 컨테이너를 함께 선택하고 같은 간격을 두고 아래로 여러 개 복제한다.

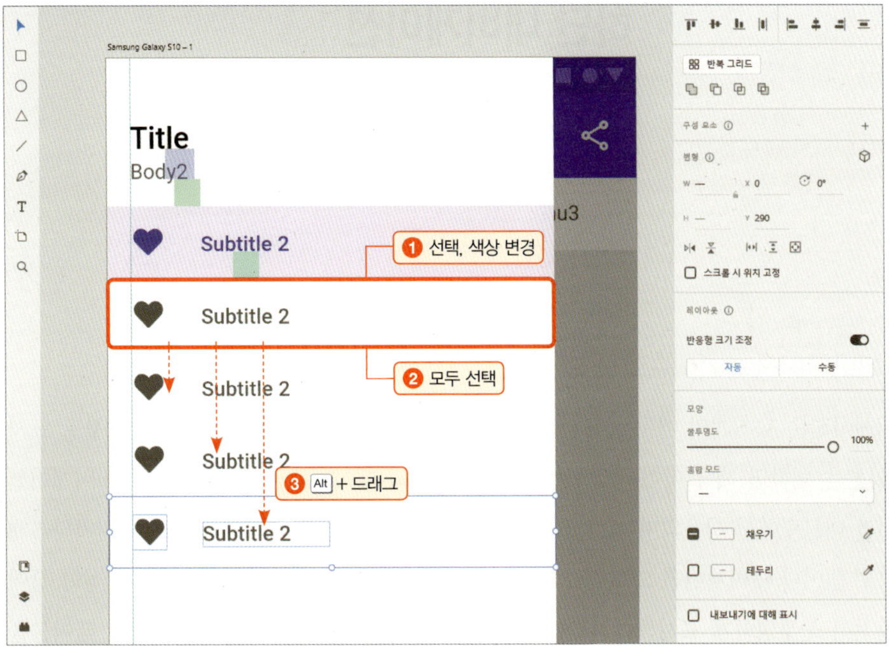

17 가이드로 활용했던 사각형들을 제거해 내비게이션 드로워를 완성한다.

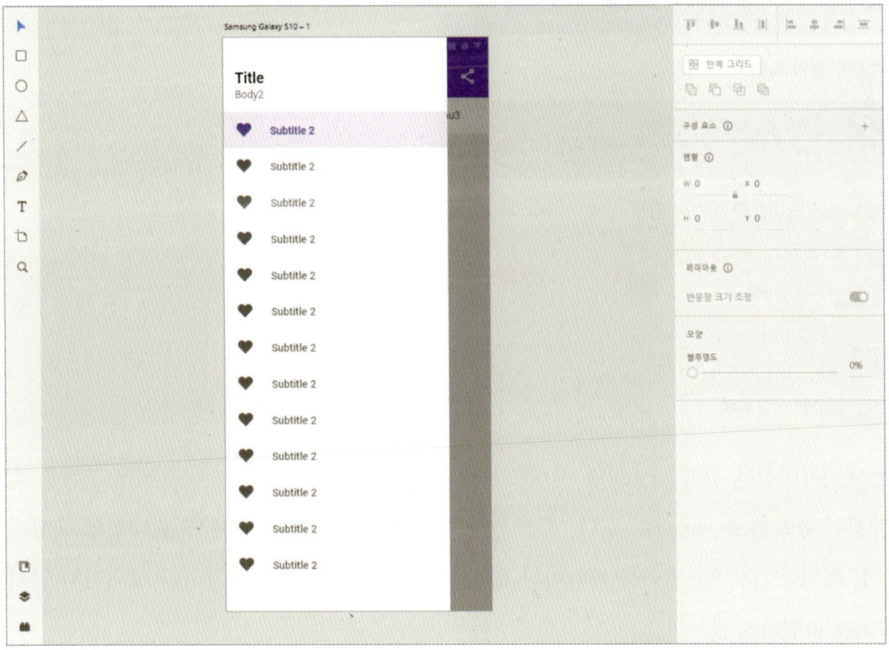

Tip 일반적으로 작업할 때 가장 많이 사용하는 32, 24, 18 등의 투명 사각형은 미리 만들어두고 사용하면 유용하다.

5
하단 내비게이션

1 하단 내비게이션의 가이드와 스택

하단 내비게이션은 3~5개의 메뉴를 표시하며 각 대상은 아이콘과 선택적 텍스트 레이블로 표시된다. 아이콘을 탭하면 해당 아이콘과 연결된 최상위 탐색 페이지로 이동한다. 하단 내비게이션은 모바일과 태블릿에서 사용되며 데스크톱에서는 사용되지 않는다. 메뉴가 3개 미만이거나 5개 이상인 경우 탭이나 내비게이션 드로워로 대체할 것을 권장한다. 하단 내비게이션은 활성화 상태에서는 완전히 불투명하게 표시해야 하며 아이콘만으로 구성된 경우 활성화 상태에서 레이블을 추가할 수 있다. 각 메뉴 아이콘에는 오른쪽 상단 모서리에 뱃지를 포함하는 것이 가능하다.

(a) 아이콘과 레이블의 조합

(b) 액티브 메뉴에만 레이블을 추가한 경우

(c) 뱃지의 종류

그림 6-15 하단 내비게이션의 종류

탭과 하단 내비게이션을 함께 사용하면 콘텐츠와의 관계가 명확하지 않고 사용자에게 혼란을 줄 수 있기 때문에 용도별로 사용해야 한다. 사용자에게 혼란을 주는 요소는 각 메뉴 대상의 색상이 여러 가지일 때이다. 다양한 컬러를 메뉴마다 배치하는 경우 어떤 메뉴가 활성화 상태인지 알기 어렵기 때문에 추천하지 않는다.

하단 내비게이션의 세부 명칭은 다음과 같다.

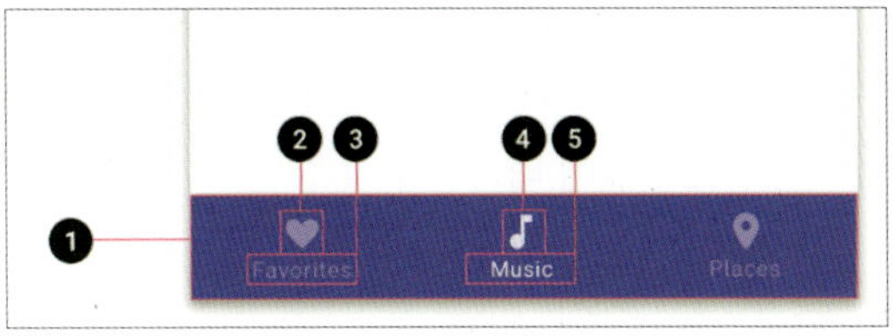

❶ 컨테이너
❷ 비활성 아이콘
❸ 비활성 텍스트 레이블
❹ 활성 아이콘
❺ 활성 텍스트 레이블

그림 6-16 하단 내비게이션의 세부 명칭

하단 내비게이션의 스택은 다음과 같다.

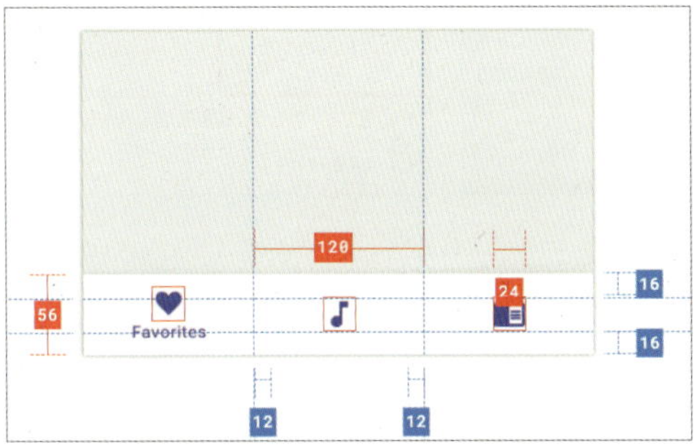

그림 6-17 모바일 스택

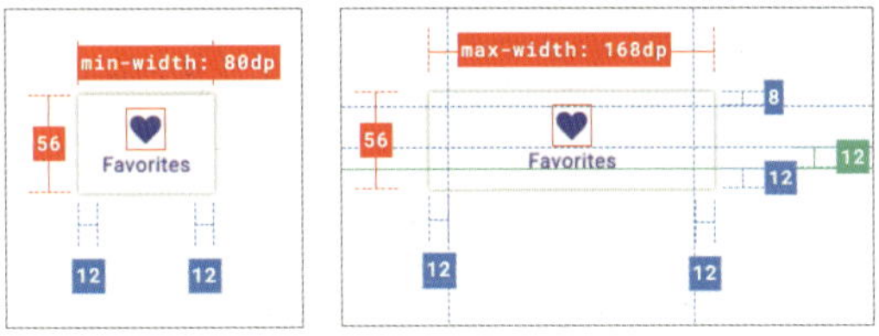

(a) 메뉴의 최소 너비 (b) 메뉴의 최대 너비

그림 6-18 메뉴의 최소 너비와 최대 너비

2 하단 내비게이션 실습

01 [Chapter_06\Section_05] 폴더에서 '하단 내비게이션_준비.xd' 파일을 불러온다.

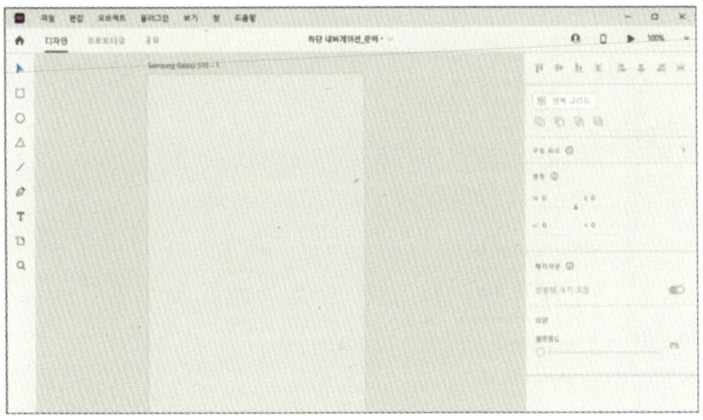

02 사각형 툴(□)로 사각형을 그린 후 '테두리'의 선택을 해제한다. 메뉴를 3개 배치할 것이므로 W는 전체 너비 360을 3으로 나눈 120으로, H는 스택에 따라 56으로 설정한다. X는 0으로 설정해 왼쪽으로 딱 붙이고 Y에는 전체 아트보드의 높이인 760에서 메뉴 컨테이너의 높이인 56을 뺀 값을 입력한다. 760-56을 입력하면 자동으로 아트보드 하단에 배치된다.

03 툴 패널 하단의 라이브러리( )를 클릭하면 등록된 컴포넌트를 확인할 수 있다. 이 중에서 하트 아이콘을 아트보드로 드래그해 배치한다.

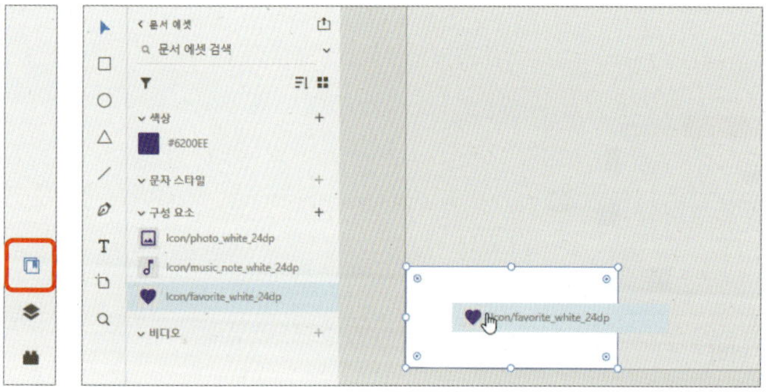

04 선택 툴(▸)로 아이콘을 이동하면 정중앙에 배치가 되었을 때 그림과 같은 가이드라인이 생긴다. 이 방법으로 아이콘을 배치해도 되지만 아이콘과 컨테이너를 함께 선택하고 좌우 정렬을 하면 더욱 간단히 중앙에 배치할 수 있다.

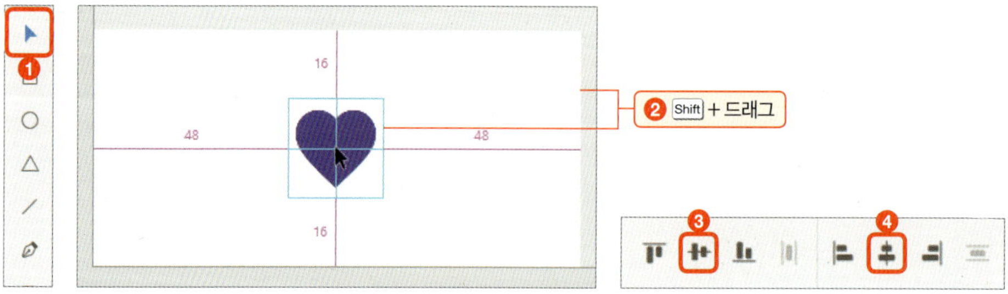

05 일반적으로 아이콘만 있는 경우의 상하 간격은 16이지만 첫 번째 아이콘은 텍스트와 함께 배치하기 위해 상세 스택에 따라 상단 간격을 8로 조절한다.

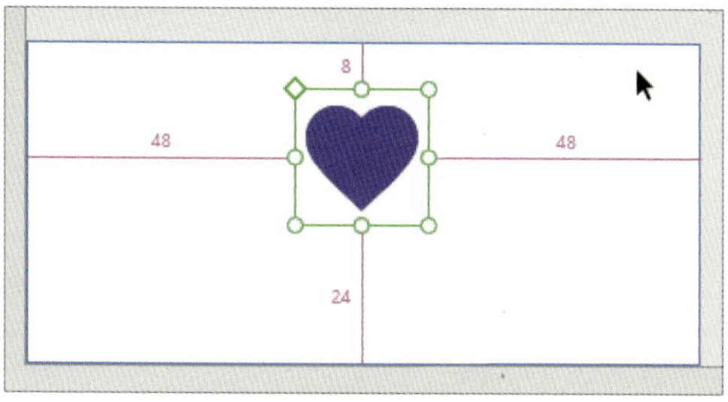

06 텍스트 툴(T)로 텍스트 필드를 만든 후 'Favorites'을 입력하고 글꼴은 Roboto, 글꼴 크기는 12, 글꼴 두께는 Regular로 설정하고 문단 정렬을 '가운데'로 설정한다. 라이브러리( )를 열어 등록된 색상을 클릭하면 텍스트 색상이 자동으로 변경된다.

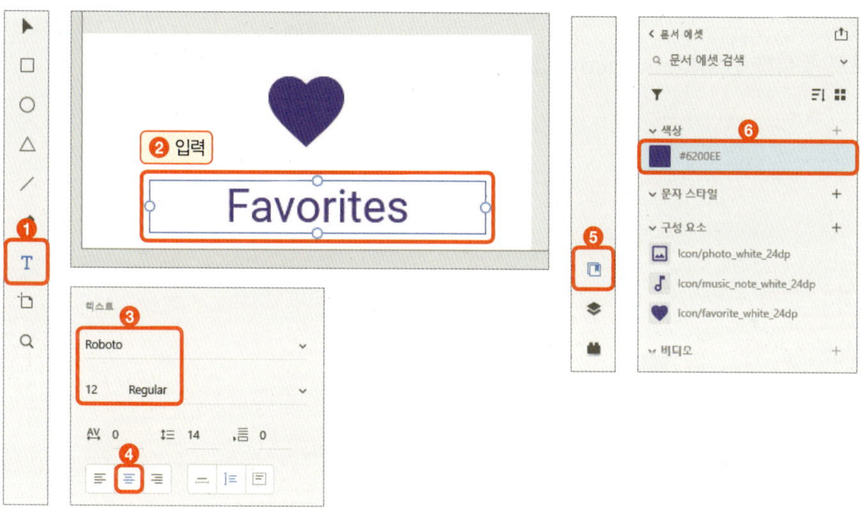

07 선택 툴(▶)로 텍스트 필드를 선택한 후 옵션 패널에서 X에 12를 입력해 왼쪽에 여백을 설정한다. 오른쪽에 12의 여백을 지정하려면 전체 메뉴 컨테이너 너비에서 좌우 여백을 뺀다. 즉 W에 120–24 또는 120–12–12를 입력하면 오른쪽에 12의 여백이 생긴다. 하단에서의 높잇값은 베이스라인을 기준으로 설정되므로 H가 12인 사각형을 만들어 그림과 같이 베이스라인에 맞춘다.

08 베이스라인을 맞추기 위해 임의로 만든 사각형을 제거한 후 아이콘, 텍스트, 컨테이너를 모두 선택하고 Ctrl + G 를 눌러 그룹으로 만든다. 라이브러리를 열고 '구성 요소'의 + 를 클릭해 에셋으로 등록한다. 등록된 에셋의 이름을 더블클릭해 구성원과 함께 공유할 이름으로 변경한다. Buttom Navigation의 약자인 'BN' 등을 이름으로 사용하면 좋다.

09 에셋으로 등록한 'BN/Menu_active'를 아트보드로 드래그해 그림과 같이 배치한다.

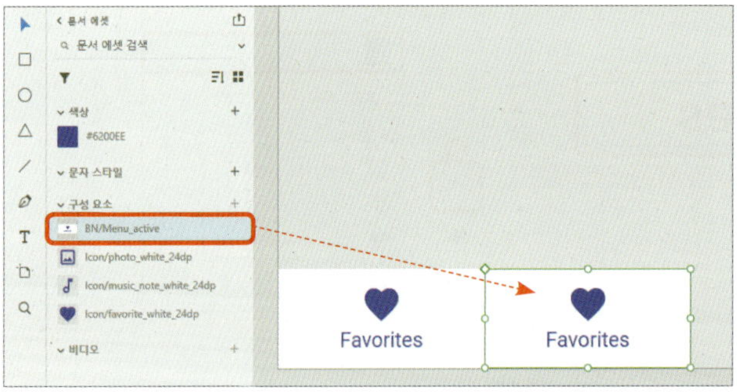

10 선택 툴(▶)로 하트 아이콘을 더블클릭해 선택하고 라이브러리에서 음표 아이콘을 드래그해 하트 아이콘 위치로 드래그한다. 하트 아이콘의 배경색이 변경될 때 마우스에서 손을 놓으면 드래그한 아이콘으로 변경된다.

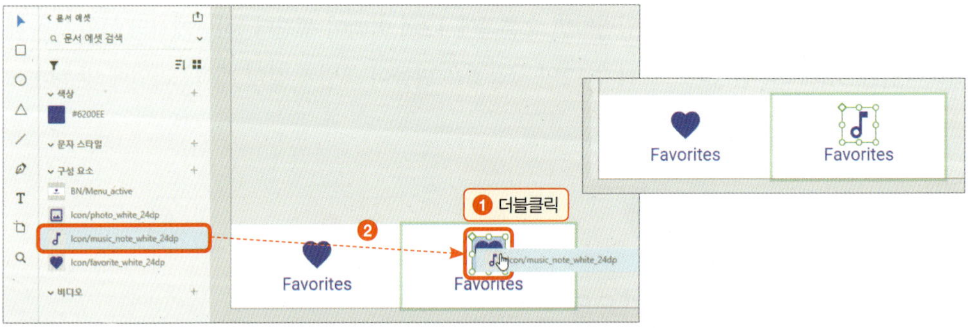

Tip 하트 아이콘을 선택할 때 더블클릭을 하는 이유는 에셋이 그룹으로 이루어져 있기 때문이다.

11 텍스트를 더블클릭해 'Music'으로 변경하고 Shift를 누른 채 음표 아이콘도 함께 선택한 후 '채우기' 색상을 #707070으로 변경한다. 라이브러리에서 '색상'의 +를 클릭해 현재 사용한 색상을 등록한다.

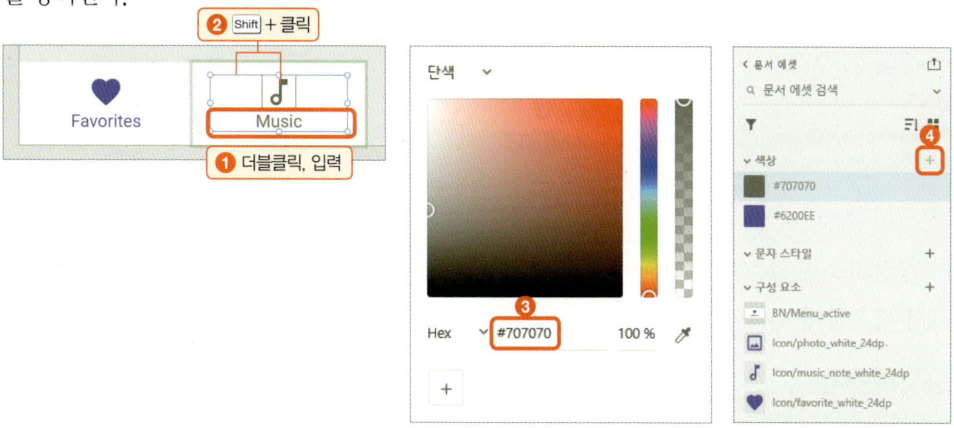

12 등록된 에셋을 가져와 변경한 그룹은 다시 구성 요소로 등록되지 않는다. Ctrl+Shift+G를 눌러 그룹을 해제한 후 다시 Ctrl+G를 눌러 그룹으로 만든다. 에셋의 속성이 사라지므로 바운딩 박스가 초록색에서 파란색으로 바뀐다.

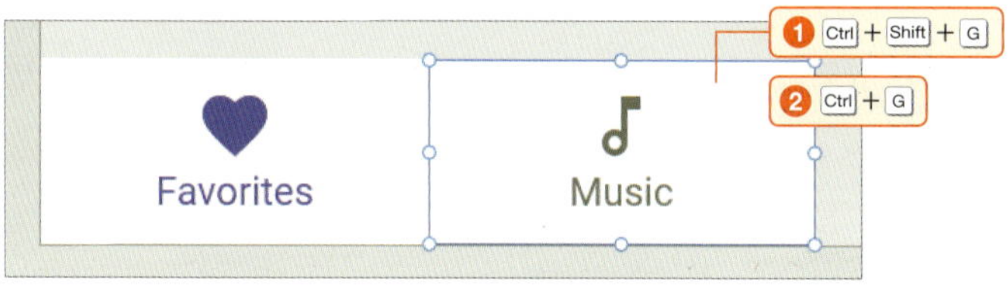

13 라이브러리에서 '구성 요소'의 +를 클릭해 에셋으로 등록하고 이름을 'BN/Menu_normal'로 변경한다.

14 'BN/Menu_normal' 에셋을 아트보드로 드래그해 마지막 메뉴를 그림과 같이 완성한다.

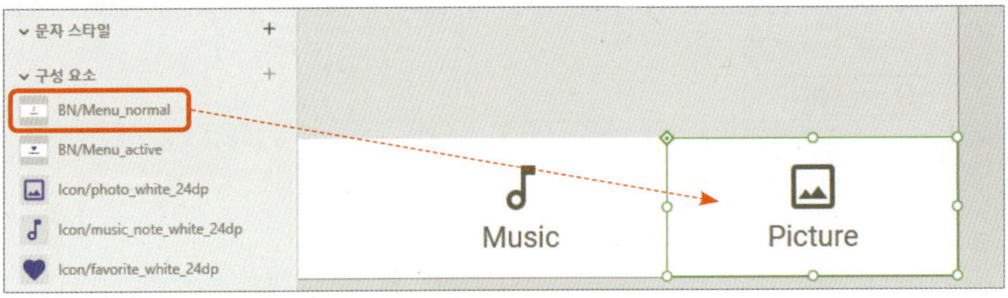

15 '구성 요소'에 있는 에셋을 Shift를 눌러 모두 선택하고 마우스 오른쪽 버튼을 클릭해 [선택 영역에서 새 그룹]을 클릭한다.

16 공유하는 구성원들이 쉽게 알 수 있도록 새 그룹의 이름을 'Buttom_Navigation'으로 변경한다.

Chapter 07
컴포넌트 가이드라인 실무

1
버튼과 나인패치

1 버튼의 가이드와 스택

버튼은 사용자가 직접적인 작업을 하기 위해 선택하게 되며 대화상자, 모달 창, 폼, 카드 및 도구 모음에 배치된다. 버튼은 트리거의 역할이 가능하다는 것을 식별 가능하게 해야 하며 다른 버튼을 포함한 요소들 사이에서 쉽게 구분되어야 하고 동작과 상태 역시 명확해야 한다.

5개 이상의 메뉴가 존재하는 경우에는 탭이나 내비게이션 드로워로 대체할 것을 권장한다. 하단 내비게이션은 활성화 상태에서는 완전히 불투명하게 표시해야 하며 아이콘만으로 구성된 경우 활성화 상태에서 레이블을 추가하는 것이 가능하다. 각 메뉴 아이콘에는 오른쪽 상단 모서리에 뱃지를 포함하는 것이 가능하다.

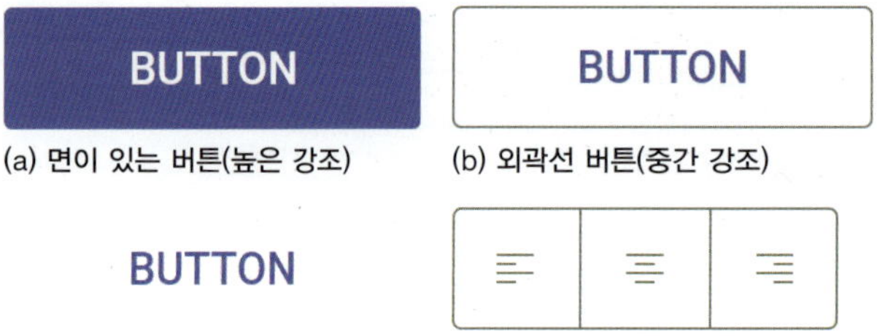

(a) 면이 있는 버튼(높은 강조) (b) 외곽선 버튼(중간 강조) (c) 텍스트 버튼(낮은 강조) (d) 토글 버튼

그림 7-1 버튼의 종류

버튼은 컨테이너, 아이콘, 그리고 텍스트 레이블로 구성되어 그리기는 매우 쉬우나 그 사용법은 간단하지 않다. 우선 텍스트 레이블로 사용할 경우 사용자가 탭할 때 동작을 설명하는 명확한 레이블로 작성해야 한다. 또 레이아웃에 있어서 계층 구조에 따라 다른 버튼이 덜 중요하다는 것을 분명히 하기 위해 버튼 하나를 눈에 띄게 제작할 필요도 있다. 콘텐츠 페이지에서 다양한 컨텍스트와 사용자의 요구에 맞게 시각적 표현, 정렬 및 배열을 조정할 수 있다.

버튼은 사용자와의 상호작용을 위한 접점으로 사용되기 때문에 그림자에 따라 고도를 표현해 디자인적으로 더 두드러지게 사용하는 것이 가능하다. 탭하면 높은 버튼이 올라가고 컨테이너는 터치 피드백을 표시해야 한다. 이러한 피드백은 버튼의 종류에 따라 다음과 같이 표시된다.

(a) 활성화: 활성화 상태는 대화형 구성 요소 또는 다른 요소와 연결

(b) 비활성화: 비활성화된 상태의 버튼은 조건이 충족되었을 때 활성화로 전환

(c) 호버: 사용자가 대화형 요소 위에 커서를 놓았을 때 반응

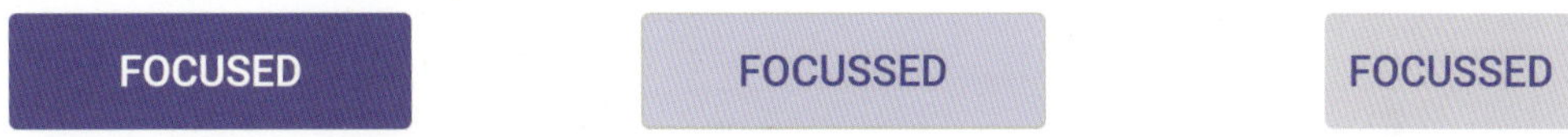

(d) 포커스: 사용자가 키보드와 같은 입력 방법을 사용하여 요소에 강조 표시를 했을 때 반응

(e) 프레스드: 마우스와 같은 장치로 눌렀을 때 반응

그림 7-2 버튼의 상태 표시

버튼의 스택은 다음과 같다.

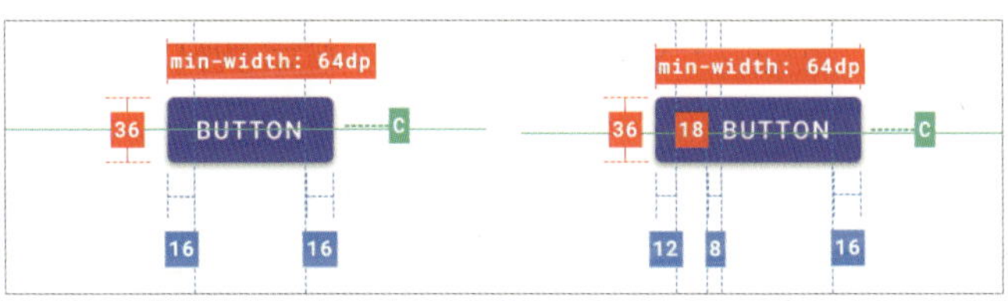

(a) 면이 채워진 버튼의 스택

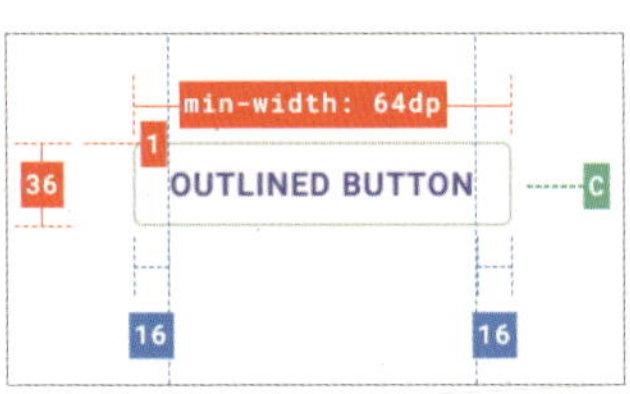

(b) 테두리 버튼의 스택

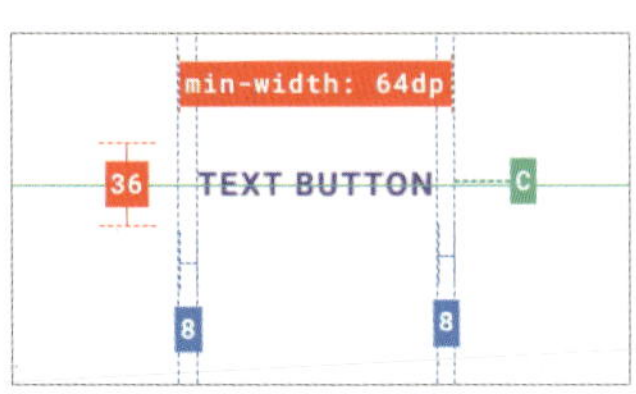

(c) 텍스트 버튼의 스택

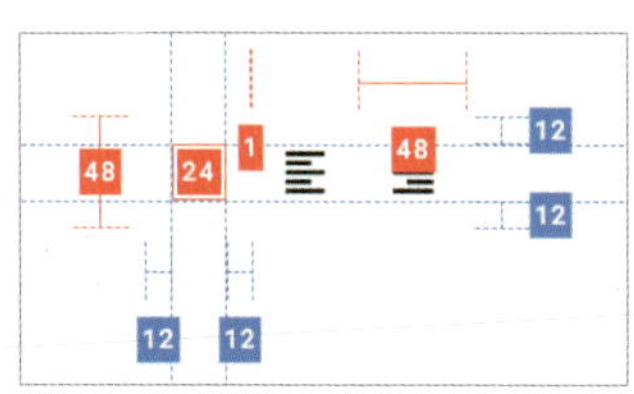

(d) 토글 버튼의 스택

그림 7-3 버튼의 스택

2 버튼 제작 실습

01 [Chapter_07\Section_01] 폴더에서 '버튼_준비.xd' 파일을 불러온다.

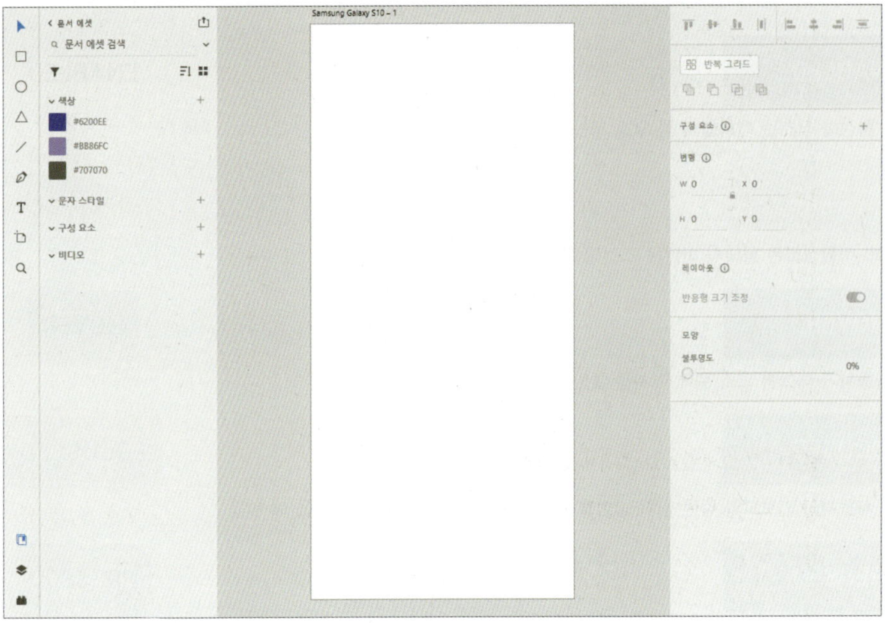

02 사각형 툴(□)로 W가 120, H가 36, '모든 모퉁이에 대해 동일한 반경' 값이 4인 사각형을 만든다.

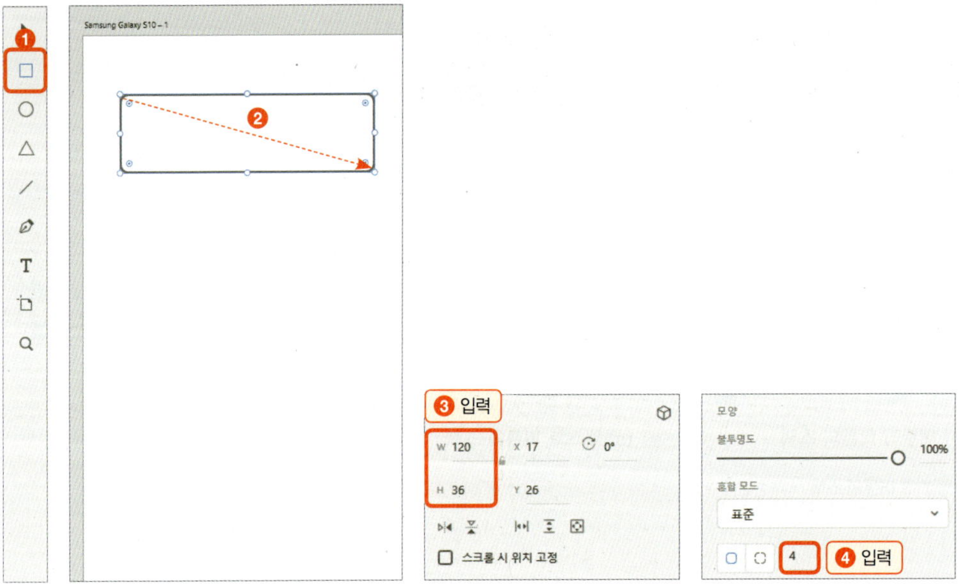

03 툴 패널 하단에서 라이브러리( )를 클릭해 라이브러리 패널을 열고 '색상'에서 #6200EE를 선택한다. 옵션 패널에서 '테두리'의 체크를 해제한다.

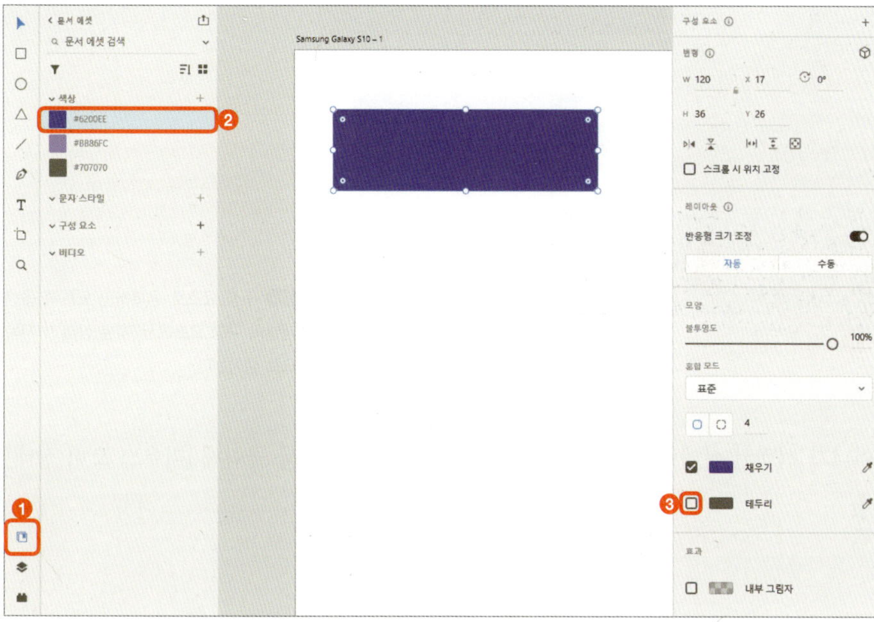

04 텍스트 툴( )로 텍스트 필드를 만들고 대문자로 'BUTTON'을 입력한다. 글꼴은 Roboto, 글꼴 크기는 14, 글꼴 두께는 Medium, 문자 간격은 가이드 샘플에 따라 89로 설정하고 '가운데'를 클릭해 정렬한다. '채우기' 색상을 #FFFFFF으로 설정한다.

Tip 안드로이드에서는 버튼의 문자를 모두 대문자로 사용하고 iOS에서는 첫 글자만 대문자로 사용한다.

05 좌우 여백을 16으로 설정하기 위해 W에 120–32를 입력하고 선택 툴( )로 텍스트 필드를 컨테이너의 가운데에 배치한다.

Tip Alt 를 누른 채 컨테이너에 마우스를 위치시키면 텍스트 필드와 컨테이너 사이의 간격을 볼 수 있다.

06 컨테이너와 텍스트를 함께 선택하고 라이브러리( )를 열어 '구성 요소'의 +를 클릭해 'Button/Normal'로 등록한다.

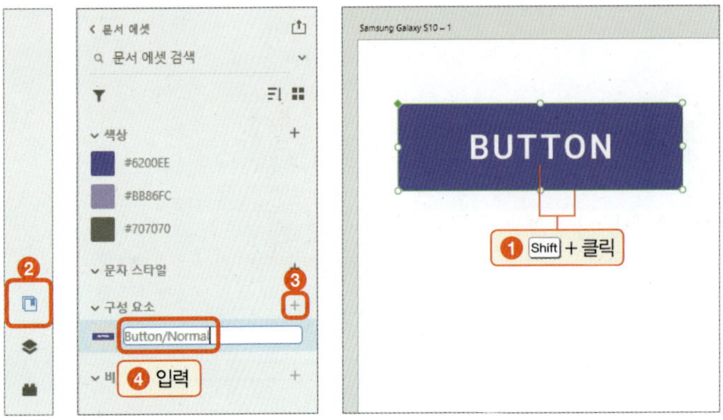

Tip 구성 요소로 등록하면 오른쪽 옵션 패널의 구성 요소에서 '기본 상태'가 자동으로 생성된다.

07 컨테이너가 선택된 상태로 옵션 패널에서 '기본 상태' 옆의 +를 클릭해 [마우스 오버 상태]를 선택한다.

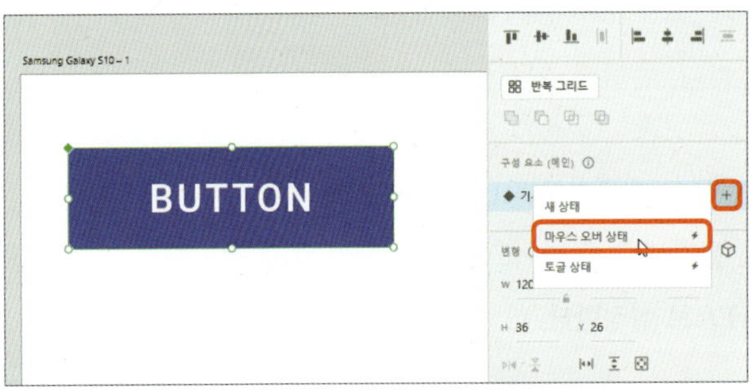

08 마우스 오버 상태가 선택된 상태에서 선택 툴( )로 버튼을 더블클릭해 컨테이너를 선택한 후 라이브러리의 #BB86FC를 선택해 색상을 변경한다.

09 다시 [기본 상태]를 선택한다.

10 화면 오른쪽 상단의 '데스크톱 미리보기(▶)'를 클릭해 미리보기 화면을 확인해 보면 기본 상태가 보여진다. 이때 마우스를 가져가면 버튼의 상태가 변경된다.

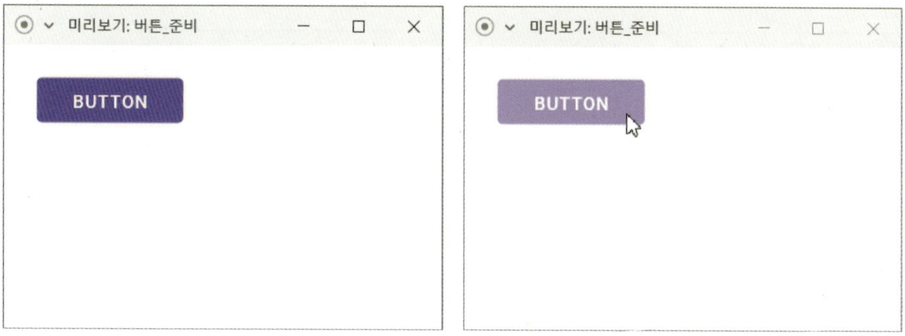

3 나인패치 실습

버튼의 형태나 대화 창과 같은 컴포넌트 요소는 안에 담긴 콘텐츠의 종류와 양에 따라 컨테이너 크기가 상하좌우로 달라질 수 있다. 이때 컨테이너의 크기가 변하더라도 같은 비율을 유지할 수 있도록 하는 장치가 나인패치다. 나인패치는 말 그대로 화면을 9개로 등분하는 기능으로, 고정 영역과 유동적으로 변하는 영역을 지정함으로써 영역이 커지거나 작아지더라도 고정 영역의 비율을 유지하는 역할을 한다. 특히 제조사마다 다양한 해상도와 크기로 출시하는 안드로이드 디바이스에서는 필수적인 요소이다. 포토샵을 이용해 직접 설정하고 크기별로 저장해도 되지만 나인패치 제너레이터를 사용하면 더욱 손쉽게 구성할 수 있다.

01 버튼의 컨테이너와 모양이 같은 사각형을 만들고 '채우기' 색상을 #BB86FC로 변경한다.

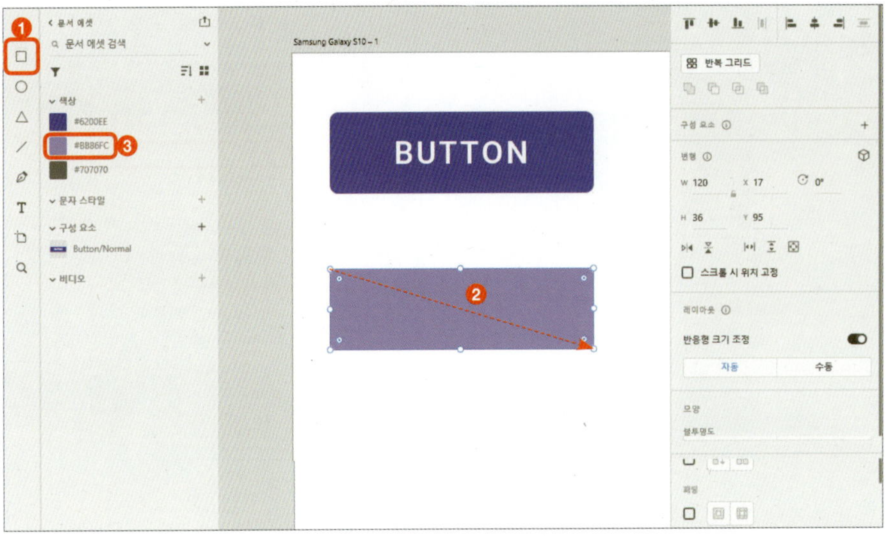

02 새로 만든 사각형이 선택된 상태로 메뉴에서 [파일]–[내보내기]–[선택됨]을 클릭한다.

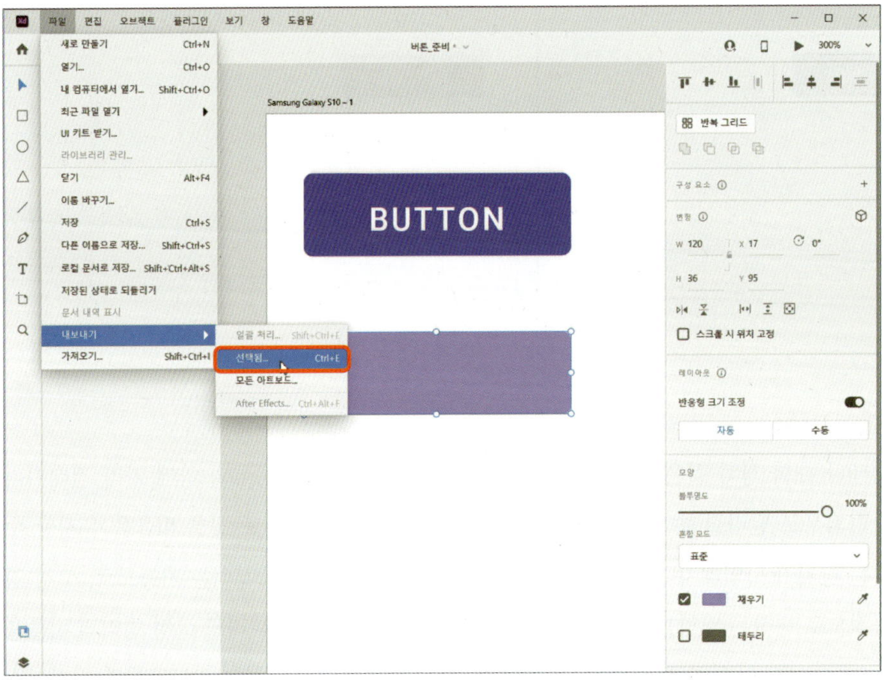

Tip 아트보드를 선택하고 메뉴에서 [내보내기]–[일괄 처리]를 클릭하면 아트보드 내에 있는 모든 파일을 내보내기할 수 있다. 여러 개의 아트보드가 있는 경우 모든 아트보드를 선택하고 실행할 수도 있다.

03 에셋 내보내기 창이 열리면 '포맷'을 [PNG]로 선택하고 '내보내기 크기'는 [1x]를 선택한다. '대상 선택'을 통해 저장할 위치를 지정한 후 [내보내기]를 클릭하면 지정한 위치에 사각 형태가 PNG 파일로 저장된다.

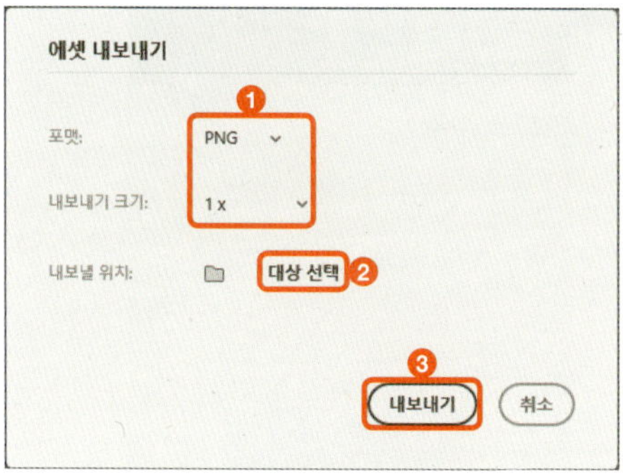

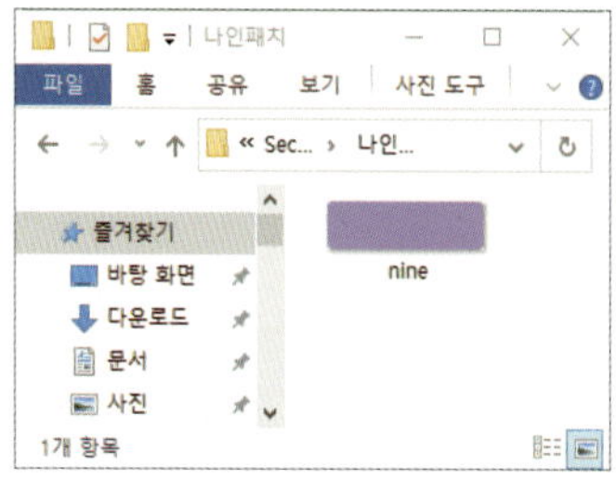

04 검색 엔진에서 '나인패치 제너레이터'로 검색하고 첫 번째 링크를 클릭해 접속한다. 다음과 같은 화면이 열리면 [Select Image]를 클릭해 이미지를 불러오거나 PNG 파일을 화면 중앙으로 드래그 앤 드롭해 불러온다. 다음과 같이 이미지와 미리보기 창이 나타난다. Drawable name에 'nine'을 입력한다.

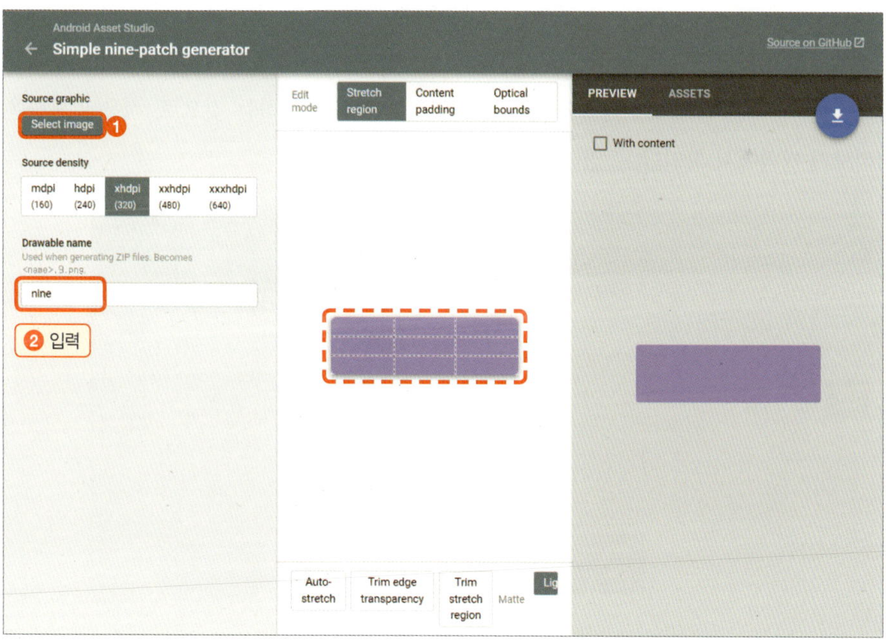

Tip 나인패치 제너레이터(http://romannurik.github.io/AndroidAssetStudio/nine-patches.html)

05 화면에 나타난 그리드를 드래그해 그림과 같이 조절한다. 이는 반복 연장되는 부분을 표시하는 구간으로, 2px 이상의 구간만 선택하면 넓든 좁든 문제가 되지 않는다.

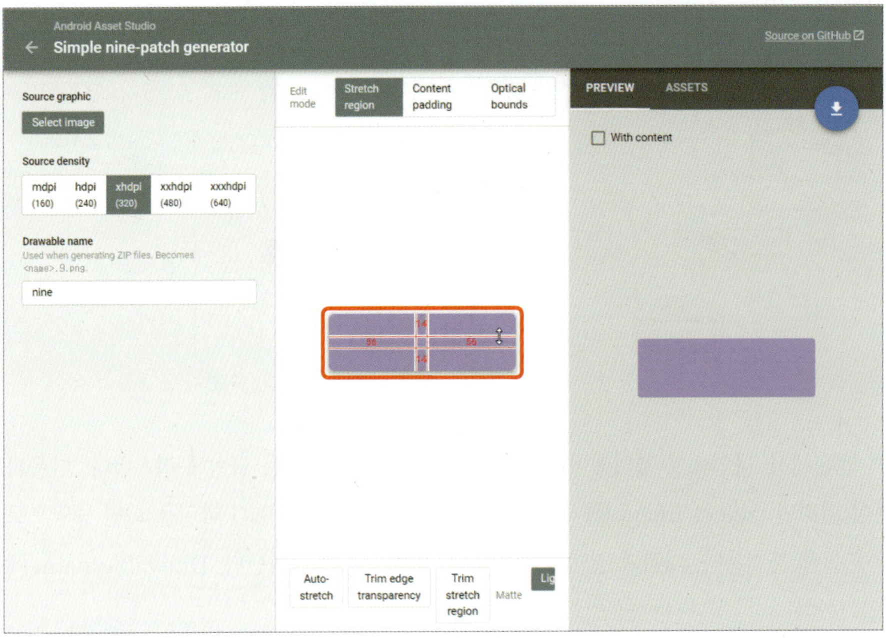

06 [With Contents]에 체크하고 [Content Padding] 모드를 선택한 후 이미지의 패딩 영역을 드래그해 조절한다. 이는 컨테이너 박스와 콘텐츠 사이의 여백을 조절하는 것으로, 적용된 모습은 오른쪽 미리보기 영역에서 확인할 수 있다.

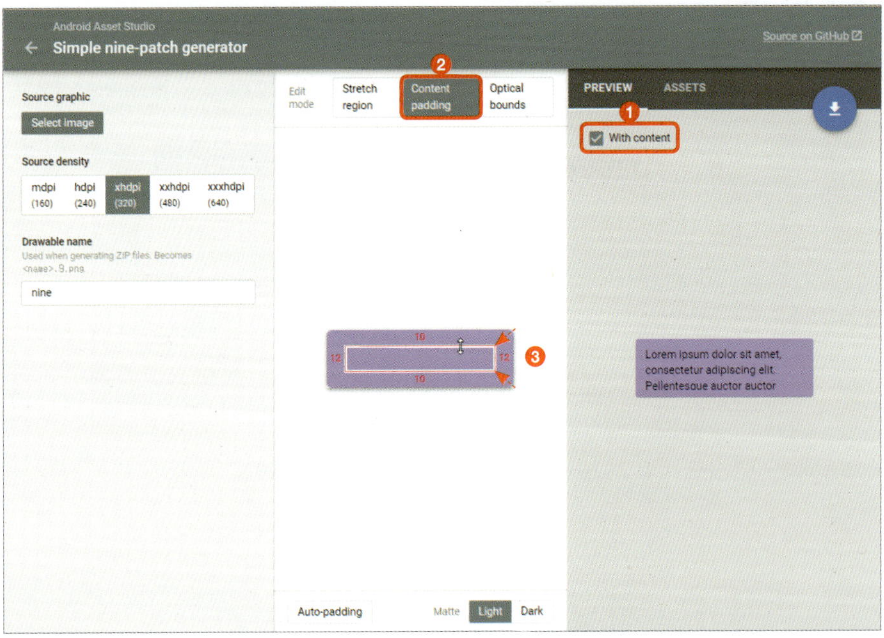

07 [Assets]를 클릭하면 각 해상도별로 나인패치가 만들어진다. 'SEE ALL'을 클릭해 모든 해상도의 이미지를 확인하고, [Download Zip] 버튼을 클릭해 다운로드한다.

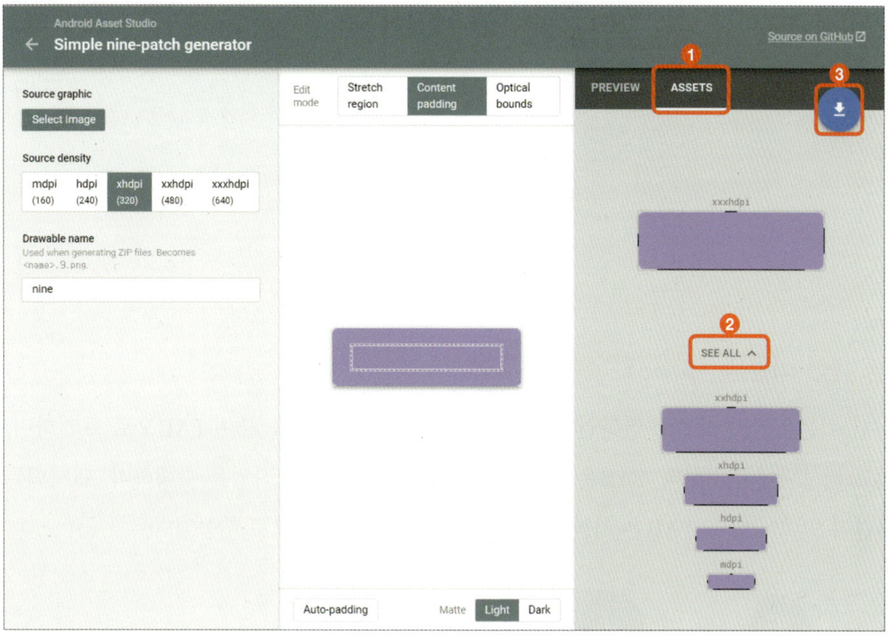

08 다운로드된 'nine.9.zip' 파일의 압축을 해제하면 각 해상도별 크기로 폴더가 만들어져 나인패치 파일이 저장된 것을 알 수 있다.

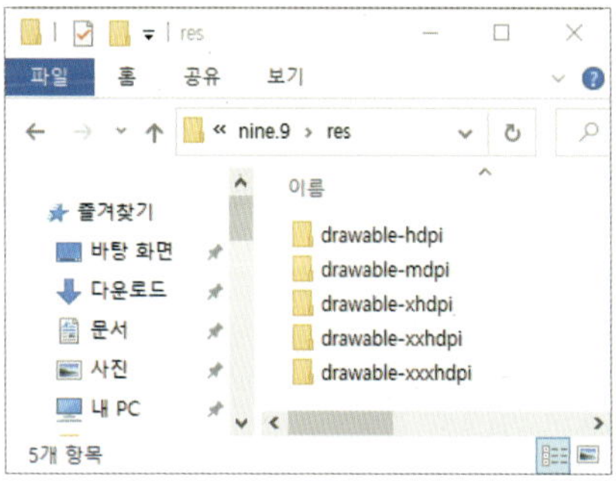

2

플로팅 액션 버튼

1 플로팅 액션 버튼의 가이드와 스택

플로팅 액션 버튼은 일반적으로 영문인 Floationg Action Button을 줄여 FAB으로 표기하며, 원 모양이고 최상위에 위치한다. FAB은 생성, 공유 또는 탐색과 같은 작업을 수행하며, 표시되는 화면과 관련이 있어야 한다. FAB은 기본, 미니, 확장의 세 가지 유형으로 제공된다.

(a) 기본 FAB (b) 미니 FAB (c) 확장 FAB

그림 7-4 FAB의 종류

FAB의 기본 위치는 하단 중앙 또는 오른쪽이지만 상단 앱 바 일부 구성 요소의 좌우 가장자리에 배치할 수 있으며 다른 요소와 시각적 연속성을 만드는 데 사용하는 것도 가능하다. FAB은 현재 화면에서 작업을 트리거하거나 새 화면을 만드는 작업을 수행한다. 이때 주의해야 할 점은 긍정적인 행동에 FAB을 사용하고 경고나 오류에 사용해서는 안 된다는 것이다. FAB은 3~6개의 스택을 포함할 수 있으며 관련 있는 액션 메뉴로 변환도 가능하다.

FAB을 그리는 방법은 너무도 간단하며 FAB의 스택은 다음과 같다.

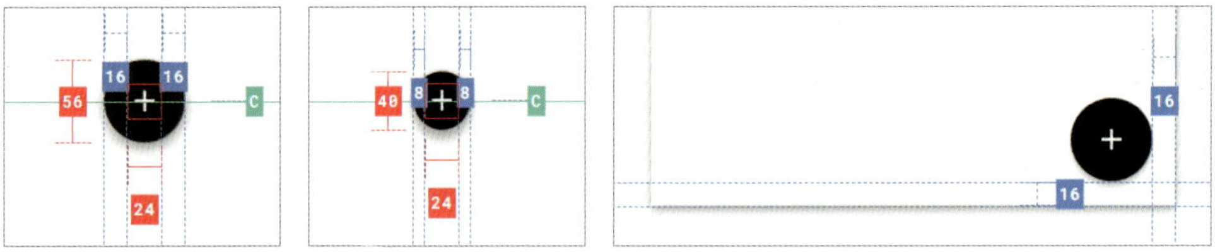

(a) 기본 FAB과 미니 FAB의 스택 (b) 기본 FAB과 미니 FAB의 배치

그림 7-5 기본 FAB과 미니 FAB의 스택과 배치

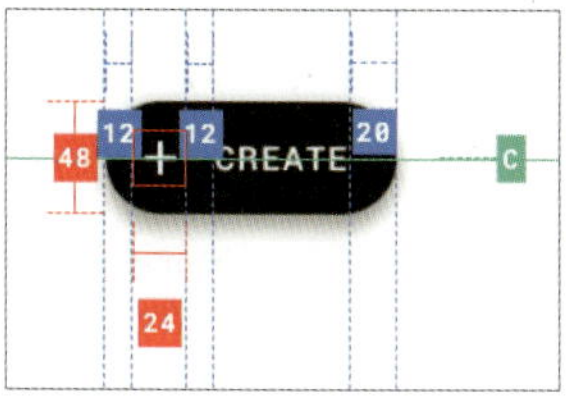

(a) 확장 FAB의 스택

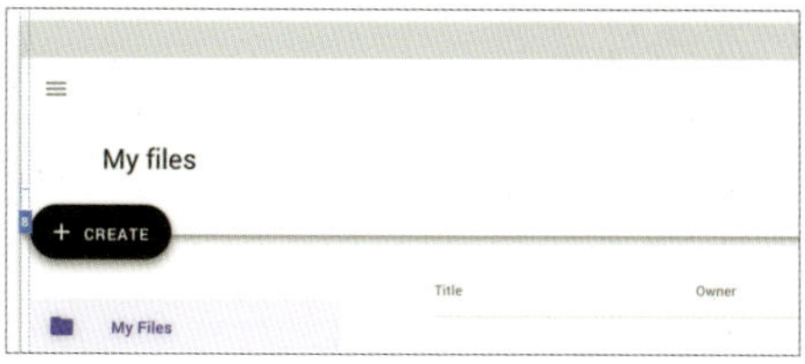

(b) 확장 FAB의 배치

그림 7-6 확장 FAB의 스택과 배치

2 FAB 제작 실습

01 [Chapter_07\Section_02] 폴더의 'FAB_준비.xd' 파일을 불러오면 이미 만들어진 FAB을 볼 수 있다.

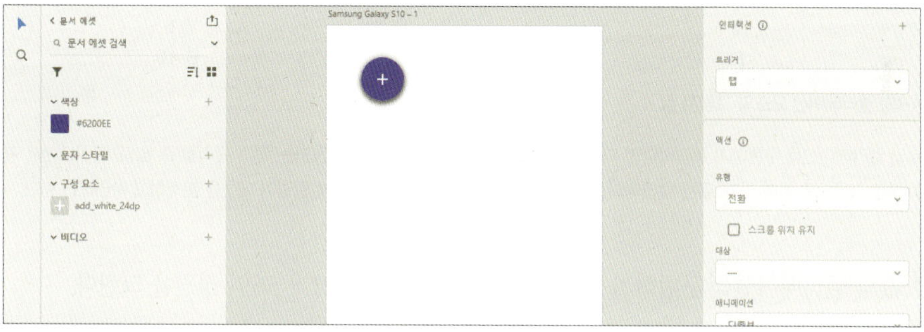

Tip 머티리얼 가이드 사이트의 [Resource]에서 다운로드하거나 예제 소스의 [Resource] 폴더를 열어 보면 다양한 컴포넌트의 가이드를 확인할 수 있다.

02 원형 툴( )로 W와 H가 56인 정원을 그린 후 라이브러리( )를 열어 #6200EE를 선택한다. '구성 요소'에 등록된 아이콘을 드래그해 원의 중앙에 배치한다.

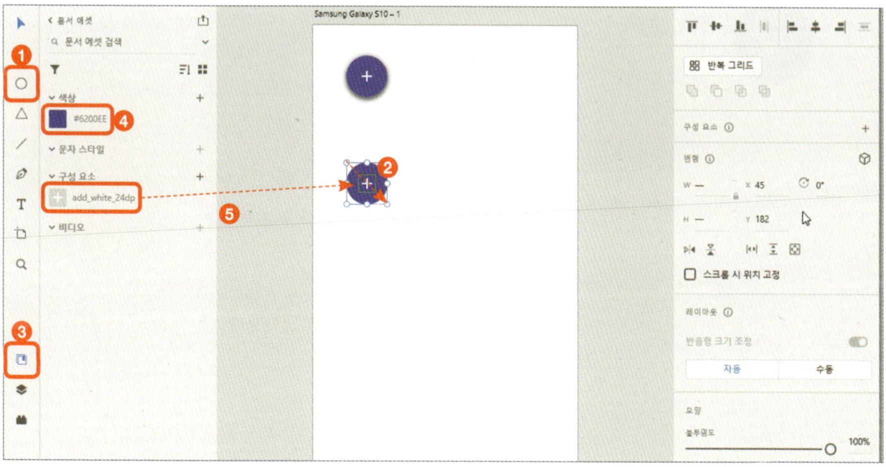

3 FAB의 엘리베이션과 속성 복제

01 'FAB_준비.xd' 파일에 있는 FAB을 선택 툴(▶)로 이동해 보면 다음과 같이 여러 개의 그림자 오브젝트가 합쳐져 있다는 것을 알 수 있다. 이들의 그림자 값이 더해져 FAB의 엘리베이션 값인 6이 완성된다. 각각의 그림자 값은 다음과 같다.

그림자 없음	채우기 #000000	채우기 #000000	채우기 #000000
	투명도 14%	투명도 20%	투명도 12%
	X 0	X 0	X 0
	Y 4	Y 2	Y 1
	B 5	B 4	B 10

그림 7-7 FAB의 엘리베이션 요소의 그림자 값

Tip 컴포넌트의 엘리베이션을 구현하기 복잡하다면 가이드라인의 에셋을 가져다 변형해 사용하는 것이 편리할 수 있다. 가이드에서 가져온 에셋은 대부분 그룹으로 묶여 있다. 같은 엘리베이션 값을 구현하려면 먼저 그룹을 해제해 일일이 에셋을 분해하고 확인해야 한다.

02 같은 값의 엘리베이션을 구현하기 위해 원형 툴(○)로 W와 H가 56인 정원을 그린다.

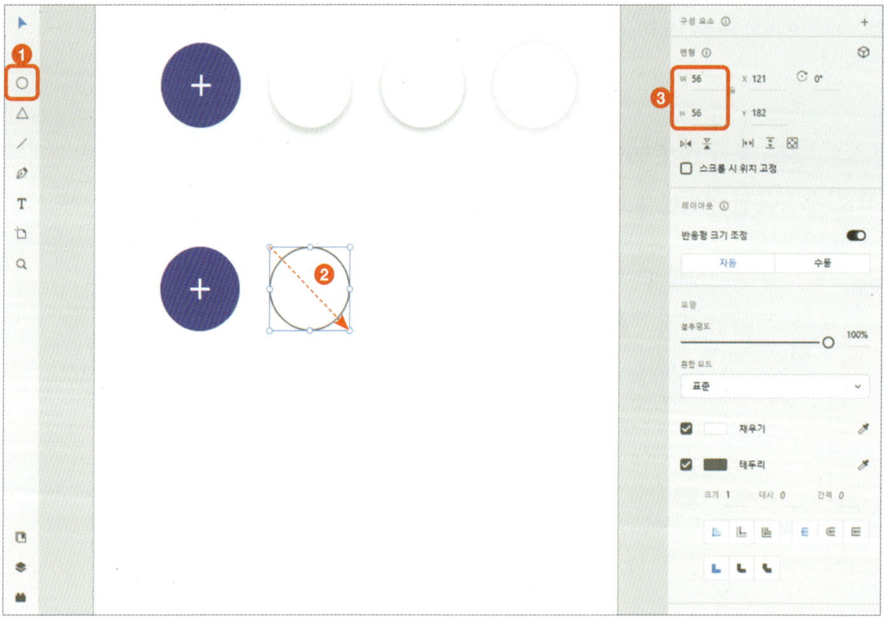

03 선택 툴(▶)로 그림자 오브젝트를 하나 선택하고 Ctrl + C를 눌러 복제한 후 속성을 붙여넣을 원을 선택하고 Ctrl + Alt + V를 누른다.

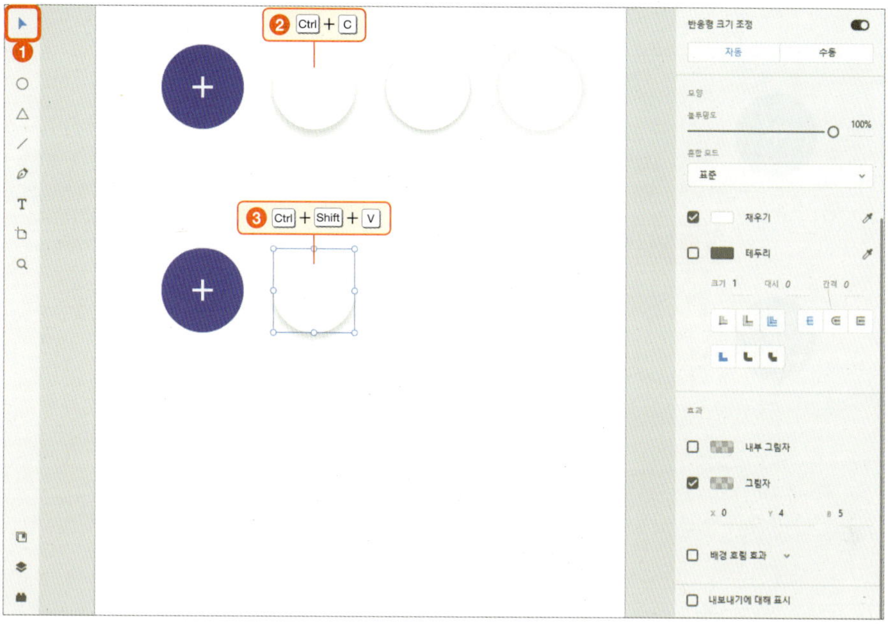

Tip Ctrl + V는 오브젝트를 그대로 붙여넣지만 Ctrl + Alt + V는 속성 값만 복제하기 때문에 형태가 달라도 붙여넣을 수 있다. 단축키를 외우기 어렵다면 메뉴에서 [편집]-[복사]를 클릭한 후 속성을 붙여넣을 오브젝트를 선택하고 [편집]-[모양 붙여넣기]를 클릭한다.

04 같은 방법으로 원을 추가하고 나머지 오브젝트의 속성을 복사해 붙여넣는다.

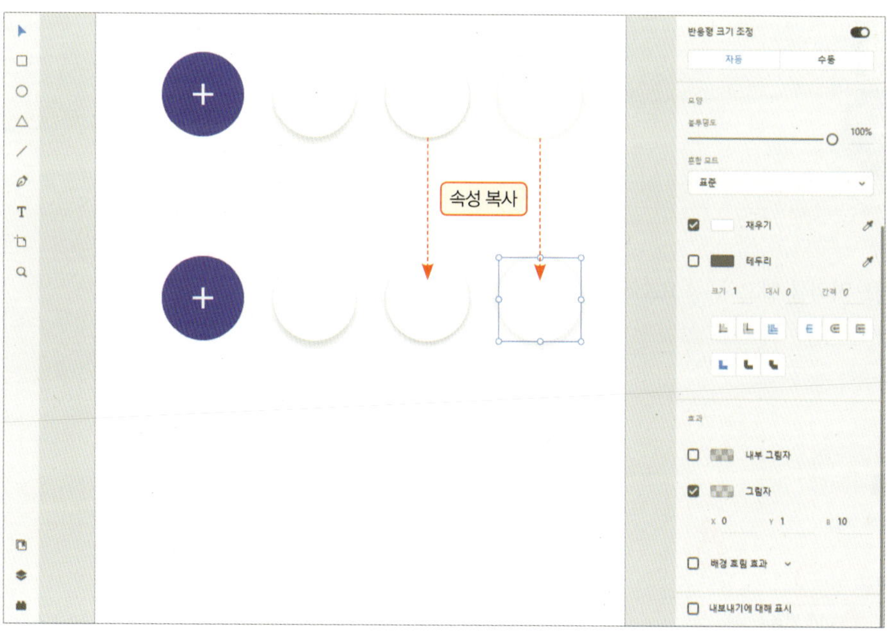

05 3개의 오브젝트를 모두 선택하고 옵션 패널에서 '가운데 정렬(세로)'와 '가운데 정렬(가로)'를 클릭해 같은 위치로 합친 후 Ctrl + G를 눌러 그룹으로 만든다. 그룹이 된 그림자 오브젝트를 마우스 오른쪽 버튼으로 클릭해 [맨 뒤로 보내기]를 클릭한다.

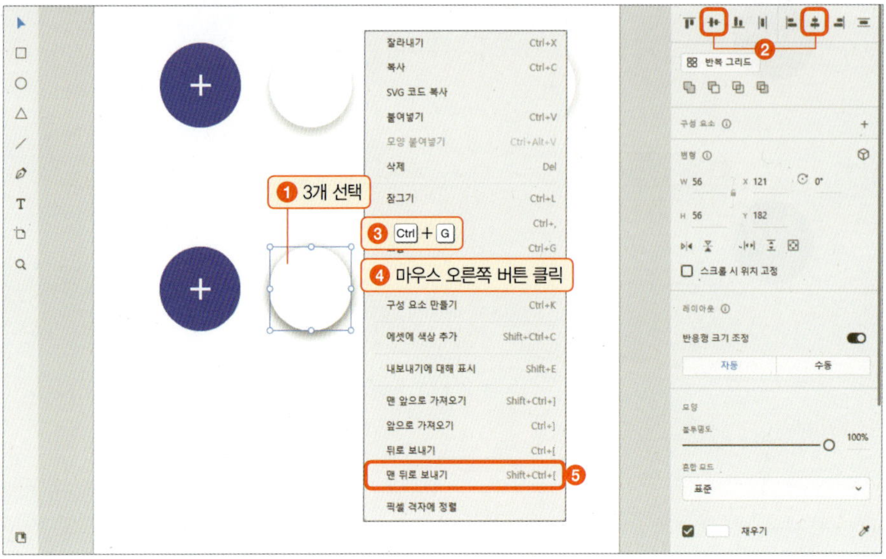

Tip 그림자 요소들이 FAB보다 늦게 만들어졌기 때문에 처음부터 같은 위치로 합치면 그림자 요소가 FAB의 위에 배치되어 흰색 그림자만 보인다.

06 FAB과 그림자 그룹을 함께 선택하고 옵션 패널에서 '가운데 정렬(세로)'와 '가운데 정렬(가로)'를 클릭해 같은 위치로 합친 후 Ctrl + G를 눌러 그룹으로 만든다.

07 라이브러리를 열고 '구성 요소'의 +를 클릭한 후 이름을 'Fab/Normal'로 변경한다.

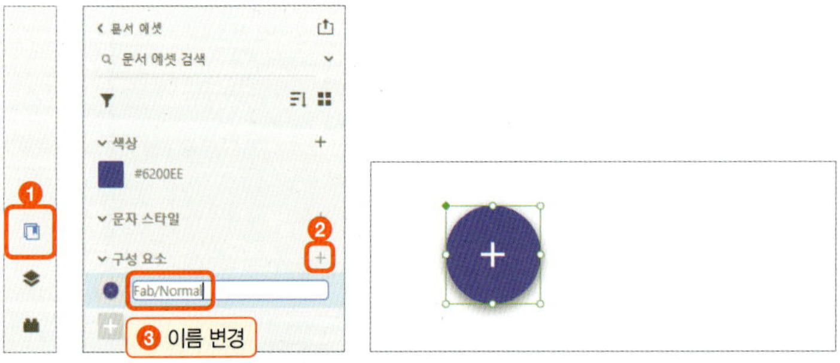

3
하단 앱 바

1 하단 앱 바의 가이드와 스택

하단 앱 바는 하단 내비게이션과 같은 위치에서 사용되며, 이 둘은 구분해 사용해야 한다. 하단 앱 바는 모바일에서만 사용할 수 있으며 2~4개의 액션이 있는 경우에 사용한다. 다만 하단 내비게이션과의 구분을 위해 하단 탐색 모음이 있는 경우나 액션이 하나 또는 없는 경우에는 사용할 수 없다. 하단 앱 바는 주로 FAB과 함께 사용되는 경우가 많지만 FAB이 없는 경우도 있다. 하단 앱 바의 종류에 따라 시각적 차이도 있지만 FAB의 위치에 따라 포함할 수 있는 작업 개수가 다르다. 하단 앱 바의 종류는 다음과 같다.

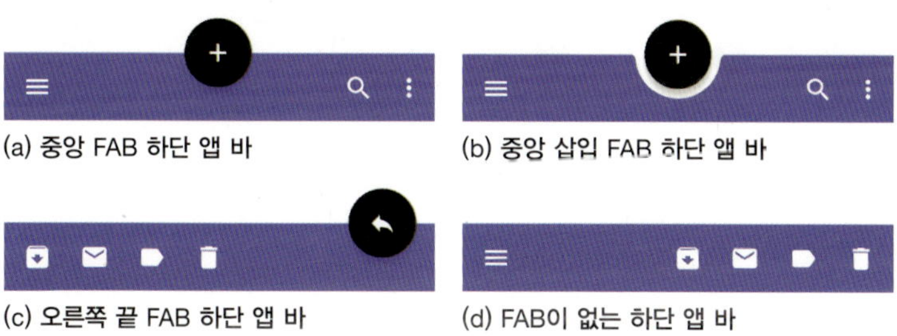

(a) 중앙 FAB 하단 앱 바

(b) 중앙 삽입 FAB 하단 앱 바

(c) 오른쪽 끝 FAB 하단 앱 바

(d) FAB이 없는 하단 앱 바

그림 7-8 하단 앱 바의 종류

하단 앱 바는 중요한 화면 동작을 강조하고 FAB에 대한 인식을 높여준다. 또 하단에 배치되어 있기 때문에 터치 영역에서 가까워 접근이 쉽다는 장점이 있다. 하단 앱 바의 각 세부 명칭은 다음과 같다.

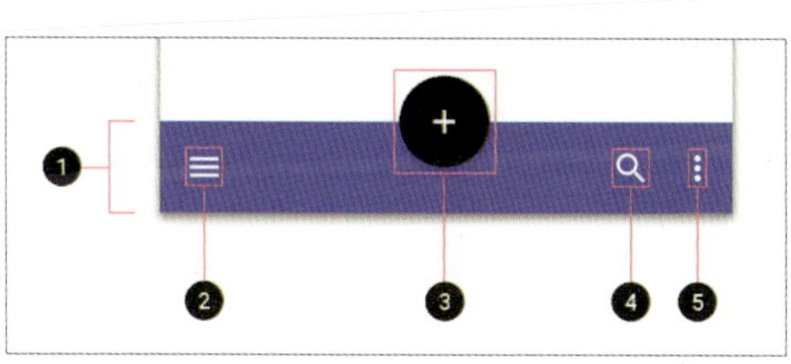

❶ 컨테이너
❷ 탐색 창 컨트롤
❸ 플로팅 액션 버튼(FAB)
❹ 액션 아이콘
❺ 오버플로 메뉴 컨트롤

그림 7-9 하단 앱 바의 세부 명칭

하단 앱 바는 화면을 스크롤하면 사라지거나 다시 나타날 수 있다. 아래로 스크롤하면 숨겨지며, FAB이 있는 경우에는 컨테이너에서 분리되어 화면에 남는다. 위로 스크롤하면 다시 하단 앱 바가 표시되고 FAB에 연결된다. 이를 유지하려면 엘리베이션 값이 중요하다. 하단 앱 바의 엘리베이션 값은 8dp이다. FAB과 연결되었을 때 FAB의 기본 높이와 상승 높이가 하단 앱 바 위에 계속 보이도록 엘리베이션의 높이를 증가시켜야 한다.

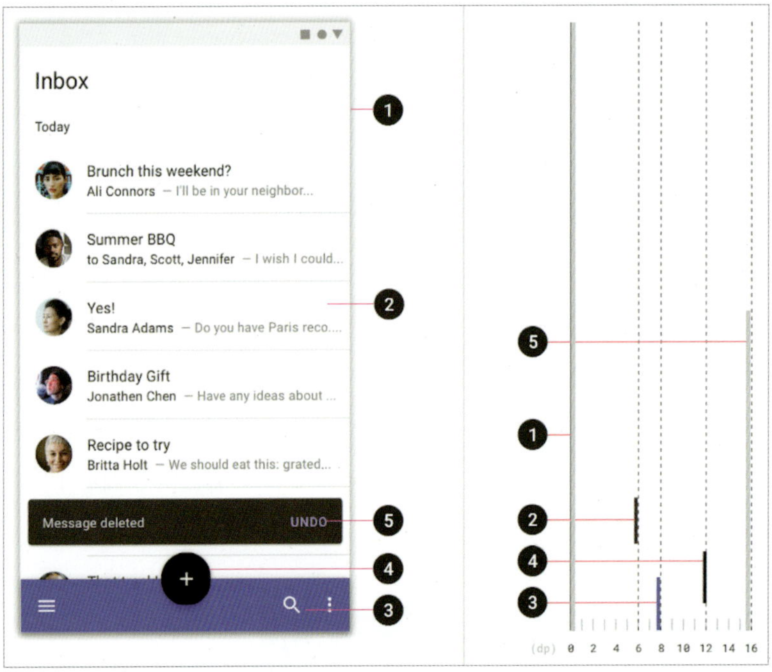

그림 7-10 하단 앱 바의 엘리베이션

하단 앱 바의 스택은 다음과 같다.

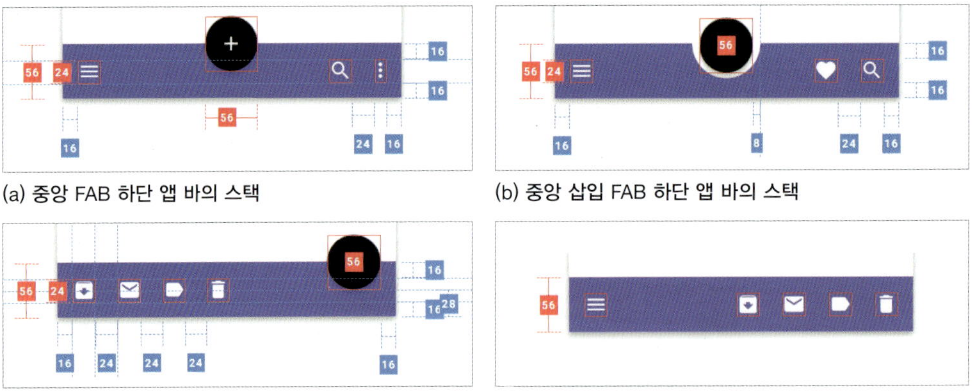

(a) 중앙 FAB 하단 앱 바의 스택

(b) 중앙 삽입 FAB 하단 앱 바의 스택

(c) 오른쪽 끝 FAB 하단 앱 바의 스택

(d) FAB이 없는 하단 앱 바의 스택

그림 7-11 하단 앱 바의 스택

2 하단 앱 바 실습

01 [Chapter_07\Section_03] 폴더에서 '하단 앱 바_준비.xd' 파일을 불러온다.

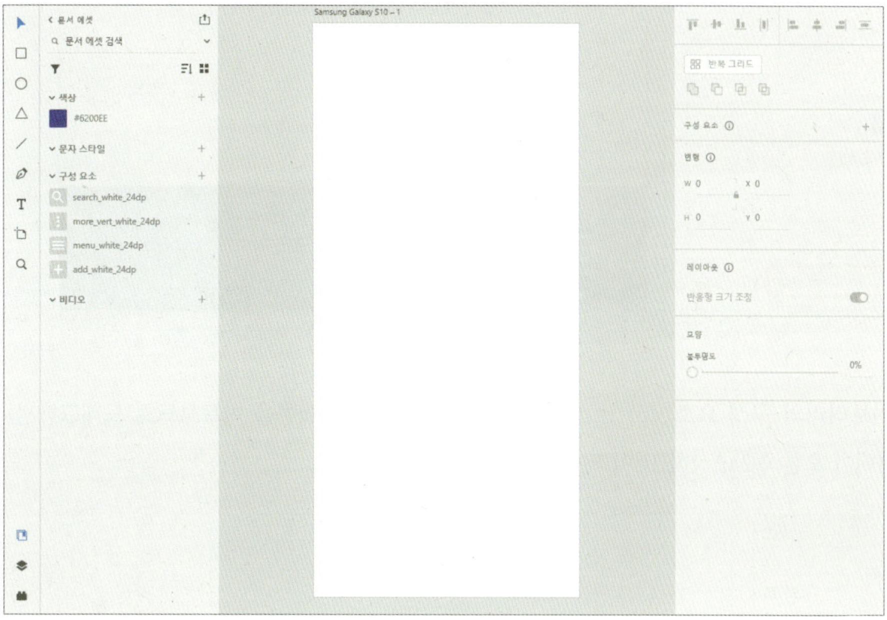

02 사각형 툴(□)로 W 360, H 56인 사각형을 그리고 X에는 0을, Y에는 전체 아트보드 높이인 760에서 컨테이너 높이를 뺀 값인 760−56을 입력한다. '채우기' 색상은 #6200EE로 설정하고 '테두리'의 체크를 해제한다.

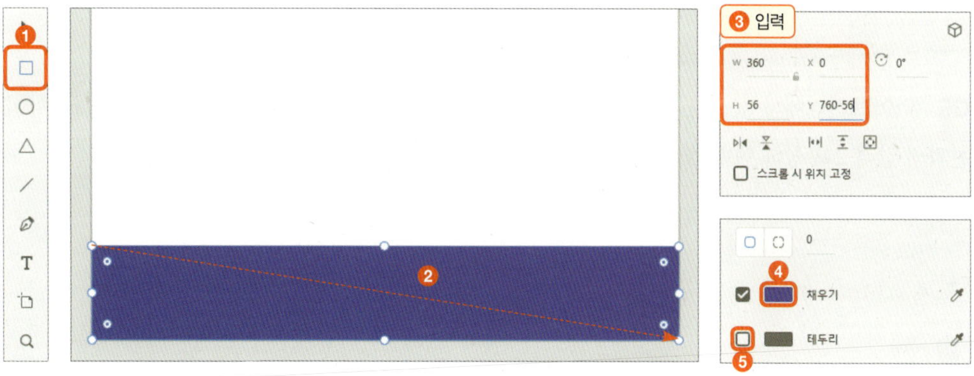

Tip 채우기 색상은 라이브러리에 등록된 색상과 동일하므로 라이브러리에서 선택해도 된다.

03 라이브러리( )를 열고 '구성 요소'에서 'menu_white_24dp' 아이콘을 아트보드로 드래그해 삽입한 후 여백이 왼쪽 24, 상하 16이 되는 위치에 배치한다.

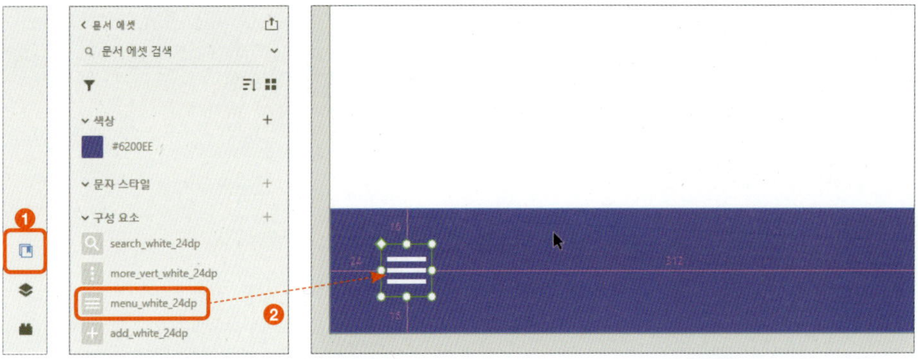

04 라이브러리의 '구성 요소'에서 'more_vert_white_24dp' 아이콘을 아트보드로 드래그해 삽입하고 여백이 오른쪽 24, 상하 16이 되는 위치에 배치한다.

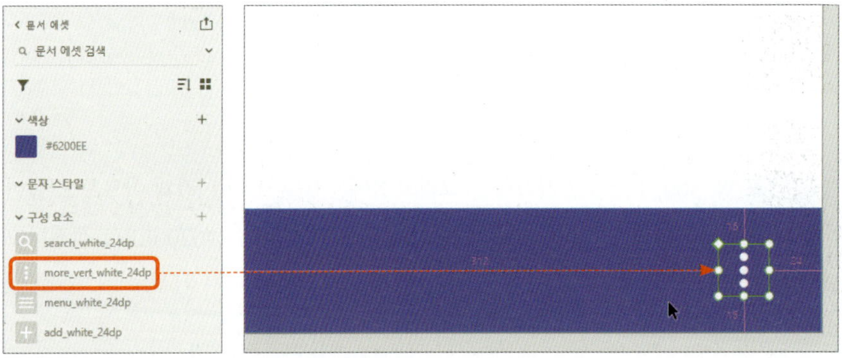

05 라이브러리에서 'search_white_24dp' 아이콘을 아트보드로 드래그해 삽입하고 more 아이콘과의 간격 24, 상하 여백 16이 되는 위치에 배치한다.

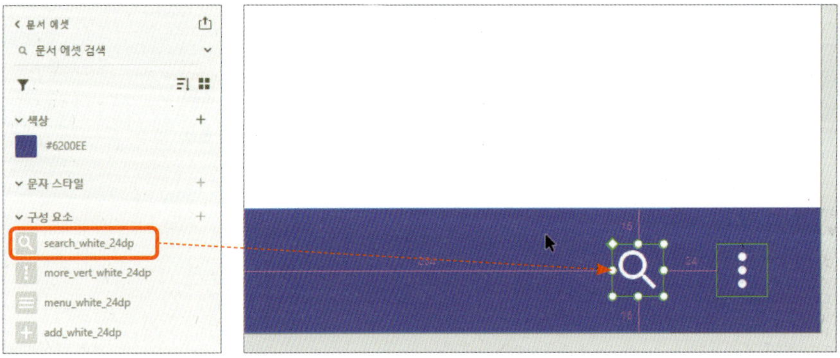

06 [Chapter_07\Section_02] 폴더에서 'FAB_완성.xd' 파일을 열어 FAB을 선택하고 Ctrl+C를 눌러 복사한 후 현재 작업 중인 화면으로 돌아와 Ctrl+V를 눌러 붙여넣는다.

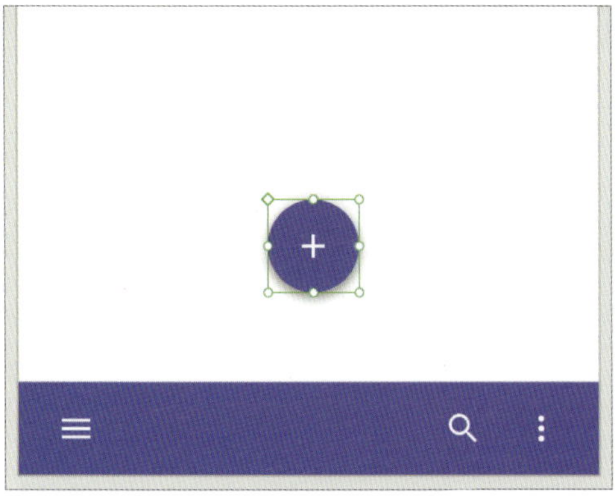

Tip 다른 파일의 라이브러리에 등록된 파일을 복제하면 현재 작업 중인 라이브러리에 자동으로 등록된다.

07 FAB을 더블클릭해 선택하고 '채우기' 색상을 #000000으로 변경한 후 하단 앱 바의 상단 라인에 맞추고 좌우 가운데에 배치해 완성한다.

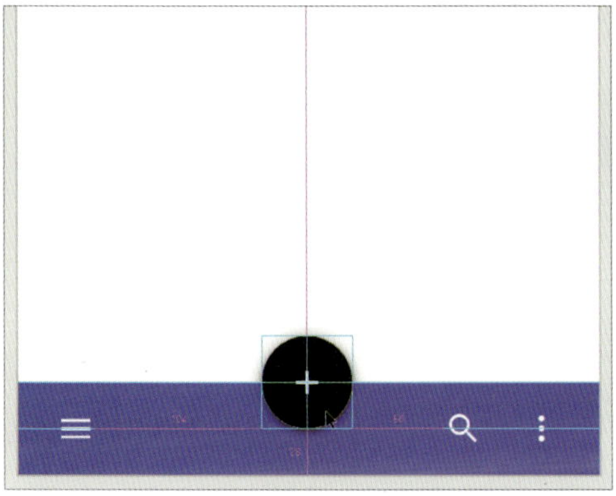

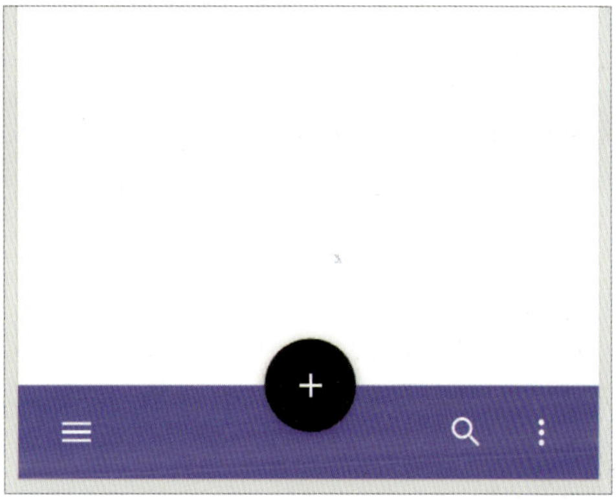

Tip 선택 툴( )로 오브젝트를 이동하면 상하좌우 중앙에 위치하거나 다른 오브젝트와 나란히 배치될 때 자동으로 가이드라인이 나타난다.

4
리스트 디자인

1 리스트의 가이드와 스택

리스트는 텍스트의 연속 또는 이미지 그룹의 규칙적인 반복으로 구성된다. 리스트는 콘텐츠를 쉽게 검색할 수 있도록 알파벳순, 숫자순, 시간순, 사용자 선호도순과 같이 논리적인 방법으로 정렬하고 일관된 형식으로 표시해야 한다. 리스트는 유형이 너무 많아 일일이 그 종류를 나열하기 어렵지만 기본적으로 텍스트를 기준으로 한 줄 리스트, 두 줄 리스트, 세 줄 리스트로 구분된다. 아이콘이나 아바타가 포함되는 경우도 있다. 대표적인 리스트의 종류는 다음과 같다.

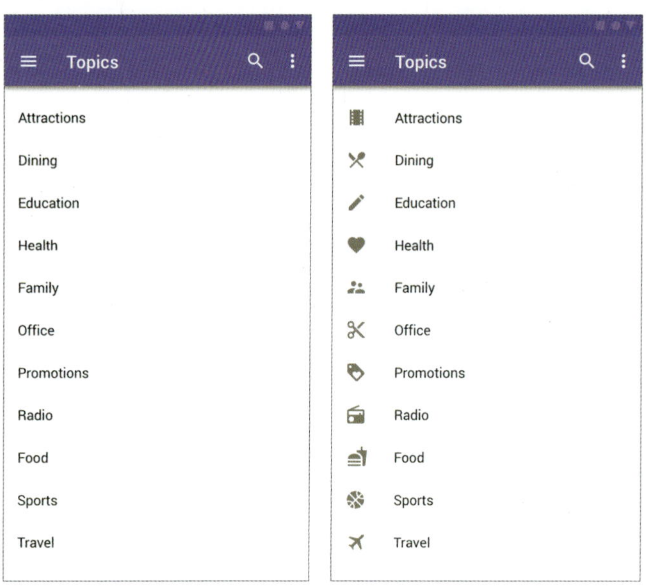

(a) 텍스트 리스트　　(b) 아이콘이 있는 텍스트 리스트

그림 7-12 한 줄 리스트의 종류

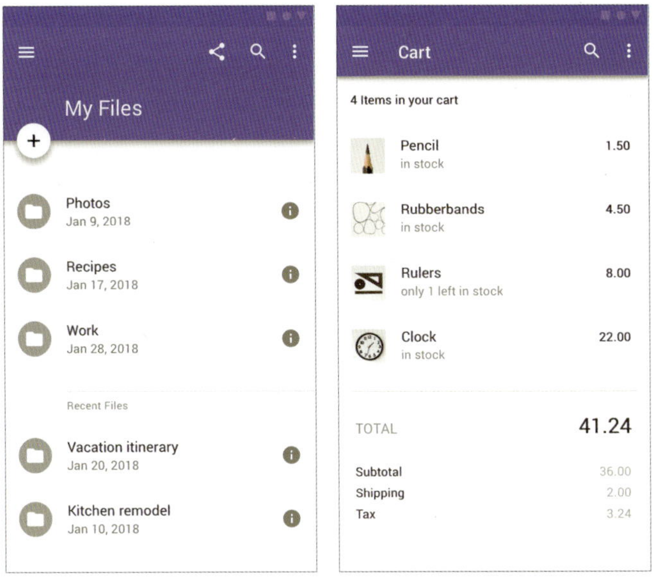

(a) 아이콘과 메타 아이콘이 있는 두 줄 리스트　(b) 썸네일과 메타 텍스트가 있는 두 줄 리스트

그림 7-13 두 줄 리스트의 종류

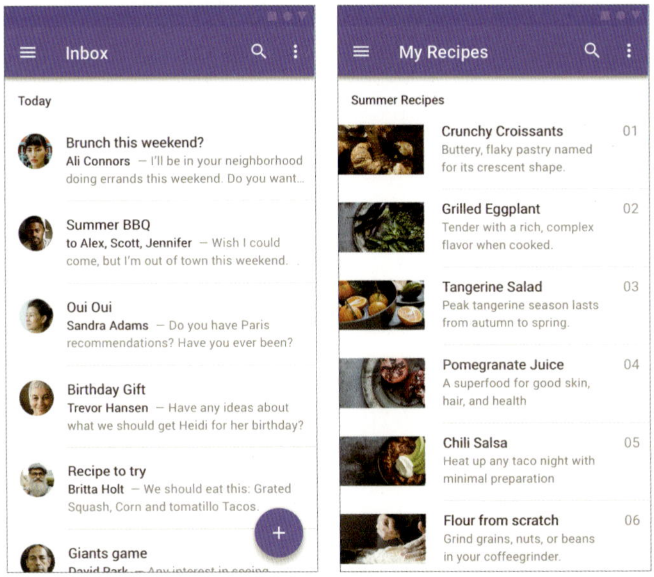

(a) 아바타가 있는 세 줄 리스트　(b) 네일과 메타 텍스트가 있는 세 줄 리스트

그림 7-14 세 줄 리스트의 종류

리스트는 콘텐츠를 세로로 확장하거나 축소해 기존 리스트 항목의 세부 정보를 표시하거나 숨기는 것이 가능하다. 이때는 확장된 항목의 하위 요소가 끝나는 부분에 화면을 가로로 가로지르는 구분선을 삽입하기도 한다. 체크박스나 스위치와 같은 컨트롤이 포함되는 경우 리스트 항목에 대한 정보와 작업을 표시한다.

리스트의 스택은 다음과 같다.

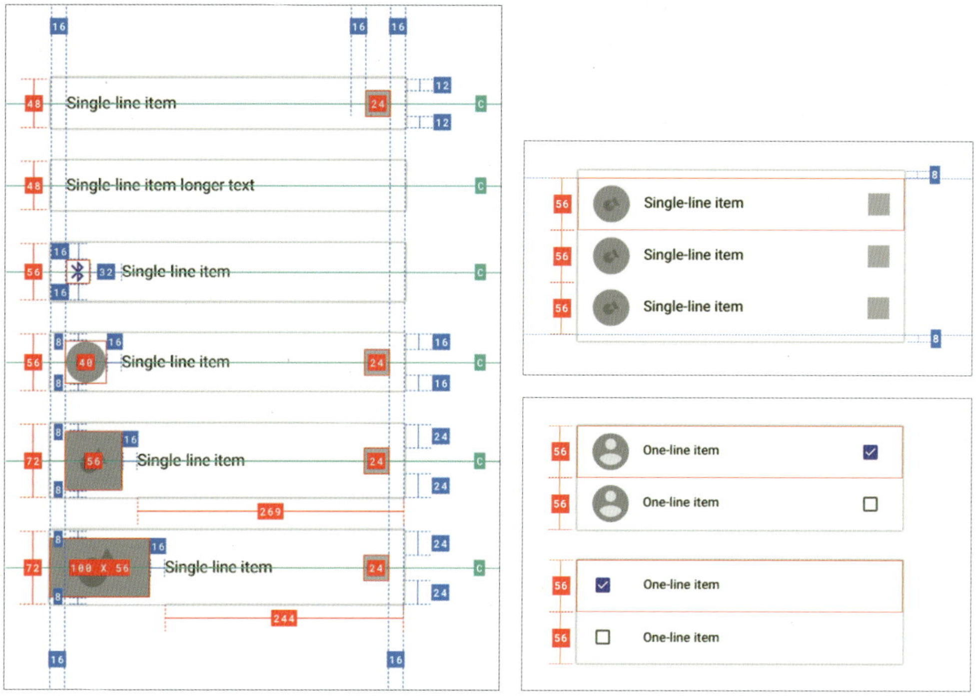

그림 7-15 한 줄 리스트의 스택

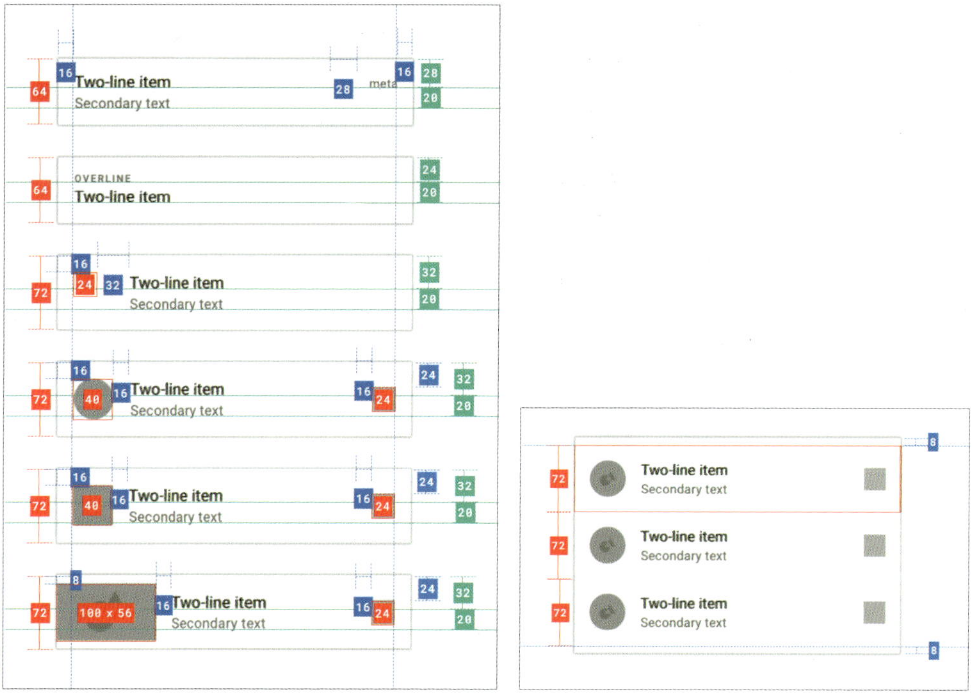

그림 7-16 두 줄 리스트의 스택

그림 7-17 세 줄 리스트의 스택

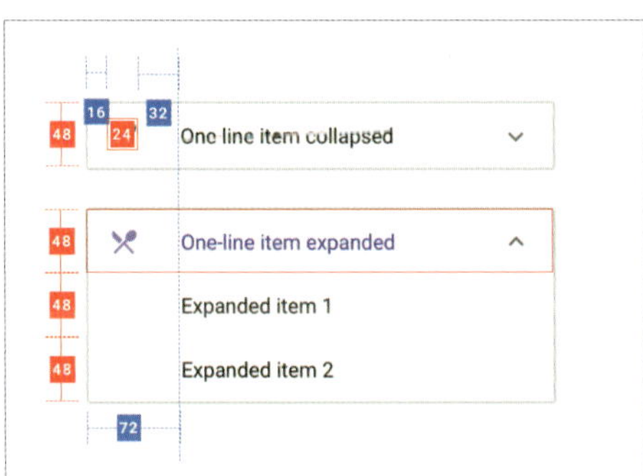

그림 7-18 확장 리스트의 스택

2 리스트 실습

01 [Chapter_07\Section_04] 폴더에서 '리스트_준비.xd' 파일을 불러온다.

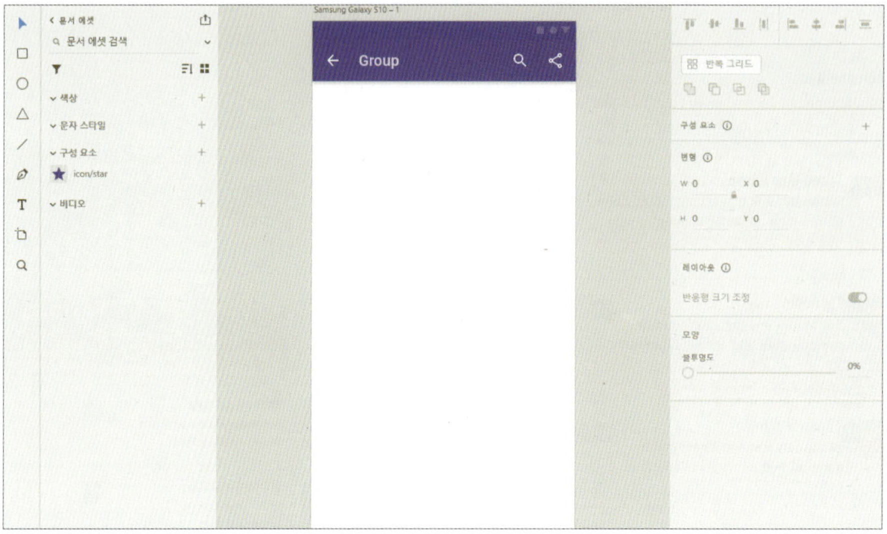

02 툴 패널 하단의 플러그인( )을 클릭해 플러그인 패널이 열리면 '플러그인 탐색 +'을 클릭해 검색 창을 연다. 'UI Faces'와 'ContentGenerator'를 검색해 [설치]를 클릭한다.

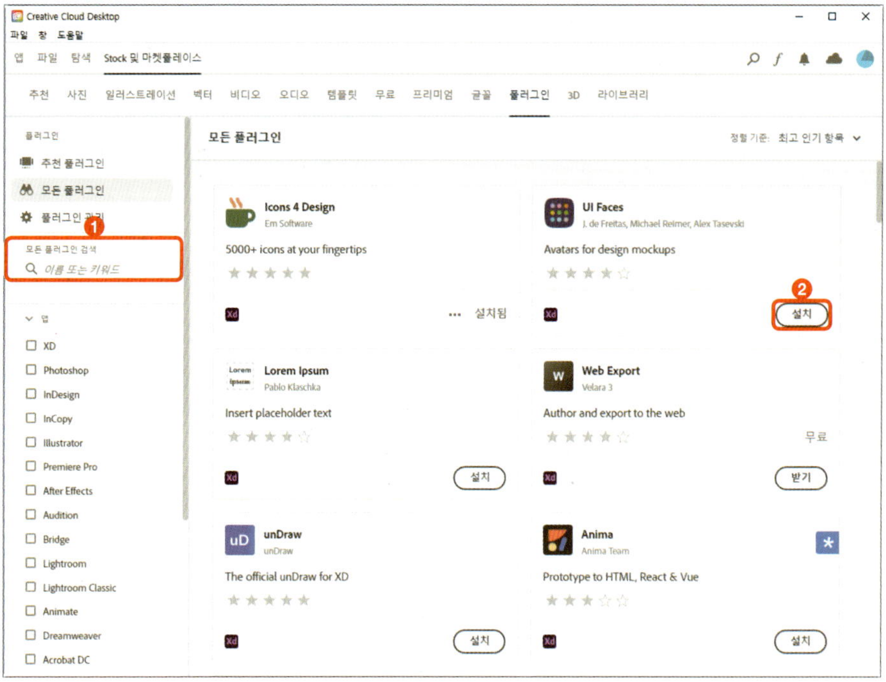

Tip 플러그인은 사용 방법이 쉬워 금방 사용할 수 있으므로 여러 플러그인을 둘러보고 필요한 플러그인을 다운로드해 사용해 볼 것을 권장한다.

03 텍스트 툴(T)로 텍스트 필드를 만들고 'Friends'를 입력한다. 이때 글꼴은 Roboto, 글꼴 크기는 16, 글꼴 두께는 Bold로 지정하고 '채우기' 색상을 #454545로 설정한다. 텍스트 필드의 여백은 좌우 16이 되도록 한다.

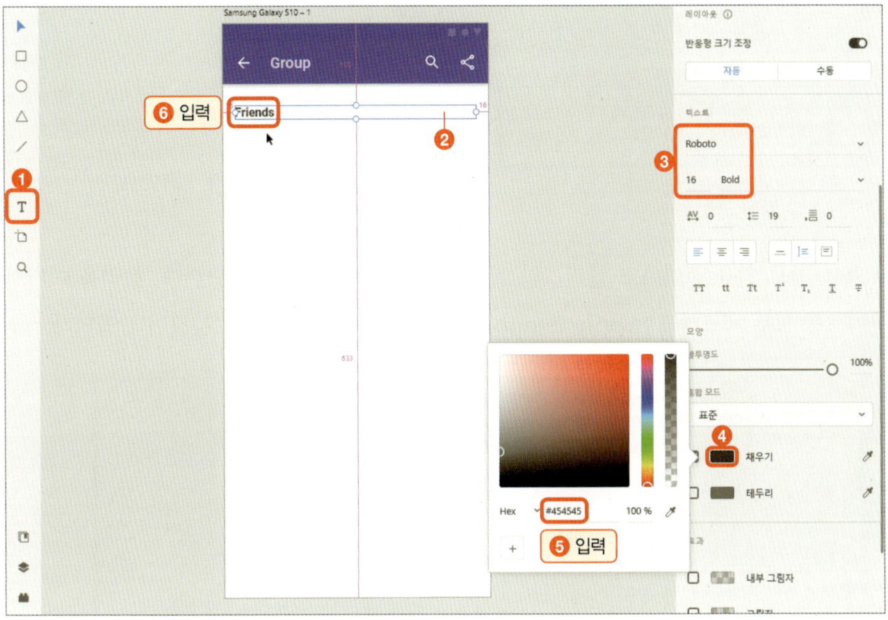

Tip 텍스트 필드의 W는 328, X는 16, Y는 108로 지정한다.

04 사각형 툴(□)로 리스트의 컨테이너로 사용할 사각형을 만든다. W 360, H 72로 지정하고, 상단 앱 바와의 간격이 72가 되도록 배치한다.

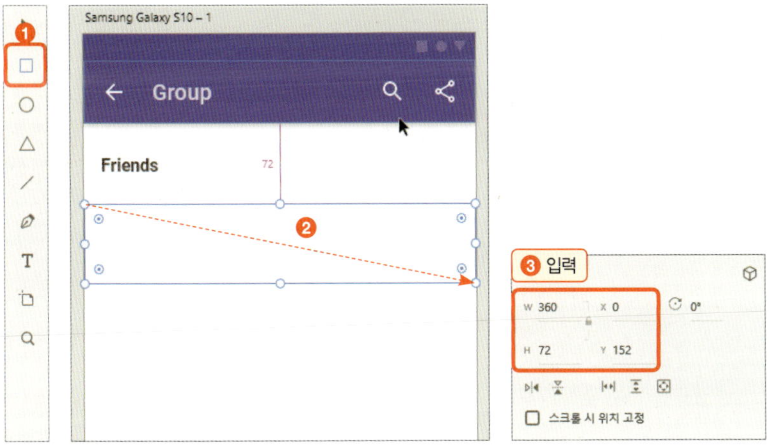

05 원형 툴(○)로 W와 H가 40인 정원을 만들고 왼쪽 여백과 상하 여백이 16이 되도록 배치한다.

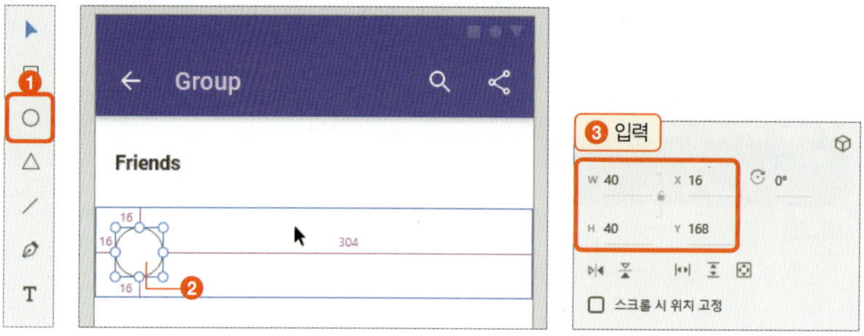

06 선택 툴(▶)로 원을 선택하고 플러그인 패널을 연 후 'UI Face'를 클릭한다. 불러올 이미지의 소스 사이트를 모두 체크하고 [Apply Randomly]를 클릭하면 원에 인물 사진이 삽입된다.

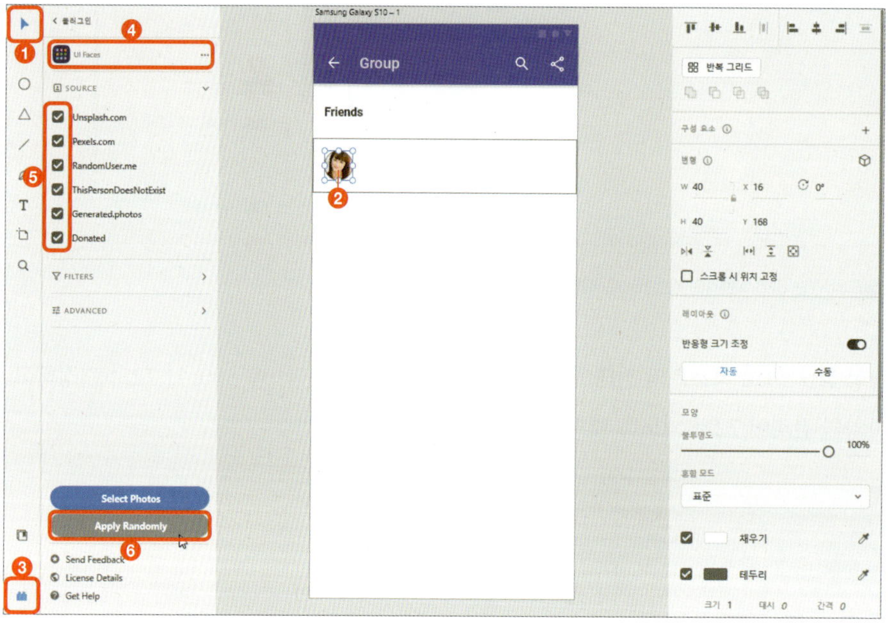

Tip [Apply Randomly]를 클릭할 때마다 사진이 교체된다.

07 텍스트 툴(T)로 텍스트 필드를 만들고 임의의 문자를 입력한다.

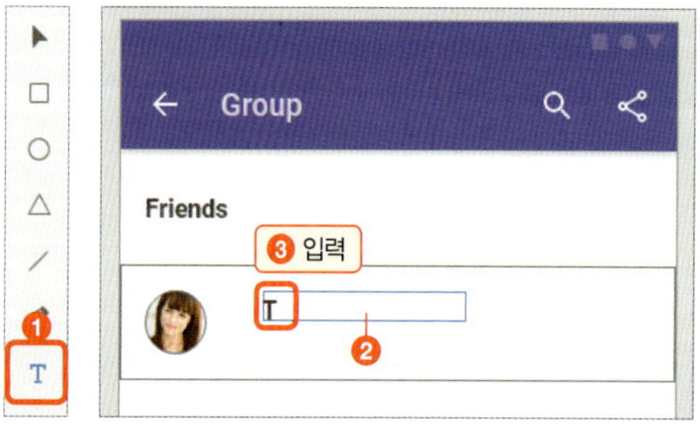

Tip 아무것도 입력하지 않으면 텍스트 필드가 사라진다.

08 플러그인 패널에서 'Content Generator'를 클릭해 옵션 창이 열리면 어떤 성별의 이름을 입력할 것인지 선택한다. 사진을 성별 구분 없이 랜덤으로 넣었으므로 'Both'를 선택한다.

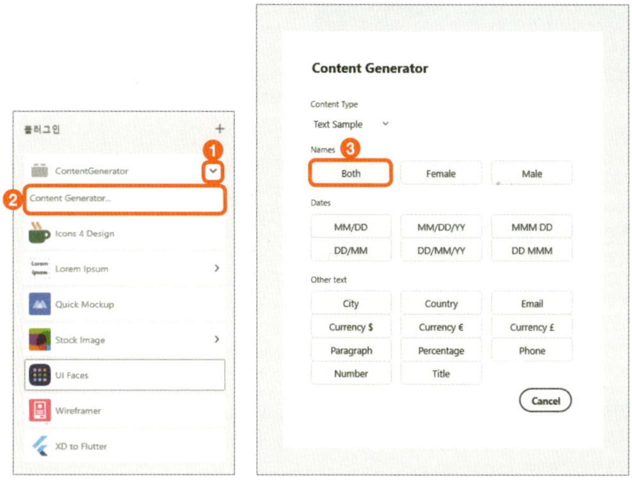

Tip 텍스트 필드에 아무 문자도 입력되어 있지 않으면 ContentGenerator가 작동하지 않는다.

09 텍스트 필드에 자동으로 이름이 입력된다. 글꼴은 리스트 타이틀인 'Friends'와 동일하게 Roboto, 글꼴 크기는 16, 글꼴 두께는 Bold, '채우기' 색상은 #454545로 설정한다. 사진과의 간격, 오른쪽 여백이 모두 16이 되도록 텍스트 필드 크기와 위치를 조절한다.

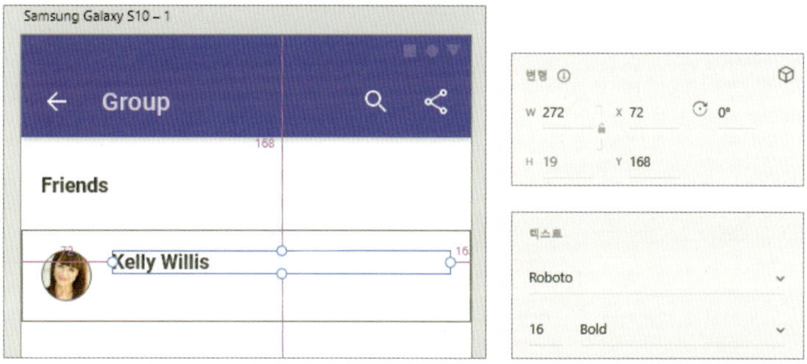

10 스택에 따라 H가 32인 사각형을 임시로 만들어 텍스트 베이스라인 높이를 맞춘다.

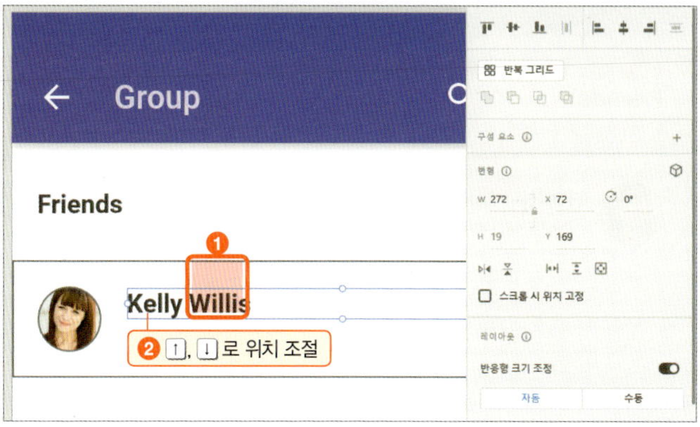

11 선택 툴(▶)로 이름 텍스트 필드를 선택하고 Alt를 누른 채 드래그해 복제한다.

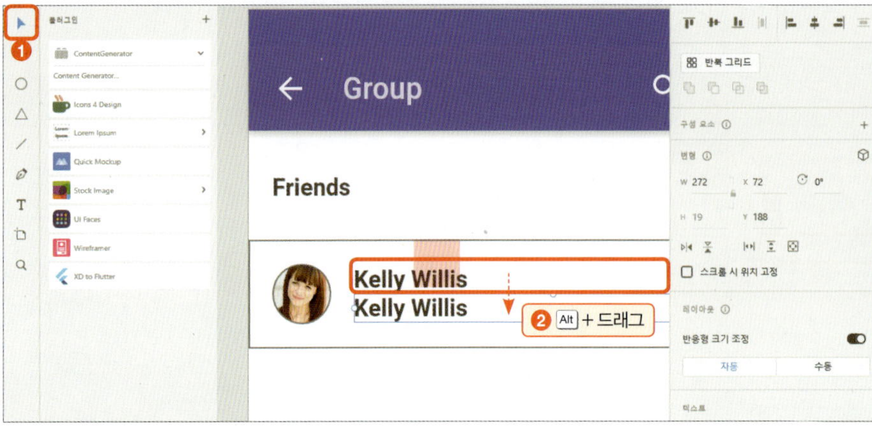

Tip 같은 위치의 텍스트 필드를 복제해 사용하면 간격은 특별히 다시 맞추지 않아도 된다.

12 'Content Generator' 플러그인을 클릭하고 옵션 창에서 'Email'을 선택하면 텍스트 내용이 이메일 형태로 바뀐다. 글꼴은 Roboto, 글꼴 크기는 12, 글꼴 두께는 Regular, '채우기' 색상은 #707070으로 설정한다.

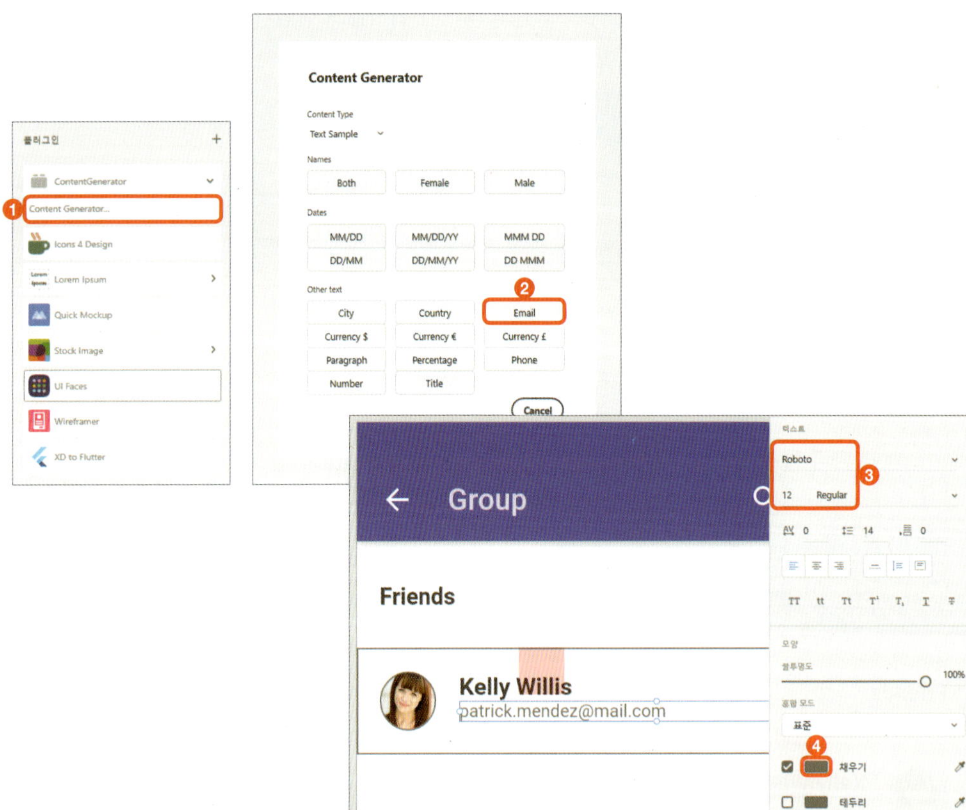

13 사각형 툴(□)로 H가 20인 임시 사각형을 만들어 이름과 이메일의 베이스라인에 그림과 같이 맞춰 배치한다.

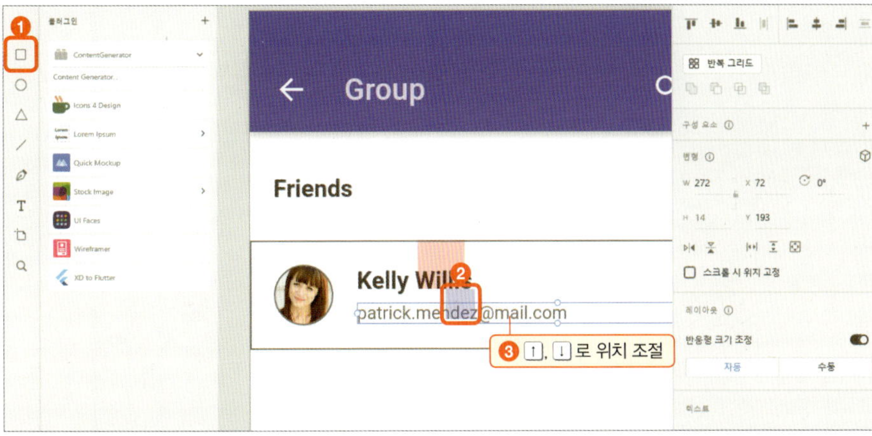

14 툴 패널에서 라이브러리(▣)를 클릭해 열고 '구성 요소'에서 'icon/Star'를 아트보드로 드래그해 삽입한다. 오른쪽 여백 16을 두고 컨테이너의 세로 가운데에 배치한다.

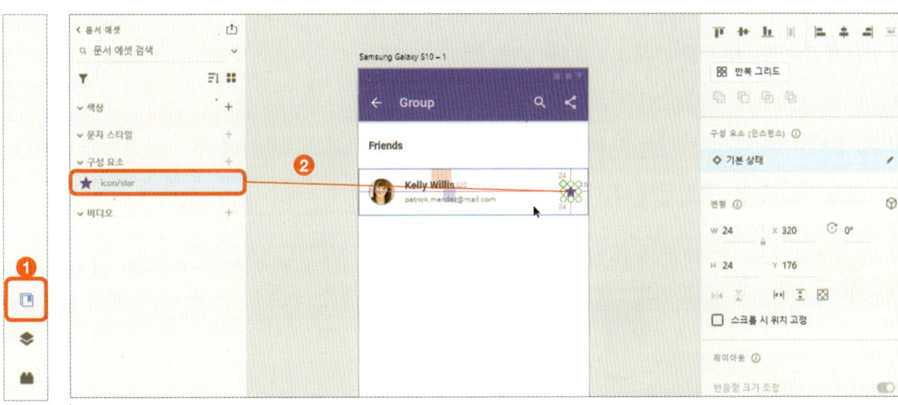

15 임시로 만든 사각형을 제거하고 나머지 요소를 모두 선택한 후 Ctrl + G를 눌러 그룹으로 만든다.

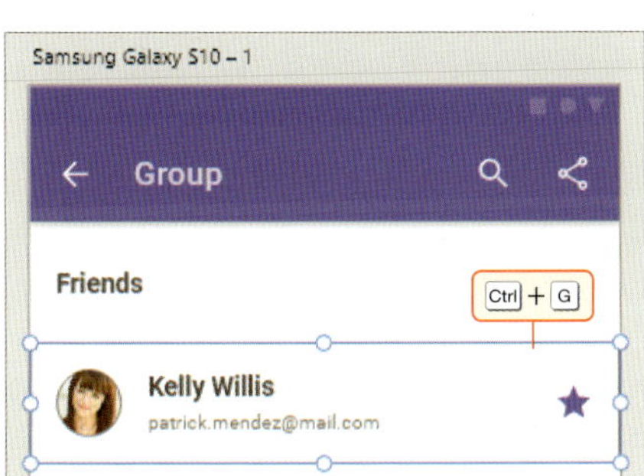

16 옵션 패널에서 '반복 그리드(반복 그리드)'를 클릭해 초록색 바운딩 박스가 나타나면 세로 방향으로 드래그해 리스트를 반복 배치한다.

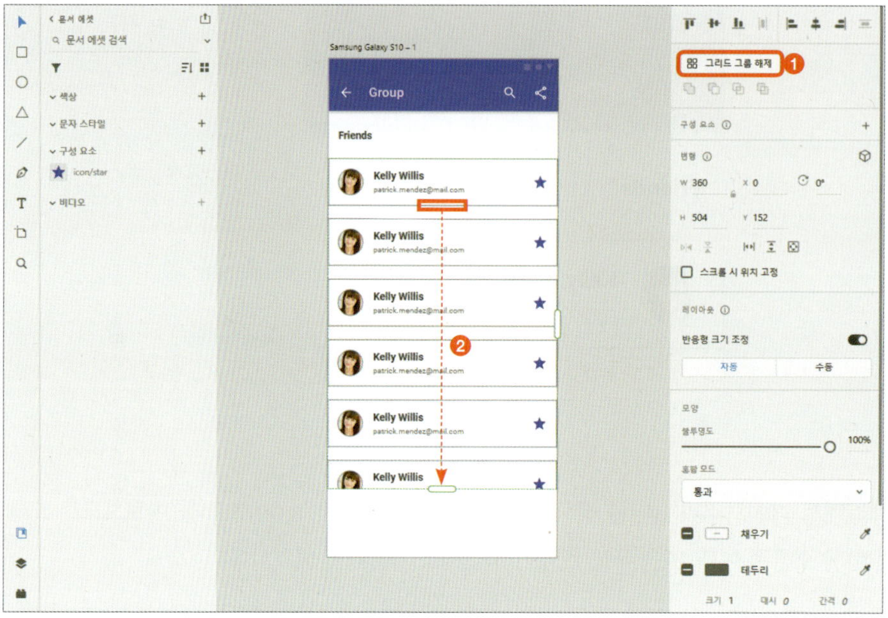

Tip '반복 그리드'를 클릭하면 버튼 이름이 '그리드 그룹 해제'로 변경된다.

17 리스트 컨테이너 간의 간격을 드래그해 0으로 만들고 아트보드 맨 아래까지 리스트가 보이도록 반복 그리드 바운딩을 세로로 늘린다.

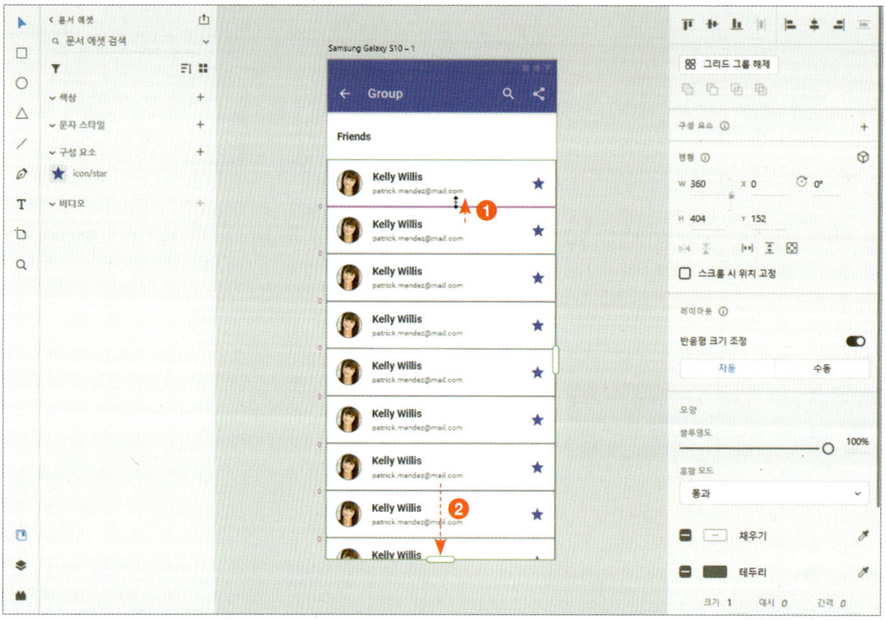

18 반복 그리드 내부를 선택 툴(▶)로 더블클릭해 컨테이너를 선택하고 '테두리'의 체크를 해제한다.

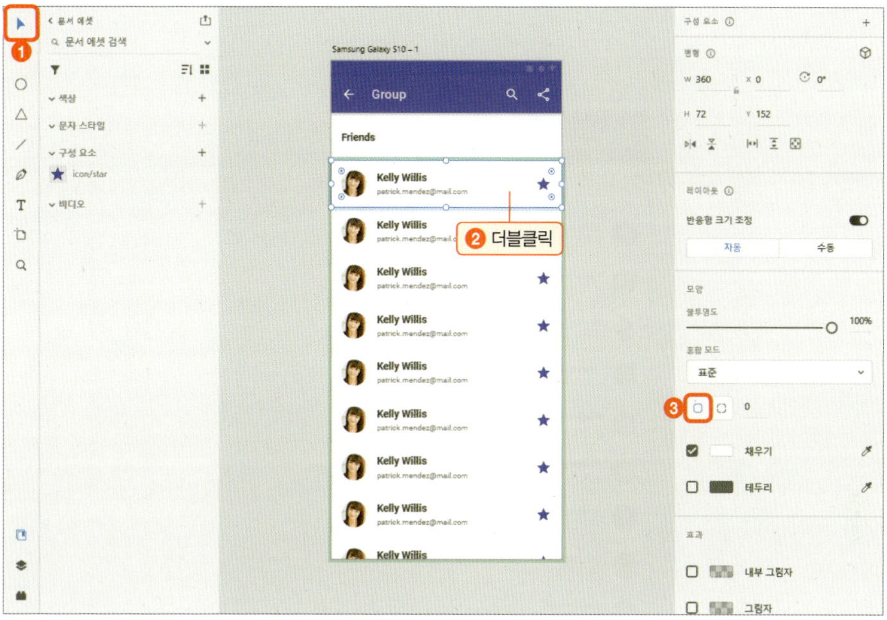

Tip 반복 그리드를 통해 반복된 오브젝트 중 하나를 변경하면 나머지도 모두 변경된다. 하나만 별도로 변경하고 싶다면 그리드 그룹을 해제해야 한다.

19 아바타 이미지를 선택하고 '테두리'의 체크를 해제한다. 'UI Face' 플러그인을 한 번 더 실행하면 나머지 아바타가 자동으로 다른 이미지로 교체된다.

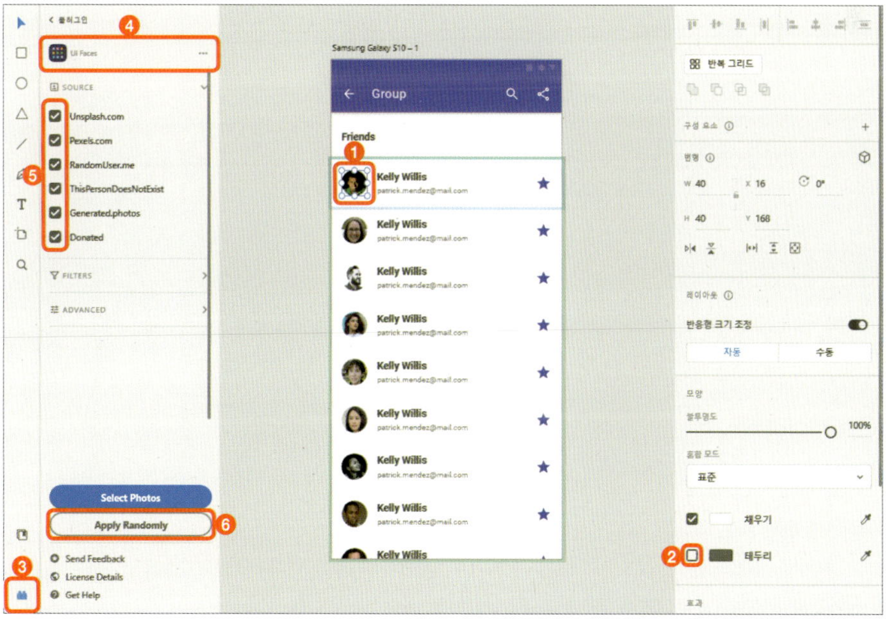

20 'ContentGenerator' 플러그인은 한 번에 모두 변경되는 기능이 없으므로 텍스트 필드를 일일이 선택하고 옵션을 변경해야 한다. 꼭 이름과 이메일이 아니더라도 규칙을 가지고 텍스트를 변경해 두 줄 리스트를 완성한다.

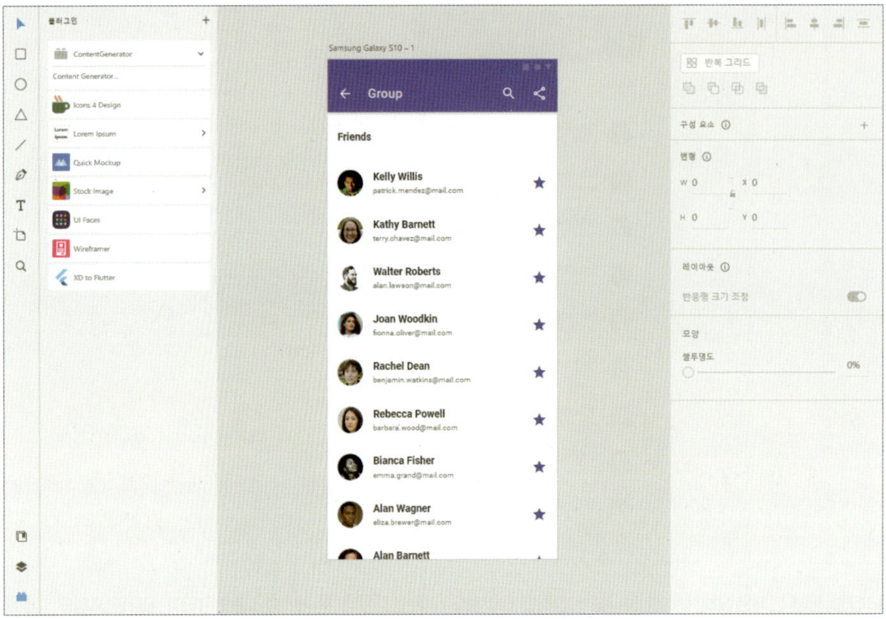

5
카드와 스택

1 카드의 가이드와 스택

카드는 단일 주제에 대한 내용과 작업 항목을 표시하며 다양한 컴포넌트를 조합해 사용할 수 있다. 관련성 있고 실행 가능한 정보를 담을 수 있어 그 종류를 일일이 나열하기는 어렵다. 카드는 단일 단위로 식별할 수 있으며, 주변 요소에 의존하지 않고 단독으로 사용할 수 있다. 카드는 컨테이너만 필수 요소로 사용되고 다른 요소는 모두 선택사항으로 포함하거나 제외할 수 있다.

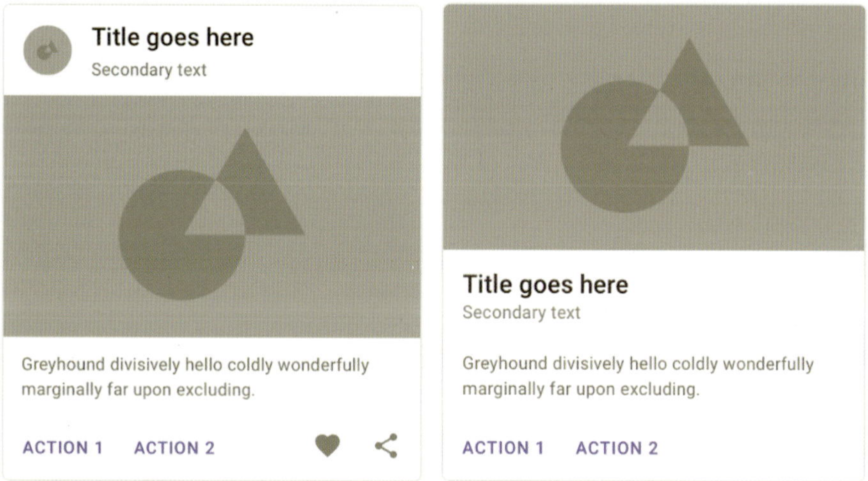

그림 7-19 대표적인 카드 디자인 예시

카드의 고도는 컨테이너로 표현되며, 아바타, 로고, 아이콘 등을 표시하는 썸네일을 포함할 수 있다. 다양한 미디어와 그래픽을 넣을 수 있으며 액션 버튼과 액션에 대한 아이콘도 포함할 수 있다.

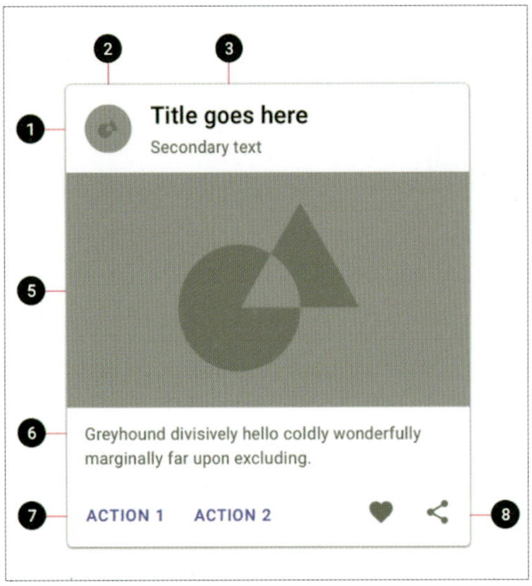

❶ 컨테이너
❷ 썸네일(선택 사항)
❸ 헤더 텍스트(선택 사항)
❹ 부제목(선택 사항)
❺ 미디어(선택 사항)
❻ 보조 텍스트(선택 사항)
❼ 버튼(선택 사항)
❽ 아이콘(선택 사항)

그림 7-20 카드의 구성 요소

카드는 단일 주제 또는 대상과 관련된 콘텐츠 블록으로 구성된다. 콘텐츠는 계층에 따라 다른 수준으로 강조할 수 있으며 간격을 두어 분리하거나 눈에 띄는 명확한 경계를 만들어 분리할 수 있다. 카드에는 전환 패턴이 적용되기 때문에 카드를 펼쳐 확장하면 추가 정보를 표시할 수 있다. 이때 기기별로 다양한 화면 크기에 맞게 확장할 수 있고, 위치나 정렬을 변경할 수도 있다. 카드 자체의 디자인도 다양하지만 카드 그룹을 전체 화면에 배치하는 방법도 다양하다. 전체 페이지를 하나의 카드로 구성할 수도 있고, 행 기반 또는 열 기반으로 크기를 변형해 배치하는 것도 가능하다.

카드의 스택은 다음과 같다. 모든 가이드는 권장 사항일 뿐 서비스에 맞게 시각적 균형에 맞춰 변경할 수 있지만 카드는 특히 더욱 그렇다. 카드에는 단일 레이아웃이나 서체 또는 규정된 이미지 크기가 없다. 따라서 카드의 스택은 하나의 예시로 생각하면 된다.

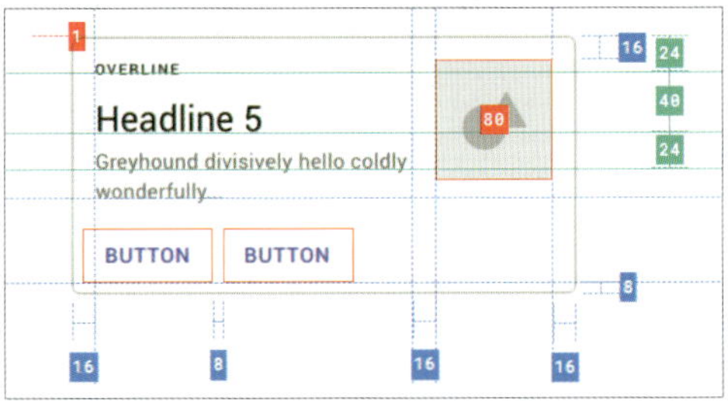

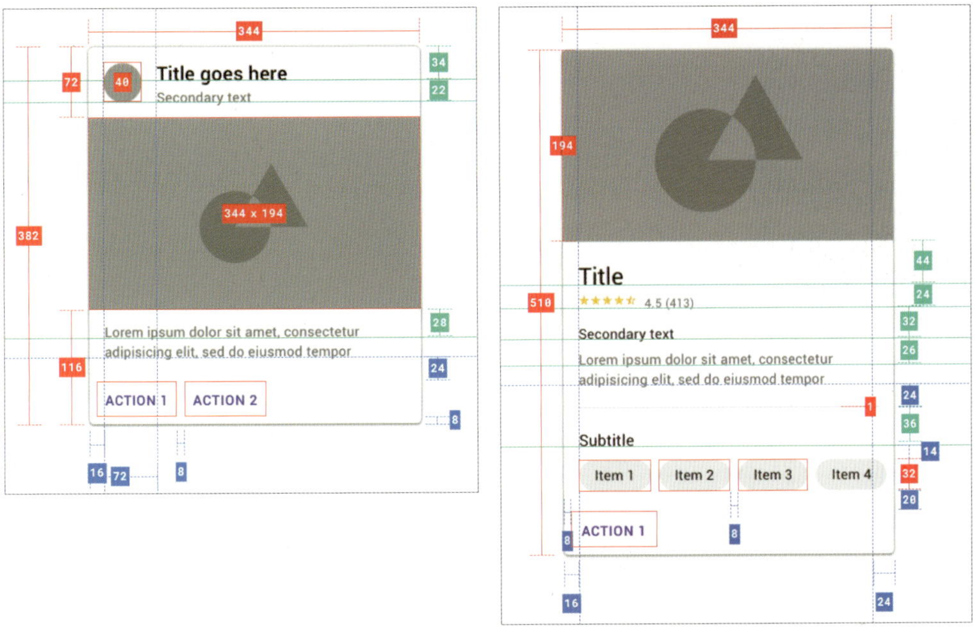

그림 7-21 다양한 카드의 스택 예시

2 카드 실습

01 [Chapter_07\Section_05] 폴더에서 '카드_준비.xd' 파일을 불러온다.

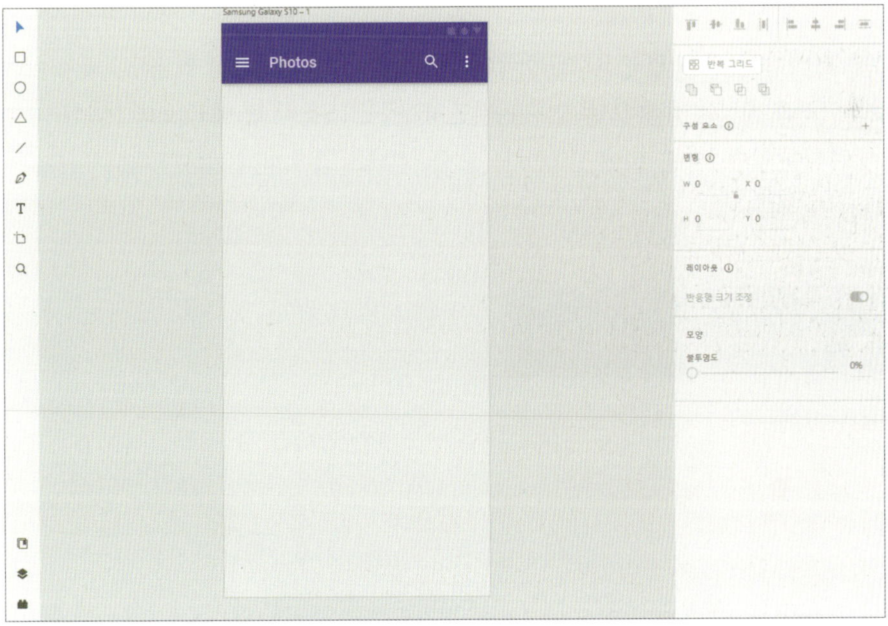

02 툴 박스 하단의 플러그인( )을 클릭해 플러그인 패널이 열리면 '플러그인 탐색 + '을 클릭한다. 검색 창이 열리면 'Stock Image'를 검색해 찾고 [받기]를 클릭해 설치한다.

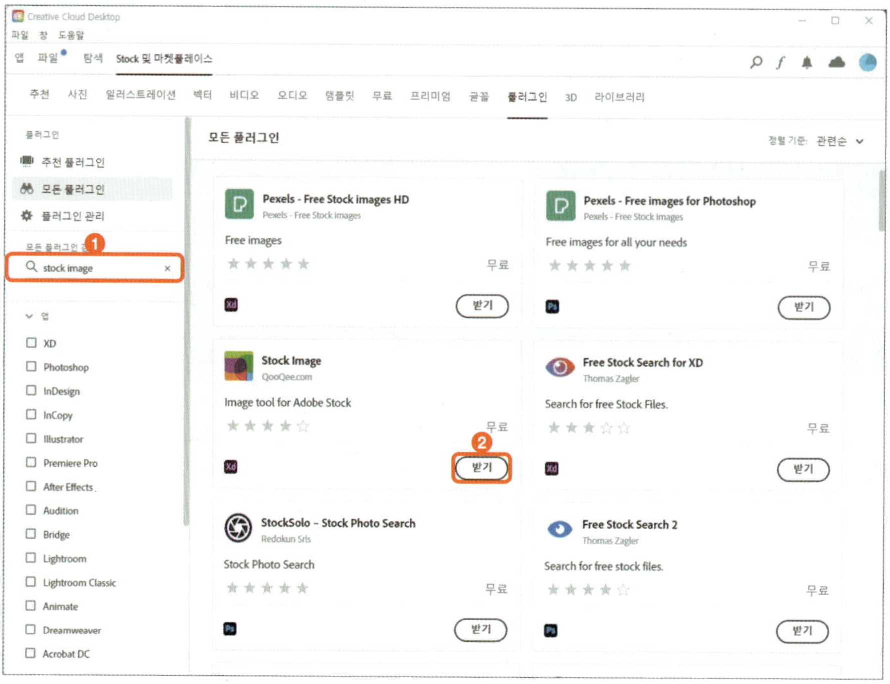

Tip 이제 가이드의 스택을 보고 원하는 컴포넌트를 만드는 것은 쉽게 할 수 있을 것이므로 프로토타입을 위한 더미 이미지를 더 손쉬운 방법으로 만들기 위해 플러그인을 사용해 보고자 한다.

03 사각형 툴( )로 카드의 필수 요소인 컨테이너를 그린다. 2단 그리드를 활용하고 좌우 여백과 거터 값을 16으로 지정할 예정이므로 전체 너비인 360에서 16을 세 번 빼고(360−16−16−16) 남은 값을 2로 나눈 값인 156을 W에 입력한다. 높이는 콘텐츠 값에 따라 변하기 때문에 H 값은 신경 쓰지 않아도 된다.

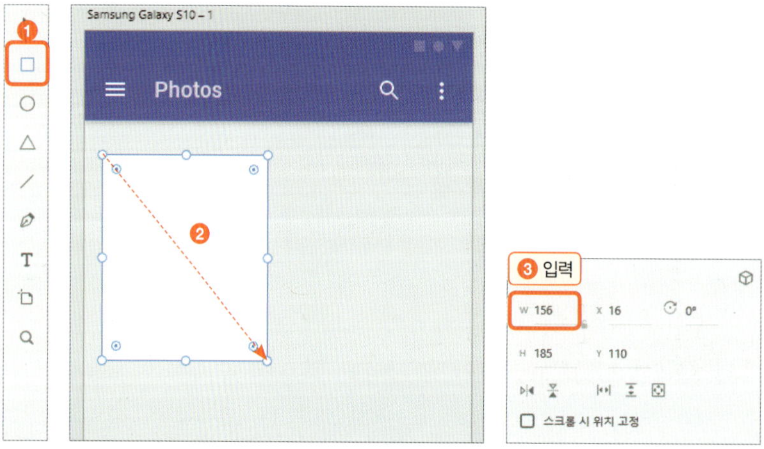

04 텍스트 툴(T)로 텍스트 필드를 그리고 'Title'을 입력한 후 좌우 여백이 16이 되도록 배치한다. 글꼴은 Roboto, 글꼴 크기는 20, 글꼴 두께는 Bold, '채우기' 색상은 #454545로 설정한다.

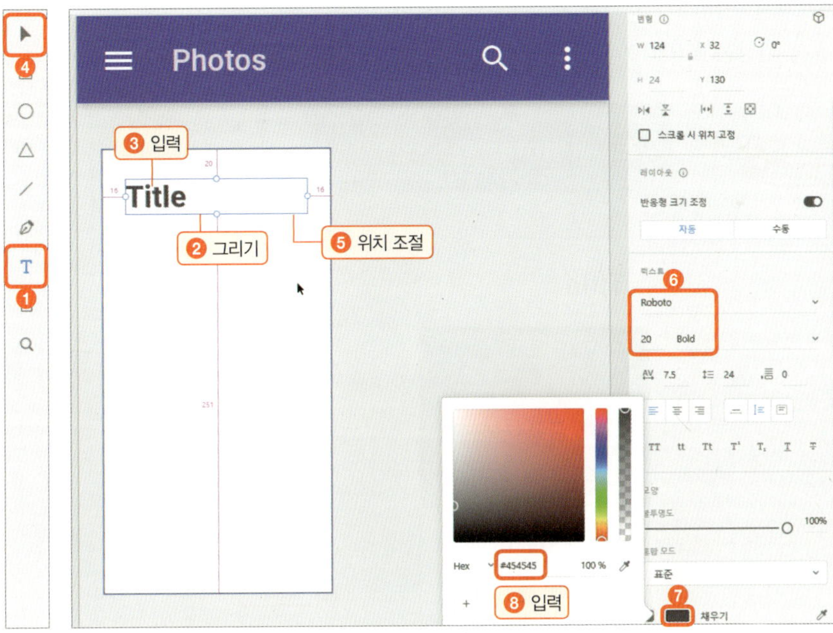

05 사각형 툴(□)로 W가 156, H가 120인 사각형을 그린다. 사각형이 선택된 상태로 플러그인 패널에서 'Stock Image'를 클릭한다. 검색어를 입력해 사진이 나타나면 마음에 드는 사진을 선택하고 [Apply 1 Image]를 클릭한다. 사각형에 이미지가 삽입된다.

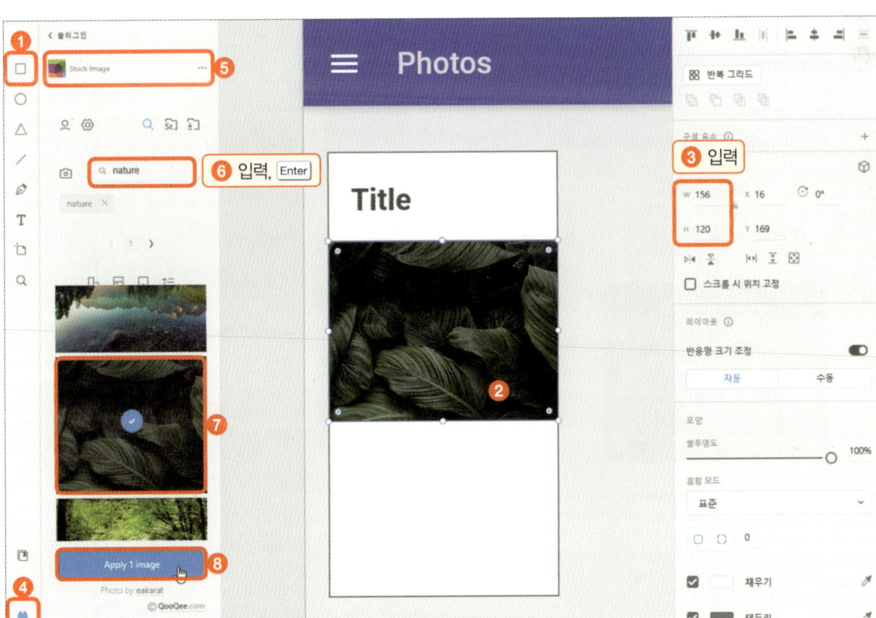

06 텍스트 툴(T)로 텍스트 필드를 그린 후 임의의 문자를 하나 입력하고 플러그인 패널에서 'ContentGenerator'를 클릭한다. 옵션 창에서 'Paragraph'를 클릭하면 문장이 삽입된다. 텍스트 필드의 하단 조절점을 드래그해 높이를 줄인다. 글꼴은 'Roboto', 글꼴 크기는 '12', 글꼴 두께는 'Regular', '채우기' 색상은 #707070으로 설정한다.

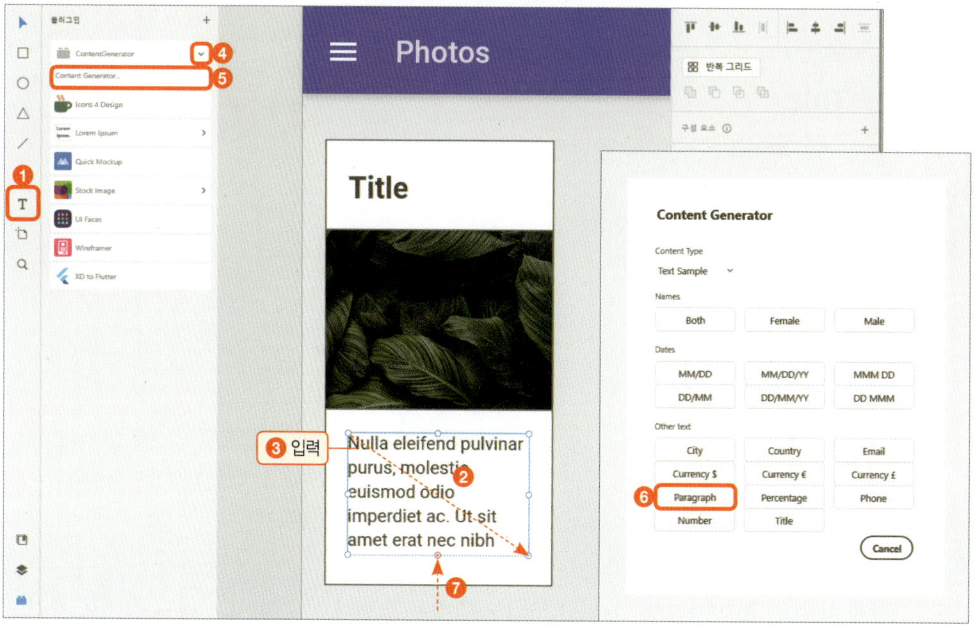

07 텍스트 필드의 위치를 좌우 여백 16이 되도록 조절한다. 이미지와의 간격은 15, 하단 컨테이너와의 간격은 20으로 한다.

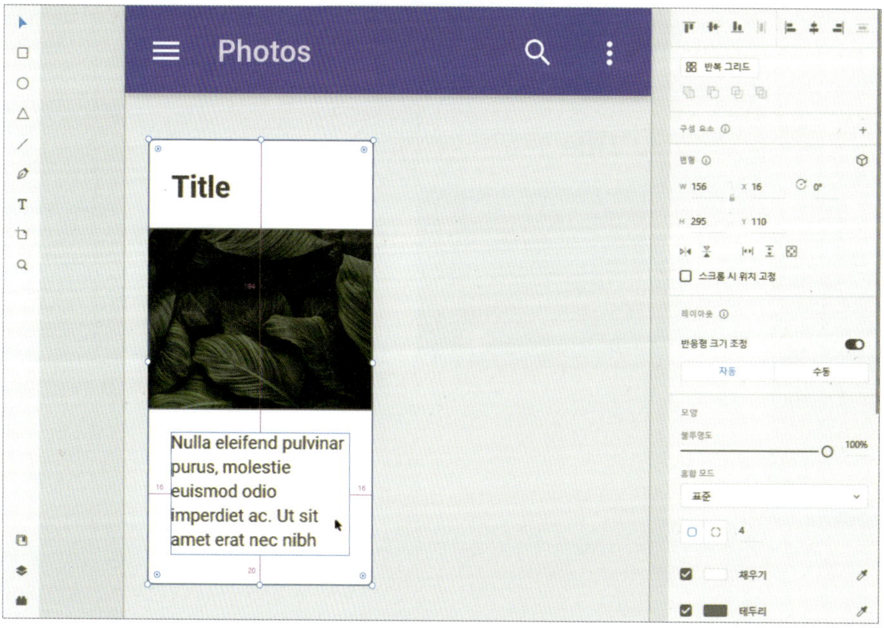

08 선택 툴(▸)로 컨테이너를 선택하고 '테두리'의 체크를 해제한다. '그림자'에 체크하고 옵션을 X 0, Y 3, B 6으로 지정한다. 이미지와 텍스트를 함께 선택하고 Ctrl+G를 눌러 그룹으로 만들어 카드를 완성한다.

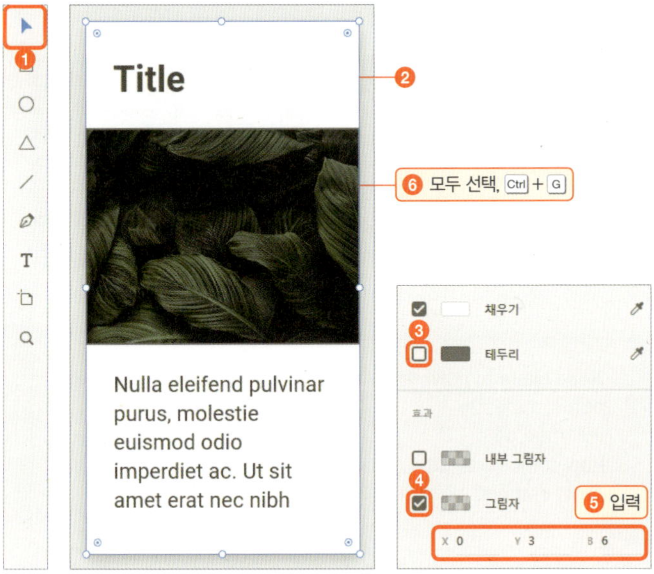

3 스택과 패딩의 활용

01 선택 툴(▸)로 카드 그룹을 선택하고 옵션 패널에서 '스택'에 체크한다.

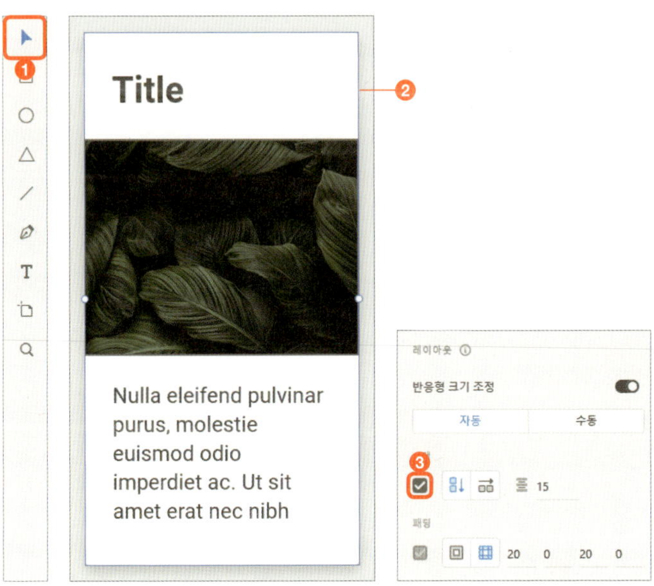

Tip 그룹의 내부 오브젝트를 선택하려면 선택 툴(▸)로 해당 오브젝트를 더블 클릭하고, 그 상태에서 그룹 전체를 선택하려면 그룹의 테두리를 클릭한다. 잘 되지 않으면 아트보드 영역을 한 번 클릭해 모든 선택을 해제한 후 다시 진행하면 편리하다.

02 선택 툴( )로 'Title' 텍스트 필드를 더블클릭해 선택하고 아래로 드래그한다. 드래그하는 동안 이미지와의 간격을 자동으로 인식해 분홍색 가이드 박스가 나타난다. 가이드 박스에 딱 맞추지 않고 마우스에서 손을 떼도 간격이 유지된 채로 자동 배치된다.

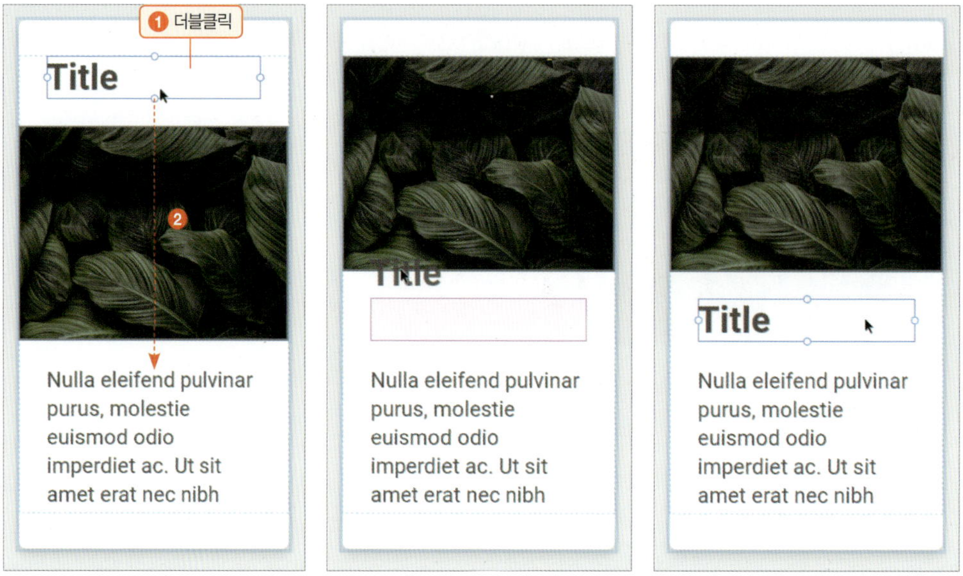

Tip 스택 기능은 상하 간격을 유지하지만 좌우 간격은 드래그 방법에 따라 달라질 수 있다. Shift를 누른 채 드래그하면 수평으로 이동되므로 더욱 쉽게 스택 기능을 활용할 수 있다.

03 그룹을 선택하고 이미지 상단 여백을 없애기 위해 옵션 창의 '패딩' 항목에서 '모든 패딩 값' 옵션을 클릭하고 첫 번째 칸인 '위쪽 패딩 값'에 0을 입력한다. 컨테이너가 이미지 상단에 딱 맞게 조절된다. 세 번째 칸인 '아래쪽 패딩 값'에 20을 입력해 하단 여백을 조절한다.

Tip '패딩' 옵션에서는 상하좌우 동일한 값을 입력하고, '모든 패딩 값' 옵션에서는 네 면의 여백을 각각 입력한다.

04 'Title' 텍스트 필드를 더블클릭해 선택하고 마우스를 이미지와의 사이로 가져가면 마젠타 색상 영역이 생기면서 여백을 조절할 수 있다. 모든 간격을 균등하게 조절하려면 Shift를 누른 채 여백 공간으로 마우스를 가져가 드래그한다.

05 이미지를 더블클릭해 선택하고 '각 모퉁이에 대해 다른 반경' 옵션을 선택한 후 '왼쪽 상단 모퉁이 반경'과 '오른쪽 상단 모퉁이 반경'에 4를 입력해 컨테이너와 같은 형태로 만든다.

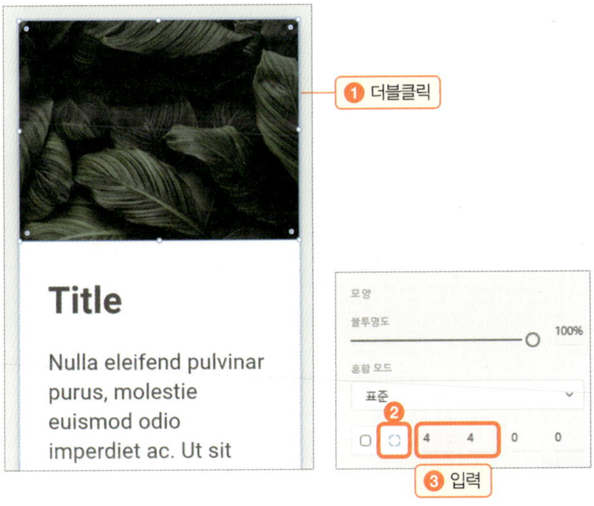

06 전체 카드 그룹을 선택하고 Alt를 누른 채 아래로 드래그해 간격이 16이 되도록 수직 방향으로 배치한다. 한 번 더 복제해 3개를 나열한다.

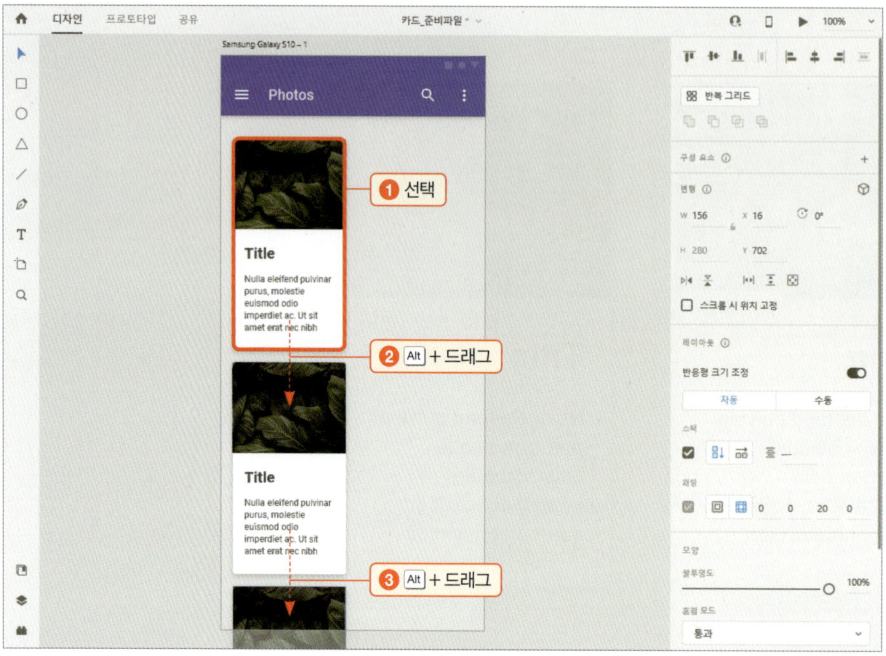

07 교체할 이미지를 더블클릭해 선택하고 플러그인 패널에서 'Stock Image'를 클릭해 이미지를 교체한다.

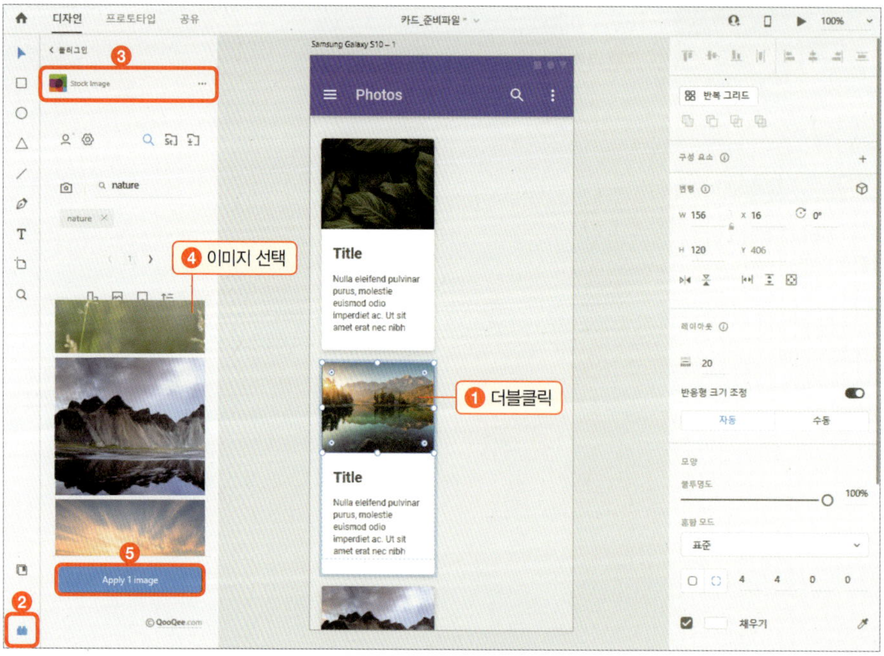

08 카드를 모두 선택하고 Ctrl + G를 눌러 그룹으로 만든 후 옵션 패널에서 '스택'에 체크한다.

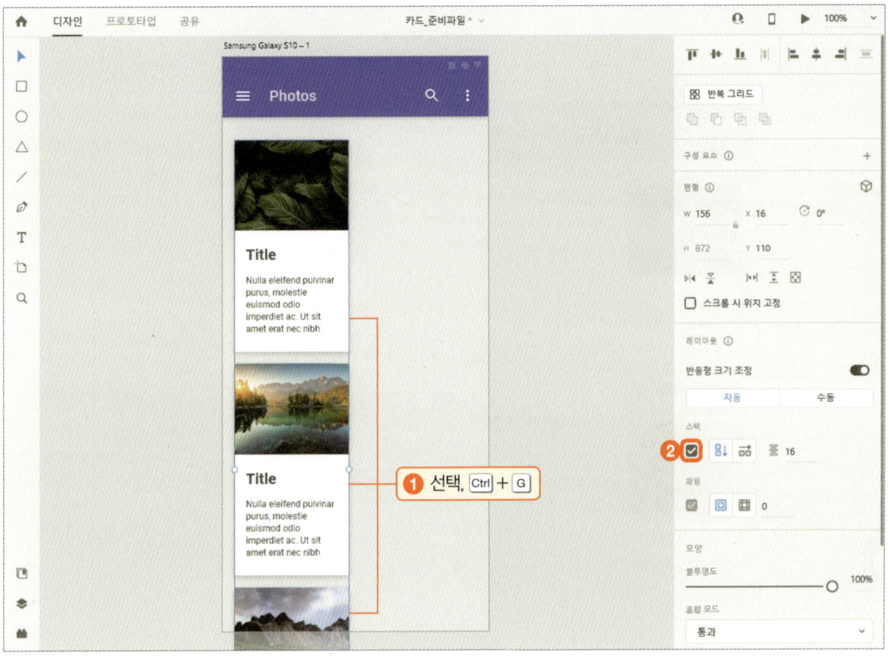

09 선택 툴(▸)로 텍스트 필드를 두 번 더블클릭해 선택하고 크기를 늘리거나 줄여 본다. 카드 간 간격뿐 아니라 카드 내부 간격도 유지되면서 크기가 조절된다.

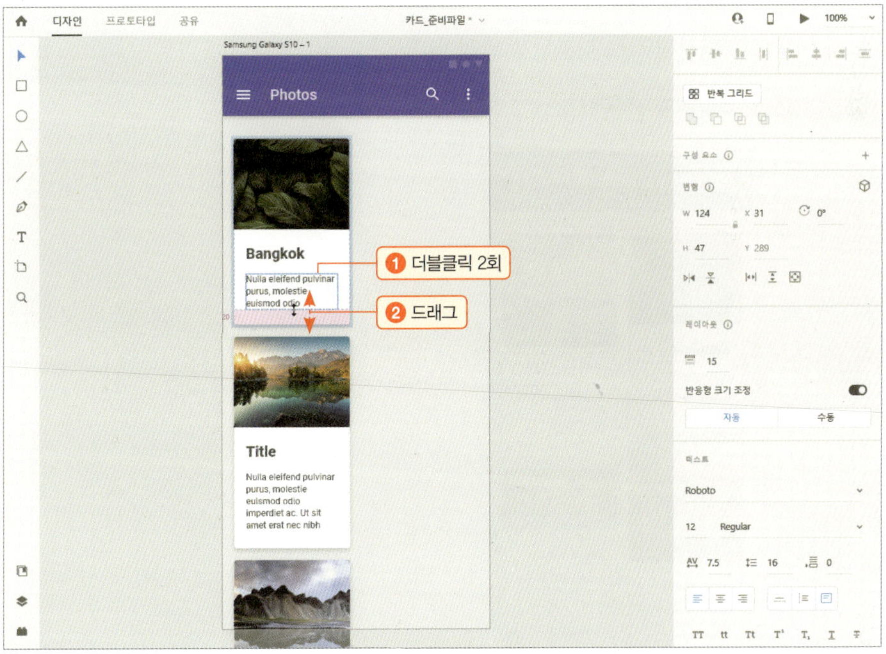

Tip 그룹을 두 번 설정했으므로 더블클릭을 두 번 해야 텍스트 필드가 선택된다.

10 두 번째 카드의 이미지를 두 번 더블클릭해 선택하고 크기를 변경해 본다. 역시 선택한 카드 내부 간격은 물론 다음 카드와의 간격도 유지된 채 선택한 이미지의 크기가 변경된다.

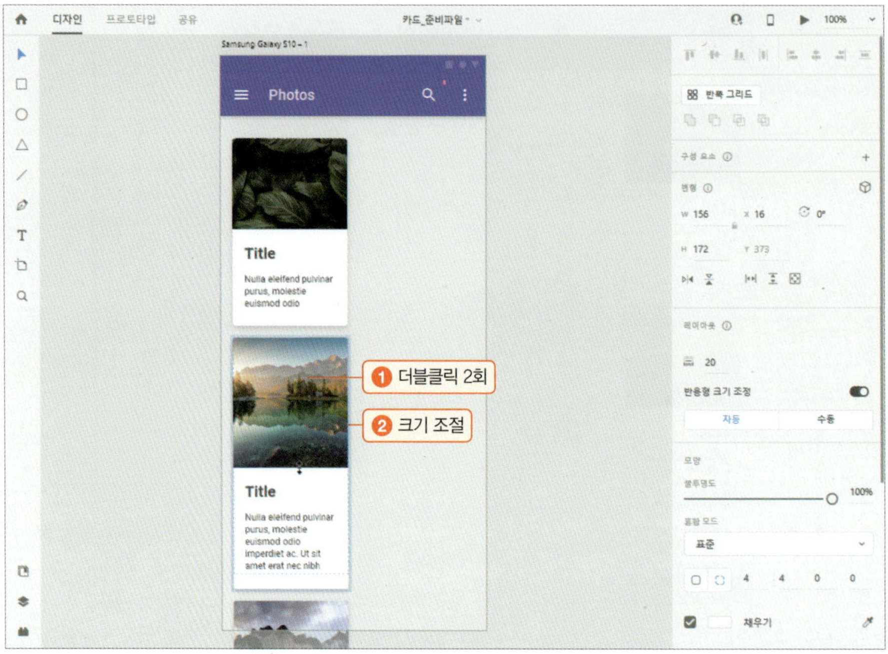

11 전체 카드 그룹을 선택하고 Alt 를 누른 채 간격이 16이 되도록 오른쪽으로 복제한다. 각 이미지를 교체하고 크기도 다양하게 변경해 본다. 'ContentGenerator' 플러그인을 이용해 각 타이틀을 나라나 도시 이름으로 변경해 카드 디자인을 완성한다.

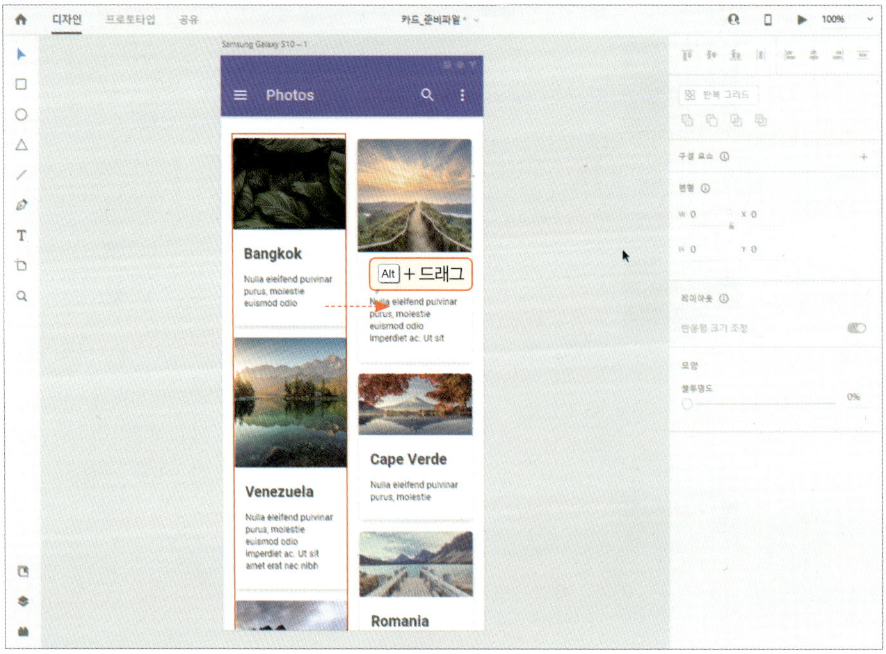

Part 04
UI/UX 디자인의 이해

Part 04

UI/UX 디자인의 이해

Chapter 08
UI/UX 디자인의 개요

1
UI의 이해

1 인터페이스

현대 사회에서는 웹과 모바일 서비스에 의존하는 비중이 점점 더 높아지고 있다. 기업은 웹과 모바일에서 경쟁하기 위해 사용자 경험을 최적화해 제공할 수 있는 매력적이고 효율적인 사용자 인터페이스를 구축하는 데 우선순위를 두고 서비스를 제공하고 있다.

인터페이스Interface는 서로 다른 두 시스템이나 장치 또는 소프트웨어 등을 이어주는 접속 장치로, 두 대상을 이어주는 매개체 역할을 한다. 인터페이스는 입력과 출력으로 구성된다. 입력Input은 한쪽 장치가 다른 쪽에 정보를 전달하는 것이고, 출력Output은 전달된 정보를 받아들이는 과정이다.

인터페이스는 연결 대상에 따라 하드웨어 인터페이스, 소프트웨어 인터페이스, 사용자 인터페이스로 구분할 수 있다.

표 8-1 인터페이스의 종류

종류	설명
하드웨어 인터페이스(Hardware Interface)	컴퓨터나 모니터와 같이 기계와 기계를 연결하는 매개체이다.
소프트웨어 인터페이스(Software Interface)	소프트웨어 간의 통신을 위한 매개체이다. 컴퓨터 내부에서 응용프로그램과 운영체제를 상호작용할 수 있도록 하는 시스템이 대표적이다.
사용자 인터페이스(User Interface)	사용자와 시스템 사이의 상호작용을 위한 매개체이다. 사용자와 컴퓨터 시스템 간의 의사소통을 최대한 효과적이고 효율적으로 실행하기 위해 인간, 환경, 기술 요소를 통합하는 활동이다.

초창기 연구자들은 사용자와 컴퓨터 간의 상호작용에서 불합리한 측면과 사용자의 오류 가능성을 제거하는 데 초점을 맞춰 자원을 효율적으로 배분하고 컴퓨터 시스템의 생산성을 향상시키는 방법을 연구했다. 당시의 사용자 인터페이스(UIUser Interface)는 텍스트에 기반해 명령어를 조작하는 명령형 인터페이스였기에 매우 제한적인 수준에서 작업의 효율을 높이고 실수를 줄이는 데 집중할

수밖에 없었다.

이후 마이크로소프트Microsoft의 윈도우 95Windows 95 출시를 기점으로 개인용 컴퓨터(PCPersonal Computer)가 대량 보급되면서 그래픽 사용자 인터페이스(GUIGraphic User Interface)의 사용성과 사용편의성Usability을 중심으로 컴퓨터와 인간의 상호작용에 대한 연구가 활발하게 이루어졌다. 1990년대 이후에는 인터넷의 발달과 고성능 PC의 보급으로 컴퓨터와 인간의 상호작용을 연구하는 HCIHuman Computer Interaction를 중심으로 UI에 대한 논의가 증폭되었다. 이를 통해 사용자와 컴퓨터 사이에 이루어지는 정보 교환의 문제점을 지각적 · 인지적 관점에서 밝혀내고 체계화해 쉽게 사용할 수 있는 인터페이스를 만드는 디자인 접근법이 도입된다. 그러나 IT가 발달하고 사용편의성의 비중이 커지면서 UI의 사용성만으로는 해결되지 않는 문제가 발생하기 시작했다. 이로 인해 사용자 경험(UXUser eXperience)의 영역이 확대되기 시작했다.

스마트폰의 등장으로 새로운 디지털 생태계가 구축돼 급성장하고 애플리케이션 개념이 탄생하면서 트위터Twitter, 페이스북Facebook, 인스타그램Instagram과 같은 SNS를 통한 상호작용이 활발하게 이루어지게 되었고, 이로 인해 UI와 UX 분야에도 새로운 요구가 생겼다. 예를 들어, 손을 중심으로 하는 터치 인터페이스보다 말을 중심으로 하는 보이스 인터페이스가 보편화되면서 UI와 UX의 패러다임도 변화했다. 이처럼 시대의 변화에 따라 UI와 UX의 개념과 영역도 변형되거나 확장되고 있다.

2 UI의 종류

UI는 명령어를 텍스트로 입력해 조작하는 CLI, 그래픽 환경을 기반으로 마우스를 이용해 조작하는 GUI, 사람의 말과 행동으로 기기를 조작하는 NUI, 사물인터넷(IoTInternet of Things)의 발전과 함께 모든 자연 상태에서 발견할 수 있는 다양한 특성(형태, 변형, 진화 등)을 반영한 OUI로 분류할 수 있다.

CLI

텍스트 기반 인터페이스인 CLICommand Line Interface는 1800년대 전신 타자기(TTYTeleTYpewriter)와 함께 도입되었다. CLI는 사용자가 인터페이스에 단일 명령을 입력하면 컴퓨터가 수신하고 같은 방식으로 프롬프트에 응답하는 구조이다. 명령을 텍스트로 입력해 작업을 수행하기 때문에 작동 메커니즘이 매우 쉽다는 장점이 있지만, 사용자가 다양한 명령을 기억해야 하고 초보자에게는 어렵다는 단점이 있다. 대표적으로 마이크로소프트의 MS-DOS가 있다.

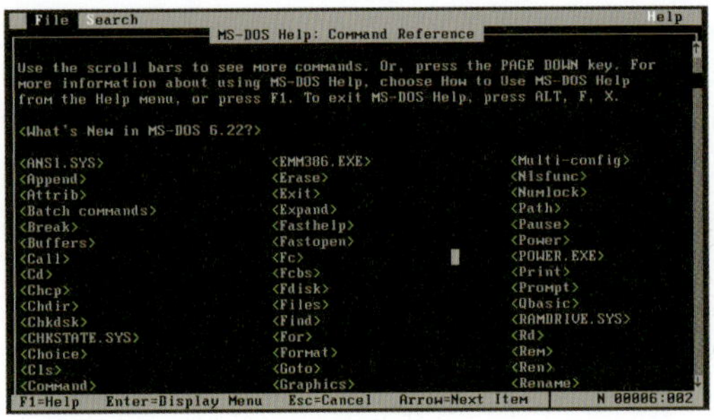

(a) MS-DOS

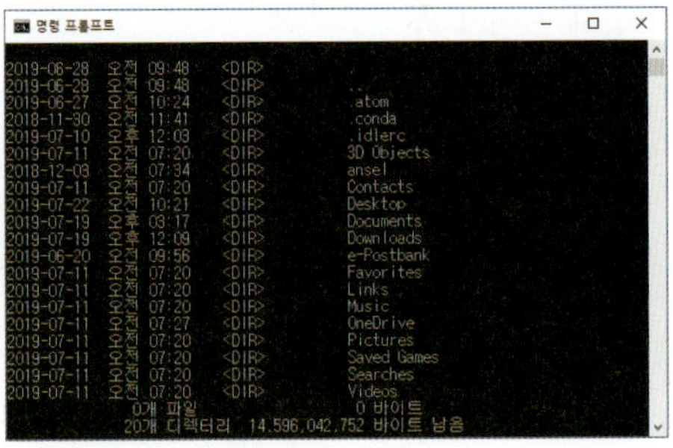

(b) 윈도우 명령 프롬프트

그림 8-1 MS-DOS와 윈도우 명령 프롬프트

GUI

UI는 사람과 컴퓨터의 상호작용을 위해 인간이 보다 쉽게 인지할 수 있는 방향으로 발전해왔다. GUI Graphic User Interface는 아이콘이나 그림과 같은 그래픽 요소를 배치하고 마우스와 같은 포인팅 장치를 이용하여 시스템을 조작한다.

1984년 애플Apple에서 개발한 매킨토시Macintosh의 맥 OS와 1995년 마이크로소프트에서 개발한 윈도우를 필두로 개인용 컴퓨터의 상용화가 가속화되면서 GUI는 현재와 같은 형태로 발전했다. GUI 기반 운영체제에서는 이미지와 색상을 조합해 수행 작업과 비슷하거나 사용자가 직관적으로 인식할 수 있는 개체를 컴퓨터 화면에 표시한다. 응용프로그램에도 GUI가 보편화되면서 시각적 언어가 발전했다. 오늘날 거의 모든 디지털 인터페이스는 GUI로 구성되어 있다.

(a) 맥 OS

(b) 윈도우

그림 8-2 맥 OS와 윈도우의 GUI

NUI

NUI Natural User Interface는 사람과 컴퓨터의 상호작용을 위한 시스템으로, 사용자의 일상적 행동과 관련된 직관적 동작으로 작동한다. 즉, 사용법을 배우지 않고 사용자가 생활하면서 습득한 행동 방식만으로도 부가 장치 없이 자연스럽게 사용할 수 있는 인터페이스다. 주요 기술로는 멀티터치,

동작 인식, 음성 인식, 뇌파 인식이 있으며, 그밖에 시선 추적, 표정 인식, 생체 인식 등도 NUI 기술에 포함된다.

그림 8-3 **일상생활 속 NUI 기술**

NUI는 목적이나 사용자의 요구 사항에 따라 다양한 방법으로 운영될 수 있다. 예를 들어 터치스크린 인터페이스에서는 커서를 움직여 파일을 선택하는 것보다 더 직관적인 컨트롤을 통해 응용 프로그램과 상호작용할 수 있다. 마이크로소프트에서는 사용자가 자신의 피부를 두드려 상호작용할 수 있는 터치 인터페이스인 스킨풋Skinput을 개발하고 있다.

Tip NUI는 상호작용을 위한 중간 장치에 의존한다. 하지만 고급 NUI는 눈에 잘 띄지 않아서 마치 보이지 않는 것처럼 느껴지기도 한다.

제스처 인식 시스템은 사용자의 동작을 추적해 그 동작을 지침으로 변환한다. 닌텐도 위Nintendo Wii, 소니 플레이스테이션Sony PlayStation의 무브모션Move Motion 게임 시스템은 컨트롤러를 기반으로 하는 가속도계와 자이로스코프를 통해 기울임, 회전, 가속을 감지한다.

Tip 자이로스코프(Gyroscope): 바퀴의 축을 삼중 고리에 연결해 어느 방향이든 회전할 수 있도록 만든 장치로, 방향을 알아내고 유지하는 데 쓰인다.

그림 8-4 **키넥트를 이용한 동작 인식**

보다 직관적인 형태의 NUI에는 특정 제스처를 인식하고 동작으로 변환하는 카메라와 소프트웨어가 장착되어 있다. 2017년에 생산이 중단된 마이크로소프트의 키넥트Kinect는 엑스박스 360Xbox 360 게임 콘솔용 모션 센서로, 사용자의 동작을 명령으로 인식하고 개별 플레이어의 신체와 목소리를 인식해 상호작용했다.

음성 인식을 통해서도 시스템과 상호작용할 수 있다. 시스템은 사용자가 말한 단어와 문장을 식별하고 기계가 읽을 수 있는 형식으로 변환한 후 명령을 수행한다.

Tip 마이크로소프트의 수석 책임자인 어거스트 레예스(August de los Reyes)는 CLI가 GUI로 전환된 후 그 다음 단계가 NUI라고 설명했다. 그런데 NUI는 시각적 요소를 반드시 포함하므로 GUI보다는 WIMP(Window, Icon, Mouse, Pointer)에서 NUI로 전환되었다는 것이 더 정확한 표현일 수도 있다.

하나 더 알기 NUI의 시작

1990년대에 스티브 만(Steve Mann)은 CLI나 GUI의 대안으로 실제 세계와의 자연스러운 상호작용을 이용한 UI 전략을 개발했다. 그는 이 작업을 '자연 UI', '직접 UI', '은유 없는 컴퓨팅' 등으로 불렀다. 여기에서 '자연(Natural)'이란 자연 그 자체와 환경을 의미할 뿐 아니라 사용자가 자연적으로 구현하는 모든 행동을 말한다. 그는 아이탭(EyeTap) 기술로 자연스러운 UI의 예를 구현했다.

스티브 만은 또한 영화 《마이너리티 리포트》에서처럼 웨어러블 디바이스(Wearable Device)를 사용해 개체를 클릭하면 하이퍼링크로 기능이 연결되어 사이버 공간과 실제 세계를 병합할 수 있는 연구를 제안했다.

CLI 환경에서 사용자는 인위적인 입력 수단인 키보드를 통해 제한된 응답 범위에서 어려운 명령 구문을 사용해야 했다. 이후 GUI 환경에서는 마우스의 동작을 쉽게 배울 수 있었고, 더 많은 인터페이스를 은유에 의존해 탐색했다.

Tip 예를 들자면 '데스크톱'과 '드래그'는 코드화된 컴퓨터 언어로 다시 번역된 시각적 인터페이스의 은유라고 할 수 있다.

그림 8-5 자동차의 음성 인식 기능과 다양한 음성 인식 기기

사용자가 더욱 자연스러운 인터페이스를 원하게 되면서 인터페이스와 관련된 기술은 인간이 가장 많이 사용하는 손과 말을 중심으로 발전했다. 즉, 손을 중심으로 발전한 TUI[Touch User Interface]와 말을 중심으로 발전한 VUI[Voice User Interface]가 NUI의 핵심이다. TUI는 스마트폰의 기본 인터페이스로 자리 잡았고, VUI는 인공지능과 함께 음성 인식이 가능한 인터페이스로 발전했다.

OUI

NUI가 사용자의 신체와 경험을 기반으로 자연적으로 발생하는 행동 및 환경과의 소통을 모두 추구하면서 새로운 요소가 추가되었다. 사용자는 기기와의 한정적인 정보 교환을 넘어서 모든 자연 상태와 사물을 기반으로 하는 소통을 추구하게 되었고, 이로 인해 UI의 발전 방향이 OUI로 전환되기 시작했다.

OUI[Organic User Interface]란 'organic'이라는 단어 그대로 자연 상태에서 발견할 수 있는 형태, 변형, 유연, 진화 등의 특성을 반영한 UI다. 모든 사물을 입출력 장치로 변환할 수 있고 인터페이스의 모양이나 상태도 자유롭게 변형할 수 있음을 의미한다. OUI는 2차원 평면이 아닌 3차원 공간에서 객체를 이동하거나 조작하는 수단으로 비평면 객체를 사용하는데, 이 객체에서 입출력을 모두 수행하도록 구성된다.

이는 '포인트 앤 클릭[Point-and-Click]'을 통한 간접 제어가 아닌 물리적 제스처를 통해 직접 제어하는 방식이며, 이로 인해 인터페이스가 자연스럽게 작동하기 때문에 OUI라고 부른다. 예를 들어 신용카드를 사용한다면 신용카드 자체에서 기능을 처리해 출력하고, 캔 음료의 정보가 필요하다면 캔 자체에서 직접 정보를 출력한다. 이것은 기능이 곧 형태를 좌우한다는 개념으로, 디스플레이의 형태가 변형되거나 물리적 형태 자체가 출력 형태가 되도록 지원하는 것이다.

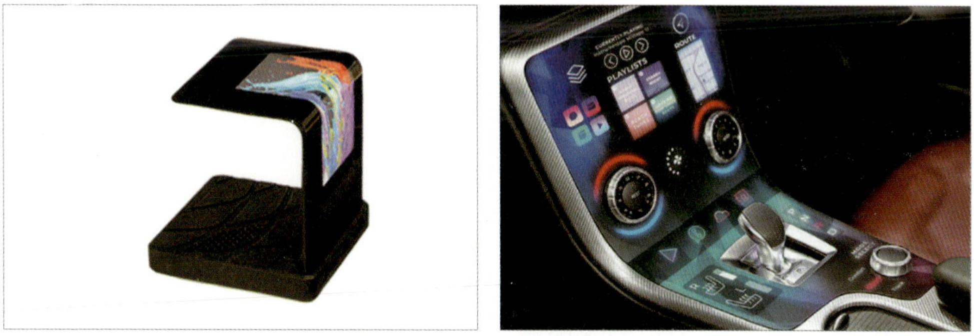

(a) 플렉시블 디스플레이 (b) 자동차 대시보드

그림 8-6 플렉시블 디스플레이와 자동차 내부의 대시보드

CLI Command Line Interface	GUI Graphic User Interface	NUI Natural User Interface	OUI Organic User Interface
HCI(Human Computer Interaction)를 위한 커뮤니케이션 툴			
텍스트(Text) 키보드(Keyboard)	그래픽(Graphic) 마우스(Mouse)	오브젝트(Object) 신체(Body)	오브젝트(Object) 자연 상태(Natural Things)
이용의 편리성			
어려움 ◄────			────► 쉬움
주요 특징			
고정적(Static) 비연속적(Disconnected) 유도적(Directed) 기억(Recall)	즉각적(Responsive) 우회적(Indirect) 탐험적(Exploratory) 인지(Recognition)	연상적(Evocative) 직접적(Unmediated) 맥락적(Contextual) 직관(Intuition)	유동적(Fluid) 광범위(Expensive) 예상가능(Anticipatory) 통합(Synthesis)

그림 8-7 인터페이스의 종류와 특징

3 UI 디자인

UI 디자인은 디지털 제품의 사용자 인터페이스에서 모든 시각적 요소를 디자인하는 것을 말한다. UI 디자인은 사용자 경험 디자인인 UX 디자인과 혼동되는 경우가 있는데, 두 분야가 긴밀하게 협력하고 협업하는 건 사실이지만 디자인 프로세스는 구분된다.

UX 디자인은 제품 또는 서비스에 대한 사용성과 접근성을 향상시켜 사용자 만족도를 높이는 과정이고, UI 디자인은 서비스에 대한 인터페이스 디자인이다. UI 디자인은 사용자가 제품과 상호작용을 할 때 색상이나 타이포그래피처럼 시각적으로 보이는 모양과 느낌을 책임진다. 그렇다고 해서 보이는 아름다움만 추구하는 것은 아니다.

그림 8-8 UI 디자인

UI 디자인은 사용자 선호도를 충족하는 인터페이스를 만드는 것으로, 미학에 중점을 둘 뿐만 아니라 서비스에 대한 반응성, 효율성, 접근성을 극대화하는 작업에 집중한다. UI 디자인은 정적인 부분을 담당하고 UX 디자인은 동적인 부분을 담당한다는 오해도 있지만, 시각적 인터랙티브 요소에 대한 디자인 책임은 UI 디자이너에게 있다.

1980년대에 윈도우 1.0이 탄생하면서 사람들은 기억에 남고 즐거운 사용자 경험을 만드는 디지털 인터페이스가 중요하다는 것을 알게 되었다. 이때는 사용자 경험이라는 단어나 개념이 없었기 때문에 오로지 웹 사용성을 연구하고 개선하는 데 집중하다가 2007년에 애플이 개발한 아이폰이 등장하면서 사용성만으로는 설명되지 않는 부분이 있다는 것을 알게 되었다. 이를 계기로 사용자 경험 디자인이 중요한 화두로 등장했다.

그림 8-9 애플의 생태계

이전에는 사용자와 컴퓨터, 또는 사용자와 소프트웨어의 접점이라는 인식이 강했던 인터페이스에 대한 연구가 별도로 진행되고 UI에 대한 관심 역시 커졌다. 특히 정교한 터치스크린 기능이 특징인 스마트폰으로 인해 고객 충성도를 높이고 브랜드 인지도를 구축하려면 서비스에 대한 UI 디자인이 필수라는 사실을 많은 기업이 인식했다. 좋은 UI 디자인은 방문자를 끌어들이고 고객을 유지하며 사용자와 비즈니스 간의 상호작용을 촉진하는 역할을 한다.

UI 디자이너는 버튼, 아이콘, 스크롤 바 등의 UI 요소를 디자인하고 색상과 글꼴을 선택한다. 또 프로토타이핑을 통한 디자인 테스트를 거치면서 최종 사용자가 각 디자인을 어떻게 받아들일 것인지 신중하게 평가한다. UI 디자이너는 애플리케이션 인터페이스를 시각적으로 자극적이며 매력적이면서도 서비스 목표에 부합하도록 디자인해야 한다. 그러려면 사용자가 서비스를 이용하는 방식과 시각적 상호작용 요소에 대한 경험을 형성하는 방식을 이해해야 한다. 이제 공감, 적응력, 의사소통 등이 UI 디자이너가 갖추어야 하는 핵심 기술이 되었다.

2
UI 평가

1 UI 평가 기준

UI와 UX에 대한 정의는 현재까지도 학자마다 의견이 분분하다. 그 이유는 UI와 UX가 다양한 뿌리에서 탄생해 융합적인 성격을 지닌 채 지속적으로 변화 및 진화하고 있기 때문이다. 그러나 여러 학자의 의견을 종합해 보면 UI는 사용자와 사물 또는 시스템(기계, 컴퓨터 프로그램 등)이 의사소통할 수 있도록 일시적 또는 영구적인 접근을 목적으로 만들어진 물리적인 가상의 매개체라고 정의할 수 있다.

UI는 구체적인 정보 자원과 사용자가 디자인을 통해 커뮤니케이션하는 방법이다. UI는 컴퓨터 화면에 이미지로 표시되는 물체나 틀, 색상과 같은 그래픽 요소에 특정 기능과 용도를 나타내기 위한 그래픽 사용자 인터페이스GUI에서 유래되었다.

사용성

UI를 판단하는 기준으로 사용성Usability이 있다. 사용성은 '사용편의성'이라고 생각할 수 있는데 실제로는 그 이상을 포함하는 개념이다.

Tip ISO 9241-11 표준에서는 사용성에 대해 '지정된 사용 환경에서 효율성 및 만족도와 함께 지정된 목표를 달성하기 위해 특정 사용자가 제품을 사용할 수 있는 범위'라고 설명한다.

사용성은 UI의 사용편의성을 평가하는 품질 속성으로, 디자인 프로세스에서는 사용편의성을 향상시키는 방법을 나타낸다. 웹 사용성 전문가인 제이콥 닐슨Jacob Nielsen은 사용성 품질을 평가할 수 있는 다섯 가지 요소를 제시했다.

❶ 용이성Leanability

UI를 처음 경험한 사용자라도 기본적인 임무 수행을 위해 시스템 사용 방법을 빨리 배울 수 있어야 한다는 의미다. UI를 처음 경험하는 사용자가 원하는 상품을 구매하거나 원하는 페이지를 찾기까지 걸리는 시간을 측정한다. 단순히 시스템 사용 방법을 익히는 데 걸린 시간이 아니라 원하는 작업을 수행할 수 있도록 숙달 단계에 이르기까지 걸린 시간을 측정한다.

❷ 효율성Effeciency

숙련된 사용자가 높은 수준의 작업을 수행할 수 있도록 시스템이 효율적이어야 한다는 의미다. 시스템을 사용한 경험이 있는 사용자가 얼마나 빨리 임무를 완성하는지 측정한다.

❸ 기억성Memorability

사용자가 시스템 전반을 완전하게 익히지 않았거나 사용하지 않은 채 오랜 시간이 지난 후에도 다시 능숙하게 사용할 수 있도록 기억하기 쉬워야 한다는 의미다.

❹ 오류성Errors

시스템을 사용하는 동안 오류 발생이 적어야 하고, 실수를 했더라도 쉽게 회복될 수 있어야 한다는 의미다. 일반적으로 오류는 예상했던 목표를 수행하지 못했을 때 나타난다. 시스템 오류율은 사용자가 작업을 수행하는 동안 일어난 오류의 수를 계산해 측정한다. 치명적인 오류는 사소한 오류와 별개로 측정해야 하며, 특별한 노력을 들여 발생률을 최소화해야 한다.

❺ 만족성Satisfaction

사용자가 시스템을 만족할 정도로 즐겁게 사용할 수 있어야 한다는 의미다. 주관적인 만족도는 사용자에게 개인적인 견해를 물어 측정한다. 만족도에 대한 평균적인 견해를 도출해 시스템 만족도를 측정하는 수치로 사용한다.

2 휴리스틱 평가

휴리스틱 평가Heuristic Evaluation는 인간의 직관이나 경험에 기반해 문제를 해결하거나 학습, 발견하는 방법을 나타낸다. 사용성 평가에서는 휴리스틱 평가 척도의 준수 여부를 사용성 전문가가 판단하며, 초기 단계의 시스템 개발이나 평가에 주로 사용한다.

휴리스틱 평가는 개인의 주관적인 평가로 이루어지기 때문에 평가자의 지식이나 경험의 폭에 따라 결과가 달라질 수 있는 것이 단점이다. 하지만 저렴한 비용으로 적은 수의 평가자를 투입해도 비교적 정확한 결과를 얻을 수 있다는 장점이 있어 일반적으로 많이 사용된다.

휴리스틱 평가 척도

휴리스틱 평가를 제안한 제이콥 닐슨은 앞에서 제시한 품질 요소를 평가하고 UI의 문제점을 파악하기 위해 다음과 같은 10개의 평가 척도를 제시했다.

❶ 시스템 상태의 시각화 Visibility of system status

시스템은 진행 상황에 대한 정보를 적절한 시점에 정확한 피드백으로 제공해야 한다. 이를 통해 사용자는 자신이 실행한 작업의 현재 상태를 확인하고 대안을 선택할 수 있다. 사용자가 집중하는 시간이 길지 않으므로 피드백은 즉시 제공해야 한다. 0.1~1초 정도의 짧은 시간이 소요되는 간단한 작업이나 자주 사용하는 작업은 특별한 피드백을 제공하지 않아도 된다. 하지만 파일 다운로드와 같이 10초 이상이 소요되기도 하는 작업에서는 진행 바와 같은 피드백을 제공해야 한다.

- **피드백의 존재 여부** 사용자의 행동에 반응하는가?
- **피드백의 명확성** 사용자가 자신의 행동을 확인할 수 있는가?
- **피드백의 즉시성** 사용자의 행동에 대한 반응 속도가 적당한가?

❷ 현실 세계와 일치하는 시스템 Match between system and real world

시스템이 현실 세계와 동떨어진 느낌이 들지 않도록 친숙한 단어와 문구, 개념을 사용해야 한다. 텍스트뿐 아니라 아이콘, 메뉴, 명령어, 그루핑Grouping, 시각화된 형태 등을 모두 직관적으로 이해할 수 있어야 한다.

- **현실 세계와의 문자 부합 정도** 실생활에서 사용하는 용어인가?
- **현실 세계와의 은유 부합 정도** 아이콘은 실제와 비슷하게 표현되어 있는가?
- **상식적 논리와의 부합 정도** 항목이 계층과 관계별로 분류되어 있는가?
- **사용자 과업과의 부합 정도** 사용자의 행동과 동일한 이름을 사용하는가?
- **예상되는 행위와의 부합 정도** 행동 후 일어날 상황을 명확히 예측할 수 있는가?

❸ 주도권과 자유를 사용자에게 제공 User control & Freedom

사용자가 시스템의 기능을 선택하다가 의도하지 않은 실수를 했을 때 언제든지 취소하거나 재실행할 수 있어야 한다. 즉, 사용자가 주도권을 갖고 시스템을 자유롭게 통제할 수 있어야 한다. 또한 자주 사용하지 않는 작업에는 설명을 제공해 실수를 미연에 방지해야 한다.

- **일반적인 주도권** 사용자가 시스템을 통제하고 있음을 알 수 있는가?
- **취소 가능성** 사용자가 선택한 행동을 번복할 수 있는가?
- **사용자의 자유도** 다양한 방식으로 작업을 수행할 수 있는가?

❹ 일관성과 표준화 Consistency & Standards

사용자가 혼란스럽지 않도록 시스템에서 사용하는 용어나 정보 표현 방법, 인터페이스 등에 일관성을 유지하고 표준을 지켜야 한다. 같은 상황에서 다른 말이나 상태, 작용을 제공해 혼란을 주는 일이 없어야 하며, 특히 용어의 일관성을 유지해야 한다. 예를 들어 '비밀번호'와 '패스워드'는 동일한 의미지만 이를 통일하지 않고 페이지마다 다르게 사용하면 안 된다.

또한, 각종 정보의 구조와 표현에 일관성을 유지하고 표준에 부합하도록 해야 한다. 네이버에서 초록색을 연상하는 것처럼 일관성은 시스템의 정체성을 구축해 사용자가 익숙함을 느낄 수 있게 도와준다.

- **일관성 있는 이름** 메뉴, 명령어, 약어 등에 일관성이 있는가?
- **일관성 있는 정보** 메뉴, 제시어, 오류 메시지 등에 일관성이 있는가?
- **일관성 있는 구조** 각 화면의 구조가 비슷한가?
- **일관성 있는 표현 방법** 아이콘, 스타일, 구도, 색감에 일관성이 있는가?
- **표준에 부합하는 정도** 업계 표준을 준수하고 있는가?

❺ 오류 예방 Error prevention

오류가 발생한 후에 정확한 안내 메시지나 이미지를 제공하는 것도 중요하지만, 실수할 수 있는 상황을 예측해 문제가 발생하지 않도록 방지하는 것도 중요하다. 오류가 발생하기 쉬운 조건을 제거하거나 오류 상황을 미리 점검해 작업 진행 전에 확인하도록 경고해야 한다. 예를 들어, 오류가 발생하기 쉬운 입력 필드에는 예상 값을 기본으로 제공해 잘못된 입력을 방지하는 것이 좋다.

- **오류 발생 확률 낮추기** 사용자가 혼동할 만한 단어나 데이터를 사용하고 있지 않은가?
- **오류가 발생하기 쉬운 것은 보여주지 않기** 선택 가능한 기능만 보여주는가?
- **심각한 오류 발생 방지** 결과 경고, 재확인 등의 알림을 제공하는가?
- **예상 입력 값 제공** 필드마다 예상되는 입력 정보의 값이나 양을 제공하는가?

❻ 직관적으로 이해할 수 있는 디자인 Recognition rather than recall

시스템을 이용하기 위해 암기해야 하는 것이 있다면 사용자는 부담을 느끼게 된다. 그러므로 이해하거나 기억하기 위해 노력하지 않고도 필요한 정보를 쉽게 보고 찾을 수 있도록 시스템의 기능과 옵션을 시각화해야 한다. 유사한 항목은 그룹으로 묶고, 계층 구조와 각 요소를 명확히 알아볼 수 있도록 시각적으로 명확하게 구분하는 것이 좋다.

- **기억하기 쉽게 제공** 작업 순서나 메뉴 항목을 기억하기 쉽게 되어 있는가?
- **명확한 이름 사용** 기능키나 아이콘, 시스템의 이름이 명확한가?
- **적절한 그룹으로 표시** 논리적인 그룹으로 분류하고 그것을 대표하는 이름으로 표시하는가?
- **시각적 계층 구조** 사용자의 시선이 중요한 요소부터 자연스럽게 흐르도록 구조화되어 있는가?
- **명확한 시각적 구분** 각 요소가 명확하게 구분되는가?

❼ 유연성과 효율성 Flexibility & Efficiency of use

초보 사용자나 숙련된 사용자 모두 유연하게 사용할 수 있도록 시스템의 구조가 유연해야 한다. 사용자의 전문성에 따라 마우스로 메뉴를 선택하는 대신 단축키를 사용할 수 있게 하는 것을 예로 들 수 있다. 자주 사용하는 작업은 묶음으로 제공하거나 반복 작업은 시스템이 자동으로 수행하게 하는 것도 중요하다. 또한 사용자가 직접 스타일을 조정할 수 있게 디자인하는 것도 필요하다.

- **전문성에 따른 유연한 사용** 숙련된 사용자에게 맞는 기능을 추가로 제공하는가?
- **옵션 제공** 여러 가지 방법으로 작업을 수행할 수 있는가?
- **개인화** 사용자가 시스템의 옵션을 재구성할 수 있는가?
- **신속 수행 방법 제공** 계층 구조와 상관없이 즉시 수행 가능한 기능을 제공하는가?
- **자동 수행 제공** 사용자가 하지 않아도 되는 반복 작업을 시스템이 자동으로 수행하는가?

❽ 간결하고 미학적인 디자인 Aesthetic & Minimalist design

중요한 것은 강조하고 중요하지 않은 것은 과감히 삭제해 간결하고 미학적으로 디자인해야 한다. 불필요한 정보 때문에 정작 필요한 정보가 눈에 띄지 않을 수 있기 때문이다.

- **심미성 제공** 색상, 서체, 이미지, 메뉴 등이 조화롭게 배치 및 정렬되어 있는가?
- **최소한의 표현** 간결한 단어와 구조로 충분히 의미를 전달하는가?
- **최소한의 입력 요구** 중복되거나 불필요한 자료는 입력하지 않아도 되는가?

❾ 사용자 스스로 오류를 인식, 진단, 복구하도록 지원 Help users recognize, diagnose, and recover from errors

시스템을 사용하다가 문제에 직면하면 사용자 스스로 오류 상황을 인식하고 대처할 수 있어야 한다. 예를 들어, 단어를 잘못 입력해 검색 결과가 없는 경우에는 단순히 검색 결과가 없다는 문장보다는 적합한 다른 단어를 제시함으로써 오타를 인지하고 대처할 수 있도록 하는 것이 좋다.

- **오류 발생 감지** 사용자가 오류 상황을 정확히 감지할 수 있는가?
- **오류 원인 진단** 사용자가 오류의 원인을 정확히 진단할 수 있는가?
- **오류 복구** 사용자가 오류 복구 방법을 쉽게 찾을 수 있는가?

❿ 도움말과 설명서 제공 Help & Documentation

부가 설명 없이 시스템을 사용할 수 있는 것이 가장 좋지만, 그래도 도움말과 설명서는 필요하다. 사용자의 작업 방식에 초점을 맞춰 어떤 정보든 쉽게 찾을 수 있도록 해야 한다. 수행 단계를 구체적으로 나열하는 것도 좋지만 분량이 방대한 것은 바람직하지 않다. 도움말과 설명서에는 새로운 애플리케이션을 설치할 때 고유의 기능을 설명하는 힌트와 팁으로 이루어진 코치마크Coach-mark와 이들을 간략하게 보여주는 워크스루Walk-through가 있다.

- **도움말 내용** 따라하기 쉽고 상황에 맞는 대안을 제시하는가?
- **도움말 표현 방법** 눈에 잘 띄고 이해하기 쉬운 표현을 사용하는가?

다음은 이러한 내용에 기반해 작성한 휴리스틱 평가 항목의 예다.

1 시스템의 현재 상태를 시각화해서 보여준다.	2 현실 세계와 부합하도록 시스템을 설계한다.
• 목적에 부합하는 콘텐츠가 우선적으로 보이는가? • 키를 누를 때마다 피드백이 느껴지는가? • 현재 선택된 아이콘이 명확하게 표현되는가? • 레이아웃만 봐도 애플리케이션만의 뚜렷한 특징이 드러나는가? • 텍스트와 이미지가 적절하고 아름답게 배치되어 있는가?	• 아이콘 디자인이 구체적이고 친숙한가? • 사용자가 원하는 정보를 정확히 제공하는가? • 시스템의 작동 순서가 사용자 예측 순서와 일치하는가? • 불필요한 과정을 거치지 않게 되어 있는가? • 메뉴의 순서가 논리적인가?
3 사용자에게 적절한 통제권을 부여한다.	**4 일관성과 표준성을 높인다.**
• 메뉴마다 인터랙션이 동일하게 제공되는가? • 각 기능의 사용 방법을 쉽게 기억할 수 있는가? • 사용자가 액션을 취하면 시스템 작동 직전에 시그널을 주는가? • 애플리케이션을 사용하는 중에 마음대로 취소할 수 있는가? • 네트워크가 불안정해도 애플리케이션을 사용할 수 있는가?	• 기능이 동일한 버튼의 이름이 모든 화면에서 동일한가? • 세로 또는 가로 스크롤이 항상 일정한가? • 하위 메뉴가 상위 메뉴에 맞게 배치되었는가? • 각 화면마다 타이틀이 표시되었는가? • 한 화면에 있는 아이콘과 버튼의 개수가 적절한가? • 버튼이나 타이포의 크기가 적절하게 유지되는가?
5 사용자의 실수를 미연에 방지할 수 있도록 설계한다.	**6 적은 인지적 노력으로 시스템을 사용할 수 있게 한다.**
• 모든 메뉴가 논리적이고 의미가 제대로 구분되는가? • 메뉴 간격은 알맞은가? • 애플리케이션의 검색 시스템에 오류 입력 예방책이 있는가? • 처음 접속하는 메뉴의 지시 방향이나 설명이 적절한가?	• 검색을 위한 입력란이 눈에 잘 들어오는가? • 데이터의 흐름이 위쪽과 왼쪽에서 시작하는가? • 각 화면마다 필요한 버튼이 배열되어 있는가? • 메뉴의 시각적 흐름이 눈에 피로감을 덜 주도록 구성되어 있는가?
7 시스템을 유연하게 사용할 수 있게 한다.	**8 심미적으로 간결한 시스템을 제공한다.**
• 옵션 정보를 편리하게 볼 수 있는가? • 이전에 본 정보를 다시 검색하기 쉽게 구성되어 있는가? • 뒤로 또는 앞으로 이동이 간편하고 쉬운가? • 옵션이나 메뉴를 사용자가 수정하거나 설정할 수 있는가?	• 가독성 높은 텍스트를 적절하게 배열하고 있는가? • 화면에 꼭 필요한 정보만 간결하게 나열되어 있는가? • 모든 버튼이 시각적, 의미적으로 확실히 구분되는가? • 모든 버튼이 배경과 구분되는가? • 주요 컬러가 아름답고 그 개수가 적절한가?
9 오류 발생 시 문제를 스스로 파악하고 수정할 수 있게 한다.	**10 충분한 도움말을 제공한다.**
• 사용자가 오류를 스스로 해결하도록 가이드를 제공하는가? • 오류에 대한 올바른 시각적 시그널이 있는가? • 오류에 대한 올바른 사운드 시그널이 있는가? • 오류 메시지의 표현이 간결하고 명확한가?	• 사용 지침서를 이해하기 쉽게 시각적으로 제공하는가? • 어디서든 사용 지침서에 접근할 수 있는가? • 입력 창에 예시를 이용한 도움 설명이 있는가? • 지침서가 필요할 때 쉽게 찾을 수 있도록 가이드가 있는가?

그림 8-10 휴리스틱 평가 항목의 예시

휴리스틱 평가 단계

휴리스틱 평가는 계획, 평가자 결정, 실행, 결과 분석의 단계를 거쳐 이루어진다.

그림 8-11 휴리스틱 평가 단계

❶ 계획

평가 방식을 결정하고 계획을 수립한다. 실제 평가에서 사용할 시나리오를 설정하고 전반적인 목표에 따라 시나리오를 작성한다. 목표와 시나리오 없이 평가자 스스로 시스템을 평가할 수도 있다.

❷ 평가자 결정

비용 대비 효용을 고려해 적절한 수의 평가자를 결정한다. 휴리스틱 평가 방법으로 시스템 전체 과정을 경험한 사람을 평가자로 선정하는 것이 바람직하지만 상황에 따라 비전문가를 선정하는 것도 가능하다.

Tip 닐슨 노먼 그룹(Nielsen Norman group)에서는 다섯 명 정도가 적당하다고 제안한다. 평가자가 한 명일 때 30% 정도, 다섯 명일 때 85% 정도의 문제점을 검출하며, 그 이상이면 비용 대비 효용이 떨어지기 때문이다.

❸ 실행

실행 단계는 설명회[Briefing session]와 평가 실행으로 구분할 수 있다. 평가자는 문제점을 각 항목별로 구체적으로 작성한다. 평가자가 전문가 집단이라면 휴리스틱 평가 척도 10개 중 어느 항목에 저촉되는지 작성하고, 가능하면 해결책을 제시한다.

❹ 결과 분석

심각도 또는 중요도에 따라 점수나 등급을 부여한다. 사용성 개선에 필요한 노력을 예측해 빈도[Frequency], 영향력[Impact], 지속성[Persistence] 등을 분석한다. 점수 배점의 예는 다음과 같다.

- **0점** 문제 없음[Don't agree to be a usability problem]
- **1점** 단순한 외형적 문제[Cosmetic problem]
- **2점** 사소한 사용성 문제[Minor usability problem]
- **3점** 중요한 사용성 문제[Major usability problem], 가급적 수정 필요
- **4점** 심각한 사용성 침해[Usability catastrophe], 반드시 수정 필요

결과 분석까지 완료되면 결과를 정리하고 보고하는 보고회[Debriefing session]를 진행한다. 평가자들이 모여 결과에 대해 논의하는 과정으로, 논쟁이나 설명보다는 문제나 주제의 우선순위를 정하고 발견된 문제에 대한 해결책을 제시하는 것이 바람직하다.

3
UX의 이해와 평가

1 UX의 개념

UI에서 가장 중요한 요소는 사용성이지만 이것만으로 사용자의 가치를 제대로 구현하기는 어렵다. 사용성에서 중요하게 여겼던 기본 가치인 일관성, 가시성, 오류성 등을 뛰어넘어 즐거움, 감성, 재미 등의 부가가치를 줄 수 있어야 한다. 이를 위해 대두된 것이 사용자 경험(UX^User eXperience^) 이다. UX는 사용자와 컴퓨터의 상호작용을 연구하는 데 사용된 개념으로, 소프트웨어와 하드웨어 개발에서 비롯된 다양한 원리를 기반으로 한다. 현재 이 개념은 컴퓨터뿐만 아니라 서비스, 상품, 프로세스, 사회, 문화에 이르기까지 널리 응용되고 있다.

Tip UX에는 '경험하다'라는 동사적 의미와 '경험'이라는 명사적 의미가 함께 포함되어 있다. 과거에 겪은 일이라는 의미가 강하지만, 그 자체로 과정이자 결과의 의미가 있다. 경험은 인간의 감각, 지각, 인지 과정을 통해 얻어지는 결과적인 측면뿐 아니라 경험을 형성하는 과정 그 자체를 내포하며, 개인이 살아가고 있는 환경과 문화의 영향을 받기도 한다.

UX의 사전적 의미는 사용자가 어떤 시스템, 제품, 서비스를 직 · 간접적으로 이용하면서 느끼고 생각하는 총체적 경험이다. 기능이나 절차상의 만족뿐만 아니라 지각 가능한 모든 면에서 사용자가 참여, 사용, 관찰하고 상호 교감을 통해 알 수 있는 가치 있는 경험 전체를 말한다. 즉 UX는 제품의 각 요소가 사용자에게 주는 개별 감정의 총합이라고 할 수 있다.

긍정적인 UX 창출은 산업 디자인, 소프트웨어 공학, 마케팅, 경영학의 중요 과제이며, 사용자 니즈 충족, 브랜드 충성도 향상, 시장에서의 성공 등을 가져올 수 있는 주요 요인이다. 부정적인 UX는 사용자가 원하는 목적을 이루지 못하거나 목적을 이루더라도 감정적, 이성적, 경제적으로 편하지 않거나 부정적인 반응을 일으키는 경험을 할 때 발생할 수 있다.

스마트폰의 등장으로 UX 분야는 더 빠르게 발전하고 있다. 스마트폰은 성능뿐 아니라 외장 재질의 감촉, 디자인의 유려함, 손가락 터치의 느낌, 화면 실행/전환의 느낌 등 시각 · 촉각 · 청각이 더해져 UX를 구성한다. 즉, UX는 제품 사용을 통해 받는 느낌을 모두 더한 총체적인 감정이다.

Tip 삼성은 사용자 경험을 중시하는 분위기에 집중해 모바일 경험(MX, Mobile eXperience)을 모토로 삼기도 했다.

사용자 경험 위주의 사고는 사용자들이 특정한 맥락에서 무엇을 원하는지 이해하는 것이며, 이렇게 알게 된 사용자의 니즈를 어떻게 반영할 것인가를 고민하는 것이 UX의 시작이다. 총체적인 측면에서 서비스를 고려한다고 해도 사용자의 구체적인 맥락과 니즈, 동기, 이용 행태 등을 파악하지 못하면 좋은 UX를 만들 수 없다.

UX는 성능과 기능 모든 면에서 사용자의 요구를 충족하고 특정 기능을 제공하는 수준을 뛰어넘는 경험을 전달해야 하며 소유하고 사용하는 데서부터 기쁨을 느끼게 해야 한다. 여기에는 제품과 함께 전달되는 기업 이미지, 고객 지원 방식, 광고나 마케팅 문구와 같은 유 · 무형의 메시지가 포함된다. 이때 UX는 시스템을 사용하는 인간의 감정과 생각 그리고 효용에 대한 것을 다루므로 인간의 본성에 종속된 개념이다. 주변 환경에 따라 역동적으로 변하는 개념이라는 의미다.

경험의 과정이 긍정적이고 풍부하며 의미가 있어야 좋은 UX라 할 수 있다. 사용자는 새로운 기기에서 다시 학습 단계를 거치는 것을 좋아하지 않는다. 따라서 새로운 상호작용을 익히는 과정이 즐겁도록 사용자에게 최적화된 긍정적 경험을 제공해야 한다. 선택의 폭을 충분히 넓게 하고, 능동적으로 참여할 수 있는 풍부한 과정을 통해 사용자의 요구와 필요가 충분히 반영되는 의미 있는 경험을 제공해야 한다.

긍정적인 사용자 경험을 개발 · 창출하기 위해 학술적 · 실무적으로 이를 설계하는 일을 UX 디자인이라고 한다. 주로 제품 디자인, 상호작용 디자인, UI 디자인, 정보 아키텍처, 사용성 등의 분야에서 연구 · 개발되고 있다. UX 디자인은 다양한 분야를 포괄해 총체적 시각에서 접근해야 한다.

2 UX 디자인

사용자 경험 디자인으로 불리는 UX 디자인User eXperience Design은 사용자 경험을 바탕으로 긍정적인 요소를 반영해 디자인하는 것을 말한다.

Tip 여기서 디자인이란 시각 디자인이나 그래픽 디자인을 통해 시각적으로 아름답게 꾸미는 것만 의미하지는 않는다. 디자인이란 단어의 기본 의미가 '계획' 또는 '설계'인 것을 안다면 UX 디자인이 뜻하는 바를 좀 더 직관적으로 알 수 있을 것이다.

노트북을 사는 경우를 예로 들어 보자. 모바일 사용이 익숙한 사용자라면 먼저 스마트폰을 켜고 인터넷 브라우저의 검색 창에 '노트북'을 입력해 검색할 것이다. 그리고 여러 쇼핑몰에서 다양한 상품을 비교한 뒤 마음에 드는 것을 찾으면 사양과 색상을 결정하고 구매할 것이다. 이렇게 사용자는 노트북을 사고 싶었던 욕구를 해소하게 된다. 이때 사용자가 갖고 있던 욕구를 문제Problem라 하고, 그것을 해결한 방법을 해결책Solution이라 한다. 그리고 사용자의 문제를 찾아 해결책을 제시하는 과정을 설계하는 일을 UX 디자인이라고 할 수 있다.

UX 디자인은 제품을 디지털 또는 물리적으로 설계하는 프로세스로, 사용자가 제품과 상호작용하면서 경험을 향상시키고 가치를 찾도록 하는 것이다. 이를 위해 UX 디자이너는 다양한 관점에서 여러 가지 능력을 갖춰야 한다. 우선 UX는 서비스나 제품과의 모든 상호작용을 의미하며 제품은 웹 사이트, 앱 서비스, 자동차, 가구 세트에 이르기까지 무엇이든 가능하므로 UX 디자이너의 업무에는 제한이 없다.

Tip UI/UX 디자이너라는 직업군으로 인해 UI 디자인과 UX 디자인을 같은 의미로 사용하기도 한다.

UX 디자이너의 역할은 제품, 기능, 개념이 대상에 얼마나 잘 맞는지 알아보는 일에서 시작해 버그를 수정하고 마찰을 제거하며 UX에 즐거움을 더할 수 있도록 개선하는 일까지 포함된다. 즉 제품이나 서비스에서 UX와 관련된 모든 것과 관련이 있으므로 제품의 크기, 포장, 휴대성, 서비스 업데이트처럼 기본 기능을 넘어서는 영역까지 관여하게 된다. 반면 UI 디자인의 영역은 웹 사이트나 앱 서비스, 또는 스마트카의 대시보드 터치스크린과 같은 디지털 제품에 한정된다. 즉, 직관적인 메뉴, 선호 색상, 만족스러운 촉감 등과 같은 디지털 인터페이스에 초점을 맞춘다.

그림 8-12 스마트카의 대시보드

UX 디자인을 웹이나 앱의 인터페이스 디자인이라고 생각하거나 UI 디자인보다 조금 더 큰 개념으로 이해하는 사람이 많다. 하지만 UX를 디자인한다는 것은 경험이라는 눈에 보이지 않는 실체를 다양한 측면에서 밀접하게 조사해 새로운 UX를 설계한 후 형태나 정보 구조, UI, 상호작용 등으로 실체화해나가는 프로세스, 즉 사용자의 문제를 해결하는 과정이라고 보는 것이 마땅하다.

3 UX의 평가

인간은 어떤 목적을 갖고 특정한 행동을 하므로 UX는 철저하게 인간을 중심으로 구성된다. 예를 들면 정보 시스템을 사용하려는 사용자의 목적과 정보 시스템 자체가 사용자의 행동을 유발하기 위해 갖고 있는 인지적이고 감각적인 속성이 상호작용해 사용자 행동을 유발하는 것이다. 따라서 정보 시스템이 제공하는 만족도보다는 사용자가 무엇을 할 수 있는가에 초점을 맞추어 총체적인 경험을 제공해야 한다. 이러한 서비스는 사용자에게 어떻게 보이고 어떻게 작동하며 무엇을 할 수 있는가에 대한 다양한 정보를 제공하며, 이것은 UX의 모든 측면에 영향을 미친다.

UX가 좋은 서비스를 제공하는지 평가하는 네 가지 요소에는 니즈, 기대, 속성, 역량이 있다.

표 8-2 UX 평가를 위한 네 가지 요소

종류	설명
니즈(Needs)	시스템으로부터 특정한 만족감을 얻으려는 사용자의 기대를 말한다. 사용자의 직접적인 기대는 현재의 서비스에 대한 주관적인 문제에서 비롯되며, UX를 좌우하는 숨겨진 니즈도 있다.
기대(Expectation)	사용자의 행동을 불러일으키는 직접적 원인을 나타낸다. 사용자의 인지된 기대(Cognitive expectations)는 서비스 이용의 동기(Motive)를 관찰해 획득할 수 있지만 사용자는 자신의 동기에 대해 솔직하지 않은 경향이 있다.
속성(Attributes)	사용자와 시스템 사이의 상호작용을 위한 매개체이다. 사용자와 컴퓨터 시스템 간의 의사소통을 최대한 효과적이고 효율적으로 실행하기 위해 인간, 환경, 기술 요소를 통합하는 활동이다.
역량(Capabilities)	특정한 사용 환경에서 특정 사용자가 제한된 서비스를 이용하는 능력을 말한다. 교육 수준이나 숙련도 측면뿐만 아니라 서비스 몰입도, 시간, 공간적 여유 등도 중요한 요소이다. 제품 이용 과정에서 보이는 특정 행동 패턴도 포함된다.

UX의 평가를 설명할 때 피터 모빌Peter Morville의 벌집 구조를 빼놓을 수 없다. 피터 모빌은 UX가 UI보다 더 많은 것을 고려해야 한다며 UX의 일곱 가지 품질 속성을 제시했다.

표 8-3 UX 평가를 위한 일곱 가지 품질 속성

종류	설명
유용성(Useful)	유용성의 핵심은 사용자가 필요로 하는 것을 제공하는 것이다. 유용성은 디자인의 기능을 평가하는 품질 속성과 관련이 있다. 단순히 기능을 제공하는 것이 전부가 아니며, 사용자가 시스템을 통해 올바른 결과를 얻을 수 있어야 한다.
사용성(Usable)	주어진 기능을 얼마나 쉽게 또는 기분 좋게 사용할 수 있는가의 문제이다. 쉽고 빠르게 학습할 수 있어야 하며 유용하게 잘 사용할 수 있어야 한다. 복잡하고 어려운 시스템을 잘 사용한다는 것은 결코 쉬운 일이 아니기 때문에 기본 원칙을 반드시 지켜야 한다. 사용성은 사용자 경험의 기반이 된다.
매력성(Desirable)	유용성과 사용성에는 반드시 시각적 · 촉각적 즐거움이 동반되어야 한다. 감성적인 만족을 충족하는 동시에 정체성이나 브랜드 가치 등을 전달해야 하고, 개인의 가치를 존중해야 한다.
가치성(Valuable)	새로운 경험은 가치가 있어야 한다. 가치 있는 디자인은 사용자의 니즈를 충족시키고, 니즈와 서비스의 간극을 최소화한다. 이를 통해 서비스를 제공하는 기업의 수익성에 기여하고, 고객 만족도 향상에도 기여한다.
검색성(Findable)	경험을 제공하는 입장에서는 정보를 손쉽게 찾을 수 있도록 다양한 방법을 제공해야 한다. 아무리 좋은 정보와 경험을 제공하더라도 사용자가 찾기 어렵다면 결국 가치가 떨어질 것이다.
접근성(Accessible)	아무리 아름답고 가치 있는 정보를 제공하더라도 사용자가 접근할 수 없다면 의미가 없다. 누구에게도 방해받지 않고 접근할 수 있어야 한다.
신뢰성(Credible)	신뢰성 있는 정보는 사용자에게 좋은 경험을 제공한다. 신뢰성은 최근의 IT 환경에서 가장 중요한 요소로 부각되고 있다.

4
모바일 환경

1 모바일 환경의 특징

모바일 UX를 이해하려면 먼저 모바일의 전체적인 환경과 특징을 파악해야 한다. 모바일 UX는 PC의 웹과는 달리 인간 · 기술 · 비즈니스가 결합된 종합 디자인이라고 할 수 있다. 일반적으로 모바일은 PC보다 화면이 작아 좁은 영역에서 UI를 구현해야 하기 때문에 아이폰으로 본격화된 DOD^Display Only Device^ 환경에 의한 터치 · 제스처 · 각종 센서와 상호작용하는 UX가 중요하다. 또한, 이동성과 휴대성이라는 특성이 있어 다양한 센서와 모바일 환경에 최적화된 운영체제를 탑재하고 있다. 모바일 기기 내에서는 사용자가 보는 화면 디자인뿐만 아니라 인지적 · 감성적 · 사업적 · 기술적 결합이 조화를 이루었을 때 그 가치가 극대화된다.

모바일 환경의 특징은 다음과 같다.

- 하드웨어 구성과의 연관성
- 기기가 지닌 센서를 적용하는 환경
- 사용자와 24시간 함께 하는 밀접성
- 휴대성이 극대화된 환경
- 사용자와 상호작용하는 환경
- 모바일 전용 OS 탑재
- 터치와 제스처, 오디오를 이용한 입력

PC 환경과 달리 모바일에서는 콘텐츠 단위를 최소화해 서비스를 제공한다. 이는 이동성과 즉시성, 이용 공간 및 시간의 제약과 같은 모바일의 특성에 기인한 것이다. 이렇게 분절된 콘텐츠는 모바일 애플리케이션을 의미하는 앱의 형태로 등장하고 있다. 앱^App^은 특정 모바일 OS에서 구동되는 애플리케이션(응용프로그램)으로, 사용자가 직접 앱스토어 등을 통해 다운로드하고 설치해 이용한다. 사용자의 행태적 속성을 고려한 모바일 콘텐츠의 특징은 다음과 같다.

표 8-4 사용자 속성을 고려한 모바일 콘텐츠의 특징

종류	설명
개인화(Personalization)	사용자가 설정한 모바일 기기에 따라 개인의 특성에 맞는 콘텐츠가 제공되며, 개인 전용 단말기의 특성상 보안성이 높다.
편재성(Ubiquity)	모바일 기기를 통한 이동성을 구현해 공간의 제약을 해소하고 어디서든 정보 검색과 통신을 할 수 있다.
편의성(Convenience)	하드웨어 측면과 전송 속도 개선 및 킬러 앱 개발과 같은 소프트웨어 측면의 진화를 통해 정보 검색과 통신의 편리성을 제공한다.
차별성(Distinction)	사용자의 이용 패턴을 분석해 개인에게 차별화된 서비스를 제공한다.
즉시연결성(Instant Connectivity)	언제 어디서나 사용자가 원하는 즉시 서비스를 이용할 수 있다.
지역기반(Localization)	위치기반 GPS 수신기를 통해 주변의 유용한 정보를 제공할 수 있다.

그림 8-13 모바일 사용 환경

이러한 환경에서 모바일 콘텐츠 사용자는 새로운 형태의 UX에 비교적 쉽게 적응한다. 사용자는 이미 학습된 모바일 UI/UX 환경에서 새로운 기능과 서비스를 배우는 데 적극적이며 그에 대한 자연스러운 기대를 갖고 있다.

그러나 혁신을 무기로 예측하기 어려운 맥락Context을 제공해서는 안 된다. 사용자는 직관적인 디자인 요소를 선호하며, 각 디자인 요소의 상징적 의미를 명확하게 구분하고 싶어 한다. 데이터 요금제와 같은 요소가 PC 환경과 다르기 때문에 정보의 형태보다는 정보의 양에 민감하고 복잡한 선택 상황을 꺼린다. 또 다른 특징은 지속적인 앱 업데이트 환경에 익숙해져 있어 정보가 상황에 맞게 제공되는 방식에도 익숙하다는 것이다. 기기와의 상호작용 시간이 길고 양방향 상호작용에 익숙하기 때문에 새로운 정보 제공이나 추천 서비스를 스팸으로 여기지 않고 개방적으로 받아들이는 특징도 있다.

2 모바일 앱의 콘텐츠

시간적 · 공간적 제약을 받지 않는 모바일 콘텐츠는 언제 어디서든 이용할 수 있으며, 1인 1기기 사용 특성으로 인해 개인화된 콘텐츠 이용이 가능하다. 콘텐츠는 그 종류에 따라 정보, 커뮤니케이션, 엔터테인먼트의 세 그룹으로 분류되었지만, 이전에는 볼 수 없었던 새로운 형태의 콘텐츠가 계속 등장하면서 현재로서는 포괄적 분류가 불가능한 상황이다. 기술의 발달로 인해 산업 간의 장벽을 허무는 새로운 디지털 콘텐츠가 꾸준히 등장하고 있으며 엔터테인먼트는 게임, 음악, 동영상 등으로 세분화되고 있다. 급속하게 변화하는 콘텐츠는 각 분야에서 이종 교배되면서 변형 · 융합 · 분절화되는 다양한 콘텐츠를 양산하고 있다. 새롭게 진화 · 융합되면서 변종된 콘텐츠를 생성하는 디지털 콘텐츠 산업의 특성을 반영하여 모바일 콘텐츠를 대칭형 콘텐츠와 비대칭형 콘텐츠로 분류하기도 한다.

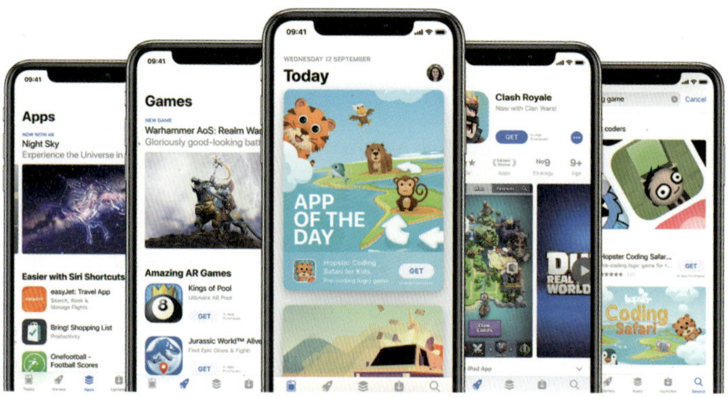

그림 8-14 다양한 모바일 콘텐츠

대칭형 콘텐츠

커뮤니케이션과 정보, 정보와 오락 등 두 종류 이상의 기능이 결합된 형태로, 교육용 게임이나 헬스케어 등과 관련된 새로운 콘텐츠를 생성한다. 하드웨어 기술의 발달과 함께 과거에는 관찰할 수 없었던 새로운 종류의 콘텐츠가 나타난 경우이다.

비대칭형 콘텐츠

각각 고유의 형태로 결합되어 커뮤니케이션 중심의 음성통화나 화상통화, 또는 정보나 오락 중심의 게임, 만화 등으로 콘텐츠가 분리되어도 고유 기능을 지니고 있는 콘텐츠를 의미한다. 기존의 콘텐츠를 모바일 기기에 적용해 새로운 용도를 개발한 경우라고 볼 수 있다.

3 모바일 앱의 형태

모바일 앱은 모바일 기기에 사용되는 응용프로그램으로, 스마트폰 앱뿐만 아니라 패블릿, 태블릿, 스마트워치, 웨어러블 기기용 앱이 포함된다. 대부분의 모바일 앱은 iOS용과 안드로이드용으로 구분되며, 각 OS에 따라 구글 플레이 스토어Google Play Store 또는 애플 앱스토어Apple AppStore에서 사용자가 직접 다운로드해 설치한다. 하지만 설치하지 않고 사용할 수 있는 앱도 있고, 최근에는 방대한 양의 콘텐츠를 제공하기 위해 반응형 웹으로 대신하기도 한다. 모바일 앱은 네이티브 앱과 하이브리드 앱으로 구분할 수 있는데, 최근에는 프로그레시브 웹 앱과 모바일 웹도 앱의 한 종류로 본다.

네이티브 앱

네이티브 앱Native App은 모바일 OS 제조사에서 제공하는 개발 언어를 사용해 각각의 모바일 OS에서만 동작하는 앱을 말한다. C#으로 개발한 안드로이드 앱과 스위프트Swift 또는 오브젝티브 CObjective-C로 개발한 아이폰 앱이 이에 해당한다. 네이티브 앱은 다양한 기능을 구현할 수 있으며 구동 속도가 빠르고 안정적이다. 또한 카메라, 마이크, 나침반, 가속도계 및 스와이프 제스처를 매우 쉽게 활용할 수 있고 푸시 알림을 통해 사용자에게 맞춤형 정보를 제공할 수도 있다. 뿐만 아니라 UI/UX를 플랫폼 규칙에 일치시킬 수 있다는 장점이 있다. 하지만 OS별로 플랫폼에 맞게 제작해야 하므로 시간과 비용이 추가되며, 업데이트나 수정이 용이하지 않다는 단점이 있다. 이를 극복하기 위해 최근에는 마이크로소프트에서 만든 자마린Xamarin이나 페이스북의 오픈소스 프로젝트인 리액트 네이티브React Native를 사용해 여러 플랫폼에서 작동하는 앱을 제작하는 시도를 하고 있다.

그림 8-15 대표적인 네이티브 앱인 포켓몬 고(Poketmon Go)

하이브리드 앱

하이브리드 앱Hybrid App은 모바일 웹과 네이티브 앱의 장점을 합친 앱으로, 다수의 플랫폼에 적용할 수 있다. 필수 요소만으로 개발할 수 있고 동적 데이터는 실시간 통신으로 가능하며, 네이티브 앱에 비해 개발 비용이 적고 수정 보완을 빠르게 할 수 있다는 장점이 있다. 또 제한적이긴 하지만 푸시 알림 기능이나 네이티브 앱의 기능을 대부분 탑재할 수 있으며, 네이티브 앱과 같이 앱 스토어에서 다운로드해 설치한다. 그런데 한 번의 개발로 다수의 플랫폼에 적용할 수 있다는 것은 단점이 되기도 한다. iOS 및 안드로이드 사용자는 자신의 플랫폼에 충성하는 경향이 있고 오랫동안 사용한 경험이 축적되어 기본 앱에서의 작동 방법에 익숙할 수밖에 없다. 따라서 다수의 플랫폼에 적용할 수 있어도 각 플랫폼을 기반으로 앱을 맞춤 설정하면 네이티브 앱과 비슷한 비용이 소요될 수 있다.

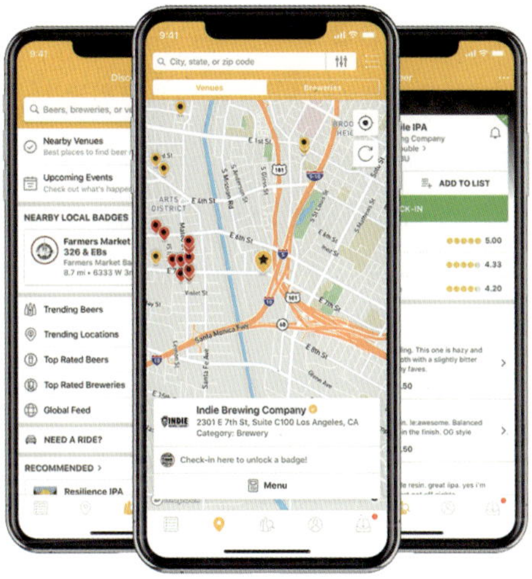

그림 8-16 인근의 주점을 찾아주는 탭드(Tapped)

프로그레시브 웹 앱

프로그레시브 웹 앱Progressive Web App은 모바일 웹과 네이티브 앱의 장점을 취했다는 면에서는 하이브리드 앱과 유사하지만, 다운로드해 설치해야 하는 하이브리드 앱과 달리 브라우저에서 바로 사용할 수 있다. 기존의 웹 앱은 인터넷에 연결된 경우에만 사용할 수 있어서 모바일 앱만큼 다양한 기능을 제공하지 못했다. 이러한 웹 앱의 단점을 해결하기 위해 구글 개발자들이 주축이 되어 2015년 프로그레시브 웹 앱을 만들었다. 프로그레시브 웹 앱은 한 번 접속하면 해당 앱의 기본 소스가 브라우저의 캐시에 다운로드되기 때문에 인터넷에 연결하지 않아도 웹 브라우저에서 사용할 수 있다. 네이티브 앱처럼 설치가 번거롭지 않고 모바일 웹에서의 앱 기능 제약 등을 보완한다는 이유로 최근 활용 빈도가 점차 늘고 있다.

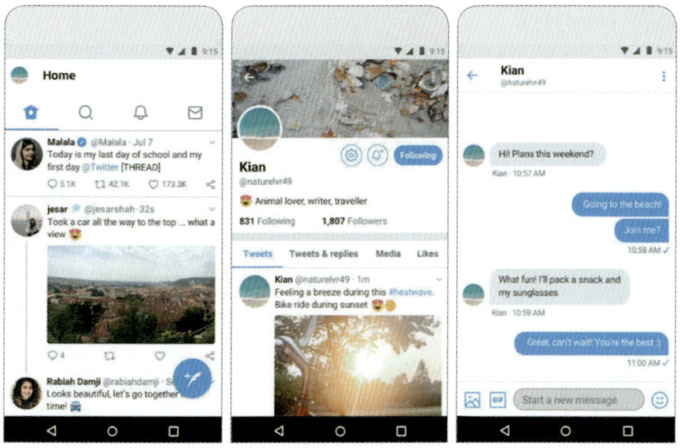

그림 8-17 **프로그레시브 앱을 지향하는 트위터 라이트(Twitter Lite)**

모바일 웹

모바일 웹Mobile web은 모바일 브라우저에서 구동되며 개발 기간이 짧고 업데이트나 수정 변경이 용이하다는 장점이 있으며, 웹 브라우징을 통한 접근성이 있고 설치 과정이 따로 필요하지 않다는 특징이 있다. 하지만 GPS나 센서 기능과 같은 스마트폰의 특정 기능을 사용할 수 없다는 단점도 있다. 또 웹을 기반으로 한 디자인을 사용하기 때문에 모바일에서의 사용성이나 호환성은 떨어진다. 이러한 단점을 보완하기 위해 최근에는 기기의 종류와 화면 크기에 실시간 반응하여 웹 페이지를 최적화된 화면 구성으로 보여주는 반응형 웹이 사용되고 있다.

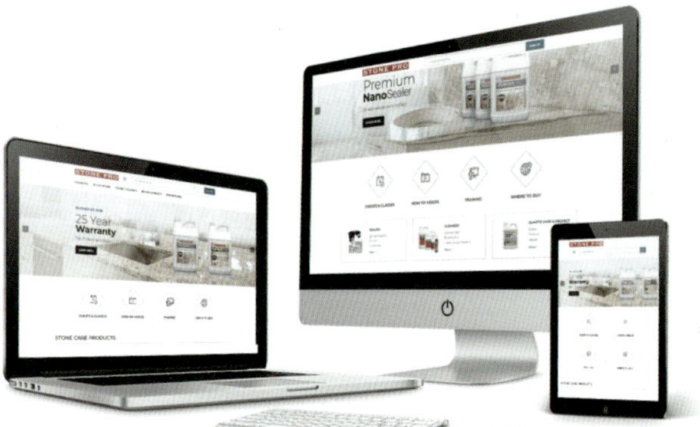

그림 8-18 **다양한 기기에 적용되는 반응형 웹**

4 터치 제스처

모바일 기기가 PC와 가장 크게 다른 점은 마우스가 아닌 손가락을 이용한 상호작용Interaction UI라는 점이다. PC에서는 마우스를 이용해 화면을 클릭하지만 모바일 디스플레이에서는 손가락을 이용해 터치한다. 터치 기능은 DODDisplay Only Device의 터치스크린Touchscreen에서 시작되었고 PC에서도 낯선 기능은 아니지만 모바일에서 크게 진보했다.

모바일에서의 터치 제스처Touch Gesture는 스크린을 한 손가락 또는 동시에 여러 손가락으로 터치해 다양한 조작을 하는 행동을 말한다. 지금은 모바일 기기뿐 아니라 데스크톱도 손가락 터치로 이용할 수 있을 정도로 터치 기능이 대중적으로 발전했다. 터치 제스처 조작이 자연스럽고 직관적인 이유는 실제 개체와 상호작용하기 때문이다.

사용자가 보유하고 있는 기기에 상호작용을 최적화하는 방법은 제스처 동작 방식인 손가락 관련 UI 요소를 배치해 터치를 인체공학적으로 구현하는 것이다. 터치 제스처에서 가장 중요한 것은 터치 영역을 확인하는 것이다. 실제로 사용자가 기기를 잡는 모양에 따라 중요 영역이 달라진다. 한 손으로 사용할 때는 엄지의 영역이 중요하고, 양손으로 사용할 때는 엄지와 검지가 모두 중요하다. 터치 기술을 모바일에 적용할 때는 최적화된 터치 영역을 만드는 것이 중요하다.

MIT 터치 연구 보고서에 따르면 터치를 위해 필요한 공간은 10~14mm 정도인데, 이는 아이폰 기준으로 88pixels 정도이다. 손가락의 지문 영역을 고려할 때, 그 크기가 최소 7mm 또는 44pixels이 되어야 엄지로 터치할 수 있다. 이처럼 모바일에서는 시각적인 부분뿐 아니라 센서Sensor 영역까지 확인하면서 디자인하는 것이 중요하다.

2018년 스티븐 후버Steven Hoover가 스마트폰을 사용하는 기본 방법을 연구한 바에 따르면 한 손으로 사용하는 사람이 49%, 한 손으로 스마트폰을 받치고 다른 손으로 화면을 탭하는 사람이 36%, 스마트폰을 감싸고 양손으로 사용하는 사람이 15%라고 한다.

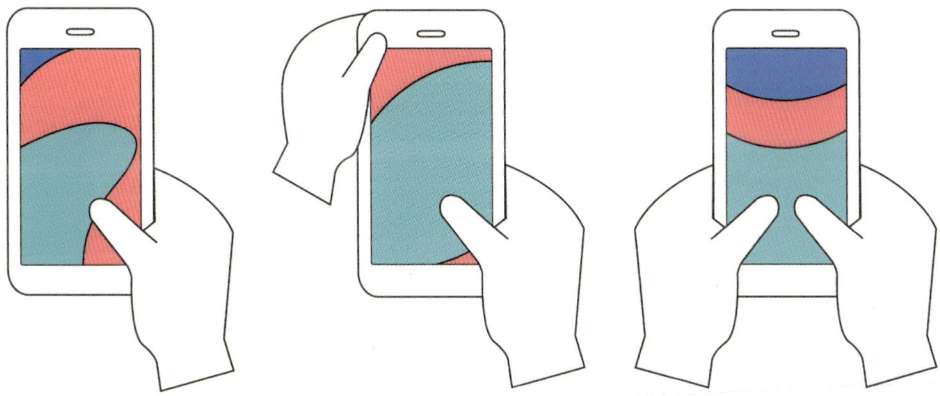

(a) 한 손 사용 (b) 거치형 (c) 양손 사용

그림 8-19 스마트폰을 사용하는 기본 방법

스마트폰을 어떤 방식으로 사용하는지에 따라서도 자연스러운 터치 영역이 달라지지만, 스마트폰의 크기 및 비율이나 손의 위치에 따라서도 터치 영역이 달라진다.

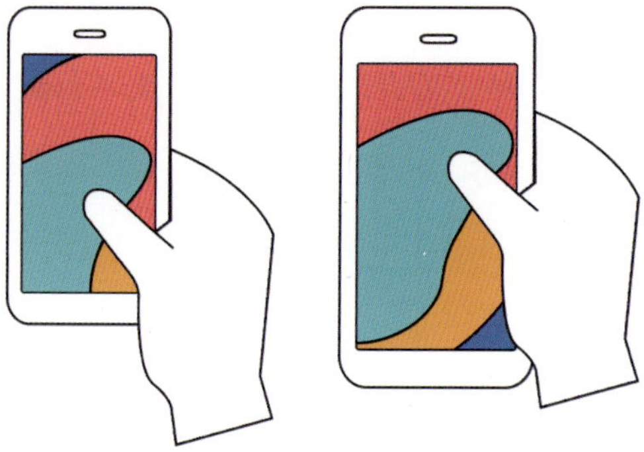

그림 8-20 스마트폰의 크기와 콘텐츠 높이에 따른 손의 높이와 터치 영역

터치 제스처는 현실 생활과 밀접하게 연결된 동작을 은유적으로 반영한 형태로 디자인해 배치해야 하고, 효율적으로 사용할 수 있게 하기 위해 최적화된 터치 영역을 확보해야 한다. 제스처는 화면을 컨트롤하는 상호작용 UI의 기본이므로 제스처의 종류와 기능은 기본적으로 알고 있어야 한다.

일반적으로 가장 많이 사용하는 터치 제스처는 다음과 같다.

Tip 터치 제스처는 예제 소스로 제공되는 [제스처 동영상] 폴더에 있는 동영상을 직접 보면서 이해할 것을 권한다.

표 8-5 터치 제스처의 종류

종류	동작	설명
탭(Tap)		화면을 한 손가락으로 짧고 가볍게 두드리는 동작으로, 주로 아이템을 선택하고 실행하는 기본 제스처이다.
스크롤(Scroll)		화면을 수직 방향으로 밀거나 당기는 동작으로, 계속 이동하며 콘텐츠를 탐색할 수 있다.
팬(Pan)		손가락을 떼지 않고 길게 끄는 동작으로, 어느 방향으로든 움직일 수 있다. 시간제한은 없으며 손을 뗄 때까지 패닝(Panning)으로 인식된다. 화면의 오브젝트를 이동할 때, 선을 그릴 때, 다중 개체를 선택할 때, 확대한 이미지 화면을 상하좌우로 움직일 때 사용한다.
드래그(Drag)	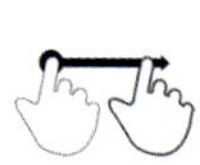	화면의 특정 오브젝트를 손가락으로 길게 끄는 동작으로, 아이템을 개별 이동할 때 사용한다. 오브젝트를 특정 영역으로 옮길 때는 드래그 앤드 드롭(Drag & Drop)이라고 표현하기도 한다.
스와이프(Swipe)	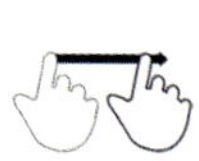	한 손가락으로 터치한 상태에서 일정 거리를 손가락으로 밀며 움직이는 동작이다. 화면을 좌우로 이동하며 탐색할 때 적합하며, 수직 방향으로 이동하는 것은 스크롤이라고도 한다.
핀치(Pinch)		두 손가락을 양방향으로 벌리거나 오므리는 동작으로, 화면 확대나 축소에 사용한다. 손가락이 움직이는 거리에 따라 확대나 축소 비율이 결정되며 화면 전환에 사용하기도 한다.

Chapter 09
UI/UX 디자인 프로세스

1
UI/UX 프레임워크

1 UX 디자인 프로세스

UX 디자인에 사용자 경험 중심이라는 의미가 있는 만큼 UX 디자인 프로세스는 사용자를 중심에 두고 진행된다. 실제 필드에서도 사용자를 관찰한 결과를 바탕으로 디자인을 한다. 그리고 기업은 다음과 같이 커다란 프로세스에 자신들의 개발 방법론을 더해 UX 디자인을 진행한다.

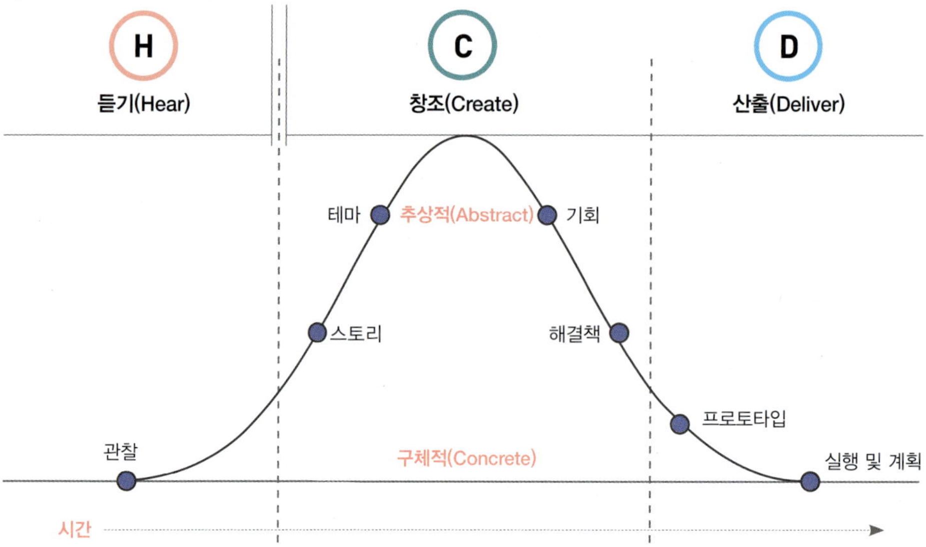

(a) IDEO의 UX 디자인 프로세스

(b) Informational Geometry의 UX 디자인 프로세스

(c) Medium의 UX 디자인 프로세스

그림 9-1 다양한 기업의 UX 디자인 프로세스

어떤 아이디어를 가지고 앱을 개발하겠다고 생각하는 순간부터 UX 디자인 프로세스에 대해 작성할 문서가 매우 많다. 실무에 종사하고 있다면 클라이언트의 요구 또는 조직의 목표에 따라 주제를 선정하지만, 개인이나 학생은 주제를 선정하는 것부터 어려움을 겪을 수 있다.

주제는 가까운 곳에서부터 찾는 것이 좋다. 예를 들면 다이어트 일지를 적거나 운동 기록을 남기는 일 등 일상생활에서 주제를 찾고, 관련 앱이 이미 있는지 살펴보고 벤치마킹하는 것부터 시작한다.

주제를 선정한 후에도 무엇부터 시작해야 할지 막막한 경우가 많다. 물론 실무에 종사하는 디자이너는 이미 조직에서 분석하고 점검한 거시 환경과 미시 환경, 내부 환경, 클라이언트의 포지셔닝과 니즈에 대한 보고서를 넘겨받는다. 하지만 마케팅팀이 별도로 구성되어 있지 않은 소규모 조직이나 스타트업 또는 개인은 상황이 다르다. 작은 조직에서는 모든 일을 혼자 해내야 하는 경우가 많으므로 시작부터 막막하기 십상이다.

따라서 UX 디자인을 하기에 앞서 무엇부터 시작해야 하고 어떤 준비가 필요한지 전체적인 흐름을 파악해야 한다. 또한 주제에 맞는 프로젝트를 진행하려면 사용자 시나리오, 메뉴 트리, 플로차트, 와이어프레임 등 다양한 문서가 필요하다. 이런 문서들을 작성하려면 많은 시간과 노력이 필요하다. 하지만 이런 과정을 거쳐야 오류를 줄이고 주제에 맞는 프로젝트를 진행할 수 있다

2 디자인 프로세스 모델

디자인 씽킹Design Thingking은 '사람들의 행동과 니즈에 대한 관찰을 기반으로 분석적 사고와 직관적 사고를 융합해 도출하는 문제 해결 접근 방식'을 말한다. 고객을 관찰하고 정의한 뒤 개발하고 배포하기까지의 반복 상황을 디자인 프로세스로 만들면 쓸데없는 낭비를 최소화할 수 있다.

UX 디자인 프로세스는 시장 분석과 타깃 설정으로 문제를 발견하고 목표를 세운 후 현장 리서치를 통해 얻은 결과로 전략을 수립하고 프로토타이핑과 테스트를 거치는 과정의 순환이라 할 수 있다.

더블 다이아몬드 모델

대표적인 디자인 프로세스는 영국의 디자인 카운슬Design Council에서 개발한 디자인 씽킹 방법론 중 하나인 더블 다이아몬드 모델이다. 문제를 정의하는 과정과 솔루션을 만드는 과정이 한 점에서 시작되어 확산과 수렴의 과정을 거치며 진행되는 모델이다.

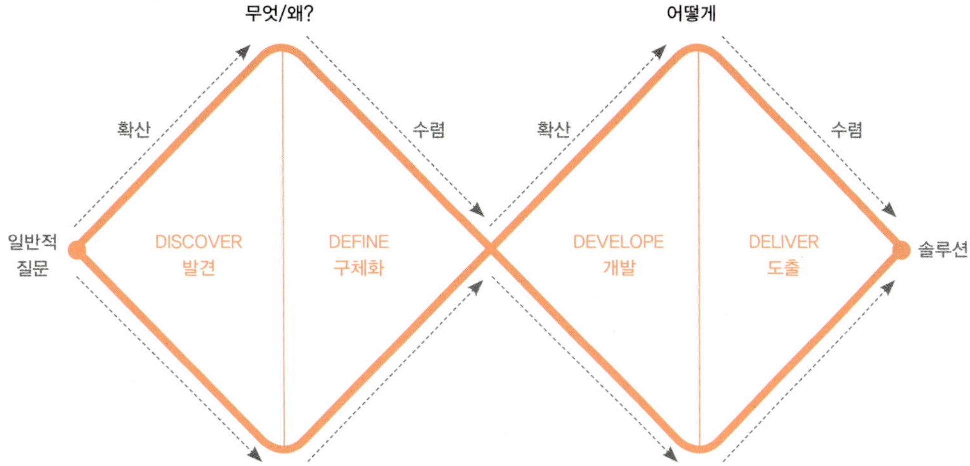

그림 9-2 디자인 카운슬의 더블 다이아몬드 모델

첫 번째 다이아몬드 영역은 사용자의 문제를 찾고 디자인으로 해결할 문제를 정의하는 과정이다. 이 단계는 문제를 탐색하는 발견Discover 과정과 문제의 영역을 좁혀 나가는 구체화Define 과정으로 이루어진다. 두 번째 다이아몬드 영역은 앞에서 찾은 문제를 해결할 수 있는 솔루션을 만들어 나가는 과정이다. 다양한 아이디어를 제안하고 개발Develope하며 그중에서 가장 효과적인 해결책을 도출Deliver한다.

더블 다이아몬드를 한 번 거친다고 최종 해결책이 도출되는 것은 아니다. 문제를 발견하고 해결책을 도출한 후에 사용자 테스트를 진행하고 피드백을 분석해 다시 문제 해결을 위한 작고 큰 발산과 수렴을 반복한다. 실제 프로젝트에서는 더블 다이아몬드 과정을 거치지 않는 경우도 있기 때문에 필수 과정이라기보다는 큰 흐름 중의 하나로 생각하면 된다.

발견 과정에서는 주제에 따른 시장을 제품이나 서비스 중심으로 분석하고 타깃을 설정한다. 기존의 방법론이 제품에 집중해 목표에 접근하는 방법이라면 UX 디자인 관점에서는 제품 사용자가 실제 상황에서 만나는 문제를 발견하고 사용자의 판단에 영향을 주는 요인과 감정적인 부분을 고려한다.

목표를 설정하면 각 환경에 맞는 기법을 개발해서 리서치Research를 실행하고 그 결과를 모델링Modeling한다. 모델링이란 리서치 결과를 정리하는 활동이며 이를 통해 제품이나 서비스의 콘셉트와 전략을 도출한다. 콘셉트와 전략이 도출되면 실제 제품이나 서비스를 시연하는데 이를 프로토타이핑Prototyping이라고 한다. 프로토타이핑은 상황과 목표에 따라 여러 가지가 나올 수 있으며 이를 통해 내린 결론으로 테스트Test를 진행한다.

표 9-1 더블 다이아몬드 모델의 과정별 목표, 내용, 방법론

단계	발견	구체화	개발	도출
목표	• 주제 설정 • 현황 파악 • 문제점 수집 • 욕구 발견	• 현황 정의 • 문제점 정의 • 데이터를 통한 니즈 도출	• 아이디어 구체화 • 콘셉트 도출 • 비즈니스 모델 개발	• 서비스 확정 • 발표 • 상호 공유
내용	• 사실 발견 • 이해관계자 욕구 이해 • 생태계 파악 • 가치사슬	• 문제점 재정의 • 요구 사항 정리 • 수집 데이터 관계 파악 • 핵심 아이디어 도출	• 아이디어 제안 • 비즈니스 모델 수립	• 시각화 • 제작 • 검증 • 평가
방법론	• 데스크 리서치 • 섀도잉 • 다이어리 • 인터뷰	• 5단계 원인 분석 • 페르소나 • 어피니티 다이어그램	• 브레인스토밍 • 비즈니스 모델 • 프로토타이핑	• 스토리보드 • 서비스 블루프린트 • 롤 플레이

3 UX 디자인 개발 방법론

UX 디자인 프로세스의 개발 방법론 중에는 애자일Agile과 린Lean이 대표적이다. 애자일과 린을 대립적 관계로 보기도 하고 린이 애자일에 귀속되어 있다고 보기도 하지만, 디자인 씽킹, 애자일, 린은 프로세스 속에서 상호작용하는 경우가 많고 프로젝트에 따라 별도로 사용하거나 함께 사용한다. 어떤 방법론이 가장 좋다고 말하기는 어려우며 서비스의 수명 주기에 따라 올바른 프로세스를 선택하는 것이 중요하다.

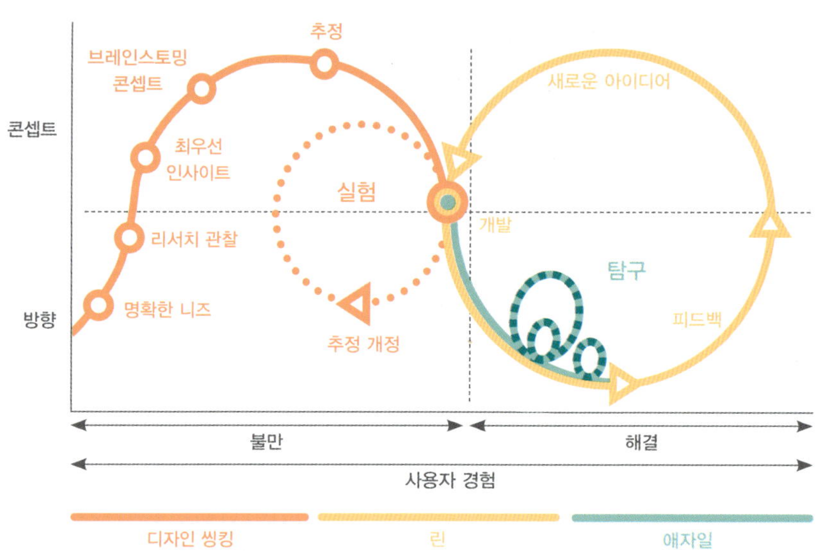

그림 9-3 디자인 씽킹, 애자일, 린 프로세스의 상호작용

하나 더 알기 폭포수 모델

19세기 산업혁명 이후로 제품 생산의 표준으로 자리 잡은 폭포수 모델Waterfall Model은 자동차, 선박 등 굴뚝산업에 최적화된 생산 방법이다. 선형적인 작업 순서와 분업으로 시간과 비용의 효율성을 추구하는 것이 핵심이다. 순수한 의미의 폭포수 모델에는 요구 사항이나 시장 변화에 적응하는 메커니즘이 없다. 폭포수 모델은 설계나 개발을 반복할 수 없고 개발 방법이 순차적이고 선형적으로 이루어지므로 소프트웨어를 개발하는 스타트업에서는 이 모델로 개발을 진행하기 어렵다.

실제 폭포수 모델로 앱을 구현하는 경우, 시각적인 결과물이 나오거나 실제 개발을 통해 앱이 구동되는 모습을 보기 전까지는 클라이언트가 요구한 사항의 실체를 확인하기 어렵다. 최종 결과물에서 클라이언트의 수정 요청이 발생하는 경우 이미 지나온 단계를 다시 되돌아가 수정해야 하므로 비용과 시간 면에서 문제가 발생하기 쉽다.

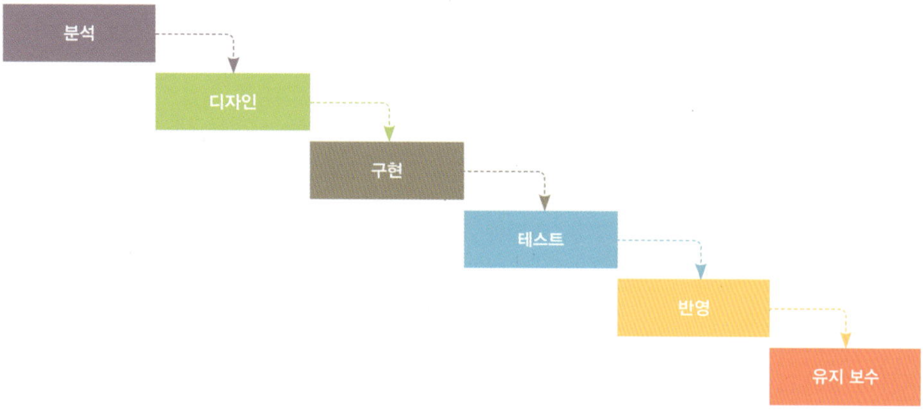

그림 9-4 폭포수 모델

애자일 프로세스

애자일 프로세스Agile Process는 요구 사항이 자주 변경되거나 비슷한 개발을 반복하는 경우에 적합하며, 소프트웨어 개발 방법론 중에서 가장 인기가 있다. 애자일 프로세스는 일정에 중점을 두고 개발을 진행하며, 문제를 해결하기 위해 반복적이고 점진적인 접근 방식을 사용한다. 디자인은 최소 한 번의 스프린트로 진행된다. 프로세스를 진행하는 스크럼 팀은 스프린트 계획 중에 기능 목록의 우선순위를 지정하며, 다음 스크럼 팀은 제품의 백로그 항목을 선택한 뒤 스프린트 백로그로 이동해 구현한다. 각 스프린트가 끝나면 검토 회의에서 결과를 시연하고 이를 통해 전반적인 진행 상황이 제품 로드맵과 얼마나 일치하는지 평가할 수 있다.

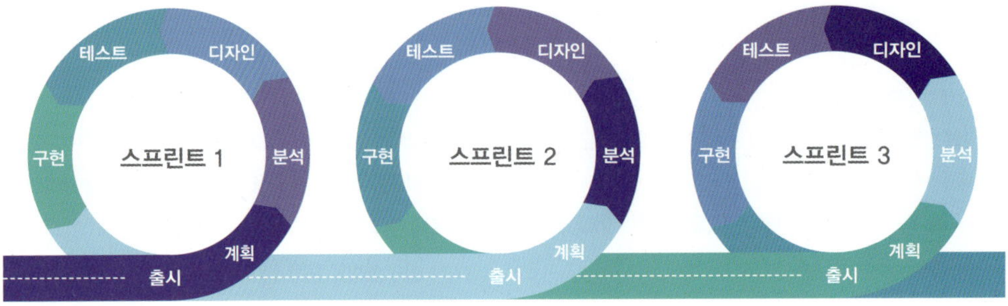

그림 9-5 애자일 프로세스

린 프로세스

린 프로세스Lean Process는 일본 도요타Toyota의 프로세스를 소프트웨어 개발에 적용한 방법론이다. 낭비 요소를 미리 발견해 제거함으로써 고객에게 가치를 빠르게 제공하려는 생각에서 출발해 고안한 프로세스이다. 여러 스프린트에서 사용자 피드백을 받고 디자인 작업을 반복해 최소 실행 가능 제품(MVPMinimum Viable Product)을 만들고, 여기에 새로운 기능을 추가할 때마다 3단계 사이클을 돌면서 계속 발전시켜 나간다. 린 프로세스는 시장에 대한 가정을 테스트하기 위해 프로토타입을 만들고 고객의 피드백을 받아 프로토타입을 빠르게 진화시킨다. 또 디자인 및 개발 구성원의 평등한 참여를 보장하고 문제를 해결하기 위한 아이디어와 솔루션을 생성하는 반복적이고 참여 가능한 프로세스를 따른다.

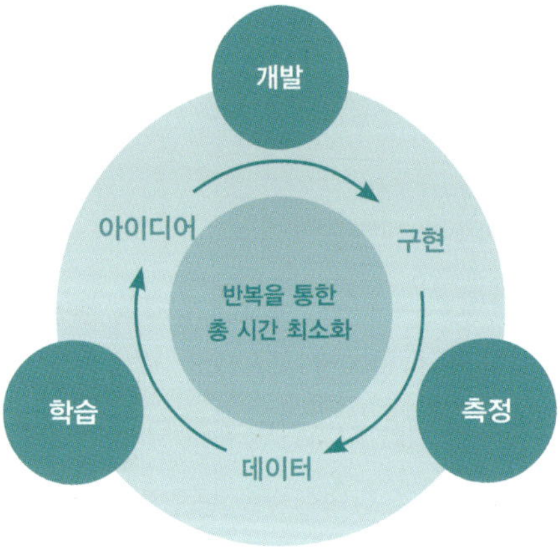

그림 9-6 린 프로세스

애자일 UX와 린 UX

애자일과 린 프로세스의 공통점은 기존의 방법론에 비해 사용자 요구 사항을 적극적으로 수용하고 제품을 빠르게 전달해 고객 가치와 만족도를 높인다는 점이다. 차이점이 있다면 애자일은 개인별 또는 팀으로 고객과 협업하고 빠르게 개발하는 것을 목표로 하는 반면 린은 고객의 관점에서 전체 프로세스 상의 낭비 요소를 제거해 고객 가치를 높이는 것을 목표로 한다는 것이다. 애자일 UX는 빠르게 출시한 후 점진적으로 개선하는 것을 중요하게 생각하면서 제품 방향을 정의하고 품질에 집중하는 방법론이고, 린 UX는 기획, 디자인, 개발 분야의 모든 구성원이 서로의 관점을 이해하고 어떤 경험을 만들 것인지에 대해 공동의 목표를 가지며 협업하는 방법론이라 할 수 있다.

UX 디자인을 개발하기 위한 프로세스는 무척 다양하며 각 디자인 회사마다 다른 프로세스를 추구하고 발견하기도 한다. 프로세스마다 적절한 방법과 절차가 있으며, 목적 달성을 위한 수단을 적절히 활용하고 여기에 디자이너의 감각과 통찰력을 더해 서비스나 제품을 완성한다. 같은 프로세스를 따른다고 해도 전혀 다른 결과물이 나올 수 있고 디자이너의 역량에 따라 훨씬 좋은 결과물이 탄생하기도 한다. 그럼에도 불구하고 프로세스의 중요성이 강조되는 이유는 예상하지 못한 문제점을 발견하고 결과물을 객관적으로 판단하며 부정적인 영향이나 실수를 최소화하기 위해서이다.

2
발견: 사용자 경험 조사

1 이슈 제기

발견 단계에서는 사용자의 이용 맥락에 영향을 미치는 서비스 경험 요소와 불만사항Pain point을 파악해 UX 관점에서 분석한다. 그리고 서비스에 대한 사용자 경험 이슈를 정리한다. 예를 들어서 자주 사용하는 메뉴를 찾기 어렵다면 어떻게 해결할 것인지 이슈를 제기한다. 이슈는 서비스에서 발생하는 여러 가지 사용자 경험 문제를 해결하기 위한 질문이며, 이러한 이슈들이 리서치의 조사 항목이 된다.

2 디자인 리서치

디자인Design의 어원에는 그리스어로 '계획하다', '설계하다'라는 광의廣義와 '시각화'라는 협의狹義가 있다. 디자인 리서치Design Research는 광의와 협의를 모두 담은 용어로, 제품이나 서비스의 가능성에 대해 사용자와 시장 환경 등의 여러 측면에서 조사하는 활동을 말한다.

실제 현실에서 디자인 리서치를 적용하는 것은 생각처럼 쉽지 않다. 하지만 사용자 중심의 디자인을 하면서 사용자를 고려하지 않을 수 없기 때문에 디자인 리서치의 장점을 활용할 수 있어야 한다. 디자인 리서치는 이론과 실무의 지식을 통합한 성과를 이룰 수 있게 하며 단순한 시각화나 스타일링을 벗어나 이미 존재하는 것을 다시 재발견하는 인식의 전환을 선사한다. 디자이너는 다양한 리서치 방법론을 통해 사용자의 환경과 제품에 대한 아이디어를 얻을 수 있다. 성공적인 디자인을 위해서는 사용자의 심리적, 감성적, 문화적 맥락Context을 이해하고 있어야 하며, 이는 리서치를 통해 얻을 수 있다. 잠재 고객을 발견하고 니즈를 만족시키는 일의 중요성은 누구나 알고 있다. 리서치는 그것을 어떻게 발굴하는가에 관한 것이다.

일반적인 정량적 리서치는 사용자가 무엇을 하고 있는지, 혹은 어떻게 하는지에 초점을 맞춘다. 하지만 디자인 리서치는 왜 그런지를 이해하기 위한 방식이다. 정량적인 리서치에서는 얻기 어려운 정성적인 정보를 얻기 위한 리서치 방법으로, 인간의 행동을 관찰하는 것을 기본으로 한다. 즉, 기존의 것을 대체하는 개념이 아니라 기법을 달리하는 방법론이다. 그 차이는 우선 프로세스에서 찾을 수 있다. 기존의 방법론이 목표를 설정하고 설계하고 구현하는 하향식이었다면 디자인 방법론은 상향식을 취하고 있으며 관찰 중심적이다. 또 기존의 방식이 분업 형태로 각자의 영역을 담당했다면 디자인 방법론에서는 협업의 방식을 취하므로 융합적 사고가 필요하다.

디자인 컨설팅 회사 프로그Frog의 얀 칩체이스Jan Chipchase는 디자인 리서치에 대해 What이나 How가 아닌 Why를 이해하는 과정이라고 정의했다. 또한 현장 조사를 통해 이해를 형성함으로써 데이터를 가치 있게 만들어 콘셉트를 수립하고 디자인하는 단계로 이루어져 있다고 설명했다.

최근의 디자인 리서치 동향을 살펴보면 트렌드 리서치나 에스노그래피Ethnography를 이용해 실제 소비자 행위를 관찰하고 분석하는 추세이다. 예를 들어 특정 지역을 기반으로 하는 제품의 경우 그 지역 고유의 문화가 강력하게 작용하는데, 그것을 이해하지 못하면 사용자의 경험과 감성을 느낄 수 없다. 그래서 에스노그래피를 이용한 리서치 과정이 중요한 것이다. 리서치는 사람과 제품 간의 관계에 필요한 기능적, 감성적 니즈를 이해하고 디자인 개발 과정에 필요한 정보와 영감을 얻는 방법으로, 사회학, 인류학, 마케팅 등 다양한 분야의 연구가 필요하다.

디자인 리서치에 대해 이해하려면 먼저 프로젝트를 이해해야 한다. 하지만 프로젝트의 모든 것을 알기는 어렵기 때문에 해당 프로젝트의 구조와 UX 프로젝트의 배경을 철저히 조사해야 하고, UX를 통해 달성하고자 하는 목표를 분명하게 설정해야 한다. 프로젝트를 성공적으로 수행하려면 결과를 효율적으로 도출할 수 있도록 리서치를 설계하고 심층적으로 분석할 수 있는 능력이 필요하다.

정성적 리서치와 정량적 리서치

디자인 리서치는 크게 정성적 리서치와 정량적 리서치로 구분된다. 정성적 리서치Qualitative Research는 사용자가 원하는 바를 통찰해 결과를 얻는 방법으로, 가설에 대한 검증 또는 증명의 도구로 사용하며 사용자 설문이나 웹 로그 분석 등을 이용한다. 정량적 리서치Quantitative Research는 전반적인 상황이나 수치 데이터를 이용해 이해관계자를 설득하는 방법으로, 사용자를 한 개인으로 이해하며 내용에 대한 분석을 통해 결과를 도출한다.

표 9-2 정성적 리서치와 정량적 리서치

정성적 리서치	정량적 리서치
• 기초적인 원인과 동기에 대한 질적인 이해 • 내용에 대한 분석 • 대표성 있는 소규모 • 비구조화, 유동적 • 비통계적 • FGI, 심층 면접, 관찰 면접 • 초기 이해의 전개, 발견, 진단	• 자료를 계량화하고 결과를 일반화 • 수치에 대한 분석 • 대표성 있는 대규모 • 구조화, 방식 변경 불가 • 통계적 • 설문조사, 스캐너 데이터 • 최종 단계 측정, 예측, 추정

정성적 리서치와 정량적 리서치의 영역은 사용자의 태도와 행동에 따라 달라진다. 태도와 행동은 유사한 단어로 보일 수도 있지만, 태도는 '사람들이 무슨 말을 했는지'와 관련 있고 행동은 '사람들이 무엇을 했는지'와 관련 있다. 이를 측정하기 위해 다양한 도구를 사용하며 그 결과를 분석해 사용자의 특성이나 행동 패턴을 파악할 수 있다. 예를 들어 사용자의 태도를 분석하면 왜 그렇게 행동하는지 알 수 있다. 이를 위해 사용자에게 질문하고 대답을 수집하는 과정을 거친다. 대표적인 방법에는 설문조사나 포커스 그룹 인터뷰가 있으며, 사용자가 왜 그런 행동을 하는지에 대한 응답과 대응을 중심으로 파악한다.

닐슨 노먼 그룹에서는 [그림 9-7]과 같이 디자인 리서치 방법을 좀 더 세분화해 정성적인 방법과 정량적인 방법으로 나누고, 그것을 다시 사용자 행동과 태도로 나누어 디자인 리서치 기법을 해당 영역에 배치했다. 이렇게 정리함으로써 좀 더 편리하게 사용자 조사를 진행할 수 있도록 했다.

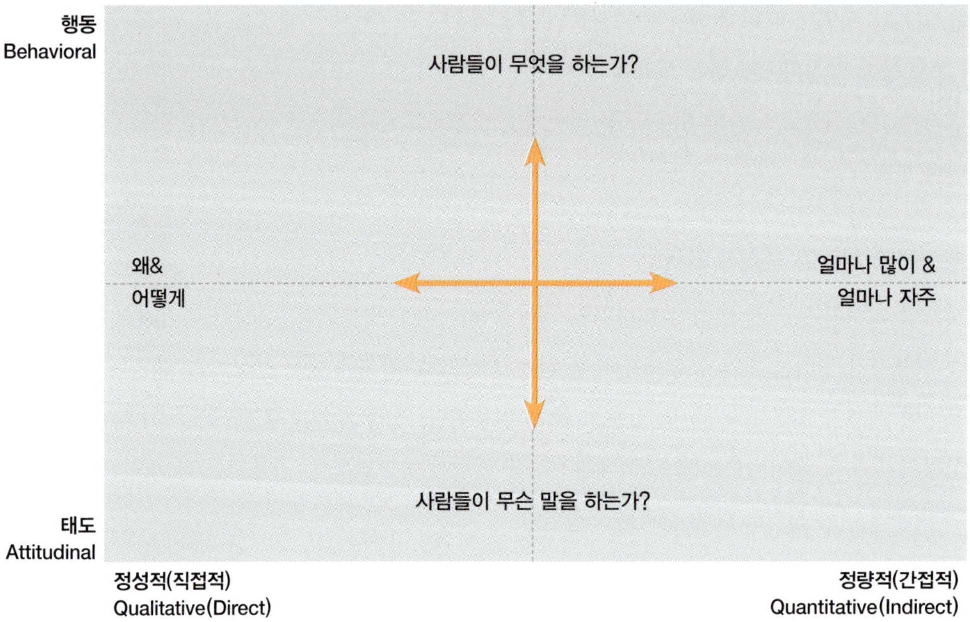

(a) 디자인 리서치를 정성적 방법과 정량적 방법으로 세분화

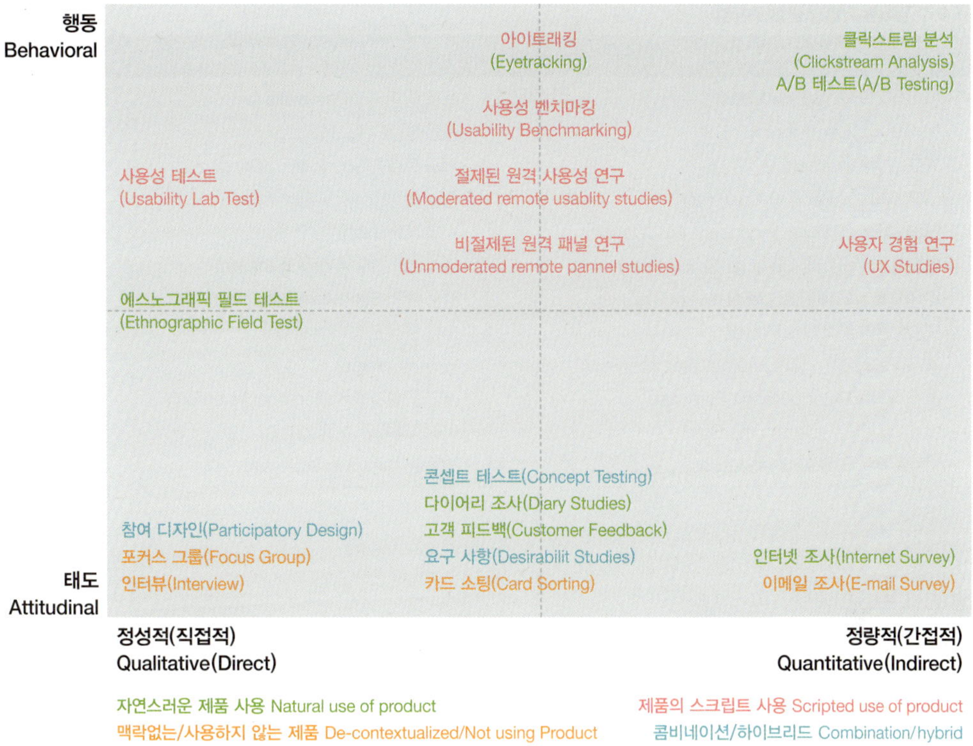

(b) 사용자 행동과 태도로 나누어 해당 영역에 배치

그림 9-7 닐슨 노먼 그룹의 디자인 리서치 방법[1]

정량적 리서치 방법은 사용자의 동작이나 태도에 대한 데이터를 조사하거나 측정을 통해 간접적으로 수집하는 반면, 정성적 리서치 방법은 직접 사용자를 관찰해 행동과 태도에 대한 데이터를 생성한다. 이런 관점에서 보면 웹 로그 분석이나 A/B 테스트 등은 사용자의 행동을 조사하는 정량적 방법임을 알 수 있다. 상황에 따라 적절한 기법을 선별해 잘 응용하는 것이 중요하다.

인터뷰 기법과 관찰 조사법

디자인 리서치의 목적은 사용자의 구체적인 경험을 조사해 그들의 니즈를 파악하는 데 있기 때문에 마케팅을 위해 소비자의 의견을 듣거나 선호도를 조사하는 것과는 차이가 있다. 디자인 리서치 방법에는 인터뷰 기법과 관찰 조사법이 있다. 인터뷰 기법과 관찰 조사법이 각각 유용하게 쓰이는 분야는 [표 9-3]과 같다.

1 출처: https://www.nngroup.com/articles/which-ux-research-methods/

표 9-3 인터뷰 기법과 관찰 조사법

인터뷰 기법	관찰 조사법
• 인지적 지도(Cognitive Maps)	• 포토 다이어리(Photo Diary)
• 전시 안내(Guided Tours)	• 롤플레잉(Role-Playing)
• 카드 소팅(Card Sorting)	• 섀도 트래킹(Shadow Tracking)
• 고객 되어보기(Be Your Customer)	• 장소 관찰(Town Watching)
• 단어-개념 매칭(Word-concept Association)	• 서술(Narration)
• 불특정 다수 인터뷰(Unfocus Group Interview)	• 일상생활 관찰(A day in the life)
• 소셜 네트워크 매핑(Social Network Mapping)	• 행동 매핑(Behavioral Mapping)
• 5단계 원인 분석(Five Whys)	• 오류 분석(Error Analysis)
• 극단적 사용자 인터뷰(Extreme User Interview)	• 콜라주(Collage)
• 멀리 내다보기(Long Range Forecast)	• 개인 관심사 조사(Personal Inventory)
• 박스 디자인하기(Design the Box)	• 아이트래킹(Eye Tracking)
• 자유롭게 목록화하기(Free Listing)	• 행동 분석(Activity Analysis)

3 디자인 리서치 프로세스

디자인 리서치를 하려면 먼저 맥락에 맞는 기법을 결정해야 한다. 리서치를 통해 사용자와 시장을 분석하는 것은 매우 중요한 과정이며 모든 서비스와 제품의 사용성은 사용자가 얻고자 하는 것에 의해 결정된다고 해도 과언이 아니다. 리서치를 통해 사용자의 요구를 정확히 이해한다면 무엇을 만들지 결정할 수 있고 사용자가 원하는 서비스를 제공할 수 있다. 이는 곧 사용자에게 더 좋은 경험을 전달할 수 있다는 의미이다.

일반적으로 디자인 리서치 프로세스는 목표를 설정하고 이슈를 정의한 후 기법을 선정하고 수행해 결과를 분석하는 과정을 거친다. 이를 5단계로 정리하면 다음과 같다.

❶ 목표 설정

적합한 리서치 대상을 선정하기 위해 대상을 명확하게 예측하는 단계다. 현실적으로 한정된 시간과 인력을 이용해 실질적으로 어떤 사람을 섭외할 수 있는지도 고려해야 한다.

❷ 이슈 정의

사용자 대상을 분류했으면 무엇을 물어볼 것인지 이슈를 정의한다. 계획 없이 상황에 따라 질문하는 것이 아니라 브랜드, 마케팅, 통합 관리, 사용성과 같은 요소를 미리 정리하고 구조를 파악해 목표에 따른 분석 지점을 정의해 두어야 한다.

❸ 기법 정의

사용자 대상과 이슈를 설정했으면 이슈를 조사하기에 가장 적합한 리서치 방법을 선택한다. 사용자 대상이 어떤 사람들이냐에 따라 전문 리쿠르팅 업체에 의뢰하기도 하고 지인이나 친구의 소개와 같은 다양한 방법을 동원하기도 한다.

❹ 수행

수행 단계에서는 돌발 상황에 대비해 여러 가지 시나리오를 작성한다. 명백하게 정의된 내용은 제외해 리서치 시간을 단축하고 질문 순서를 정하는 등의 시나리오를 작성해 리서치를 실행한다.

❺ 결과 분석

결과를 분석할 때는 테이블[Table], 인포그래픽[Infographic], 매트릭스[Matrix] 등의 도식을 사용하는 것이 좋다. 예상하지 못한 결과가 나왔다고 해도 절대로 자신들의 생각에 맞추려고 왜곡하면 안 된다.

디자인 리서치를 시작하기 전에 세부적인 단계를 정리해야 한다. 디자인 리서치는 프로젝트 개요 또는 문제를 정의하는 것부터 시작하는데, 대부분은 클라이언트나 프로젝트 설정 단계에서 문제점과 요구 사항이 어느 정도 정해진 상태이다. 프로젝트를 시작하면 우선 프로젝트 요약[Project Brief]을 통해 전체 개요를 전개하는데, 프로젝트의 전체 범위와 목표, 타깃 사용자, 예산이나 일정 등을 문서로 정리해 발표하게 된다.

프로젝트를 진행하면서 가장 중요한 부분은 바로 문제를 정의하는 일이다. UX 디자인이란 시각적으로 아름다운 화면을 설계하는 일이 아니라 사용자의 문제를 발견하고 그것을 해결하는 과정이기 때문이다. 따라서 프로젝트에서 해결할 가치와 사용자가 직면한 문제를 잘 파악하는 것이 중요하다. 문제의 원인을 파악하기 위해 사용하는 방법에는 5단계 원인 분석[Five Whys]이 있다.

하나 더 알기 5단계 원인 분석

5단계 원인 분석(Five whys)은 주로 질문을 통해 문제의 원인을 정확하게 파악하기 위해 사용한다. 주로 '왜 그런 행동을 했나요?'와 같은 질문을 통해 사용자가 자신의 잠재적인 니즈나 원인을 생각하고 답하게 한다. 다섯 단계의 '왜?'는 일반적으로 특정 문제를 더욱 깊이 연구해 원인과 동기를 밝혀내기 위해 사용하는데, 근본적인 원인으로 다가갈수록 각 단계의 질문에 설득력 있게 답해야 한다. 각 단계의 질문은 이전 질문에 대한 대답에 따라 새롭게 구성될 수 있으므로 경험이 많은 질문자가 필요하다. 다섯 단계의 '왜?'를 사용하면 근본적인 원인과 표면적 문제 사이의 관계를 쉽게 파악할 수 있다. 또 복잡한 주제를 빠르게 이해하고 평범한 문제에 대해 깊은 질문을 하는 데도 도움이 된다.

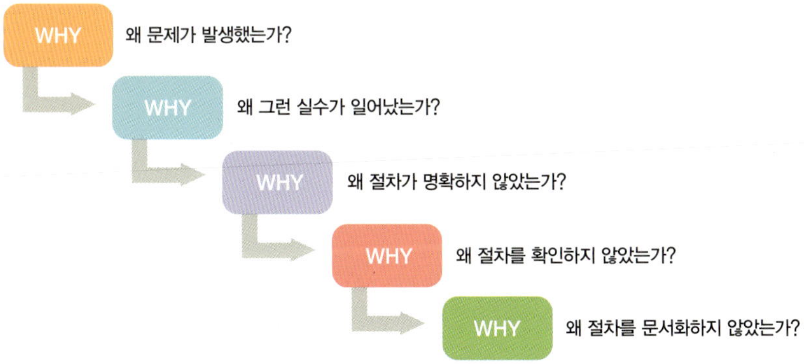

그림 9-8 5단계 원인 분석의 예

이후 내부 관계자 인터뷰를 통해 프로젝트의 히스토리나 맥락을 파악한다. 이해관계자 인터뷰Stakeholder Interview는 프로젝트의 내부 이해관계자와의 인터뷰를 말한다. 의사 결정자, 프로젝트 매니저, 디자이너, 개발자, 마케터 등 프로젝트와 직·간접적으로 관련된 업무를 하는 사람들이 모두 참여하게 된다. 프로젝트를 직접 진행하는 경우에는 회사 내부의 이해관계자를 인터뷰하고, 클라이언트가 프로젝트를 의뢰한 경우는 클라이언트사의 내부 관계자가 더 많은 내용을 이해하고 있기 때문에 첫 미팅 때 프로젝트의 세부 목표 및 내용과 의사결정자를 파악하고 업무 파트를 체크한다.

이 과정에서 주로 사용하는 것이 RACI 매트릭스이다. RACI 매트릭스는 책임Responsible, 의사결정Accountable, 주제 전문가Consulted, 정보Informed의 약자로, 프로젝트 이해관계자가 자신의 책임과 역할 및 다른 구성원의 역할을 이해하기 위해 만드는 매트릭스이다. 업무와 활동, 책임, 의사결정, 프로세스 등을 정리해 작성한다.

ROLER		Sponsor	Name or Role	Name or Role	Name or Role	Name or Role	Project Manager	Technical Lead	Name or Role	Name or Role	Name or Role	Consultant	Name or Role	Name or Role	Name or Role	Name or Role
Deliverable or Task	**Status**	**Sponsor / Leadership**					**Project Team**					**Other Resources**				
Phase 1																
Deliverable/Task 1		A	R				I									
Deliverable/Task 2		A		R			I									
Phase 2																
Deliverable/Task 1		C	I				A	R								
Deliverable/Task 2			I				A		R							
Phase 3																
Deliverable/Task 1			I				A	I		R		C				
Deliverable/Task 2			I				A	I	R			C				
Phase 4																
Deliverable/Task 1				I			A	R					C			
Deliverable/Task 2				I			A		R							
Insert new rows above this one																

R	책임	과업이나 제품을 완성하기 위해 책임을 맡긴다.
A	의사결정	과업이나 제품을 완성하기 위한 최정 결정 권한과 책임이 있다.
C	주제 전문가	결정 또는 액션 이전에 전문가와 상담한다.
I	정보	결정 또는 액션 이후에 정보를 전달한다.

그림 9-9 RACI 매트릭스의 예[2]

2 출처: https://www.vertex42.com/ExcelTemplates/raci-matrix.html

이런 과정을 통해 프로젝트의 방향성을 설정하고 역할을 분담한 후, 경쟁사 분석이나 시장 조사 단계를 거친다. 경쟁사 분석은 프로젝트를 진행하기 위해 경쟁사별로 UI 및 기능, 타깃 사용자, 시장에서의 위치 등 서비스를 둘러싸고 있는 전체 상황의 공통점과 차이점을 분석해 시사점이나 이슈를 도출하는 과정이다. 이 과정을 통해 경쟁사들이 제공하고 있는 서비스의 가치를 비교해 공통적인 부분과 차별화 부분을 알아본다. [그림 9-10]은 뱅킹 서비스Banking Service 경쟁사를 분석한 예로, (a)는 서비스 카테고리를 비교한 것이고 (b)는 유용성과 특징을 분석한 것이다.

	BECU	CHASE	Bank of America	citibank	WELLS FARGO	WSECU
Budget Tracking	✔		✔		✔	✔
Personalized Layout	✔					
Account Preview		✔	✔		✔	✔
View Check Image		✔	✔	✔	✔	✔
View Statements		✔	✔	✔	✔	
Activate Card			✔	✔	✔	
Replace Card			✔	✔		
Account Integration	✔					
Quick pay		✔	✔		✔	
Lock Card			✔	✔	✔	
Card-Free ATM		✔	✔	✔	✔	
Report Fraud					✔	
Reset PIN						

(a) 서비스 카테고리로 구분한 뱅킹 서비스 경쟁사 분석

Usability	Bank of America	Simple	Paypal	Venmo	Mint	Level	Leamvest
Efficient Navigation		●	●	●		●	●
Organizational Clarity		●	●	●		●	●
Effective Visual Design		●	●	●	●	●	●
Matches Expactation	●		●	●	●	●	●
Readability	●	●	●	●		●	
Facilitates user tasks	●		●	●	●	●	●
Provides Help	●	●	●	●	●	●	●
Feature							
Manage Account	●	●	●				
transfer Money	●	●	●	●			
Deposit Checks	●	●	●				
Pay Biils	●	●	●				
Create Budget		●	●		●	●	●
Manage Budget		●			●	●	●
Track Expeness		●			●	●	●
Autopay	●	●	●	●			
Auto Transfer							
Two Point Security	●	●					

(b) 유용성과 특징으로 구분한 뱅킹 서비스 경쟁사 분석

그림 9-10 뱅킹 서비스 경쟁사 분석

여기까지의 단계를 데스크 리서치Desk Research 또는 상황 분석이라고 한다. 이 과정을 마친 후 실제 사용자 또는 잠재적 사용자를 대상으로 필드 리서치Field Research를 진행한다. 필드 리서치란 현장에 나가 사용자가 처한 상황 속에서 어떻게 생각하고 행동하는지 조사하는 것이다. 누구를 대상으로 하는지, 무엇을 조사할 것인지, 어떻게 만날지, 어떤 방법으로 수행할지 미리 계획을 세우고 실시해야 한다. 필드 리서치는 크게 기능Task, 장소, 라이프스타일의 세 가지로 나누어 볼 수 있는데, UX에서의 필드 리서치는 대부분 기능 중심적인 경우가 많다.

- **기능** 특정한 제품이나 서비스가 요구하는 기능 수행에 대한 행동을 관찰하는 방법으로, 제품 사용 평가에 주로 이용한다.
- **장소** 특정 시간대에 고정된 장소에서 불특정 다수를 관찰하는 방법으로, 구매 관찰 연구에 주로 이용한다.
- **라이프스타일** 특정 사용자에 대해 포괄적으로 관찰하는 방법으로, 문화 연구에 주로 이용한다.

4 디자인 리서치 계획

디자인 리서치를 실행할 때는 막무가내로 시나리오를 작성하거나 현장으로 달려나가는 것보다는 계획부터 세우는 것이 좋다. 그래야 비용도 절감할 수 있으며 돌발 상황에 대한 대처가 가능하고 시행착오도 줄일 수 있다.

디자인 리서치는 사용자 유형을 분류하고 사용자가 서비스에 기대하는 핵심가치가 무엇인지 예상해 전략적인 목표와 방향성을 정의하는 것부터 시작해야 한다. 그리고 얻고자 하는 요소별 목표를 명확히 설정한 후, 그에 맞는 디자인 리서치 기법을 선택해야 한다. 콘셉트, 기능, 사용성, 고객 세분화와 같은 테스트 방식에 따라 리서치 기법이 달라지며 실행 단계에 따라 일정과 비용을 고려해야 한다.

표 9-4 디자인 리서치 계획

계획	대상 선정	내용 설계	방법 계획	일정 계획
내용	• 사용자 분류 • 사용자 대상 선정	• 이슈 정의 • 질의 내용 설계 • 리서치 가이드 작성	• 리서치 기법 정의 • 진행 방식 계획 • 파일럿 테스트	• 구체적 대상자 선정 • 리서치 일정 계획 • 오리엔테이션
자료	• 사용자 표본 • 사용자 분류 표	• 질의 내용 • 필드 리서치 가이드	• 리서치 진행 계획서 • 진행 방식 안내서	• 리서치 참여 안내문 • 사전 교육 자료

하나 더 알기 UX 디자인 리서치의 5가지 팁

UX 디자인 전문가인 시레야 코타네스(Shreya Kothaneth)는 과학적인 방법으로 UX 디자인 리서치를 실시하는 5가지 팁을 소개했다.

- **계획부터 세워라.**

리서치 계획을 작성하는 목적은 전체 팀의 연구 목적 등 모든 측면을 고려해 가설에 대한 사실을 확정하기 위해서이다. 리서치 계획서를 작성하려면 기존의 이론, 모델, 연구 결과 등을 광범위하게 리뷰해야 한다. 이때 주의할 점은 인터넷에서 쉽게 볼 수 있는 개인의 주장보다는 논문 인용 사이트나 통계청과 같이 신뢰할 만한 문서를 찾아 잘못된 정보가 포함될 가능성을 최소화하는 것이다.

- **리서치 대상자 수를 결정하라.**

리서치 대상자의 수는 리서치 기법이나 조사하고자 하는 정보의 범위, 영역 및 관점에 따라 달라질 수 있다. 예를 들어 특정 앱의 사용 행위에 대한 정성적 리서치에는 일반인 수백 명보다 전문가 다섯 명을 조사하는 것이 통찰력 있는 데이터를 제공하는 데 훨씬 유리하지만, 효과 측정과 같은 정량적 리서치에서는 데이터의 신뢰도에 따라 분석 방법이 달라지므로 참가자가 많은 것이 좋다.

- **주제를 객관화하라.**

리서치를 진행하는 디자이너가 가장 많이 범하는 오류는 스스로를 사용자라고 생각해 의견을 개진하는 것이다. 디자이너는 자신의 이치에 맞는 것을 디자인하려는 습성이 있기 때문에 선입견을 가지고 의사결정을 주도할 수 있다. 효과적인 리서치를 위해서는 편견을 방지하고 객관성을 바탕으로 질문과 해석을 해야 한다.

- **파일럿 테스트를 하라.**

파일럿 테스트는 실제 리서치를 수행하는 것처럼 리서치 계획을 테스트하는 것이다. 이 과정은 리서치 계획의 유효성을 보장하고 불가피하게 발생할 수 있는 문제를 식별하기 위해 꼭 필요하다. 파일럿 테스트는 타깃 사용자를 대표하는 사용자 그룹을 대상으로 수행하는 것이 이상적이며 결과 데이터를 확인하는 것보다는 리서치 계획의 오류나 예상 밖의 문제를 찾는 데 집중해야 한다. 예를 들어, 전문 집단이 평범하게 사용하는 단어라도 사용자는 이해하지 못하거나 복잡하다고 느낄 수 있다. 그런 경우에는 단어를 수정하거나 제시어에서 삭제할 수 있다. 또 사용자가 인터뷰나 설문을 작성하는 데 걸리는 시간을 측정할 수도 있고, 현재 진행하는 연구를 더 개선할 수 있는 피드백을 받을 수도 있다. 파일럿 테스트 대상이 타깃 사용자를 대표하는 그룹이기는 하지만, 결과의 일관성을 유지하기 위해 테스트 내용을 최종 결과에 포함시키지는 않는다.

- **사용자를 편견 없이 항상 감지하라.**

UX 디자인 리서치에서는 참여 가능한 모든 구성원을 참여시키는 관행이 있다. 하지만 테스트에 참여하는 사용자 외의 참여자는 관찰자 역할을 함으로써 사용자에게 스트레스를 줄 수 있다. 어떤 조사에 참여한 이들은 그 상황을 단순히 행동이나 의견을 질문받는 것이 아니라 사용자 자신에 대한 평가 상황으로 느낄 수 있기 때문에 많은 관계자가 참여하는 것은 사용자가 과업(Task)을 수행하는 데 위험 요소가 될 수 있다. 또한 사용자는 관찰 받고 있음을 지각했을 때 행동이 달라진다는 호손 효과(Hawthorne Effect)에 따라 자신을 감출 수 있다는 것에 유의해야 한다. 따라서 리서치 과정에 관계자가 참여할 때는 사용자의 행동이나 감정에 영향을 주지 않을 수 있는 경험이 풍부한 중재자가 반드시 포함되어 질문을 이끌어야 한다. 신뢰할 수 있는 데이터를 도출하려면 현재 수행하고 있는 조사가 제품이나 서비스를 테스트하는 것이지 사용자를 테스트하는 것이 아님을 주지시켜야 하며 사용자가 스트레스를 받는 것을 인지했다면 화제를 전환하거나 세션을 종료하는 것도 좋은 방법이다.

5 리서치 시나리오

실제 리서치 현장에서는 사용자의 대답과 행동이 예상과 다른 경우가 많다. 그러므로 현장에서 일어날 수 있는 변화나 변동 사항을 즉각적으로 인지하고 응대할 수 있도록 다양한 상황에 대비한 시나리오가 필요하다. 이를 리서치 시나리오Research Scenario라고 하며, 리서치 시나리오는 방송 진행자의 큐시트와 같은 가이드 역할을 한다. 디자인 리서치를 하려면 그 전에 리서치 시나리오를 꼼꼼하게 작성해야 한다.

리서치는 새로운 것을 발견하는 작업이라기보다는 예상한 것을 확인하는 작업에 가깝다. 그러나 늘 시간과 비용 등의 문제가 있으므로 제한된 시간 내에 효과적으로 조사를 수행하려면 먼저 '이것이 사용자로부터 답을 찾아야 하는 문제인가'에 대해 사전에 검토하고 필터링해야 한다. 굳이 사용자에게 확인하지 않아도 상식적으로 판단 가능한 문제이거나 프로젝트에서 명확하게 정의된 내용은 시나리오에 포함시킬 필요가 없다. 추상적이거나 사용자가 대답하기 곤란한 질문도 제외한다. 또한 현장에서 지원되지 않는 문제를 상상해서 답하게 하면 안 된다. 이슈가 명확하지만 사용자의 답변이 추상적인 수준을 벗어나기 어렵다면 결과 분석에서도 의미를 부여하기 어렵기 때문에 예상되는 답변이 의미가 있는지 검토해야 한다.

리서치 시나리오 진행 순서

리서치 시나리오는 준비 단계, 문서의 형태와 시나리오 작성 단계, 시나리오 진행 단계를 거쳐 진행된다.

❶ 준비 단계

조사자Researcher나 사회자Moderater 또는 중재자Facilitator가 리드하면서 주제에 관해 설명하고 이에 따라 문서의 형태를 만들면서 시나리오를 작성한다. 리서치의 주제나 분야에 따라 팀원들이 각자 분담해 작성하기도 하지만, 함께 토론하면서 한 사람이 작성하고 수정하면 통일감이 있고 나중에 수행이나 분석을 하는 데도 효율적이다.

❷ 문서의 형태와 시나리오 작성 단계

시나리오 문서의 형태는 프로젝트마다 다르지만, 일반적으로 카테고리, 질문지, 비고로 구분하면 적절하다. 또한 질문의 카테고리마다 굵은 선이나 빈칸으로 구분하면 현장에서 시나리오대로 진행되지 않을 때 특정 카테고리를 더 자세히 설명하거나 순서를 바꾸어 진행하는 데 도움이 된다.

우선 이슈를 찾아내는 것부터 시작해야 하며 실질적으로 이 부분이 가장 중요하다. 사용자로부터 무엇을 조사할 것인지, 사용자에게 답을 구해야 하는 이슈가 맞는지, 다른 사항과 비교했을 때 더 중요한 이슈인지 등을 판단한다. 좋은 이슈는 좋은 목표에서 나오며 목표가 구체적일수록 이슈도

구체적이다. 이때 중요한 것은 사용자의 시간을 고려해 이슈를 정리하는 것이다.

이슈가 정해지면 카테고리로 분류하고 그에 따른 시나리오를 작성한다. 준비 단계부터 참여한 사람들은 자신만의 궁금증이 있을 수밖에 없기 때문에 조사할 영역이 많아질 수 있다. 이러한 참여자의 이슈를 모두 시나리오로 만들 수는 없으므로 중재자는 참여자의 이슈를 정리하고 임의로 그룹화해 카테고리를 정리한다.

이슈와 카테고리를 정했으면 리서치 기법을 선정한다. 어떤 방법을 사용했을 때 가장 효율적으로 답을 구할 수 있는지 결정해야 하며, 이때 관찰을 할 것인지 심도 있는 질문을 할 것인지에 따라 얻어지는 결과가 다르다는 것에 유의해야 한다. 즉, 기법을 정하고 시나리오를 작성하는 것이 아니라 이슈와 질문에 따라 자연스럽게 기법을 도출해야 한다.

❸ 시나리오 진행 단계

사용자를 만나 리서치를 진행하면 돌발 변수가 수시로 발생하므로 상황에 맞게 조절해야 하지만, 일반적으로는 아이스 브레이킹Ice Breaking, 메인 질문, 마무리의 순서를 거친다. 아이스 브레이킹 단계에서는 사용자의 긴장을 풀어주면서 어색함을 없애도록 한다. 사용자와 질문자의 친밀도를 높이고 사용자가 이 리서치에 적합한지 판단하는 과정으로, 사적인 대화를 곁들이면서 리서치와 밀접한 관련이 있는 대화를 나누는 것이 좋다. 메인 질문 단계에서는 앞에서 파악한 사용자의 특성에 따라 질문 순서를 조절할 수 있다. 모든 사용자에게 같은 패턴으로 리서치를 진행하지 않아도 되며 최대한 의미 있는 솔직한 답변을 유도하기 위해 최적화된 질문을 배치한다. 마무리 단계에서는 참여에 대해 감사 인사를 하고 사례를 지급한다.

리서치 시나리오 작성법

리서치 시나리오를 작성하는 방법은 다음과 같다.

❶ 큰 주제에서 작은 주제로 좁혀가기

사용자가 전체적인 상황을 인식할 수 있도록 큰 주제에서 작은 주제로 좁혀가며 질문을 작성한다. 예를 들면, 스마트폰은 언제부터 사용했는지, 주로 사용하는 앱은 무엇이고 어떤 방법을 사용하는지 등 사용 습관과 관련된 전반적인 경험을 먼저 묻는다. 다음으로 이슈와 관련 있는 앱을 설치한 경험이 있는지 질문하고, 마지막으로 구체적인 앱의 사용 행태에 대해 질문하는 식으로 주제를 좁혀가는 것이 바람직하다. 이때 유의미한 답변이 예상되지 않더라도 주제를 전환할 수 있는 질문을 카테고리별로 하나씩 넣으면 자연스럽게 화제를 전환하면서 다음 질문으로 넘어갈 수 있다.

❷ 개방형과 폐쇄형 질문

"특정 앱을 설치하고 가장 먼저 어떤 항목을 사용하셨나요?"와 같이 사용자가 자신의 경험이나 상황에 대해 답변할 수 있는 질문을 개방형 질문이라고 하며, "특정 앱을 설치해 본 경험이 있나요?"와 같이 단답형 답이 나오는 질문을 폐쇄형 질문이라고 한다. 폐쇄형 질문은 좋지 않다고 생각할 수 있지만, 모든 질문을 개방형 질문으로 구성하면 사용자가 너무 많은 답변을 해야 하고 질문을 어렵게 받아들일 수 있기 때문에 적절한 비율로 구성하는 것이 좋다. 또한 폐쇄형 질문을 먼저 하고 답변에 따라 개방형 질문을 이어나가면서 의미 있는 답변을 유도하는 것도 좋은 방법이다.

❸ 쉬운 선택과 도움

다의적으로 해석될 수 있는 질문은 피해야 하지만, 부득이한 경우에는 쉽게 선택할 수 있도록 몇 가지 예시를 들어 사용자의 답변을 유도하는 것도 좋다. 사용자는 추상적인 답을 내는 것보다는 사지선다형처럼 제시된 항목 중에서 선택하거나 항목을 제거하면서 생각하는 방식을 더 선호한다. 이처럼 선택에 도움을 주는 방법을 사용하면 리서치 시간을 줄일 수 있다.

❹ 기법의 도출

리서치 시나리오를 작성하는 이유는 좋은 결과를 효율적으로 얻기 위해서이기도 하지만, 리서치에 맞는 적절한 기법을 도출하기 위해서이기도 하다. 특정 이슈와 카테고리에 집중되는 경우 쉽게 리서치 기법이 도출될 수 있고, 팀원들의 추가적인 조사 요구에 따라 리서치 기법이 도출되기도 한다. 앞에서 언급한 것과 같이 리서치 기법은 정해놓고 하는 것보다는 자연스럽게 도출되도록 하는 것이 바람직하다.

3

구체화: 사용자 경험 분석

1 리서치의 정리

여러 다양한 기법을 통해 리서치를 진행했다면 이후에 수반되는 후속 작업의 근거를 마련하기 위해 체계적인 분석과 정리를 통해 인사이트Insight를 도출해야 한다. 리서치를 마치면 사용자의 말과 행동에 대한 데이터가 많이 쌓인다. 그중에서 의미 없는 데이터Noise는 버리고 의미 있는 데이터Signal를 선별해야 하는데, 이 과정을 키 파인딩Key Finding이라고 하며, 보통 이슈별로 진행한다.

키 파인딩 작업 후에는 그것으로부터 시사점을 찾는 모델링 과정이 필요하다. 리서치 결과 정리는 발견의 게임이라고 할 정도로 분석력과 통합력이 필요한 작업이다. 데이터의 수렁에 빠지거나 형식화의 오류에 매몰되지 않도록 경험 있는 전문가와 함께 진행하는 것이 바람직하다. 리서치 결과에서 발견해야 할 요소에는 사용자에 대한 정의, 사용자의 니즈, 그리고 사용자의 이용 행태가 있다.

표 9-5 디자인 리서치 정리 결과 발견해야 할 요소

요소	내용	
사용자에 대한 정의	• 사용자의 구체적인 유형과 특성 • 사용자의 전후 사정(Context) • 수행 역량 • 선호도	• 시스템에 대한 태도 • 이용 환경 • 이용 행태를 통해 드러난 시스템 이용 특성
사용자의 니즈	• 사용자가 시스템에 대해서 갖는 니즈 • 니즈로 변환될 수 있는 문제점 • 직접적으로 드러난 니즈 • 시스템이 반영하지 못하고 있는 이용 동기 • 이용 동기별 니즈 매핑	• 유추 또는 재해석된 문제점 • 유추 또는 재해석된 니즈 • 이용 행태를 통해 드러난 숨겨진 니즈 • 필드 리서치 과정 중에 도출된 아이디어
사용자의 이용 행태	• 사용자가 시스템을 이용하면서 보이는 반복적인 습관 • 몇 가지 형태로 분류될 수 있는 시스템 이용 패턴 • 이용 환경에 종속되어 나타나는 이용 행태 • 다른 시스템 또는 다른 사용자와의 상호작용	

통계적으로 정리하려면 모델링 결과를 정량화해서 표현하고, 정성적 리서치는 그동안 작성한 리포트를 취합해 사용자와 사용자 니즈를 정리하는 데 초점을 맞춰 정리한다. 모델링 기법에는 20여 가지가 있지만, 여기에서는 어피니티 모델링, 페르소나, 멘탈 모델, 사용자 여정 지도를 다룬다.

2 어피니티 모델링

어피니티 모델링Affinity Modeling은 디자인 리서치 결과를 의미론적 연관성을 바탕으로 구조화하는 모델링 기법으로, 아이디어와 데이터를 체계화하기 위한 툴이다. 어피니티 매핑Affinity Mapping으로 부르기도 하는 어피니티 모델링은 데이터의 양이 많아 결과를 곧바로 도출하기 힘든 정성적 리서치의 결과를 종합하는 데 사용하는 방법이다. 어피니티 다이어그램Affinity Diagram을 이용해 중복되는 내용을 하나로 합치고 상관없는 이야기나 범위를 벗어나는 이야기는 제외하는 방식을 선택한다. 즉 데이터를 친화도Affinity가 높은 그룹으로 분류해 규칙을 발견하고 새로운 아이디어를 도출하며 그렇게 선별된 이슈의 우선순위를 매기는 방식으로 데이터의 연관성을 분석하고 구조화한다. 어피니티 모델링은 다음과 같이 진행된다.

❶ 데이터 작성

리서치 결과를 놓고 친화도를 기록하는 과정이다. 중복 내용은 합치고 범위를 벗어나거나 상관없는 내용은 배제한다. 대개 포스트잇을 사용하며 의미를 잘 알 수 있도록 구체적으로 작성한다.

❷ 연관 있는 카드 그룹화

포스트잇에 작성한 내용을 벽Affinity Wall에 붙여 카테고리별로 그룹화한다. 카테고리를 먼저 만드는 것이 아니라 의미론적 연관성, 상호의존성, 종속성을 따져 그룹화를 먼저 한다. 이때 구성원의 의견 조율을 통해 객관성을 유지하면서 함께 만들어가는 과정이 중요하다. 그룹에 포함되는 카드의 수는 너무 많지 않아야 한다. 지나치게 카드가 많으면 내용이 어중간해질 수 있기 때문이다. 또한 단지 연관 있는 카드를 그룹화하는 것뿐만 아니라 발견한 새로운 사실이나 아이디어를 더해 새로운 노트를 추가하고 이를 통해 새로운 발견이나 인사이트를 도출하기도 한다.

- **의미론적 연관성** 유사한 의미가 있는 것
- **상호의존성** 연관성은 적지만 상호의존적인 관계가 있는 것
- **종속성** 어느 하나가 다른 데이터를 포괄하는 것

❸ 그룹을 대표하는 제목 작성

분류한 그룹을 대표할 수 있는 제목Header을 도출한다. 제목은 사실에 기반해 구체적으로, 하위 카드의 내용을 포괄할 수 있도록 작성한다. 내용을 요약하려 하지 말고 하위 내용을 아우르는 제목을 발굴하도록 한다.

❹ 그룹화한 상위 카드를 다시 그룹화

도출한 제목을 중심으로 다시 그룹화한다. 유사한 제목을 묶어 패턴을 찾고 규칙을 발견해 모델링을 완성한다. 이를 통해 현상을 이해하고 문제점을 발견하며 개선 사항을 고안할 수 있다.

Tip 사용자의 불만 사항(Pain Point), 요구 사항(Needs), 맥락(Context), 태도(Attitude)에 따라 분류하는 것이 좋다.

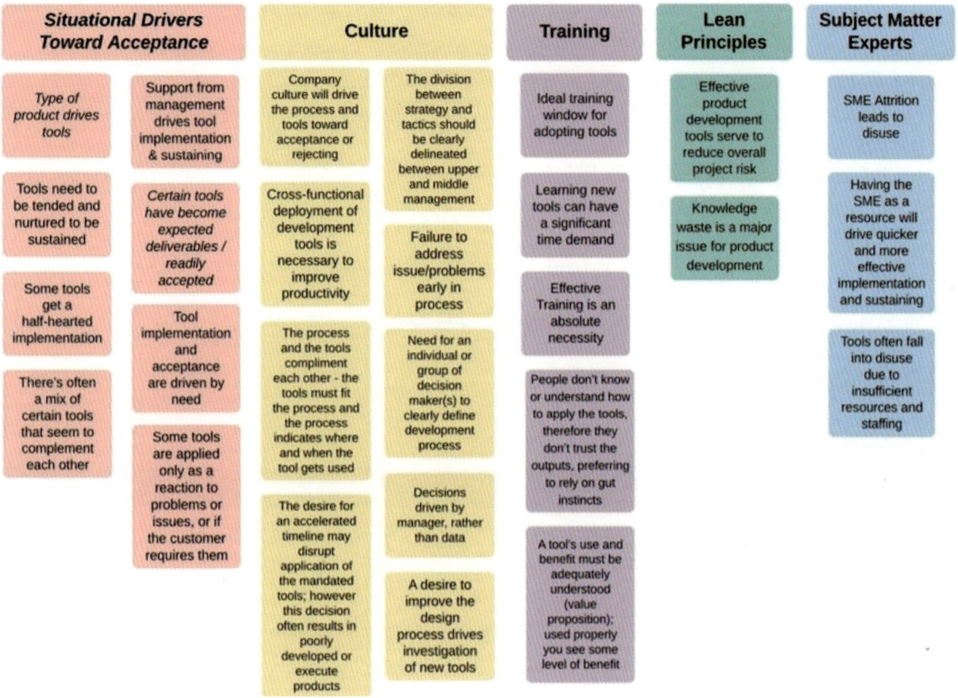

그림 9-11 어피니티 모델링 예시

3 페르소나

페르소나Persona는 고대 그리스 연극에서 배우들이 쓰던 가면을 뜻하는 라틴어에서 유래된 말로, 사용자 모델링에서는 유사한 목표와 사용 패턴을 지닌 사용자 데이터를 모델링해 만들어낸 전형적인 사용자 유형을 의미한다. 사용자를 특정 기준에 따라 분류한 후 각각의 유형을 가공의 캐릭터로 표현하는 기법이다. 가상의 인물이지만 사용자에게 얻은 자료를 바탕으로 구성한 캐릭터이므로 사용자의 상황, 니즈, 목표, 동기 등을 자세히 이해하는 데 도움을 주어 서비스의 방향성을 제공한다. 사용자 스토리나 시나리오로 발전시킬 수 있고 적절한 디자인인지 판단할 수 있는 기준을 제공하기도 하며 서비스나 제품 개발에 참여하는 구성원의 의사소통에도 도움이 된다. 타깃 사용자를 모델링한다고 할 수 있지만, 마케팅에서 말하는 타깃 고객과는 다른 개념이다. 마케팅에서의 사용자 세분화User Segment는 '구매'에 초점을 두고 있지만, 사용자 모델링에서의 페르소나는 행동이나 제품의 사용 목적 등 '사용자 경험'에 초점을 맞춘다.

예를 들면, 탐색할 때 내비게이션을 더 많이 사용하는지 검색을 주로 하는지, 상품을 구매할 때 상품 정보를 중요하게 여기는지 상품평에 영향을 받는지 등으로 구분할 수 있다. 이와 같은 행동 특징이나 태도와 같은 사용자 경험의 구분 기준을 '행위 변수'라고 하며, 5점 척도 또는 7점 척도로 구분한다. 5개 이상의 행위 변수를 구간 데이터 형식으로 만들어 실제 필드 리서치 결과를 대입하면 일정한 패턴이 나타나며, 패턴이 동일한 사용자는 경험도 유사하다고 해석할 수 있다. 이들을 하나의 범주로 묶은 후 구체적인 경험의 특징을 기록하고 대표 별명을 붙여 완성한다.

어피니티 모델링에서 발견한 패턴을 적용하는 것도 좋은 방법이다. 구조화된 데이터를 바탕으로 사용자 특성에 따라 여러 페르소나를 만든 후 그 가운데 메인 타깃이 될 수 있는 페르소나를 정하고 이름, 라이프스타일, 주된 관심사, 해당 제품을 사용하는 목적 등의 성격을 부여해 하나의 인물을 창조한다. 필드 리서치에 의해 뒷받침되는 내용으로 구성된 페르소나는 사용자의 모습을 명확하게 보여주며, 그들의 이용 행태를 예측할 수 있게 도와준다. 이후 페르소나와 실제 사용자를 계속 비교하면서 검증하고 개선해 나간다.

표 9-6 페르소나의 장점, 내용, 작성법

장점	내용	작성법
• 예측하기 힘든 수많은 사용자에 대한 동기, 욕구, 패턴을 구체적으로 요약해 제시함 • 다양한 프로젝트 구성원이 의사결정을 할 때의 기준으로 적용함 • '사용자는 이렇게 생각할 거예요'라는 주관적 예측을 줄임 • 사용자의 기술적 수준에 대한 시각차를 좁힘 • 특정한 사람을 위해 디자인한다는 느낌을 가질 수 있음 • 여러 부서를 통틀어 사용자에 대한 관점을 계속 일치시킬 수 있음	• 사용자 정보 및 간단한 프로필 • 사용자에 대한 구체적인 정보 • 인구 통계학적 정보 • 제품 이용 환경 • 사용자 기대 • 공급자 기대	• 기억하기 쉬운 이름과 사진을 사용해 생동감을 부여(연예인 같이 알려진 인물 사용 금지) • 실제 이름과 역할 이름을 선택, 혹은 동시에 사용 • 페르소나별 이름이 혼동되지 않게 하고, 특징과 어울리게 설정 • 동기: 사용자가 얻으려고 하는 것을 기재 • 니즈: 목표 달성을 위해 사용자가 필요로 하는 것을 기재 • 시나리오: 사용자가 서비스를 어떻게 사용할 것인지에 대한 설정

페르소나를 작성할 때는 사용자의 특징과 차이를 분명히 밝혀야 하며 각 페르소나는 서로 명확하게 구분되어야 한다. 또 실제 사용자처럼 느껴져야 하며 모든 사용자를 포괄해야 한다.

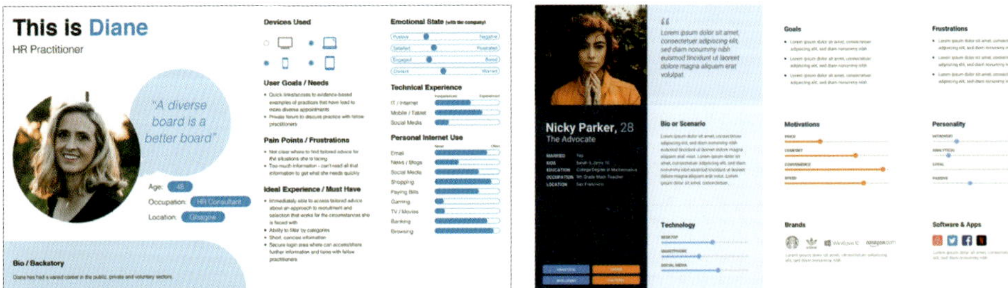

그림 9-12 페르소나의 예

4 멘탈 모델

UX에서 리서치 결과를 토대로 모델링을 한다는 것은 사용자의 저변에 깔려있는 마음속 모형을 드러내 보인다는 말과 일맥상통한다. 멘탈 모델[Mental Model]은 사용자가 마음속에 가지고 있는 대상에 대한 모형으로, 사용자 입장에서 제품이나 미디어를 파악해 사용자가 제품을 이해하는 방식을 조사하는 방법이다. 멘탈 모델은 사람들의 행동 동기, 사고 과정뿐만 아니라 그들이 행동하는 감성적, 철학적 배경에 대해 잘 이해할 수 있게 해 준다. 멘탈 모델을 만든다는 것은 사람들의 행동에 대해 이야기하고, 패턴을 찾고, 그 패턴을 모두 포괄하는 하나의 모델을 정리하는 일이다.

멘탈 모델의 종류

멘탈 모델은 구조 모형, 기능 모형, 가치 모형으로 나눌 수 있다.

❶ 구조 모형

대상의 구체적인 세부 요소를 머릿속에서 묘사한 모형으로, 주로 정보의 분류나 구조적인 형태로 표현한다. 구조 모형은 사용자 유형별로 큰 차이가 있기 때문에 페르소나를 통해 표현한다.

❷ 기능 모형

사람들이 제품이나 서비스를 어떻게 이용하는지에 대한 모형으로, 과거에 해당 제품이나 서비스를 이용했던 맥락에서 많은 영향을 받는다. 초기 상태, 목표 상태, 조작자, 제한조건과 같은 문제 공간을 통해 모형화할 수 있는 특징이 있으며, 주로 사용자 여정 지도나 페르소나를 이용한다.

❸ 가치 모형

사용자가 제품이나 서비스가 자신에게 어떠한 가치를 제공할 것인지에 대해 생각하는 멘탈 모델이다. 가치 모형에 따라 제품이나 서비스의 기능과 구조가 달라진다. 주로 사용자 스토리[User Story]나 페르소나를 이용하지만, 궁극적으로는 어피니티 다이어그램을 통해 UX 가치로 취합된다.

멘탈 모델 구축 단계

멘탈 모델은 인터뷰, 행동 추출, 패턴 찾기, 멘탈 모델 구축, 사용자 그룹 재조정 단계를 거쳐 구축한다.

❶ 인터뷰

인터뷰 기법에서 자세히 설명한 바와 같이 인터뷰 대상을 선별하고 리서치 목표를 설정해 인터뷰한 후 그 기록을 분석한다. 이때 각각의 행동을 나열하고 그룹화해 이름을 붙인다.

❷ 행동 추출

인터뷰를 분석하면서 행동으로 판단되는 답변을 추출해 이를 다시 근원적 행동으로 기술한다. 이 내용을 모아서 세로로 쌓아 기둥처럼 표시하고 연관성을 찾아 구분해 나열한다. 행동을 구분하는 기준에는 행동, 암시된 행동, 제3자의 행동, 사고방식, 기분 등이 있다. 각 기둥을 포괄할 수 있는 이름을 붙이면 멘탈 모델 도표가 완성된다.

❸ 패턴 찾기

여러 인용구를 분류하고 그룹화하면서 근원적 행동을 추출해 어피니티 다이어그램을 만들면서 패턴을 찾는다. 이 단계에서는 행동이 스스로 적합한 패턴을 형성하도록 아래에서 위로 접근하는 방식을 사용한다.

❹ 멘탈 모델 구축

인지 공간에 따라 하위 행동이 그룹화되어 아래로 쌓이고 각 인지 공간이 횡으로 나열된 모습이 건물이 늘어선 모양과 같은 멘탈 모델이 완성된다.

❺ 사용자 그룹 재조정

구축된 멘탈 모델의 결과를 처음의 가설과 비교하고 사용자 그룹의 이름을 확정해 사용자 그룹을 재정의하는 단계이다. 콘텐츠를 배치 및 분석하고 제품 구조를 도출하는 방법을 이용한다.

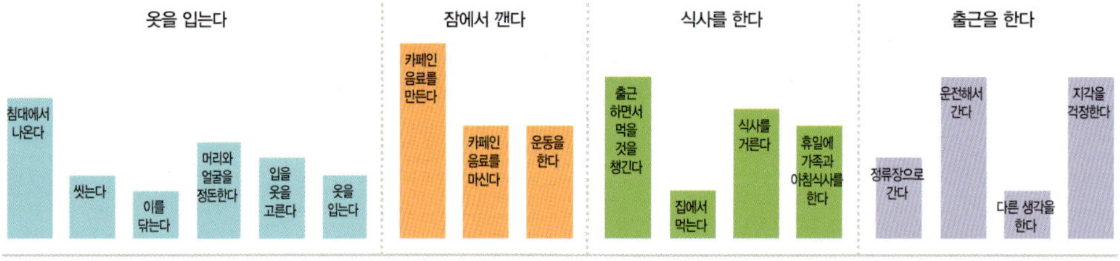

그림 9-13 멘탈 모델 예시

5 사용자 여정 지도

사용자 여정 지도Journey Map는 사용자가 서비스를 경험하면서 겪는 과정을 순차적으로 재현한 지도로, 사용자의 경험을 체계적으로 생생하게 시각화하는 방법이다. 사용자 여정 지도는 리서치 결과를 바탕으로 사용자가 수행하는 제품이나 서비스의 이용 흐름을 조망하고 문제를 발견하는 데 탁월하다.

사용자 여정 지도는 사용자가 경험하게 될 서비스의 상호작용과 제스처, 터치 포인트로 구성된다. 터치 포인트는 서비스를 경험하는 과정에서 거치는 물리적인 것, 인적 상호작용, 커뮤니케이션 등을 말한다. 여정을 매핑하는 것은 서비스를 이해하고 서비스와 사용자 간의 간극, 개선과 혁신의 디자인적 기회를 알아보는 가장 심플하고 유용한 접근 방법이다.

표 9-7 사용자 여정 지도의 장점과 작성법

장점	작성법
• 사용자의 긍정이나 부정을 나타내 부정을 긍정으로 끌어올리며, 효과적인 서비스 설계가 가능함 • 사용자 여정의 의도적이거나 의도하지 않은 측면을 이해하는 데 도움이 됨 • 서비스의 실제 그리고 일상적인 터닝포인트를 밝힘 • 필요 없는 단계와 중복되는 수고에 대해 파악할 수 있음	• 서비스 이용 전/중/후로 구분 • 각 이용 흐름의 기능 단위를 일정하게 유지 • 더 세밀한 기능(Task) 단위까지 기입하는 것도 권장 • 가급적 그림 이미지를 활용 • Y축은 개연성이 있으며, 리서치 결과를 대표해야 함 • 선형 그래프로 한눈에 전체 경험을 조망할 수 있도록 함 • 지나치게 복잡해지지 않도록 주의해야 함

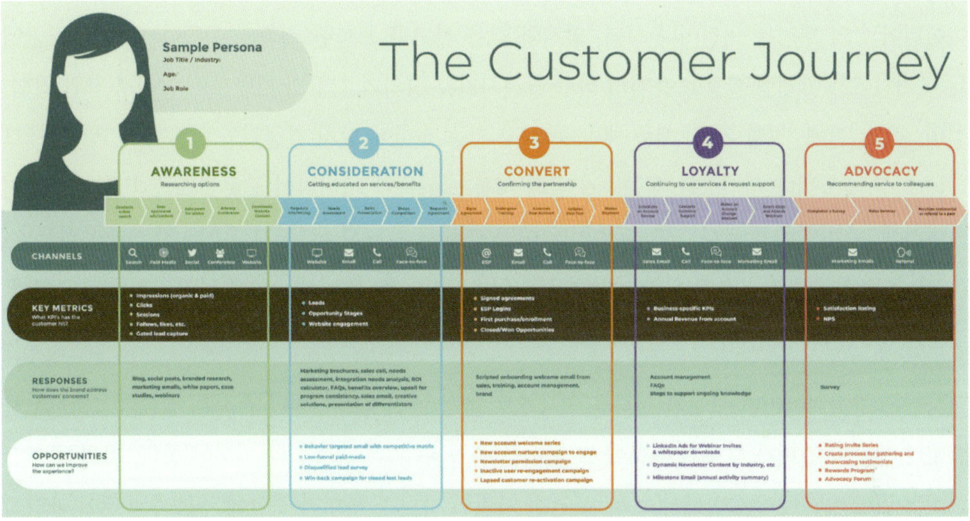

(a) Microsoft Dynamics 툴킷의 사용자 여정 지도

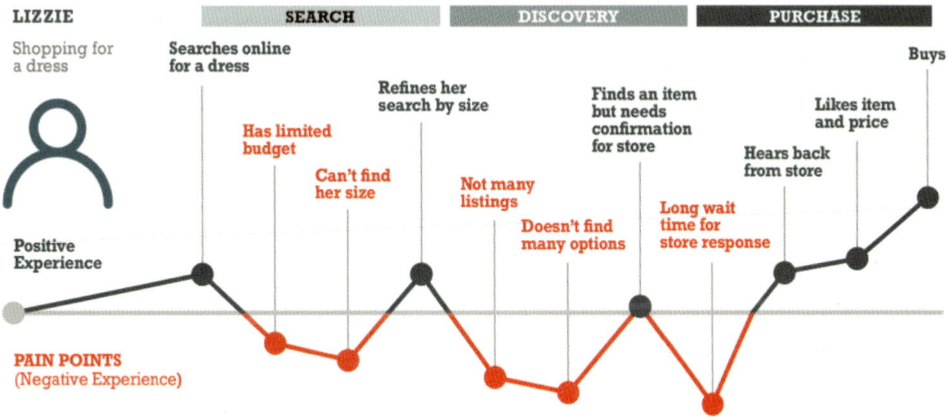

(b) 쇼핑몰의 사용자 여정 지도

그림 9-14 사용자 여정 지도의 예

4
개발: 서비스 개선 아이디어

1 아이디어의 발현

아이디어[Idea]의 뿌리는 의견이나 신념, 암시와 같은 사고를 포함한 철학의 이데아[Idea]이다. 최근에는 아이디어가 마케팅 활동을 충실히 하고 발전시키는 창의와 착상의 기반으로 알려져 작업 방법, 설비, 광고, 판매, 경영 활동, 제품 개발 등 시장 활동 전반에 걸쳐 결정적인 역할을 하고 있다. 그런데 막상 제품이나 서비스를 제공하기 위해 새롭고 독특한 아이디어나 콘셉트를 떠올리려 하면 막연하게 느껴질 때가 많다. 새로운 아이디어라고 해서 반드시 무[無]에서 유[有]를 창조해야 하는 것은 아니다. 의미를 가공하기 위한 발상법은 의외로 많다. 조금 더 개선하고 나아지게 하는 것만으로도 충분히 가치가 있다.

디자인은 아이디어이며 무형의 생각을 시각으로 옮겨 이미지로 기억하게 하는 것이다. 그런데 사람마다 생각과 견해가 다르기 때문에 그 차이를 좁힐 수 있는 공통점이 있어야 한다. 따라서 아이디어는 일반 상식에서 출발해야 하며, 특정한 사람이 아니라 사회적 집단에 주목하는 것이 바람직하다. 아이디어의 성공 여부는 효과적인 탐색과 개인의 창의성에 의해 결정된다.

Tip 창의적인 아이디어를 개발하기 위한 정확한 처방은 없다. 문제에 구속되지 않고 자유롭게 반응하면서 자신감을 갖고 시도한다면 놀랄 만한 창의성을 발휘할 수 있을 것이다. 아이디어 발상에 관련된 서적이나 여러 가지 아이디어 발상법을 참고하는 것도 좋다.

하나 더 알기 아이디어 도출에 방해가 되는 10가지 정신적 장애물

① 단 하나의 정답을 찾으려 하는 것	⑥ 지나친 전문화
② 지나친 논리적 사고	⑦ 애매모호한 것의 회피
③ 융통성 없이 규칙만 따르는 것	⑧ 바보처럼 보이는 것에 대한 두려움
④ 지나친 현실적 사고	⑨ 실수하기 싫어하는 태도
⑤ 재미를 즐길 줄 모르는 태도	⑩ 자신이 창의적이지 못하다고 믿는 것

2 콘셉트 모델

리서치 결과를 반영해 페르소나를 작성하고 경쟁 기업이나 경쟁 앱에 대한 벤치마킹을 마쳤다면 그 결과를 다른 부서원들과 공유할 수 있는 언어로 표현한다. 이때 사용하는 언어로 적합한 것이 바로 아이디어를 시각화한 콘셉트 모델Concept Model이다. 콘셉트 모델은 신규 제품 또는 서비스를 기획하거나 기존에 있던 제품 또는 서비스를 리뉴얼할 때 모델 사용자가 어떻게 사용할지를 선과 도형으로 표현하는 것을 말한다. 여러 가지 추상적인 개념의 관계를 보여주는 시각화된 다이어그램으로 구현된다. 그 내용을 보면 사람들이 어떻게 사용할 것인지, 어떤 방식으로 사용할 수 있을지 누가 보아도 이해할 수 있어야 한다. 왜 사용하는지까지 포함되면 더 좋다.

콘셉트 모델을 그리는 이유는 프로젝트에 관여하고 있는 관리자, 기획자, 디자이너, 개발자, 테스터, 사용자가 모두 한 방향을 바라보게 하기 위해서이다. 커뮤니케이션의 기본은 이해이므로 콘셉트 모델을 이해의 도구로 삼아 같은 방향으로 커뮤니케이션을 할 수 있도록 하는 것이다.

플로Flow가 서비스의 메인 흐름과 그와 관계된 흐름을 보여준다면 콘셉트 모델은 그 흐름 속에서 영향을 미치는 요소와의 관계를 표현한 것이다. 그 흐름 속에서 어떤 목적으로 왜 그렇게 흘러가는지를 생각하는 것이라고 할 수 있다. 즉, 무엇을 만들 것이라는 기획과 어떻게 만들겠다는 관념화Ideation를 마무리하면서 이러한 생각의 구조를 형성해 가시화하는 기초 작업이다.

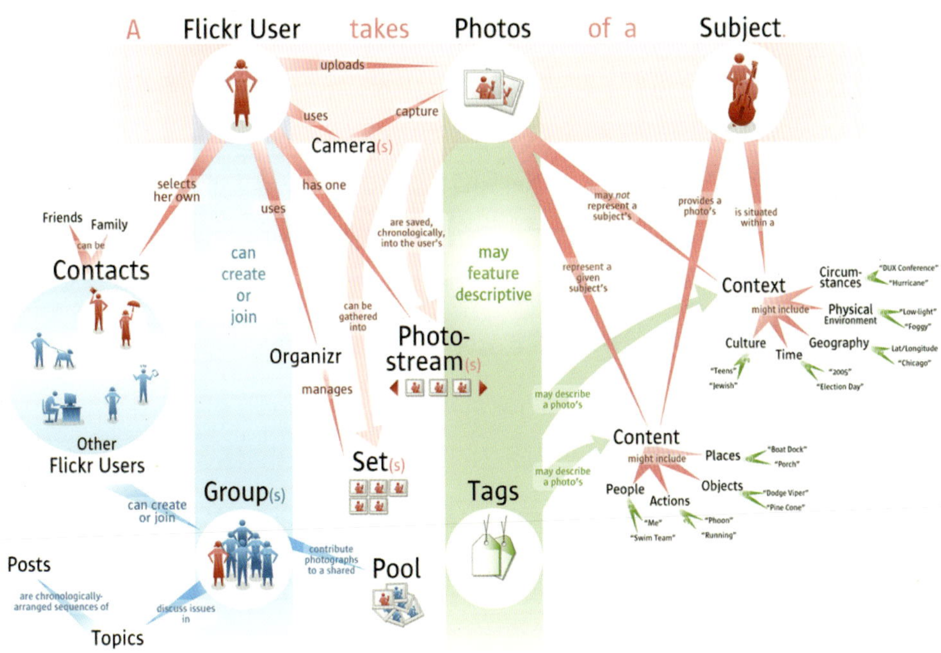

그림 9-15 플리커의 콘셉트 모델[3]

3 출처: http://jounce.net/blog/2009/jan/28/when-sitemaps-dont-work-two-alternatives/

콘셉트 모델 작성은 종이 한 장에 아이디어를 모두 기록하는 것부터 시작한다. 상위 개념의 콘셉트는 위쪽에, 하위 개념의 콘셉트는 아래쪽에 배치한다. 이때 동일한 콘셉트를 여러 곳에 배치하지 않는다. 그리고 화살표를 이용해 콘셉트 간의 관계를 표시하고 그 관계를 설명하는 단어나 문장을 명확하게 표기한다. 하나의 콘셉트는 [그림 9-15]의 플리커Flicker의 콘셉트 모델처럼 여러 관계를 가질 수 있다.

3 사용자 시나리오

사용자 시나리오User Story는 페르소나와 결합해 사용자의 테스트 목표와 동기를 이해하면서 서비스를 디자인하는 데 유용하며, 사용자의 동기에 초점을 맞춰 프로세스를 문서화할 수 있게 한다. 이는 사용자가 서비스와 상호작용할 때 무엇이 동기부여를 하는지 이해할 수 있도록 하고 아이디어와 유용성 테스트를 도와준다. 이 과정에서 사용자가 앱을 사용하는 방법을 시각화하면 디자인 아이디어를 생성하는 데 도움이 된다. 또한, 사용성 테스트를 할 가장 중요한 영역을 결정하고 각 테스트 수행 방법에 대한 지침을 제공하는 데 사용할 수도 있다. 사용자 시나리오는 사용자의 특성을 파악한 후 시놉시스Synopsis 작성 과정을 거쳐 완성한다.

사용자 특성 파악

페르소나는 가상의 사용자 또는 이를 통한 사용자의 역할 정의를 뜻한다. 즉 사용자에게 공통적으로 나타나는 이용 패턴이나 이용 심리 등을 캐릭터로 특정짓는 것을 말한다. 이때 간단한 줄거리나 개요가 포함된 시놉시스가 필요한데, 이 개념을 앱 개발에 적용해 앱 사용 동기와 니즈에 대한 개요를 가상으로 설정한 것을 말한다. 사용자 시나리오에서 말하는 사용자는 실제 모든 사용자를 나타내는 것은 아니다. 이 점을 염두에 두고 가장 일반적인 사용자 또는 사용자 동기만 고려해야 한다. 따라서 사용자 시나리오는 페르소나를 기반으로 하는 것이 일반적이며, 페르소나와 시놉시스에서 대상으로 하는 사용자는 여러 명일 수 있지만 최대 일곱 명을 넘지 않도록 한다.

사용자 시나리오는 사용자가 경험할 이야기를 미리 그려 보면서 서비스 전체의 윤곽을 표현하는 것이다. 페르소나를 활용해 사용자의 앱 사용 시기와 목적, 사용자가 앱을 다루면서 하는 행동을 분석하고 예측하기 위해 작성한다. 또한, 모든 단계마다 일어나는 사용자와 서비스의 상호작용을 기술해 서비스 이용에서 발생할 수 있는 모든 과정을 체계적으로 정리하고 사용자가 서비스에 대해 느낄 장단점을 예측한다.

예를 들어, 여행사 앱을 자주 검색하는 사용자 중 특정 지역의 자유여행에 관심이 많은 사용자 그룹은 다음과 같이 정의할 수 있다.

- 해외여행에 관심이 있는 그룹
- 배낭여행이나 자유여행을 떠나는 그룹
- 특정 지역의 정보에 관심이 많은 그룹
- 방학이나 휴가 등의 여가를 해외에서 자유롭게 보내려는 그룹

시놉시스 작성

시놉시스란 사용자를 통해 앱을 요약해 소개하는 내용으로, 사용자가 앱에서 무엇을 얻고자 하는지에 대한 이야기로 구성된다. 사용자의 이름, 직업, 성격, 사진뿐 아니라 오프라인 활동이나 앱 이용 패턴 등을 포함할 수 있다. 시놉시스는 기획 의도를 간략하게 표현하기 위해서도 필요하다.

방학이나 휴가 등의 여가를 해외에서 자유롭게 보내려는 그룹을 사용자 그룹으로 설정한 경우 시놉시스는 다음과 같이 표현할 수 있다.

> 홍길동(26세)은 서울시 성동구에 살고 있다. 대학을 졸업하고 취업해 새로운 업무로 인한 스트레스를 많이 받고 있으며, 야근이나 주말 근무를 하는 경우도 있다. 길게 휴가를 가고 싶어서 연차를 사용하지 않고 모으고 있다. 대학을 졸업하지 않은 친구들이 방학 때 해외에 다녀온 사진을 SNS에 게시할 때마다 함께 하고 싶은 생각이 든다. 여행사의 패키지 상품을 자주 검색하지만, 휴가 일정에 맞고 여정이 마음에 드는 프로그램은 찾기 어렵다. 쇼핑 등 불필요한 과정은 빼고 많은 곳을 경험하고 싶다. 사회초년생이다 보니 금전적으로 넉넉하지는 않다.

시나리오 작성

시놉시스를 작성했다면 이를 바탕으로 사용자의 니스를 파악하고 불만 사항과 이를 해소할 수 있는 대안을 마련한 후 이를 구체적으로 묘사해 서비스 시나리오를 작성한다. 예를 들면 [표 9-8]과 같이 표를 만들어 사용자 그룹, 시놉시스, 사용자 니즈, 불만 사항, 대안, 서비스 구성, 감성 요소 등을 작성하고, 페르소나의 니즈와 앱의 사용 동기를 부여해 서비스 시나리오를 마련함으로써 앞으로 앱을 어떻게 사용할지 설정한다. 이때 '사용자가 이렇게 하면 어떨까'라는 질문을 통해 사용자의 맥락이나 상황을 설명할 수 있어야 하며, 문제점을 파악해 서비스나 앱이 사용자와 어떻게 상호작용할 것인지 예상해야 한다.

표 9-8 시나리오 작성 예시

구성 요소	설명
사용자 그룹	• 홍길동(26세)은 여가를 이용해 해외로 자유여행을 가고 싶다.
시놉시스	• 살고 있는 곳은 서울시 성동구이다. • 직장 적응과 신규 업무 등으로 스트레스가 쌓여 있다. • 여행을 가기 위해 연차를 모으고 있다. • 해외여행 경험이 많지 않고 자유여행 경험이 없다. • 여행사의 패키지 상품을 자주 검색한다. • 패키지 상품은 휴가 일정과 맞지 않는다. • 패키지 상품의 여정이 만족스럽지 않다. • 쇼핑은 선호하지 않는다. • 여러 곳을 둘러보며 많은 경험을 하고 싶다. • 금전적으로 넉넉하지 않다.
사용자 니즈	• 여가를 이용해 합리적인 비용으로 해외 자유여행을 가고 싶다.
불만 사항	• 패키지 상품은 일정이 맞지 않고 비싸다. • 패키지 상품에는 원치 않는 쇼핑 일정이 다수 포함되어 있다.
대안	• 여행지 인근의 명소를 추가해 일정을 조절할 수 있게 한다. • 교통, 숙박, 식사 등의 가격대를 다양하게 제공한다. • 여행 경로를 상세하게 안내한다.
서비스 구성	• 자유롭게 구성할 수 있는 상세 일정 프로그램을 제공한다(1일차, 2일차 등 하루씩 가능한 연결 프로그램). • 다양한 가격대로 구성한다(교통, 숙박, 식사 등에 따른 가격대별 경로 제공). • 이동 방법, 거리, 시간, 볼거리 등을 상세하게 안내한다.
감성 요소	• 일정별 여정 계획 수립에 유용하다. • 부가 정보 이용에 대한 만족도를 확인한다.

시나리오를 완성하면 페르소나의 동기와 니즈에 맞는 기능과 콘텐츠를 추출하고 사용자의 니즈를 달성하기 위해 할 일을 분석한다. 사용자의 행동 패턴을 엮어 서비스와 서비스 간의 정보를 찾아가는 과정을 일련의 연결고리로 구성하고 그룹화해 사용자의 이동 동선도 파악한다. 이렇게 파악한 정보를 바탕으로 정보 구조와 사용자 플로[User Flow]를 설계한다.

5
도출: 해결책 도출

1 정보 구조 설계

정보 구조(IA Information Architecture)는 사용자가 원하는 정보를 불편 없이 사용할 수 있도록 만든 뼈대라고 할 수 있다. 앱에서는 화면 내의 내비게이션 체계나 레이블링 등을 도식화한 것을 의미한다. 하지만 이렇게 만든 정보 구조 설계 내용을 사용자가 직접 보는 것은 아니다. 사용자는 불편함 없이 앱을 실행하고 정보를 이용하면 된다. 정보 구조를 설계하는 이유는 기획자, 개발자, 디자이너 간에 워크플로를 공유하고 파일명, 화면, 용어를 공용화해 업무 처리를 쉽게 하기 위해서다.

정보 구조를 설계하려면 앱의 전체 구성을 한눈에 볼 수 있는 메뉴 트리Menu Tree를 만들어야 한다. 또한 계층 간의 구조와 파일명 및 간략한 기능을 정보 구조 기능 정의를 통해 정리하는 것이 좋다. 정보 구조를 잘 설계해야만 사용자가 목표에 쉽고 빠르게 도달할 수 있으며, 서비스를 제공하는 입장에서는 서비스의 각 기능이 어떻게 레이블링되어 콘텐츠로 그룹화되어 있는지 전체 개요를 파악하기 쉽다. 정보 구조는 상위 구조에서 하위 구조로 분류해 나가는 것을 기본으로 사용자가 현재 화면에서 특정 콘텐츠를 탭해 디테일 뷰로 들어가는 경우마다 깊이를 추가한다.

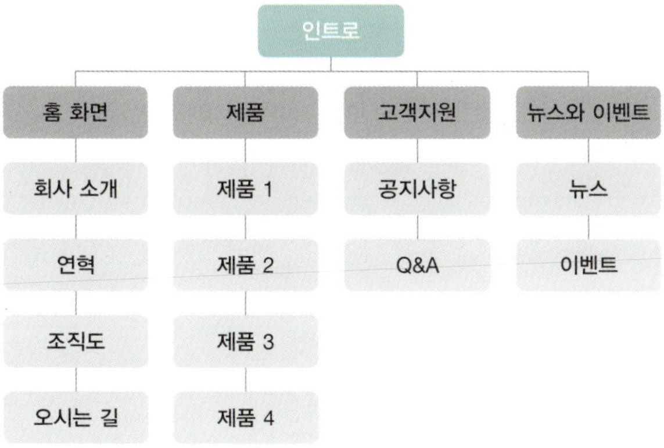

그림 9-16 메뉴 트리

표 9-9 SNS 정보 구조 기능 정의서

Code	INTRO	1Depth	2Depth	Memo	Status
A001	Intro			로고 타이틀	로딩 상태 알림
A002		나의 리스트		즐겨찾기	아이콘 구분
A003		채팅(Talk)	리스트	채팅방별 구분	
A004		친구 찾기	푸시 알림	On/Off	
A005			새로고침 주기	일정 간격 유지	시간 단위 설정
A006		계정	로그인	아이디가 있는 경우	
A007			회원 등록	아이디가 없는 경우	
A008			프로필 설정	이름/사진	이미지 등록
A009		공지사항		공지 알림	숫자 알림

2 플로차트

플로차트[Flowchart]는 사용자에게 앱을 이용하는 동선을 알려주는 순서도이다. 정보 구조 설계에 표시하기 어려운 구체적인 동선을 작성할 수 있기 때문에 개발자와 상세한 부분을 논의할 때 용이하다.

표 9-10 플로차트 표준 기호

기호	이름	기호	이름
	진행		종이 테이프
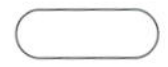	종결		디스플레이
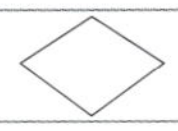	결정		수동 조작
	문서	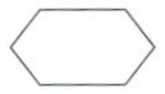	예비
	데이터	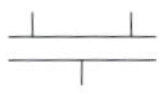	병렬 모드
	사전에 정의된 프로세스	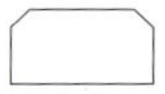	반복 제한
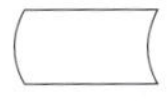	저장된 데이터		페이지의 참조
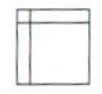	내부 저장소		오프 페이지의 참조 형태
	순차적 데이터		예/아니요 결정 기호
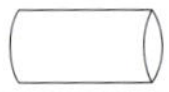	직접 데이터	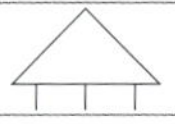	조건
	수동 입력		제어 전송
	카드	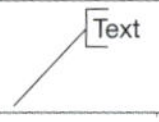	주석

디자이너 대부분은 플로차트를 그리는 일에 익숙하지 않아 메뉴 트리와 같은 형태로 그룹과 페이지를 나열한 후 화살표로 이동 동선을 연결하는 경우가 많은데, 플로차트를 그릴 때는 [표 9-10]과 같은 전 세계적으로 통용되는 표준 기호를 준수하면서 그려야 한다.

개발자는 대부분 정보 구조 기능 정의서보다 플로차트를 더 편하게 사용한다. 앱의 각 단계 또는 페이지에서 제공하는 기능과 조건에 따른 이동 방향을 Yes 또는 No로 따라가며 살펴봄으로써 최종 목적에 도달하는지 한눈에 볼 수 있기 때문이다.

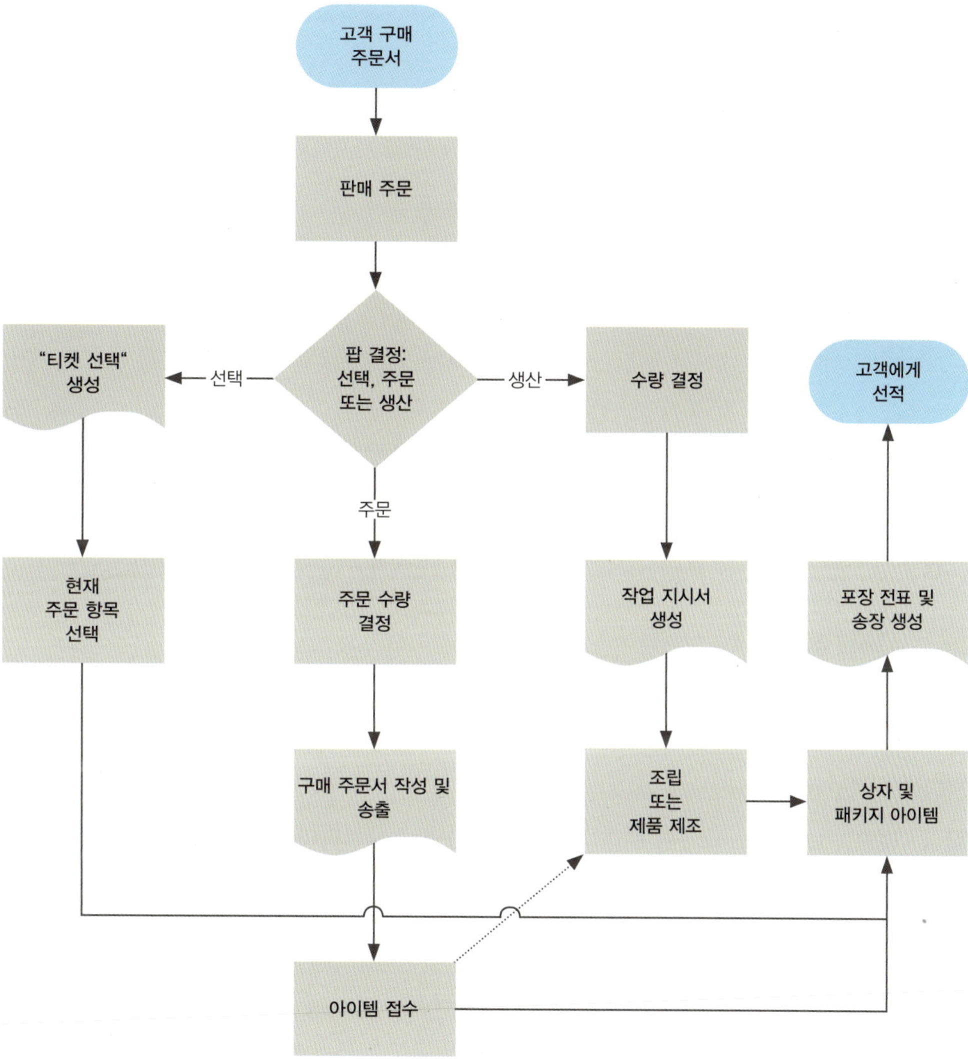

그림 9-17 플로차트의 예

그러나 메뉴 트리와 같은 형태에 익숙해져 있는 디자이너는 표준 기호를 준수하면서 플로차트를 그리는 작업이 어려울 수 있다. 또한 최근의 앱은 한 페이지 안에 많은 기능을 포함하고 있어 와이어프레임과 플로차트를 복합적으로 활용하는 와이어 플로차트Wire Flowchart를 더 선호하기도 한다. 플로차트를 표준 기호에 맞게 작성하지 못한다고 실망할 필요는 없다. 체계적인 팀을 갖춘 조직이라면 대개 플로차트를 기획자가 구성하기 때문이다. 개인 또는 소규모 기업 또는 스타트업 기업이라면 와이어프레임에 기능 정의를 추가하고 코어 기능을 정의해 조직원 간에 충분히 대화하고 메모를 곁들이면 플로차트를 대신할 수 있다.

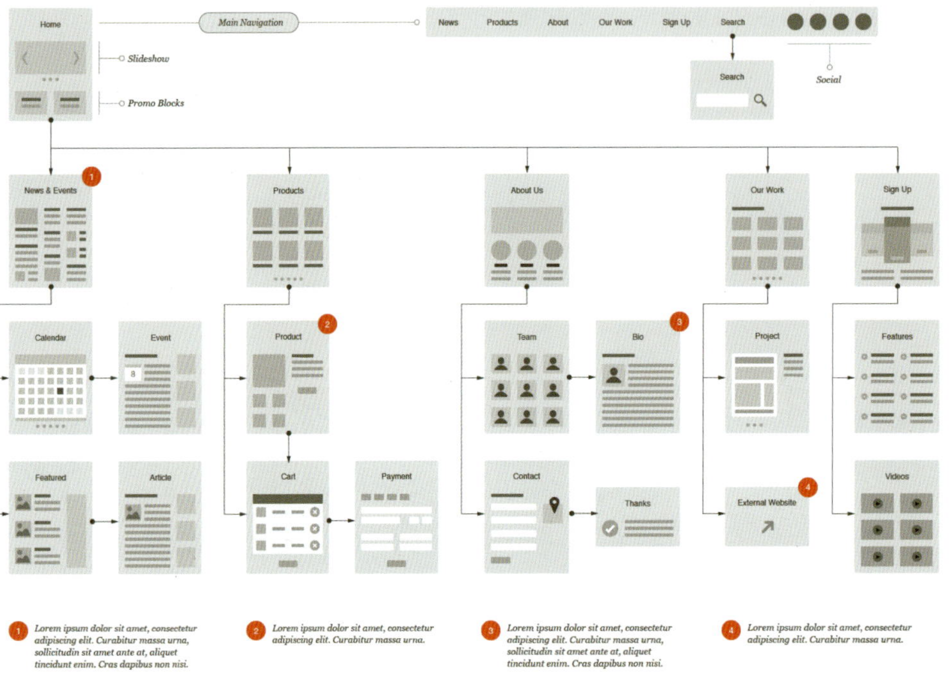

그림 9-18 와이어 플로차트의 예

플로차트가 완성되면 1차적으로 프로토타이핑 테스트를 해 본다. 러프 스케치를 활용해 스마트폰 화면에 올려놓고 실제 화면이 어떻게 작동하는지 등을 살펴보는 것인데, 실제 메뉴를 탭해 콘텐츠 간의 이동이 이루어지는 것처럼 테스트해 보는 것이다. 프로토타이핑 테스트를 단계별로 진행하다 보면 오류를 발견할 수도 있고 필요한 기능이 누락된 경우도 찾을 수 있다.

3 와이어프레임

와이어 플로차트를 만들려면 우선 와이어프레임을 제작해야 한다. 와이어프레임Wireframe은 기획자나 디자이너의 아이디어를 러프하게 구성한 화면 디자인이다. 프로토타입이 앱의 핵심 기능에 대한 최소한의 검증이라면 와이어프레임은 각 화면 단위의 UI를 설계하는 것으로, 화면의 설계와 화면 간의 관계 및 이동까지 모두 포함한다.

와이어프레임의 필요성

와이어프레임은 핸드 드로잉으로 스케치하기도 하고 파워포인트나 어도비의 그래픽 소프트웨어를 이용해 그리기도 한다. 디자이너들은 와이어프레임을 바탕으로 그래픽 소프트웨어를 이용해 세부 화면을 디자인하기 때문에 와이어프레임을 중요한 요소로 생각하지만, 개발자들은 불필요한 부분에 시간을 허비하는 작업이라며 불평하기도 한다. 개발자 중에는 손으로 쓱쓱 그리는 것으로 충분하다고 생각하는 사람도 있다. 하지만 핸드 드로잉한 와이어프레임은 소프트웨어로 제작한 와이어프레임보다 수정하기 어렵고 악필이어서 자신이 쓴 글자조차 알아보기 힘들어하는 경우도 있으므로 그래픽 소프트웨어로 와이어프레임을 작성하는 데 정성을 기울이는 것은 결코 시간 낭비가 아니다.

비슷한 일은 디자이너 쪽에서도 벌어진다. 디자이너가 와이어프레임에 한껏 창의적인 요소를 배치하고 다른 앱과 차별화해 구성한다 해도 각 OS의 가이드라인을 준수하지 않으면 개발자가 해당 페이지를 구성하는 것이 불가능하다. 앱 디자인은 혼자 하는 작업이 아니다. 각 분야의 전문가가 협업하는 작업이므로 서로의 영역에 대해 충분히 이해한 상태에서 대화를 통해 문제를 해결해야 한다.

과거에는 와이어프레임 작업이 낮은 충실도Low Fidelity의 핸드 드로잉이었다면, 최근에는 와이어프레임 툴을 이용해 높은 충실도High Fidelity로 작성한 후 플로를 추가하고 시안 작업으로 진행하는 것이 일반적이다.

(a) 낮은 충실도의 핸드 드로잉

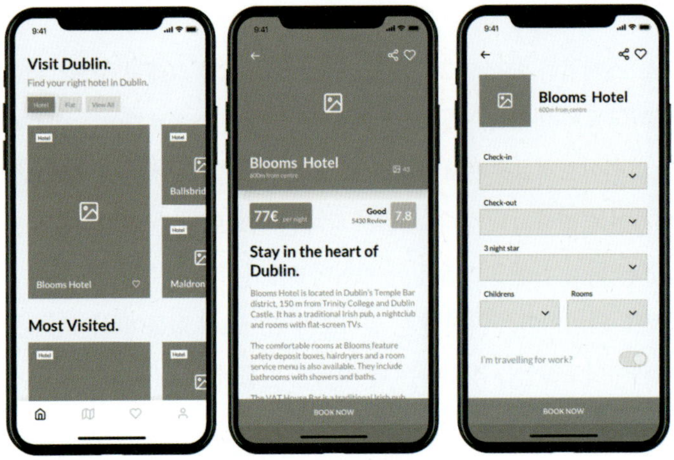

(b) 높은 충실도의 핸드 드로잉

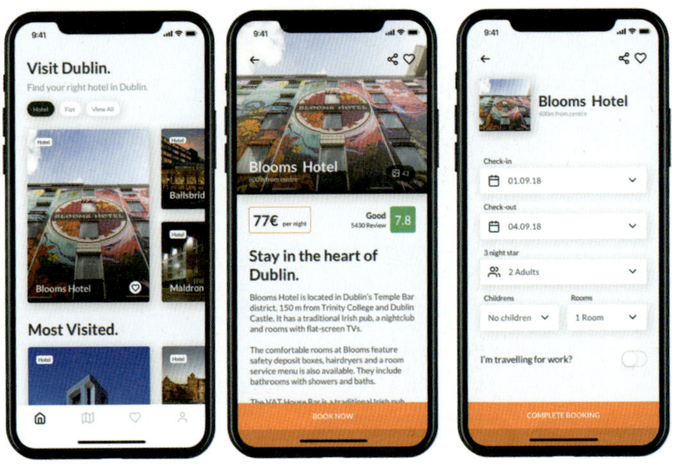

(c) 최종 시안

그림 9-19 와이어프레임 작성과 최종 시안

와이어프레임 작성 방법

먼저 개략적인 페이지부터 그리는 것이 좋다. 정보 구조 설계도를 바탕으로 모든 화면을 스케치한 뒤 기본적인 상호작용과 흐름을 작성하는 것이 전체 내용을 이해하는 데 도움이 된다.

기초 드로잉이 끝나면 사용자의 행동 흐름을 검토하고 불필요한 요소와 기능을 감추거나 제거해 흐름을 재정비한다. 이 과정에서 상세한 동선과 기본 레이아웃을 정의한다. 마지막으로 전체 페이지의 룩앤필Look and Feel을 고려해 세부 페이지별 콘텐츠의 크기를 설정하고 위치를 배치한다. 이 단계에서는 디자인의 디테일에 집착할 필요는 없고, 내용을 이해할 수 있는 아이디어만 전달하면 된다. 와이어프레임을 작성하는 목적은 팀원들이 앱의 전체 서비스를 명확하게 이해하도록 돕고, 시각적인 작업이나 업무 방향성은 물론 앱이 어떻게 동작하고 상호작용하는지 예측하게 하는 것이다.

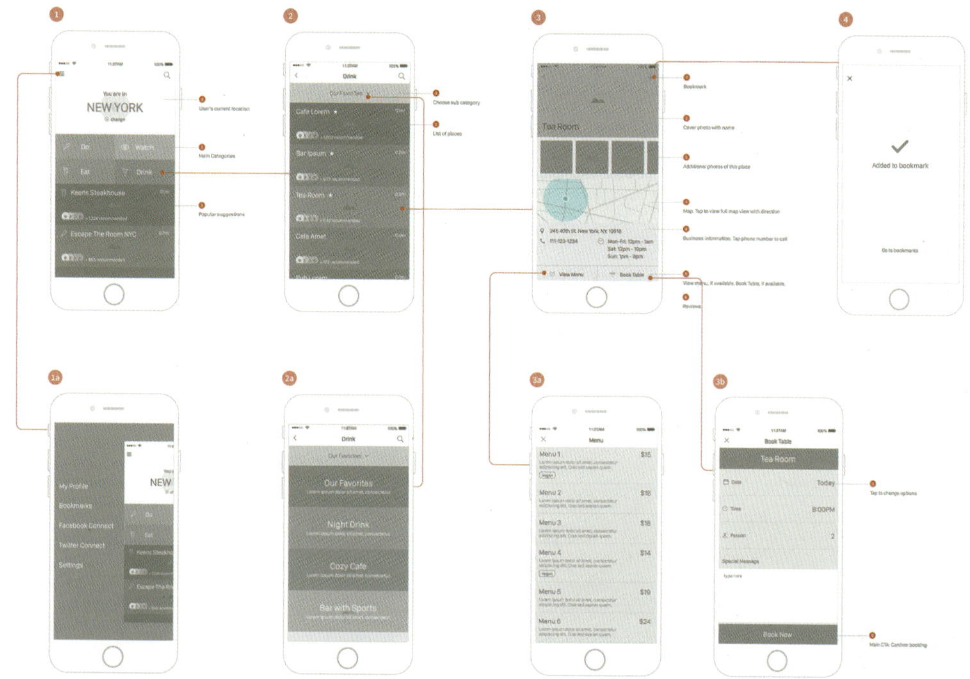

그림 9-20 상세 페이지 와이어프레임

iOS와 안드로이드는 화면 구성이 다르므로 와이어프레임도 각각 작성해야 한다. 이때 OS별 가이드라인을 정확히 준수하는 것이 좋다. 디자이너의 독창적인 UI 설계가 OS에 따라 구현되지 않는 경우도 있기 때문이다. 가이드라인을 준수하고 특정 기능은 개발자와 상의하면서 구현한다.

4 프로토타이핑

플로차트를 작성하고 프로토타이핑 테스트를 하는 것처럼 와이어프레임을 작성한 후에도 프로토타이핑을 해 보는 것이 좋다. 프로토타이핑Prototyping은 사전적으로 원형이나 견본을 의미하는데, 앱 개발에서는 실제 원하는 방식으로 서비스가 작동하고 구현되는지 테스트하는 과정을 말한다. 프로토타이핑을 하면 코딩을 하지 않고도 앱을 테스트할 수 있으므로 디자이너와 개발자가 서로 이해하면서 원활하게 의사소통을 할 수 있다. 또한, 성능과 구현 가능성 등을 시험하기 위해 전체 기능을 간편하게 만들어 보기 때문에 시행착오를 줄일 수 있다.

종이 프로토타이핑

일반적으로 제품이나 서비스가 동작하는 방식을 보여 주는 가장 빠른 방법은 종이에 디자인의 특정한 순간을 담아 스케치하고 숫자를 작성한 후 숫자 순서대로 프로토타입Prototype을 넘기면서 세부 페이지를 테스트하는 것이다. 프로토타입은 최종 제품이 아니므로 테스트하면서 발견한 오류를 피드백하고 수정하기 쉽다.

종이 프로토타이핑Paper Prototyping을 쉽게 시작하려면 우선 사용자의 수행 목록을 작성해야 한다. 즉, 수행에 필요한 버튼이나 메뉴 같은 화면 세트를 스케치해 사용자가 수행 목록에 따라 다음 페이지로 진행할 수 있도록 하는 것이다. 스케치가 어렵다면 유사한 스크린 샷을 인쇄해 사용해도 된다. 그런 다음 구성 요소를 조각으로 나누고 메인 화면에 위치시켜 동료와 함께 사용자의 역할과 스마트폰의 역할을 나누어 화면 메뉴의 인터페이스를 수행 순서에 따라 변경해 진행한다.

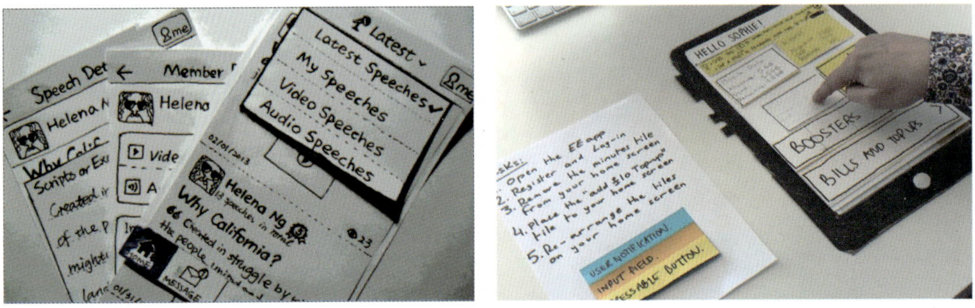

그림 9-21 종이 프로토타이핑의 수행 목록

디지털 프로토타이핑

과거에는 비용과 시간이 많이 든다는 이유로 종이 프로토타이핑을 진행하거나 클라이언트의 요구에 따라 파워포인트 등으로 최소한의 기능만 구현하기도 했다. 하지만 최근에는 프로토타입을 테스트할 수 있는 툴이 많이 나와 있다. 프로토타입 툴을 이용해 디지털 프로토타이핑Digital Prototyping을 진행하면 앱을 실제로 실행한 것처럼 다양한 동작을 테스트할 수 있다.

디지털 프로토타이핑은 종이 프로토타이핑과 달리 상호작용이 가능하다는 장점이 있다. 테스트하는 동안 시스템과 상호작용하면서 최종 제품에서 얻을 수 있는 사용자 경험을 할 수 있다. 정교하게 디자인해 프로토타입을 작성하면 최종 결과물을 테스트하는 듯한 착각이 들 수도 있다.

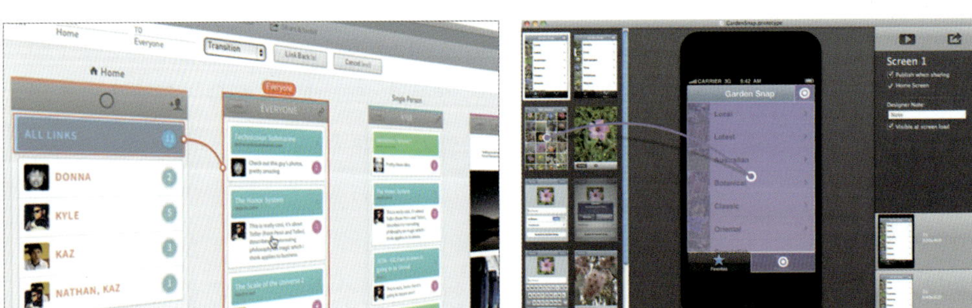

그림 9-22 디지털 프로토타이핑

6
디자인 제작 프로세스

1 디자인의 목표와 정의 수립

디자인을 시작하기에 전에 먼저 성취하고자 하는 목표를 명확히 수립해야 한다. 디자인의 목표는 심미적 아름다움을 추구하는 것이 전부가 아니다. 사용성을 편하게 하는 것인지, 사용자의 경험을 중시하는 것인지 정확히 설정해야 한다. 목표를 설정했다면 그 목표를 시각적으로 잘 전달할 수 있는 색상, 이미지, 폰트 등을 설정하는 과정이 필요하다. 또한, 협업하는 이들과 목표와 메시지를 공유하는 커뮤니케이션 과정을 거치는 것이 좋다.

명확한 목표를 수립하려면 타깃 사용자를 설정하고 어떤 서비스를 어떤 방법으로 제공할 것인지 결정해야 한다. 이 과정을 위해 현업에서는 미국의 컨설턴트 사이먼 사이넥Simon Sinek의 골든 서클Golden Circle이라는 프로세스를 많이 사용한다. [그림 9-23]에 소개한 골든 서클을 이용해 목표를 설정하는 과정은 다음과 같다.

❶ WHY

이 프로젝트를 통해 궁극적으로 전하려는 바가 무엇인지 목표를 설정한다. 다른 사람과 의사소통하고, 특정 가치를 제안하고, 행동에 영감을 줄 수 있는 매우 효과적인 방법이다.

❸ HOW

그 가치를 어떻게 전달할 것인지 판단한다. 경쟁 업체와 차별화되는 강점이나 가치가 포함될 수 있다.

❸ WHAT

무엇을 통해 목적과 가치를 전달할 것인지 방법적인 부분을 논의한다. 프로젝트를 진행하는 이유와 가치에 대해 의견을 제시하는 과정을 거친다. 그중에서 프로젝트의 가치를 실현할 수 있는 가장 논리적이고 설득력 있는 아이디어를 채택한다. 이해관계자가 모두 참여하고, 리서치 결과에서 벗어나지 않도록 기존 페르소나와 사용자 여정 지도를 매칭해 보는 것이 좋다.

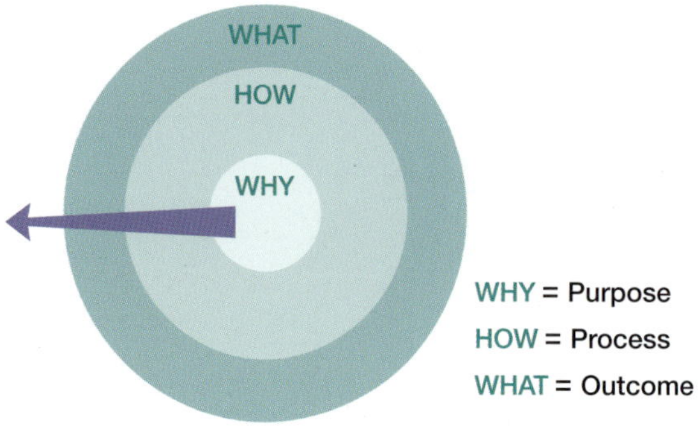

그림 9-23 골든 서클

2 콘셉트 키워드 도출

앞에서 설명한 과정이 끝났으면 콘셉트 키워드를 도출해야 한다. 골든 서클을 통해 도출한 목표와 가치에 대한 키워드를 작성한다. 이때 타깃 사용자, 서비스 카테고리, 전달 가치 등으로 분류해 작성하거나, 페르소나를 통해 단어나 서비스를 생각했을 때 떠오르는 느낌과 감정을 무작위로 작성한다. 추상적이거나 지나치게 거대하지 않고 시각화가 가능한 단어로 선별하는 것이 좋다. 이러한 방법을 통해 분명한 목적과 시각적 요소의 콘셉트를 도출한다.

그림 9-24 콘셉트 키워드 도출

3 디자인 시각화

디자인의 목표를 결정하고 키워드를 도출했으면 이에 맞는 디자인 시각화Design Visualization 작업을 한다. 이때, 바로 작업에 돌입하지 말고 일관성 있는 시각 테마를 먼저 설정한다. 이 과정에서 이미지, 컬러, 레이아웃, 폰트, 스타일링 요소를 세부적으로 설정한다. 그중에서도 이미지는 서비스의 가치와 목표를 효율적이고 직관적으로 표현할 수 있는 가장 강력한 수단이다. 특히 디자인 콘셉트를 정의할 때 어떤 감성과 가치를 추구하는지에 대해 사용자와 구체적으로 커뮤니케이션할 수 있는 수단으로 활용된다.

그림 9-25 **역동적인 시각 요소의 예**

예를 들어 콘셉트를 '역동적'이라고 정했다면, 역동성을 구현할 수 있는 컬러, 이미지, 폰트 등을 다양한 자료로 준비한 후 팀원들과 의견을 나누고 투표를 통해 테마의 주제를 좁히면서 시각 요소를 결정한다. 다음 단계는 룩앤필을 전달할 수 있는 무드보드Mood Board를 만드는 것이다. 사실 콘셉트에 관련된 이미지는 한 장으로 충분할 수도 있다. 하지만 이미지가 한 장뿐이라면 시각적 제한이 생겨 더 이상의 아이디어를 발현하기 어렵다. 따라서 표현 방식의 구체화를 위해 유사한 감성과 분위기의 이미지를 모아 무드보드를 만든다. 또한, 이러한 과정과 요소를 모두 문서로 남겨 디자인의 논리적 흐름과 근거를 만들어야 한다.

그림 9-26 다양한 무드보드

4 개발

디자인 과정을 거쳐 시각 요소의 디자인을 진행한 후에는 추가 개발 과정이 필요하다. 이 과정에서는 사용한 컴포넌트, 폰트, 시각 이미지, 색상 요소의 스타일 가이드를 각각 만든다. 작성한 디자인 템플릿을 디자인 팀 내에서 공유하고 요소별 스타일 가이드는 개발팀에 넘긴다. 개발을 완료했으면 서비스를 배포한다.

Part 05
UI/UX 디자인 실무 실습

Chapter 10 인트로 디자인과 인터랙션

Chapter 11 메인 상세 페이지 디자인과 인터랙션

Chapter 12 공유와 협업

Part 05

UI/UX 디자인 실무 실습

Chapter 10
인트로 디자인과 인터랙션

1
스플래시

1 스플래시 스크린

스플래시 스크린은 스마트폰에서 앱을 실행했을 때 구동 전에 나오는 화면을 말한다. 대부분 앱의 아이콘, 로고, 스크린샷으로 구성되어 있으며, 앱을 실행할 때마다 보이기 때문에 짧은 시간에 반복적으로 노출되어 사용자에게 앱의 이미지를 각인시키는 역할을 한다.

스플래시 스크린은 앱이 실행되는 동안 보여지므로 로딩 화면과 혼동하기 쉽지만 엄밀히 말해 둘은 다르다. 스플래시 스크린은 기업이나 앱의 브랜드를 사용자에게 노출하는 화면이고, 로딩 화면은 앱을 실행하기 위한 데이터 로딩 시간을 알려주는 화면이다. 그러나 대부분의 앱은 로딩 화면을 따로 제공하지 않고 스플래시 스크린을 로딩 화면으로 사용한다.

(a) 스플래시 스크린

(b) 로딩 화면

그림 10-1 포켓몬 고의 스플래시 스크린과 로딩 화면

스플래시 스크린을 사용하면 흰색의 빈 화면만 보일 때와 달리 작동 여부를 분명히 알 수 있고, 앱이 구동되는 동안 사용자의 지루함을 감소시키는 역할도 하며, 브랜드 로고 노출을 통한 홍보 효과도 있다.

iOS에서는 앱이 빠르게 반응한다는 인상을 주기 위해 플레이스홀더 UI[Placeholder UI]를 사용할 것을 권장하지만 이는 잘 지켜지지 않는 가이드 중 하나이다. 안드로이드에서는 앱이 구동될 때 빈 화면을 보여주면 로딩이 더 느린 것처럼 느껴지기 때문에 플레이스홀더 UI 또는 브랜디드 런치 스크린[Branded Launch Screens]을 사용할 것을 권장한다.

플레이스홀더 UI는 앱 로딩 전에 상태 바나 앱 바를 보여주는 방식으로, 로딩이 완료되었을 때 나타날 화면과 비슷한 화면을 보여주는 방식이고, 브랜디드 런치 스크린은 로고나 브랜딩을 위한 요소를 앱 로딩 전에 먼저 보여주는 방식이다. 최근에는 신규 사용자 확보나 기존 사용자의 인지 및 신뢰 획득을 목적으로 로고나 슬로건을 포함하거나 이벤트 정보를 제공하는 화면을 만드는 경우가 더 많다. 또한 디바이스의 기능이 향상되고 5G가 확산됨에 따라 동영상이나 로티 이미지를 활용하는 경우도 많아지고 있다.

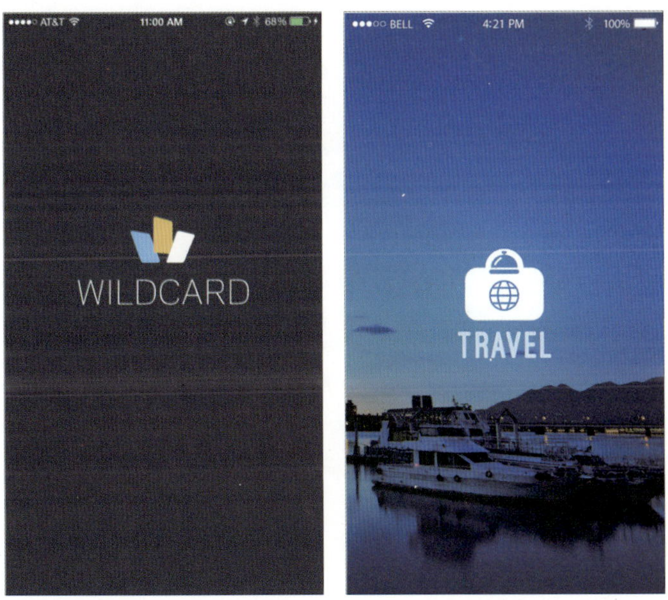

(a) 로고를 활용한 스플래시 스크린 (b) 로고를 활용한 브랜디드 런치 스크린

그림 10-2 스플래시 스크린과 브랜디드 런치 스크린

2 스플래시 제작 실습

01 Adobe XD를 실행한 후 홈 화면에서 '맞춤형 크기'에 수치를 입력하지 않은 채 클릭하면 작업 화면을 꽉 채우는 빈 화면이 생성된다.

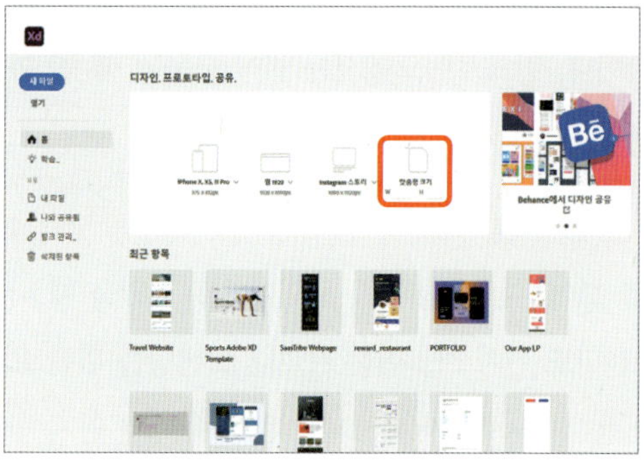

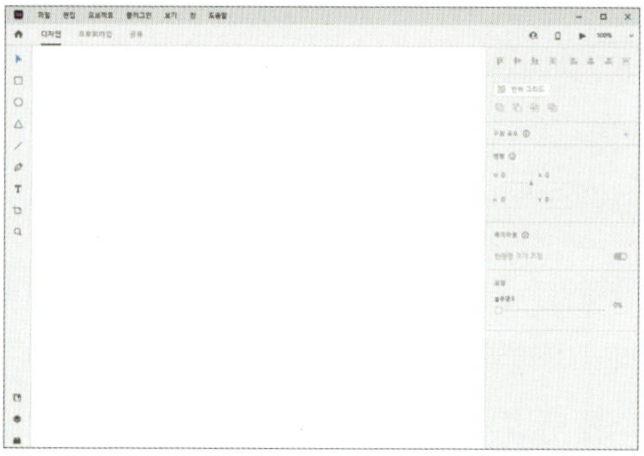

02 툴 패널에서 아트보드 툴( )을 클릭한 후 옵션 패널에서 'Samsung Galaxy S10'을 선택해 빈 아트보드를 생성한다.

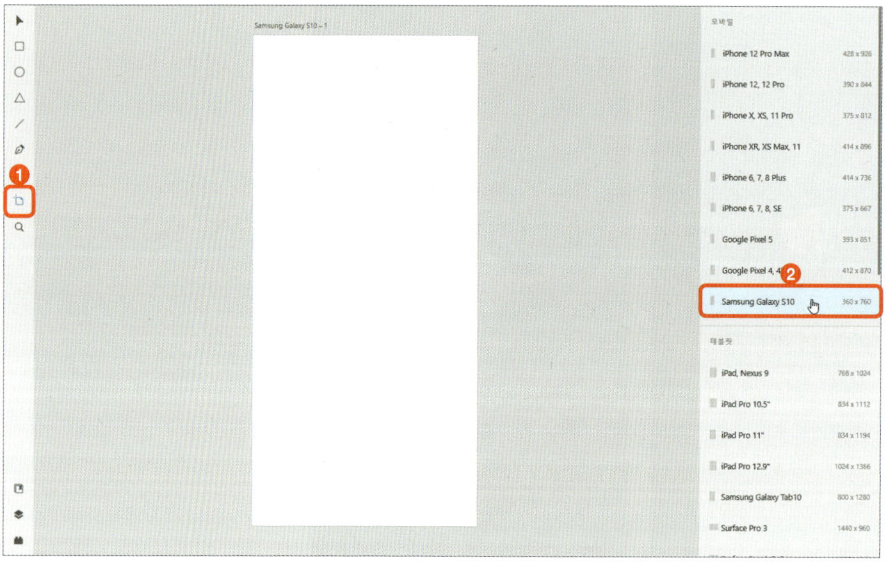

Tip 처음에는 자신이 사용하는 스마트폰 기종으로 아트보드를 만들어 연습하는 것이 좋다.

03 아트보드 이름을 더블클릭해 '스플래시_01'로 변경하고 아트보드의 '채우기' 색상을 #56C7E5로 설정한다.

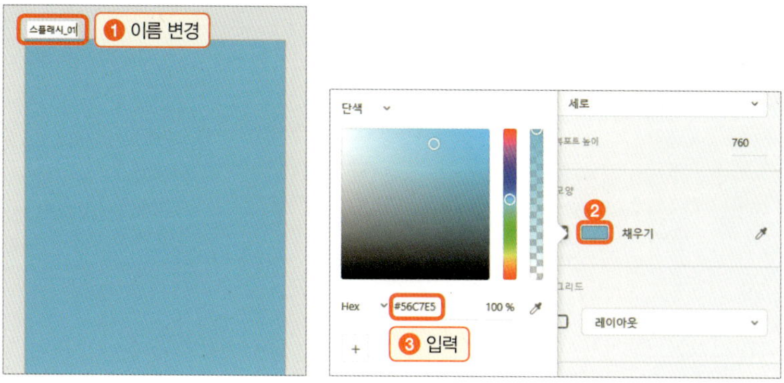

04 예제로 제공되는 [Resource\Material] 폴더의 'stickersheet-components.xd' 파일에서 상태 바를 찾아 선택하고 Ctrl+C를 눌러 복제한다. '스플래시_01' 아트보드에서 Ctrl+V를 눌러 붙여넣고 X를 0, Y를 0으로 지정한다. '불투명도'를 60%로 변경하고, '구성 요소'에 등록된 상태 바의 이름을 'Sysbar'로 변경한다.

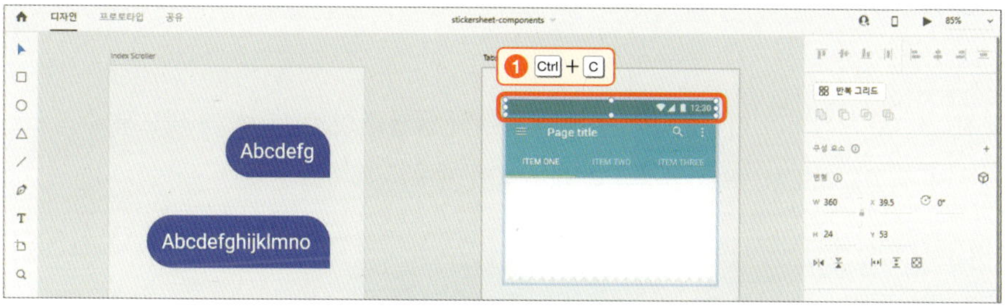

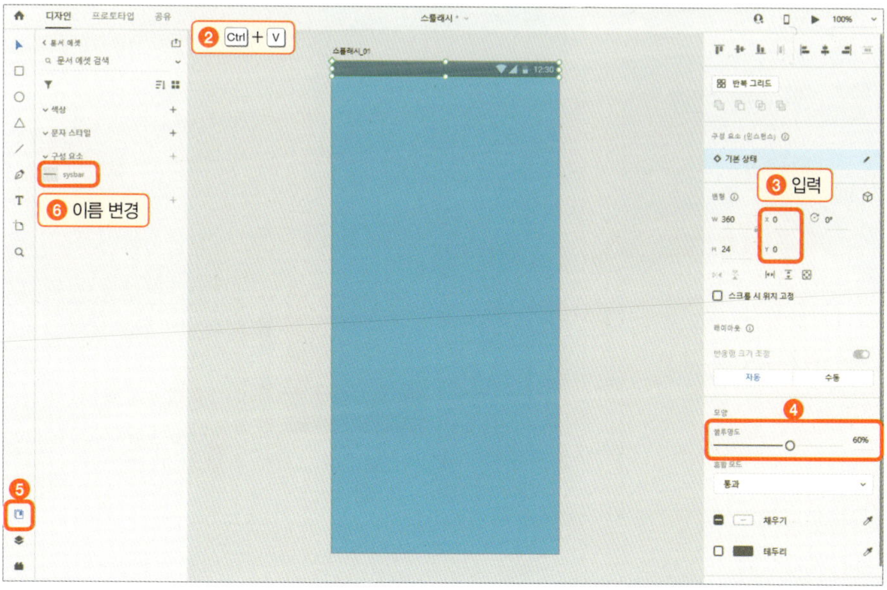

05 다각형 툴(△)을 선택하고 Shift 를 누른 채 드래그해 정삼각형을 만든 후 코너 카운트 옵션을 5로 변경해 오각형을 만든다. 좌우가 꽉 차도록 W를 360으로 설정하고 X 값을 0으로 지정한다.

06 선택 툴(▶)로 오각형을 더블클릭한 후 하단 좌우의 앵커를 아트보드에 딱 맞도록 수직으로 만든다. '채우기' 색상을 #FFA6A8로 설정하고 '테두리'의 체크는 해제한다.

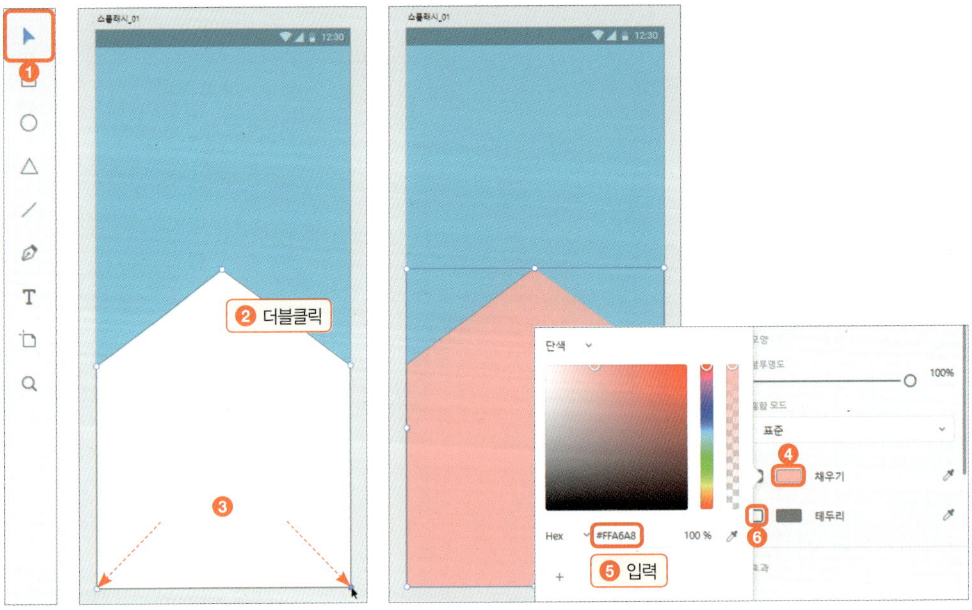

07 툴 패널 하단의 플러그인( )을 클릭해 플러그인 패널을 열고 'Icons 4 Design'을 선택한다. 'heart'를 검색해 나온 결과에서 'ios-heart'를 선택하면 아트보드에 하트가 생성된다. 하트의 W와 H를 각 128로 지정한다.

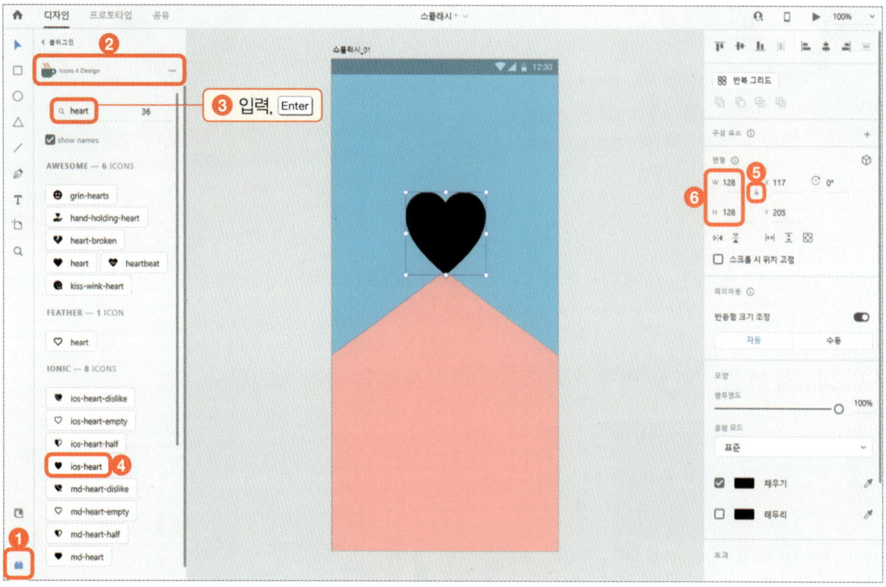

Tip 삽입한 오브젝트가 종횡비 잠금 상태인 경우 너비와 높이 중 하나를 변경하면 같은 비율로 다른 수치도 함께 변한다. 이때는 옵션 패널의 W와 H 옆에 있는 종횡비 잠금( )을 클릭해 해제한 후 크기를 변경한다.

08 하트가 선택된 상태로 Ctrl + C를 눌러 복제하고 Ctrl + V를 눌러 붙여넣은 후 두 하트를 구분할 수 있도록 임의의 색상으로 변경한다. W와 H를 68로 변경하고 큰 하트의 중앙에 배치한다.

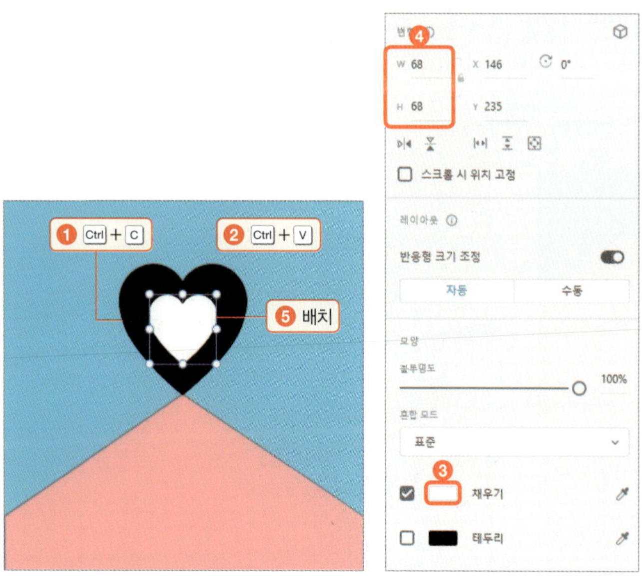

09 하트 2개를 함께 선택하고 '오버랩 제외( )'를 클릭해 속이 빈 하트로 만든다.

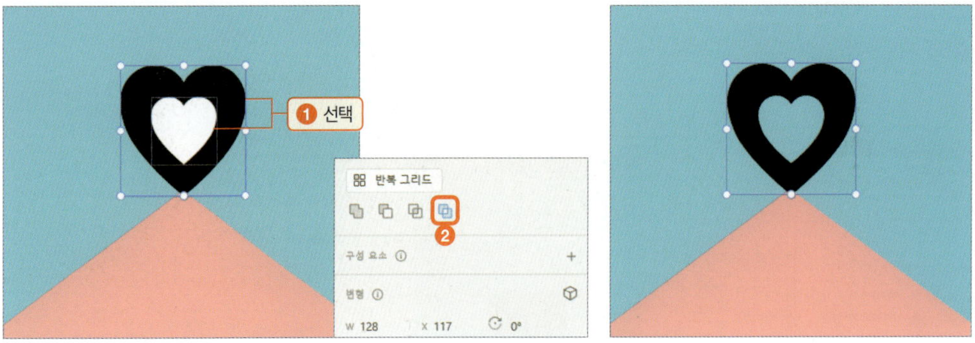

Tip 병합 옵션은 시각적 결과만 보여주기 때문에 다시 한 번 클릭하면 원래의 형태로 돌아간다.

10 '채우기' 색상을 #FF095C로 변경하고 오각형 꼭짓점에 딱 맞게 배치한다.

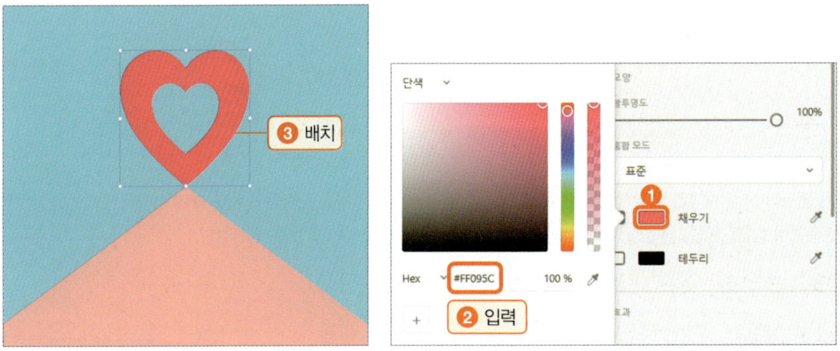

11 사각형 툴( )로 W 328, H 48의 직사각형을 만들고 '모든 모퉁이에 대해 동일한 반경' 값을 24로 설정해 좌우 면을 둥글게 한다. 하단 여백이 120이 되는 위치에 배치하고 '채우기' 색상을 하트와 동일하게 설정한다. '테두리'의 체크는 해제한다.

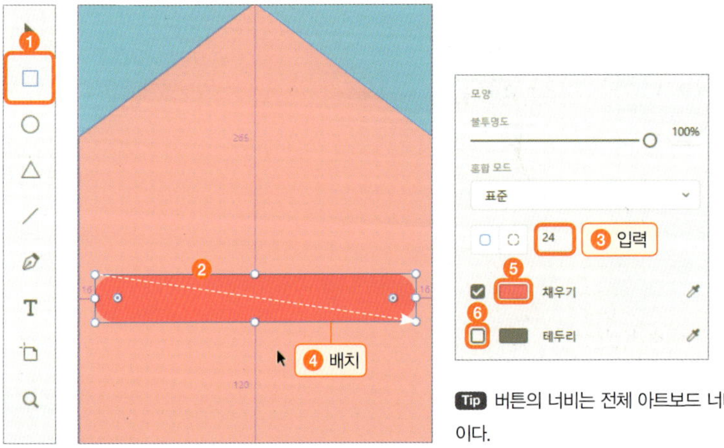

Tip 버튼의 너비는 전체 아트보드 너비 360에서 좌우 여백 16을 뺀 값이다.

12 텍스트 툴(T)로 텍스트 필드를 만들어 'Sign up'을 입력한다. 글꼴은 Roboto, 글꼴 크기는 20, 글꼴 두께는 Medium, '채우기' 색상은 #FFFFFF으로 설정한다. 텍스트 필드의 크기는 버튼 너비에서 좌우 16씩의 여백을 둔 296으로 만들어 버튼의 상하좌우 중앙에 배치한다. 선택 툴(▶)로 버튼과 텍스트를 함께 선택하고 Ctrl + G 를 눌러 그룹으로 만든다.

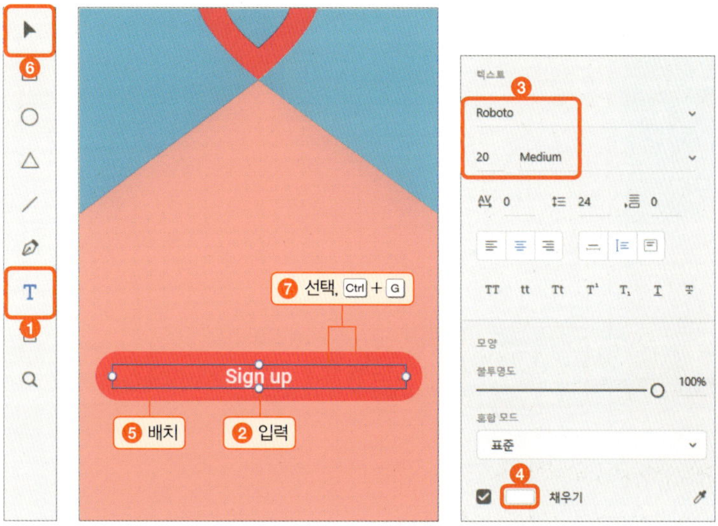

13 Alt 를 누른 채 16 간격을 두고 아래로 드래그해 버튼을 복제한다. 버튼을 더블클릭해 사각형만 선택한 후 '채우기'의 체크를 해제하고 '테두리' 색상은 #FFFFFF, '크기'는 2로 설정한다. 텍스트는 'Login'으로 수정한다.

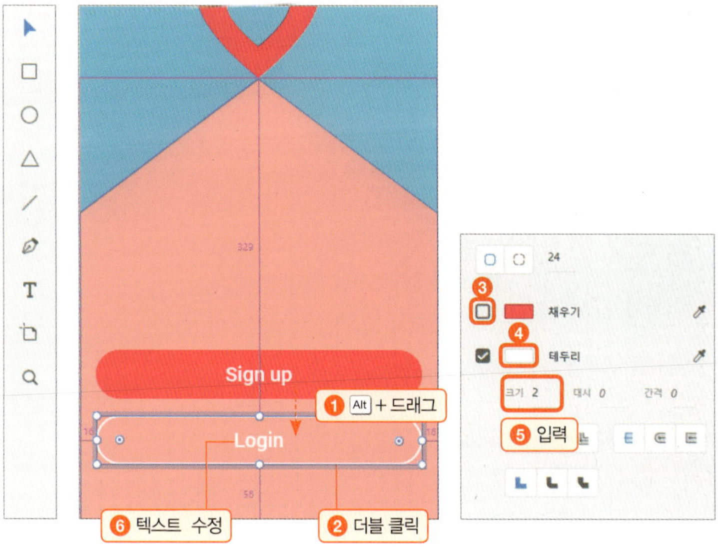

14 텍스트 툴(T)로 앱 이름을 입력하고 원하는 폰트로 설정한다. 여기서는 'MY MALL'이라고 입력하고 글꼴은 Arial Rounded MT, 글꼴 크기는 36, 글꼴 두께는 Bold로 설정했다.

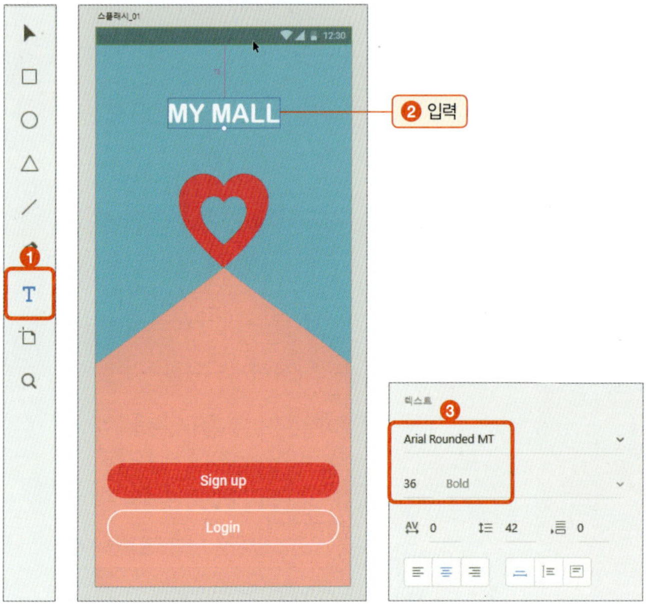

15 선택 툴(▶)로 아트보드 이름을 선택하고 라이브러리 패널에서 '색상' 옆의 +를 클릭하면 아트보드 내에 사용된 모든 색상이 라이브러리에 추가된다. 같은 방법으로 '문자 스타일'도 모두 추가한다.

Tip 라이브러리에 등록된 요소의 이름은 구성원이 잘 알아볼 수 있도록 변경하면 좋다.

3 스플래시의 프로토타입

01 '스플래시_01' 아트보드의 이름을 선택하고 Ctrl+D를 눌러 아트보드를 복제한다. 복제된 아트보드의 이름을 '스플래시_02'로 변경한다.

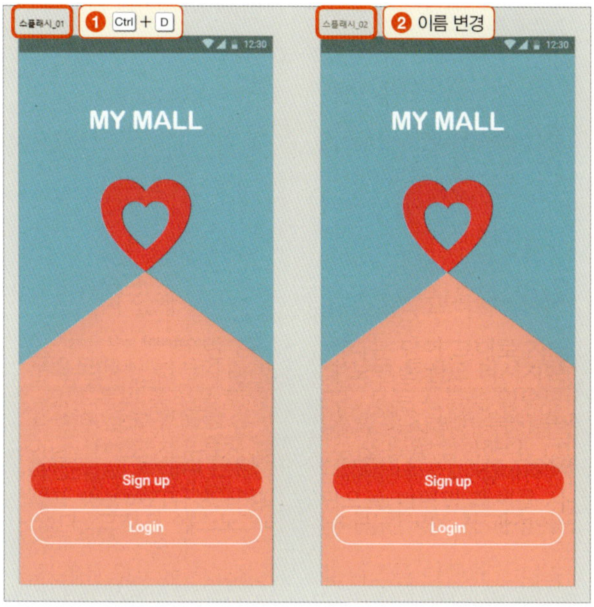

Tip 아트보드를 선택하고 Alt를 누른 채 선택 툴(▸)로 드래그해 복제할 수도 있다.

02 '스플래시_01' 아트보드의 오각형 배경과 버튼 2개를 모두 선택하고 '불투명도'를 0%로 설정한다.

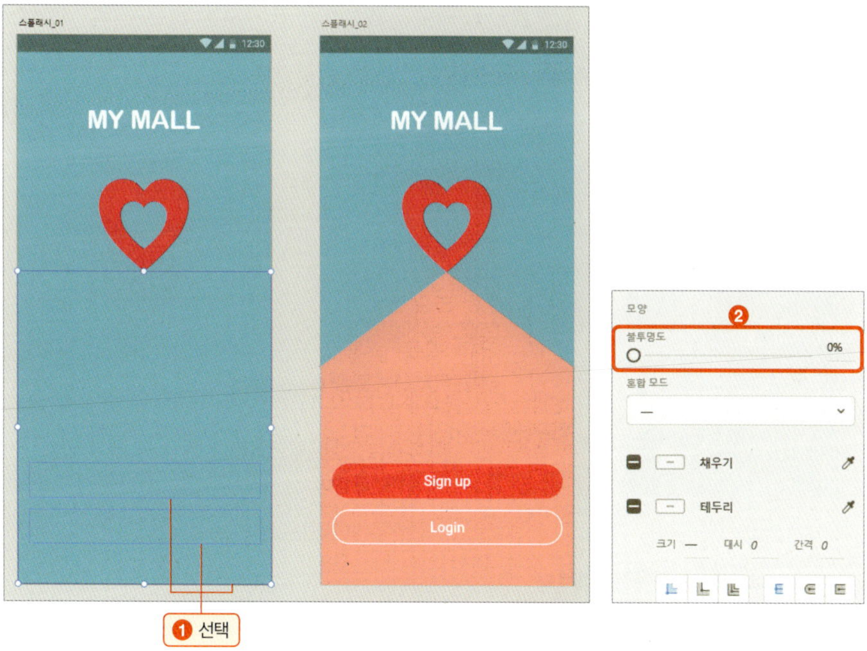

03 프로토타입 모드로 전환하고 '스플래시_01' 아트보드를 선택하면 인터랙션 연결 위젯이 나타난다. 위젯을 '스플래시_02' 아트보드로 드래그해 두 아트보드를 연결된다.

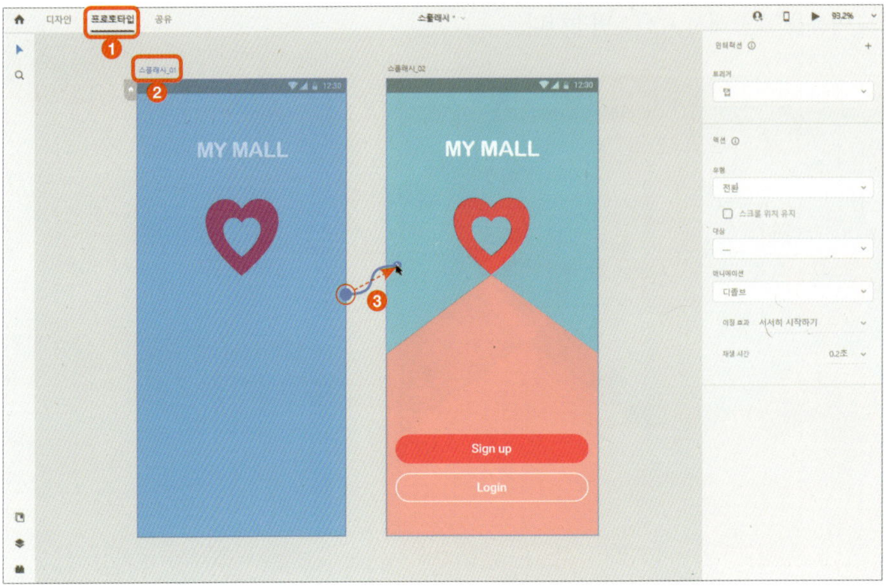

04 옵션 패널의 '인터랙션' 항목에서 '트리거'를 [시간]으로, '지연'을 [1초]로 설정한다. '액션' 항목에서 '유형'을 [자동 애니메이트], '대상'을 [스플래시_02], '이징 효과'를 [없음], '재생 시간'을 [4초]로 설정한다.

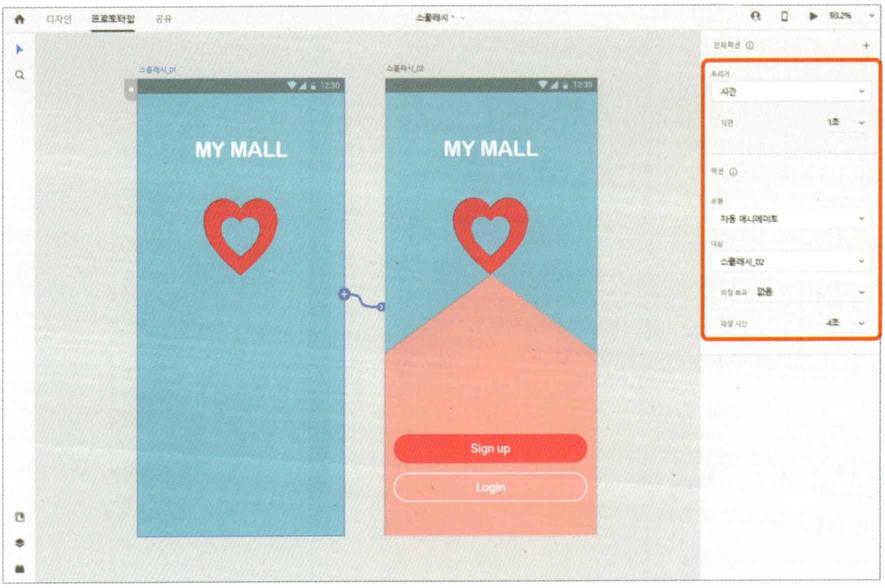

Tip '시간' 트리거는 아트보드와 아트보드 사이에만 적용된다.

05 오른쪽 상단의 데스크탑 미리보기(▶)를 클릭하면 1초간 멈춰 있다가 4초간 자연스럽게 스플래시 화면이 나타나는 것을 확인할 수 있다.

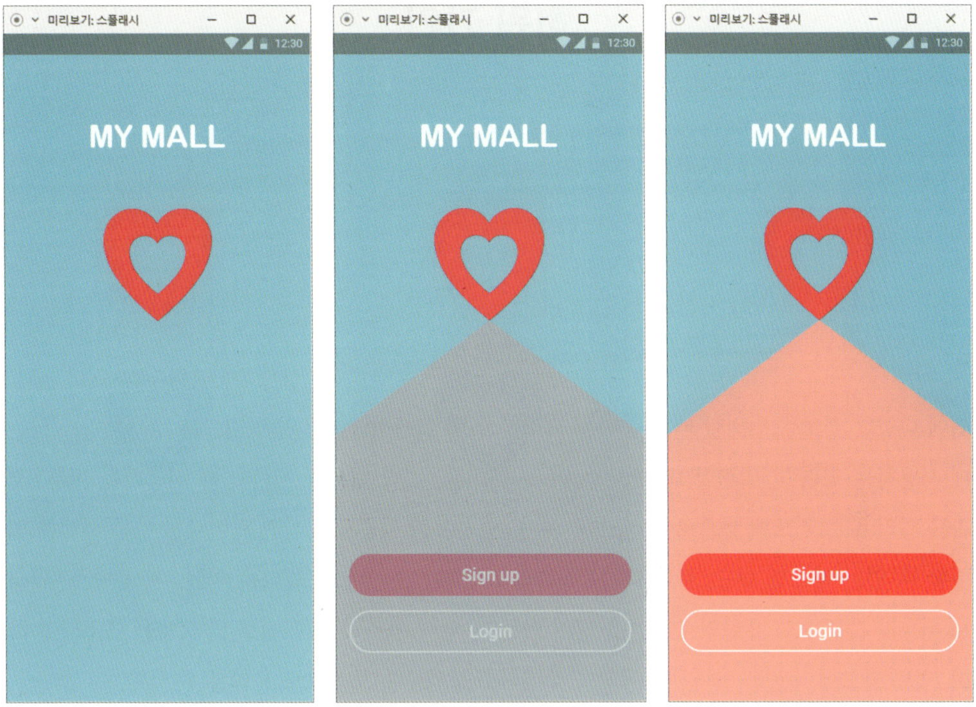

06 메뉴에서 [파일]–[로컬 문서로 저장]을 클릭해 스플래시를 저장한다.

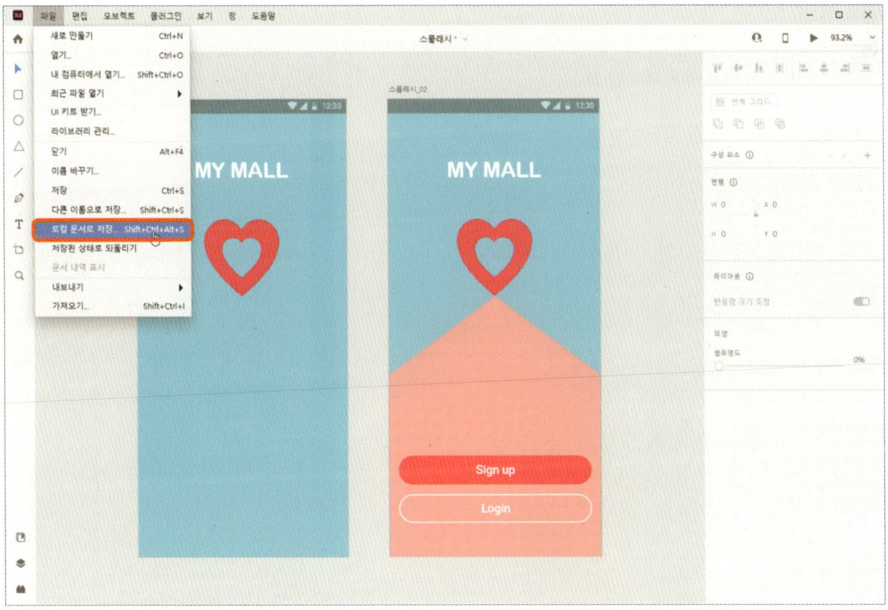

2
회원 가입

1 입력 필드

앱에 다양한 정보를 입력할 때 사용하는 요소를 입력 필드라 한다. 입력 필드는 정보를 입력하는 데 사용하는 입력란, 입력할 내용을 알려주는 레이블, 입력 내용을 제출할 때 사용하는 버튼, 결과를 알려 주는 피드백 등으로 구성된다. 이 중 입력란은 사용자가 직접 단어나 숫자를 선택해 입력할 수 있는 텍스트 필드, 주어진 항목 중에서 선택할 수 있는 드롭다운 메뉴, 체크 박스, 라디오 버튼과 같은 여러 유형의 컨트롤을 넣어 만든다. 입력 필드의 전체 정렬 및 모양을 구조라고 하며, 입력 필드에 내용을 입력하는 동작을 설명하고 도와주는 도움말도 포함할 수 있다.

사용자는 앱에 입력해야 하는 정보가 많으면 부담을 느껴 포기하기 쉽다. 그러므로 입력 필드는 필수 영역과 선택 영역으로 구분하고, 입력해야 하는 항목은 최대한 줄이는 것이 좋다. 최근에는 한 페이지에 하나의 태스크만 제공할 것을 권장하고 있다. 입력 항목이 많다면 유형별로 나누어 그룹으로 묶고, 현재 레이블과 다음 레이블의 간격을 조절해 입력 필드가 잘 구분되도록 만든다.

2 회원 가입 제작 실습

01 아트보드 툴( )을 클릭하고 옵션 패널에서 'Samsung Galaxy S10'을 선택해 빈 아트보드를 생성한다.

Tip 앞에서 이어 작업해도 되고, [Chapter_10\Section_02] 폴더의 '회원가입 준비.xd' 파일을 이용해도 된다.

02 아트보드 이름을 더블클릭해 '회원가입_01'로 변경하고 '채우기' 색상을 #56C7E5로 설정한다. 라이브러리의 '구성 요소'에서 'sysbar'를 드래그해 새로 만든 아트보드 상단에 배치한다.

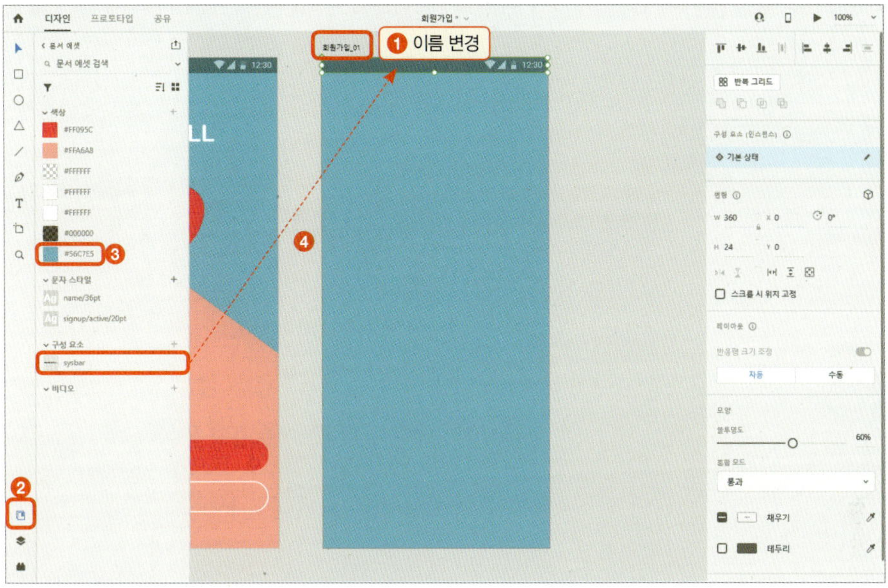

Tip 시스템 바는 옆 아트보드에서 복제해 붙여넣어도 된다.

03 머티리얼 디자인 시스템에서 화살표 아이콘을 가져와 붙여넣는다. '채우기' 색상을 #FFFFFF로 설정하고 왼쪽 여백 16, 상태 바와의 간격 16이 되는 위치에 배치한 후 라이브러리의 '구성 요소'에 등록한다.

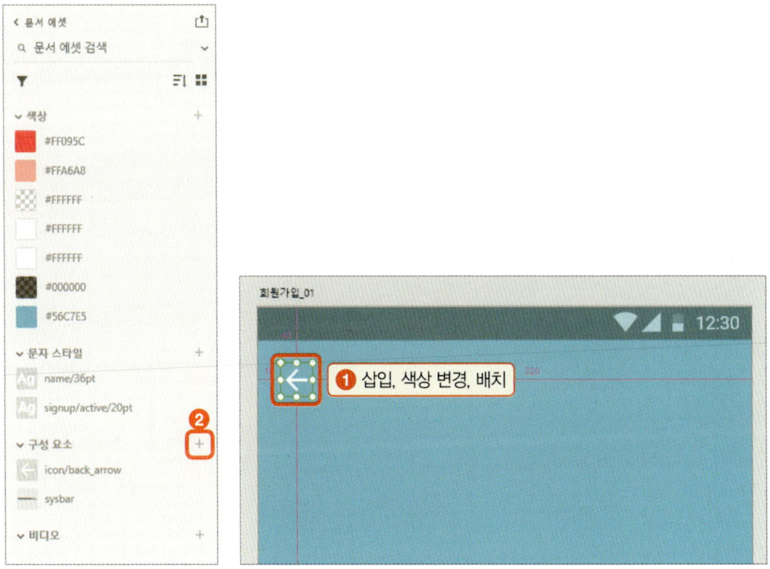

Tip 머티리얼 디자인 시스템(https://material.io)에 접속해 [Resources] 메뉴를 선택하고 [Material Icons]를 클릭해 이동한다(https://fonts.google.com/icons). 'arrow'로 검색해 필요한 아이콘을 선택하고 다운로드한 후 사용한다.

04 텍스트 툴(T)로 드래그해 텍스트 필드를 만들고 타이틀을 입력한다. 글꼴은 Roboto, 글꼴 크기는 24, 글꼴 두께는 Bold, '채우기' 색은 #FFFFFF로 설정한 후 좌우 여백이 16이 되도록 W를 328로 지정하고 상태 바와의 간격이 60이 되도록 배치한다. 라이브러리의 '문자 스타일'에 등록한다.

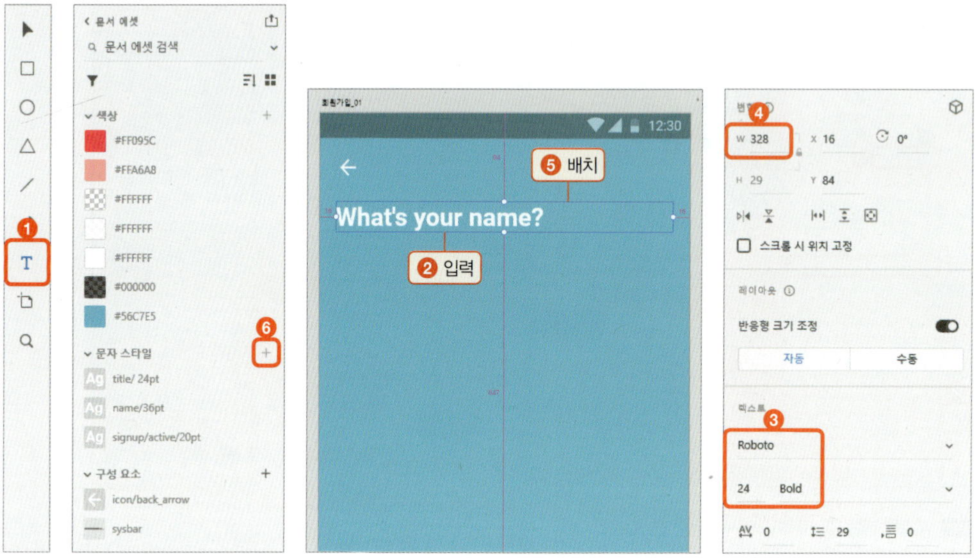

Tip 요소를 라이브러리에 등록할 때는 팀원들이 잘 알아볼 수 있는 이름을 붙이는 것이 좋다.

05 Alt를 누른 채 선택 툴(▶)로 타이틀 텍스트를 아래로 드래그해 복제한다. 텍스트를 수정하고 글꼴 크기를 16, 글꼴 두께를 Light로 변경한 후 타이틀 텍스트와의 간격이 48이 되는 위치에 배치한다. 라이브러리의 '문자 스타일'에 등록한다.

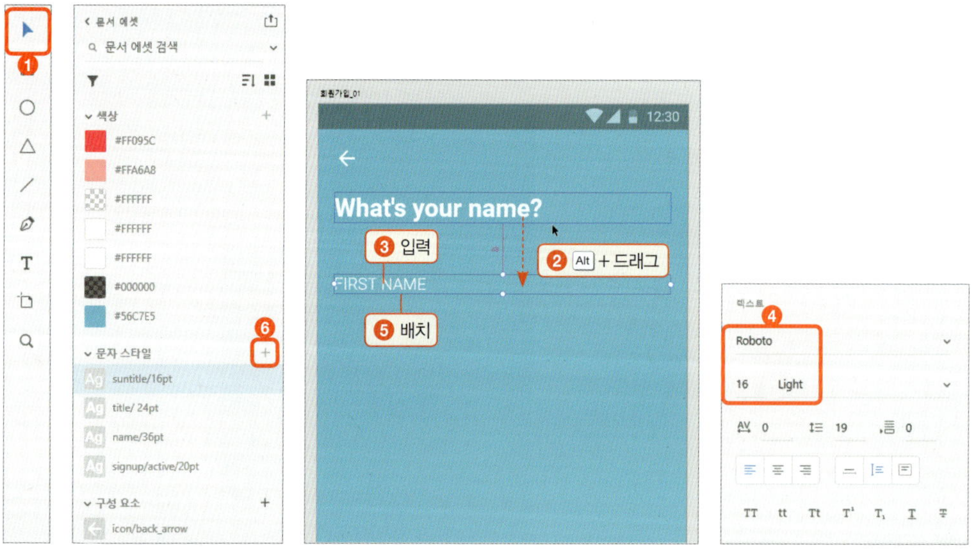

06 사각형 툴(□)로 사각형을 그리고 W를 328, H를 1로 설정해 선처럼 보이게 한다. '채우기' 색상을 #FFFFFF으로 설정하고 '테두리'의 체크를 해제한다. 서브 타이틀과의 간격 40, 좌우 여백 16이 되는 위치에 배치한다.

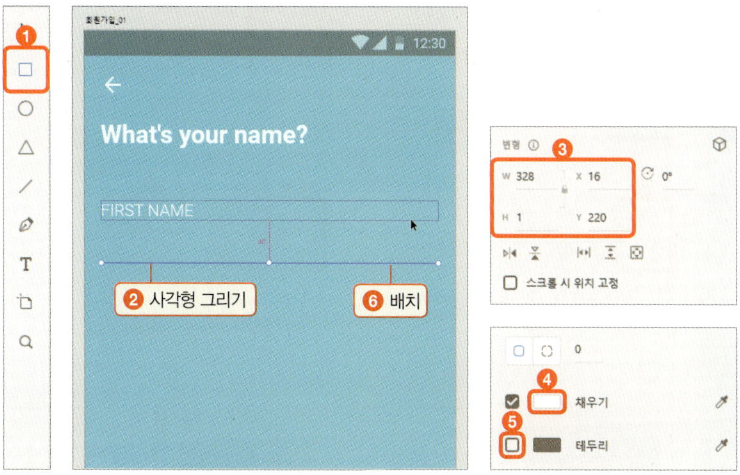

07 서브 타이틀을 복제해 선과의 간격이 16이 되도록 배치하고 내용을 변경한다.

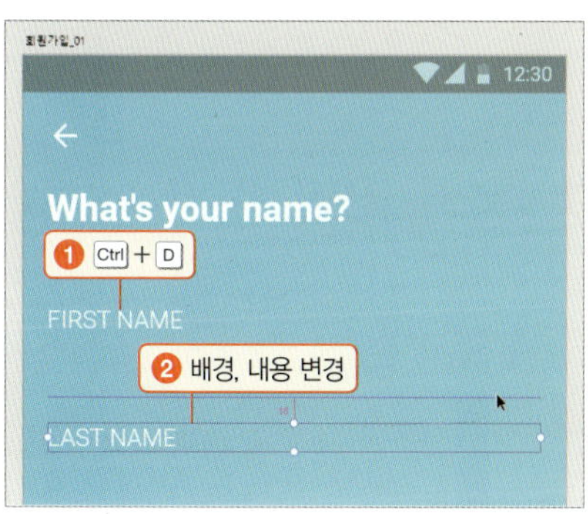

Tip 화면 내에 유사한 요소가 있는 경우 새로 그리는 것보다 복제해서 변형하는 것이 빠르고 편리하다.

08 선을 복제해 서브 타이틀과의 간격이 40이 되는 위치에 배치한다.

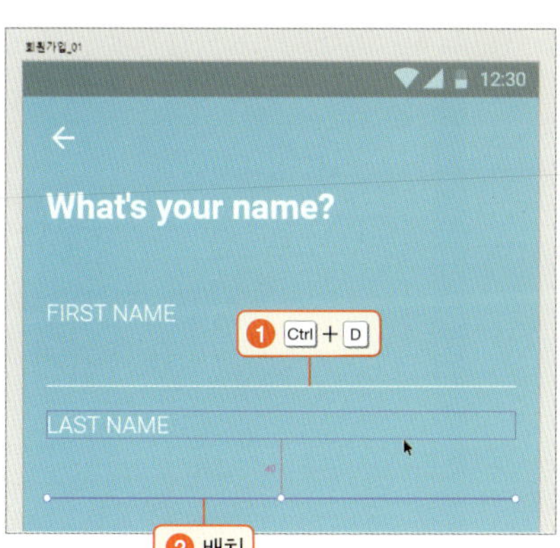

09 원 툴( )로 W와 H가 56인 정원을 만들어 아트보드 오른쪽 하단에 배치한다. 이때 여백은 각각 16으로 한다. '채우기' 색상을 #DCDCDC로 설정하고 '테두리'의 체크는 해제한다. 구성 요소에 등록된 화살표를 원 가운데에 배치하고 '회전'에 180을 입력해 회전시킨 후 '채우기' 색상을 #56C7E5로 설정한다. 라이브러리의 '구성 요소'에 등록한 후 이름을 'Fab/inactive'로 변경한다.

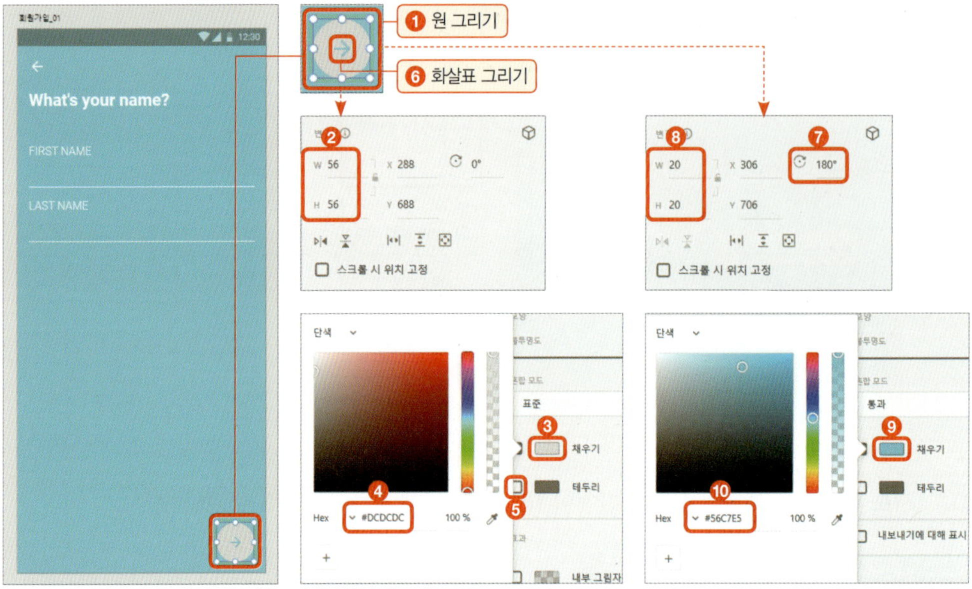

10 '회원가입_01' 아트보드를 선택하고 Ctrl + D를 눌러 복제한다. 복제된 아트보드의 이름은 '회원가입_02'로 변경한다.

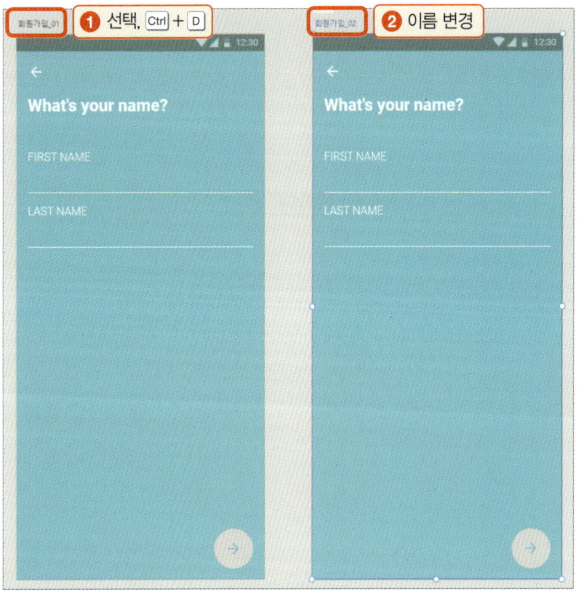

11 타이틀과 서브 타이틀의 내용을 변경하고 입력 필드 한 줄은 삭제한다.

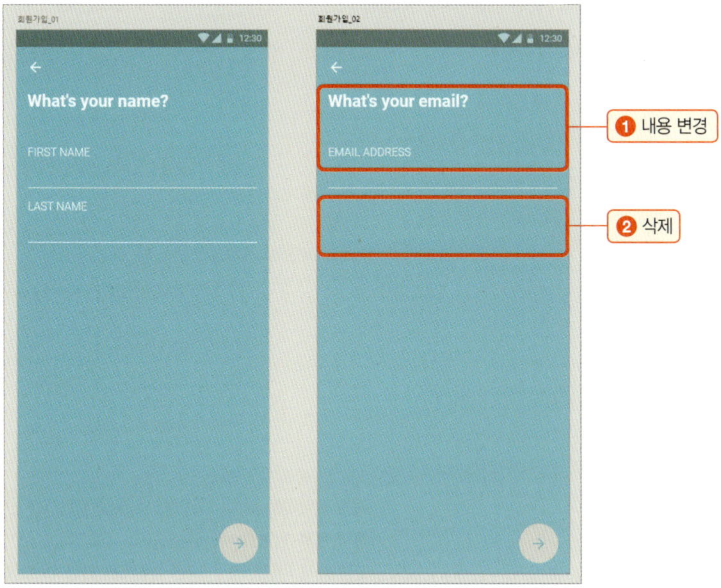

Tip 좋은 UX를 위해서는 태스크를 한 페이지에 하나만 배치하는 것이 좋다.

12 [Resource\Material] 폴더의 'stickersheet-components.xd' 파일에서 키보드를 복제해 '회원가입_02' 아트보드 하단에 배치하고 '구성 요소'에 등록한다.

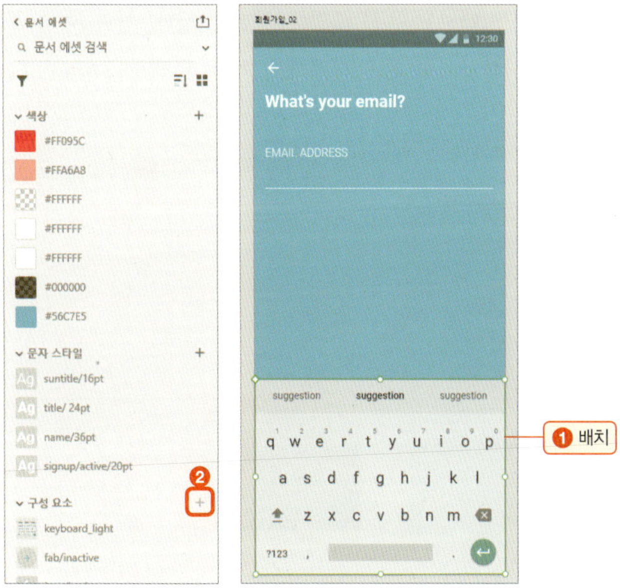

13 FAB이 키보드 뒤에 있어 보이지 않으므로 앞으로 배치해야 한다. 툴 패널에서 레이어( )를 클릭해 레이어 패널을 열고 'fab/inactive'를 클릭해 아트보드의 FAB을 선택한다. 오른쪽 여백 16, 키보드와의 간격 16이 되는 위치에 배치한다.

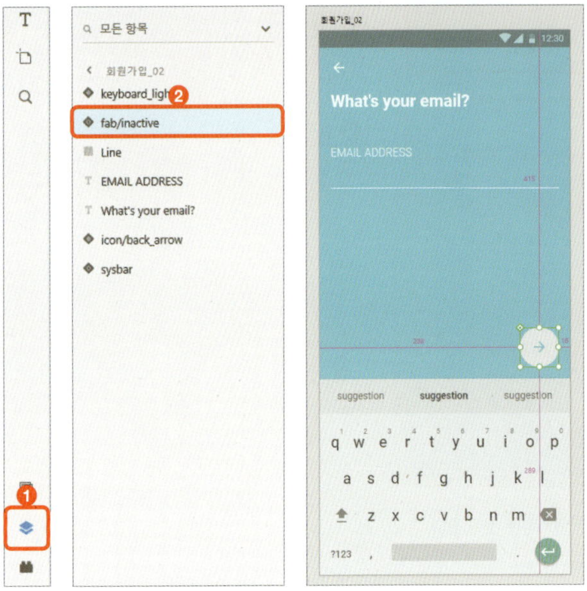

Tip 레이어를 클릭해 FAB을 선택할 수는 있지만 선택 툴로 이동할 수는 없으므로 키보드의 방향키를 이용해 이동한다. Shift 를 누른 채 방향 키보드를 누르면 한 번에 10단위씩 이동된다. 또는 레이어 패널에서 선택할 오브젝트가 위에 오도록 순서를 변경하고 이동해도 된다.

3 회원 가입의 프로토타입

01 '회원가입_01' 아트보드의 FAB을 클릭해 선택하고 옵션 패널에서 '기본 상태' 옆의 [+]를 클릭해 '마우스 오버 상태'를 선택한다. FAB을 더블클릭해 원만 선택하고 '채우기' 색상을 #FFFFFF로 변경한 후 다시 '기본 상태'를 선택한다.

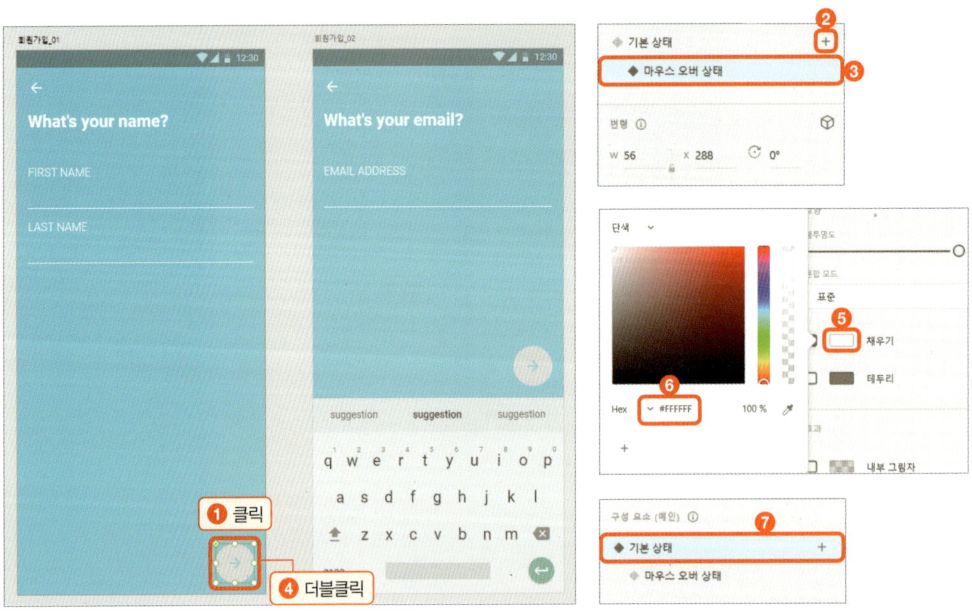

02 '회원가입_02' 아트보드의 FAB과 키보드를 함께 선택하고 Ctrl+G를 눌러 그룹으로 만든다. '회원가입_02' 아트보드를 선택하고 Ctrl+D를 눌러 복제한 후 아트보드 이름을 '회원가입_03'으로 변경한다.

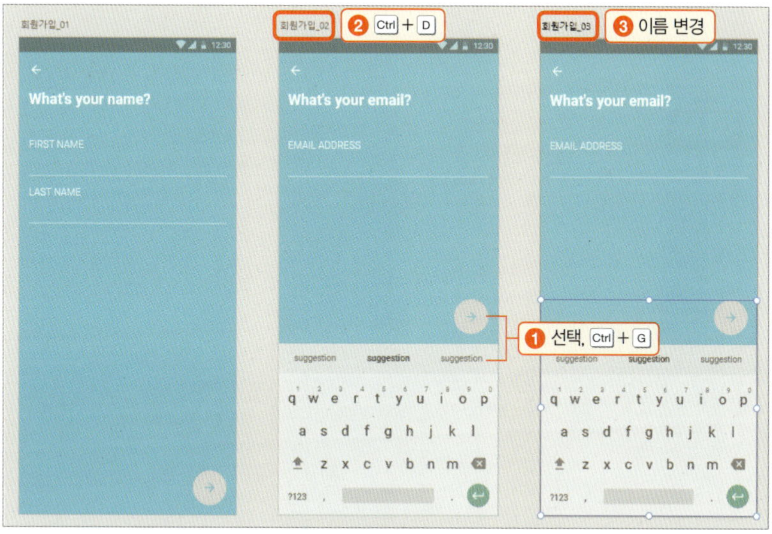

03 '회원가입_02' 아트보드의 키보드 그룹을 선택해 키보드가 보이지 않도록 하단에 배치한다. 이때 FAB의 위치가 '회원가입_01' 아트보드와 같아지게 한다.

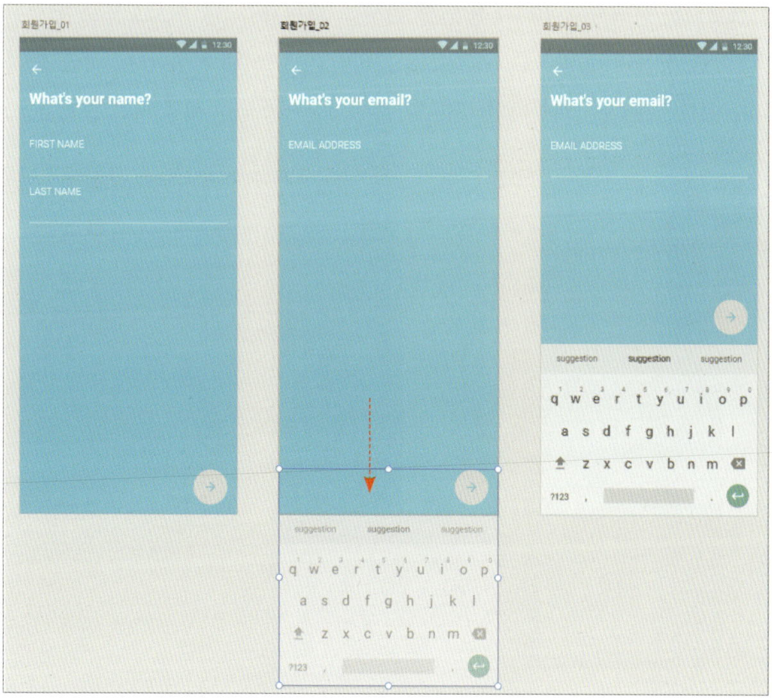

04 프로토타입 모드로 변경하고 '회원가입_01' 아트보드에서 FAB의 인터랙션 연결 위젯을 당겨 '회원가입_02' 아트보드로 연결한다. 옵션 패널에서 '구성 요소' 항목은 '기본 상태', '인터랙션' 항목의 '트리거'는 [탭]으로 지정한다. '액션' 항목의 '유형'은 [전환], '대상'은 [회원가입_02], '애니메이션'은 [왼쪽으로 슬라이드], '이징 효과'는 [없음], '재생 시간'은 [0.2]로 지정한다.

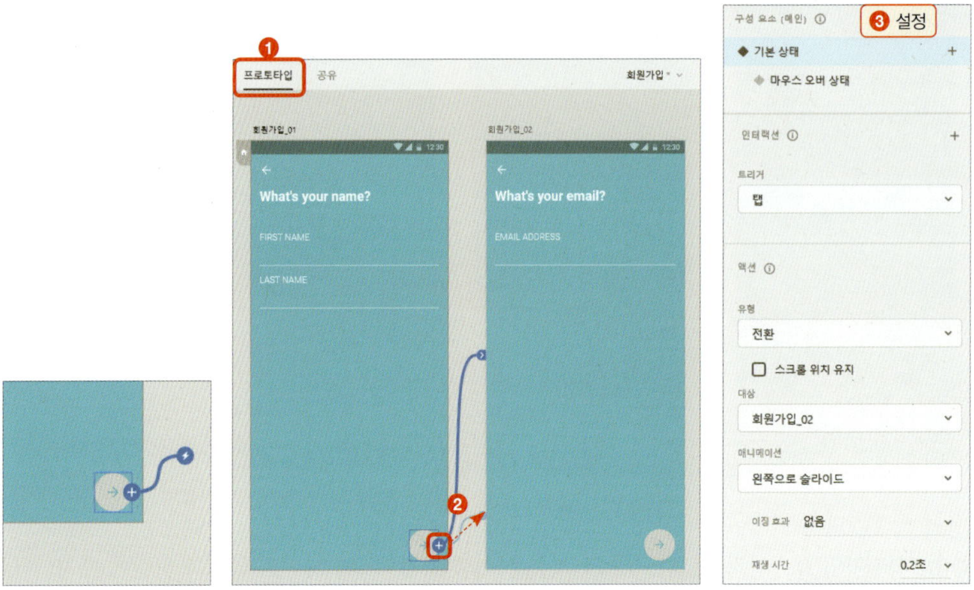

05 '회원가입_02' 아트보드를 선택하고 인터랙션 연결 위젯을 '회원가입_03' 아트보드로 연결한다. 옵션 패널에서 '인터랙션' 항목의 '트리거'를 [시간]으로, '지연'은 [0초]로 지정한다. '액션' 항목의 '유형'은 [자동 애니메이트], '대상'은 [회원가입_03], '이징 효과'는 [스냅], '재생 시간'은 [0.5초]로 설정한다.

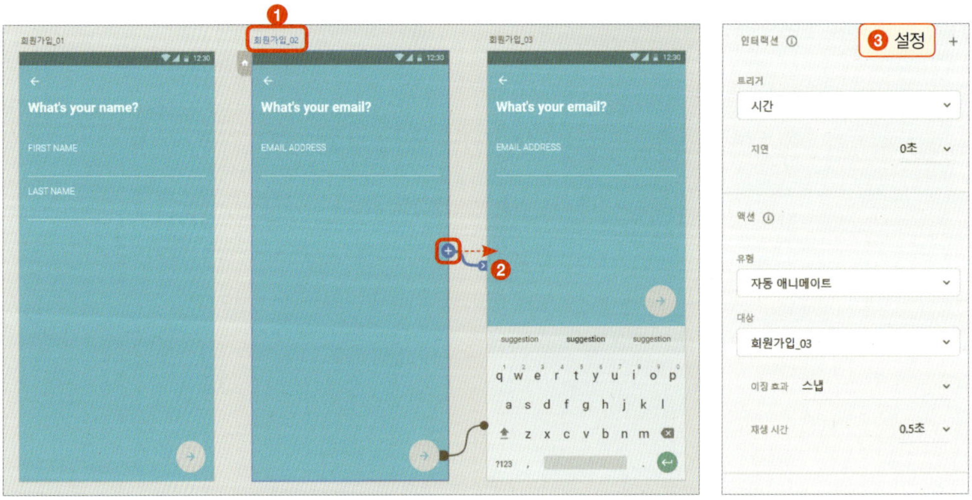

06 '회원가입_01' 아트보드의 화살표를 선택하고 인터랙션 연결 위젯을 '스플래시_02' 아트보드로 연결한다. 옵션 패널에서 '인터랙션' 항목의 '트리거'는 [탭]으로 설정하고, '액션' 항목의 '유형'은 [전환], '대상'은 [스플래시_02], '애니메이션'은 [오른쪽으로 슬라이드], '이징 효과'는 [스냅], '재생 시간'은 [0.5초]로 설정한다.

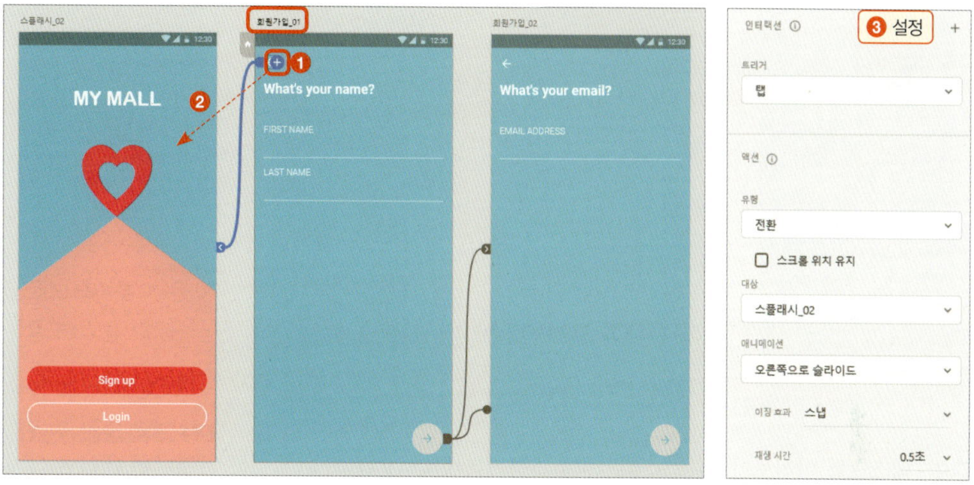

07 '스플래시_02' 아트보드에서 Sign up 버튼을 선택하고 인터랙션 연결 위젯을 '회원가입_01' 아트보드로 연결한다. 옵션은 06 단계와 동일하게 지정하고 '애니메이션'만 [왼쪽으로 슬라이드]로 변경한다.

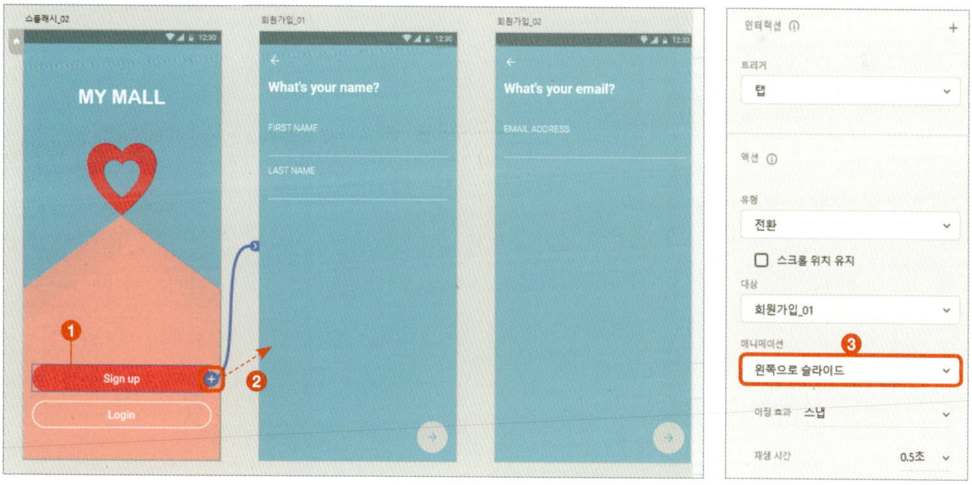

08 '회원가입_03' 아트보드에서 화살표를 선택해 인터랙션 연결 위젯을 '회원가입_01' 아트보드로 연결하고, 옵션 패널에서 '애니메이션'만 [오른쪽으로 슬라이드]로 변경한다.

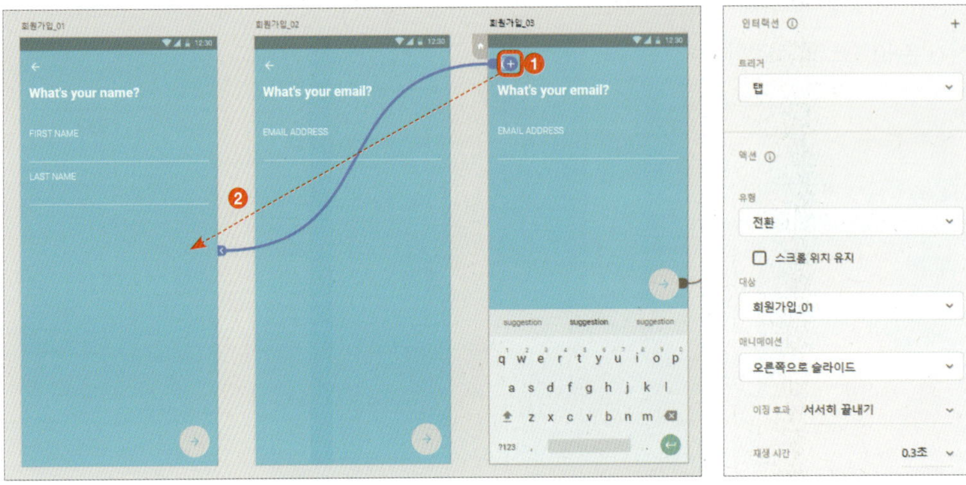

09 데스크톱 미리보기(▶)를 클릭해 결과를 확인한다. FAB에 마우스를 가져가면 액티브 상태로 바뀌고, 클릭하면 페이지가 전환되면서 키보드가 아래에서 위로 올라오며, 뒤로 가기를 클릭하면 이전 화면으로 전환되는 것을 알 수 있다.

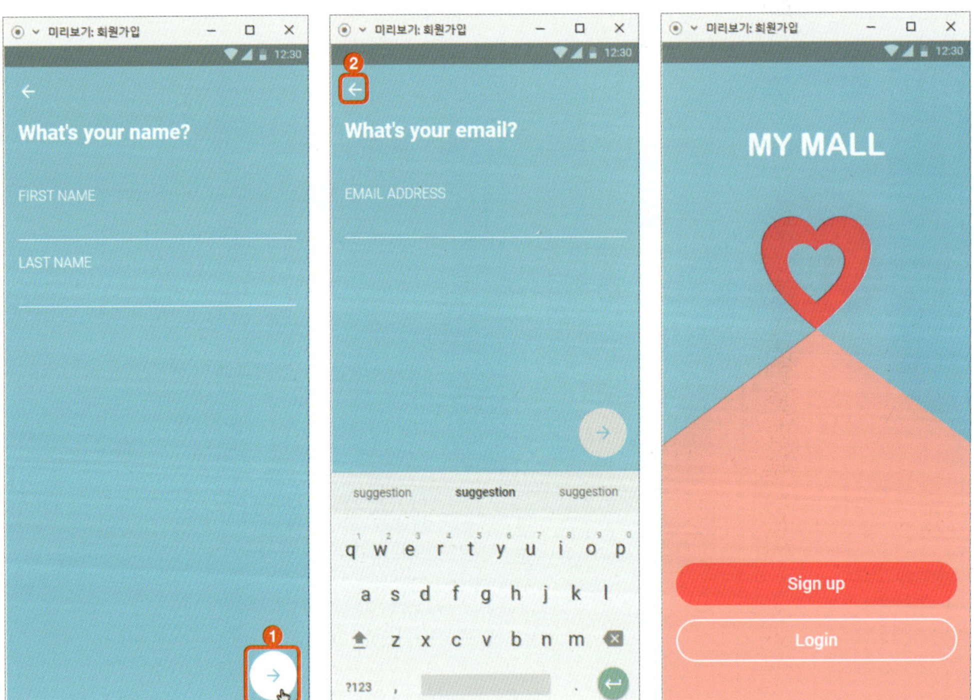

3 튜토리얼

1 튜토리얼과 워크스루

앱은 사용법이 직관적이어야 하며 사용자가 손쉽게 탐색할 수 있어야 한다. 그러나 최근의 앱들은 새로운 기술이 접목되면서 기능이 복잡하고 다양해져서 일반적인 워크플로를 따르기가 쉽지 않다. 이로 인해 튜토리얼이 주요 UX 전략으로 채택되고 있다.

튜토리얼은 해당 앱을 어떻게 사용할 것인지 안내하는 구성 요소로, 코치마크보다 다양한 콘텐츠를 담을 수 있고 페이지도 여러 개로 늘릴 수 있다. 앱의 스크린 샷에서 표현하지 못한 그래픽을 강조하기도 하고, 앱의 콘셉트나 기능 또는 강조하고 싶은 점을 사용자에게 광고할 수 있는 배너로서의 역할도 한다. 최근에는 튜토리얼을 시도하는 앱이 많아지고 있다.

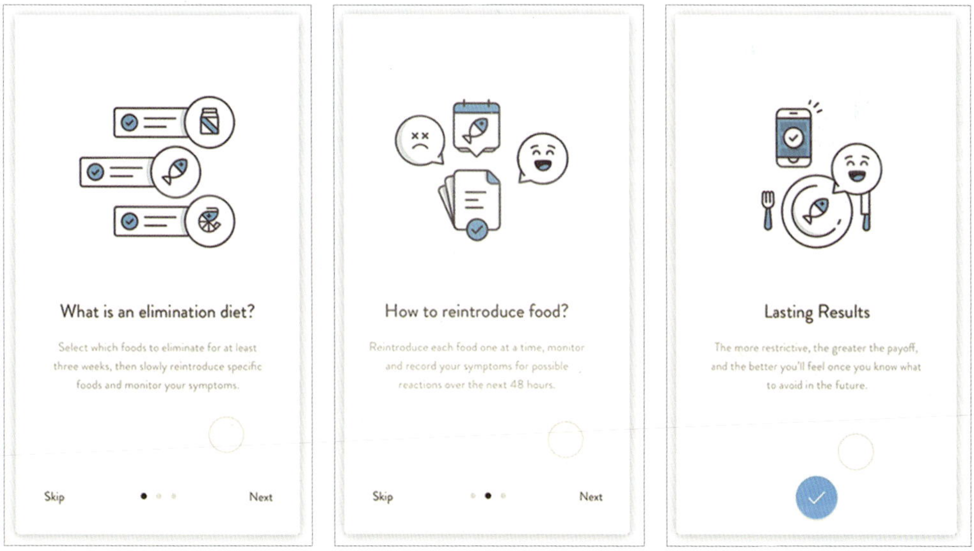

그림 10-3 튜토리얼 예시

튜토리얼은 정적 튜토리얼과 동적 튜토리얼로 구분된다. 정적 튜토리얼은 여러 장의 이미지와 페이지 컨트롤을 이용하는 방식이다. 동적 튜토리얼은 동일한 행동을 여러 번 경험하게 하여 학습을 유도하거나 애니메이션 또는 동영상을 활용하는 방식이다.

동적 튜토리얼은 페이지 컨트롤을 이용하지 않으므로 이전 화면이나 다음 화면으로 사용자가 마음대로 이동하지 못하고, 실제 기능하는 제스처와는 별개로 튜토리얼에 해당하는 제스처를 따로 학습해야 한다. 또한 학습 실패에 대한 기능도 모두 구현해야 한다.

튜토리얼은 여러 페이지로 구성되는 만큼 사용자가 따라야 하는 패턴을 고려해 순차적으로 디자인하는 것이 좋다. 항상 앱의 핵심적인 부분이 일관되게 보이도록 디자인하고 사용자에게 즐거움을 줄 수 있도록 재미있게 만드는 것이 좋다. 이때 브랜드나 앱 콘셉트의 전체적인 모양과 스타일은 유지해야 한다.

2 튜토리얼 제작 실습

01 아트보드 툴( )로 새 아트보드를 만든 후 '튜토리얼_01'로 이름을 변경한다. '채우기' 색상을 다른 아트보드와 동일하게 설정하고 시스템 바를 붙여넣는다.

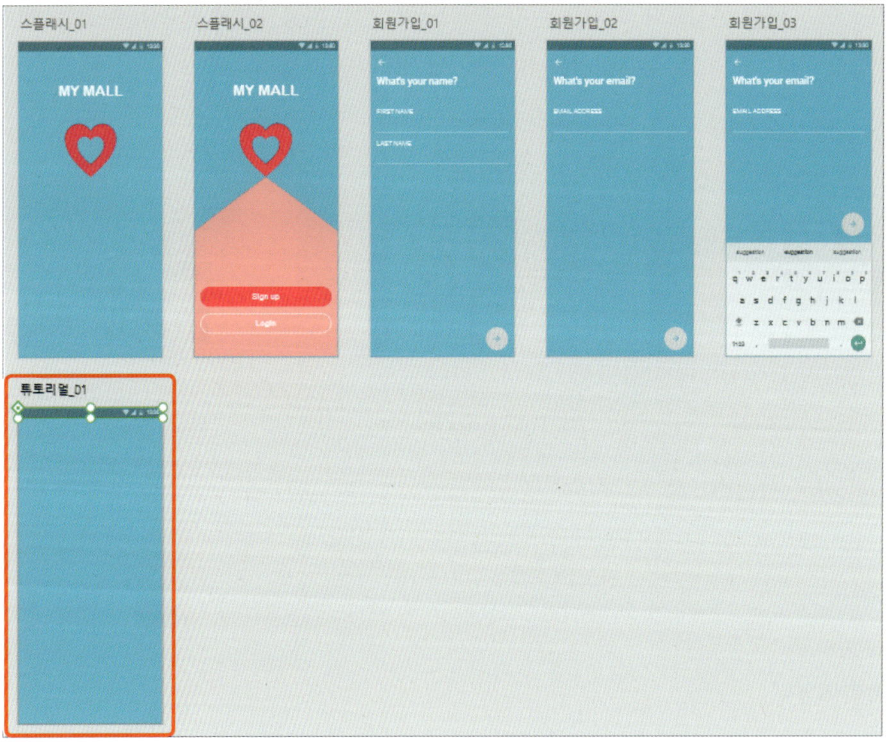

02 이전 튜토리얼에서 뒤로 가기 버튼과 타이틀 텍스트를 복제해 붙여넣은 후 타이틀의 내용을 변경한다. 여기서는 'Welcome, MY MALL!'이라고 입력했다.

03 타이틀 텍스트를 복제해 바로 아래에 붙여넣은 후 라이브러리의 '문자 스타일'에서 'subtitle/16pt'를 선택해 문자 크기와 유형을 적용한다.

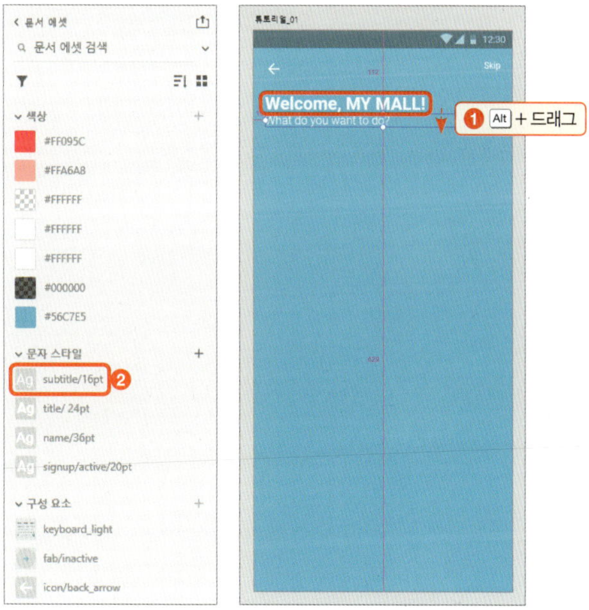

04 [Chapter_10\Section_03] 폴더에서 'tutorial01.json' 파일을 아트보드로 드래그해 가져온 후 W와 H를 모두 320으로 지정하고 '가운데 정렬(세로)'와 '가운데 정렬(가로)'를 클릭해 아트보드 한가운데에 위치하도록 한다.

05 '스플래시_02' 아트보드에서 'Sign up' 버튼을 복제해 붙여넣은 후 좌우 여백 16, 하단 여백 56이 되는 위치에 배치한다.

06 텍스트 툴(T)로 텍스트 필드를 만든 후 'Skip'을 입력한다. 글꼴은 Roboto, 글꼴 크기는 12, 글꼴 두께는 Regular로 지정하고 '오른쪽 정렬'을 클릭한 후 오른쪽 여백 16, 상단 여백 40이 되는 위치에 배치한다.

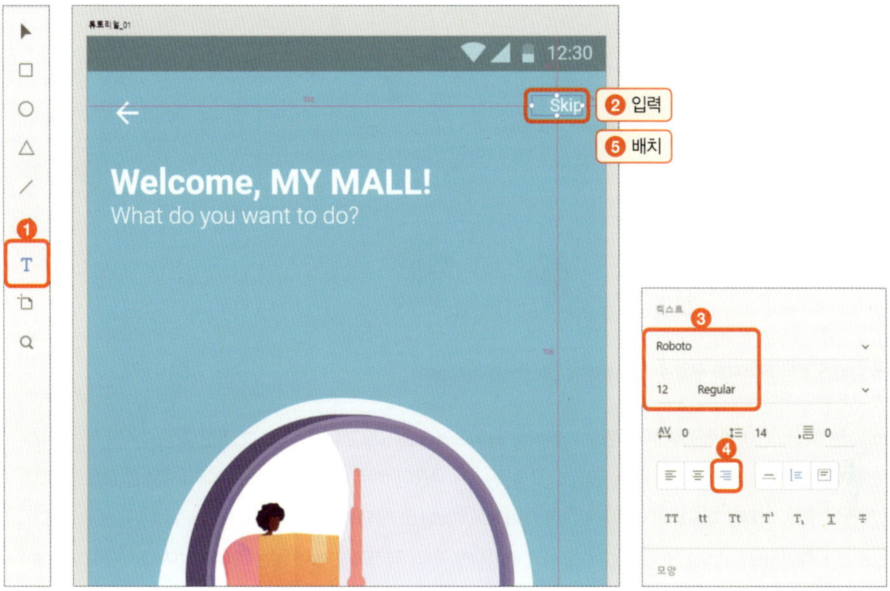

07 원형 툴(○)로 W와 H가 8인 정원을 3개 그리고 적절한 간격으로 중앙에 배치한다. 페이지네이션을 표시하기 위해 첫 번째 원의 '채우기' 색상은 #FF095C, 나머지 원은 #FFFFFF로 설정한다. '테두리'의 체크는 모두 해제한다.

하나 더 알기 오픈소스 모바일 라이브러리 '로티'

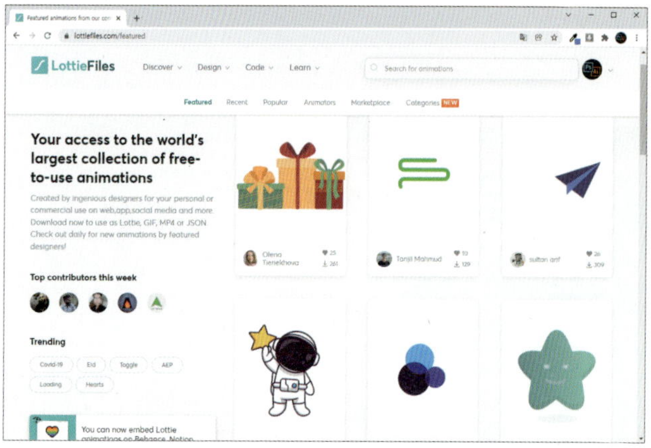

그림 10-4 다양한 로티 이미지를 구할 수 있는 https://lottiefiles.com

로티(Lottie)는 에어비앤비에서 개발한 오픈소스 모바일 라이브러리로, JSON 기반 애니메이션 파일 형식으로 실시간 애니메이션을 랜더링한다. 벡터 기반의 애니메이션으로 이루어져 용량이 매우 작고 가벼우며 확대나 축소를 해도 깨지지 않는다는 장점이 있다. 하지만 어도비의 애프터 이펙트(After Effect)로 제작해야 하므로 해당 프로그램에 대한 숙련도가 필요하다. 공식 홈페이지는 https://airbnb.design/lottie이지만, 여러 작가가 만들어 놓은 로티 이미지를 다운로드할 수 있는 https://lottiefiles.com이 더 활용도가 높다. mp4나 gif 파일로도 저장할 수 있다.

08 '튜토리얼_01' 아트보드를 선택하고 Ctrl+D를 눌러 복제한 후 '튜토리얼_02'로 이름을 변경한다.

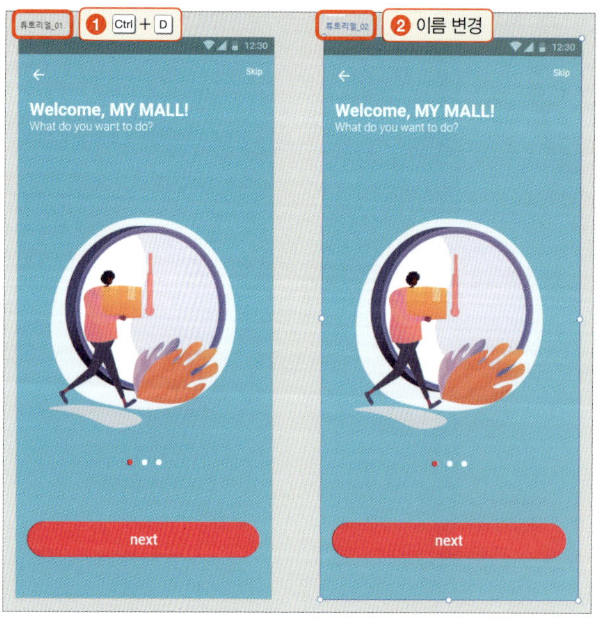

09 타이틀 텍스트를 더블클릭해 튜토리얼에 맞는 내용으로 변경한다. 여기서는 'Please check tutorials'를 입력했다.

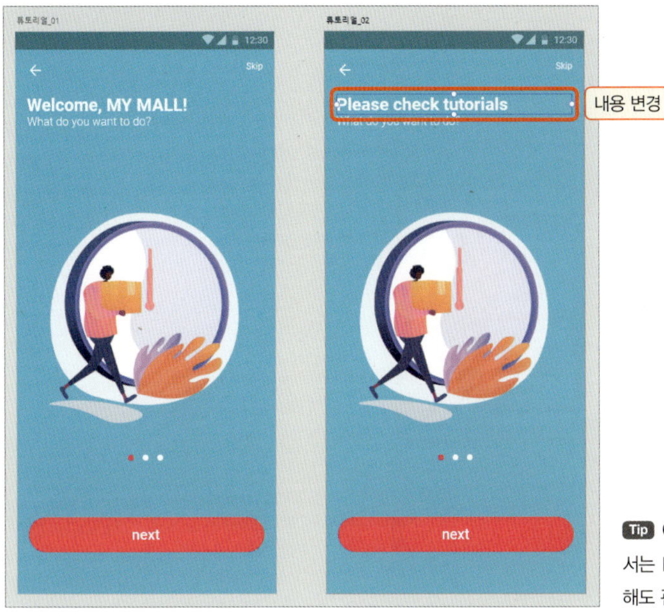

Tip 아직 문구를 정하지 않았다면 프로토타입에서는 Lorem Ipsum과 같은 더미 텍스트를 사용해도 괜찮다.

10 서브 타이틀 텍스트를 선택하고 플러그인( )에서 'Content Generator'를 선택한다. 옵션 창에서 'Paragraph'을 클릭하면 여러 줄의 문장이 만들어진다. 이때 텍스트 필드의 크기를 조절해 서브 텍스트를 두 줄로 제한한다.

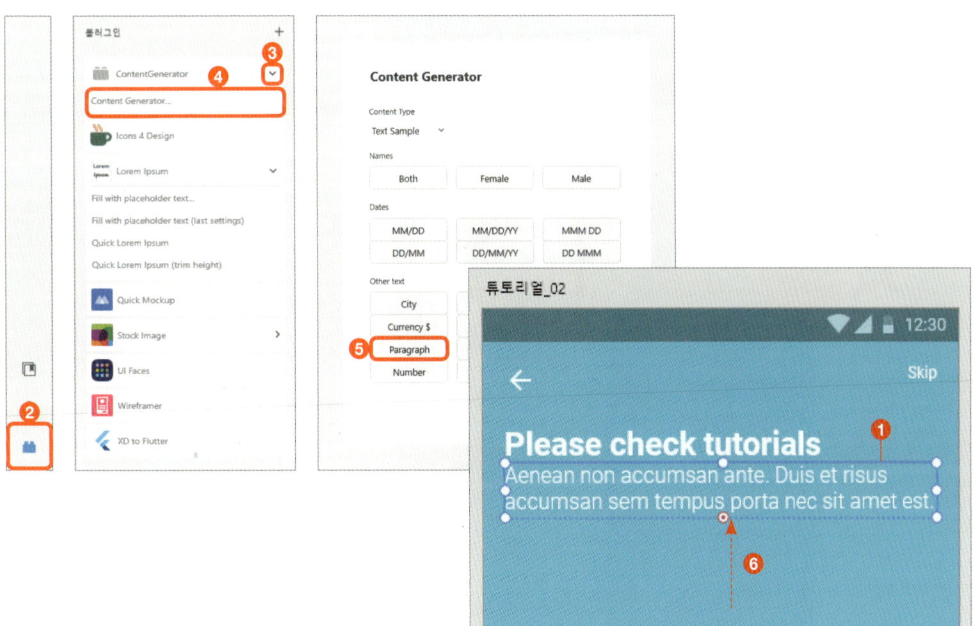

11 [Chapter_10\Section_03] 폴더에서 'tutorial02.json' 파일을 기존의 로티 이미지 위치로 드래그해 가져온다.

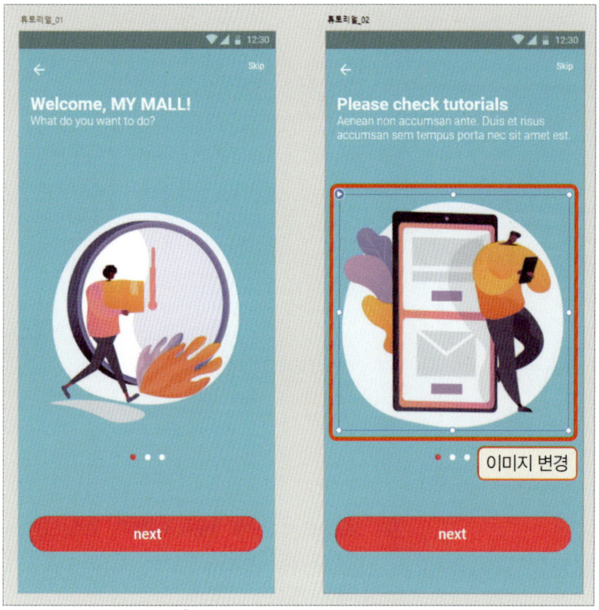

12 페이지네이션의 인디케이션 색상을 가운데로 변경한다.

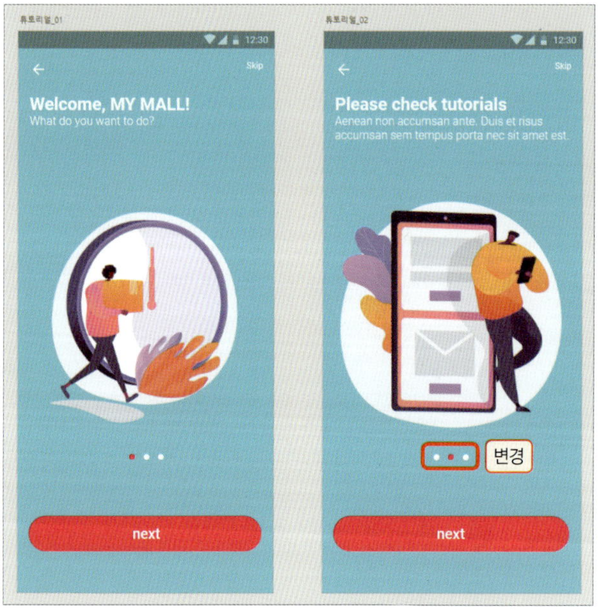

13 동일한 과정으로 '튜토리얼_03' 아트보드를 만들고 로티 이미지를 [Chapter_10\Section_03] 폴더에 있는 'tutorial03.json' 파일로 변경한다. 페이지네이션의 인디케이션을 세 번째로 변경하고, 튜토리얼의 마지막 페이지이므로 skip 버튼은 삭제한다. 하단 버튼의 텍스트는 'Finish'로 변경한다.

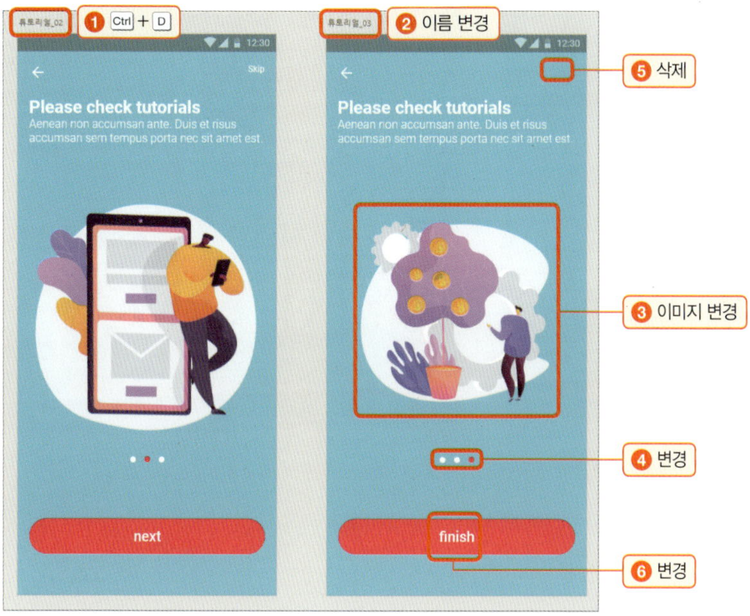

3 튜토리얼의 프로토타입

01 프로토타입 모드로 전환하고 튜토리얼 아트보드 3개를 선택해 보면 복제한 뒤로 가기 버튼에 이미 인터랙션이 적용된 것을 볼 수 있다.

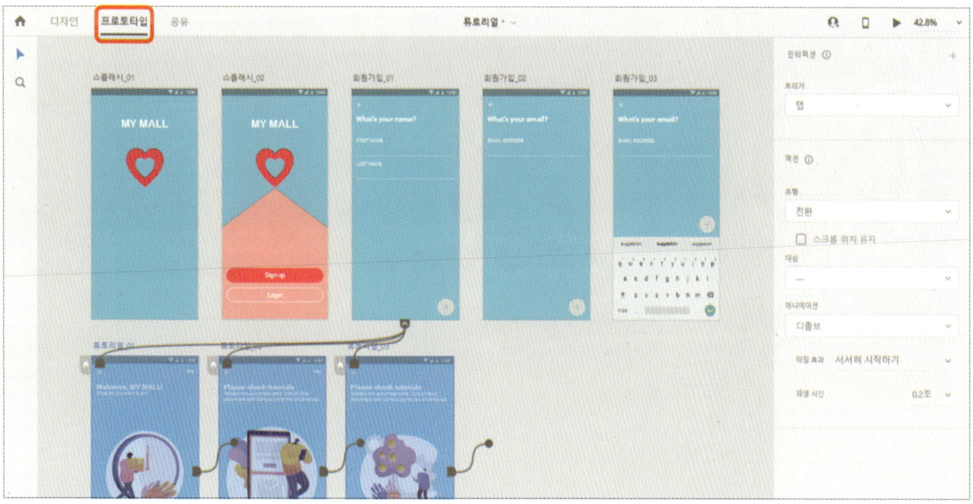

Tip 인터랙션이 적용된 오브젝트를 다른 아트보드로 복제하면 인터랙션도 함께 복제된다. 어떤 아트보드에서 뒤로 가기 버튼을 복사해 왔는지에 따라 인터랙션도 다르게 적용되어 있을 것이다.

02 '튜토리얼_01' 아트보드에 있는 뒤로 가기 버튼의 인터랙션 연결 위젯은 '회원가입_02' 아트보드로 연결하고, '튜토리얼_02' 아트보드에 있는 뒤로 가기 버튼의 인터랙션 연결 위젯은 '튜토리얼_01' 아트보드로 연결한다. 옵션은 그대로 유지한다.

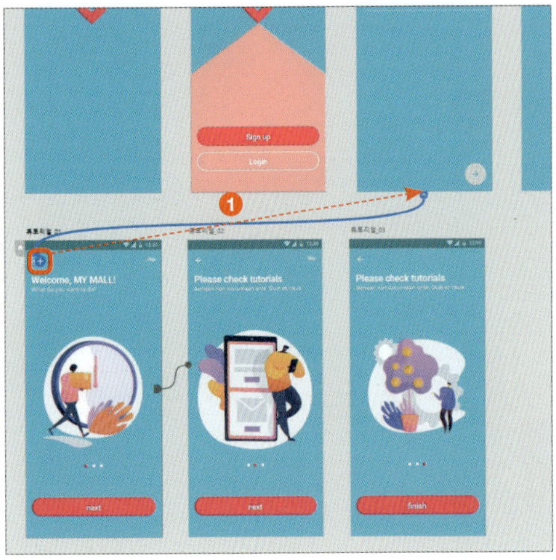

Tip 이미 연결되어 있는 인터랙션이 맞으면 유지하고, 다르면 위젯을 당겨 옮긴다.

Tip '튜토리얼_01' 아트보드는 회원 가입이 끝난 뒤의 화면이므로 스플래시로 가거나 없어도 된다.

03 '튜토리얼_03' 아트보드에 있는 뒤로 가기 버튼의 인터랙션 연결 위젯은 '튜토리얼_02' 아트보드로 연결한다.

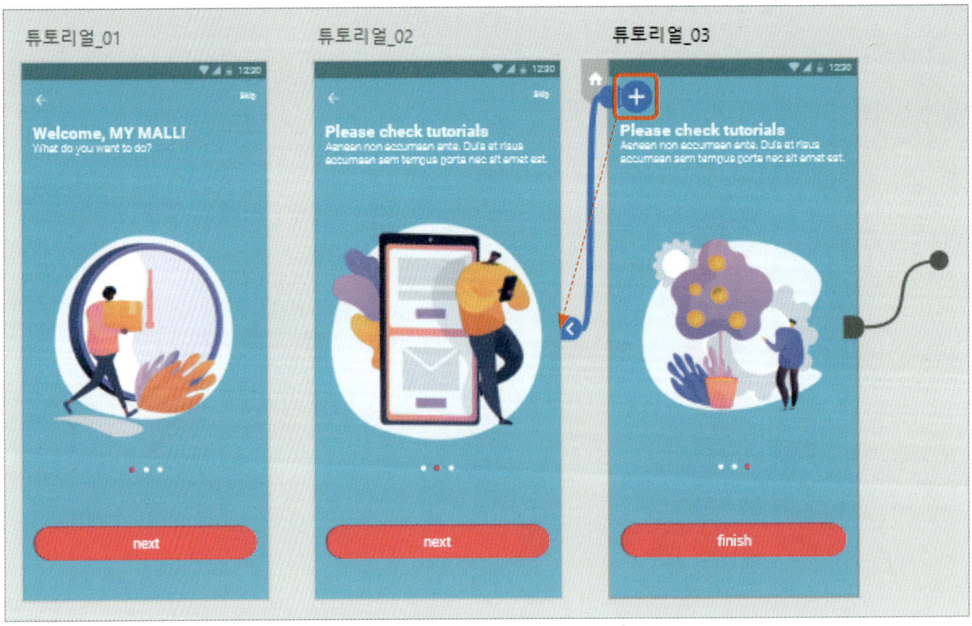

04 '튜토리얼_01' 아트보드에 있는 next 버튼의 인터랙션 연결 위젯을 '튜토리얼_02' 아트보드로 연결한다. 옵션은 이전 설정이 자동으로 적용되므로 그대로 유지하고 '애니메이션'만 [왼쪽으로 슬라이드]로 변경한다.

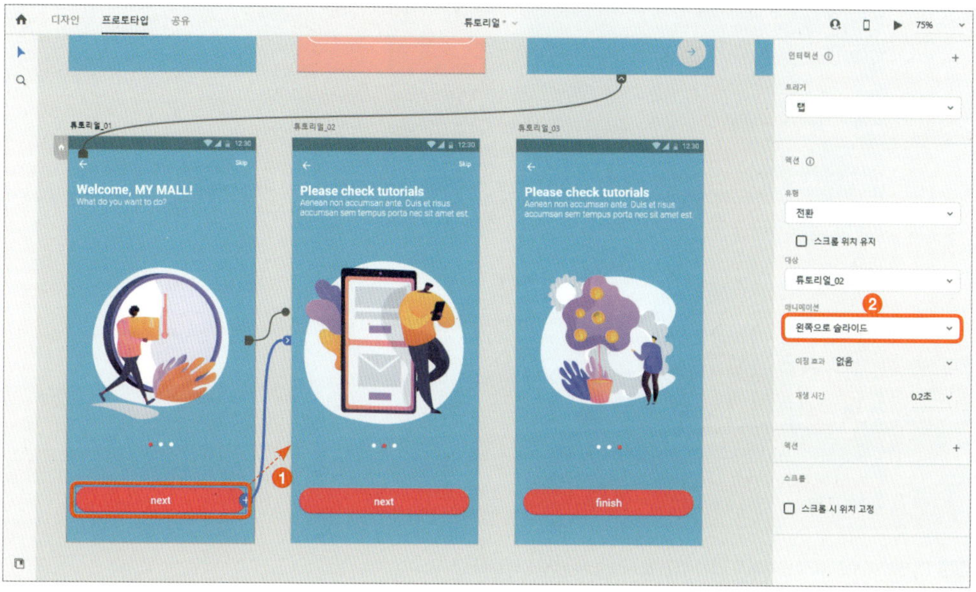

05 '튜토리얼_02' 아트보드에 있는 next 버튼의 인터랙션 연결 위젯을 '튜토리얼_03' 아트보드로 연결한다. 옵션은 그대로 유지한다.

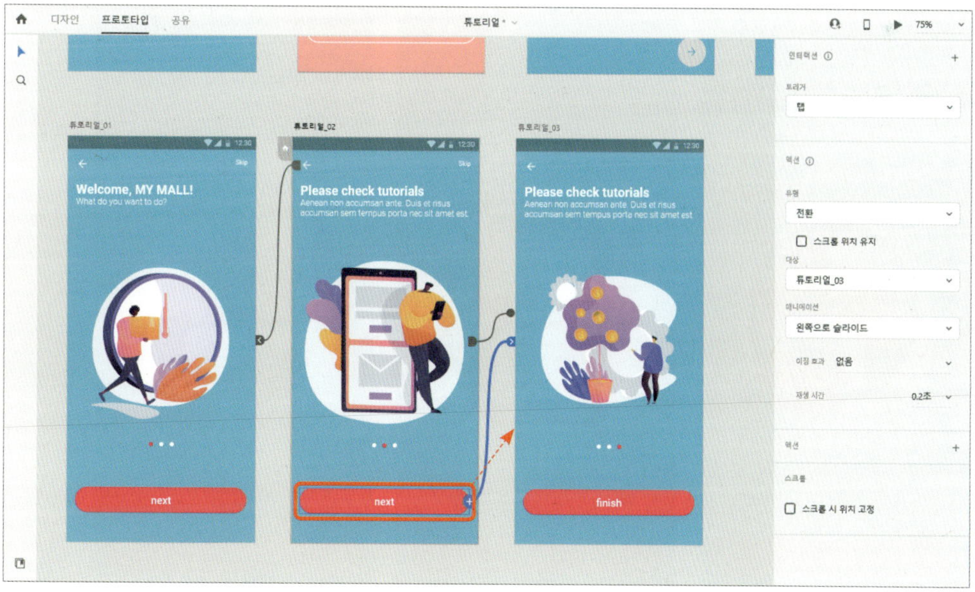

06 '회원가입_03' 아트보드에 있는 FAB을 더블클릭해 선택하고 인터랙션 연결 위젯을 '튜토리얼_01' 아트보드로 연결한다.

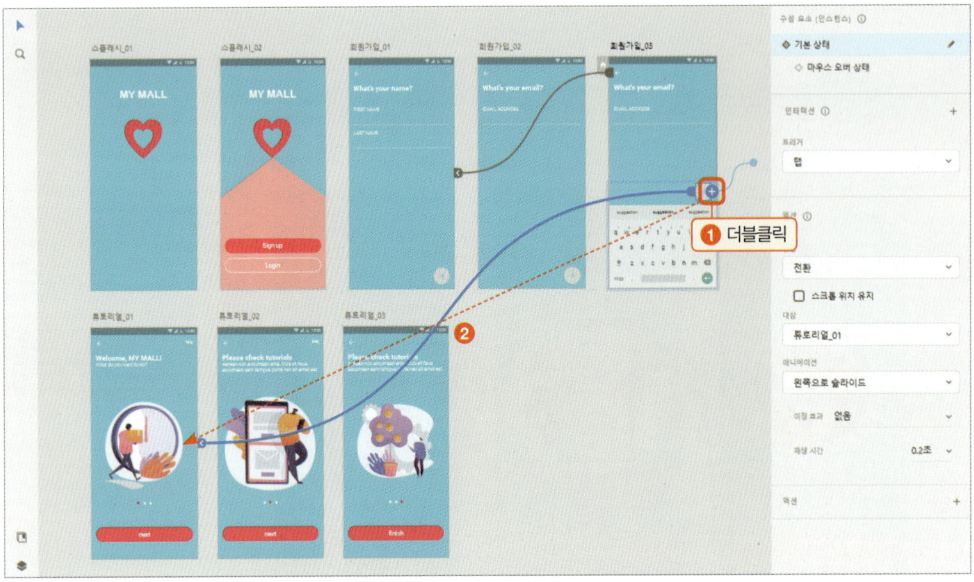

Tip FAB이 키보드와 그룹지어져 있기 때문에 더블클릭해야 선택된다.

07 데스크톱 미리보기(▶)를 클릭해 미리보기를 실행해 보면 페이지 간 인터랙션은 물론 로티 이미지가 자동 실행되는 것을 확인할 수 있다.

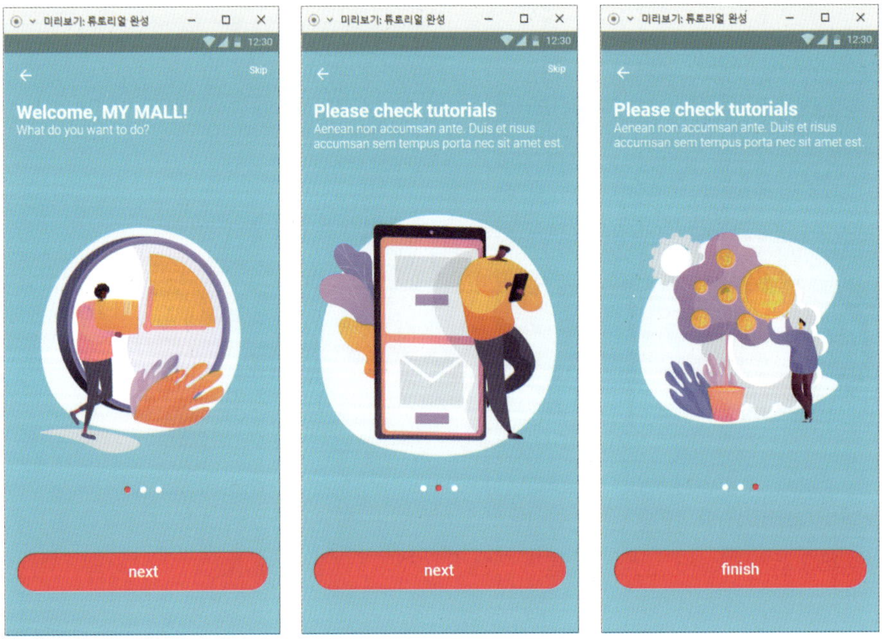

Tip 미리보기가 원하는 페이지부터 시작되지 않는다면 해당 아트보드가 선택되어 있지 않기 때문이다. 미리보기를 원하는 아트보드를 선택하고 실행하면 해당 화면부터 시작되며, 아무것도 선택하지 않은 상태에서는 첫 번째 만든 화면에서 시작된다.

Chapter 11
메인 상세 페이지 디자인과 인터랙션

01 메인 페이지

02 콘텐츠 상세 페이지

03 카트 리스트와 주문 페이지

04 검색

1
메인 페이지

1 메인 페이지 제작 실습

01 [Chapter_11\Section_01] 폴더에서 '메인 페이지 준비.xd' 파일을 불러온다. 라이브러리에 다양한 아이콘이 저장되어 있는 것을 볼 수 있다.

02 아트보드를 선택하고 '채우기' 색상을 #F5F8F8로 설정한다.

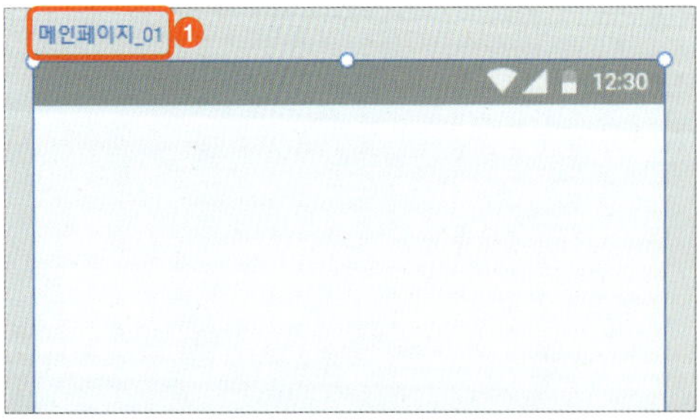

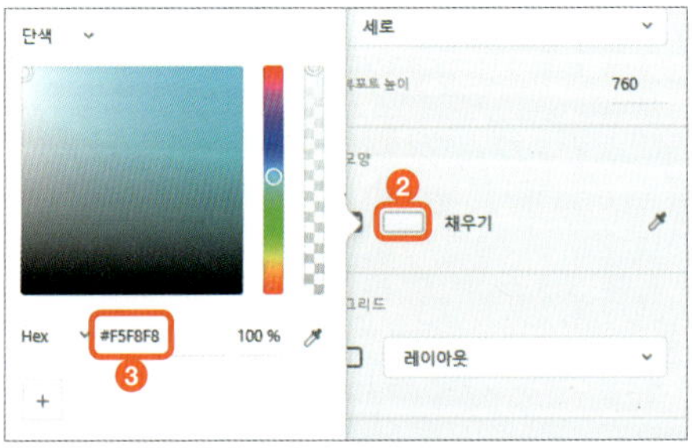

03 Chapter 10에서 만든 파일을 열어 스플래시 화면에 있는 로고를 복제해 붙여넣고, 입력된 텍스트를 더블클릭해 선택한 뒤 글꼴 크기를 36에서 30으로 변경한다. 라이브러리의 '색상'에서 프라이머리 컬러인 '#56C7E5'를 클릭해 로고 색상을 변경한다.

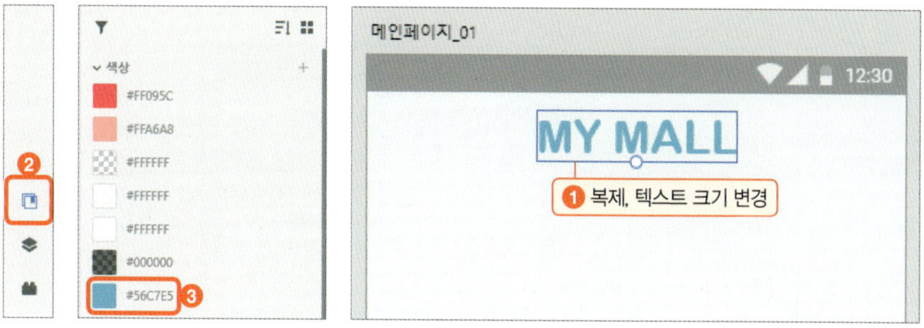

04 사각형 툴(□)로 W가 360, H가 80인 사각형을 만들어 X 0, Y 0 위치에 배치하고 '채우기'의 체크를 해제한다. H가 20인 사각형을 만들어 로고의 베이스라인 위치를 잡은 후 사각형 2개를 삭제한다.

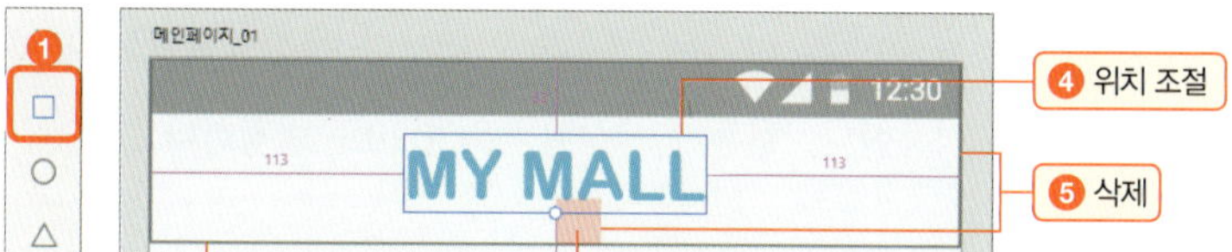

Tip 베이스라인에 맞는 가이드라인은 만들어지지 않기 때문에 자주 사용하는 20, 30, 48 크기의 사각형을 미리 만들어두고 필요할 때마다 가져와 베이스라인을 맞추면 편리하다.

05 사각형 툴(□)로 사각형을 그린다. W는 아트보드에서 좌우 여백 16을 뺀 328, H는 35로 설정하고 아트보드의 가운데에 배치한다. '모든 모퉁이에 대해 동일한 반경' 값으로 8을 입력하고, '채우기' 색상은 #FFFFFF, '테두리' 색상은 #707070으로 설정한다.

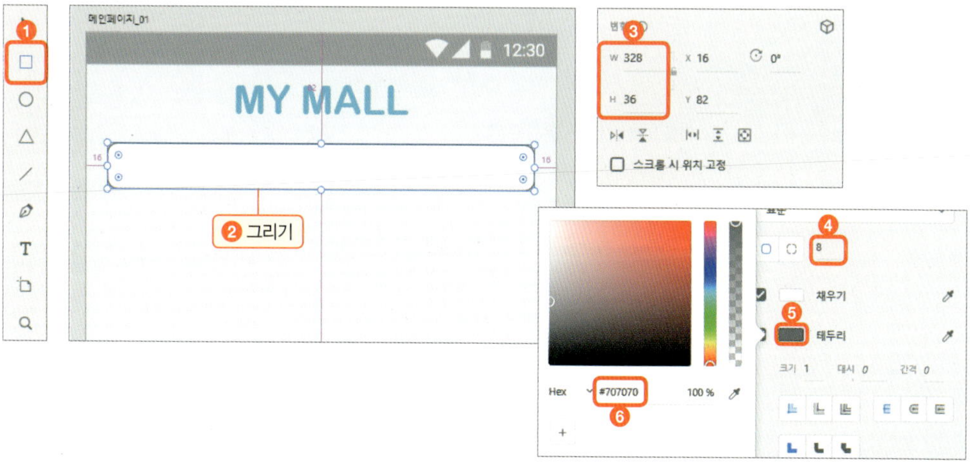

06 라이브러리의 '구성 요소'에서 'icon/search'와 'icon/filter'를 사각형 내부로 드래그해 좌우 8의 여백을 두고 상하 중앙에 배치한다. 각 아이콘과 아트보드 가장자리의 거리는 16+8인 24가 된다.

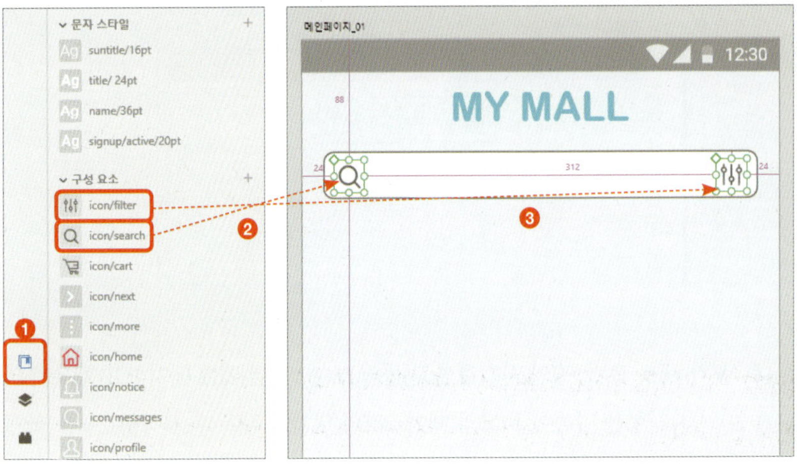

07 텍스트 툴(□)로 W가 328인 텍스트 필드를 만들어 내용을 입력하고 라이브러리의 '문자 스타일'에서 'title/24pt'를 클릭해 서식을 적용한다. '채우기' 색상은 #202020로 변경한다.

Tip 이전의 아트보드에서 타이틀 텍스트를 복제해와서 사용해도 된다.

08 라이브러리의 '구성 요소'에서 'icon/all'을 아트보드로 드래그해 배치하고, 텍스트 툴(T)로 아이콘 아래를 클릭한 후 'See All'을 입력한다. 글꼴은 Roboto, 글꼴 크기는 12, 글꼴 두께는 Regular, '채우기' 색상은 #FF095C로 설정하고, '가운데'와 '자동 높이'를 클릭한다. 아이콘과 텍스트를 함께 선택하고 옵션 패널에서 '가운데 정렬(가로)( )'를 클릭해 정렬한다.

Tip 텍스트에 '가운데'와 '자동 정렬'을 설정하면 나중에 텍스트 길이가 변해도 다시 아이콘과 가로 정렬을 실행하지 않아도 된다.

09 나머지 아이콘은 [Chapter_11\Section_01] 폴더에서 아트보드로 드래그해 그림과 같이 배치한다.

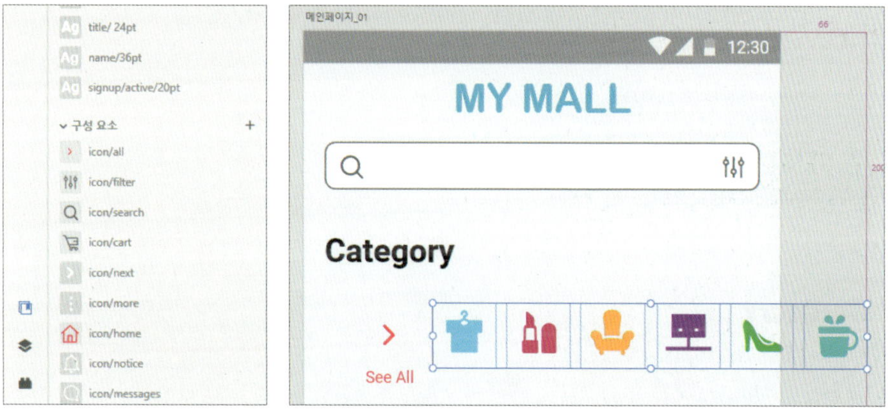

10 두 번째 아이콘 제목을 입력한다. 글꼴은 통일하고 '채우기' 색상만 #707070으로 다르게 설정한다.

Tip 현재 선택된 페이지와 다른 페이지를 컬러로 구분해 주면 좋다.

11 그림과 같이 모든 아이콘에 제목을 붙인다. 각 아이콘과 해당 제목을 함께 선택하고 옵션 패널에서 '가운데 정렬(가로)'를 클릭해 정렬한 후 Ctrl+G를 눌러 그룹으로 만든다.

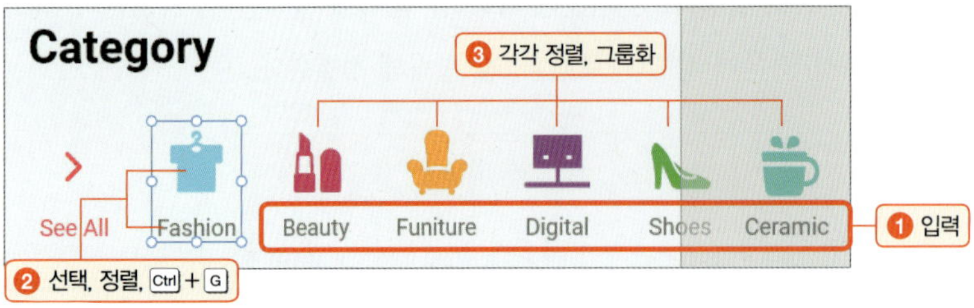

12 아이콘 전체를 선택하고 Ctrl+G를 눌러 그룹으로 만든다. H가 30인 사각형을 만들어 제목 베이스라인과의 간격이 30이 되도록 배치한다. 이때 왼쪽 간격은 16을 유지한다.

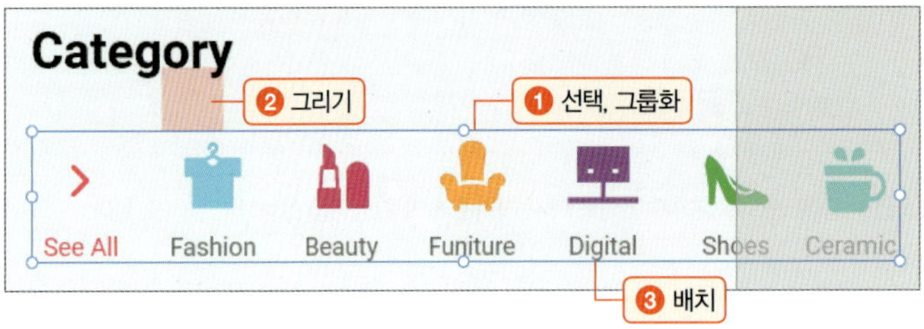

Tip 이때 아트보드 오른쪽에 걸쳐 있는 아이콘의 일부가 보이게 해 메뉴가 더 있음을 알 수 있게 한다. 그렇지 않다면 간격을 넓히거나 좁혀서 조절한다. 예제의 경우 16이 적당하다.

13 사각형 툴(□)로 W가 300, H가 170인 직사각형을 그린 후 '모든 모퉁이에 대해 동일한 반경' 값을 8로 설정하고 카테고리 아이콘과의 간격이 30이 되도록 배치한다.

14 [Chapter_11\Section_01] 폴더에서 'Banner1.jpg' 파일을 사각형 안으로 드래그해 삽입한다.

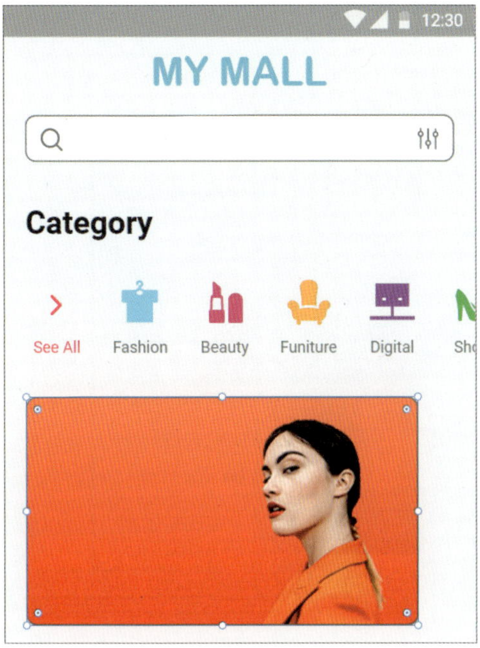

15 텍스트 툴(T)로 배너에 맞는 마케팅 문구를 작성해 사각형 내부 왼쪽 상단에 배치한다. 배너 이미지에 들어가는 내용이므로 글꼴은 자유롭게 설정한다.

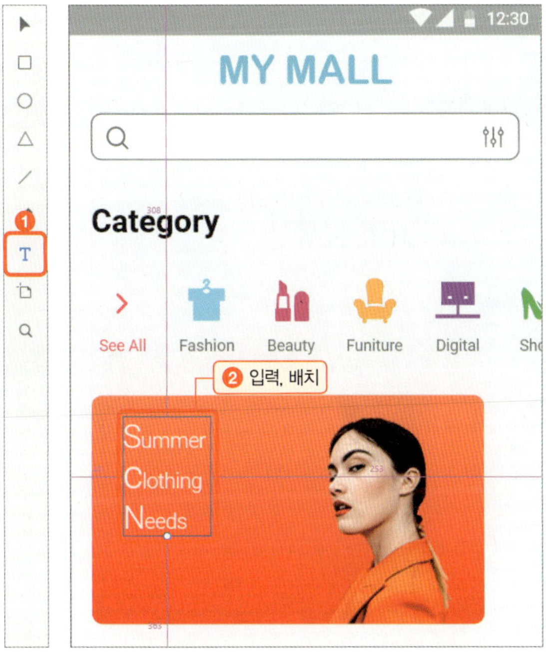

16 사각형 툴(□)로 W가 110, H가 36인 직사각형을 만든 후 '모든 모퉁이에 대해 동일한 반경' 값을 18로 설정해 좌우 가장자리를 둥글게 만들고 '테두리'의 체크를 해제한다. '그림자' 색상은 #8A8A8A, 알파 값 30%로 설정한 후 그림자 위치와 흐림 효과를 X 0, Y 6, B 12로 설정한다.

17 원형 툴(○)로 W와 H가 28인 정원을 모퉁이가 둥근 사각형 안에 만들고, 오른쪽과 상하 여백이 4가 되는 위치에 배치한다. '채우기' 색상을 #56C7E5로 설정하고 '테두리'의 체크는 해제한다.

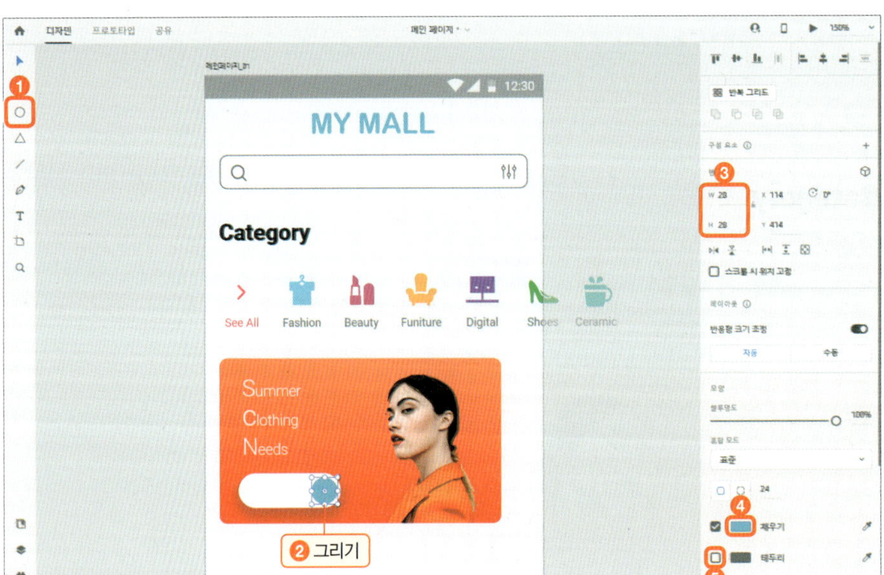

18 라이브러리의 '구성 요소'에서 'icon/next'를 드래그해 원의 중앙에 배치한다. 더 보기 아이콘임을 알 수 있도록 'SEE MORE'를 입력하고, 글꼴 Roboto, 글꼴 크기 10, 글꼴 두께 Medium으로 설정한다.

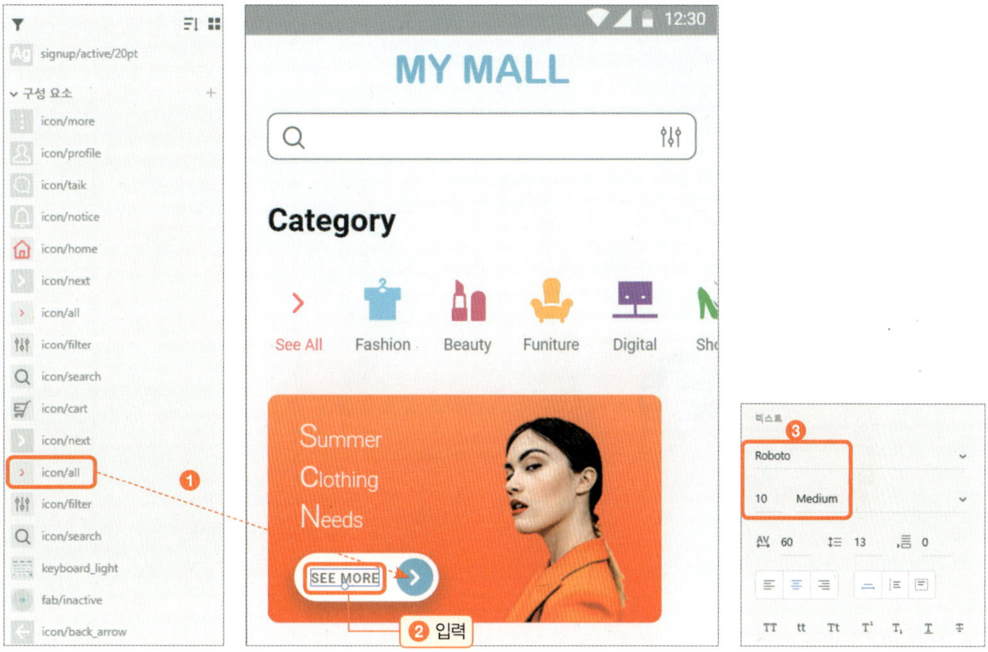

19 선택 툴( )로 배너를 모두 선택하고 Ctrl + G를 눌러 그룹으로 만든 후 Alt를 누른 채 오른쪽으로 드래그해 복제한다. 이때 두 배너의 간격은 16으로 한다.

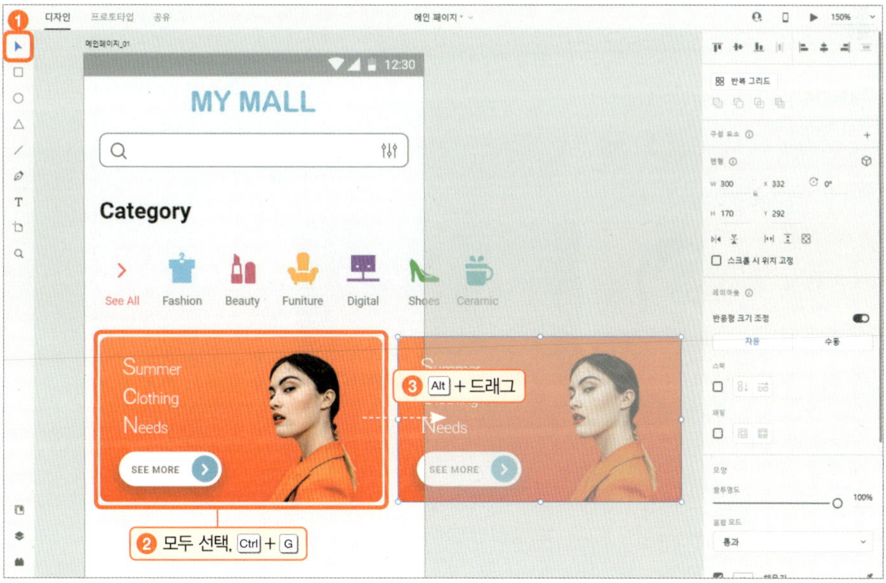

20 이미지를 두 번 더블클릭해 선택하고 마우스 오른쪽 버튼을 클릭해 [이미지 바꾸기] 메뉴를 클릭한다. [Chapter_11\Section_01] 폴더에서 'Banner2.jpg' 이미지를 선택해 배너 이미지를 교체한다.

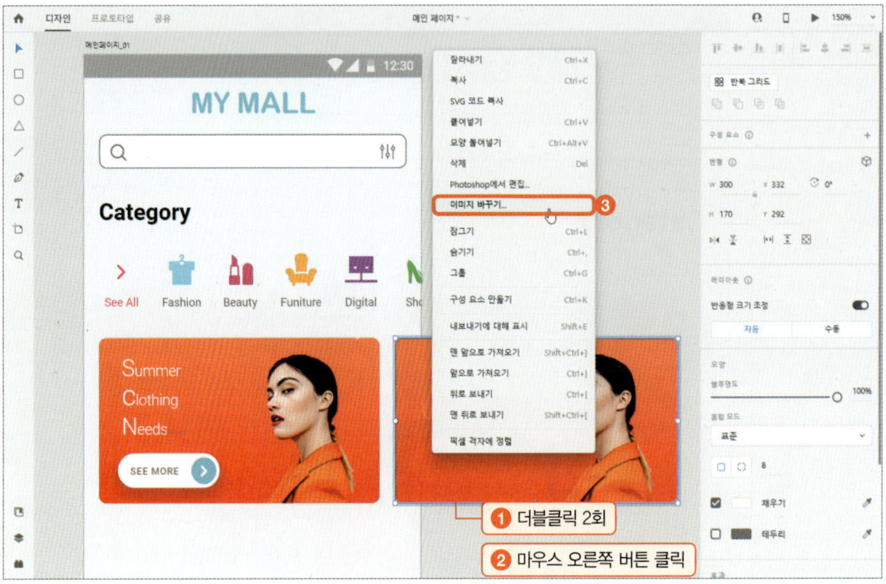

21 배너 이미지와 어울리도록 텍스트와 더 보기 버튼을 오른쪽 빈 공간으로 이동한다.

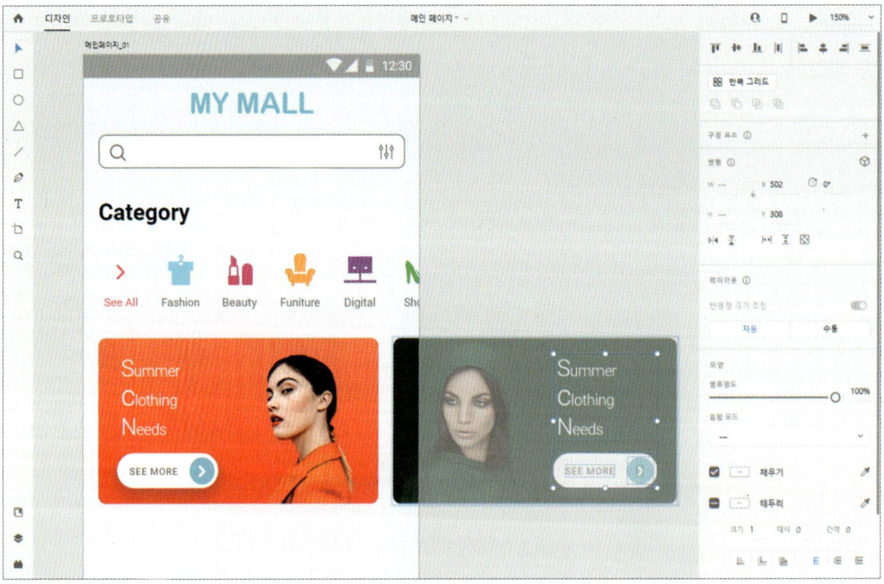

Tip 아트보드에 걸쳐 있는 요소들은 선택하거나 편집하는 것이 아트보드 내에 있는 요소보다 불편하므로 이런 경우에는 아트보드 내로 가져와 수정한 후 원하는 위치로 다시 옮기는 것도 좋은 방법이다.

22 선택 툴(▸)로 두 배너를 함께 선택하고 Ctrl + G를 눌러 그룹으로 만든다. 타이틀인 'Category' 텍스트 필드를 Alt를 누른 채 드래그해 배너와의 간격이 30이 되는 위치에 배치한 후 내용을 'Best'로 변경한다.

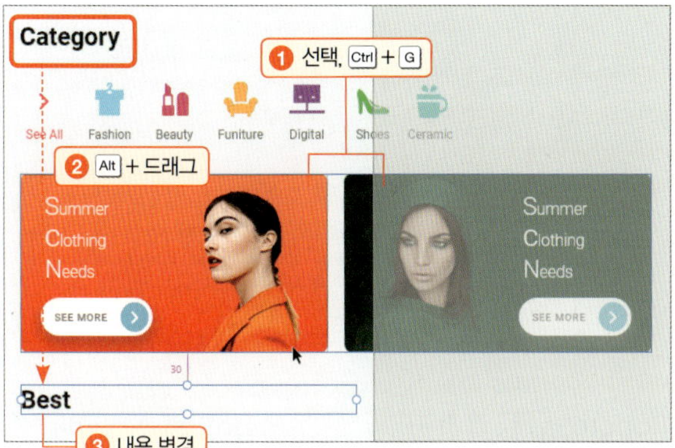

23 사각형 툴(□)로 W 100, H 136의 직사각형을 만들고 '모든 모퉁이에 대해 동일한 반경' 값을 8로 지정한다.

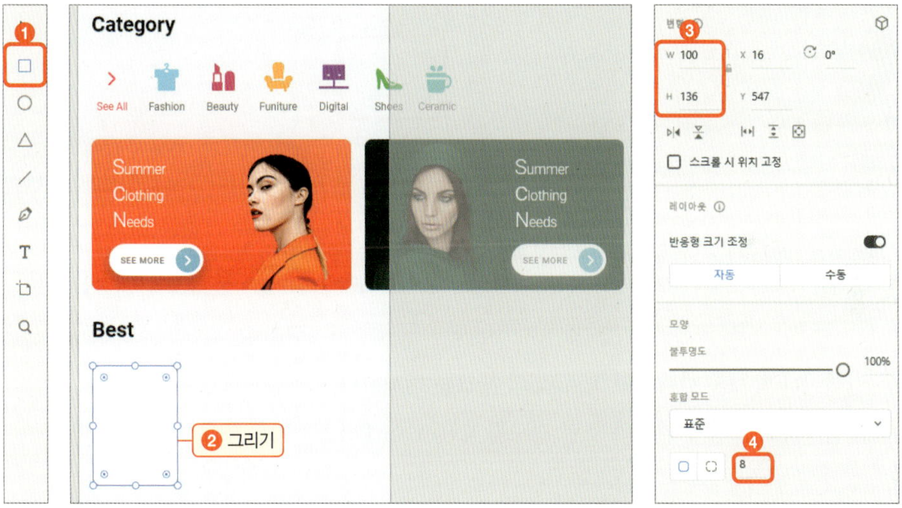

24 [Chapter_11\Section_01] 폴더에서 'img1.png' 파일을 아트보드로 가져온 후 W와 H를 72로 변경하고 사각형 내부 상단과 좌우 여백 14가 되는 위치에 배치한다.

Tip 이미지를 가져올 때 오브젝트 안으로 드래그 앤 드롭하면 이미지가 오브젝트를 가득 채우므로 빈 아트보드 공간으로 가져온 후에 배치해야 한다.

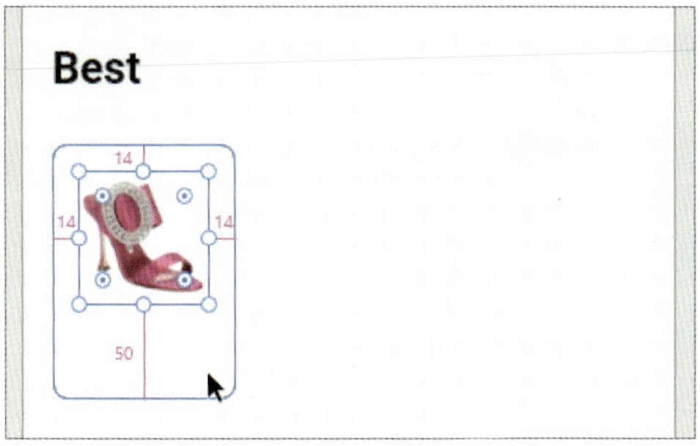

25 제품 사진 하단에 이름을 쓰고 글꼴 Roboto, 글꼴 크기 12, 글꼴 두께 Light로 설정한다. 왼쪽 여백 14, 제품과의 간격 11이 되도록 배치한다.

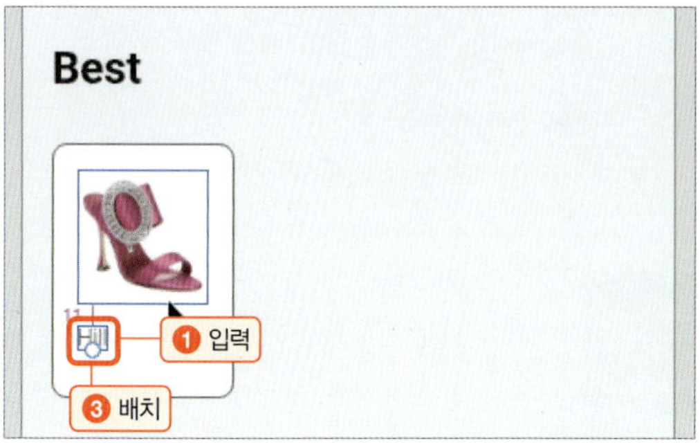

26 제품 이름 아래에 가격을 쓰고 글꼴 Roboto, 글꼴 크기 10, 글꼴 두께 Bold로 설정한다. 이처럼 가격이 제품 이름보다 더 눈에 띌 수 있도록 볼드를 적용하면 좋다.

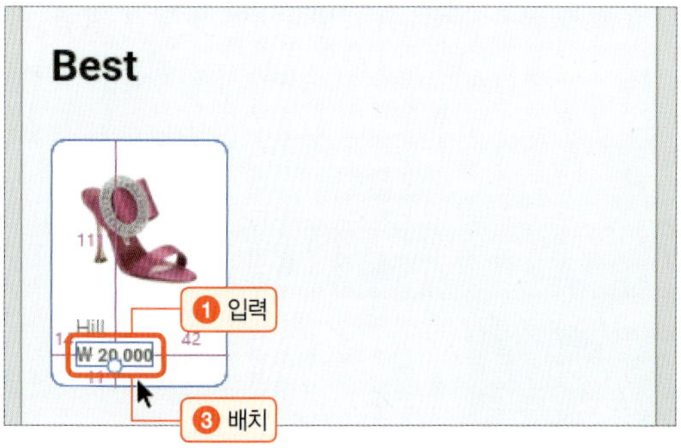

Tip 화폐 단위인 ₩은 키보드에는 있지만 입력해도 나타나지 않는 경우가 많은데, 이는 영문 서체가 한글을 지원하지 않기 때문이다. 또 한글 폰트라 해도 해당 기호를 지원하지 않으면 나타나지 않는다. 이때는 자음 'ㄹ'을 입력하고 키보드의 한자를 눌러 기호로 선택한다.

27 제품 컨테이너 박스를 선택하고 '테두리'의 체크를 해제한다. '그림자' 색상은 #8A8A8A, 알파값은 30%로 설정하고 그림자 위치와 흐림 정도를 X 0, Y 6, B 12로 지정한다.

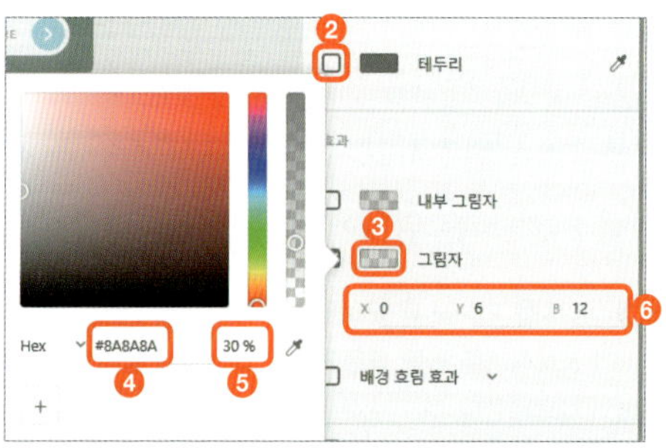

28 제품 카드를 모두 선택하고 Ctrl + G 를 눌러 그룹으로 만든 후 Alt 를 누른 채 오른쪽으로 드래그해 간격이 각각 14가 되도록 2개 복제한다.

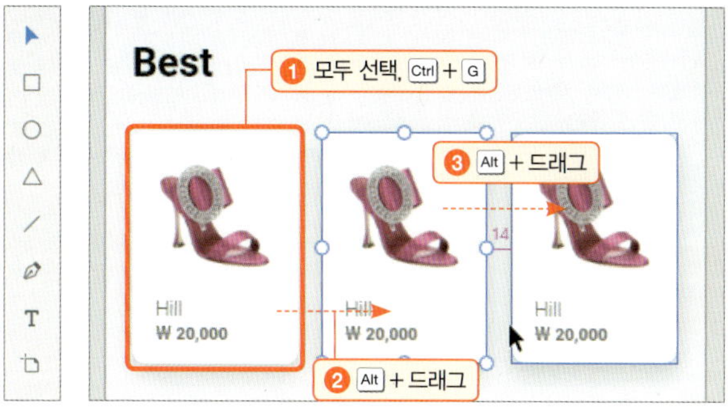

29 [Chapter_11\Section_01] 폴더에서 제품 이미지를 가져와 배치하고 각 이미지에 맞는 제품 이름으로 변경한다.

Tip 카드 그룹의 제품 이미지를 더블클릭해 선택한 후 폴더에서 다른 이미지를 드래그하거나 마우스 오른쪽 버튼을 클릭하고 [이미지 바꾸기] 메뉴를 이용해 교체한다.

30 카드 3개를 모두 선택하고 Alt 를 누른 채 아래로 드래그해 간격이 14가 되도록 배치한다.

31 Ctrl + - 를 여러 번 눌러 화면을 축소한 후 아트보드 이름을 클릭해 아트보드를 선택한다. 바운딩 박스 하단을 아래로 드래그해 아트보드 영역을 늘린다.

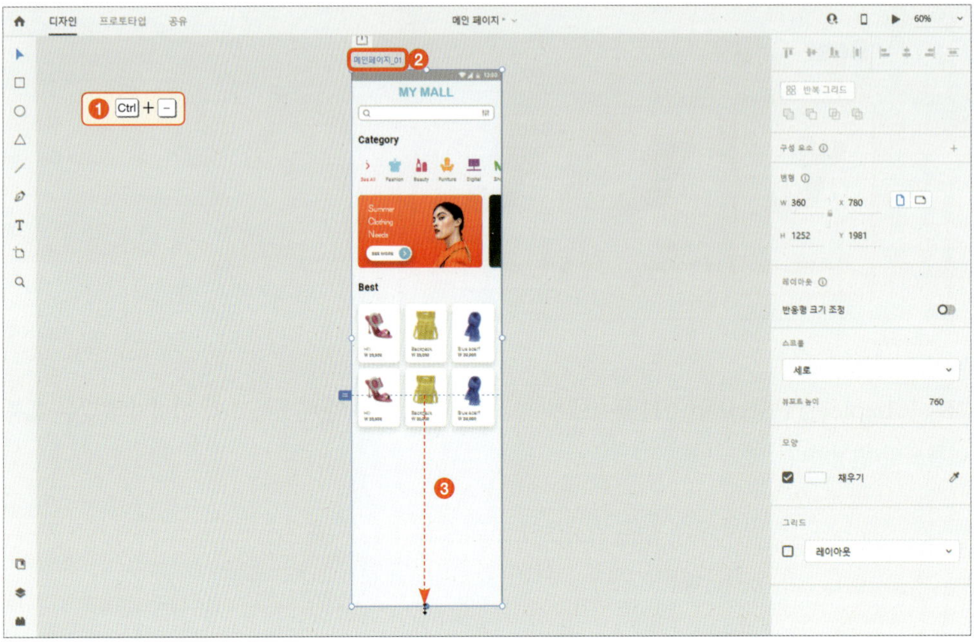

Tip 아트보드 크기는 나중에 조절할 수 있으므로 넉넉하게 늘린다.

32 복제한 카드의 제품 이미지와 이름을 변경한다.

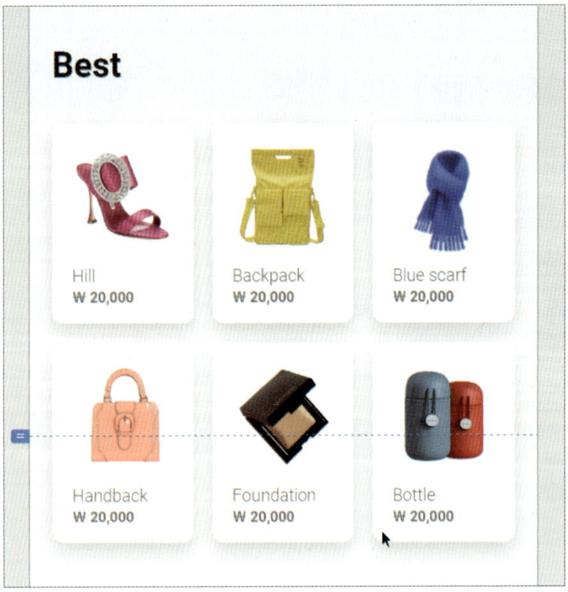

33 그림과 같이 타이틀과 카드 컨테이너 한 줄을 복제한다. 이때 이전 카드와의 간격은 30을 유지한다.

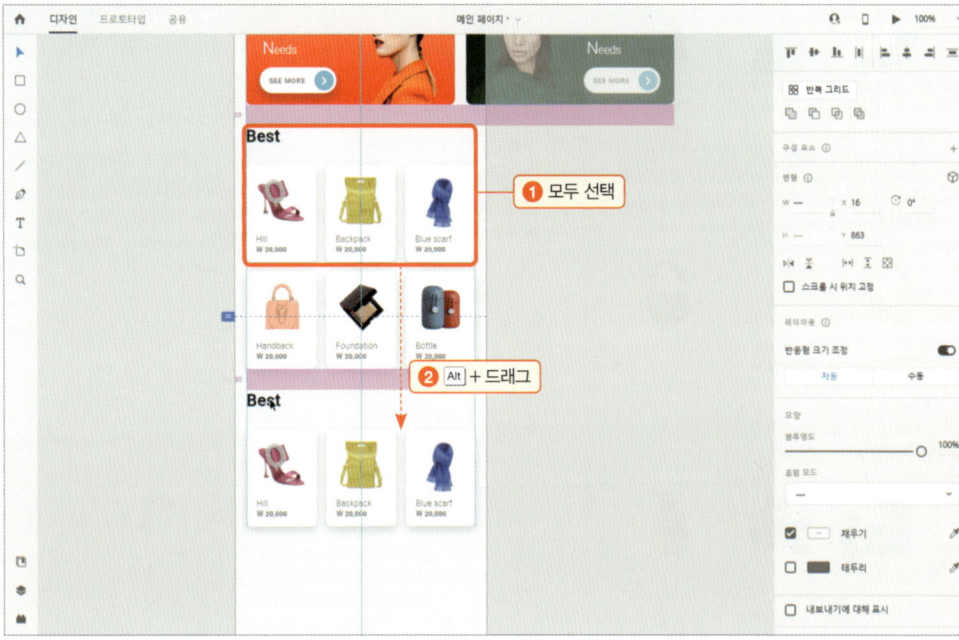

34 타이틀 오른쪽에 more 버튼을 만들어 오른쪽 여백 16이 되도록 배치한다. 글꼴은 Roboto, 글꼴 크기 12, 글꼴 두께 Regular로 설정한다. 타이틀 텍스트를 'Furniture'로 변경하고 텍스트 필드의 W를 274로 변경해 more 버튼과의 간격이 24가 되도록 한다.

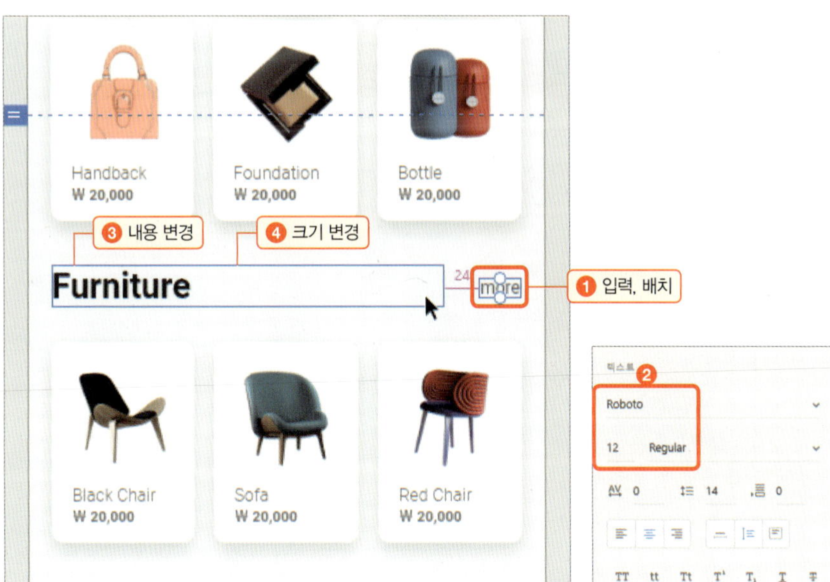

Tip 타이틀과 more 버튼의 간격을 설정한 이유는 터치 영역이 구분되도록 하기 위해서다.

35 앞의 과정을 반복해 카테고리를 2개 더 추가한다.

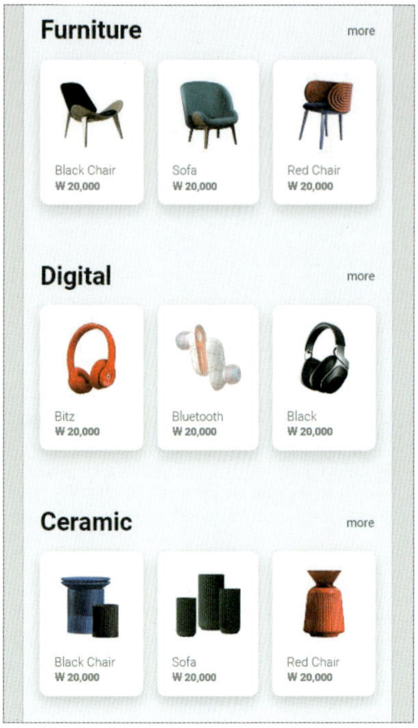

36 W가 360, H가 56인 사각형을 그린 후 X를 0, Y를 704로 설정해 페이지 가장 아래에 배치한다. 라이브러리의 '색상'에서 '#56C7E5'를 클릭해 색을 채운다.

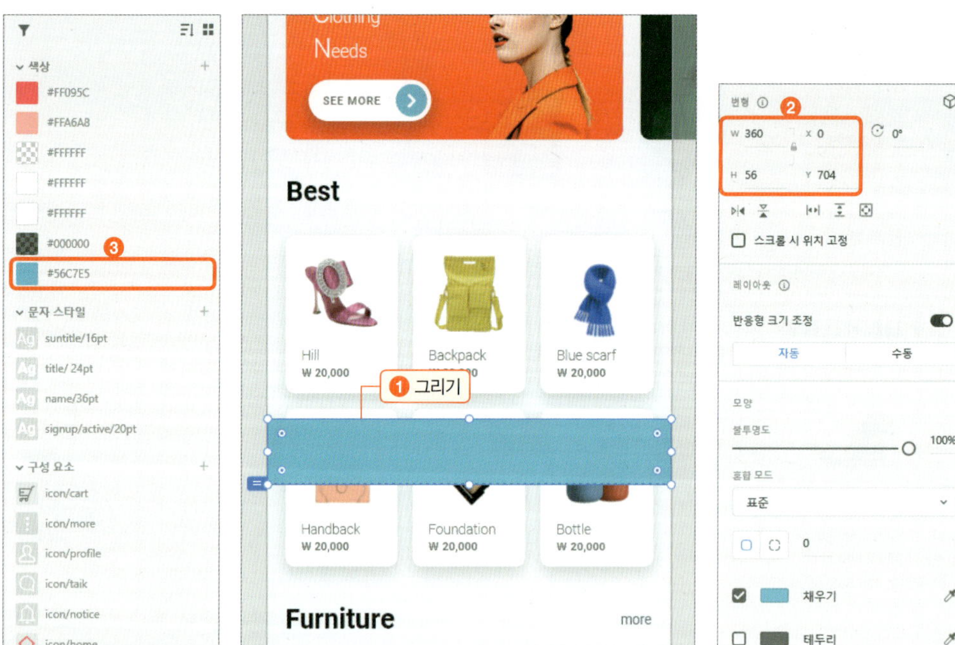

37 메뉴 5개를 배치하기 위해 W가 72, H가 56인 사각형 5개를 그린다.

Tip 72는 전체 너비 360을 5등분한 값이다.

38 라이브러리의 '구성 요소'에서 'icon/home' 아이콘을 가져와 첫 번째 칸에 배치하고 아래에 'Home'을 입력한 후 글꼴은 Roboto, 글꼴 크기는 11, 글꼴 두께는 Regular, '채우기' 색상은 #FF095C로 설정한다. 텍스트와 아이콘을 첫 번째 칸 좌우 중앙에 배치한 후 아이콘과 텍스트를 함께 선택하고 Ctrl + G를 눌러 그룹으로 만든다.

Tip 텍스트와 아이콘을 사각형 좌우 중앙에 정렬할 때는 드래그해서 위치를 조절해도 되지만, 사각형과 함께 선택한 후 옵션 패널에서 '가운데 정렬(가로)( )'를 클릭하면 편리하다.

39 라이브러리의 아이콘들이 흰색이므로 나머지 4개의 사각형을 흰색이 잘 보일 수 있는 임의의 색상으로 변경한다. 같은 방법으로 Notice, Talk, Profile, More 메뉴를 만든다.

40 메뉴 배치 기준으로 삼은 사각형 5개를 삭제한 후 하단 내비게이션을 모두 선택하고 Ctrl + G를 눌러 그룹으로 만든다.

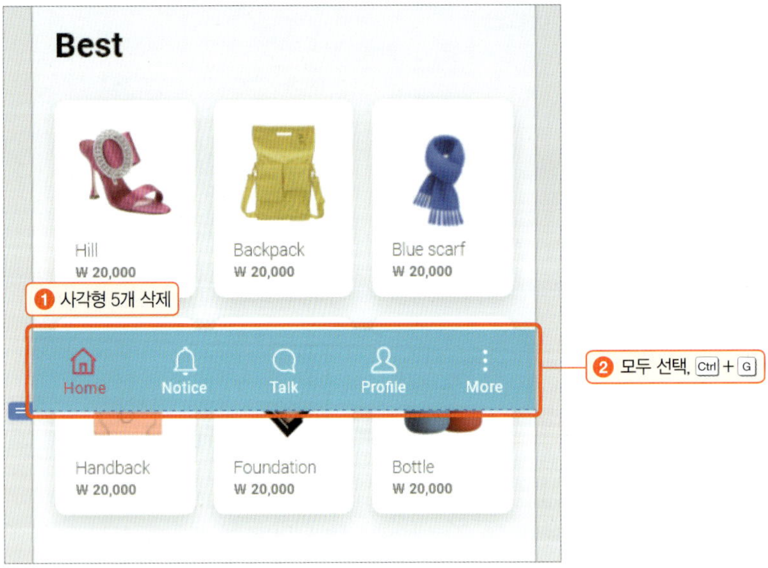

41 사각형 툴(□)로 W는 24, H는 62인 사각형을 그린 후 '각 모퉁이에 대해 다른 반경'을 선택해 '오른쪽 상단 모퉁이 반경'과 '오른쪽 하단 모퉁이 반경'을 각각 8로 설정한다. '채우기' 색상은 #FF095C로 설정한다.

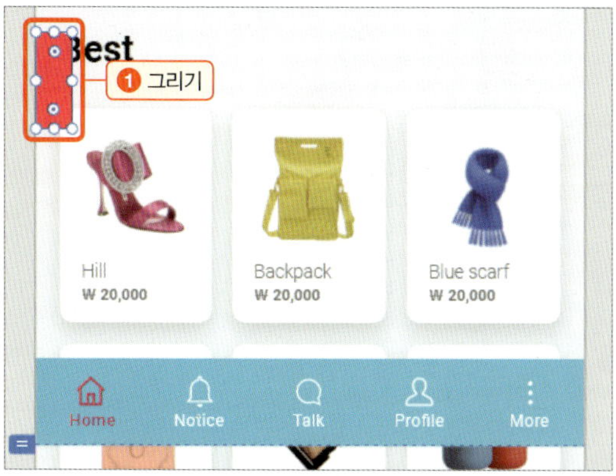

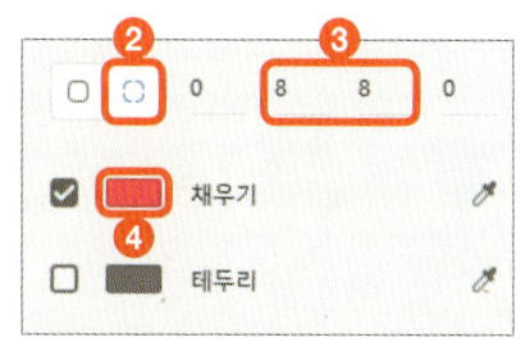

42 사각형 내부에 텍스트 툴(T)로 'TOP'을 입력하고 글꼴은 Roboto, 글꼴 크기는 12, 글꼴 두께는 Bold로 설정한다. 사각형과 텍스트 필드를 그룹으로 묶어 하단 내비게이션보다 조금 위쪽에 배치한다. X는 0, Y는 572로 설정하면 적당하다.

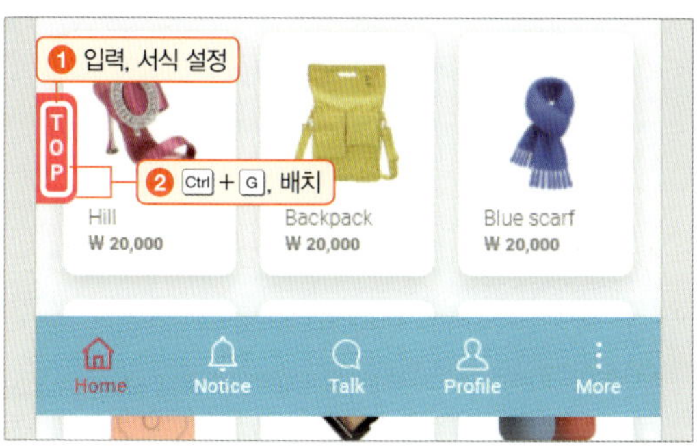

43 라이브러리의 '구성 요소'에서 'icon/cart'를 앱 제목 오른쪽으로 가져와 배치한다. 이때 오른쪽 여백이 30이 되도록 한다.

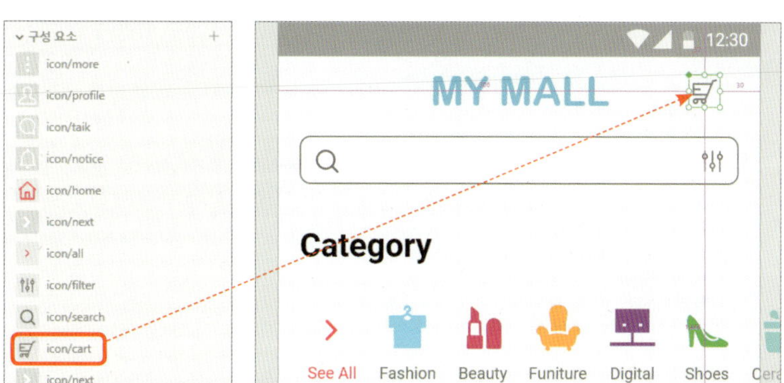

44 원형 툴(○)로 카트 아이콘 오른쪽 상단에 W와 H가 16인 원을 그린 후 '채우기' 색상을 #FF095C로 설정하고 텍스트 툴(T)로 임의의 두 자리 숫자를 입력한다.

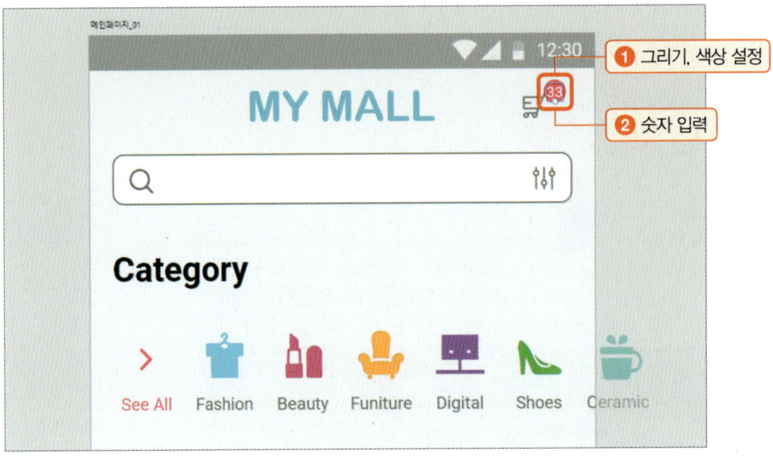

Tip 프로토타입에 날짜, 개수, 가격 등의 숫자를 입력하는 경우 1은 사용하지 않는 것이 좋다. 예를 들어 11과 33은 커닝 값이 달라 간격과 전체 너비가 달라지므로 실제로 적용할 때 문제가 생길 수 있다. 따라서 1을 제외한 다른 숫자로 작성한다.

2 메인 페이지의 프로토타입

01 완성한 '메인페이지_01' 아트보드를 선택하고 Ctrl+C로 복제한 후 Chapter 10에서 작업한 파일을 열어 Ctrl+V로 붙여넣는다. 아트보드뿐 아니라 라이브러리 요소도 함께 복제된다.

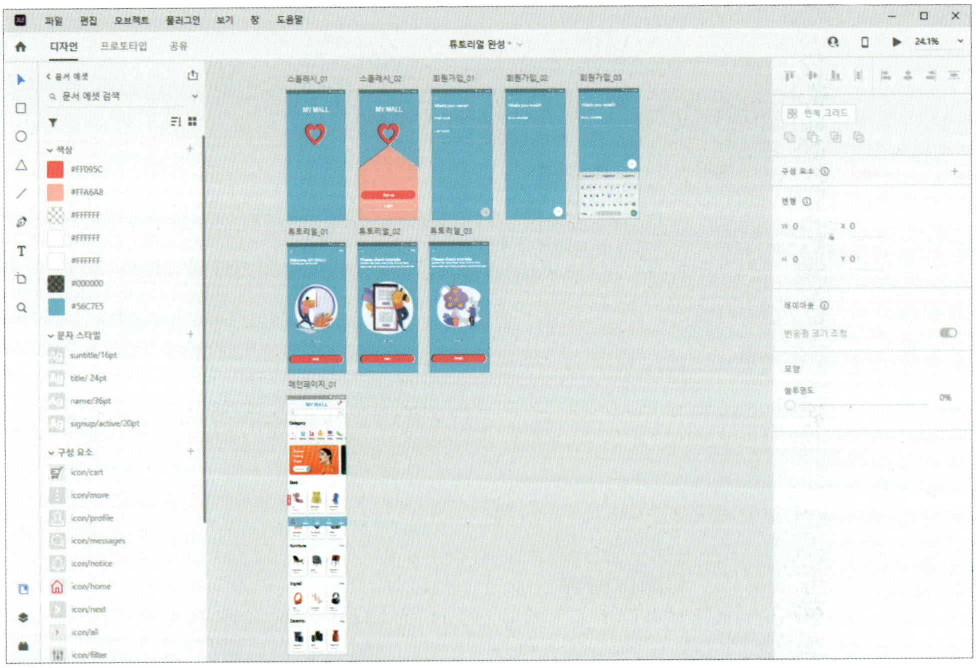

02 Top 버튼을 선택하고 옵션 패널에서 '스크롤 시 위치 고정'에 체크한다.

03 그룹으로 묶여 있는 하단 내비게이션도 선택하고 옵션 패널에서 '스크롤 시 위치 고정'에 체크한다.

04 그룹으로 묶여 있는 카테고리 목록을 선택하고 옵션 패널에서 '스크롤 그룹'을 클릭한다. 카테고리 목록 영역에 좌우 스크롤 바운딩 박스가 생성된다.

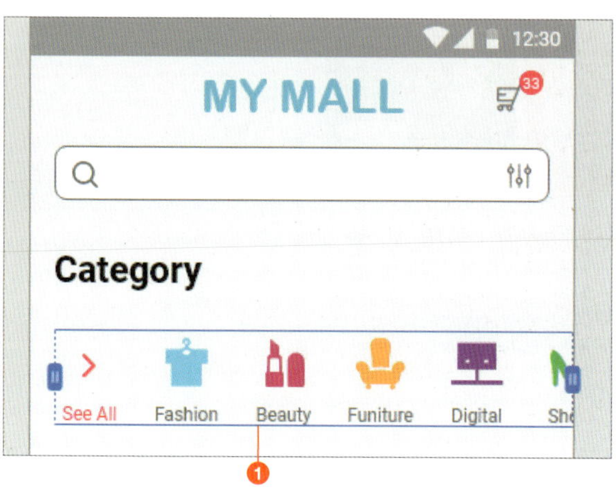

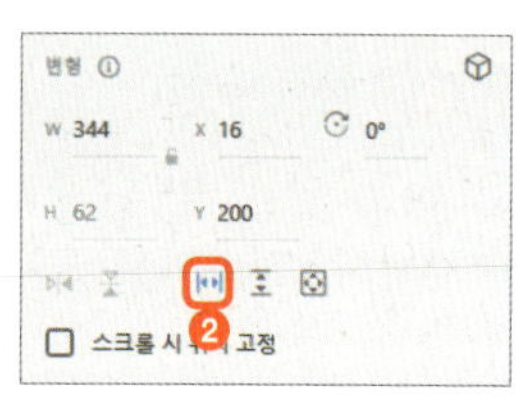

Tip 현재 상태에서 미리보기를 실행하면 카테고리 목록은 좌우 드래그가 가능하며 탑 버튼과 하단 내비게이션은 스크롤을 움직여도 항상 같은 위치에 고정되어 있음을 알 수 있다.

05 '메인페이지_01' 아트보드를 복제해 '메인페이지_02' 아트보드를 만든 후 배너 이미지를 그림과 같이 왼쪽으로 이동시킨다.

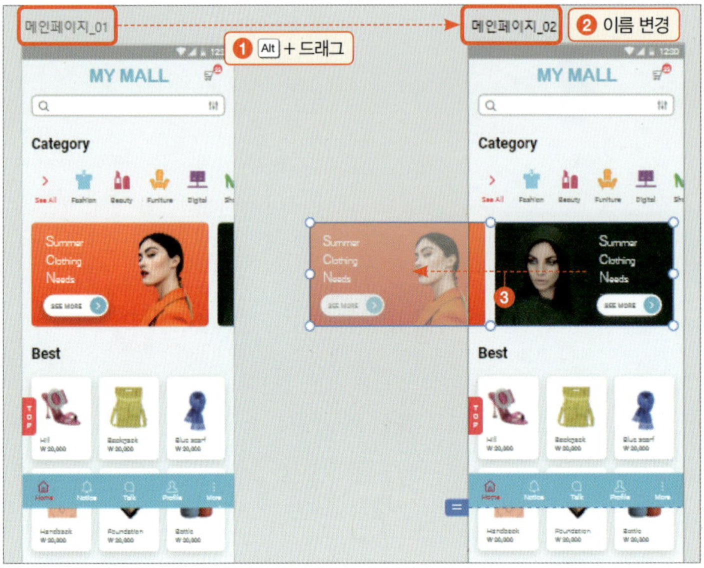

06 프로토타입 모드로 전환하고 '메인페이지_01'의 배너를 선택해 인터랙션 연결 위젯을 '메인페이지_02' 아트보드로 연결한다. 이때 '트리거'는 [드래그]로 선택하고, '액션' 항목의 '유형'은 [자동 애니메이트], '대상'은 [메인페이지_02], '이징 효과'는 [없음]으로 설정한다.

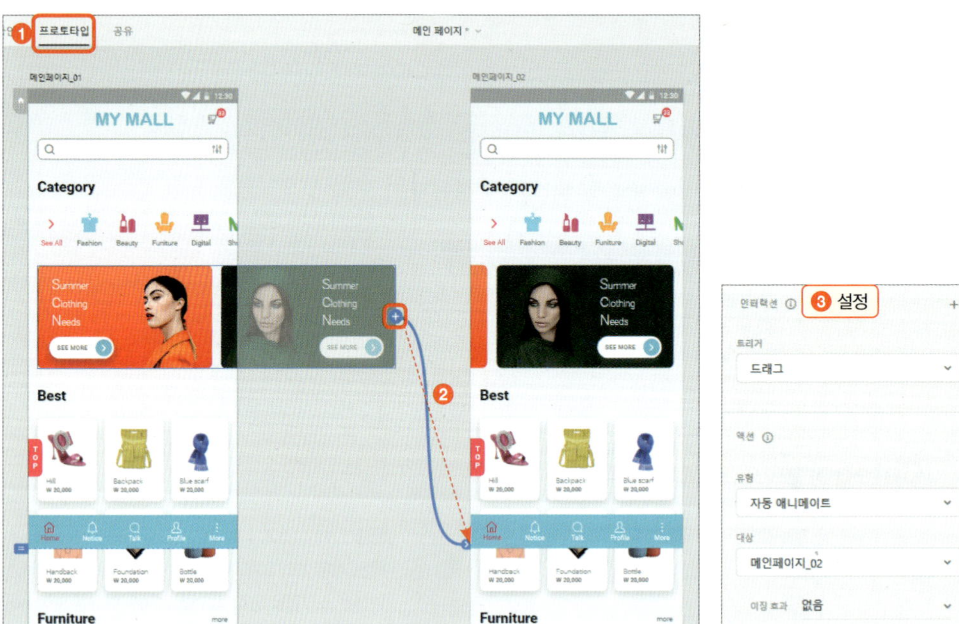

07 '메인페이지_02' 아트보드의 배너를 선택하고 인터랙션 연결 위젯을 '메인페이지_01' 아트보드로 연결한다. 옵션은 동일하게 지정된다.

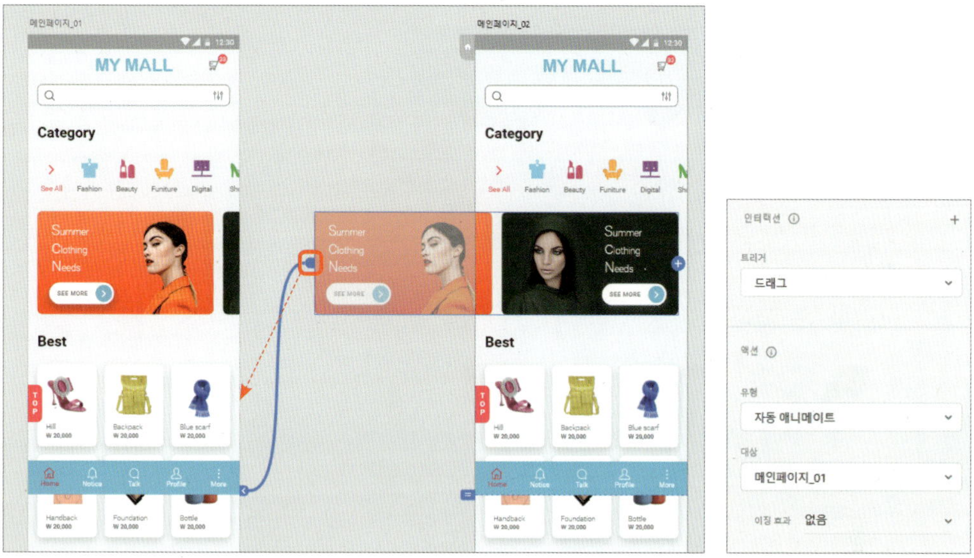

Tip 디자인 모드에서 스크롤을 지정하면 사용자가 조금씩 스크롤하는 경우 해당 위치에 멈춰 있지만 프로토타입 모드에서 '드래그' 트리거를 사용하면 멈추지 않고 각 페이지로의 전환이 이루어진다.

08 '메인페이지_01' 아트보드에서 카테고리 그룹에 있는 'Furniture' 메뉴를 두 번 더블클릭해 선택하고 인터랙션 연결 위젯을 화면 아래의 'Furniture' 타이틀로 연결한다. '트리거'는 [탭]으로 선택하고, '액션' 항목에서 '유형'은 [다음으로 스크롤], '이징 효과'는 [없음], '재생 시간'은 [0.3초]로 설정한다.

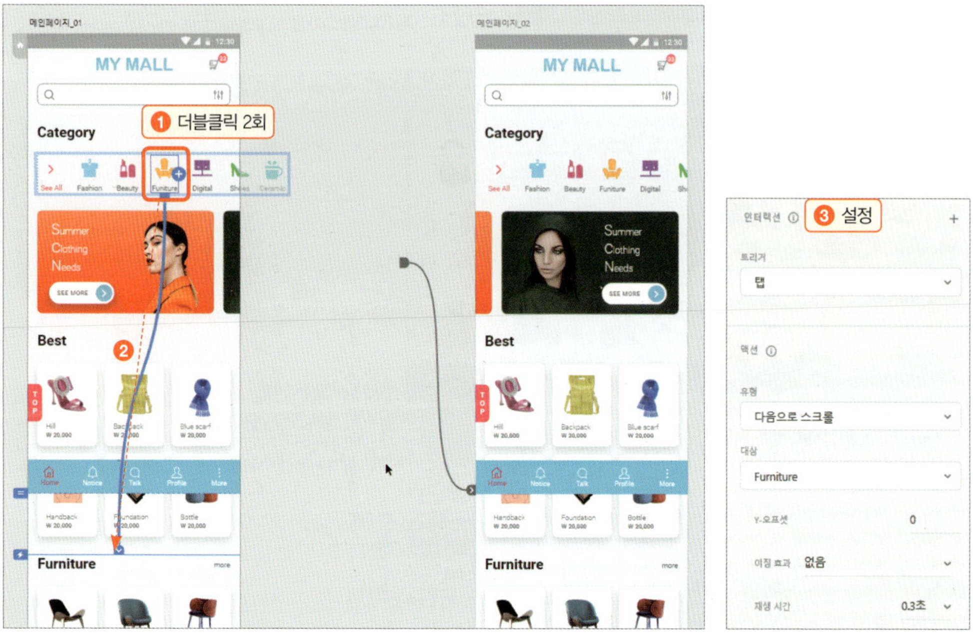

09 'Furniture' 타이틀의 인터랙션 연결 위젯을 선택했을 때 아트보드 밖에 표시되는 Y-오프셋 버튼(⚡)을 위로 드래그해 -65 정도로 만든다.

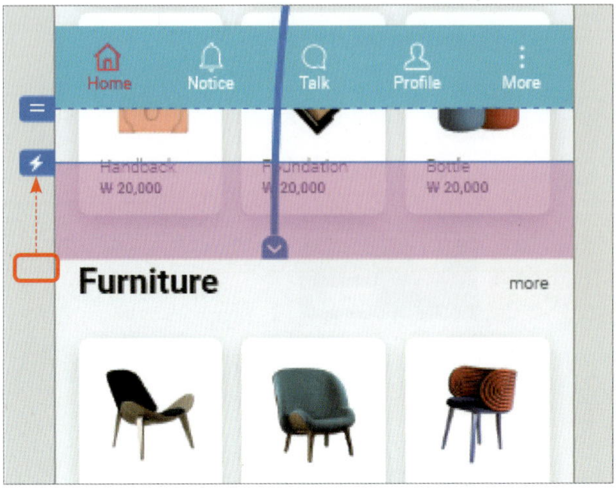

하나 더 알기 Y-오프셋

Y-오프셋의 수치에 따라 미리보기에서 클릭했을 때의 위치가 달라진다. 현 예제에서는 아트보드 길이가 충분하지 않아 그 차이를 가늠하기 어렵지만 아트보드를 임의로 길게 만들고 적용하면 그 차이를 뚜렷이 알 수 있다.

Y-오프셋을 지정하지 않은 경우

Y-오프셋을 지정한 경우

10 'Digital'과 'Ceramic' 카테고리의 메뉴도 각 타이틀로 연결한다.

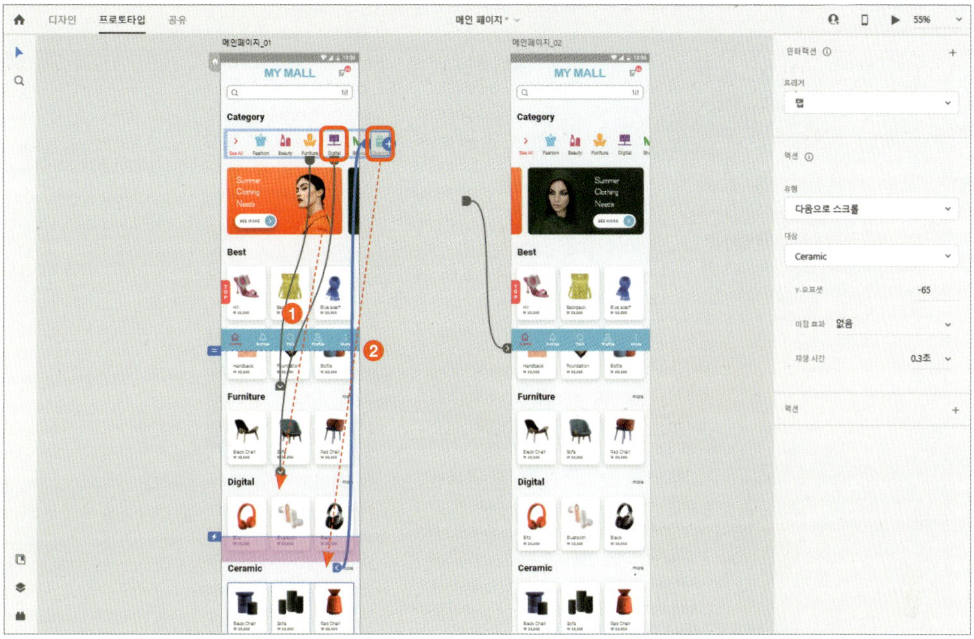

11 '메인페이지_02' 아트보드의 카테고리 메뉴들도 '메인페이지_01' 아트보드와 동일하게 연결한다.

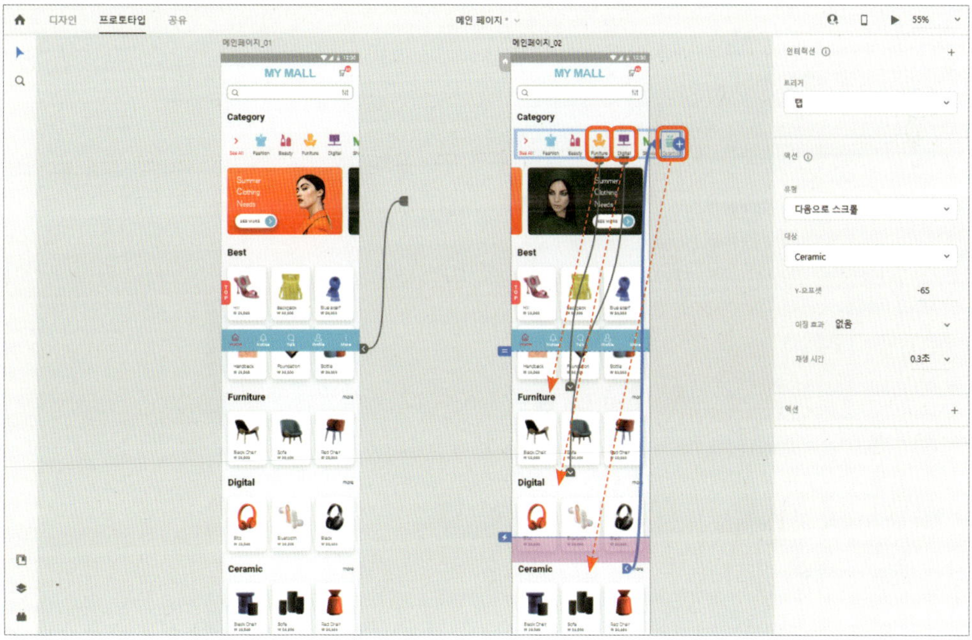

12 '메인타이틀_01' 아트보드의 'TOP' 아이콘을 선택해 인터랙션 연결 위젯을 앱 타이틀로 연결한다. 옵션 설정은 이전과 같으며, Y-오프셋은 아트보드 끝까지 올린다.

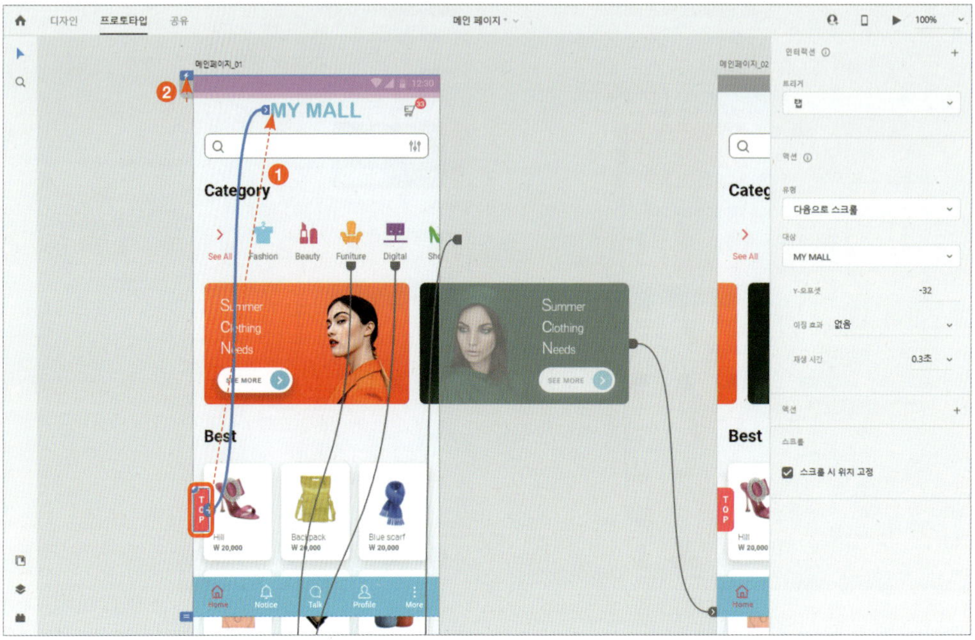

13 하단 내비게이션에서 'Home' 메뉴를 더블클릭해 선택하고 인터랙션 연결 위젯을 상태 바로 연결한다.

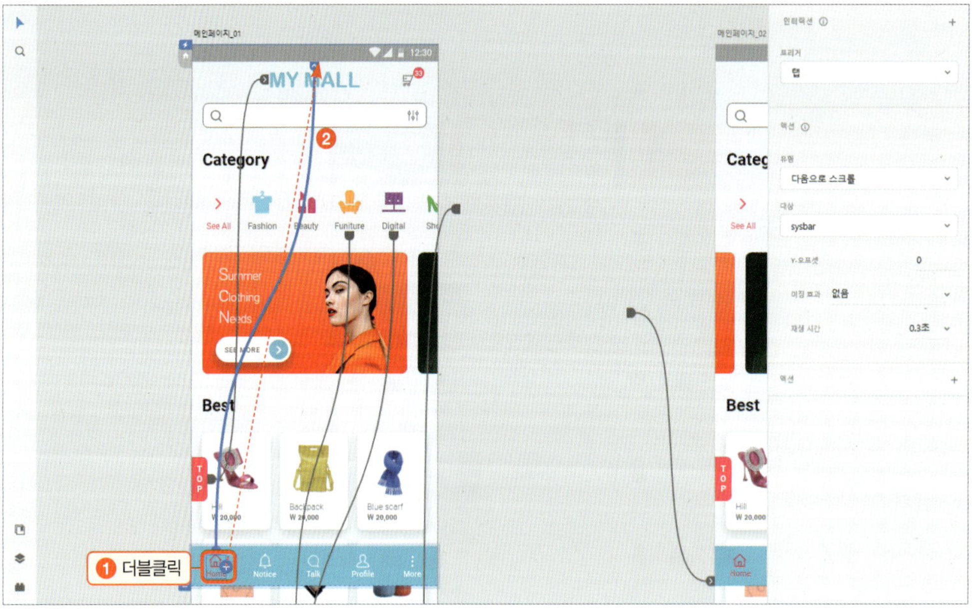

Tip 'TOP' 아이콘에서 앱 타이틀로 연결하고 Y-오프셋을 지정한 경우와 'Home' 메뉴를 상태 바로 연결한 경우 앵커 위치는 동일하지만 어도비 XD의 앵커 기능이 아직 완벽하지 않아 실제 미리보기를 구현해 보면 상태 바로 연결한 것이 더 자연스럽다.

14 '메인 페이지_02' 아트보드의 'TOP' 아이콘과 'Home' 메뉴도 같은 방법으로 연결한다.

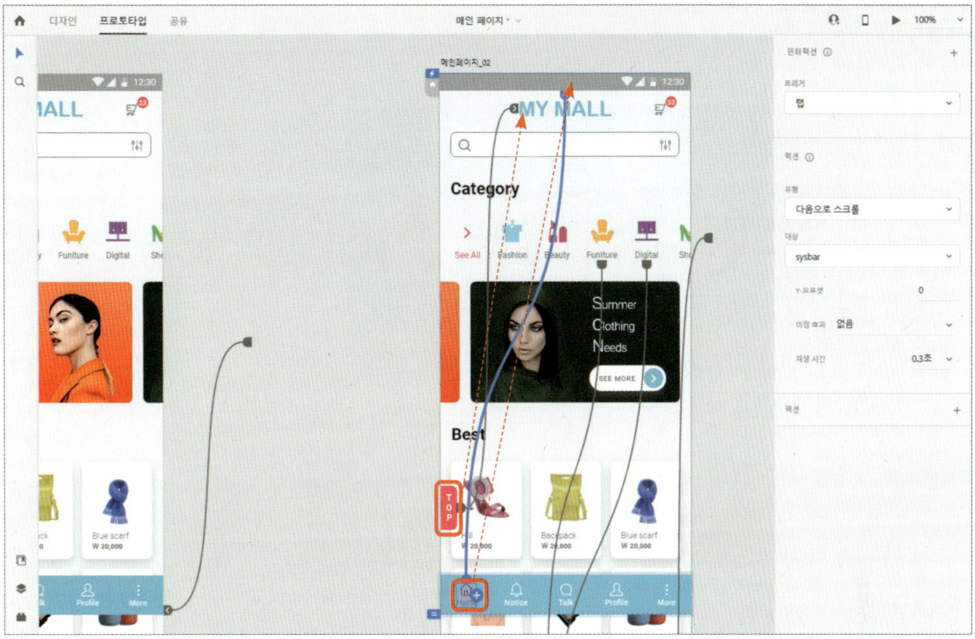

15 Ctrl + - 를 여러 번 눌러 화면을 축소한다. '튜토리얼_01' 아트보드에 있는 Skip 버튼의 인터랙션 연결 위젯을 '메인페이지_01' 아트보드로 연결한다. '트리거'는 [탭], '유형'은 [전환], '대상'은 [메인페이지_01], '애니메이션'은 [왼쪽으로 슬라이드], '이징 효과'는 [없음], '재생 시간'은 [0.3초]로 설정한다.

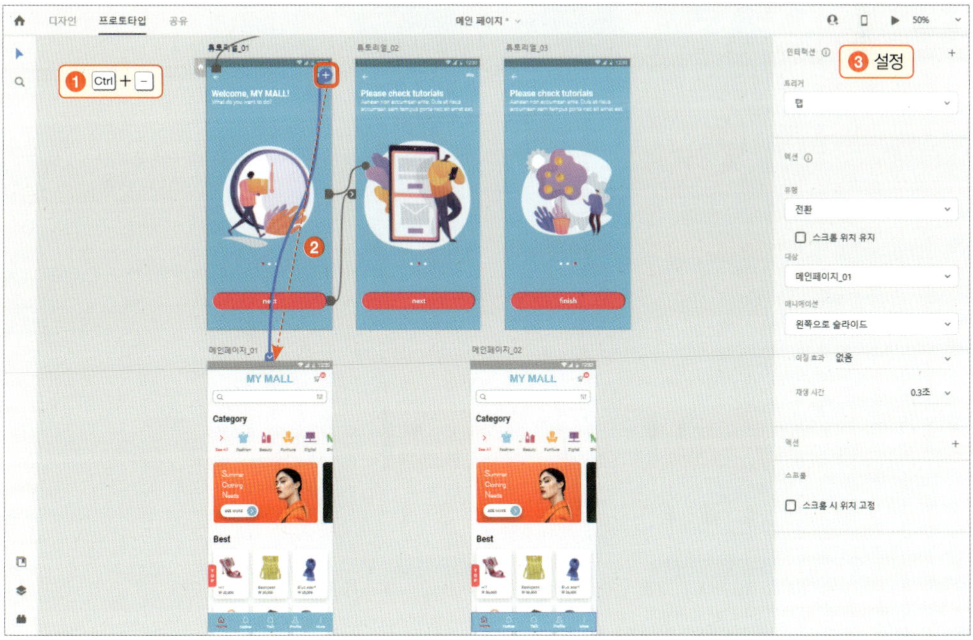

16 '튜토리얼_02' 아트보드에 있는 Skip 버튼의 인터랙션 연결 위젯을 '메인페이지_01' 아트보드로 연결하고 옵션은 그대로 유지한다.

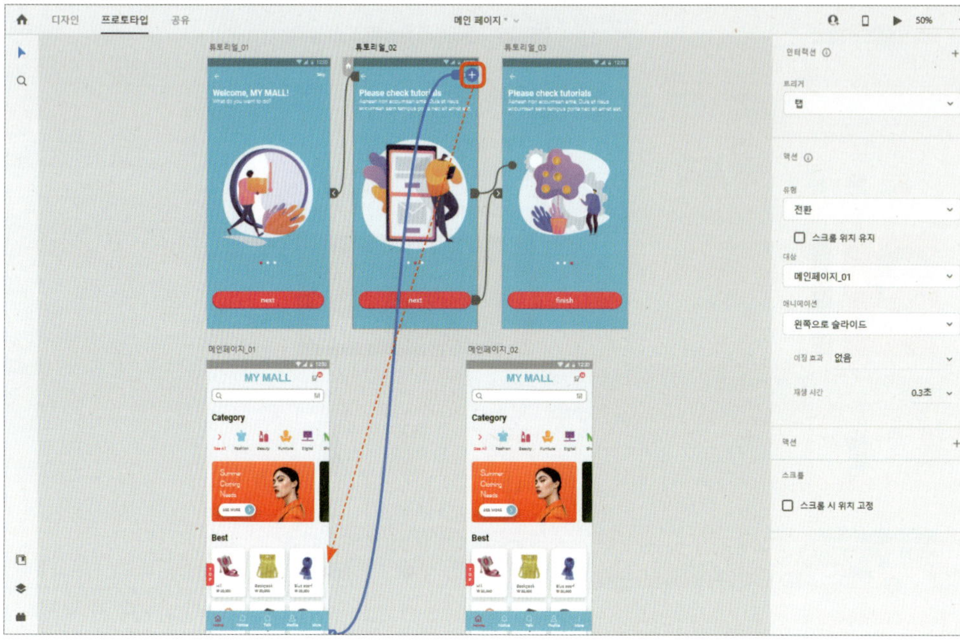

17 '튜토리얼_03' 아트보드에 있는 Finish 버튼의 인터랙션 연결 위젯을 '메인페이지_01' 아트보드로 연결한다. 옵션은 동일하다.

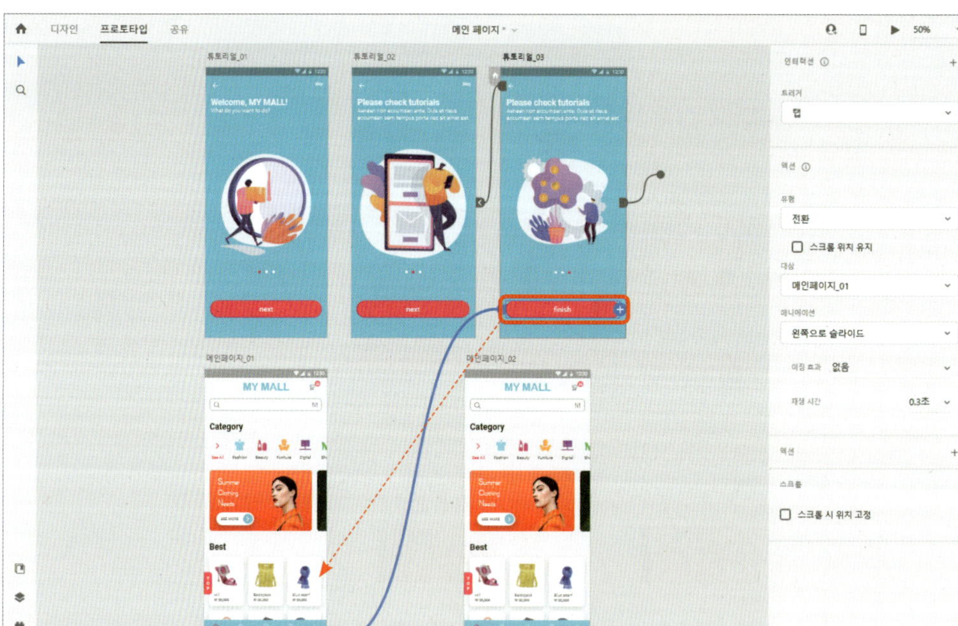

2
콘텐츠 상세 페이지

1 상세 페이지 제작 실습

01 새 아트보드를 생성하고 이름을 '상세페이지_01'로 변경한 후 상태 바를 상단에 배치한다.

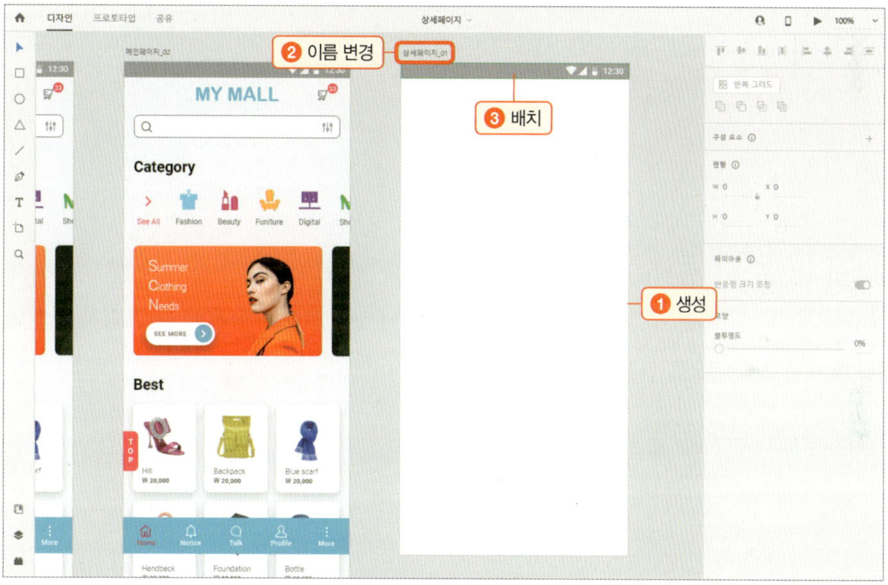

02 아트보드를 선택하고 '채우기' 색을 서브 컬러의 명도를 조절한 #FF90AE로 지정한다.

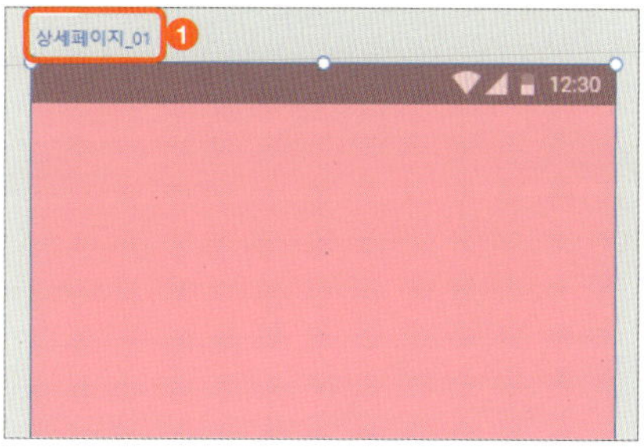

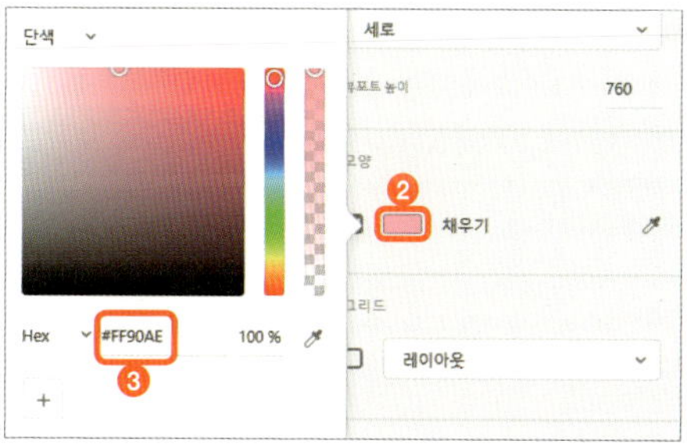

03 사각형 툴(□)로 W가 360, H가 420인 사각형을 그려 아트보드 맨 위에 배치하고 '테두리'의 체크를 해제한다. '각 모퉁이에 대해 다른 반경'을 선택하고 '오른쪽 하단 모퉁이 반경'과 '왼쪽 하단 모퉁이 반경'을 각각 32로 설정해 하단 모퉁이만 둥글게 만든다.

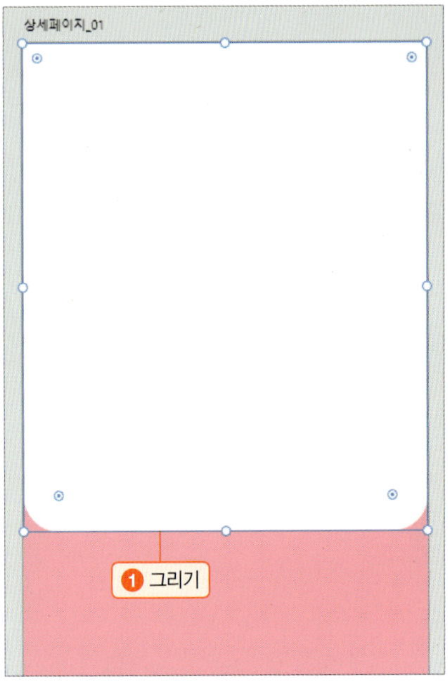

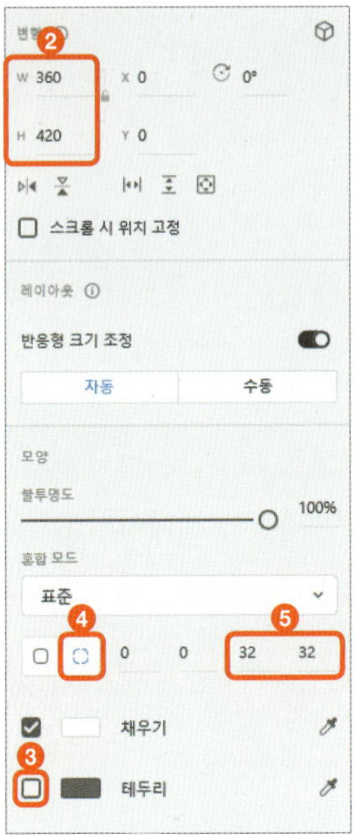

04 사각형이 선택된 상태로 마우스 오른쪽 버튼을 클릭해 [맨 뒤로 보내기]를 선택한다. '그림자'의 색상 상자를 클릭하고 기본 색상인 #000000, 알파 값 16%를 그대로 유지한 채 그림자 위치와 흐림 효과를 X 0, Y 6, B 12로 설정한다.

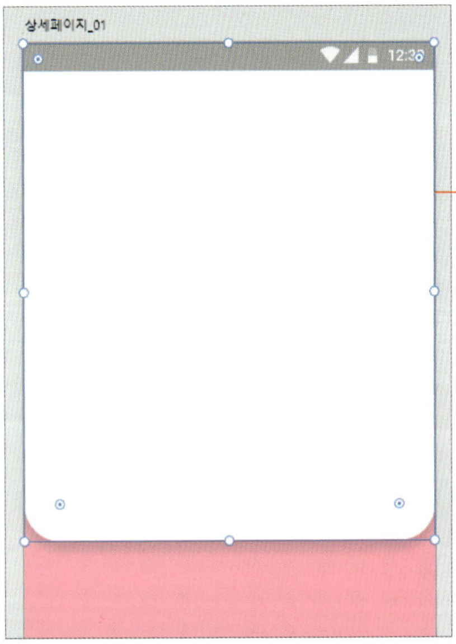

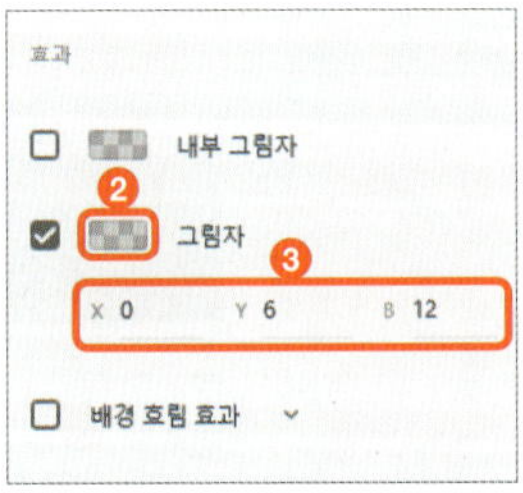

05 라이브러리의 '구성 요소'에서 'icon/back_arrow'를 아트보드로 드래그해 왼쪽 여백 16, 상태 바와의 간격 16이 되는 위치에 배치한다. '채우기' 색상은 #56C7E5로 설정한다.

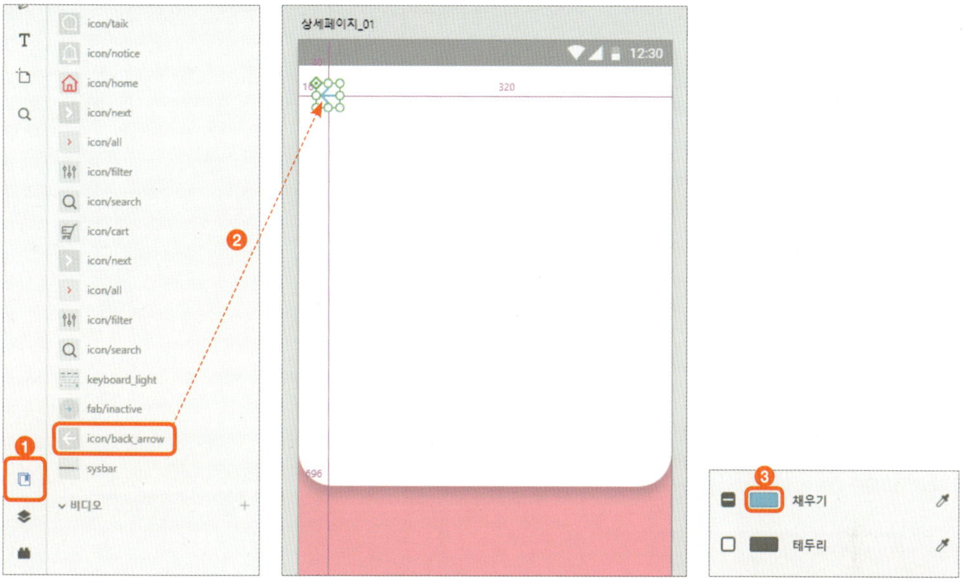

06 플러그인 패널에서 'icon4Design'을 선택하고 'Heart'로 검색한다. 내부가 채워져 있지 않은 라인 형태의 하트를 찾아 W와 H를 18로 변경하고 오른쪽 상단에 배치한다. '테두리' 색상을 #56C7E5로 변경한 후 '크기'를 2로 변경한다.

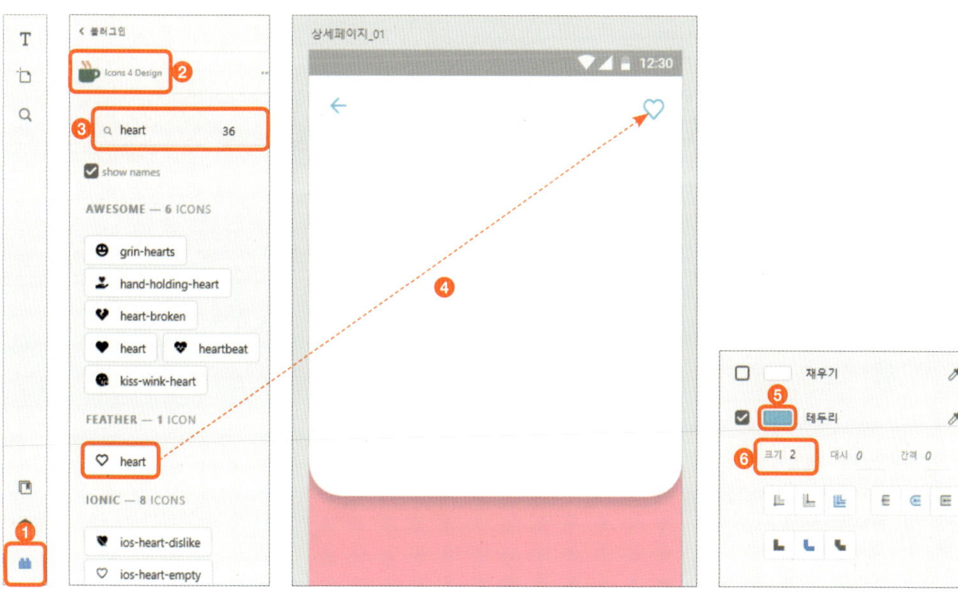

07 [Chapter_11/Section_02] 폴더에서 'backpack1.png' 파일을 아트보드로 드래그해 가져온다. 이때 사각형 내부에 이미지가 삽입되지 않도록 아트보드 빈 부분으로 가져온다. 옵션 패널에서 종횡비 잠금( )을 해제한 후 W는 280, H는 290, X는 40, Y는 80으로 지정한다.

Tip '종횡비 잠금'이 설정되어 있는 상태에서 너비를 280으로 변경하면 높이 값에 소숫점이 생긴다. 소숫점이 없도록 조절하려면 먼저 '종횡비 잠금( )'을 클릭해 해제한 후에 값을 입력한다.

08 텍스트 툴(T)로 텍스트 필드를 만든 후 상품 제목을 입력하고 라이브러리의 '문자 스타일'에서 'title/24pt'를 클릭해 기본 제목 스타일을 적용한다.

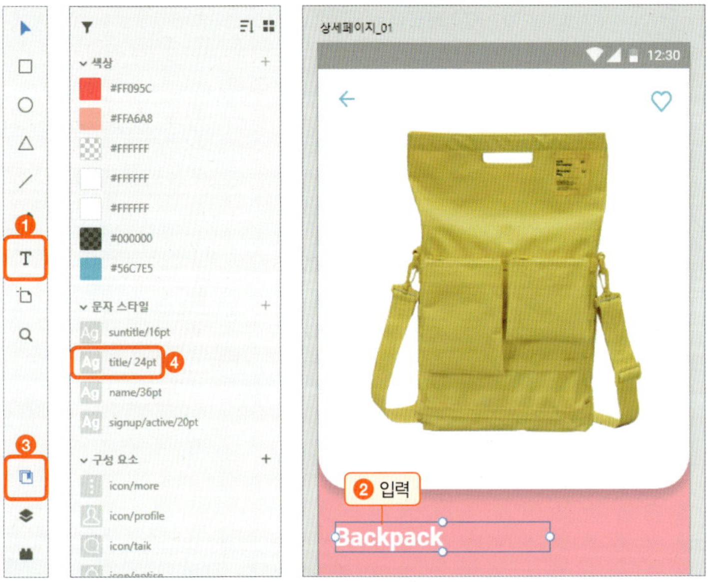

09 상품 제목과 높이가 같은 위치에 오른쪽 여백 16을 두고 가격을 입력한다. '문자 스타일'의 'title/24pt'를 클릭해 적용하고, 옵션 패널에서 '오른쪽 정렬'을 클릭한다. 기호인 ₩은 숫자보다 높이 값이 크므로 글꼴 크기를 22로 줄인다.

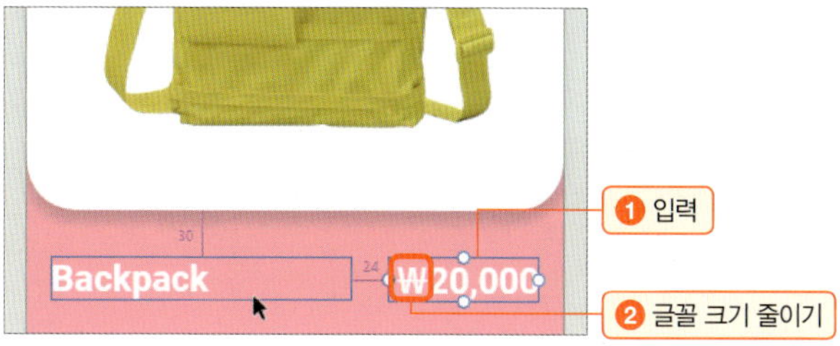

10 텍스트 툴(T)로 텍스트 입력 상자를 만든 후 더미텍스트를 두 줄 입력하고 라이브러리의 '문자 스타일'에서 'Subtitle/16pt'를 선택해 적용한다.

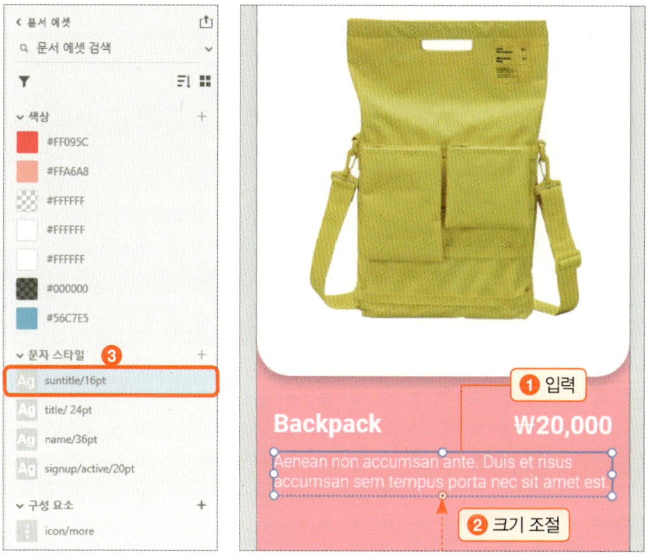

Tip 더미텍스트는 ContentGenerator 플러그인을 이용해 입력하면 편리하다.

11 텍스트 툴(T)로 상품의 옵션 값인 'Select Color'를 입력한다. 글꼴은 Roboto, 글꼴 크기는 12, 글꼴 두께는 Medium, '채우기' 색상은 #FFFFFF로 설정한다.

12 원형 툴(○)로 W와 H가 36인 정원을 그린다. '테두리' 색상을 #FFFFFF로 지정하고 '크기'를 2로 설정한다. '채우기' 색상은 제품 색상과 맞춘다. 여기는 #FFF000으로 지정했다.

13 플러그인에서 'icon4Design'을 선택하고 'check'로 검색한다. 체크 아이콘을 원의 한 가운데에 배치한다.

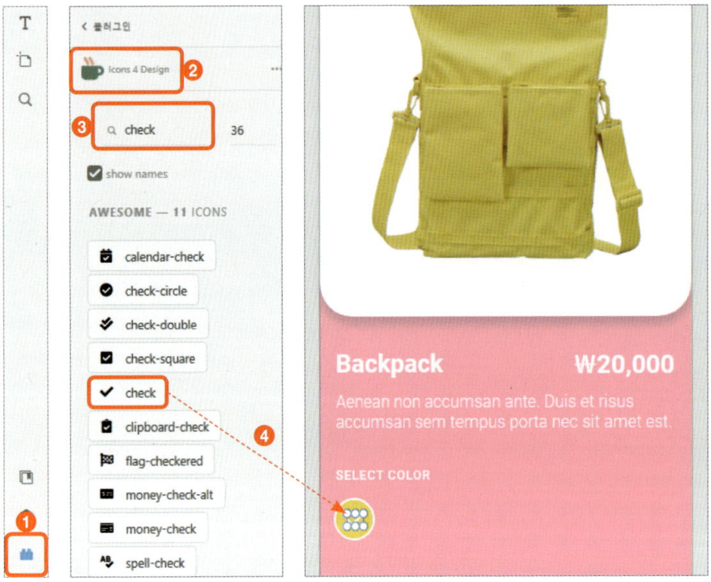

14 원을 4개 복제해 20 간격을 두고 배치한 후 '채우기' 색상을 다르게 교체한다. 여기에서는 두 번째 원은 #56C7E5, 세 번째 원은 #DF014C로 설정했다. 나머지 두 원도 임의의 색상으로 채운다.

15 사각형 툴(□)로 W가 242, H가 48인 사각형을 그린 후 '모든 모퉁이에 대해 동일한 반경' 값으로 24를 입력해 가장자리를 둥글게 만든다. 내부의 가장자리 반경 위젯을 안으로 드래그해도 된다. '채우기' 색상은 #FFFFFF로 설정하고 '테두리'의 체크는 해제한다.

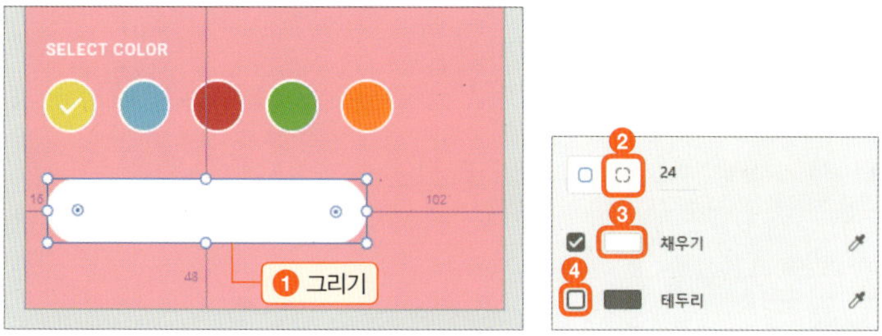

16 버튼 내부에 좌우 16의 여백을 두고 W가 208인 텍스트 필드를 만들어 'Buy now'를 입력한다. 글꼴은 Roboto, 글꼴 크기는 20, 글꼴 두께는 Medium, '채우기' 색상은 #FF095C로 설정한다.

17 사각형 툴(□)로 W가 62, H가 48인 사각형을 그린 후 내부의 가장자리 반경 위젯을 안으로 드래그해 가장자리를 둥글게 만든다. '채우기'는 체크를 해제하고, '테두리'의 색상은 #FFFFFF, 크기는 2로 변경한다.

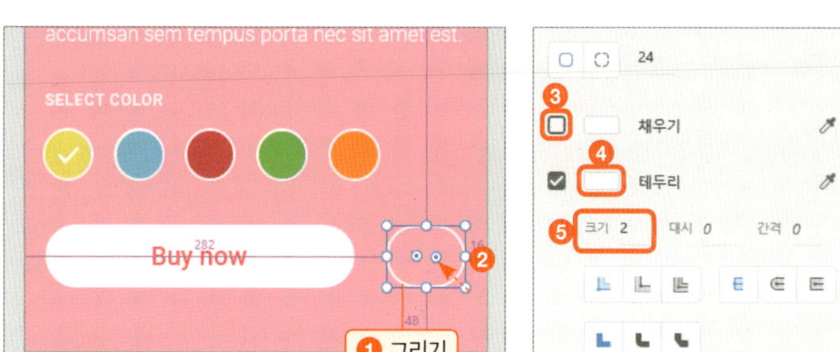

18 라이브러리에서 'icon/cart'를 드래그해 버튼 중앙에 배치하고 아이콘을 더블클릭해 '채우기' 색상을 #FFFFFF로 변경한다.

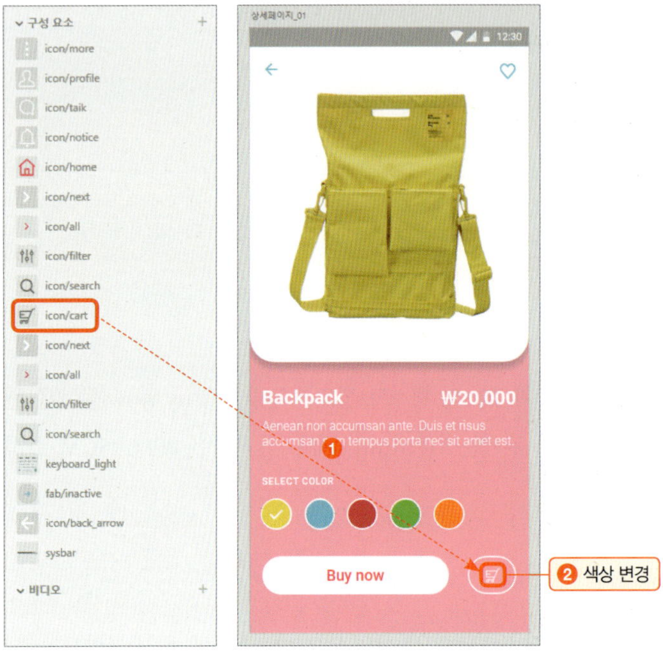

2 상세 페이지의 프로토타입

01 '상세페이지_01' 아트보드를 복제해 '상세페이지_02', '상세페이지_03' 아트보드를 만든다.

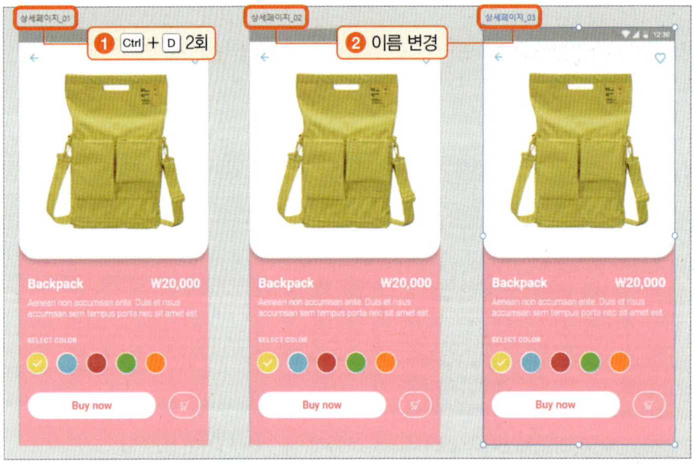

02 '상세페이지_02' 아트보드의 백팩 이미지를 마우스 오른쪽 버튼으로 클릭하고 [이미지 바꾸기]를 선택한 후 [Chapter_11\Section_02] 폴더에 있는 'backpack2.png' 파일로 변경한다. 같은 방법으로 '상세페이지_03' 아트보드의 백팩 이미지도 'backpack3.png'로 교체한다. 노란색 원에 있는 체크 아이콘은 각각 두 번째와 세 번째로 이동한다.

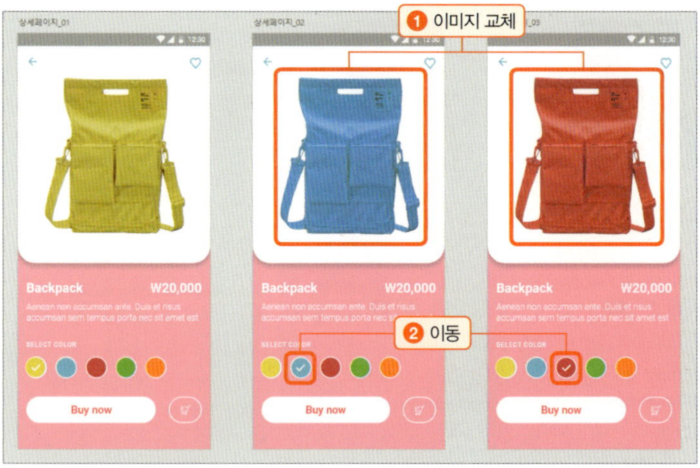

03 프로토타입 모드로 전환하고 '상세페이지_01' 아트보드에 있는 하늘색 버튼의 인터랙션 연결 위젯을 '상세페이지_02' 아트보드로 연결한다. 이때 '트리거'는 [탭], '유형'은 [전환], '애니메이션'은 [디졸브], '이징 효과'는 [서서히 끝내기], '재생 시간'은 [0.3초]로 설정한다.

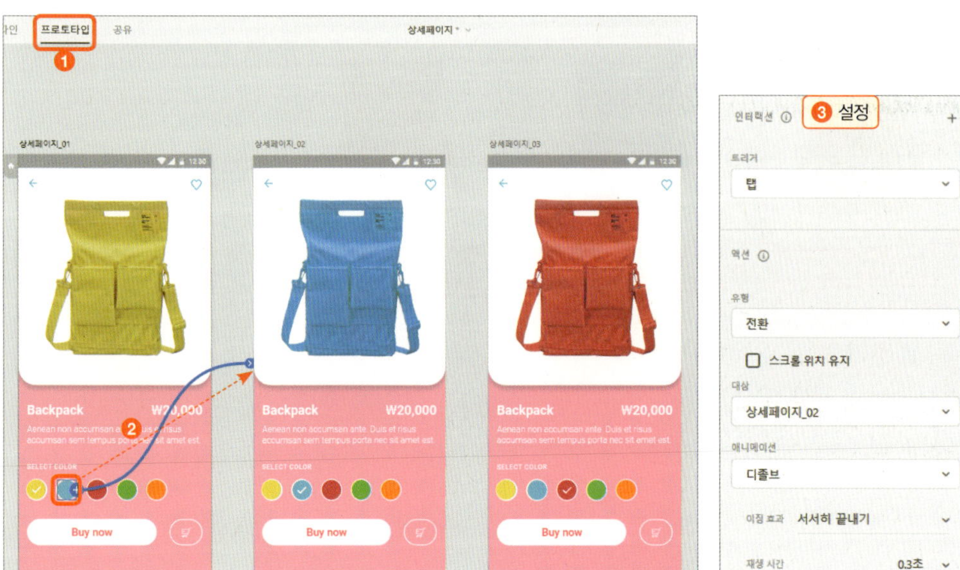

04 '상세페이지_01' 아트보드에 있는 세 번째 컬러 옵션의 인터랙션 연결 위젯을 '상세페이지_03' 아트보드로 연결한다. 옵션은 이전에 사용한 설정 그대로 둔다.

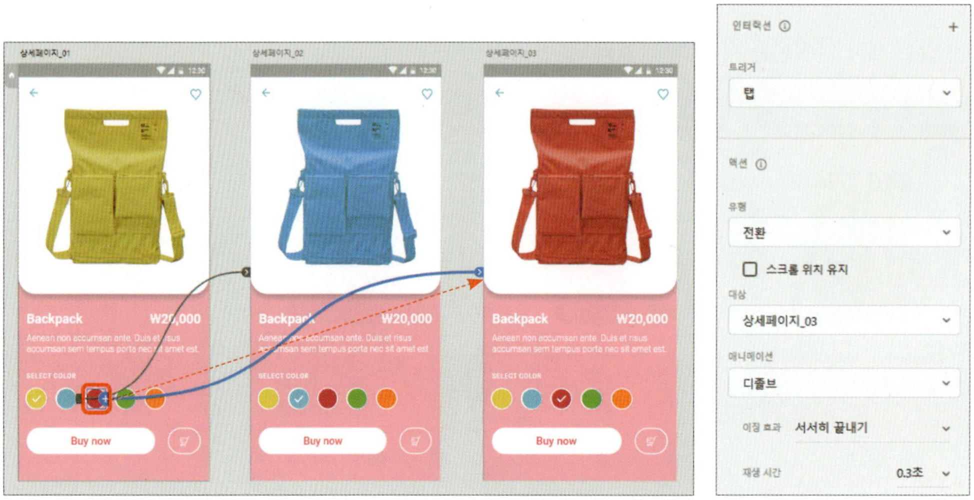

05 '상세페이지_02' 아트보드에 있는 첫 번째 컬러 옵션의 인터랙션 연결 위젯을 '상세페이지_01' 아트보드로 연결하고, 세 번째 컬러 옵션의 인터랙션 연결 위젯은 '상세페이지_03' 아트보드로 연결한다. 옵션은 그대로 둔다.

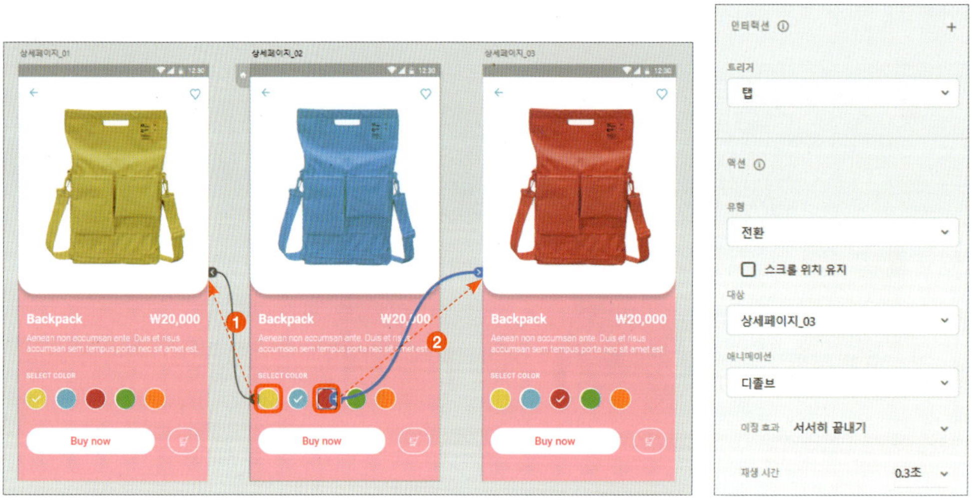

06 '상세페이지_03' 아트보드에 있는 컬러 옵션의 인터랙션 연결 위젯도 마찬가지로 각 색상에 맞는 페이지로 연결한다.

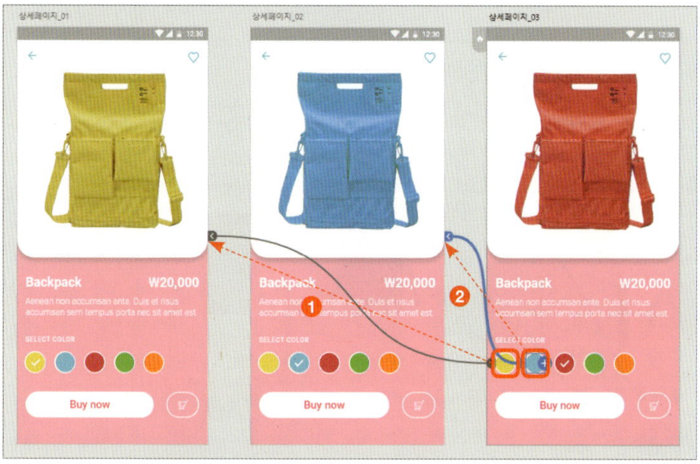

07 Ctrl+-를 여러 번 눌러 다른 아트보드가 보이도록 화면을 축소한다. '상세페이지_01' 아트보드에 있는 뒤로 가기 버튼의 인터랙션 연결 위젯을 '메인페이지_01' 아트보드로 연결하고 '트리거'는 [탭], '유형'은 [전환], '애니메이션'은 [오른쪽으로 슬라이드], '이징 효과'는 [서서히 끝내기], '재생 시간'은 [0.3초]로 설정한다.

Tip Ctrl+0을 누르면 전체 아트보드가 화면에 꽉 차게 나타나며 Ctrl+1을 누르면 100% 크기로 볼 수 있다. Ctrl++를 누르면 화면이 확대되며 Ctrl+-를 누르면 화면이 축소된다.

08 '상세페이지_02' 아트보드와 '상세페이지_03' 아트보드의 뒤로 가기 버튼도 '메인페이지_01' 아트보드로 연결한다.

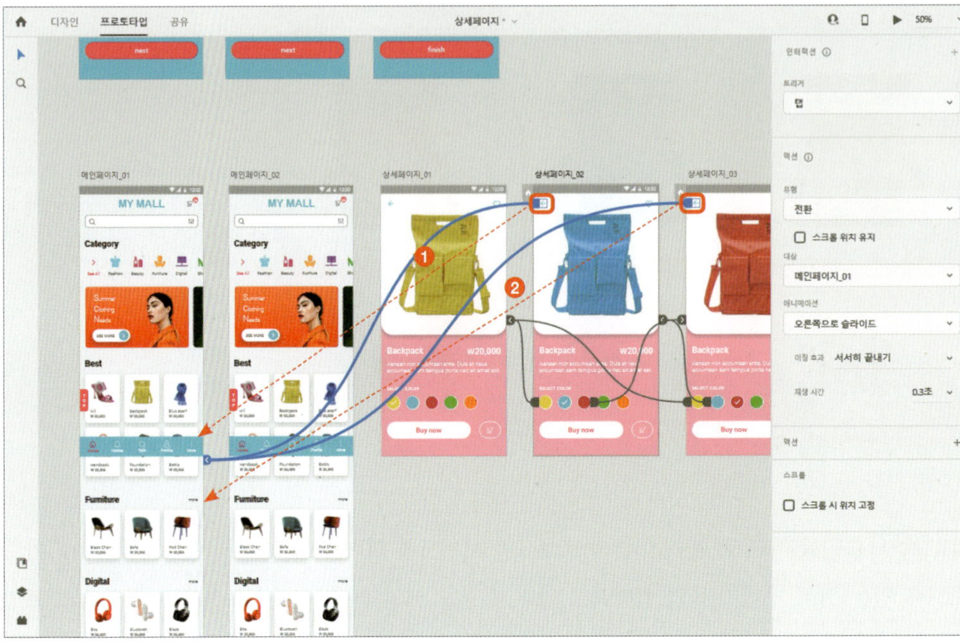

09 '메인페이지_01' 아트보드와 '메인페이지_02' 아트보드의 백팩을 선택해 '상세페이지_01' 아트보드로 연결한다. 옵션은 '애니메이션'만 [왼쪽으로 슬라이드]로 변경한다.

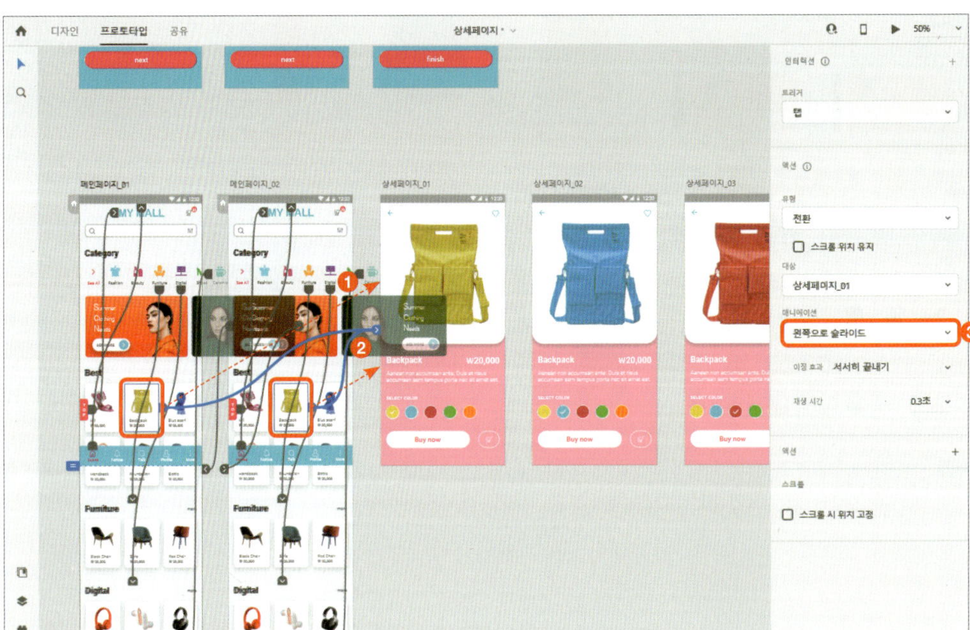

3
카트 리스트와 주문 페이지

1 카트 리스트와 주문 페이지 제작 실습

01 새 아트보드를 하나 생성하고 '카트_01'로 이름을 변경한 후 아트보드의 '채우기' 색상을 #F5F8F8로 설정하고 상태 바를 상단에 배치한다.

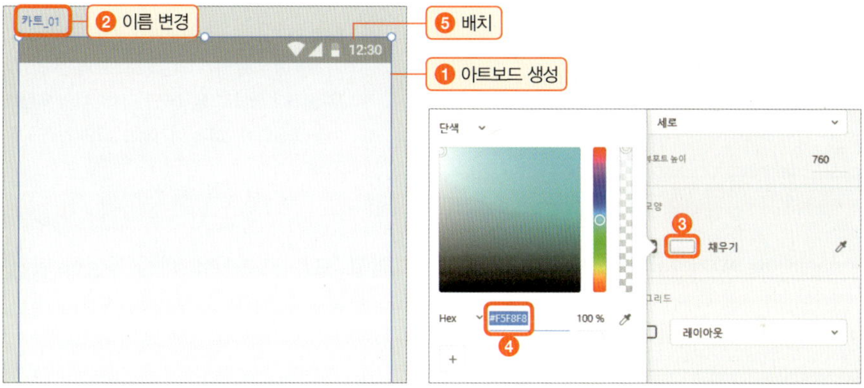

02 뒤로 가기 버튼을 라이브러리에서 드래그하거나 다른 아트보드에서 복제해 붙여넣는다. 이때 상태 바와의 간격과 왼쪽 여백이 16이 되도록 배치하고, '채우기' 색상을 #56C7E5로 설정한다.

03 텍스트 툴(T)로 W가 292인 텍스트 입력 필드를 만들고 타이틀 텍스트인 'Cart'를 입력한다. 글꼴은 Roboto, 글꼴 크기는 24, 글꼴 두께는 Bold, '채우기' 색상은 #202020으로 설정한다.

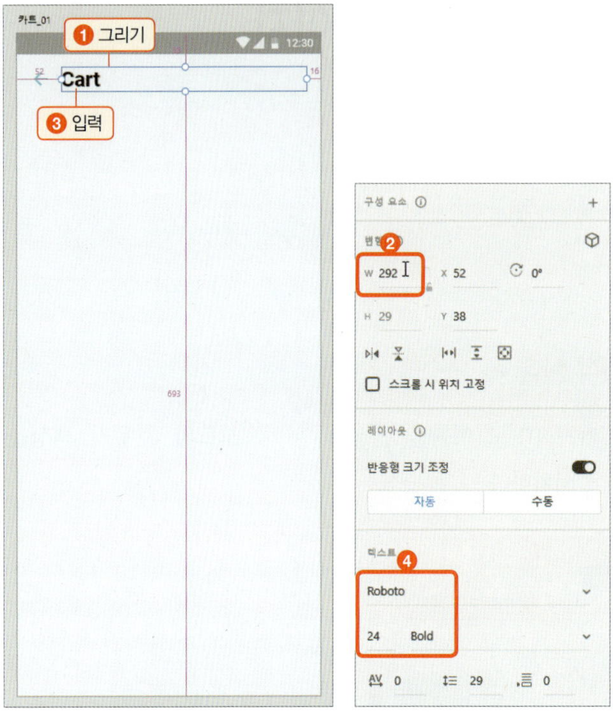

Tip 가이드는 권장사항이지 필수사항이 아니기 때문에 뒤로 가기 버튼과 텍스트의 간격이 너무 넓거나 좁다고 생각되면 디자이너의 역량에 따라 조절할 수 있다. 여기서는 12의 간격을 유지했다.

04 사각형 툴(□)로 W가 110, H가 88인 사각형을 그리고 '모든 모퉁이에 대해 동일한 반경' 값을 8로 설정한다.

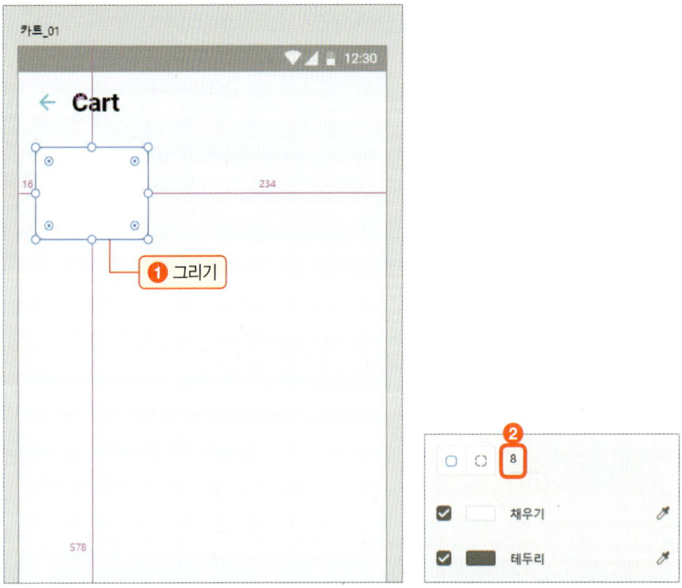

05 사각형이 선택된 상태로 '테두리'의 체크를 해제하고 '그림자'의 위치와 흐림 효과 옵션을 X 0, Y 6, B 12로 설정한다. 색상은 디폴드 값인 #000000, 알파 값 16%를 유지한다.

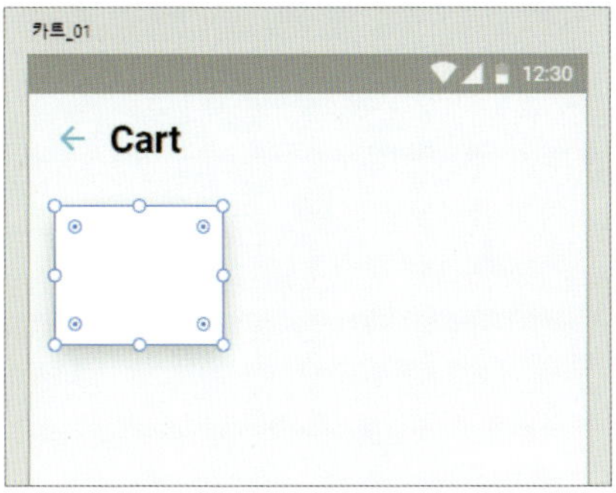

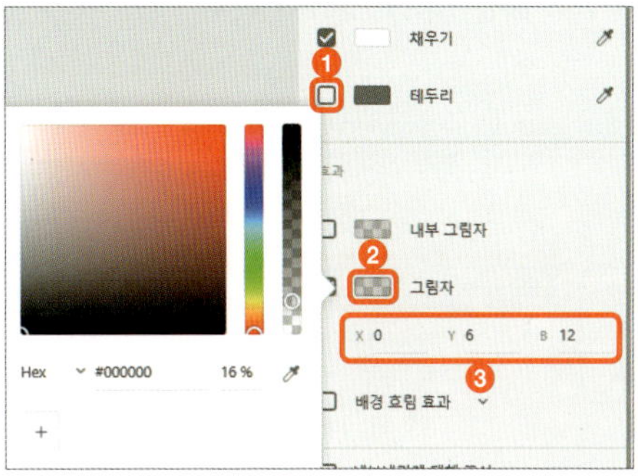

06 사각형 툴(□)로 W와 H가 80인 사각형을 그린 후 '테두리'의 체크를 해제하고 미리 그려둔 사각형의 한가운데에 배치한다.

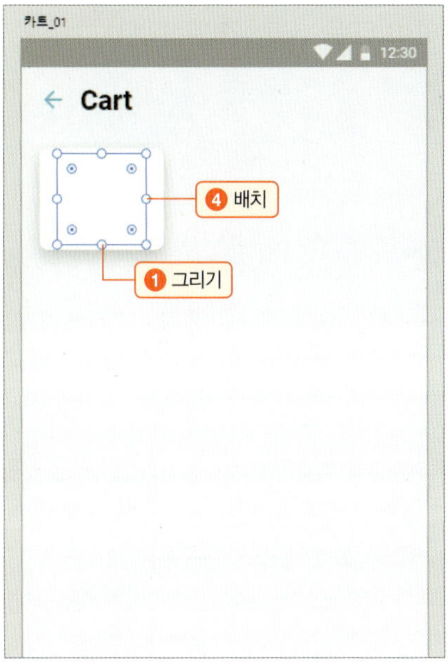

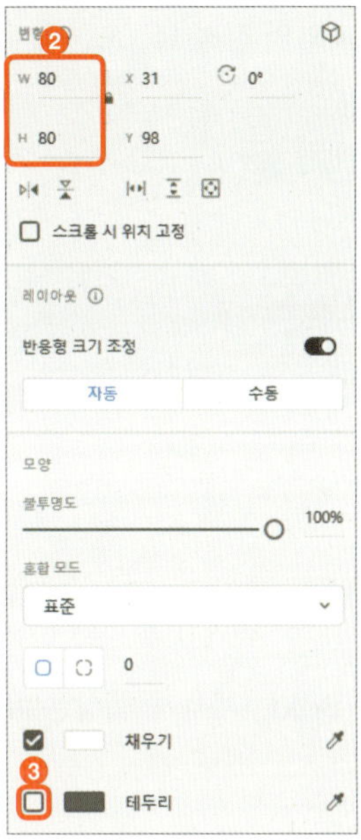

07 [Chapter_11\Section_03] 폴더에서 'img1.png' 파일을 사각형 내부로 드래그해 가져온다.

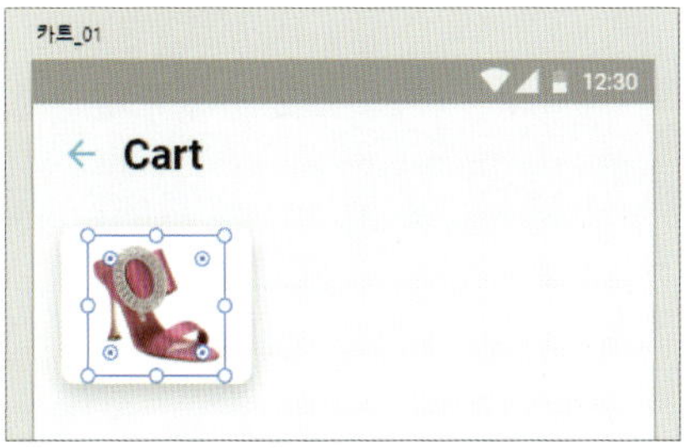

08 텍스트 툴(T)로 W가 160인 텍스트 필드를 만들고 제품명을 입력한다. 여기서는 'Cubic leather Hill'이라고 입력했다. 글꼴은 Roboto, 글꼴 크기는 16, 글꼴 두께는 Bold, '채우기' 색상은 #707070으로 설정하고 이미지와 간격 16을 두고 배치한다.

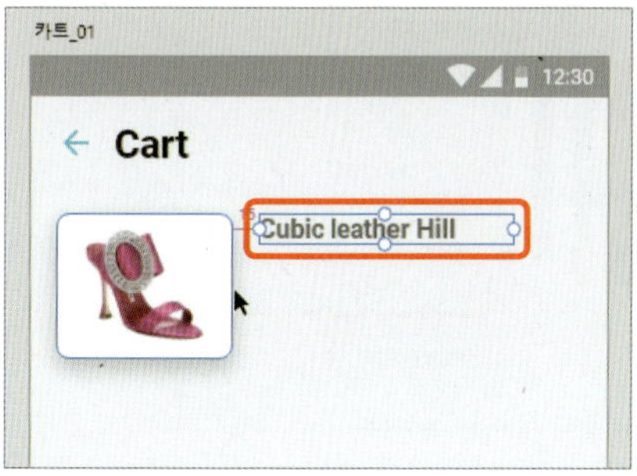

09 텍스트 툴(T)로 W가 202인 텍스트 필드를 만들고 제품 옵션을 입력한다. 여기서는 'Hot Pink'라고 입력했다. 글꼴은 Roboto, 글꼴 크기는 16, 글꼴 두께는 Light, '채우기' 색상은 #707070으로 설정하고 이미지와의 간격 16, 오른쪽 여백이 16이 되는 위치에 배치한다.

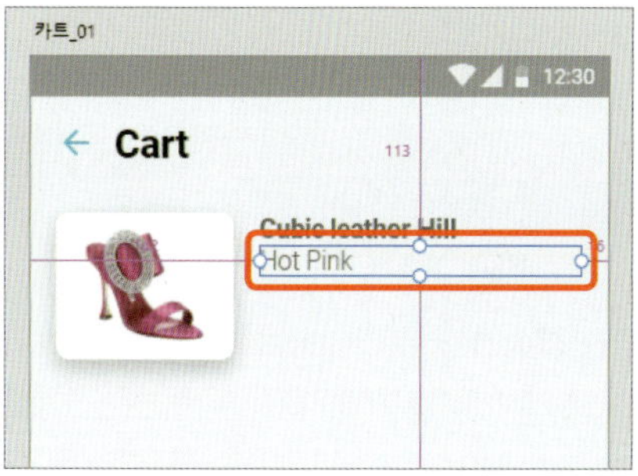

10 텍스트 툴(T)로 W가 202인 텍스트 필드를 만들고 제품 가격을 입력한다. 글꼴은 Roboto, 글꼴 크기는 16, 글꼴 두께는 Bold, '채우기' 색상은 #FF095C로 설정하고 오른쪽 여백 16을 두고 배치한다.

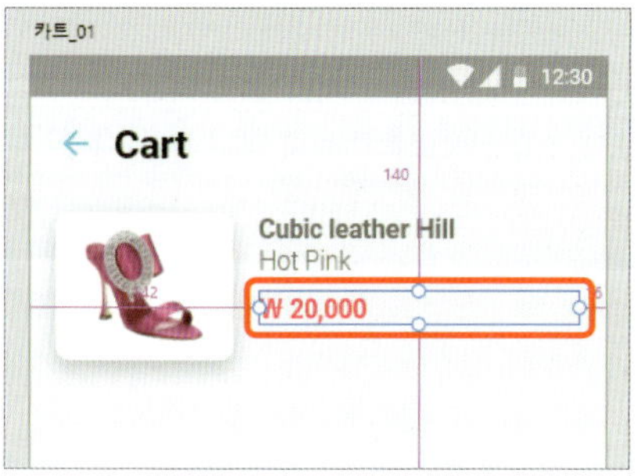

Tip UX에서 가격은 시각적으로 두드러져 보여야 하기 때문에 색상이나 글꼴 두께 등의 옵션을 다른 요소와 다르게 설정해 차별화하는 것이 좋다.

11 원형 툴(○)로 W와 H가 18인 정원을 그린 후 '채우기' 색상을 #D6D6D6로 설정하고 '테두리'의 체크를 해제한다.

12 사각형 툴(□)로 W가 10, H가 2인 사각형을 그린 후 원의 중앙에 배치하고 '모든 모퉁이에 대해 동일한 반경' 값을 1로 설정한다. '채우기' 색상은 #707070으로 설정하고 '테두리'의 체크는 해제한다. 마이너스 버튼 모양이 완성되었다.

13 선택 툴(▶)로 원과 선을 함께 선택하고 Alt를 누른 채 오른쪽으로 드래그해 복제한다. 선만 선택해 Ctrl+C와 Ctrl+V를 이어서 누르면 같은 위치에 복제된다. 복제한 선이 선택된 상태에서 '회전'에 90을 입력해 90° 회전시켜 + 형태를 만든다.

14 마이너스 버튼과 플러스 버튼의 간격을 32로 하고 버튼 사이에 두 자리 숫자를 입력한다.

Tip 여러 개를 주문할 수 있도록 두 자리 혹은 세 자리 숫자를 입력한다. 이때 1은 예시로 사용하지 않는다.

15 구분선으로 사용할 요소를 사각형 툴(□)로 W가 202, H가 1인 사각형을 그려 만든다. '채우기' 색상을 #EBEBEB로 설정하고 버튼과의 간격이 15가 되도록 배치한다.

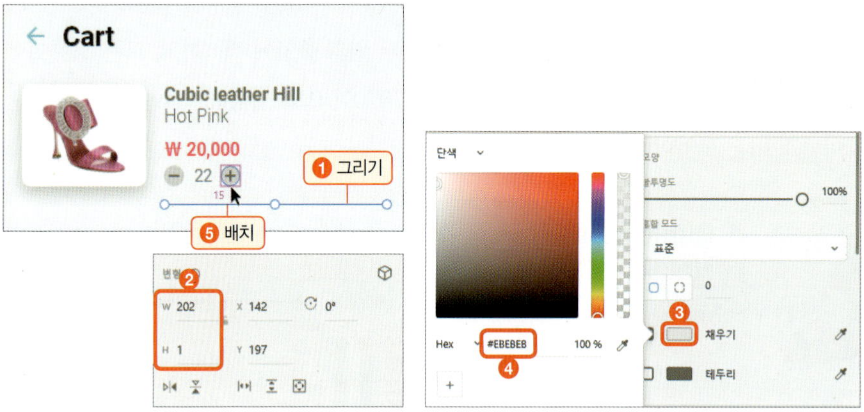

Tip 리스트는 같은 형태가 반복되므로 하단 여백뿐 아니라 다음 상단의 여백도 고려해 배치하는 것이 좋다.

16 플러스 버튼을 복제해 제품명 오른쪽에 배치한다. + 형태를 이룬 선을 하나씩 선택하고 '회전'에 45와 135를 각각 입력해 ×형태로 만든다.

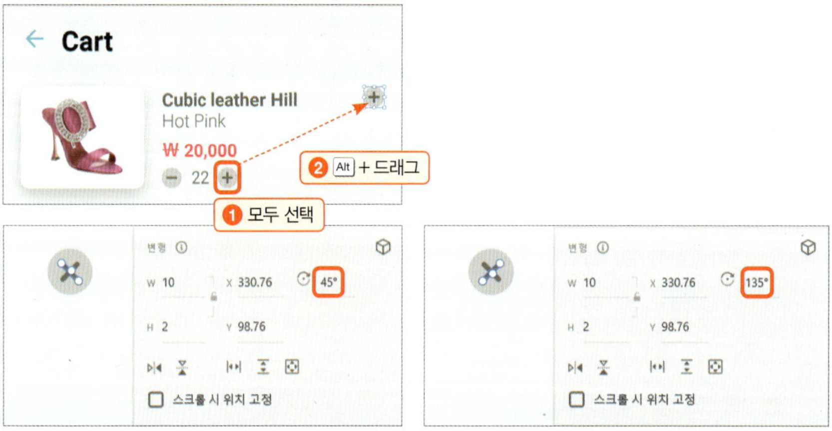

17 리스트 요소 전체를 선택하고 Ctrl + G 를 눌러 그룹으로 만든 후 15 간격으로 그림과 같이 배치한다.

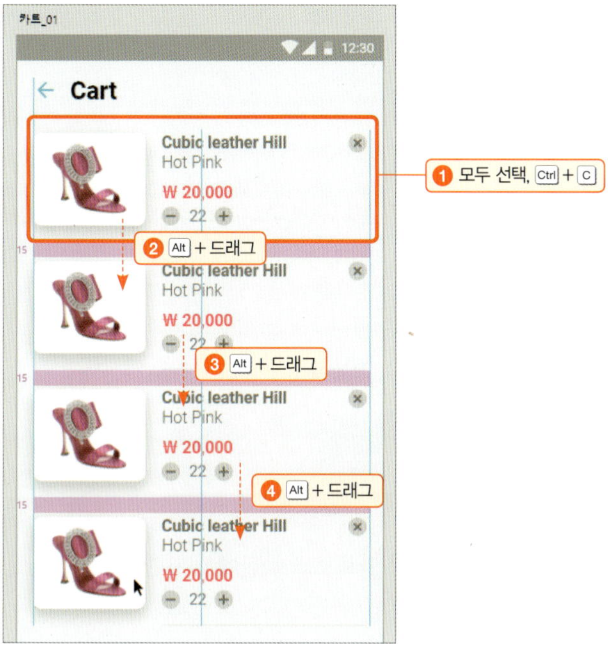

18 [Chapter_11\Section_03] 폴더에서 이미지를 골라 각 리스트의 이미지를 교체하고 제품명과 옵션명을 변경한다.

19 리스트 맨 아래 구분선의 W를 328로 수정하고 마지막 리스트와 간격 30이 되도록 배치해 리스트가 끝났음을 표시한다.

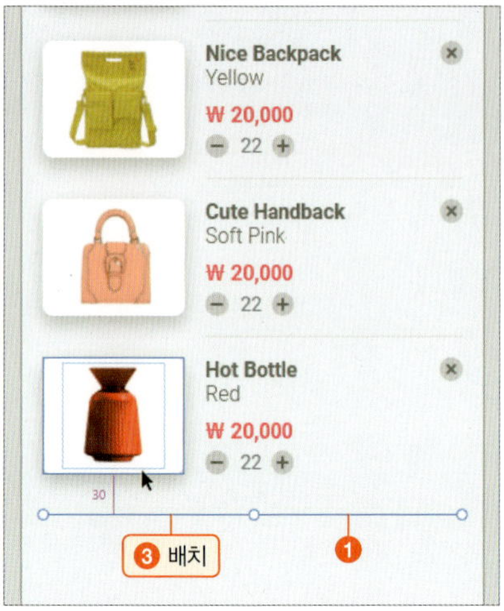

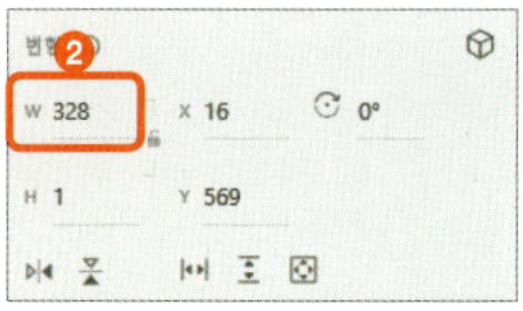

20 사각형 툴( )로 W가 360, H가 72인 사각형을 그려 아트보드 하단에 배치한다.

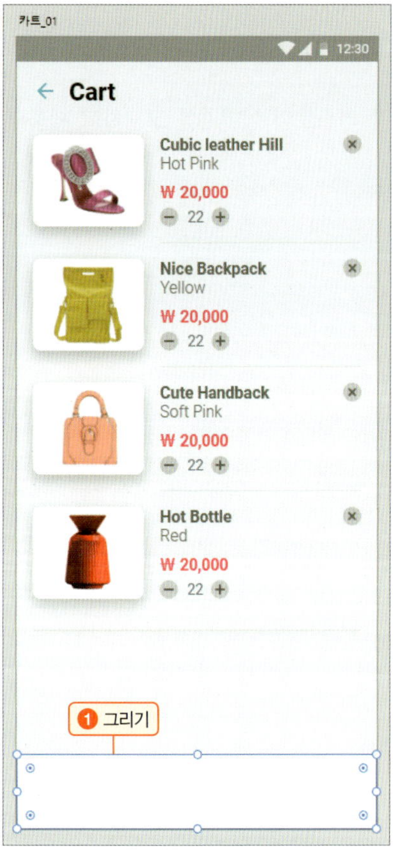

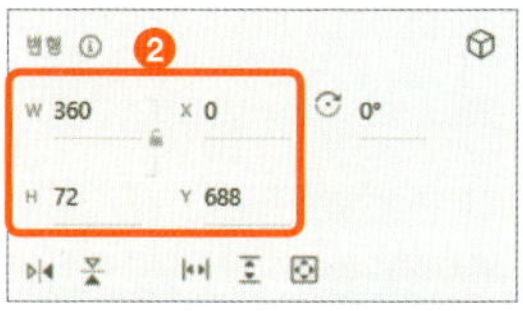

21 사각형이 선택된 상태에서 '테두리'의 체크를 해제한다. '그림자'의 색상은 #000000, 알파 값은 10%, 위치와 흐림 정도는 X 0, Y −3, B 6으로 설정해 사각형 윗면에 그림자를 만든다.

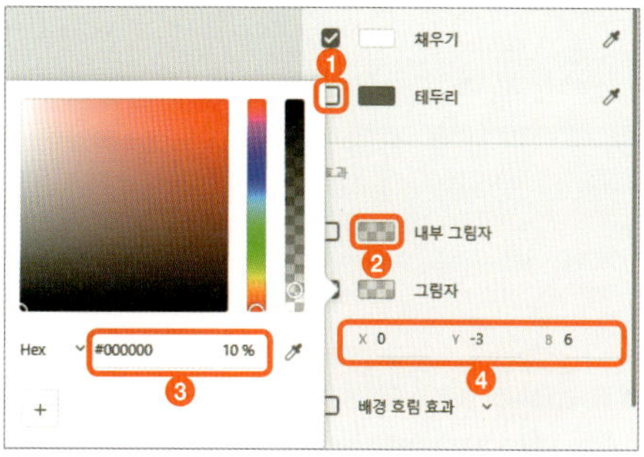

22 사각형 내부에 왼쪽 여백 16을 두고 합계 금액을 입력한다. 'TOTAL'의 글꼴은 Roboto, 글꼴 크기는 12, 글꼴 두께는 Bold이며, 금액은 글꼴 크기를 20으로 설정해 더 잘 보이도록 했다. 기호인 ₩는 글꼴 크기를 18로 변경한다.

23 사각형 툴(□)로 W가 215, H가 48인 사각형을 만든 후 '모든 모퉁이에 대해 동일한 반경' 값을 24로 설정한다. '채우기' 색상은 #FF095C로 설정하고 '테두리'의 체크는 해제한다.

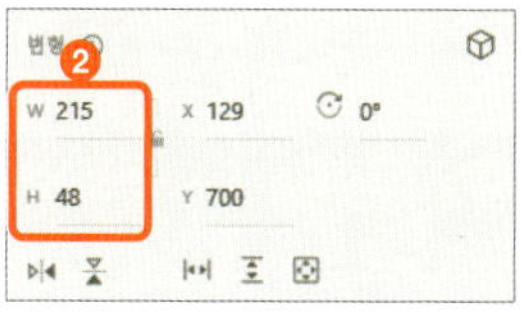

24 텍스트 툴(T)로 모퉁이가 둥근 사각형의 중앙에 'ORDER'를 입력한다. 글꼴은 Roboto, 글꼴 크기는 20, 글꼴 두께는 Bold로 설정한다.

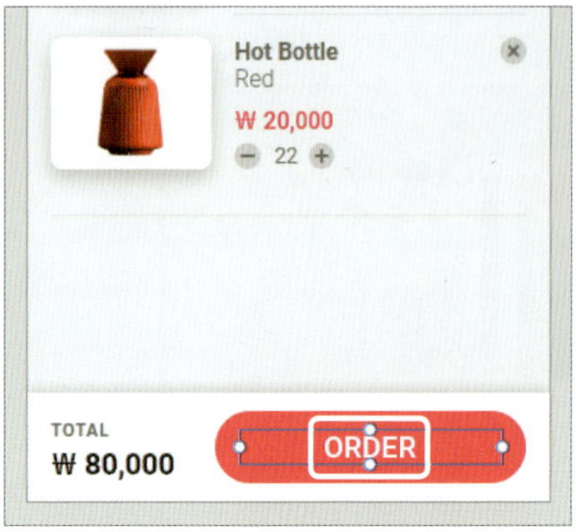

25 '카트_01' 아트보드를 복제하고 아트보드의 이름을 '주문_01'로 변경한다. 상태 표시줄과 타이틀을 제외한 모든 오브젝트를 선택해 삭제한다. 타이틀 텍스트는 'Order'로 변경한다.

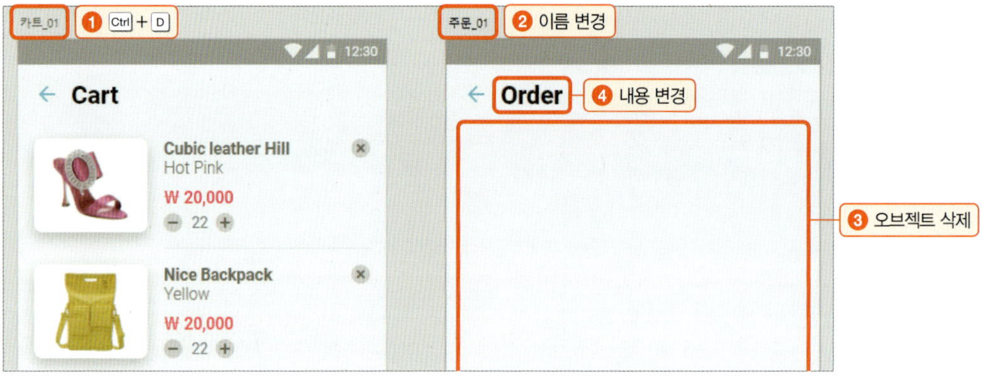

26 텍스트 툴(T)로 텍스트 필드를 만들어 'Address'를 입력하고 좌우 여백이 16이 되도록 배치한다. 글꼴은 Roboto, 글꼴 크기는 20, 글꼴 두께는 Medium, '채우기' 색상은 #707070으로 설정한다.

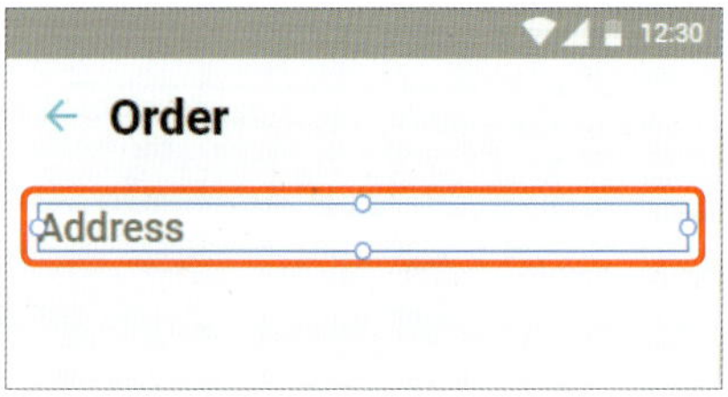

27 'Address' 텍스트 필드를 아래에 하나 복제하고 플러그인 패널에서 'Content Generator'를 선택해 옵션 창이 열리면 'Names' 항목의 'Both'를 클릭한다. 글꼴은 크기만 16으로 변경한다.

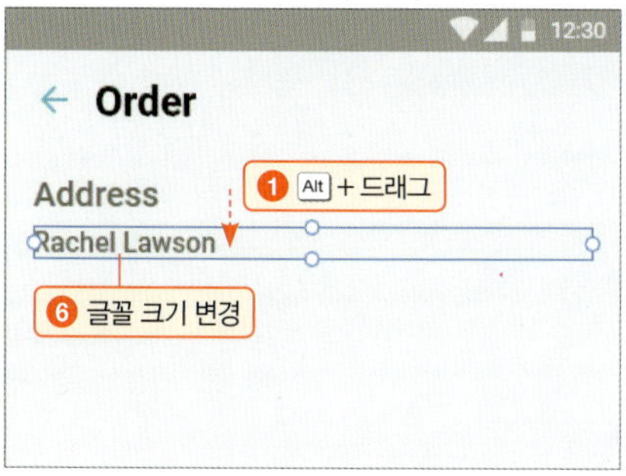

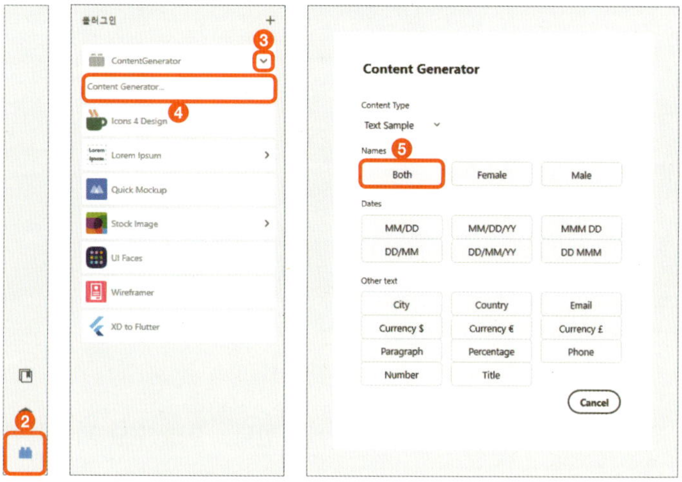

28 텍스트 필드를 하나 더 만들고 주소를 입력한다. 글꼴은 Roboto, 글꼴 크기는 16, 글꼴 두께는 Light, '채우기' 색상은 #707070으로 설정한다.

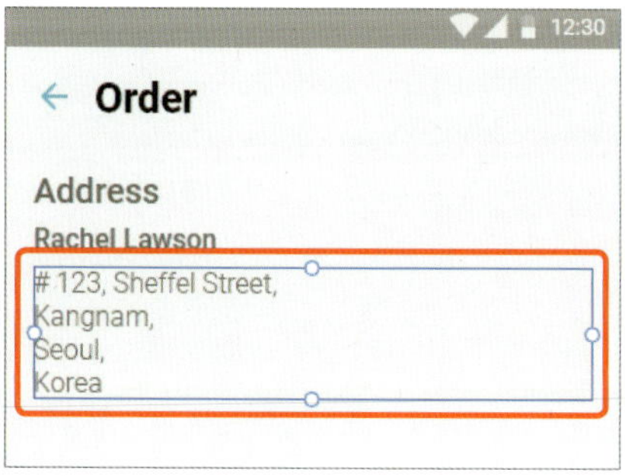

Tip 모든 텍스트 필드의 너비가 같으므로 각각 만들지 않고 줄 바꿈해 입력한 후 글꼴 서식만 변경해도 된다.

29 카트 리스트 맨 아래에 있는 W가 328인 구분선을 복제해 넣고 텍스트와의 간격이 20이 되도록 배치한다.

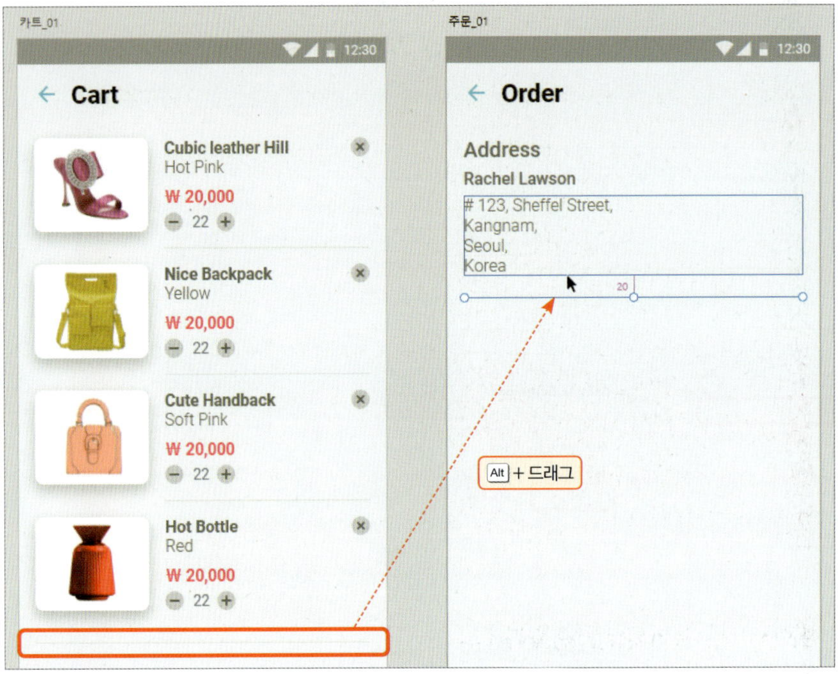

30 주소 타이틀을 복제해 구분선 아래에 간격 20을 두고 배치한다. 결재 수단 타이틀인 'PAYMENT METHOD'를 입력한다.

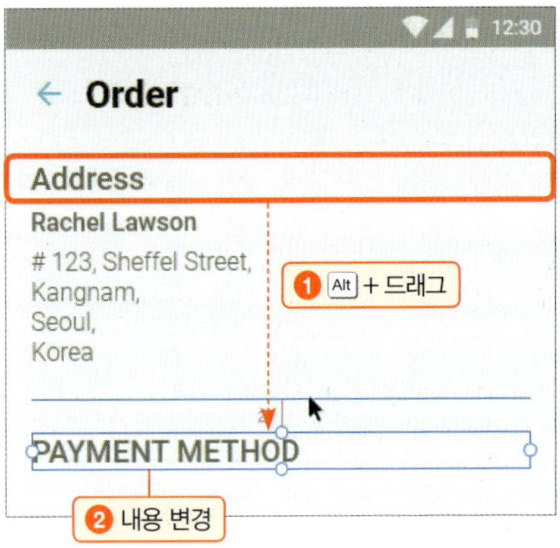

31 사각형 툴(□)로 W가 26, H가 18인 사각형을 만들고 '모든 모퉁이에 대해 동일한 반경' 값을 4로 설정한다.

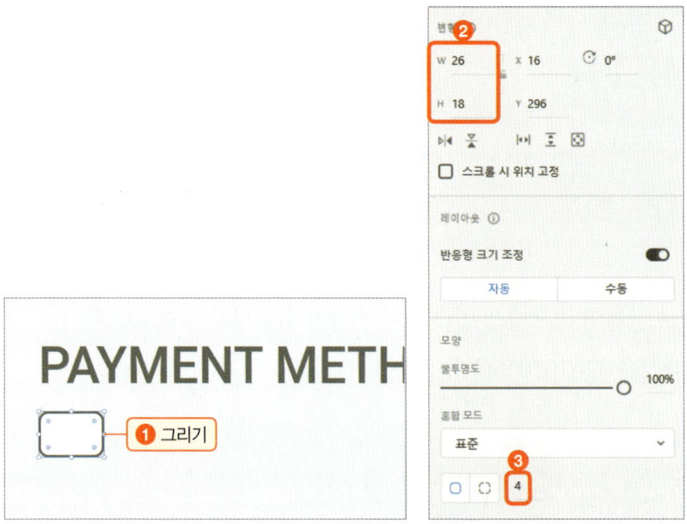

32 원형 툴(○)로 W와 H가 10인 정원을 사각형 내부에 그려 넣고 '채우기' 색상을 #FF4D4D로 설정한다. '테두리'의 체크는 해제한다.

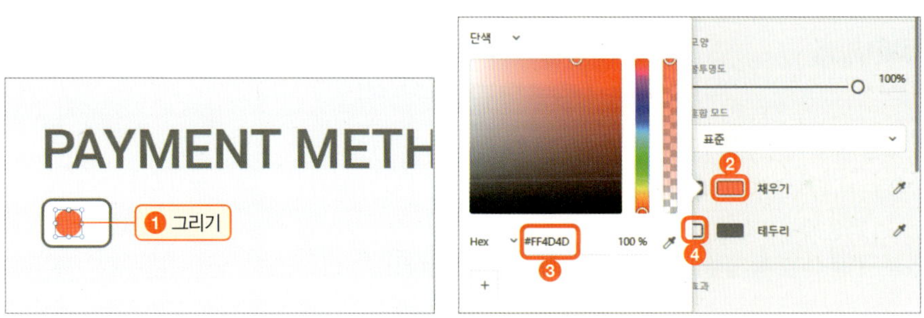

33 원을 복제해 그림과 같이 겹치게 배치하고 '채우기' 색상을 #FF9F21, 알파 값을 80%로 변경한다.

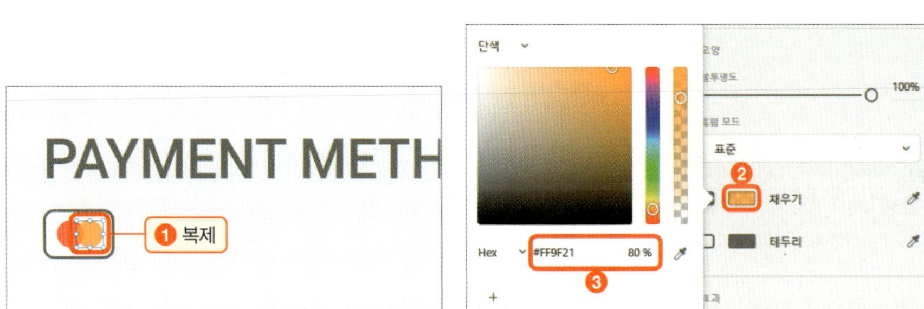

34 두 원을 사각형의 상하좌우 가운데에 배치하고 사각형을 선택해 '테두리'의 체크를 해제한다. 원과 사각형을 모두 선택하고 Ctrl+G를 눌러 그룹으로 만든다.

35 W가 292인 텍스트 필드를 만들어 카드명을 입력한다. 글꼴은 Roboto, 글꼴 크기는 16, 글꼴 두께는 Medium, '채우기' 색상은 #707070으로 설정한다.

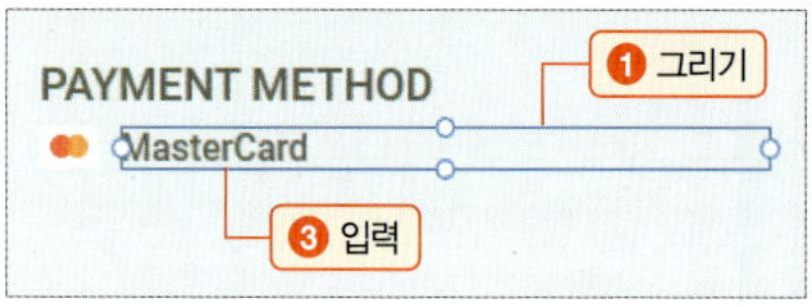

36 위에 있는 구분선을 복제해 20의 간격을 두고 배치한다.

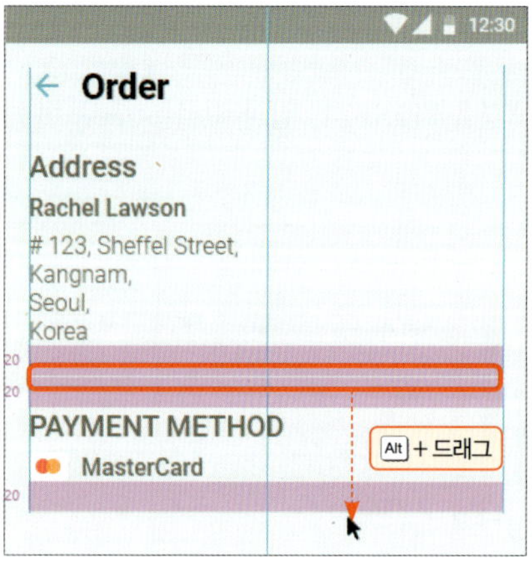

37 '카트_01' 아트보드에서 이미지를 하나 복제해 넣고 크기를 W 85, H 68로 줄인다.

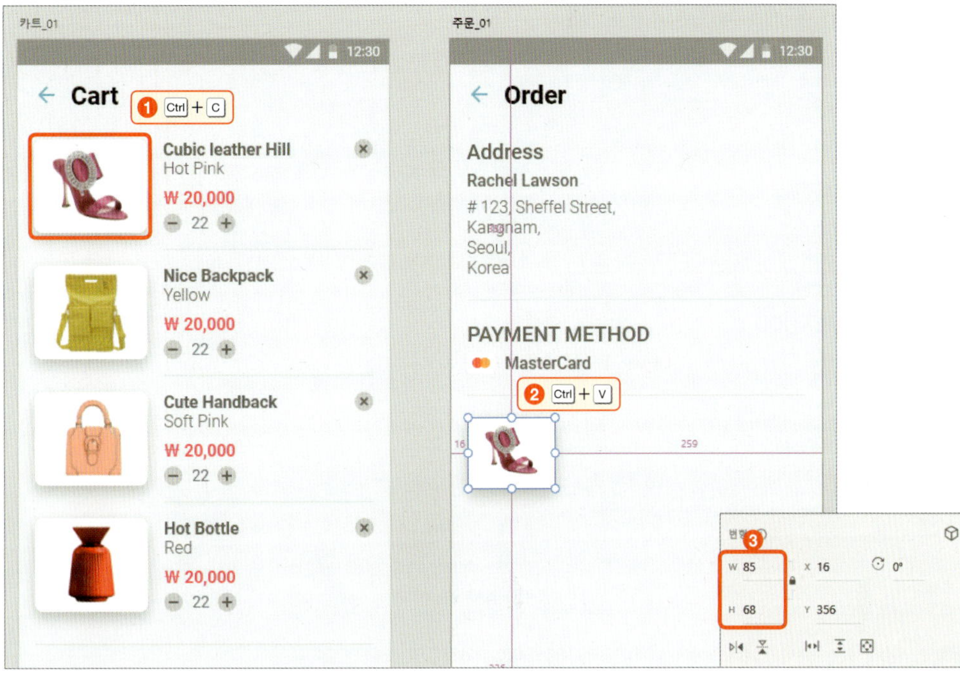

38 상품명, 옵션, 가격도 복제해 그림과 같이 배치한다. 주문 수량 스테퍼는 가격의 오른쪽 공간에 배치해 주문 단계에서도 수량을 수정할 수 있게 한다. 이미지와 텍스트의 간격은 16으로 한다.

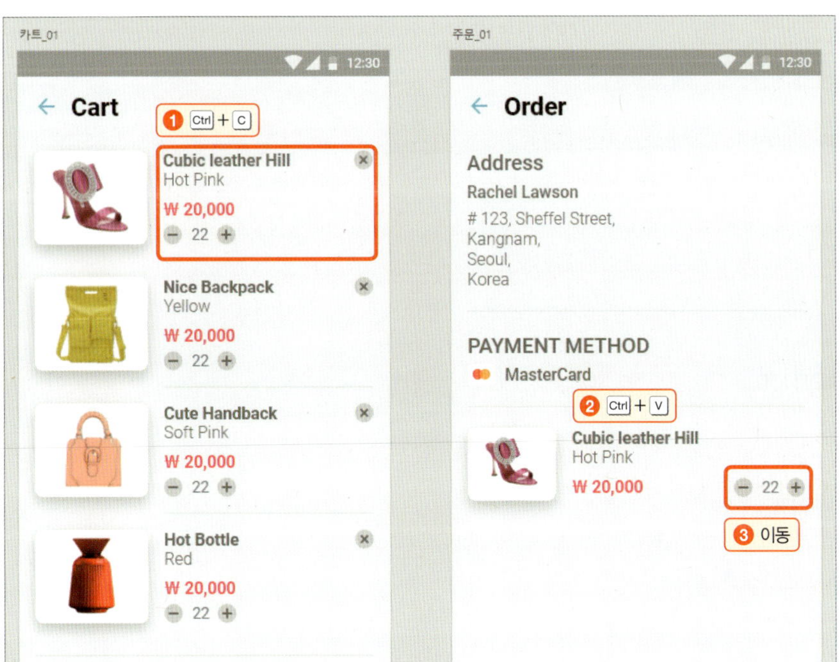

39 구분선을 복제해 W를 227로 변경하고 이미지와의 간격이 16이 되는 위치에 배치한다.

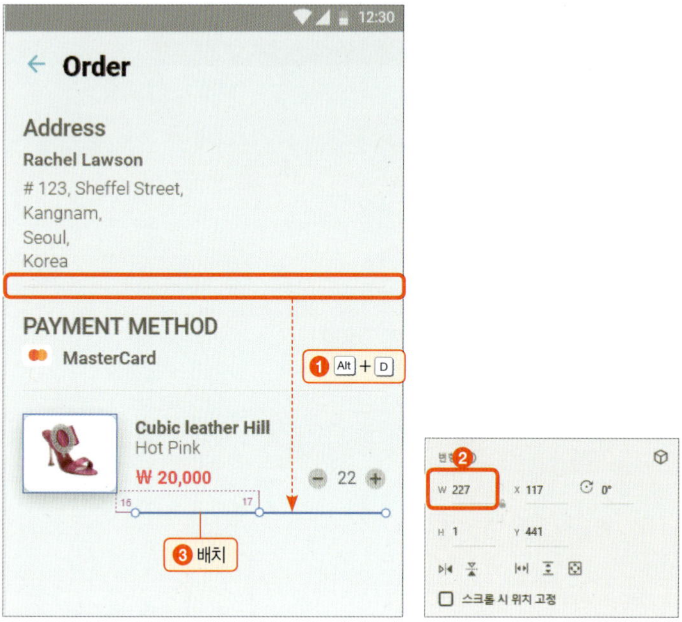

Tip 227은 복제한 구분선의 너비 328에서 이미지 크기 85와 이미지와의 간격 16을 뺀 값이다.

40 판매자에게 요청할 사항을 적을 부분의 텍스트를 입력하고 글꼴은 Roboto, 글꼴 크기는 14, 글꼴 두께는 Light Italic, '채우기' 색상은 #707070으로 설정한다. 구분선과의 간격은 20으로 한다.

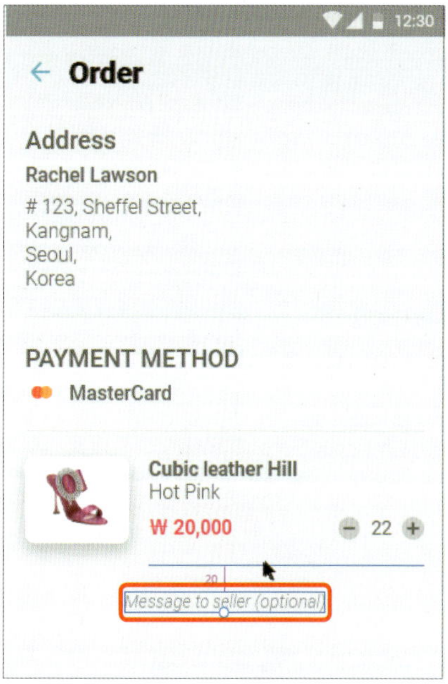

41 다시 구분선을 복제해 텍스트와 20의 간격을 두고 배치한다.

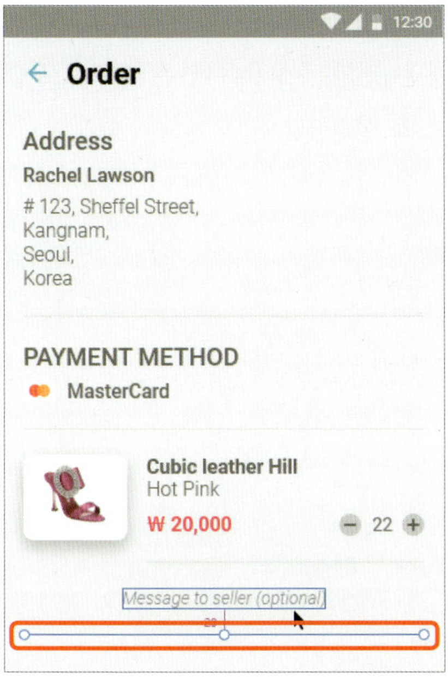

42 '카트_01' 아트보드의 하단 버튼 영역을 '주문_01' 아트보드로 복제하고 'ORDER'를 'PAY NOW'로 변경한다.

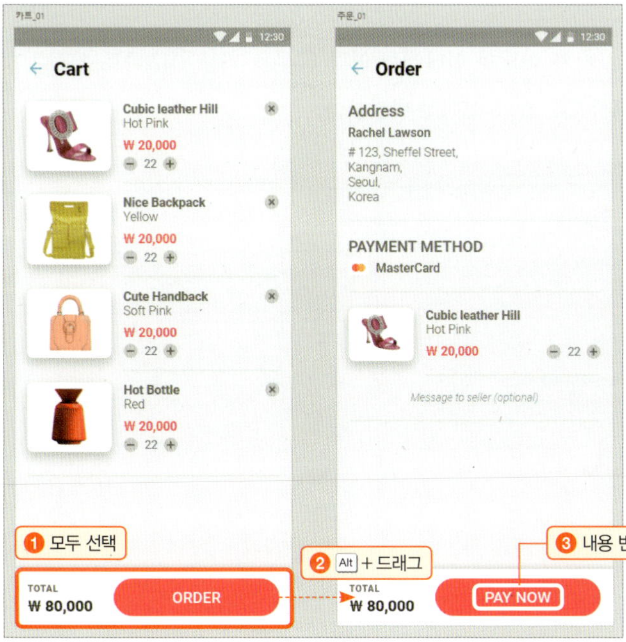

2 카트 리스트와 주문 페이지의 프로토타입

01 프로토타입 모드로 전환해 '카트_01' 아트보드에 있는 Order 버튼의 인터랙션 연결 위젯을 '주문_01' 아트보드로 연결한다. 이때 '트리거'는 [탭], '유형'은 [전환], '애니메이션'은 [왼쪽으로 슬라이드], '이징 효과'는 [서서히 끝내기], '재생 시간'은 [0.3초]로 설정한다.

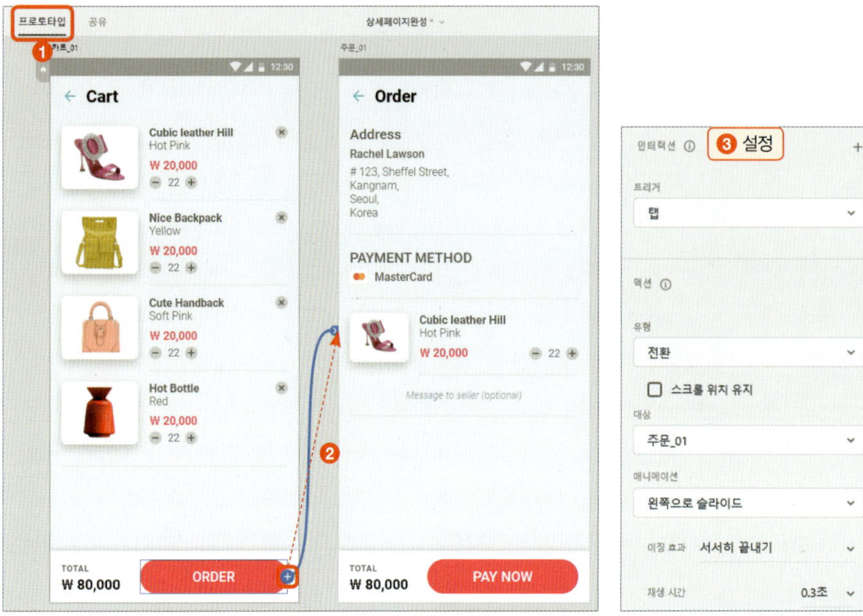

02 '주문_01' 아트보드에 있는 뒤로 가기 버튼의 인터랙션 연결 위젯을 '카트_01' 아트보드로 연결한다. 옵션 중 '애니메이션'만 [오른쪽으로 슬라이드]로 변경한다.

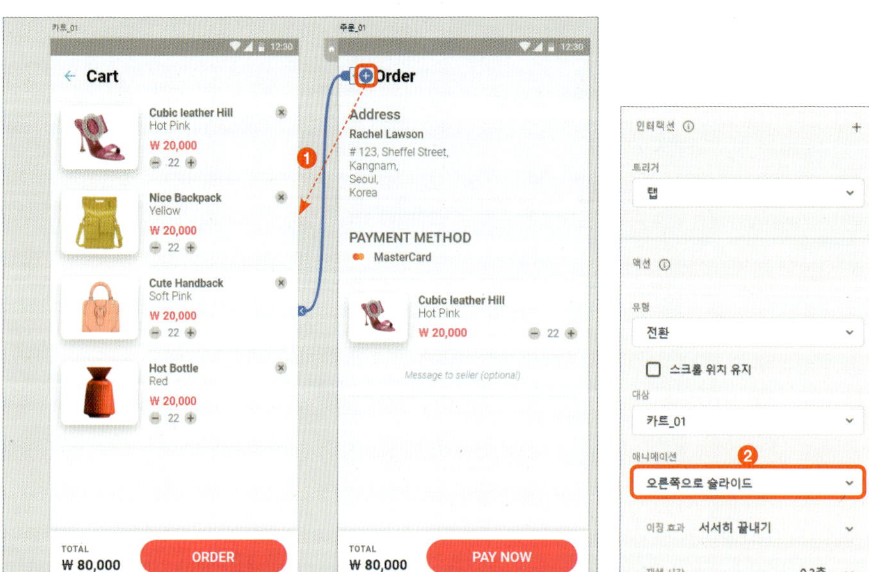

03 Ctrl + - 를 눌러 다른 아트보드가 모두 보이도록 화면을 축소한다. '카트_01' 아트보드에 있는 뒤로 가기 버튼의 인터랙션 연결 위젯을 '메인페이지_01' 아트보드로 연결한다. 옵션은 그대로 유지한다.

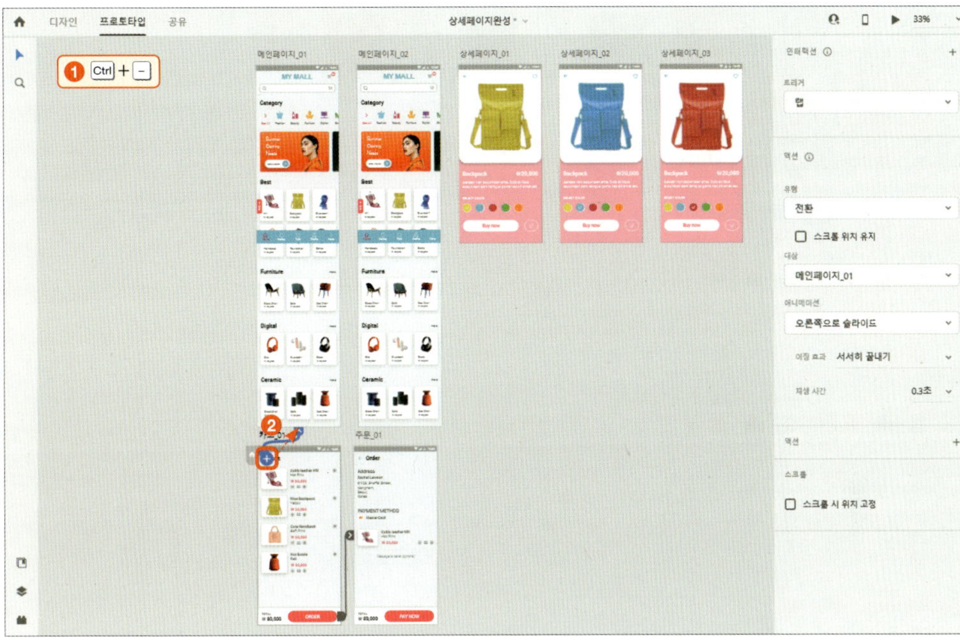

04 '메인페이지_01' 아트보드의 앱 제목 옆에 있는 카트 아이콘의 인터랙션 연결 위젯을 '카트_01' 아트보드로 연결한다. 옵션은 '애니메이션'만 [왼쪽으로 슬라이드]로 변경한다.

05 '메인페이지_02' 아트보드에 있는 카트 아이콘의 인터랙션 연결 위젯을 '카트_01' 아트보드로 연결한다. 옵션은 그대로 둔다.

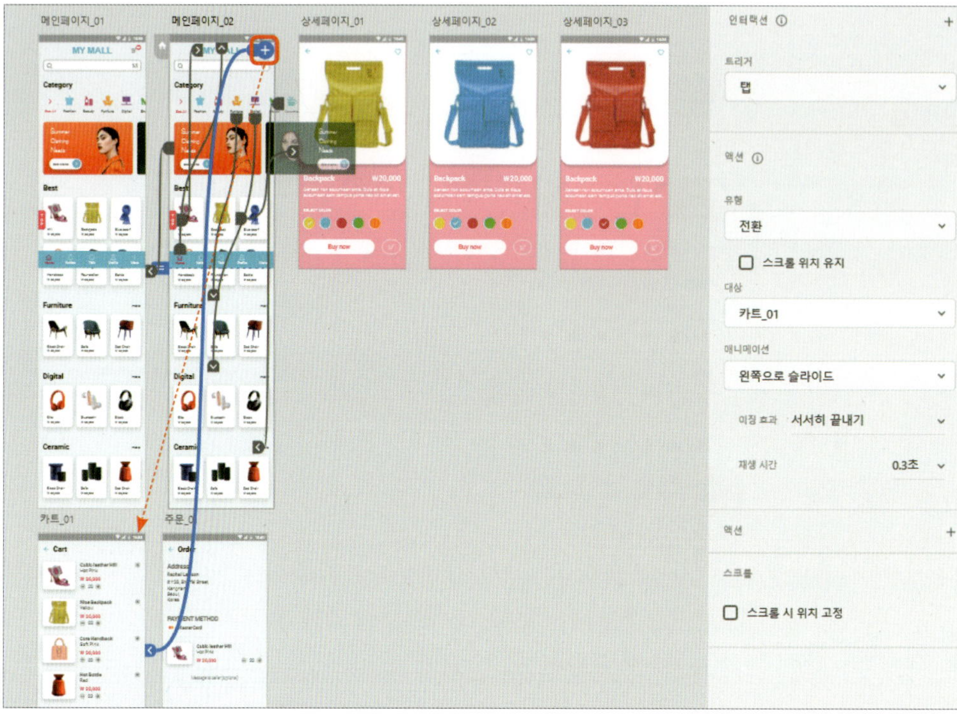

06 '상세페이지_01', '상세페이지_02', '상세페이지_03' 아트보드의 카트 아이콘 역시 인터랙션 연결 위젯을 '카트_01' 아트보드로 연결한다. 옵션은 동일하다.

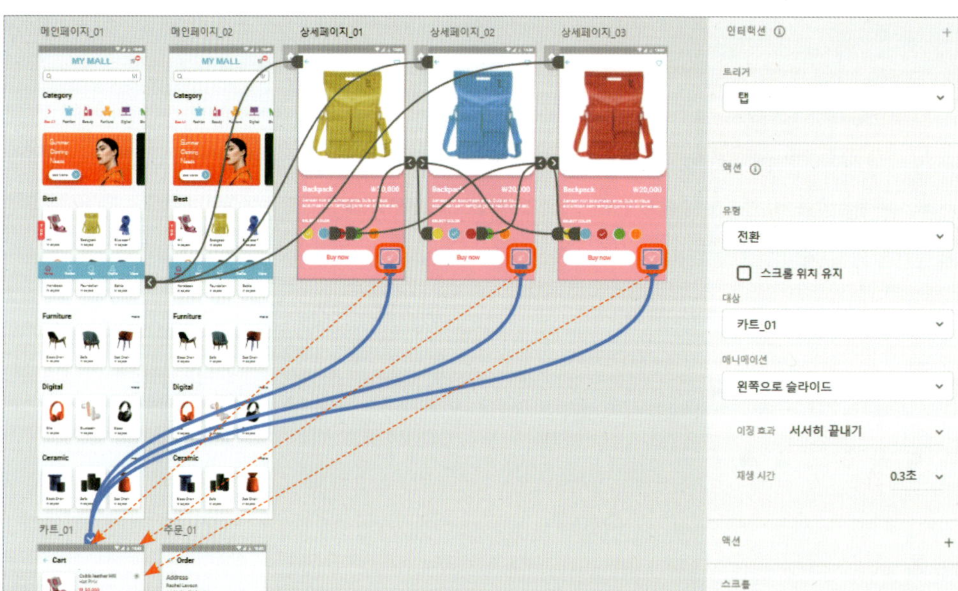

4
검색

1 검색 페이지 제작 실습

01 '주문_01' 아트보드를 복제하고 이름을 '검색_01'로 변경한다. 상태 표시줄과 타이틀을 제외한 모든 오브젝트를 선택해 삭제하고, 타이틀 텍스트는 'Search'로 변경한다.

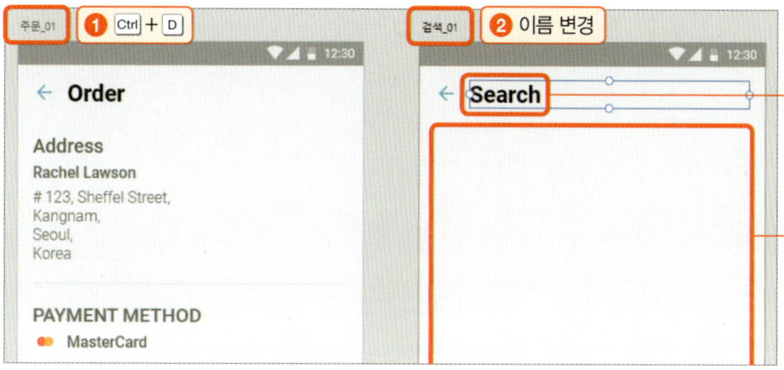

02 사각형 툴(□)로 W가 328, H가 35인 사각형을 그린 후 '모든 모퉁이에 대해 동일한 반경' 값을 8로 설정한다. 좌우 여백은 16이다.

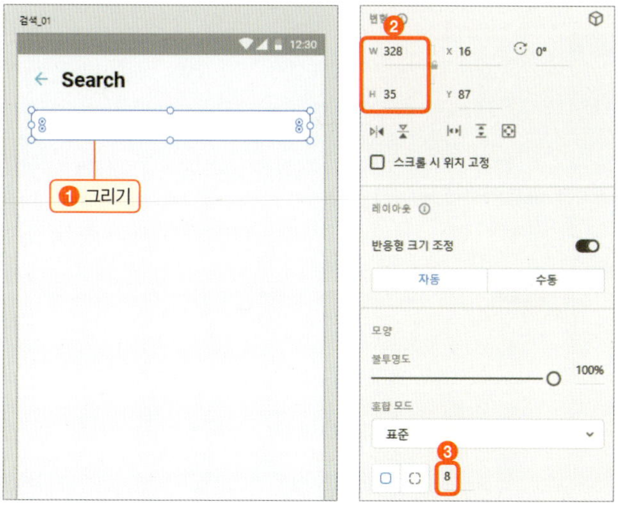

03 H가 30인 사각형을 임시로 만들어 베이스라인과 검색 창의 간격을 30으로 맞춘다.

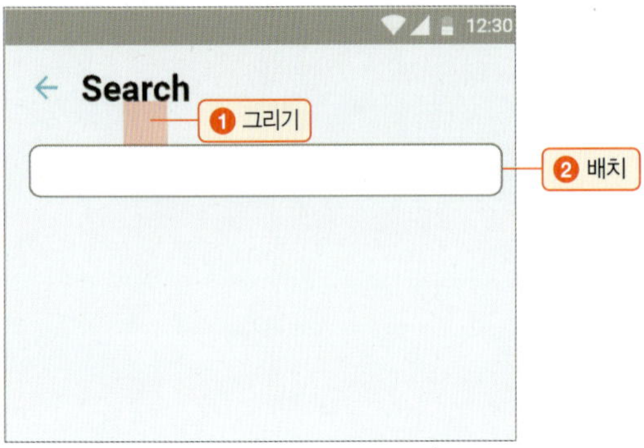

04 텍스트 툴(T)로 검색 상자 내부에 좌우 여백이 8, W가 312인 텍스트 필드를 그린 후 영문 T를 입력한다. 글꼴은 Roboto, 글꼴 크기는 16, 글꼴 두께는 Regular, '채우기' 색상은 #707070으로 설정한다.

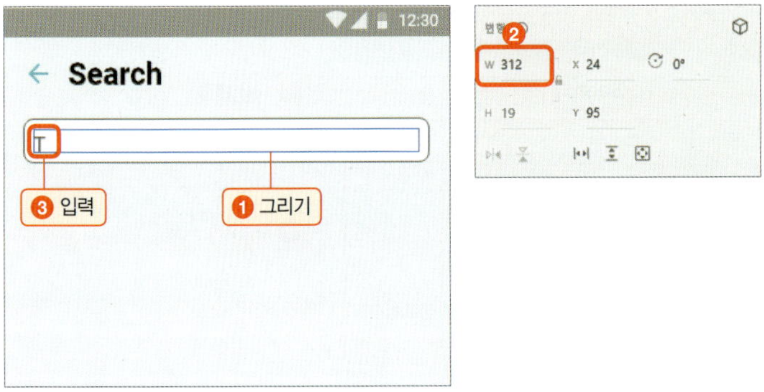

05 텍스트 필드를 복제해 4개를 더 만들고 연관 검색어의 예를 입력한다. '주문_01' 아트보드에서 W가 328인 구분선을 복제해 배치한다. 이때 연관 검색어의 간격은 모두 44가 되도록 한다.

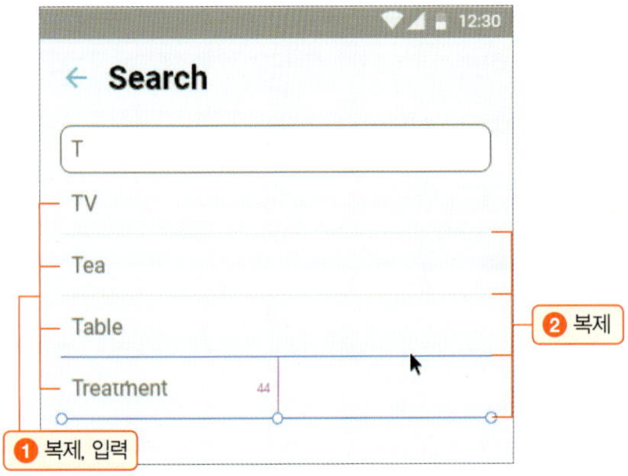

06 라이브러리의 '구성 요소'에서 'keyboard_light'를 아트보드로 드래그해 하단에 배치한다.

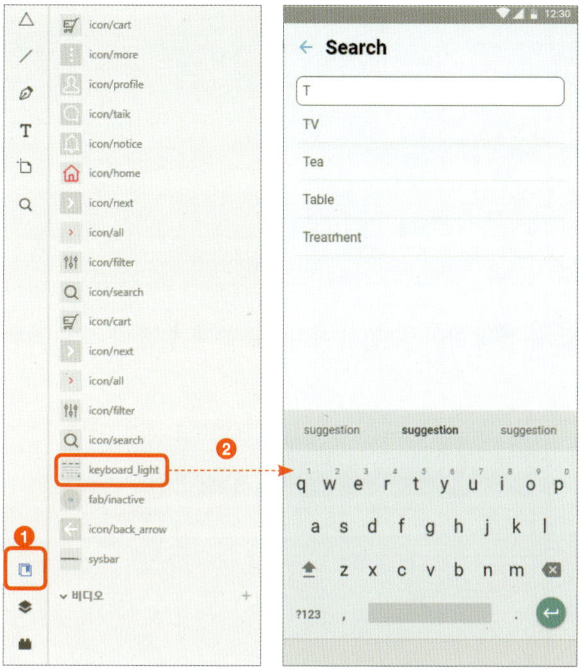

07 '검색_01' 아트보드를 복제하고 아트보드 이름을 '검색_02'로 변경한다. 상태 바를 제외한 나머지 항목은 모두 삭제한다.

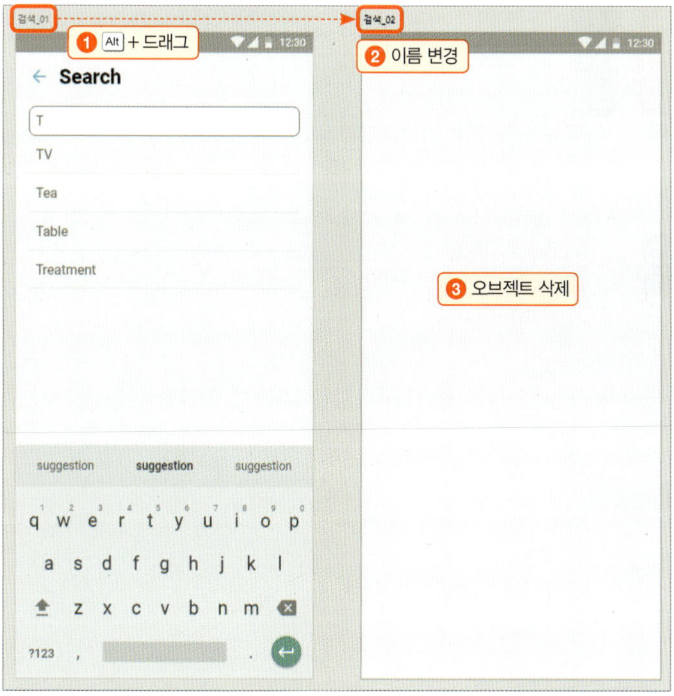

08 사각형 툴(□)로 W가 360, H가 56인 상단 앱 바 공간을 만든다.

09 '메인페이지_01' 아트보드에서 검색 바, 검색 아이콘, 필터 아이콘을 복제해 앱 바 상하 좌우 간격이 같도록 배치한다.

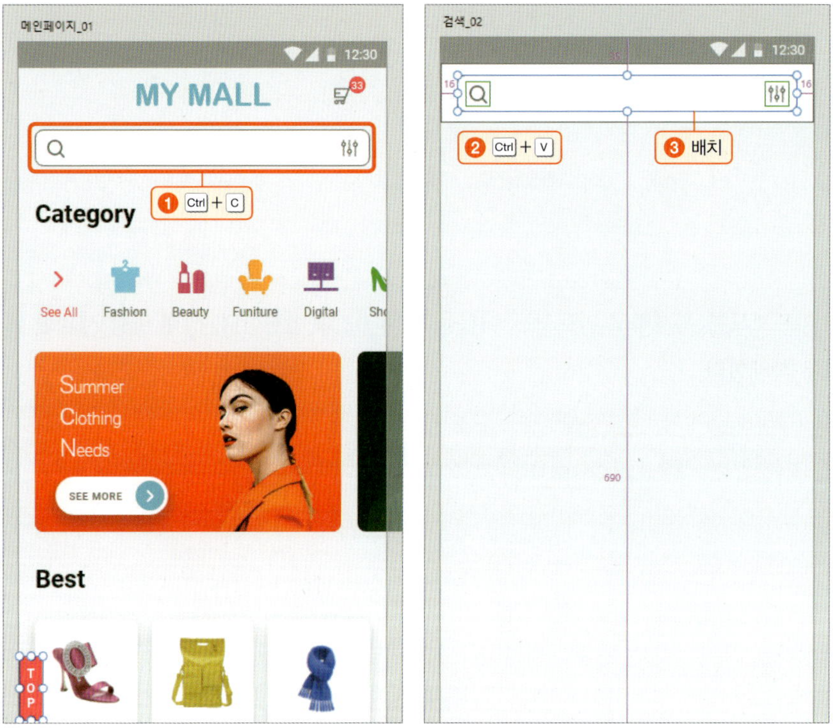

10 사각형 툴(□)로 앱 바 아래에 W가 360, H가 48인 사각형을 그려 탭 영역을 만든다.

11 탭 항목을 3개 배치할 예정이므로 360을 3으로 나누어 W가 120인 사각형 3개를 나란히 배치한다.

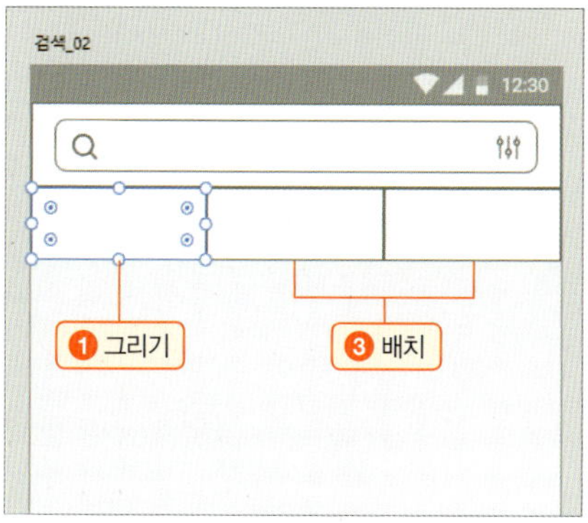

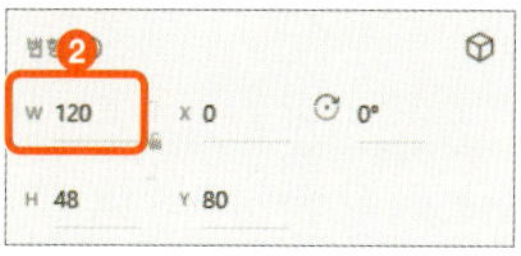

12 텍스트 툴(T)로 사각형 안에 텍스트 필드를 만들고 좌우 여백이 16이 되도록 W를 88로 설정한다. 'TOP RATED'를 입력하고 글꼴은 Roboto, 글꼴 크기는 12, 글꼴 두께는 Bold, '채우기' 색상은 #FF095C로 설정한다.

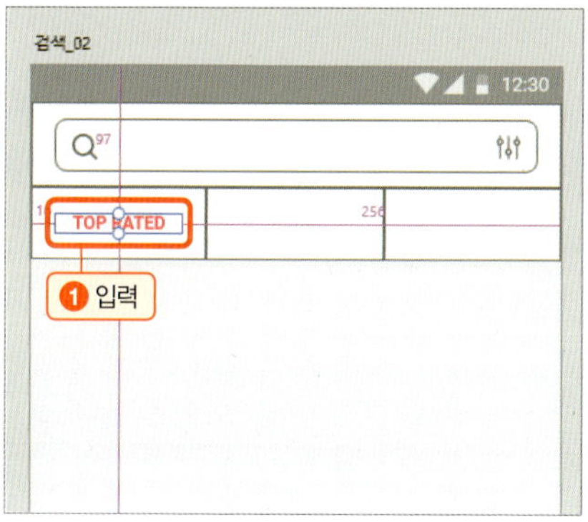

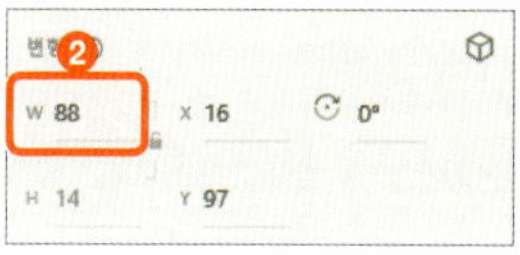

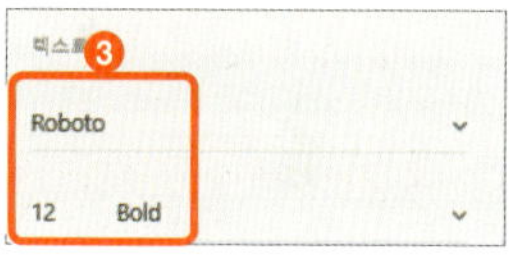

13 다음 메뉴 상자 안으로 텍스트를 복제하고 텍스트를 'PRICE LOW', 'PRICE HIGH'로 변경한다. '채우기' 색상은 #707070으로 변경한다.

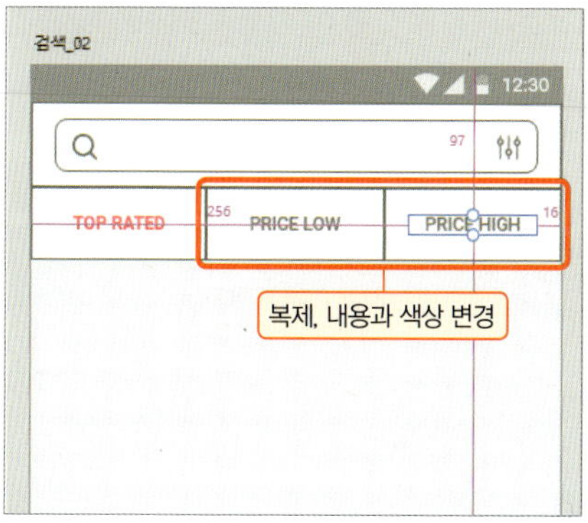

14 간격 배치를 위해 사용했던 사각형을 모두 삭제하고 앱 바의 H를 104로 변경한다. '테두리'의 체크는 해제하고 '그림자'에 체크한다. 그림자 위치와 흐림 정도를 X 0, Y 3, B 6으로 설정한다.

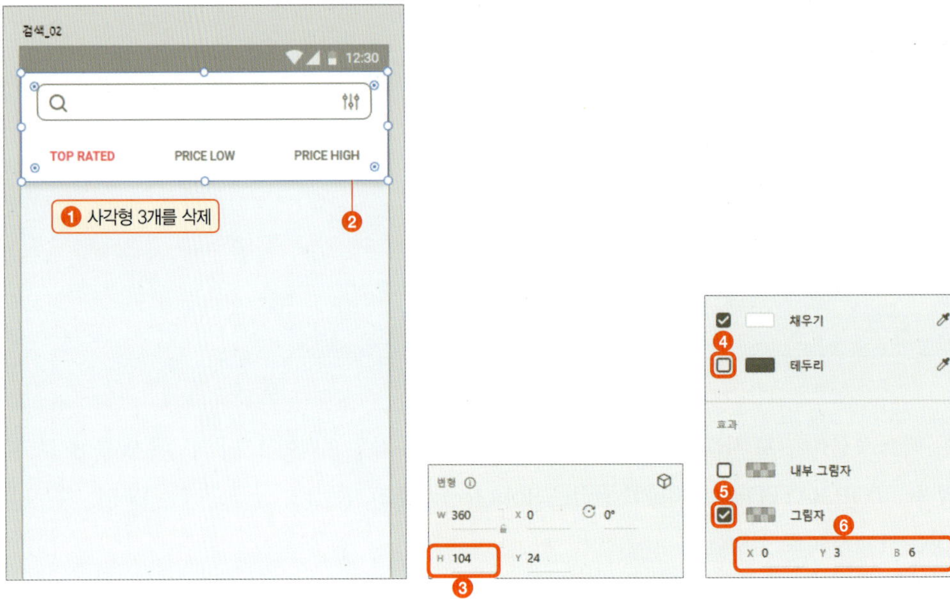

15 사각형 툴(□)로 W가 154, H가 240인 사각형을 그리고 '모든 모퉁이에 대해 동일한 반경' 값을 8로 설정한다. '테두리'의 체크는 해제하고 '그림자'에 체크한 후 그림자 위치와 흐림 정도를 X 0, Y 6, B 12로 설정한다. 상단 앱 바와의 간격은 20, 왼쪽 여백은 16이 되도록 배치한다.

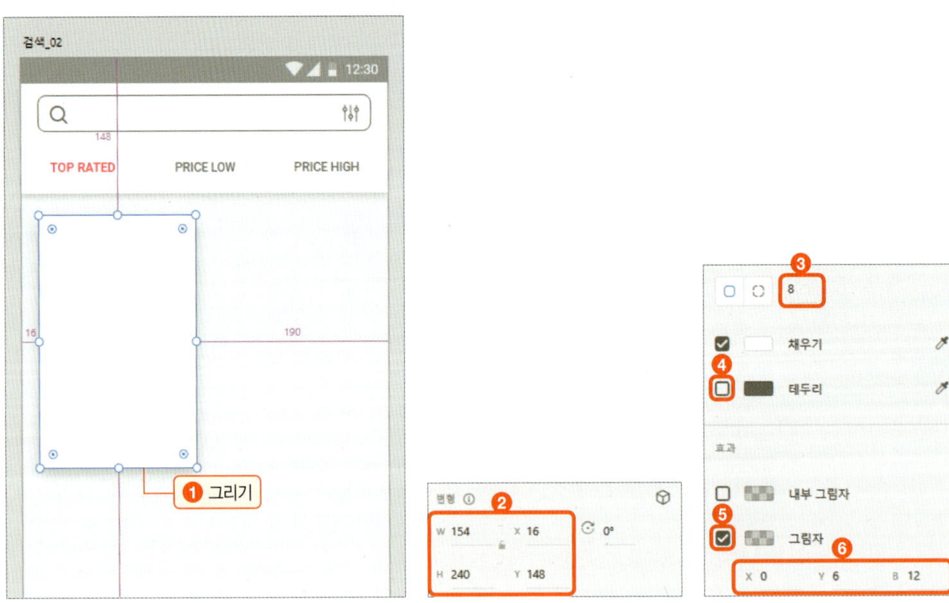

16 사각형 툴(□)로 W는 154, H는 180인 사각형을 그려 먼저 그린 사각형과 같은 위치에 겹쳐 배치한다. '각 모퉁이에 대해 다른 반경'을 선택하고 '왼쪽 상단 모퉁이 반경'과 '오른쪽 상단 모퉁이 반경'을 8로 설정한다.

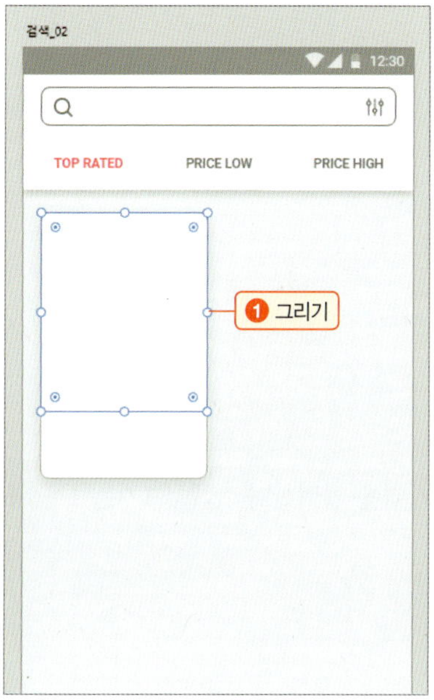

17 [Chapter_11\Section_04] 폴더에서 'img1.png' 파일을 방금 그린 사각형 내부로 드래그해 가져온 후 더블클릭해 이미지 위치를 조절한다.

18 텍스트 툴(T)로 컨테이너 안에 좌우 여백 8을 두고 W가 138인 텍스트 필드를 그린 후 상품명을 입력한다. 여기서는 'Blue T-Shirts'라고 입력했다. 글꼴은 Roboto, 글꼴 크기는 15, 글꼴 두께는 Light, '채우기' 색상은 #707070으로 설정한다.

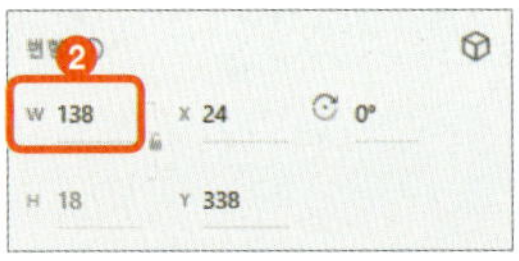

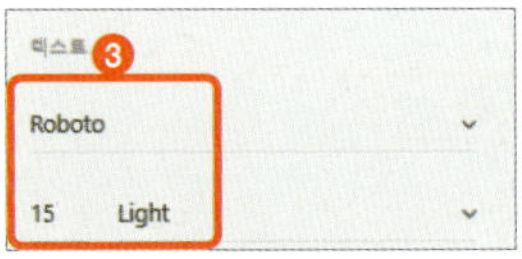

19 상품명을 입력한 텍스트 필드를 바로 아래에 복제한 후 가격을 입력한다. 글꼴 크기는 14, 글꼴 두께는 Bold로 수정한다.

20 컨테이너 안에 사각형 툴(□)로 W가 36, H가 16인 직사각형을 그린 후 '모든 모퉁이에 대해 동일한 반경' 값을 8로 지정하고 '채우기' 색상을 #FF095C로 설정한다.

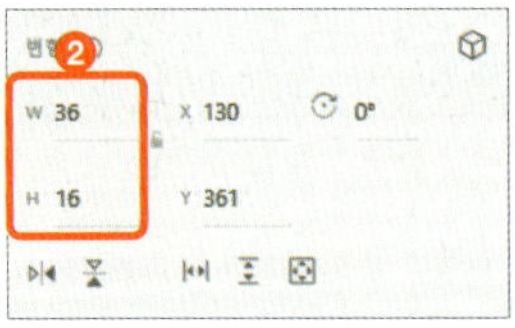

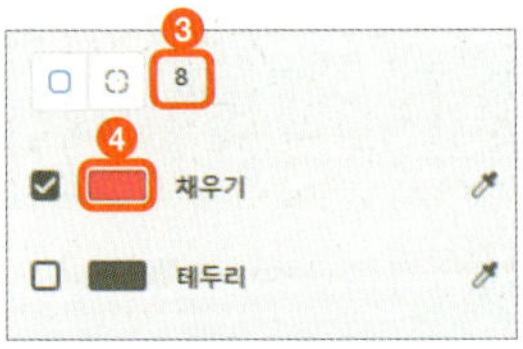

21 모퉁이가 둥근 사각형 안에 별 아이콘을 배치하고 평점을 입력한다. 글꼴은 Roboto, 글꼴 크기는 14, 글꼴 두께는 Bold, '채우기' 색상은 #FFFFFF로 설정한다. 평점을 입력할 때 1은 사용하지 않는다.

Tip 머티리얼 디자인 시스템(https://material.io)에 접속해 [resource] 메뉴를 선택하고 [Material Icons]를 클릭해 이동한다(https://fonts.google.com/icons). 'star'로 검색해 필요한 아이콘을 선택하고 다운로드한 후 사용한다.

22 카드 컨테이너를 모두 선택하고 Ctrl + G를 눌러 그룹으로 만든 후 복제해 상하 좌우 20의 간격을 두고 배치한다.

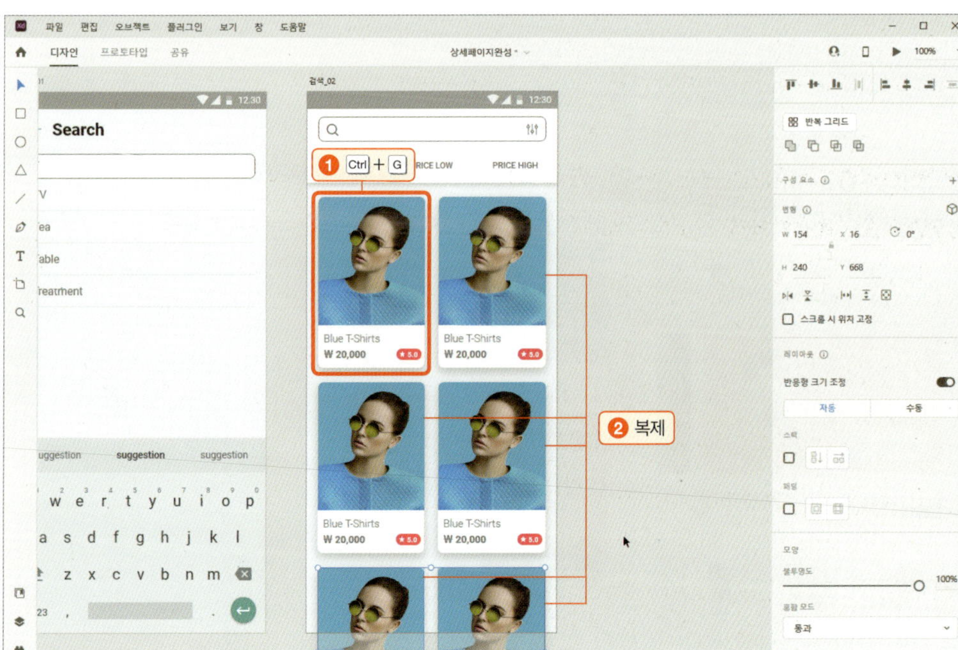

Tip 처음 컨테이너를 만들 때부터 좌우 여백과 거터 값을 고려해 카드 너비를 설정하는 것이 좋다.

23 [Chapter_11\Section_04] 폴더에 있는 이미지 파일들을 각 카드로 드래그해 카드 이미지를 변경한다.

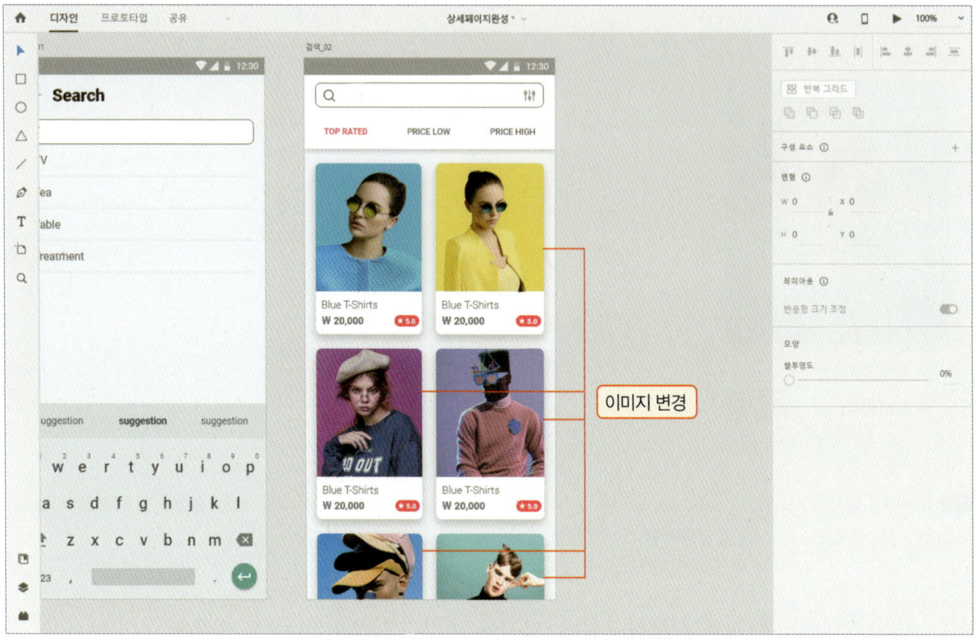

24 '메인페이지_01' 아트보드에서 하단 앱 메뉴 그룹을 복제해 붙여넣는다.

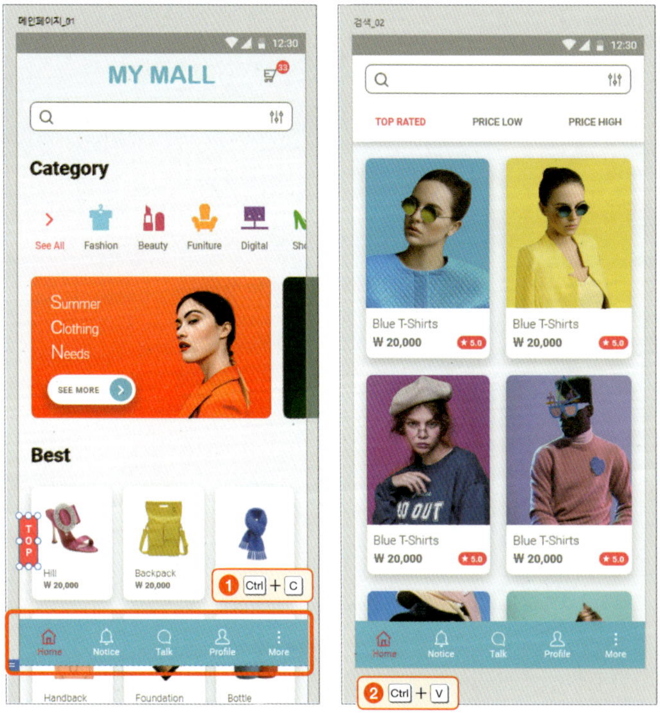

2 검색 페이지의 프로토타입

01 프로토타입 모드로 전환하고 '검색_01' 아트보드의 인터랙션 연결 위젯을 '검색_02' 아트보드로 연결한다. '인터랙션' 항목의 '트리거'는 [키 및 게임패드], '키'는 [↵]로 설정한다. 또 '액션' 항목의 '유형'은 [전환], '애니메이션'은 [왼쪽으로 슬라이드], '이징 효과'는 [서서히 끝내기], '재생 시간'은 [0.3초]로 설정한다.

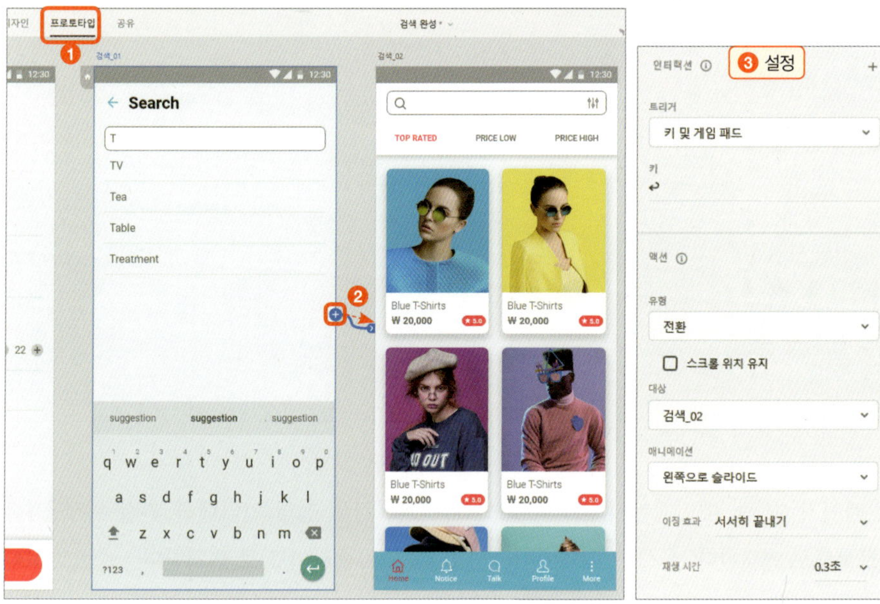

Tip '키'의 [↵]는 Enter를 눌러 입력한다.

02 '검색_02' 아트보드에 있는 홈 버튼의 인터랙션 연결 위젯을 '메인페이지_01' 아트보드로 연결한다. '트리거는' [탭], '유형'은 [전환], '애니메이션'은 [오른쪽으로 슬라이드]로 변환하고 나머지 옵션은 그대로 둔다.

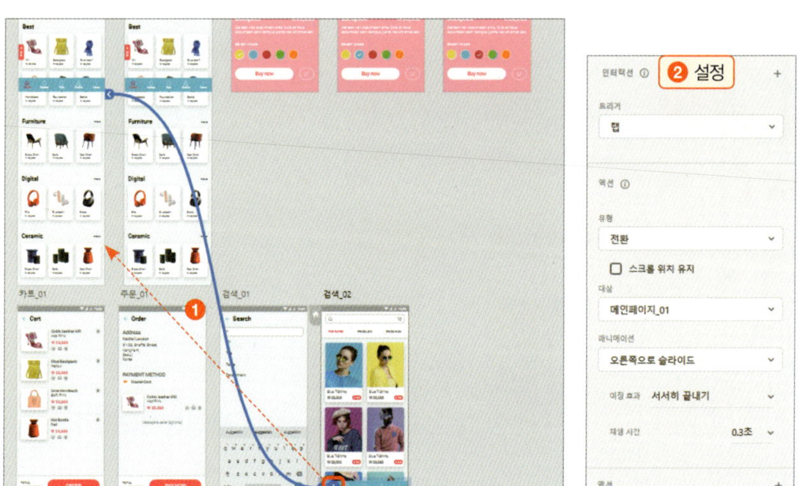

03 '검색_01' 아트보드에 있는 뒤로 가기 버튼의 인터랙션 연결 위젯을 '메인페이지_01' 아트보드로 연결하고 옵션은 그대로 유지한다.

04 '메인페이지_01'과 '메인페이지_02' 아트보드에 있는 검색 창의 인터랙션 연결 위젯을 '검색_01' 아트보드로 연결한다. 옵션은 '애니메이션'만 [왼쪽으로 슬라이드]로 변경한다.

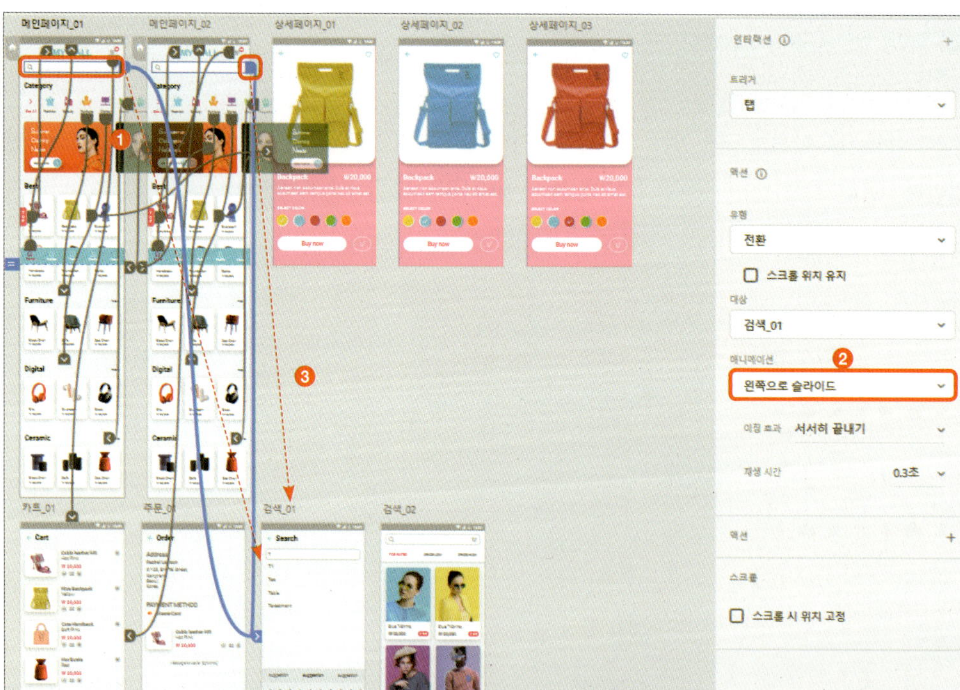

Chapter 12
공유와 협업

1
디자인 스타일 가이드 정리

1 스크린 가이드

01 홈 화면에서 맞춤형 크기를 선택하여 빈 화면이 생성되면 아트보드 툴( )을 선택하여 우측 옵션에서 Samsung Galaxy S10을 선택하고 새 아트보드의 이름을 '스크린가이드'로 지정한다.

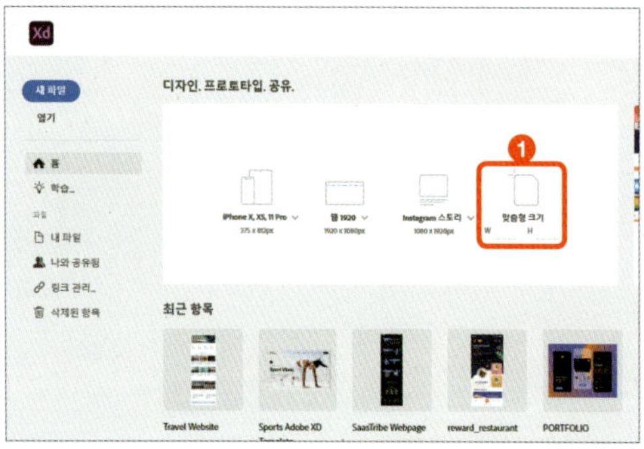

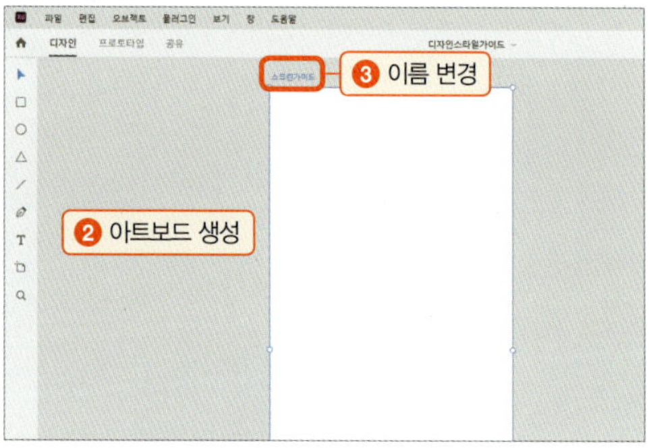

02 이전 작업 화면에서 상태 바를 복제해 가져온다.

Tip 붙여넣기를 할 때 아트보드의 이름 부분을 클릭하고 붙여넣으면 원본과 좌표 값이 같은 위치에 자동 배치된다.

03 사각형 툴(□)로 W가 360, H가 56인 사각형을 그린 후 X 10, Y 24 위치에 배치한다.

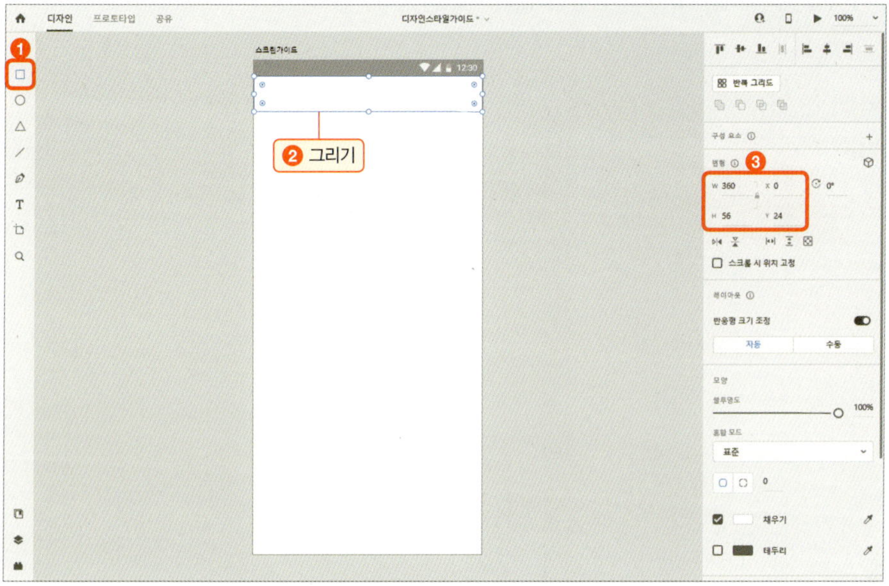

04 목록 아이콘을 가져와 상태 바와의 상단 간격 16, 왼쪽 간격 16인 위치에 배치한다.

Tip 목록 아이콘은 https://fonts.google.com/icons에서 다운로드해 W와 H가 24인 아이콘을 가져온다.

05 카트 페이지의 타이틀을 복제해 넣으면 아이콘과의 간격은 12, 오른쪽 여백은 16인 위치에 배치된다. 타이틀 텍스트를 'Title'로 변경한다.

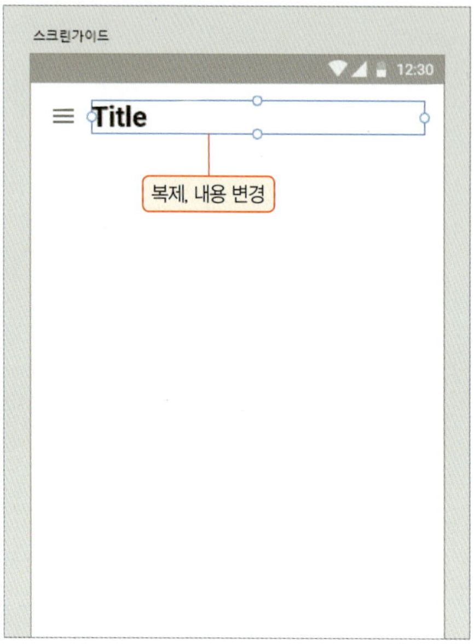

Tip 이렇게 만들어 두면 모든 페이지의 아이콘 좌표와 타이틀의 서체, 크기 및 아이콘과의 간격을 동일하게 사용하라는 지침이 된다.

06 사각형 툴(□)로 W 360, H 56의 직사각형을 그린 후 아트보드 하단에 배치해 하단 내비게이션의 크기를 알려준다.

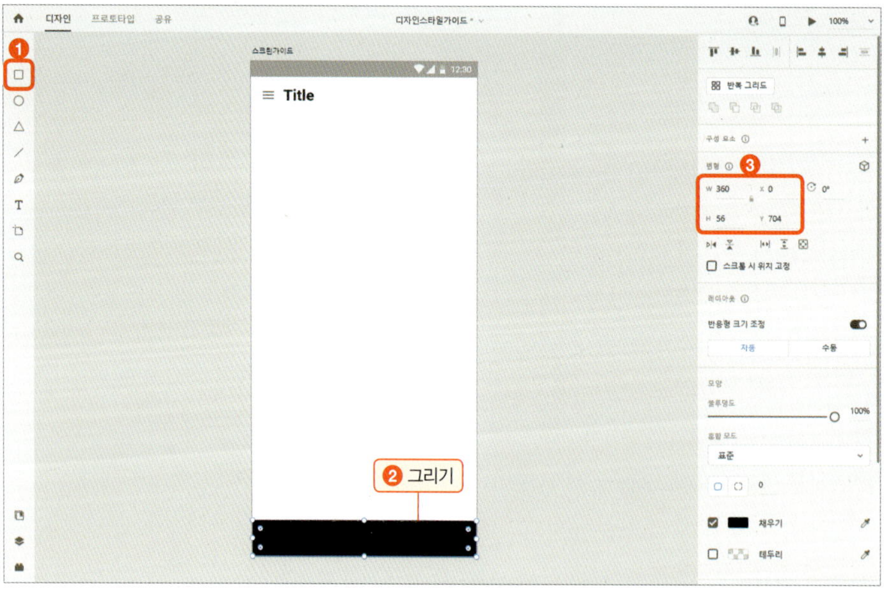

07 사각형 툴(□)로 W가 16, H가 760인 사각형을 그린 후 #00FFFF로 채우고 알파 값을 50%로 지정해 아트보드 좌우에 각각 배치한다.

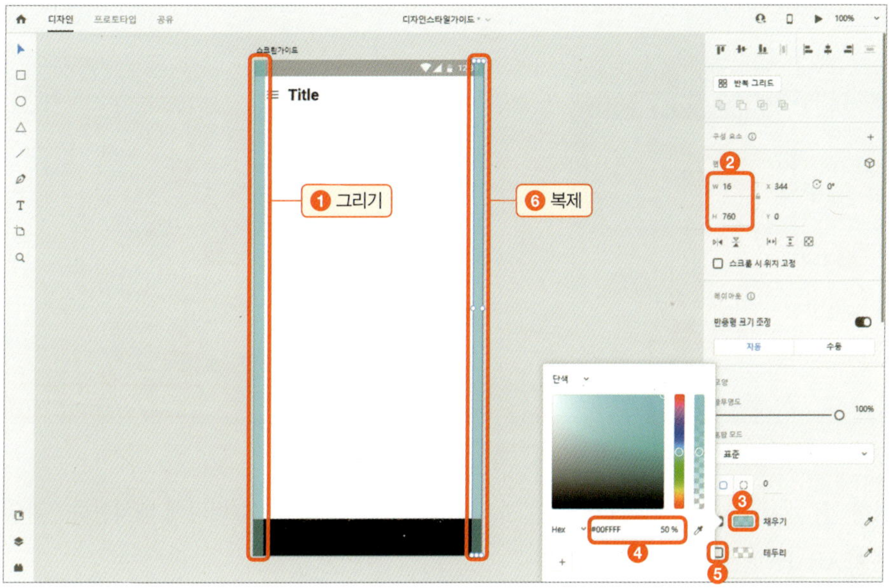

2 탭과 하단 내비게이션

01 아트보드 툴(ㅁ)로 빈 화면을 드래그해 아트보드를 만든 후 크기를 W 360, H 340으로 지정한다. 아트보드 이름을 '탭'으로 변경한다.

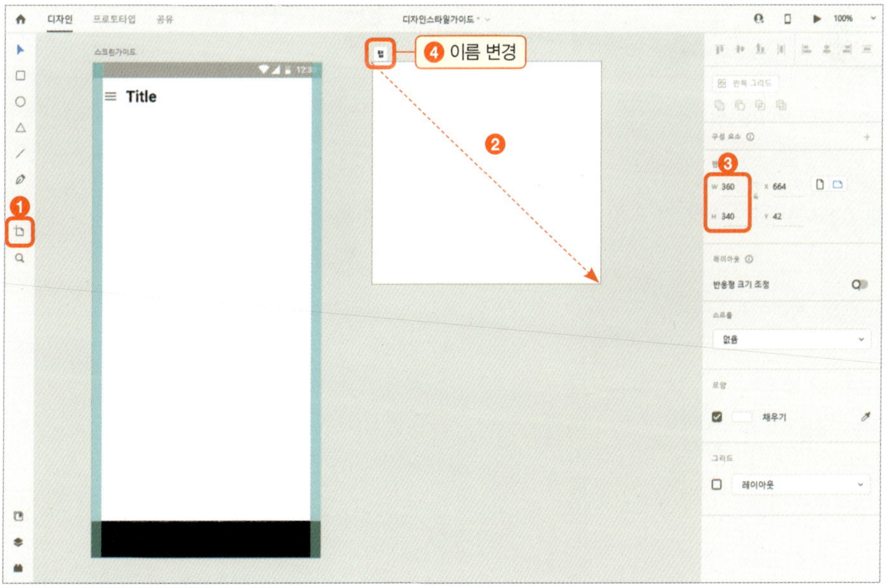

02 사각형 툴(□)로 W가 360, H가 104인 사각형을 그리고 '채우기' 색상을 #FAFAFA로 설정한다. '그림자'의 위치와 흐림 정도를 X 0, Y 3, B 6으로 지정한 후 사각형을 X 0, Y 24 위치에 배치한다.

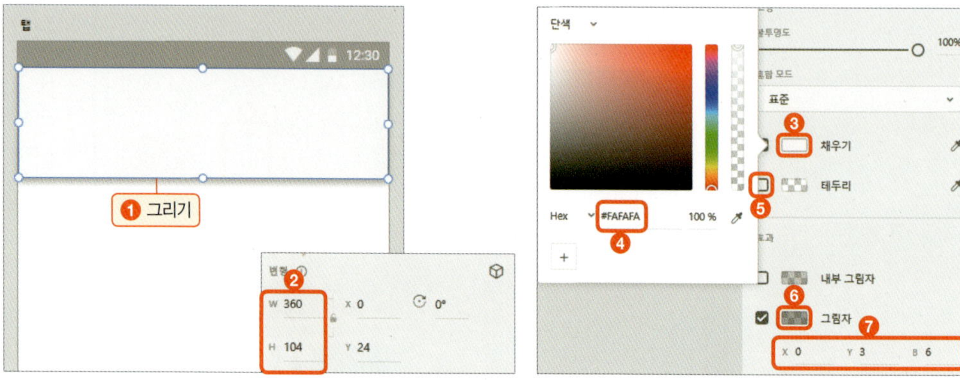

03 사각형 툴(□)로 W가 360, H가 56인 사각형을 그려 X 0, Y 24의 위치에 배치한다. '채우기' 색상은 #FAFAFA로 설정한다.

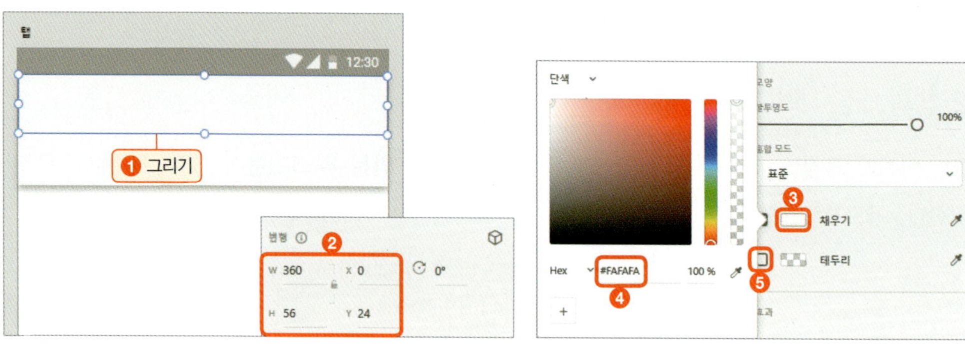

Tip 배경이 같은 색이라 보이지는 않지만 상단 앱 바의 크기를 알려주는 사각형이다.

04 '검색_02' 아트보드에서 검색 창과 컨트롤을 함께 복제해 붙여넣는다.

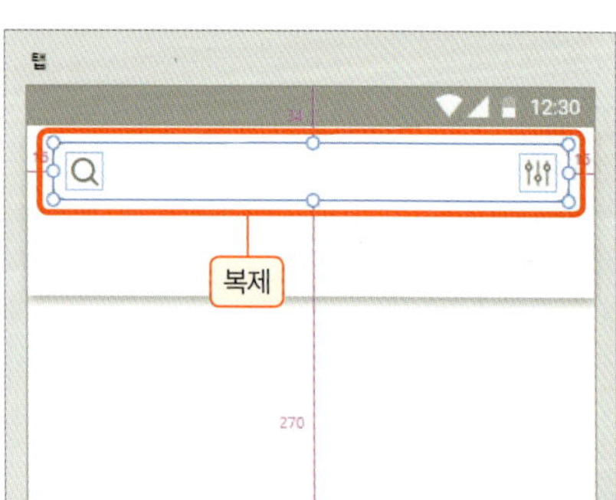

05 '검색_02' 아트보드에서 탭의 메뉴 항목을 복제해 붙여넣은 후 텍스트를 'Item one', 'Item Two', 'Item Three'로 변경한다.

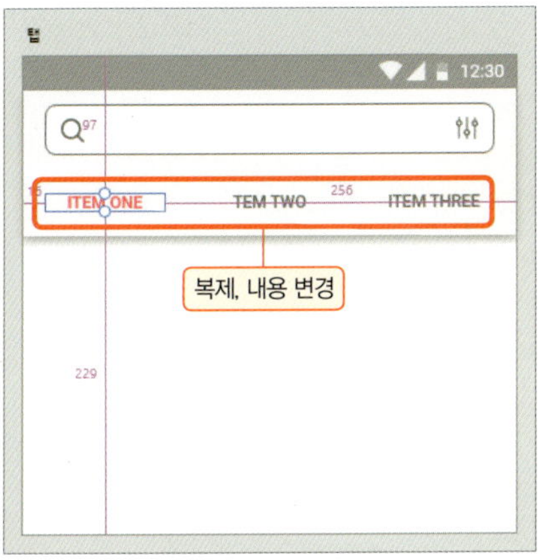

Tip 색상의 변화로 선택된 항목을 알 수 있고 작성된 문구를 통해 대소문자 여부도 알 수 있다.

06 '탭' 아트보드를 복제한 후 복제된 아트보드 이름을 '하단 내비게이션'으로 변경하고 아트보드 내의 오브젝트를 모두 삭제한다.

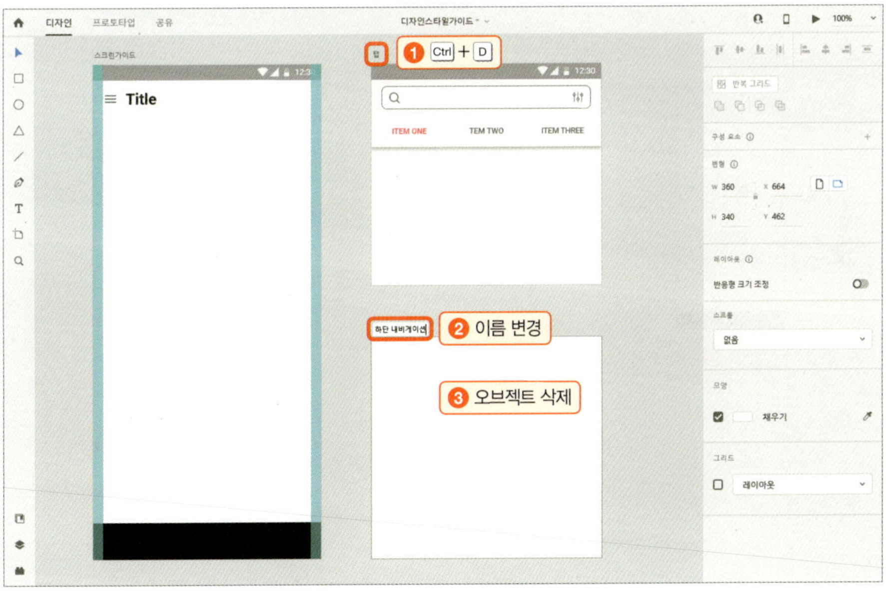

Tip 새 아트보드를 만들어도 되고 아트보드를 복제해 내용을 삭제해도 된다.

07 '메인페이지_01' 아트보드에서 하단 내비게이션 그룹을 복제해 '하단 내비게이션' 아트보드의 맨 아래에 배치한다.

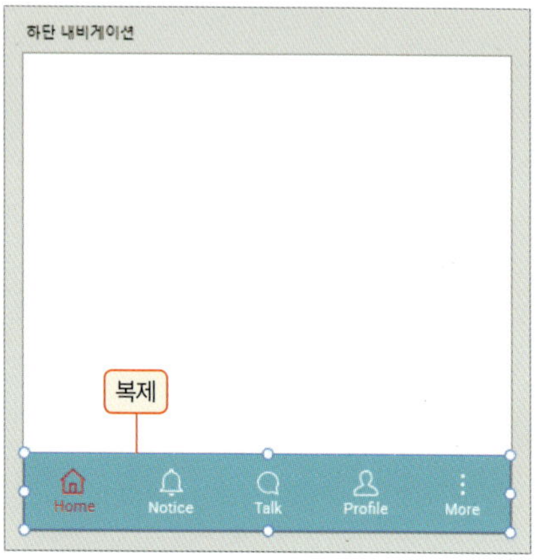

3 타이포그래피

01 아트보드 툴( )로 빈 화면을 드래그해 새 아트보드를 만들고 아트보드 이름을 '타이포그래피'로 변경한다.

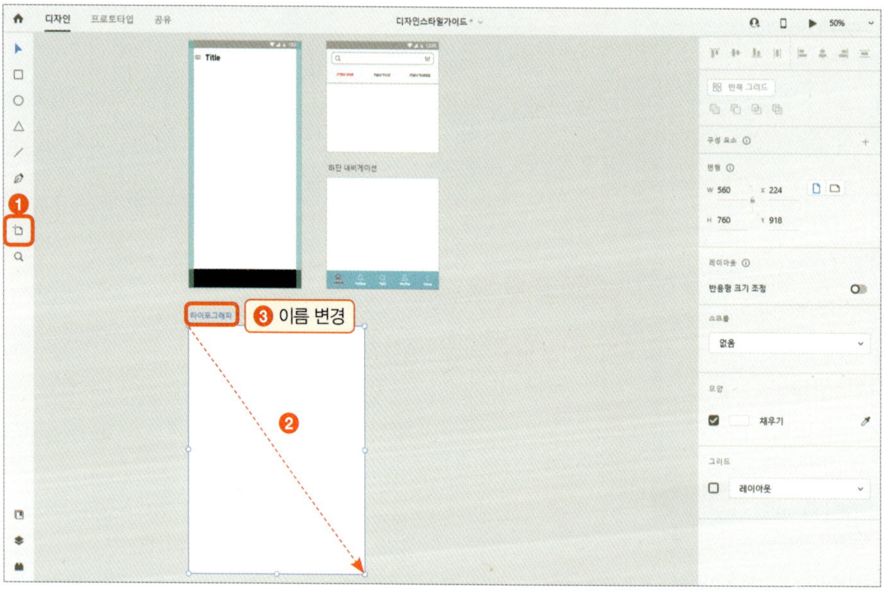

Tip 아트보드의 크기는 내용을 다 작성한 후 변경하면 되므로 크게 신경 쓰지 않아도 된다.

02 앱에 사용한 폰트와 크기를 정리하고 글꼴 크기 순서에 따라 위계를 정리한다.

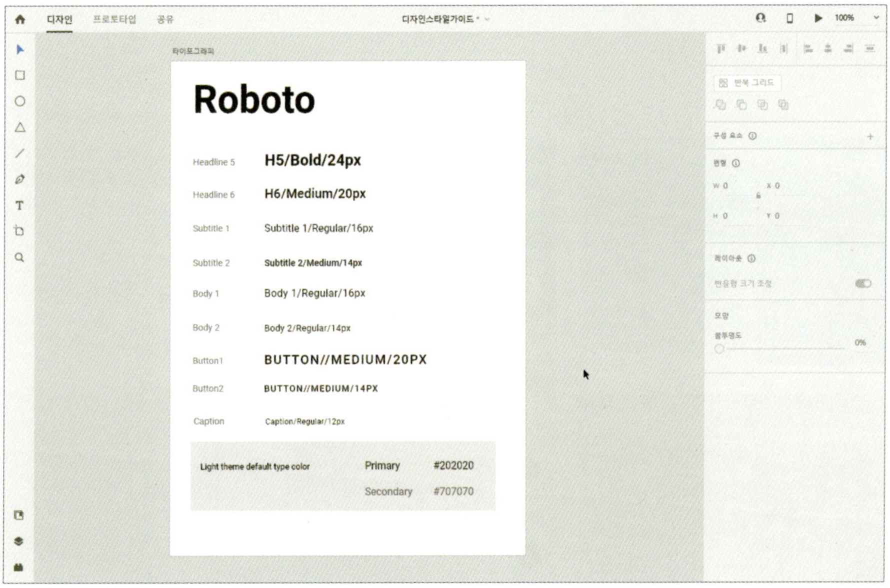

Tip 사용된 크기별로 순서와 이름을 정리하다 보면 페이지 내에서의 글꼴 크기가 잘못 지정된 부분도 보이게 된다. 이렇게 정리하고 앱에 사용된 글꼴 크기도 함께 변경하면서 타이포그래피를 만들면 된다. 보통은 자주 사용하는 크기와 위계를 미리 정한 후 화면에 적용하는 경우가 더 많다.

4 컬러 시스템

01 아트보드 툴( )로 빈 화면을 드래그해 새 아트보드를 만든 후 아트보드 이름을 '컬러시스템'으로 변경한다.

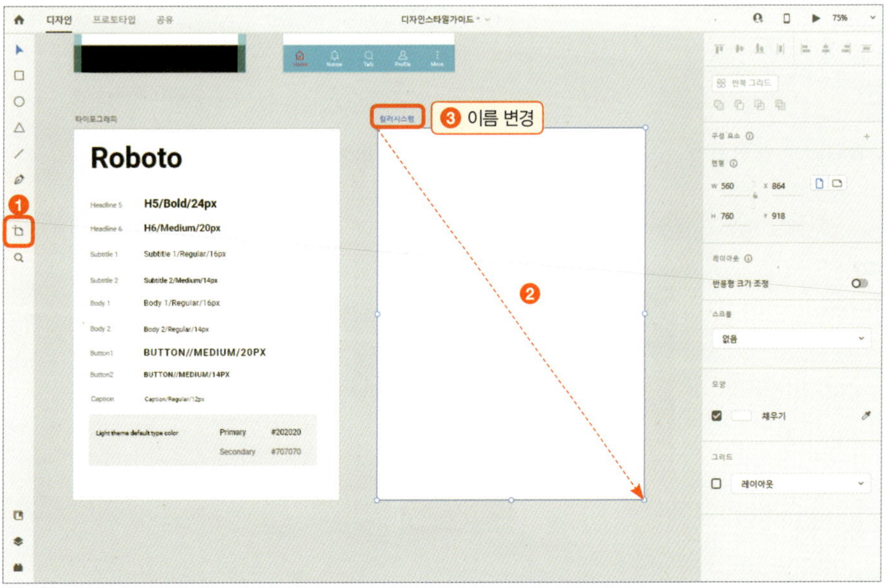

02 머티리얼 디자인 가이드에서 컬러 툴을 활용해 프라이머리 컬러와 세컨더리 컬러의 단계를 지정하고 각 베리에이션에 사용되는 컬러 구성 요소도 별도로 작성한다.

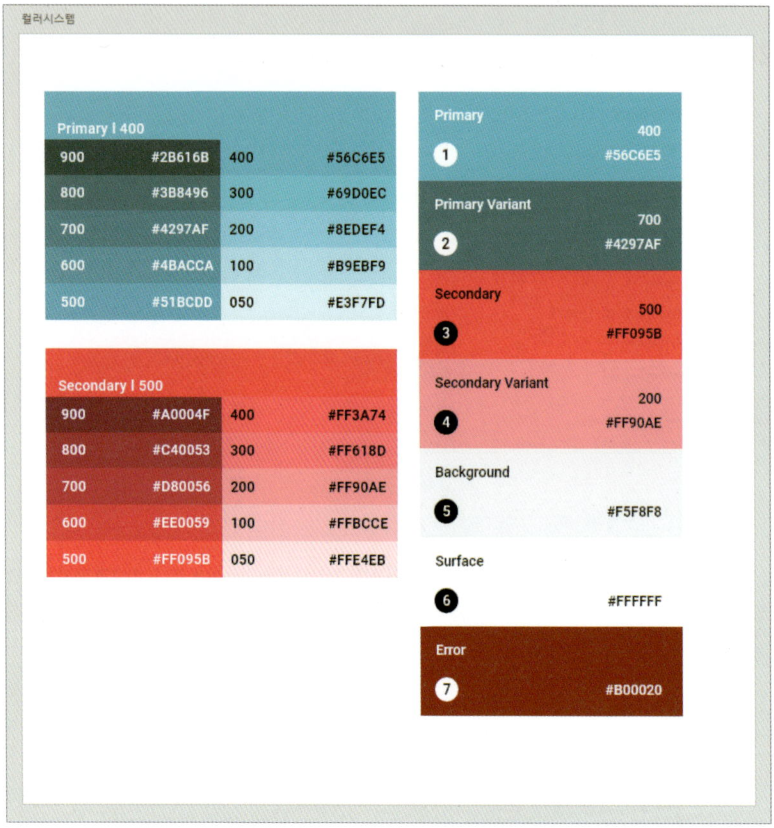

Tip 머티리얼 디자인 가이드의 컬러 툴

https://material.io/design/color/the-color-system.html#tools-for-picking-colors

5 아이콘

01 새 아트보드를 추가하고, 아트보드 이름을 '아이콘'으로 변경한다.

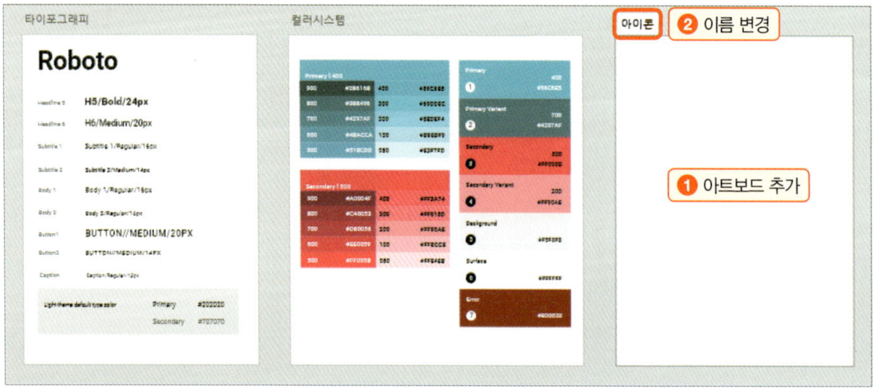

02 서비스를 제공하려는 앱에서만 사용하는 별도의 아이콘을 커스텀 아이콘으로 나열한다. 색상을 변경할 수 없는 커스텀 아이콘은 컬러 아이콘 상태로 두고, 앱 아이콘과 같이 선택된 상태에서 색상이 변경될 수 있는 아이콘은 검정색으로 배치한다. 또 각 아이콘을 곧바로 가져다 사용할 수 있도록 W와 H를 각 24로 만들어 둔다.

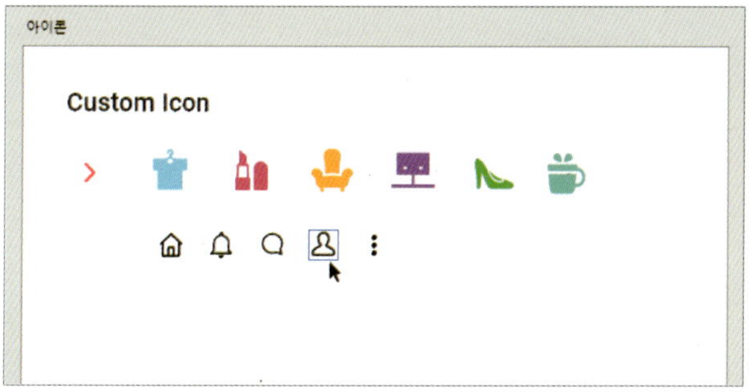

Tip 아이콘별로 이름을 추가하는 것도 좋은 방법이다.

03 커스텀하지 않고 사용하는 시스템 아이콘이나 규칙화된 아이콘들은 마스터 아이콘으로 별도로 정리한다. 앱을 만들 때 사용하는 아이콘의 종류가 무척 많기 때문에 각 아이콘의 활용에 따라 카테고리를 만들어 정리해 두면 좋다.

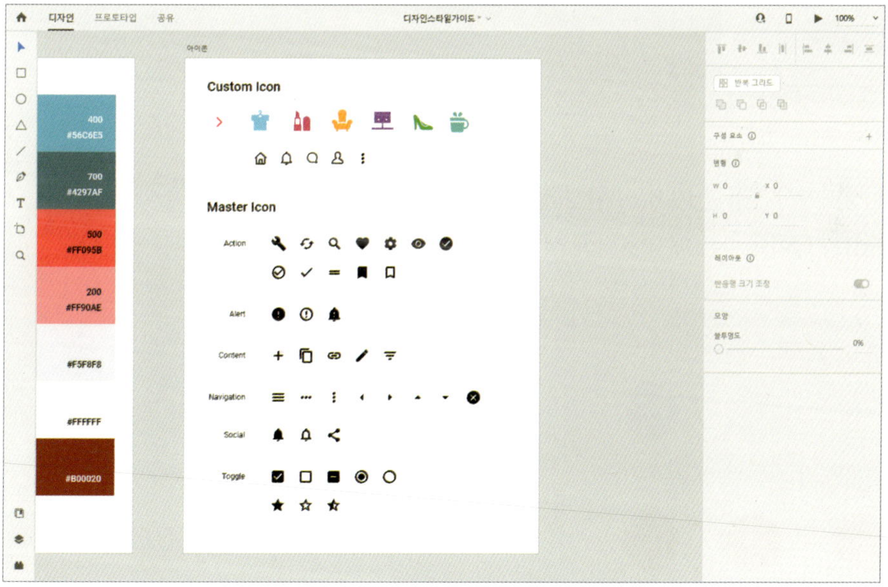

6 FAB과 버튼

01 새 아트보드를 추가하고 'FAB과 버튼'으로 이름을 변경한다.

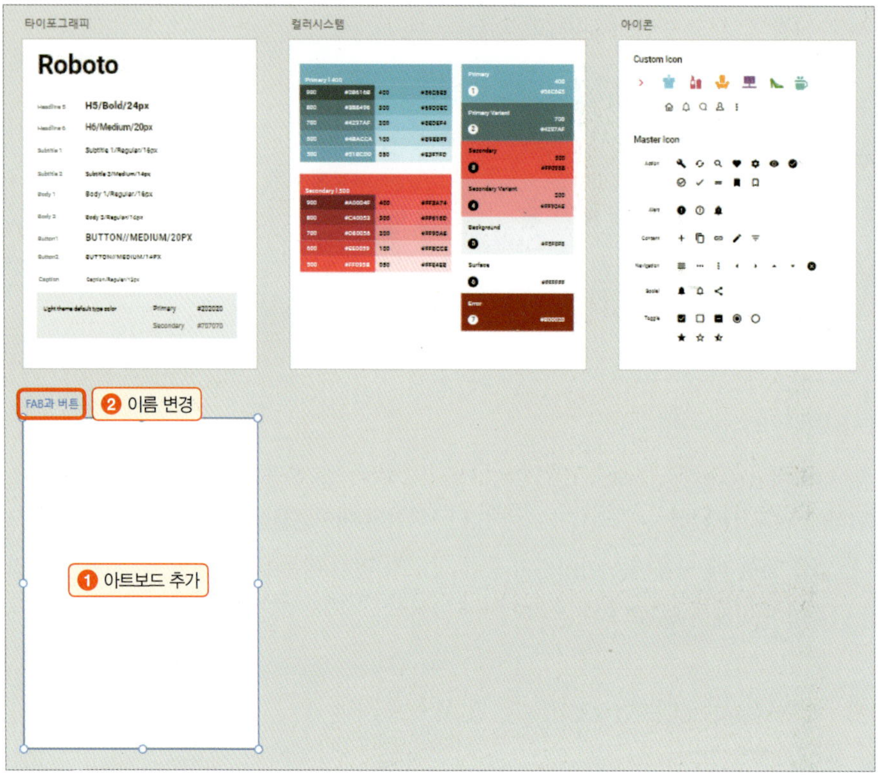

02 노멀 상태에서 사용할 FAB, 비활성화 상태에서 사용할 FAB, 포커싱되었을 때의 FAB을 구현한다. FAB은 높이에 따른 배경에 맞게 색상을 사용해야 하므로 보조 색상도 만들어 둔다.

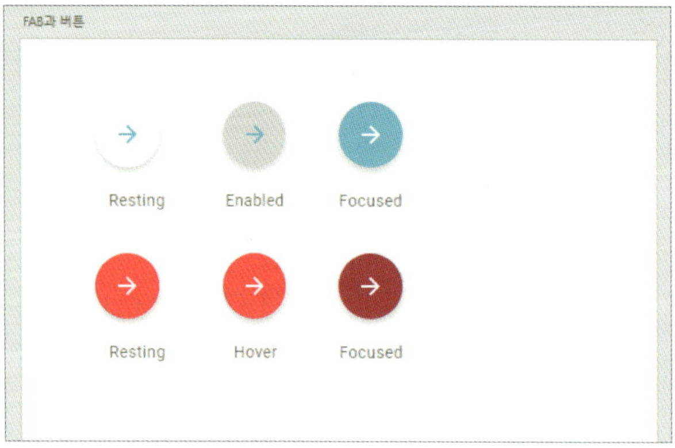

03 버튼의 상태도 구분해 만들어 두는 것이 좋다. 특정 색상이 배경과 같은 경우 그림과 같이 배경을 바닥에 설정하고 각 상태별로 버튼을 구현한다.

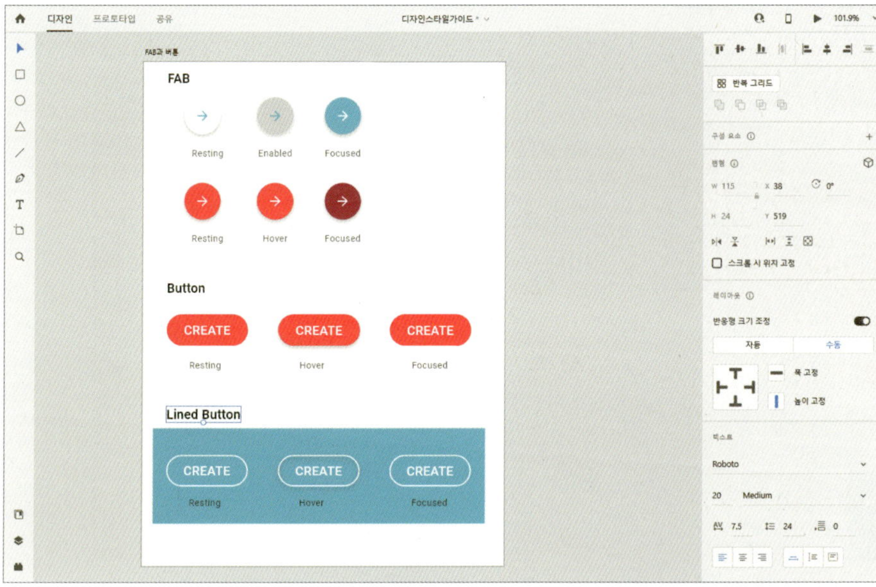

7 카드

01 새 아트보드를 만든 후 '채우기' 색상을 #EBEBEB로 설정하고 아트보드 이름을 '카드'로 변경한다.

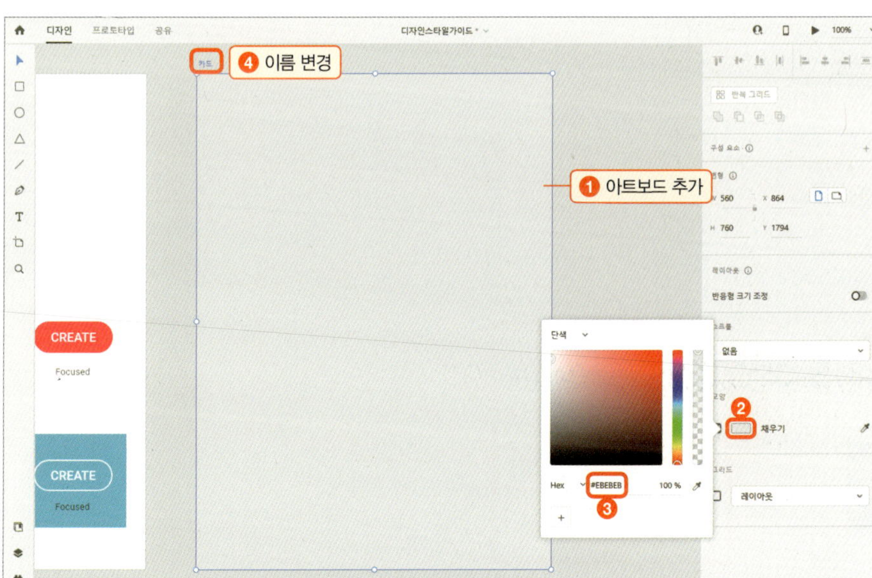

Tip 탭이나 하단 내비게이션처럼 넓이가 꽉 맞는 아트보드를 만들어도 되지만 카드의 종류가 워낙 많기 때문에 큰 아트보드를 만들고 카드 종류를 함께 배치하는 것이 더 좋다.

02 W가 360인 사각형을 하나 만든 후 '메인페이지_01' 아트보드에서 3단으로 된 카드를 가져와 좌우 여백 16을 두고 배치한다. 이미지 영역의 색상은 밝은 회색으로 설정해 이미지가 배치되는 위치와 크기를 알 수 있게 한다.

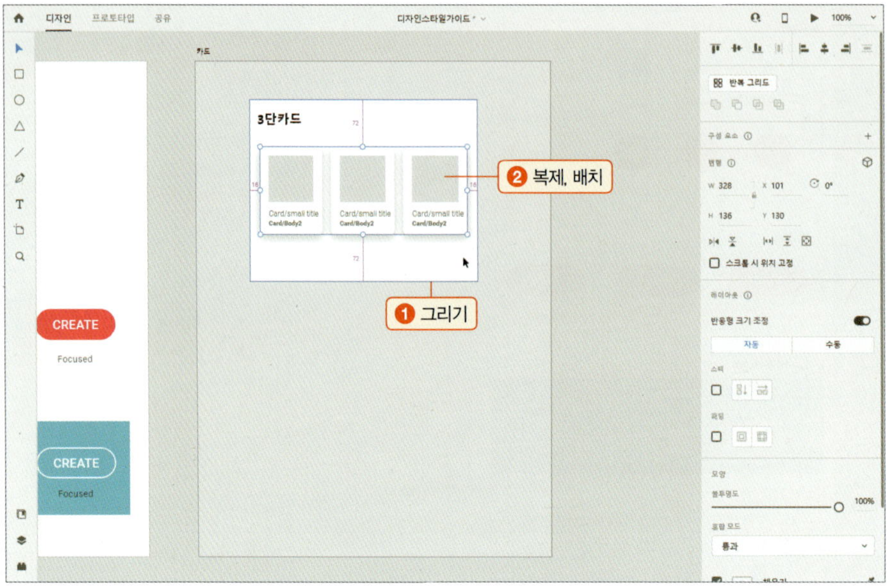

Tip 상품명과 가격은 'Card Title'과 같이 구성원과 공유할 수 있는 이름으로 변경한다.

03 같은 방법으로 '검색_02' 아트보드에서 2단 카드를 가져와 배치한다. 마우스 오버 시 변화가 발생한다면 그림과 같이 투명 컬러로 표시한다.

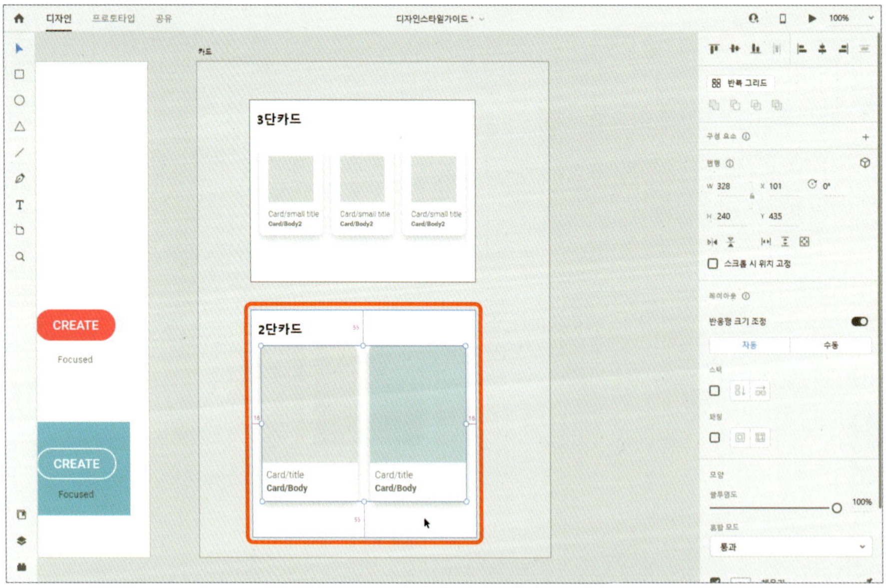

8 리스트

01 새 아트보드를 만든 후 '채우기' 색상을 #EBEBEB로 설정하고 아트보드 이름을 '리스트'로 변경한다.

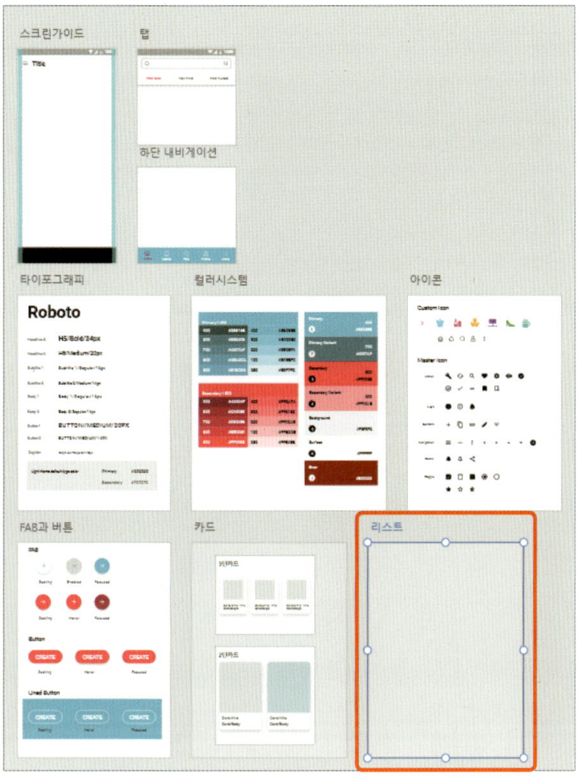

02 W가 360인 사각형을 만든 후 '검색_01' 아트보드에서 라인이 들어간 리스트 영역을 복제해 좌우 16의 간격을 두고 배치한다. 이때 마우스가 오버되었을 때의 상황을 고려해 리스트 한 칸 높이의 사각형을 만들고 '채우기' 색상은 #56C6E5, 알파 값은 10%로 설정한다.

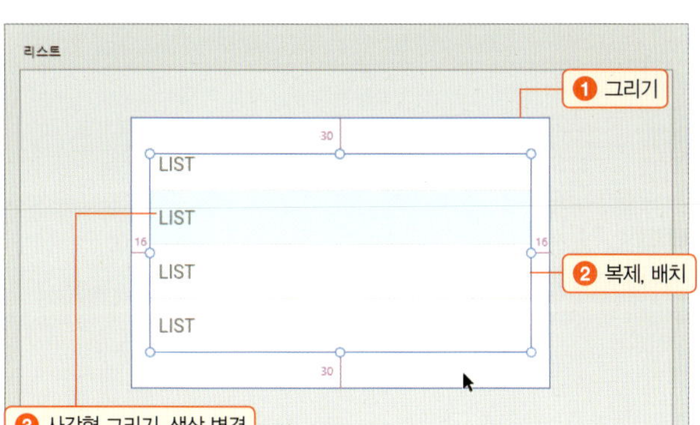

03 카드나 리스트는 앱 디자인을 하면서 굉장히 많이 사용되는 구성 요소이므로 현재 서비스에 구현되어 있지 않더라도 미리 자주 사용되는 요소의 가이드라인을 만들어 둔다. 한 줄 리스트, 아바타가 들어간 한 줄 리스트, 아바타와 컨트롤이 배치된 두 줄 리스트 정도는 필수로 만들어두면 응용해서 사용하기 좋다.

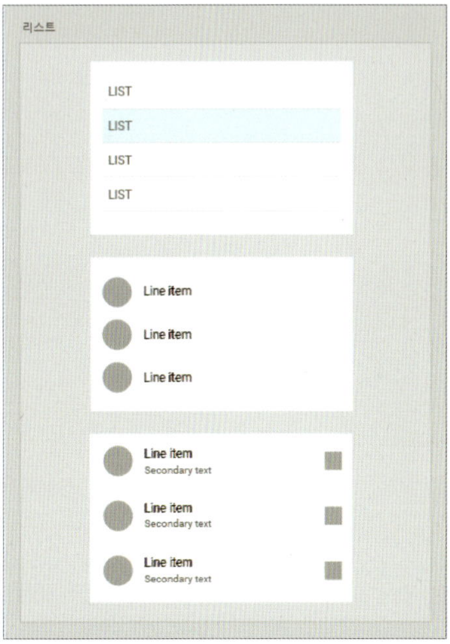

04 이렇게 디자인 스타일 가이드를 하나하나 정리하면 전체 디자인 스타일 가이드북을 만들 수 있다. 이때 각 요소별로 중요한 팁들은 설명으로 붙여두면 더욱 좋다.

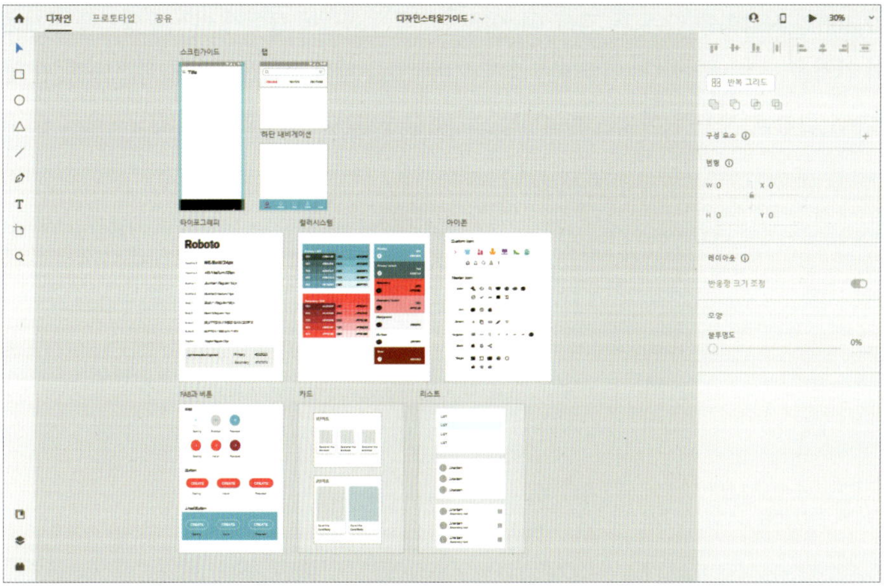

05 어떤 요소를 디자인 스타일 가이드북에 배치할지 고민된다면 머티리얼 디자인 가이드에서 제공하는 소스를 다운로드해 나만의 디자인 스타일 가이드북으로 변경해 보는 것을 추천한다. 다음 파일은 머티리얼 디자인 가이드에서 다운로드할 수 있으며 [Resource] 폴더에 포함되어 있다.

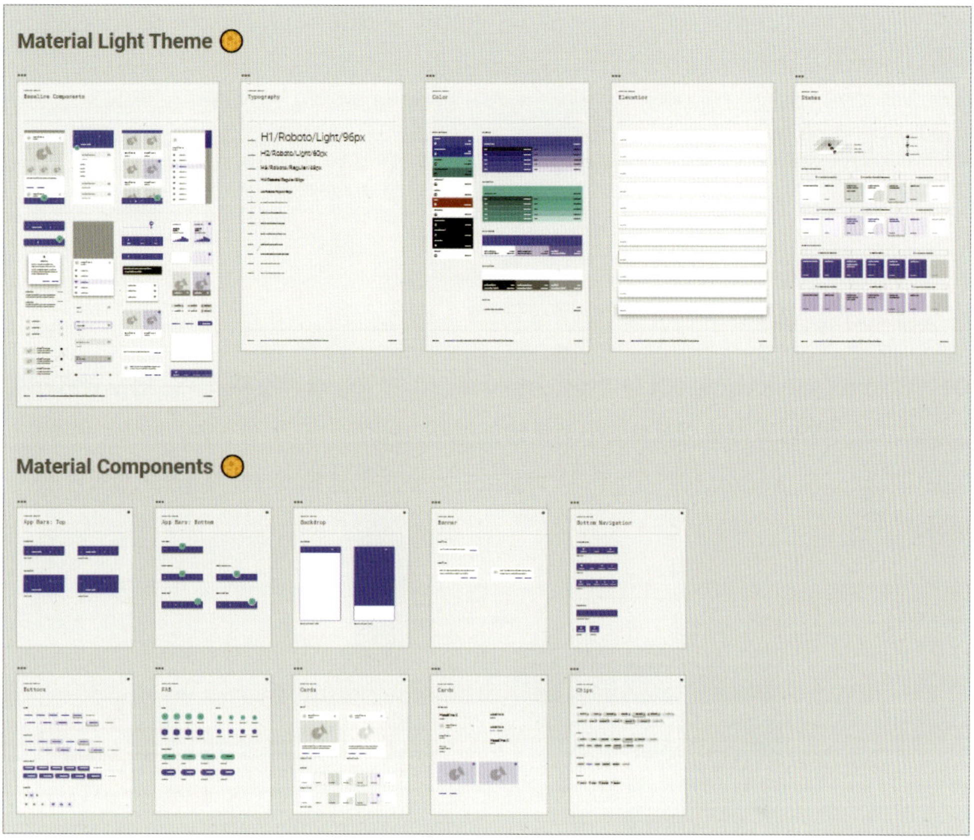

2
공유

1 XD에서의 공유

01 [Chapter_12\Section_02] 폴더에서 'my mall.xd' 파일을 불러온 후 [공유] 탭을 클릭한다. 공유 모드로 전환되고 전체 아트보드가 선택된다. 옵션 패널에서 '보기 설정'을 [개발]로 변경하고 '내보내기 대상'은 [Android]로 지정한다. '다운로드 가능한 에셋'에 체크한 후 [링크 만들기]를 클릭한다.

Tip '보기 설정'에서 [개발] 이외의 다른 옵션을 선택하면 전체 프로토타입 페이지와 인터랙션을 확인하고 메모를 입력하는 작업만 가능하다. 특정인과만 공유하고 싶다면 '링크 액세스'에서 [초대된 사용자만]을 선택한다.

하나 더 알기 시작 페이지 지정하기

보통은 처음 만든 페이지로 미리보기가 시작되지만 특정 페이지를 시작 페이지로 만들고 싶다면 프로토타입 모드에서 원하는 페이지 왼쪽 상단의 홈 마크를 클릭해 시작 페이지로 지정한다. 이렇게 하면 공유 모드에서도 홈으로 지정된 페이지가 시작 페이지로 나타난다.

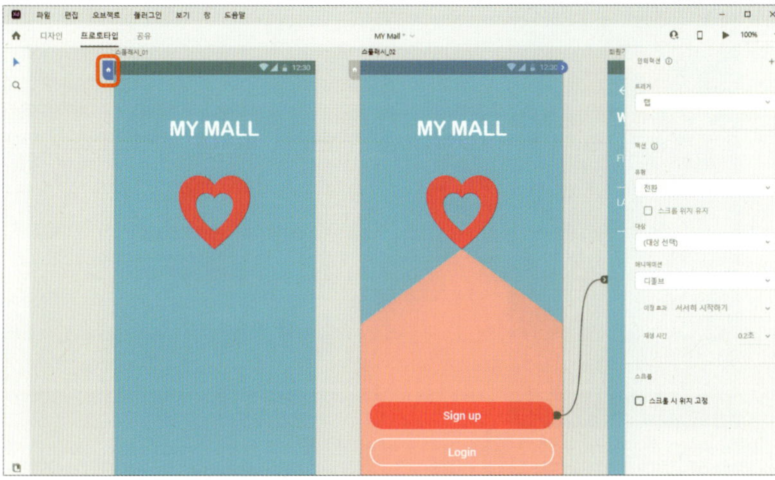

02 공유할 수 있도록 생성된 링크 주소를 클릭한다.

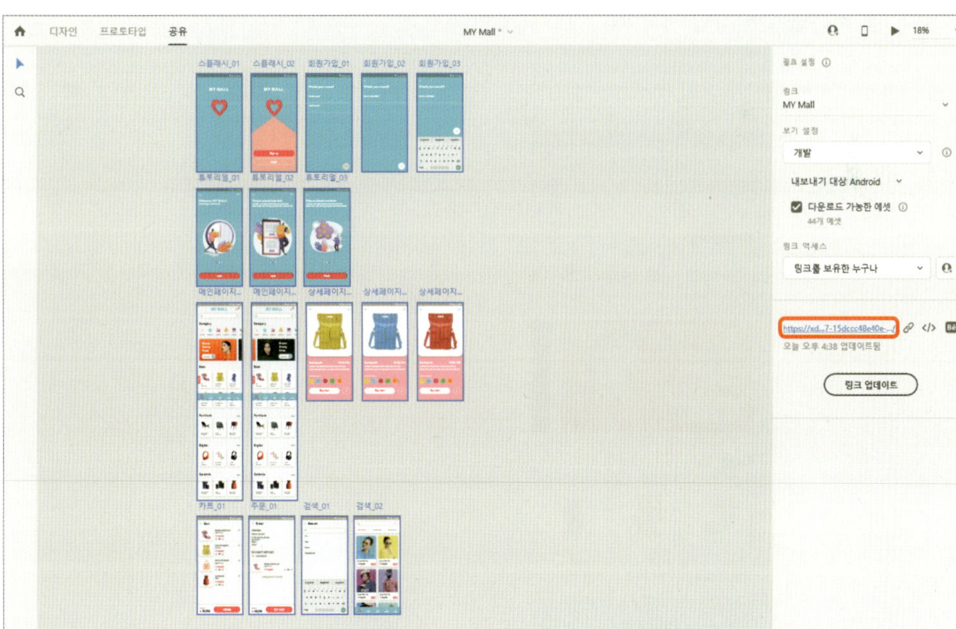

Tip 이때 디자인 모드나 프로토타입 모드로 변경했다가 돌아왔다면 [링크 업데이트]를 클릭한 후 진행해야 한다.

03 웹으로 연결되어 시작 페이지 아트보드의 첫 페이지가 로딩된다.

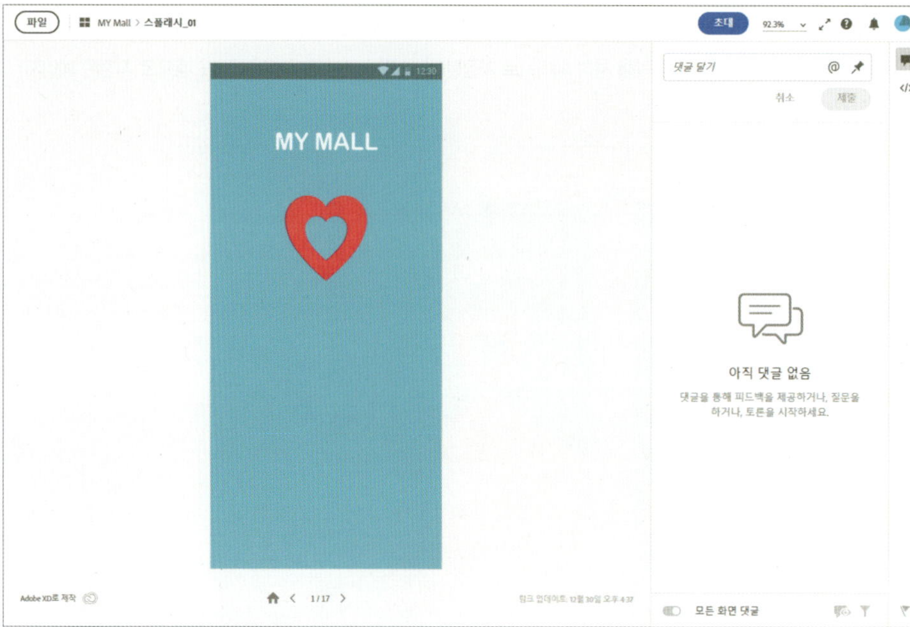

Tip 홈으로 설정된 페이지의 인터랙션이 [시간]으로 설정된 경우는 다음 페이지가 첫 페이지로 보일 수도 있다.

04 화면 하단의 페이지 이동 버튼을 클릭해 각 페이지의 화면을 보거나 원하는 페이지로 이동할 수 있다. 홈 버튼을 클릭하면 시작 페이지로 이동한다.

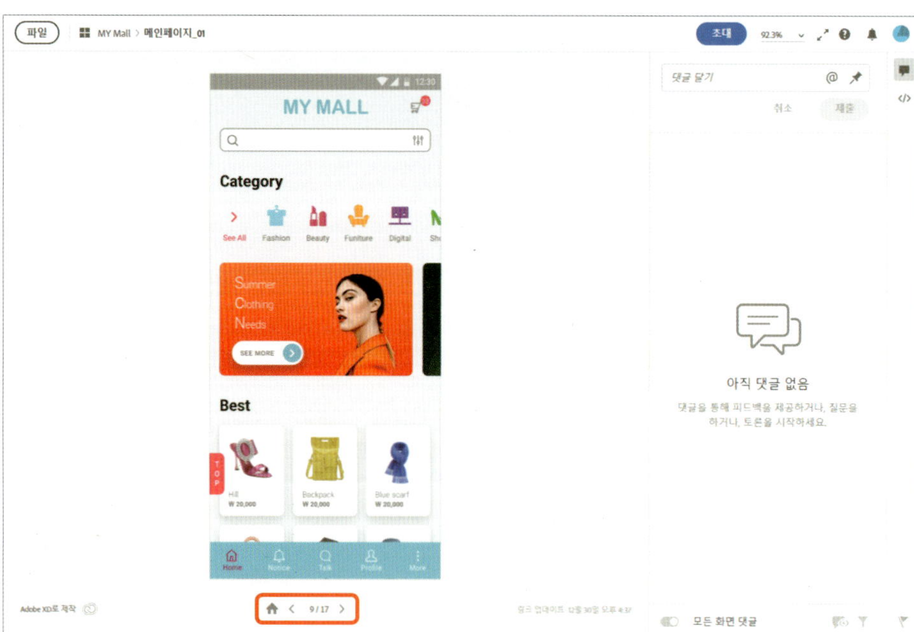

05 화면 상단의 파일명을 클릭하면 전체 페이지가 그리드 형태로 보여지며, 원하는 페이지를 클릭해 페이지 화면을 확인할 수 있다.

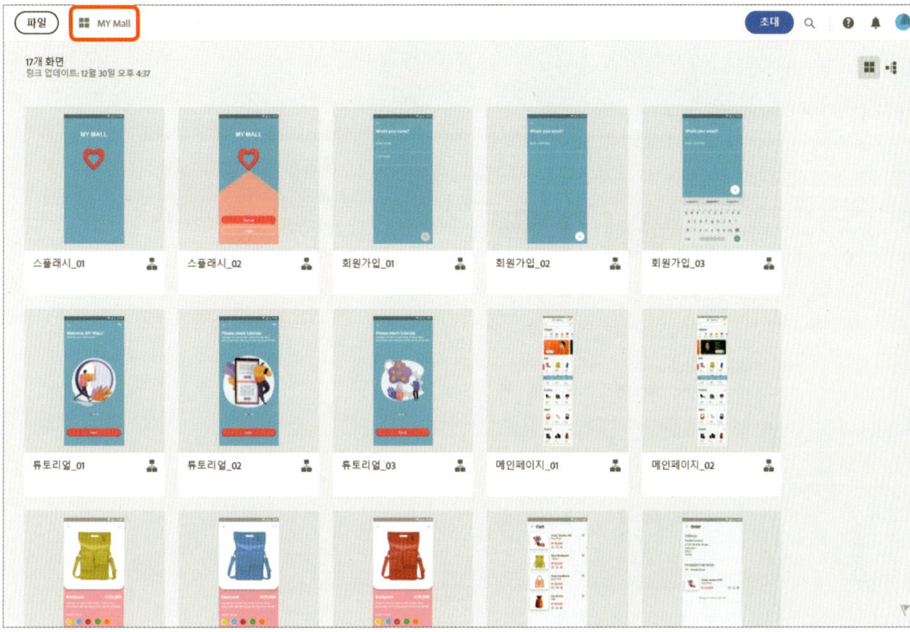

06 화면 상단 오른쪽 검색 창에 페이지 이름을 입력하면 해당 키워드가 포함된 아트보드 페이지를 추출해서 볼 수 있다. 검색어 옆의 × 를 클릭해 키워드를 제거하면 다시 전체 아트보드가 있는 그리드 화면이 나타난다.

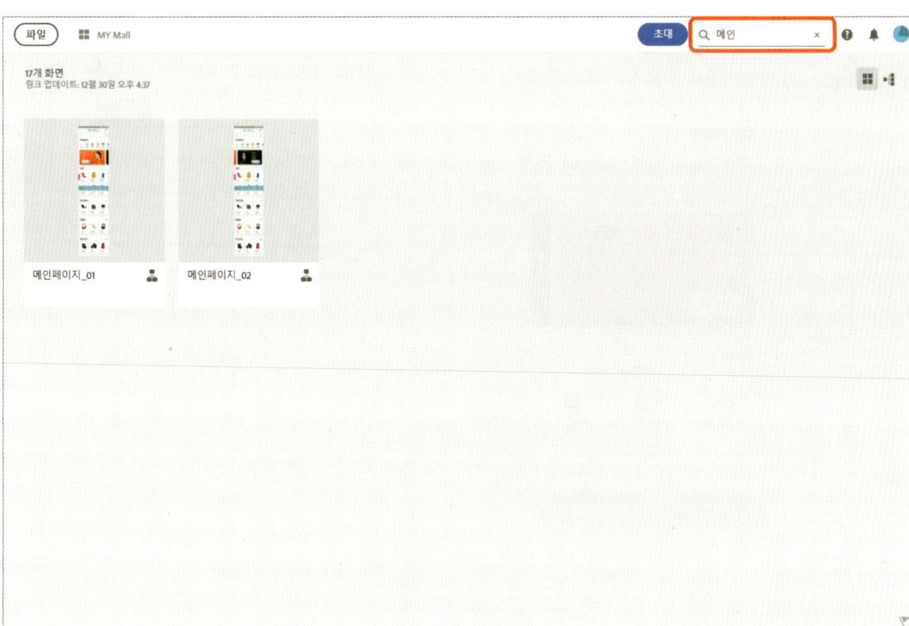

07 화면 상단 오른쪽의 플로 보기 버튼을 클릭한 후 원하는 아트보드로 마우스를 가져가면 플로의 흐름을 볼 수 있다.

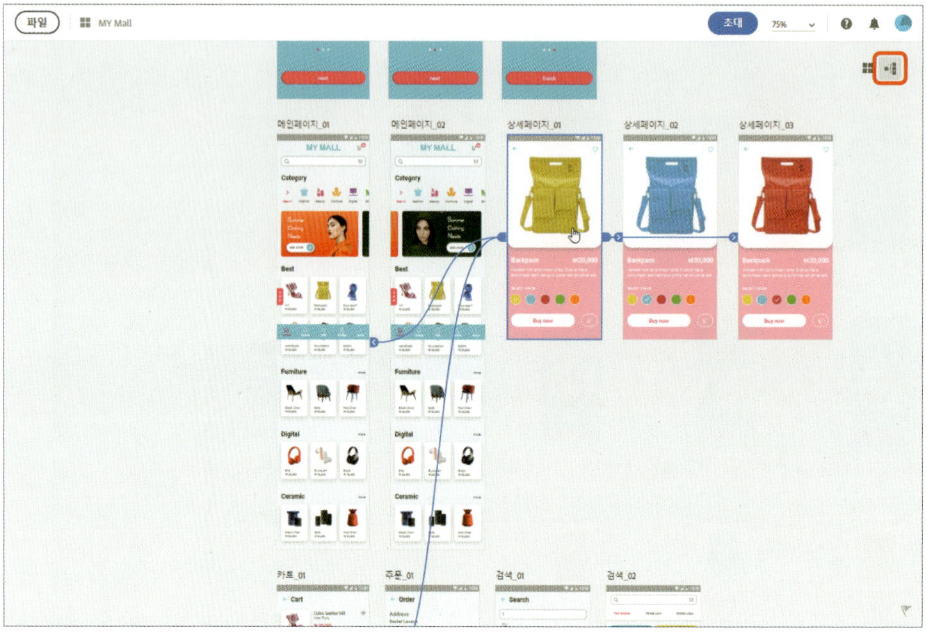

08 '메인페이지_01' 아트보드를 클릭해 상세 화면 페이지로 이동한다. 오른쪽의 댓글 창에서 전체 페이지에 필요한 댓글을 게시해 구성원과 공유할 수 있다.

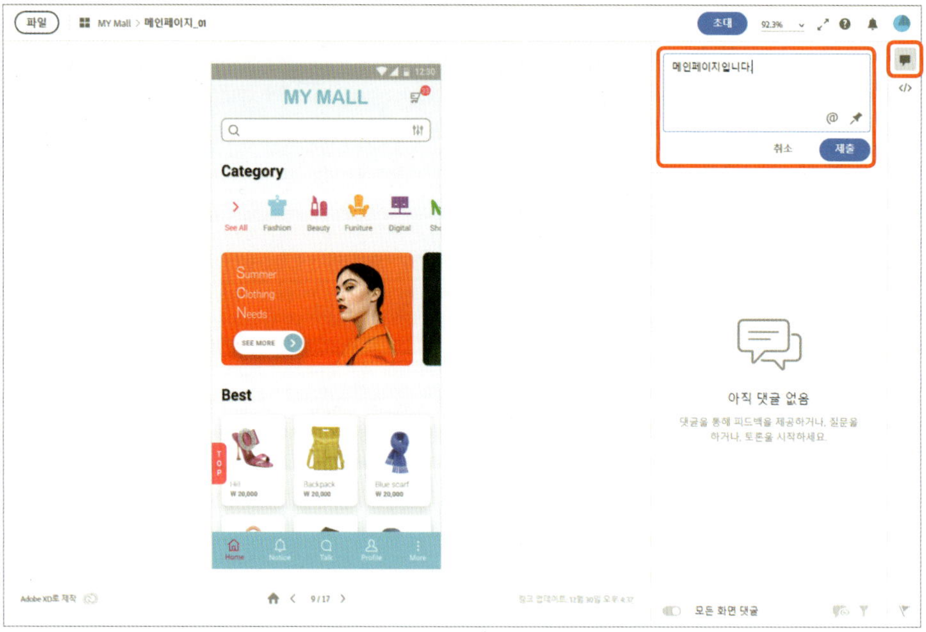

09 댓글 입력 창에 있는 핀(📌)을 이용하면 특정 위치에 대한 댓글을 달 수 있다.

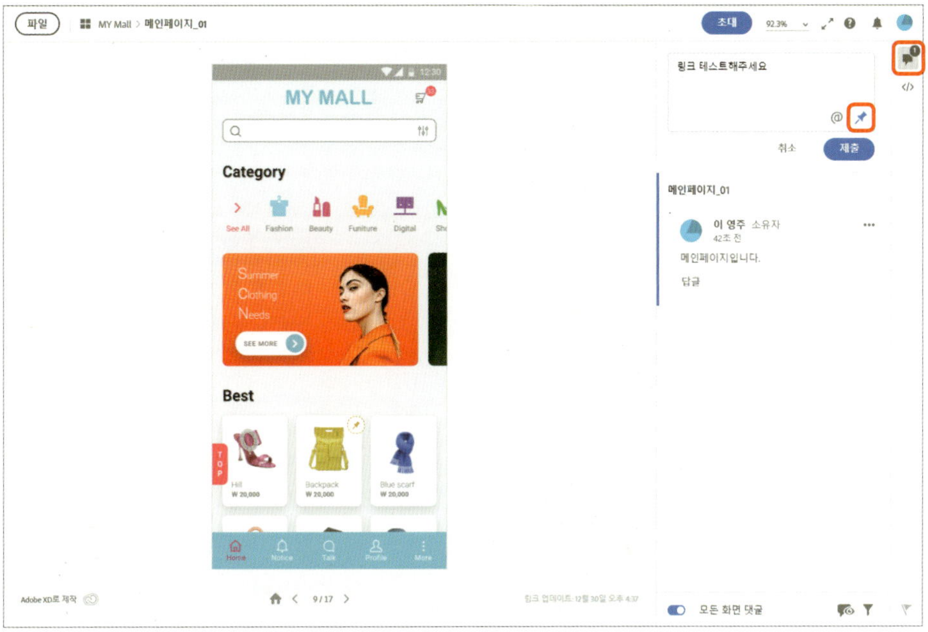

Tip 댓글이 추가되면 댓글 아이콘에 댓글 개수를 표시하는 배지가 생긴다. 댓글 아이콘을 클릭해 멤버들이 작성한 댓글을 확인할 수 있다.

10 사양 보기(‹/›)를 클릭하면 해당 페이지에 포함된 뷰 포트와 같은 화면 세부 정보와 에셋, 색상, 문자 스타일, 인터랙션 정보 등을 볼 수 있다.

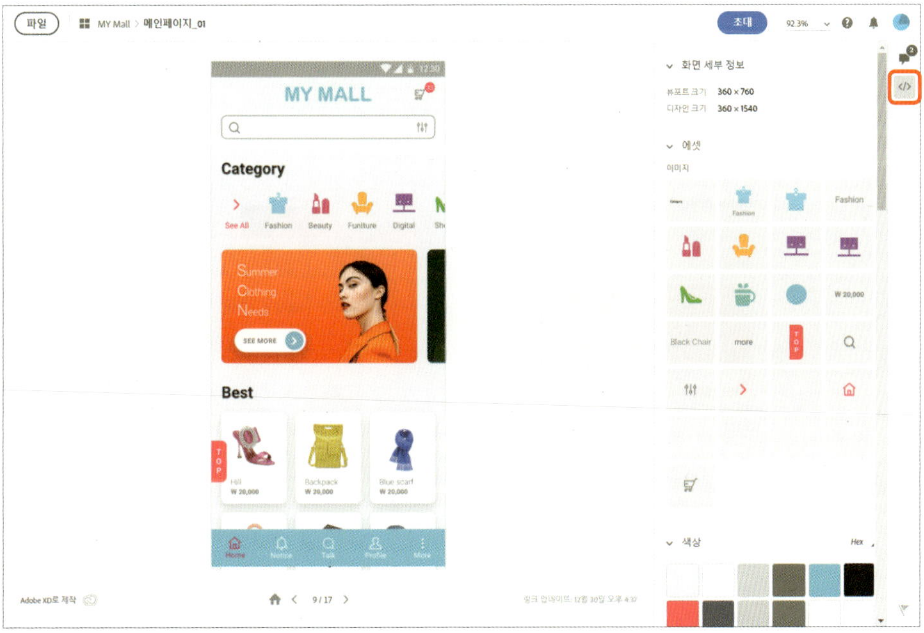

11 에셋 요소에서 하나 또는 여러 개의 에셋을 클릭하면 하단에 이미지 유형 옵션과 [다운로드] 버튼이 나타난다. [다운로드]를 클릭하면 선택한 유형의 에셋을 다운로드할 수 있다.

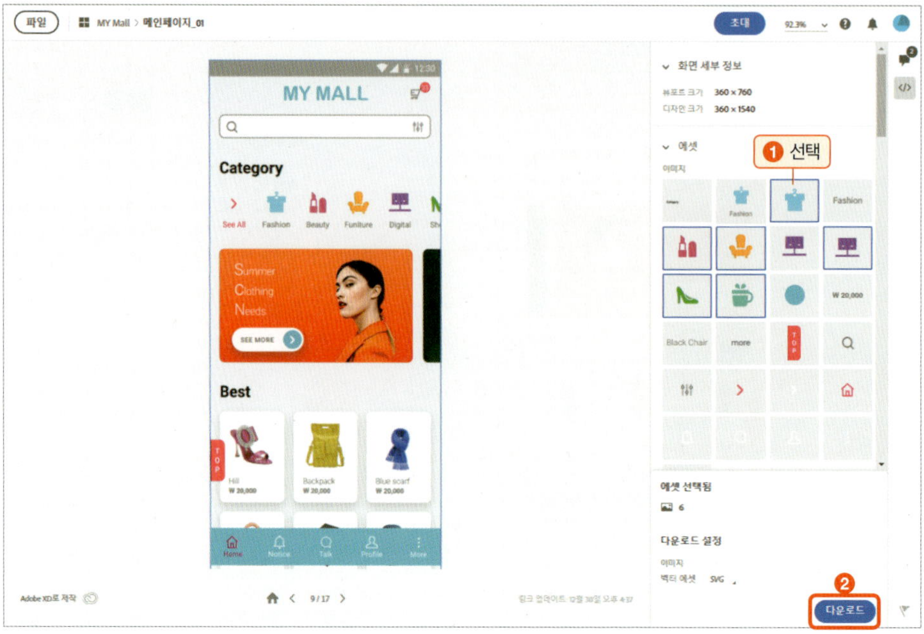

Tip 에셋은 디자인 작업을 하면서 라이브러리에 등록한다고 나타나지는 않으며, 원하는 요소마다 반드시 '내보내기에 대해 표시'에 체크해야 한다.

12 '색상'에서 특정 색상을 클릭하면 Hex 값이 복사되어 원하는 곳에 붙여넣을 수 있다.

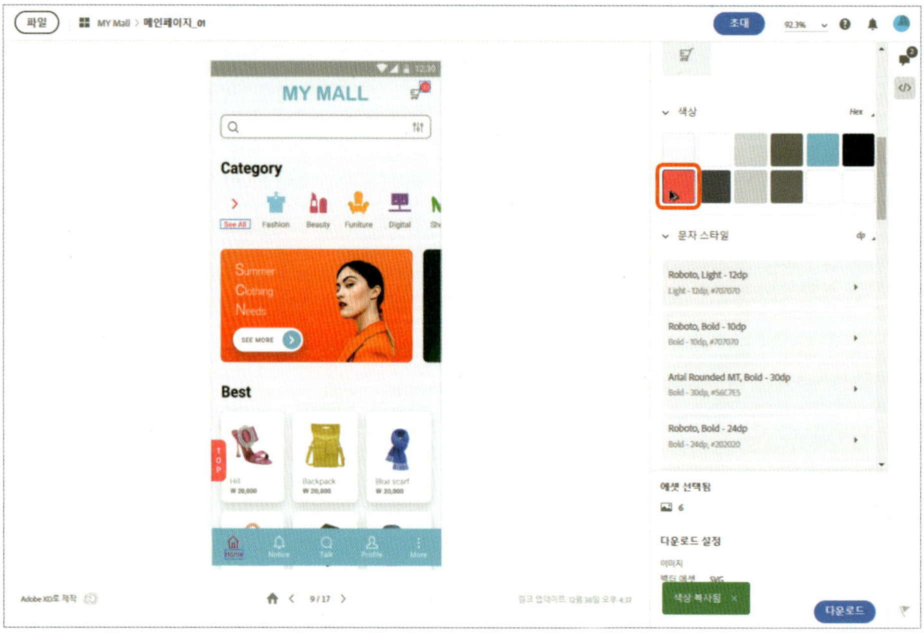

13 '인터랙션'의 요소로 마우스를 가져가면 선택된 인터랙션에 핫스팟이 나타난다. Shift를 누르면 모든 인터랙션 요소의 핫스팟을 볼 수 있다.

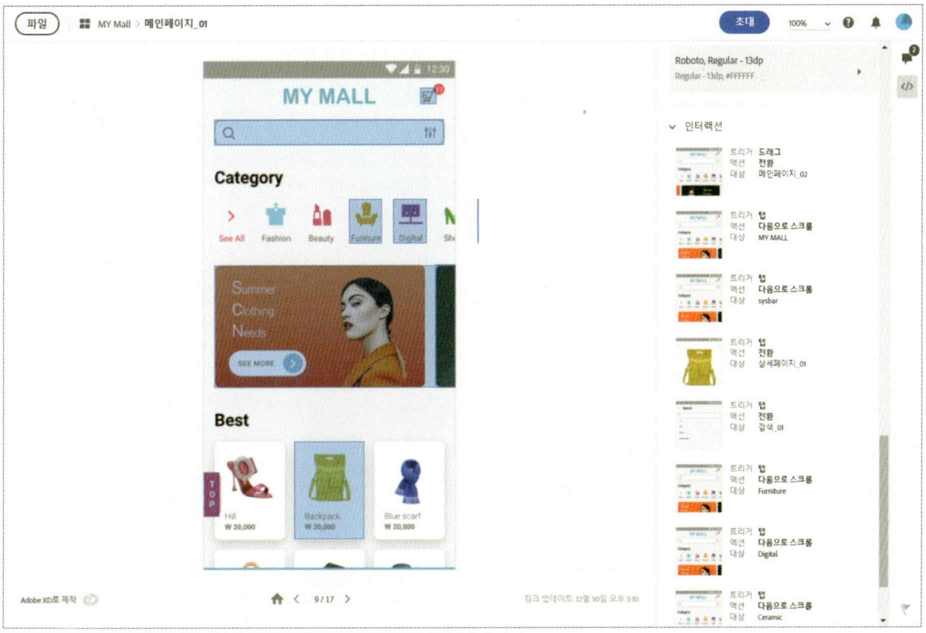

Tip 실제 인터랙션을 실행해 보려면 사양 보기(</>)를 한 번 더 클릭해 사양 보기를 접어야 한다.

14 상세 페이지 내의 문자 요소를 선택하면 옵션이 나타나 해당 문자의 위치 정보 및 속성을 볼 수 있으며, 속성값을 클릭하면 자동으로 속성이 복제된다.

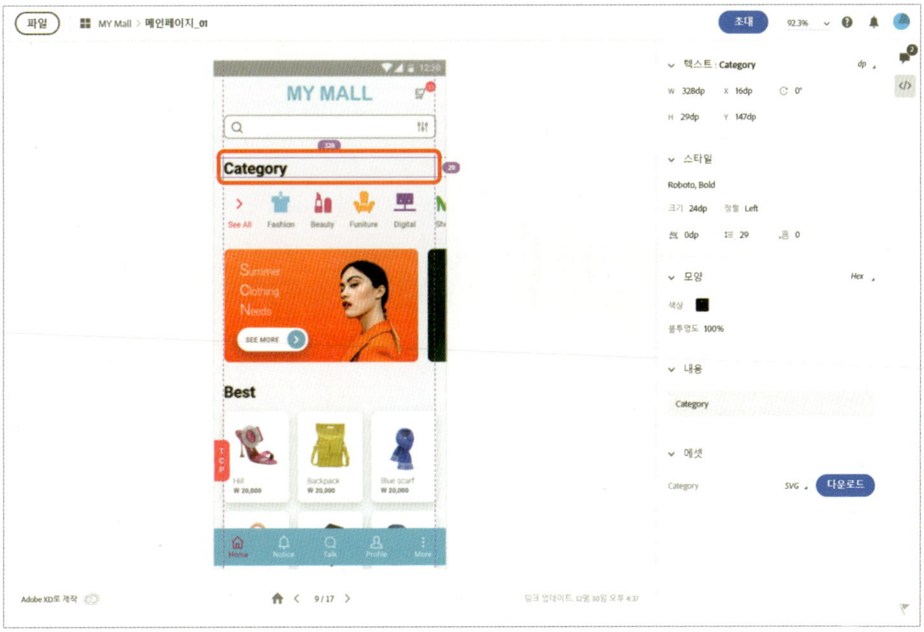

15 상세 페이지 내의 이미지를 선택하면 위치 및 크기 속성을 보거나 복제할 수 있으며 해당 에셋을 바로 다운로드할 수 있다.

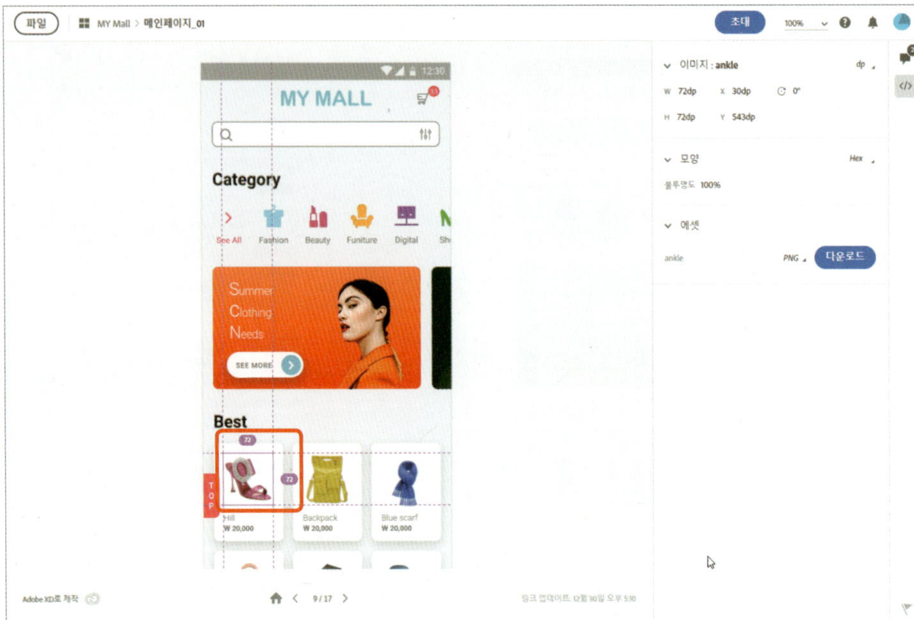

16 인터랙션이 있는 에셋을 선택하면 위치 및 크기 속성은 물론 인터랙션 정보가 함께 나타난다. 이때 인터랙션 정보를 클릭하면 인터랙션이 연결된 페이지로 화면이 전환된다.

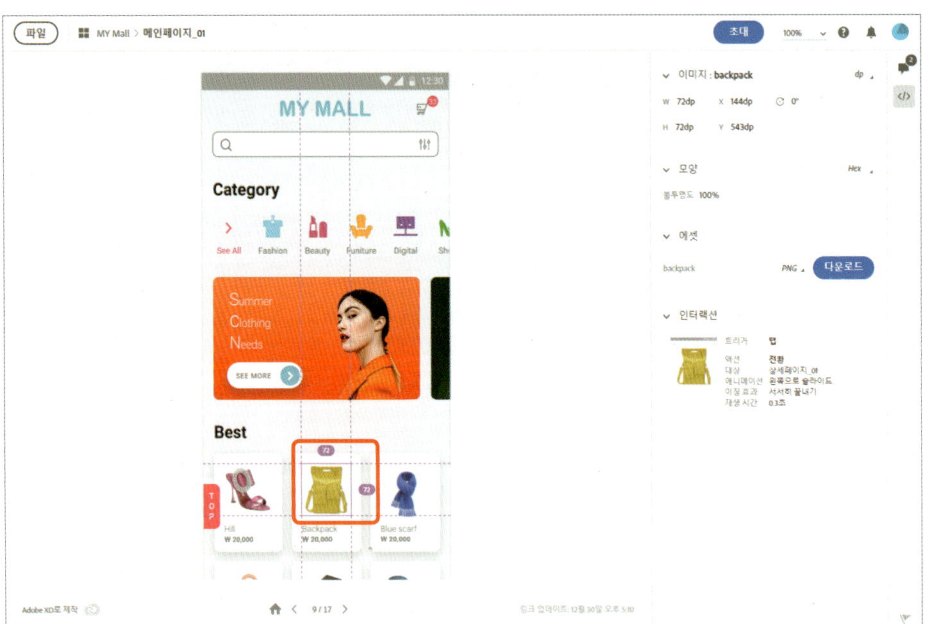

Tip 공유 링크를 스마트폰에서 열면 스마트폰에서도 프로토타입이 구현된다.

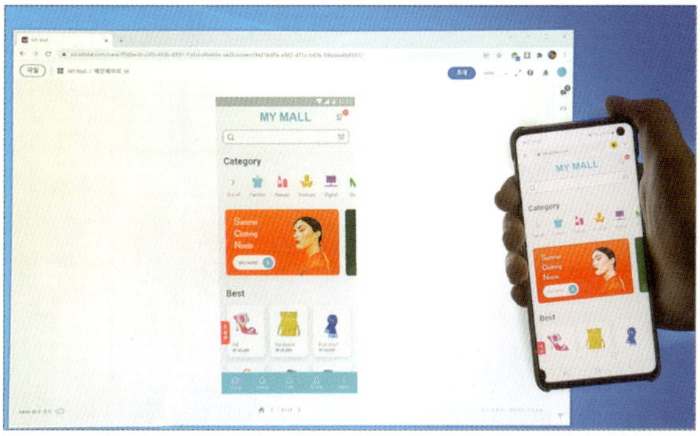

2 제플린에서의 공유

01 웹 브라우저를 열고 제플린 사이트(https://zeplin.io)에 접속해 [Get Started for Free]를 클릭하고 회원 가입을 한다.

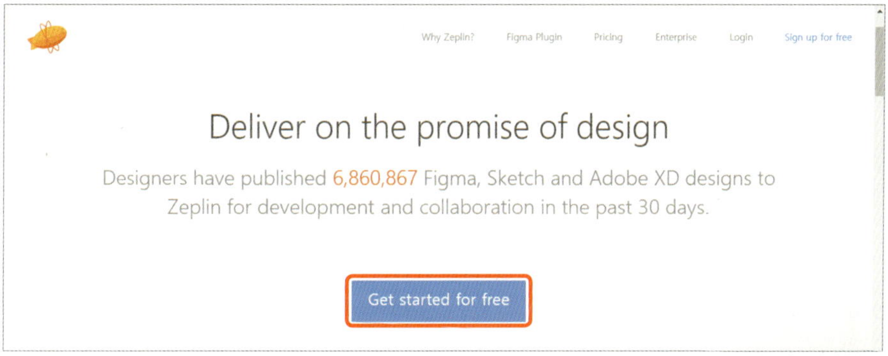

02 회원가입을 마쳤으면 스크롤을 맨 아래로 내려 OS에 맞는 버전으로 다운로드한다. 제플린은 별도의 설치 버전과 웹상에서 바로 사용가능한 앱 버전을 제공한다.

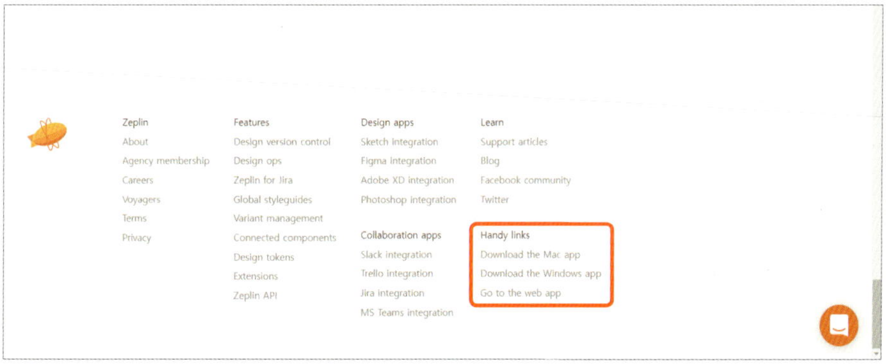

03 다운로드한 파일을 실행하고 [INSTALL]을 클릭해 제플린을 설치한다.

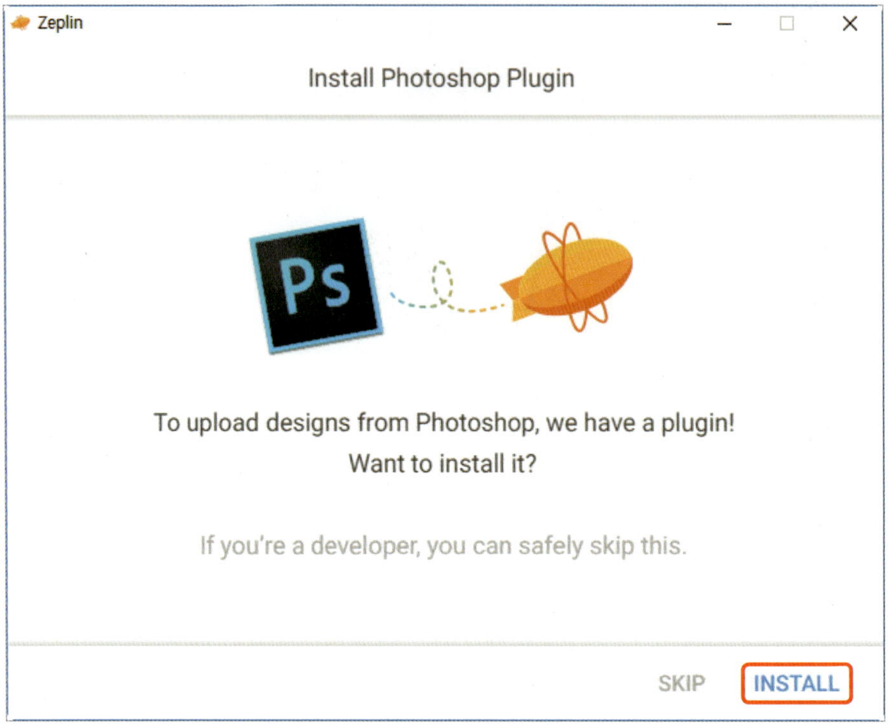

04 설치가 끝난 후 로그인 페이지가 열리면 가입한 계정으로 로그인을 한다.

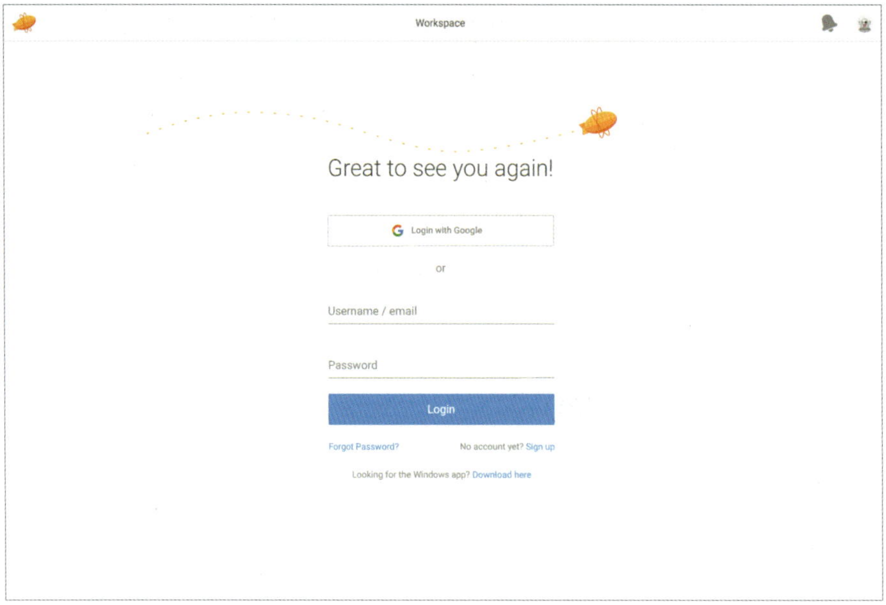

05 [Create first project]를 클릭해 프로젝트를 생성한다.

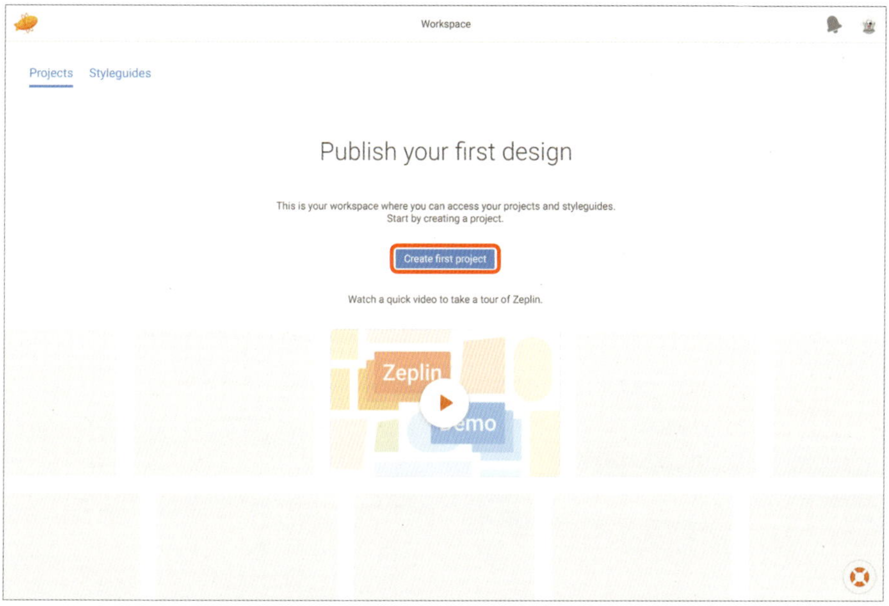

Tip 무료 버전에서는 프로젝트를 하나만 만들 수 있다. 여러 개 만들려면 유료 버전으로 전환해야 한다.

06 옵션 창이 열리면 작업한 OS를 선택한다. 이 책에서는 안드로이드를 기준으로 XD에서 작업했기 때문에 [Android]를 선택하고 [CREATE]를 클릭한다.

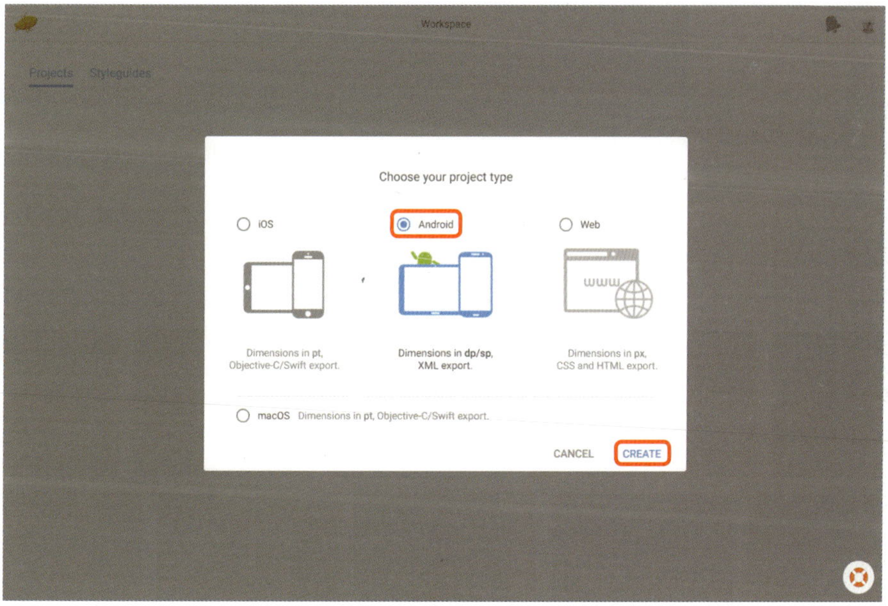

07 대시보드 화면이 나타나면 상단 오른쪽에서 프로젝트 이름을 설정한다. 여기서는 이 책에서 만든 앱 이름인 'Mymall'을 입력했다.

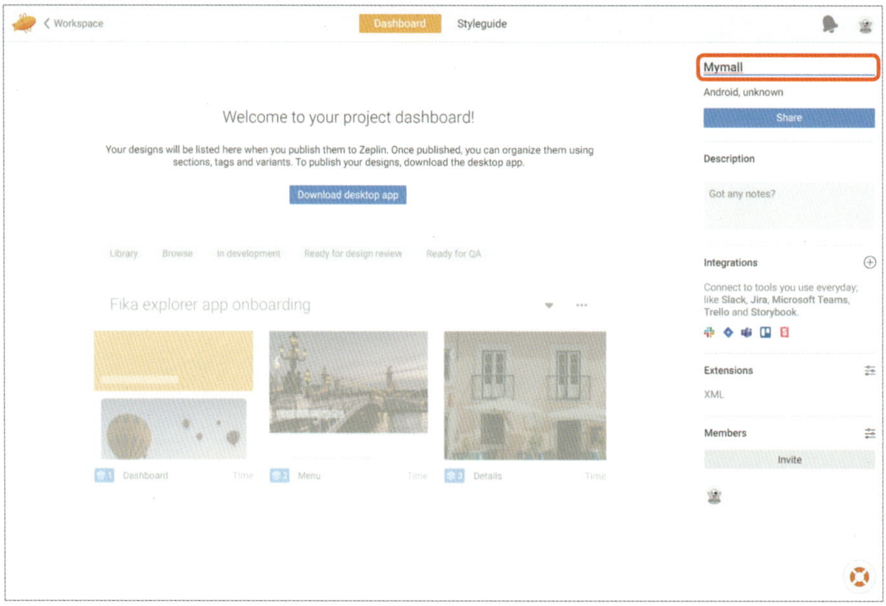

Tip 프로젝트 이름은 대소문자를 구분하며, 나중에 프로젝트를 삭제할 때 입력해야 한다.

08 프로젝트 이름 아래에 있는 'Android Unknown'을 선택해 작업 화면의 크기를 설정한다. 우리는 XD에서 W 360으로 작업했으므로 1배수인 mdpi를 선택한다.

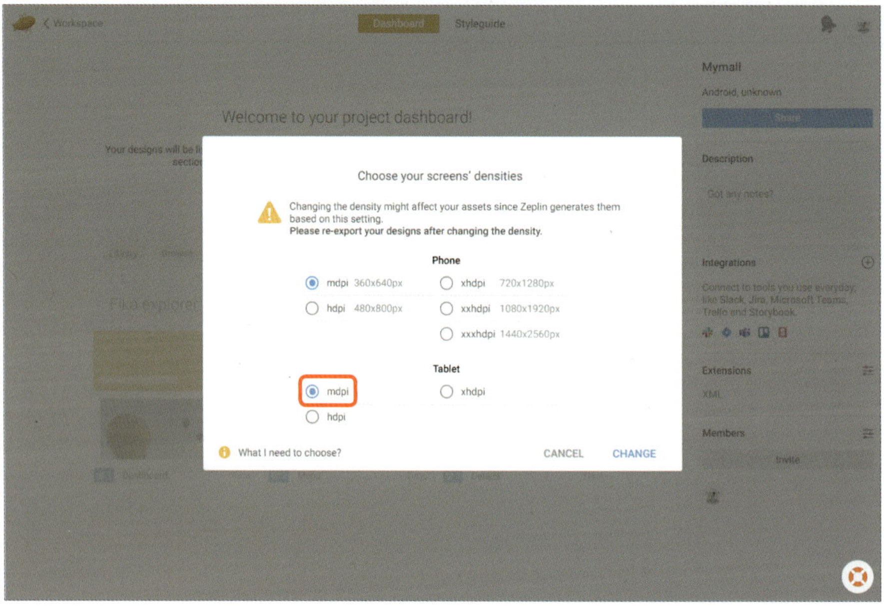

Tip 화면의 크기는 높이가 아닌 너비 기준으로 생각한다.

09 XD를 실행하고 작업 화면 내의 아트보드를 모두 선택한다. 메뉴에서 [파일]-[내보내기]를 클릭하면 [Zeplin] 옵션이 새로 생긴 것을 볼 수 있다.

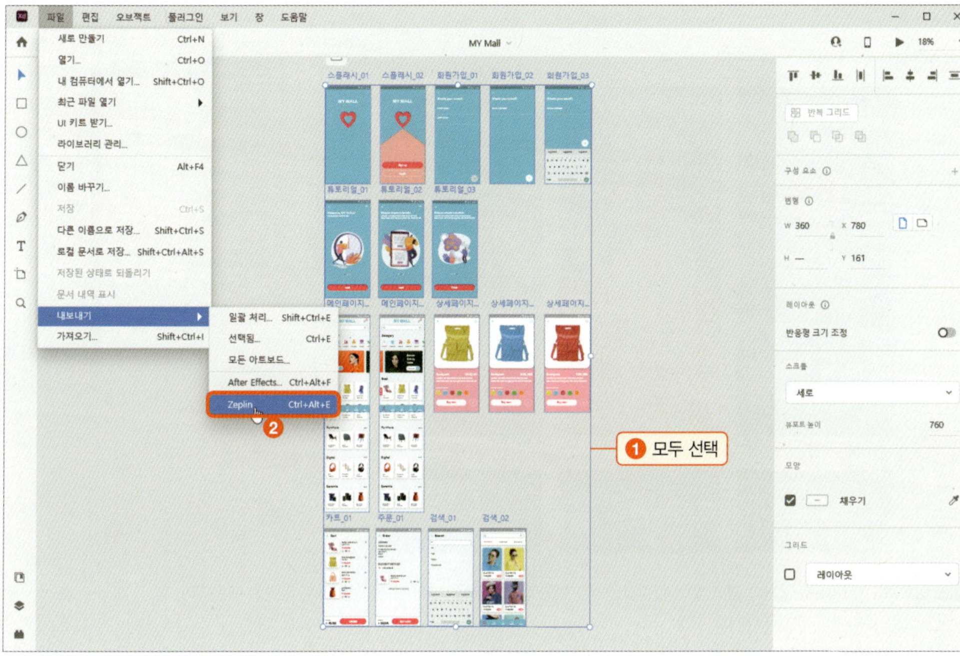

Tip [내보내기] 메뉴에 [Zeplin]이 나타나지 않으면 XD를 종료했다가 다시 실행한다.

10 제플린에 새로운 창이 열리면 앞에서 입력한 프로젝트 이름이 나타난다. 프로젝트를 선택하고 [EXPORT]를 클릭한다.

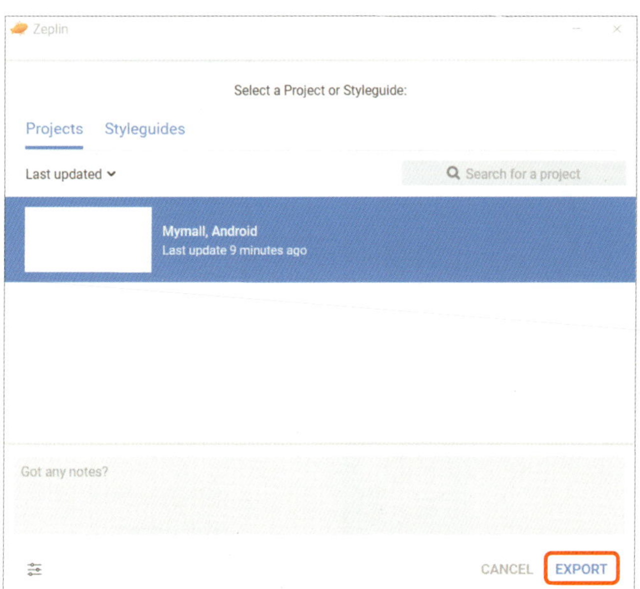

11 잠시 기다리면 XD에서 선택한 아트보드가 제플린에 로딩되어 나타난다.

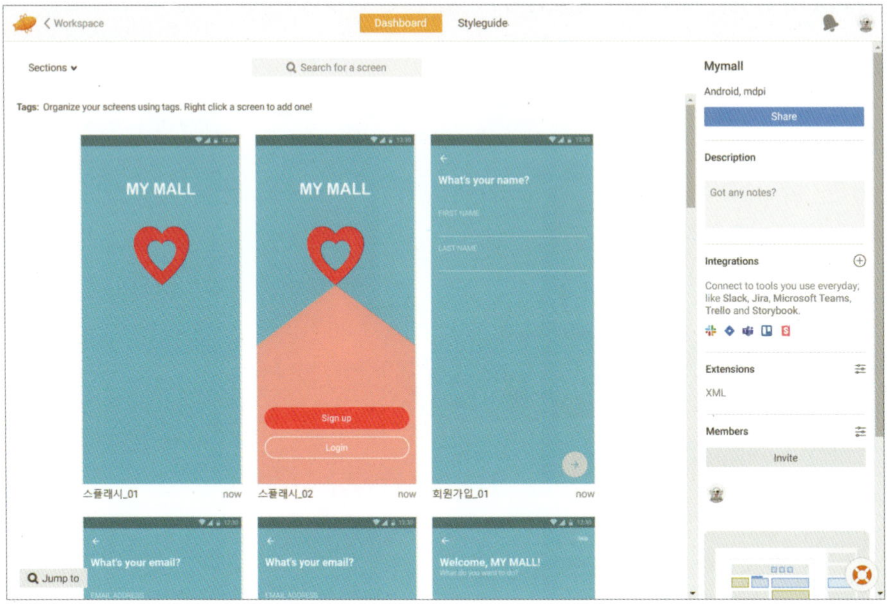

Tip 아트보드가 보이지 않거나 경고 창이 열린다면 XD 화면에서 불러올 아트보드를 선택하지 않았기 때문이다.

12 아트보드의 순서가 원하는 대로 배치되어 있지 않다면 드래그해서 변경할 수 있다. 순서를 변경할 아트보드를 선택해 옮기고자 하는 위치의 아트보드 사이로 가져가면 세로 방향의 선이 나타난다. 이때 마우스에서 손을 떼면 순서가 변경된다.

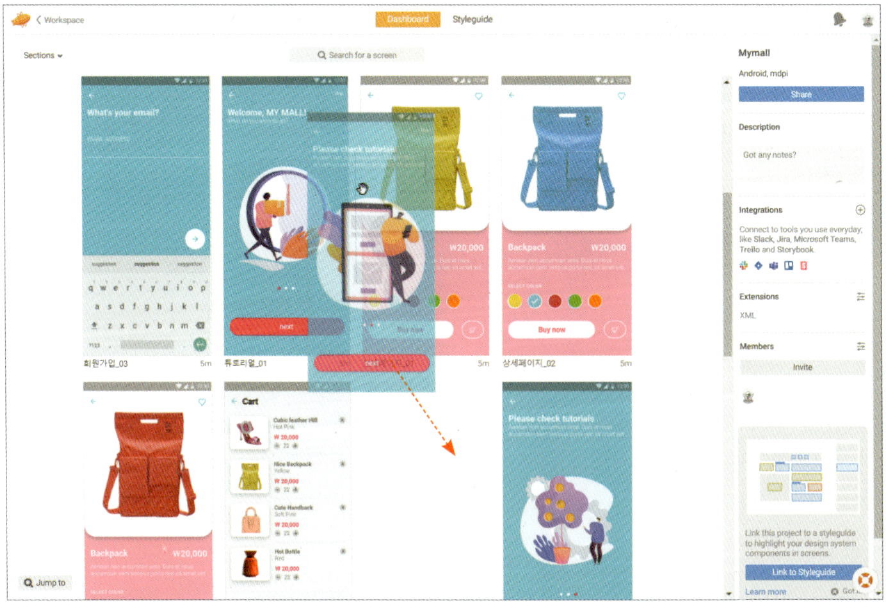

13 아트보드와 아트보드 사이로 마우스를 가져가면 나누기 마크가 나타난다. 이때 선을 클릭하면 섹션을 분리할 수 있다.

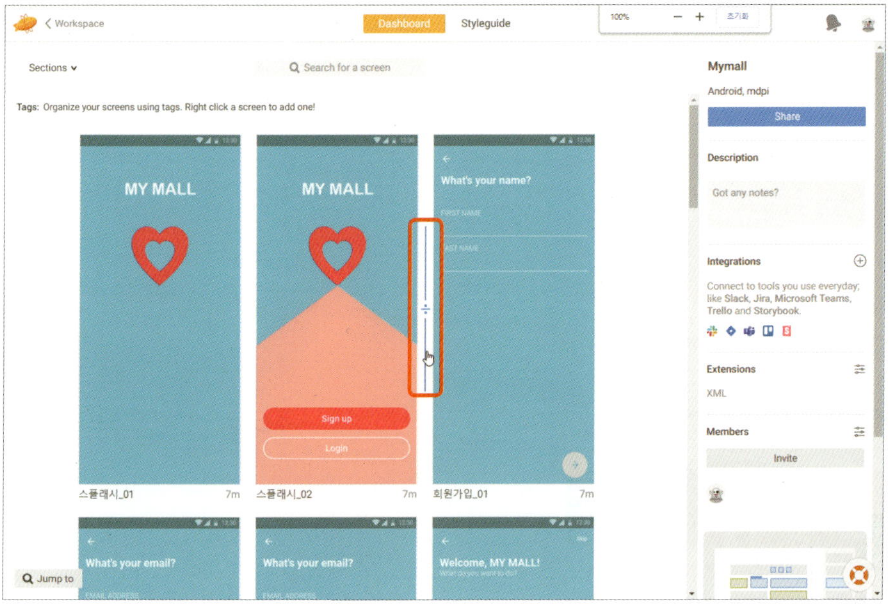

14 섹션이 분리되면 섹션마다 별도의 이름을 지정할 수 있다.

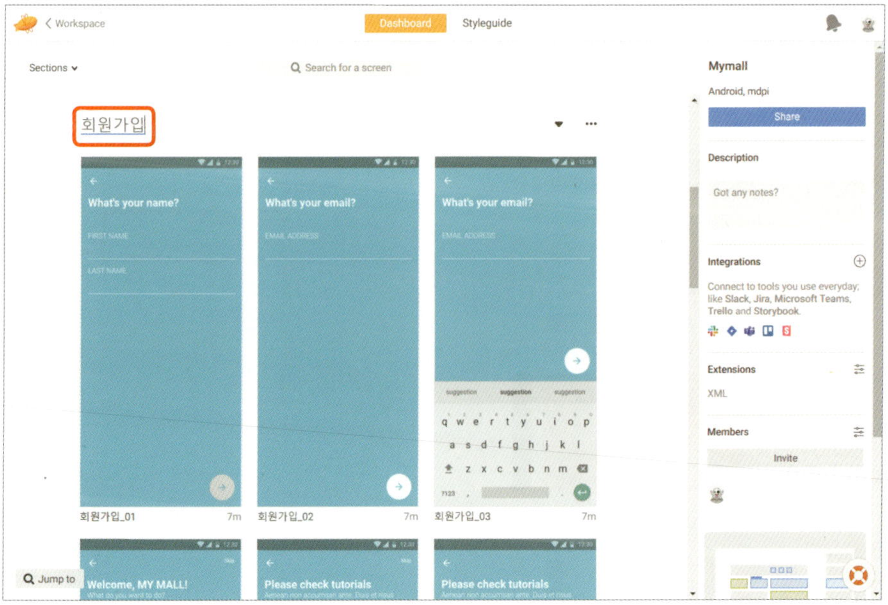

15 섹션 제목 옆의 ▶을 클릭하면 섹션이 열리거나 닫힌다. 또는 ▶ 옆의 회색 영역을 드래그해 섹션의 순서를 변경할 수 있다.

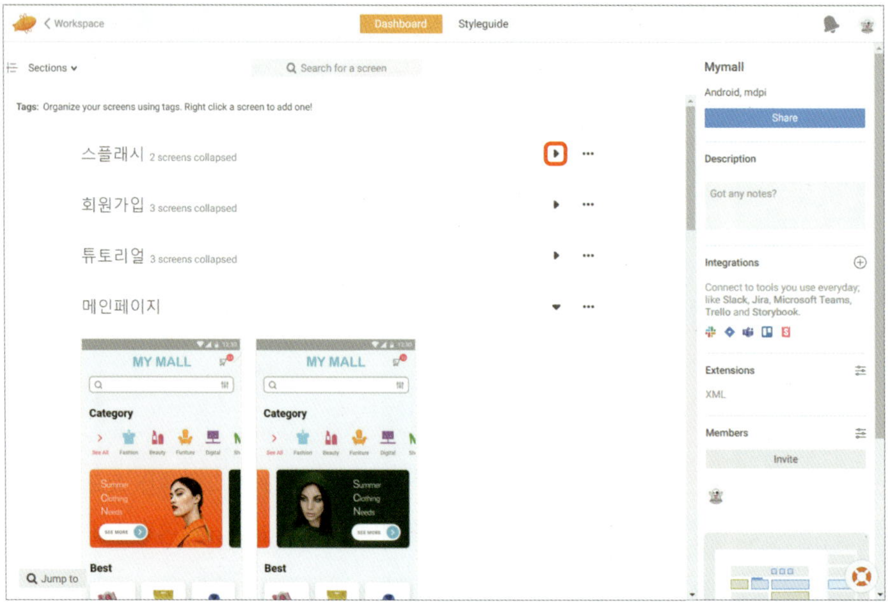

16 원하는 아트보드의 썸네일을 클릭하면 클릭한 아트보드의 상세 페이지로 전환되며 현재 페이지에 대한 정보가 옵션 패널에 나타난다. 여기서 공유 주소를 복사해 구성원과 공동으로 해당 프로젝트를 관리할 수 있다.

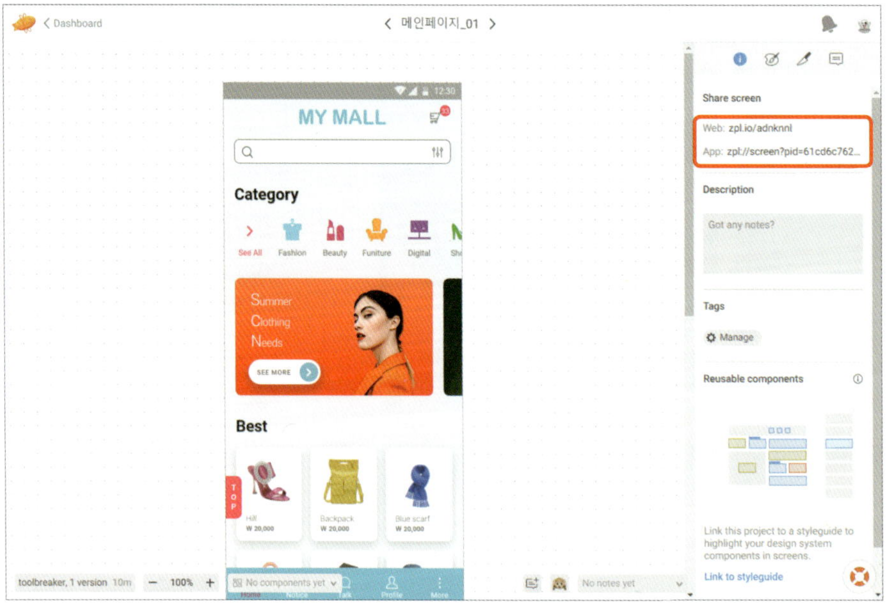

Tip XD의 공유 링크는 누구나 접속할 수 있지만 제플린의 공유 링크는 제플린에 가입해야만 열 수 있다.

17 옵션 패널 상단의 두 번째 옵션을 선택하면 현재 페이지 내에서 사용된 색상 정보가 나타난다. 원하는 색상으로 마우스를 가져가면 오른쪽에 물방울 아이콘이 나타나는데, 이 아이콘을 클릭하면 해당 색상을 스타일 가이드에 저장할 수 있다.

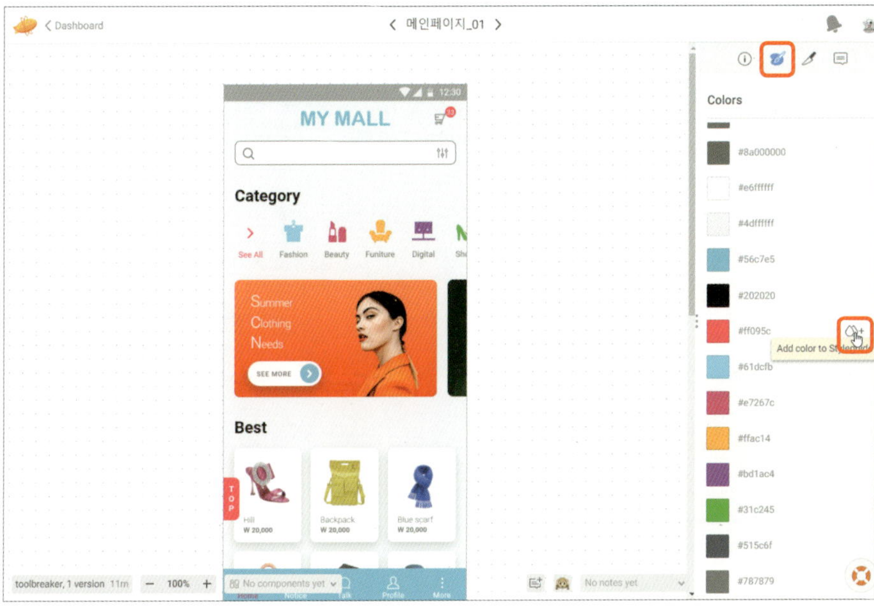

18 세 번째 옵션을 선택하면 페이지 내부에 포함된 아이콘이나 이미지를 다운로드할 수 있다. 특히 컴포넌트들은 XD에서 '내보내기에 대해 표시' 옵션에 체크해야만 개발자가 바로 다운로드할 수 있다.

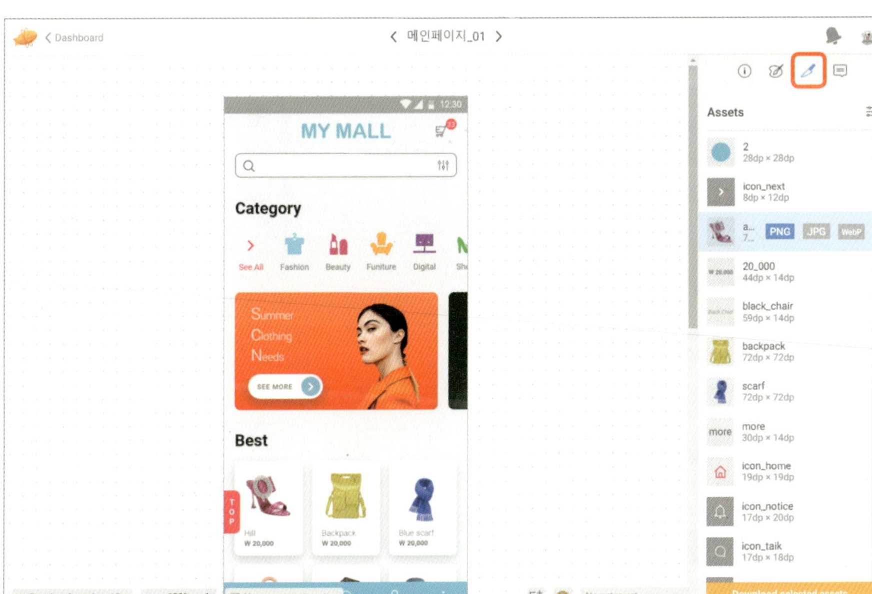

19 네 번째 옵션은 메모를 공유할 수 있는 기능이다. 중요도 및 공유 여부에 따라 메모 색상을 변경해 더 원활하게 의사소통을 할 수 있다.

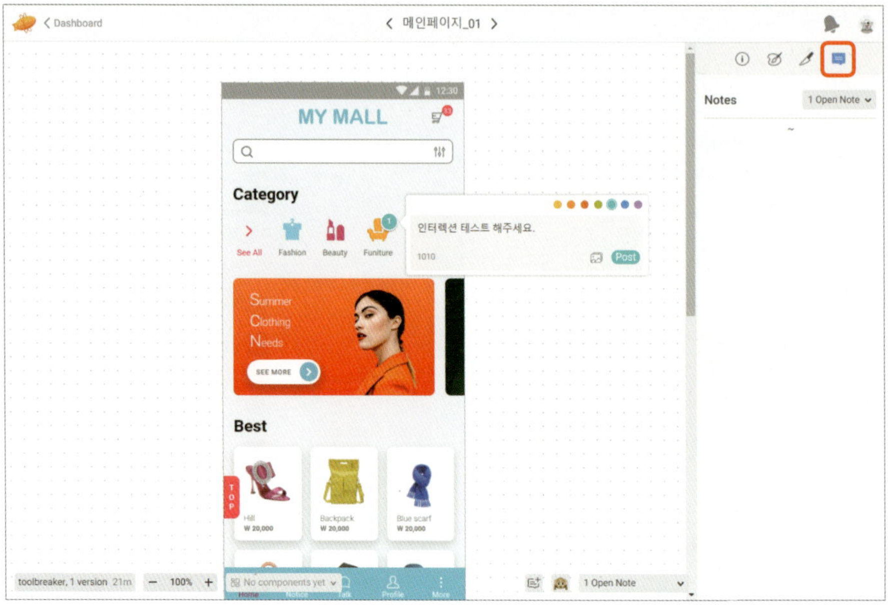

20 페이지 내부의 오브젝트를 클릭하면 각 컴포넌트의 크기, 위치, 색상, 글꼴 등의 정보를 확인할 수 있다. 맨 아래에는 개발자가 코드를 복사해 바로 사용할 수 있도록 XML 코드가 나타나며, 클릭된 요소를 바로 다운로드하거나 스타일 가이드에 저장할 수 있다.

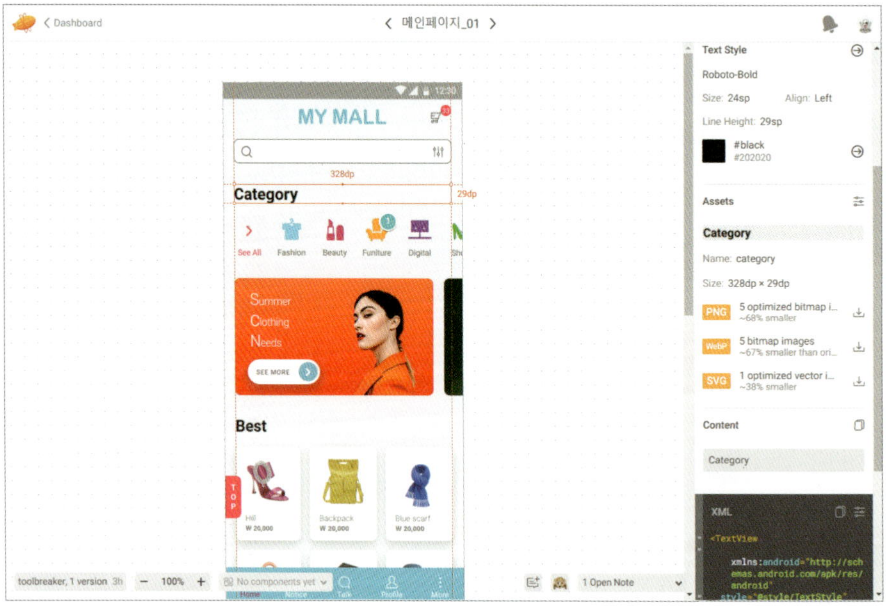

21 그룹으로 설정된 요소는 더블클릭해 개별 요소의 실제 크기와 위치 등을 파악하고 다운로드할 수 있다.

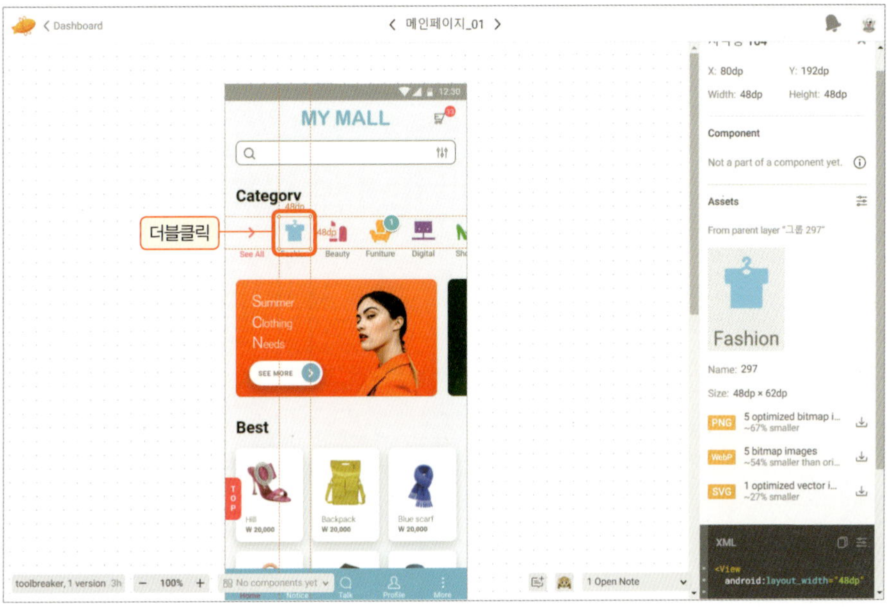

22 상단의 [Dashboard] 탭을 클릭해 대쉬보드 화면으로 전환한 후 Alt + S 를 누르거나 스타일가이드를 선택하면 스타일 가이드 화면으로 이동할 수 있다. 스타일 가이드에는 앞에서 저장한 색상, 텍스트 스타일, 간격, 컴포넌트가 나타난다. 또 각 요소를 선택하면 개발자가 복사해 바로 사용할 수 있도록 오른쪽에 XML 코드가 나타난다.

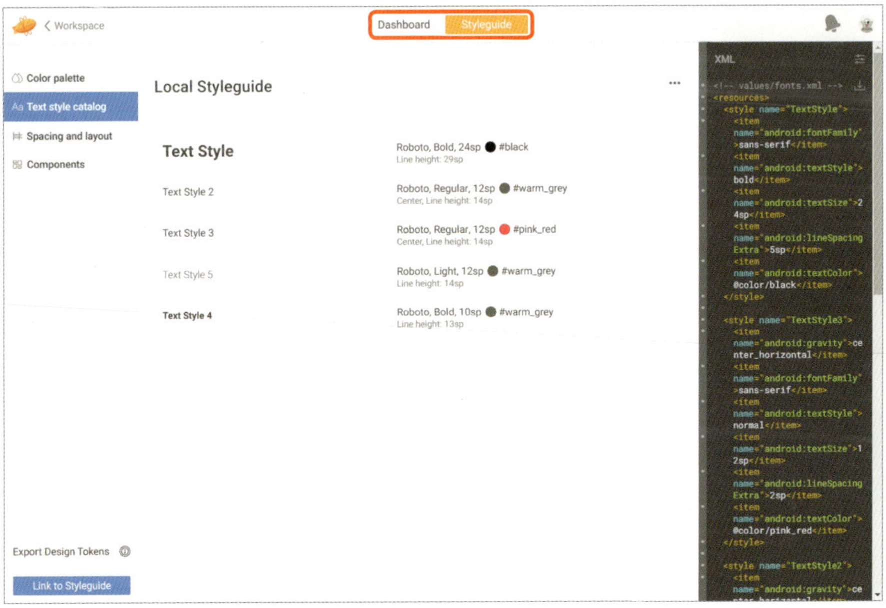

INDEX

ㅇ

ㅈ

ㅊ

ㅋ